רק מתע

יהדות בקצ

מגיד

דרור יהב

רק מתעניין

יהדות בקצב שלך

Dror Yahav
Just Wondering: Judaism at Your Pace

עורכים אחראים: גילה פיין, ראובן ציגלר
עורכת משנה: אפרת גרוס
עריכה לשונית: אברהם שפירא
הגהה: ינון חן
עימוד: רינה בן גל
עיצוב פנים ועטיפה: אליהו משגב

ספרי מגיד, הוצאת קורן
ת"ד 4044 ירושלים 9104001
טל': 02-6330530 פקס: 02-6330534
www.maggidbooks.com

ליצירת קשר עם המחבר: droryahav@gmail.com

מסת"ב ISBN 978-965-526-269-8

נדפס בישראל Printed in Israel 2019

לאבא ואמא

תוכן עניינים

שער שני: הפעלת המערכת

שער שלישי: פתרון בעיות

שער רביעי: שאלות נפוצות

הקדמה מאת אביתר בנאי

בתלמוד מסופר על ויכוח עתיק שנערך בין אנטונינוס, קיסר רומא, ובין רבי יהודה הנשיא ("רבי"), בשאלה מתי נכנס באדם היצר הרע.

אנטונינוס אומר שהיצר נכנס בתינוק רק ברגע שהוא עומד לצאת לאוויר העולם, ואילו רבי טוען שהיצר הרע נמצא שם כבר משעת העיבור, כשהוא בבטן אימו. אנטונינוס טוען בתגובה שאם זה אכן כך והיצר הרע נכנס כבר בזמן העיבור, התינוק היה בועט באימו ומנסה לצאת קודם בשלותו. בסופו של הוויכוח משתכנע רבי ולומד מחברו הלא יהודי: כשהעובר בבטן אימו, עדיין אין בו רע.

מהותו של עוּבּר – שהוא בהתהוות. כמה מופלא התהליך הכמוס הזה של התפתחות אדם חדש. איך הוא צומח ומתפתח ומבשיל ומתקדם, תמיד לקראת. כל עוד הוא עוּבּר, הוא לרגע לא נשאר באותה נקודה. התנועה הבלתי פוסקת הזו מעידה עליו שאין בו רע.

היצר הרע הוא אותו הקול שאומר לאדם: "הגעת, עצור! איך שאתה עכשיו, זה מה שאתה". לכן הוא כל כך מסוכן.

בשאלות יש מרחבים של אינסוף. צריך תמיד לזכור שהתורה שאנחנו לומדים היא אינסופית, אף פעם לא מפוענחת. אחרי כל תירוץ מסתתרת עוד קושיה ואחריה עוד תירוץ וכך הלאה, לעולם.

אני יודע שגם הנשמה שלי היא אינסופית, פלאית, ולכן לעולם לא אפסיק לגדול, לצמוח, להשתנות, להכיר את עצמי. לעולם לא אכיר עד הסוף את אשתי, את ילדיי. תמיד יש עוד לגלות להתקרב, לדייק. לא לנוח.

הצמיחה מתרחשת בתנועה שבין השאלה והתשובה. אם אצמד רק לשאלות שעולות אצלי, אני עלול להגיע ליהירות ולהתנכרות – מה שאני לא מבין

ומה שלא מסתדר עם השכל שלי, אין לו זכות קיום. לעולם לא אוכל לצמוח למחוזות האינסופיים שקיימים מחוץ להשגה הבטוחה שלי.

אם אצמד רק לתשובות שנותנים לי, אני עלול להרגיש דיכוי – מה שאני חושב או מרגיש לא מסונכרן עם מה ש"נכון", אז מי אני בכלל שאחשוב או ארגיש? לעולם לא אוכל לחוות את כל העושר שגנוז במחוזות האינסופיים שאני מאמין בהם. כאילו יש לי תיבת אוצר שאני שומר עליה בקנאות, אבל מפחד לפתוח אותה.

כל שאלה מערערת על הבועה שבה אני חי, ופותחת אותי לעולם רחב יותר. כל תשובה נותנת לי מסגרת בהירה שמשדרגת את תפיסת העולם שלי. וכך הלאה והלאה, עד בלי קץ. עוד שאלה ועוד תשובה, עד שלאט-לאט אני מתחיל להבין שהמסגרת שאני חי בה אינה אלא ביצה... אני צריך לבקוע אותה ולגלות שהעולם גדול יותר, אלוהים כביר יותר, האדם פלאי יותר. עוצמת התגלית וקצב ההתפתחות תלויים באומץ שלי לשאול שאלות, ובנכונות שלי להתמסר לתשובות.

יש קסם בנשיאת הפכים, להיות גם וגם. הדור שלנו מפחד מדי להיכנס פנימה, וצריך לחזק אותנו ללכת על זה. כשאני חזרתי בתשובה הרגשתי דחיפה עצומה "להישרף" על התורה, ושקעתי בבית המדרש בלי הגבלה כמעט. זה לא היה קל. הייתי צריך להתבטל, לשבור משהו בתוכי, כדי לגלות שכבות שלמות שמסתתרות מתחת.

מצד שני, צריך כל הזמן להיזהר לא לאבד את עצמי, לתת אמון בהרגשות שלי ובמה שעובר עלי. מצד אחד – ביטול כלפי רצון ה', מצד שני – יכולת להקשיב לעצמך, לכבד את מה שאת ואתה מרגישים. זה מין ריקוד כזה: אתה מתקדם, קצת נשאר במקום, זז לצד הזה ואז לצד השני.

זה לא מקרה שספר היסוד של העולם ההלכתי והאמוני שלנו – התלמוד (גמרא) – כל כולו מורכב מקביעות שמתערערות, משאלות נוקבות ותירוציהן, מחשיפה של הנחות יסוד שלא היינו מודעים אליהן. נראה שבגלל זה אמר לי הרב עופר גיסין משפט גדול שאני לוקח איתי מאז: "אף פעם אל תוותר על בוקר של גמרא". עם כל המשיכה שלי לחסידות, לתורת הנפש, לעיסוק בדברים פנימיים שקורים בתוכי ומצילים אותי, אני יודע שהעצה הזו היא הגדולה שבעצות.

כתוב בפרקי אבות: "וֶהֱוֵי מִתְחַמֵּם כְּנֶגֶד אוּרָן שֶׁל חֲכָמִים, וֶהֱוֵי זָהִיר בְּגַחַלְתָּן שֶׁלֹּא תִכָּוֶה". להתחמם באש, אבל לא לגעת בגחלים הלוחשות. שיהיה לנו כבוד לחוכמה ורצון לשבת באורה, אבל גם כבוד למידה ולקצב שלי. להתחמם ולא להישרף.

הייתי שמח לפגוש את הספר הזה כשעשיתי את צעדיי הראשונים. הוא יכול להיות בסיס להתפתחות בריאה אם ההתקדמות שלכם תהיה בתנועה של רצוא ושוב, קדימה ואחורה, שאלות ותשובות. ביניכם ובין עצמכם, ביניכם ובין בורא עולם.

תקראו, תחשבו, תקשיבו לדברים ולעצמכם. שני צעדים קדימה וצעד אחורה.

והעיקר – בנחת.

מבוא

כשלמדתי בתיכון, השתתפתי במשלחת תלמידים מבית הספר החילוני שבו למדתי. נסענו לגרמניה, למפגש עם משלחת מקבילה של תלמידים שלמדו בבית ספר נוצרי־קתולי. המטרה הייתה לקרב בינינו כדי לגשר על משקעי העבר וליצור עתיד חדש. במשך שבועיים שלמים התארחנו בבתיהם, יצאנו לפאבים, דיברנו וצברנו חוויות משותפות. כמו כל חבריי, גם אני נסעתי בעיקר בשביל החוויה. לא תיארתי לעצמי עד כמה המסע הזה עומד לשנות את חיי.

בשבת בבוקר נסענו כולנו, ישראלים וגרמנים כאחד, לתפילת שחרית בבית הכנסת המרכזי בעיר שבה התארחנו. אנחנו, הישראלים, היינו שיכורים מחוויית הביקור בחוץ לארץ, ולא מצאנו עניין בבית הכנסת. למעשה, השתוקקנו להמשיך לאטרקציה הבאה – מוזיאון המכוניות של מרצדס או משהו כזה. נכנסנו באיחור לאולם התפילה, שהיה ריק כמעט לחלוטין, ומיד חיפשנו דרכים להעביר את הזמן. חלק מאיתנו דפדפו בספרים, חלק דיברו ביניהם. דווקא הגרמנים, שבאו מבתים אדוקים וידעו די הרבה על יהדות ועל תנ"ך, כיבדו את התפילה והתעניינו בה מאוד.

ואז, בעודי בוהה בקירות בחוסר עניין, ניגש אליי אחד הבחורים הגרמנים, הושיט לי סידור עם תרגום לגרמנית ושאל בתמימות: "תוכל להראות לי איפה אנחנו נמצאים בתפילה?".

נגערתי ממקומי. מובן שלא ידעתי. גם איש מהחברים סביבי לא ידע. גירדתי את הראש במבוכה, לקחתי את הסידור וניסיתי, מתוקף היותי היהודי שבינינו, לגלות את התשובה. אך לשווא. למרות שחגגתי בר־מצווה ועליתי לתורה כמה שנים קודם לכן, לא ממש הכרתי את התפילה, והמבטא הגרמני הכבד של החזן הקשה עליי להבין מה הוא אומר. תוך שאני מנסה לחשוב על תירוץ טוב

שיעזור לי ליישב את מצפוני, חלפה בי מחשבה. רק יום קודם לכן ביקרנו, ישראלים וגרמנים, במחנה ריכוז, ביקור שהותיר בנו רושם עצום. עברנו בין הצריפים, נגענו בגדרות התיל וערכנו טקס זיכרון עם שירים עצובים לזכר היהודים שנרצחו שם. נשבענו לזכור, לזכור ולעולם לא לשכוח.

אבל באותו רגע, באולם הכמעט ריק בבית הכנסת של בון, שאלתי את עצמי: את מי בדיוק אני מייצג כאן? אני מרגיש זר בבית הכנסת לא פחות, אולי יותר, מהגרמנים שאיתנו. למען האמת, מבחינות רבות אין בינינו שום הבדל – אנחנו מתלבשים אותו דבר, שומעים את אותה מוזיקה, אוהדים את אותן קבוצות כדורגל. איזה מין יהודי אני, ובמה בדיוק מתבטאת היהדות שלי?

נזכרתי שכהכנה למשלחת, שמענו סדרת הרצאות על ההיסטוריה של יהודי אירופה. עכשיו הבנתי שאני אולי יודע הרבה על הדרך שבה יהודים מתו, אבל איני יודע כמעט דבר על הדרך שבה יהודים **חיים**. באותו רגע נשבעתי לעצמי שבועה, שרק כעבור כמה שנים תקבל דמות וצורה – לעולם, לעולם! לא ישאל אותי שוב אדם שאלה כלשהי על המסורת שלי, ואני לא אדע לענות.

* * *

שם, במובן מסוים, החל המסע שלי ושל הספר הזה. לימים גיליתי שמסע דומה מתרחש אצל צעירים (ואף מבוגרים) רבים, שמחפשים, כמוני, את דרכם אל זהותם היהודית. בשנים שחלפו מאז הביקור בגרמניה שמעתי מאנשים שונים אינספור סיפורים על הדרך המיוחדת שבה התעוררה לפתע הנקודה היהודית בתוכם: לאחת זה קרה במנזר בודהיסטי, כשביקשו ממנה להשתחוות לפסל; למישהו אחר כשראה את חבריו לפלוגה מניחים תפילין מוקדם בבוקר; אחד מצא נחמה במילות הקדיש שהתחיל לומר לאחר שאביו נפטר; ואחרת – מתוך תחושת ריקנות כבדה שאפפה אותה בשיא הצלחתה כדוגמנית מפורסמת.

נדמה לנו שהעובדה שאנחנו יהודים איננה מקרית אלא נושאת עמה איזו בשורה, סוד שלא מדברים עליו. אבל הסוד חמק עבר, ונותר נעול מפנינו. יש לנו תחושה שהסתירו מאיתנו משהו. דילגו עלינו, שכחו לספר לנו מי ומה אנחנו, ואין לנו כל כך את מי לשאול. הסיפור האישי שלנו אולי שונה, אבל לכולנו יש רצון להתחבר אל אותו דבר עמוק שלא ניתן להסביר במילים. אנחנו מחפשים אוצר גדול שרק שמענו על קיומו, אבל אין לנו לא מפה, לא כלי עבודה ולא זקן חכם שיורה לנו את הדרך.

תמיד נמשכתי לחיפוש אחר משמעות החיים. כבר כנער השקעתי את עצמי בפילוסופיה, פסיכולוגיה, בודהיזם ועוד שיטות אזוטריות ומיסטיות. הייתי משוכנע ששם אמצא את התשובה, ששם תתגלה האמת. אבל פעם אחר פעם הרגשתי שמשהו לא לגמרי מסתדר.

רק בסוף, בלית ברירה, הגעתי אל היהדות, אבל כשביקשתי ללמוד עליה יותר, נתקלתי בבעיה. מאיפה מתחילים? את מי שואלים? עם מי אפשר להתייעץ? לא הכרתי כמעט אנשים דתיים, ואלה שפגשתי לא ענו לי את התשובות שחיפשתי. התביישתי לברר, כי לא רציתי שיחשבו שאני חוזר בתשובה חלילה, והייתי בעל גאווה רבה מכדי לפנות לרב שילמד אותי את מה שאינני יודע. ועוד דבר – אודה על האמת, חששתי גם מכל הסיפורים על "שטיפת מוח", כתות והתרחקות מהמשפחה. פחדתי שאם אתעניין מדי, בסוף אני עלול להפוך ל"אחד מהם", ובינינו, מי רוצה להיות "**כזה**"?

כל הדברים האלה הובילו לכך שאת הדבר היקר לי ביותר – זהותי – חששתי לברר. גיששתי באפלה. לאט-לאט ליקטתי ספרים, כתבי עת ומאמרים שבעזרתם בניתי מאגר ידע נרחב, אך גם אקראי למדי. שנים עברו עד שמצאתי את דרכי, בהדרגה ובאיטיות, אל עולמה של היהדות ואל המקום שלי בתוכה. אלה היו שנים מלאות שמחה וסיפוק, אך גם מלוות בהרבה בלבול וחיפוש.

בשנים שחלפו מאז, הפכתי בעצמי למדריך לאנשים שמגששים את תחילת דרכם בעולם היהדות. הבנתי שהחוויות והתובנות שצברתי עשויות להיות בעלות ערך גדול עבורם, ועם הזמן גם פיתחתי יכולת לתרגם בין העולמות, לתווך את היהדות המסורתית, ה"הארדקור", בצורה שתתאים גם למי שגדל בתרבות ובאורח חיים שונים לחלוטין.

זמן רב מלווה אותי המחשבה שאם רק היה לי מורה שיאיר לי את הדרך, דרכי הייתה אולי קלה ופשוטה יותר. אולי הייתי יכול להימנע מבורות רבים שנפלתי אליהם פעם אחר פעם, ולעלות על השביל שייקח אותי בבטחה על שביל האבנים המוזהבות. במשך זמן רב הרגשתי רצון עז לכתוב מדריך שיתבסס על ניסיוני האישי, אך לקח להחלטה כמה שנים לצאת על הפועל. במשך כתיבת הספר הנחה אותי בעיקר כלל אחד – שזה יהיה הספר שהייתי רוצה לקרוא בעצמי אז.

מטרת הספר

הספר מציג את יסודות היהדות, אמונותיה ומצוותיה בצורה תמציתית ופשוטה. הוא מאפשר למי שרוצים בכך להתחיל את צעדיהם הראשונים ולהתקדם בקצב המתאים להם. כדי להקל עליכם, בניתי אותו בצורה של מדריך למשתמש, והוא כולל ארבעה שערים:

בשער הראשון אציג את **מרכיבי המערכת**. בפרקים אלה נפגוש את עולם המושגים הבסיסי של היהדות ואת הנושאים היסודיים שהיא מדברת עליהם: אמונה באלוהים, תכלית האדם, תורה ומצוות, עם ישראל, לאן מתקדם העולם. כמובן, אי אפשר להקיף בספר אחד את הרעיונות היהודיים הגדולים שהתפתחו במשך אלפי שנים, אבל אני מקווה שלפחות המושגים המרכזיים יתבררו, ויאפשרו לגבש תמונת עולם בהירה.

בשער השני נכיר את דרך **הפעלת המערכת**. בחלק זה אפרט על מצוות מעשיות כמו שבת, כשרות, לימוד תורה, תפילה ובית הכנסת, ברכות, בית ומשפחה, מועדים וחגים. בכל נושא יוצג תחילה העיקרון שעומד מאחוריו, ולאחר מכן הפרטים המעשיים **החשובים ביותר** שצריך להכיר. בסוף כל פרק יופיעו הנחיות ל"התחלה מהירה" – הדרכות קונקרטיות כיצד להתחיל לקיים את הדברים בפועל, לאלה שרוצים ומרגישים מוכנים.

השער השלישי נקרא **פתרון בעיות**. ההתקרבות ליהדות מעוררת לעיתים מגוון של קשיים: חברתיים ותרבותיים, נפשיים ואישיים; מול המשפחה, בני הזוג, חברים, עמיתים לעבודה, וכמובן גם בתוך הנפש פנימה. בשער זה הבאתי שני פרקים שהם בעיניי חשובים למדי: הראשון עוסק בחוויה האישית בשלבים השונים של תהליך ההתקרבות ליהדות, ובו תמצאו גם עצות למגוון מצבים שאולי תיתקלו בהם. נדון בהצבת יעדים ומטרות בתחום הרוחני, בדרכים להקל את ההתמודדות עם התהליך שאתם עוברים ועם השינויים שהוא מביא באורח החיים, ביחסים עם המשפחה, עם החֶברה ובעצם, עם כל העולם... הכנסתי כאן הרבה מניסיון החיים שלי, של חבריי, תלמידיי וחוזרים בתשובה ותיקים שעברו דרך דומה, ואני מקווה שהוא יסייע לכם להתחמק מבעיות נפוצות, לעקוף מכשולים ויקל את הדרך אל חיי אמונה ותורה.

השער הרביעי נקרא **שאלות נפוצות**, והוא מרכז שאלות ותשובות במגוון נושאים שלא נכנסו לפרקים הקודמים.

ובכל זאת, יש כמה הבדלים משמעותיים בין הספר הזה ובין מדריכים אחרים.

בדרך כלל, את המדריך למשתמש כותבים האנשים המומחים והמנוסים ביותר, שיודעים הכי הרבה על המוצר שהם מציעים. במקרה הזה, אני ודאי אינני ה"יצרן", ומבחינת רמת הידע והניסיון – אף על פי שבמהלך כתיבת הספר למדתי המון, ערכתי מחקר מעמיק וגם התייעצתי עם מבינים גדולים בכל אחד מהנושאים שכתבתי עליהם – אינני מעיד על עצמי שאני "מומחה" ליהדות. יש אנשים שיודעים ומנוסים יותר ממני, ולכאורה היה נכון שהם יכתבו את הספר הזה.

אלא שבפועל, לא תמיד אלה שיודעים הכי הרבה הם גם האנשים המתאימים ביותר לכתוב את המדריך למשתמש המתחיל. מדוע? מכיוון שאף על פי שהם יודעים הכי הרבה, הם לא בהכרח מכירים את הדרך שבה **הלקוח** משתמש במוצר שלהם, ולא את הקשיים היומיומיים שהוא חווה. דמיינו לרגע חוברת הפעלה של מכונת כביסה – כמה מאיתנו זקוקים לכל עשרות הפונקציות שנמצאות בה? לפעמים אנחנו פשוט רוצים לדעת איך מכבסים חולצת טריקו בלי שהצבע ידהה. המשתמש המתחיל פשוט רוצה להבין את הבסיס, וזה מה שניסיתי ליצור בספר הזה.

שנית, במדריך למשתמש יש לרוב דרך אחת ויחידה לבצע כל פעולה בצורה נכונה. ביהדות, לעומת זאת, יש מגוון דעות ותתי־דעות, והניסיון לתמצת את כולן לספר אחד הוא יומרני למדי. השתדלתי לסכם את הרעיונות הגדולים בצורה פשוטה, כדי לאפיין קו מרכזי של "היהדות" כפי שאני מבין ומאמין. לאורך הספר אני משתמש בצורת הביטוי "היהדות אומרת כך", "על פי היהדות..."; האם זה אומר שיש דרך אחת בלבד להסתכל על הדברים? סביר שיהיו מי שיחלקו עליי. אך כפי שתראו, מחלוקת בין דעות היא תופעה מקובלת, ואפילו חיובית, בעולם היהודי.

ועוד דבר: הספר ודאי יעורר אצלכם שאלות רבות. אולי תחשבו שיש נושאים שלא הקדשתי להם די רוחב פס, וזה מצוין. כאמור, אינני חושב שאפשר לענות על הכול. מבחינתי, תפקידי הוא לפתוח לכם צוהר קטן וממוקד אל עולמה העשיר של היהדות. לאורך הספר תמצאו רשימות של ספרים "להרחבה" ו"לקריאה נוספת" – מומלץ מאוד למי שרוצה ללמוד עוד.

למי מיועד הספר?

הספר מיועד לכל מי שרוצה להתחיל במסע אל היהדות, ולא יודע מאיפה להתחיל. הוא נכתב באהבה לכל המבולבלים והמחפשים, הרוחניים והמעשיים, שהולכים לאיבוד בים החיים; לאלה שמתחילים תהליך "התחזקות" או חזרה בתשובה וצמאים ליד מכוונת, ולמי שכבר נמצאים בשלבים מתקדמים יותר ומרגישים שמשהו עדיין לא שלם.

הוא מיועד גם לכם, **בני המשפחה והחברים**, שרוצים להבין מה עובר פתאום על הילד או האחות שלכם, וייתן לכם עצות איך להתנהל מולם בצורה נכונה – לטובת כולכם. הוא מתאים מאוד למי שמתעניינים בתהליך **גיור** או כבר נמצאים במהלכו.

ולבסוף, הוא יסייע **למורים ומרצים** שמחפשים תוכני לימוד למתחילים, המסודרים בצורה מובנית ובהירה.

לא מעט ספרי הדרכה ליהדות נכתבו עד היום. חלקם הפכו לקלאסיקה ועדיין עושים את מלאכתם נאמנה, וחלקם התיישנו עם השנים. אני מוריד את הכובע בפניהם ובפני מחבריהם, וגאה להיכנס למועדון הנחשב הזה.

ובכל זאת, ייחודו של ספר זה הוא כפול. ראשית, בתוכן – לאורך הספר אַראה את החיבור המיוחד, בעיניי, שהיהדות עושה בין רוח למעשה, בין תיאוריה ופרקטיקה, בכל תחומי החיים. נראה כיצד האמונות והרעיונות הנשגבים ביותר יורדים בסופו של דבר עד לפעולות השגרתיות והמעשים הכי יומיומיים שלנו. שנית, בסגנון – השתדלתי להתאים את הספר לקוראים שחיים טכנולוגיה, אינטרנט ורשתות חברתיות, ולהתייחס לקווים הייחודיים שלנו, צעירים ישראלים של דור ה־Y והדורות שכבר באים אחריו. ויחד עם זאת – התאמצתי לשמור על רמה גבוהה, לא מתפשרת, שמאמינה שבכל אדם קיימת שאיפה לרבדים עמוקים וחכמים.

אז למה "רק מתעניין"? כי אי אפשר להכחיש שיש לנו רתיעה מיהדות. אנחנו סקרנים, רוצים לדעת עוד, אבל גם לא רוצים להתחייב. אז תדעו שמותר ואפשר ורצוי להתעניין, ואם רוצים, גם להתקדם – אבל בקצב שלכם.

הספר נכתב עבור **גברים ונשים** כאחד, ורובו פונה לשני המינים כאחד. במקומות שבהם ישנם הבדלים בין פרטים מסוימים הנוגעים לגברים

ולנשים, התייחסתי לכך. אף שהספר נכתב בלשון זכר, כמקובל בעברית, כל מילה בו נכתבה מתוך מחשבה עמוקה גם עבורכן, ציבור הקוראות.

הספר מיועד לבני כל העדות והחוגים, ובמקומות שבהם קיים הבדל משמעותי בין מנהגי העדות – ציינתי אותו.

איך לקרוא את הספר?

כתבתי את הספר כיחידה אחת, ופרקים מתקדמים יותר מתבססים על רעיונות שהזכרתי כבר. לכן מומלץ לקרוא אותו לפי הסדר. מצד שני, תַראו לי מישהו שקורא מדריכים לפי הסדר...

אם יש נושא שמעניין אתכם במיוחד, תוכלו לקפוץ אליו ואחר כך להשלים את הקטעים שדילגתם עליהם. כך או כך, בסופו של דבר אני ממליץ לכם לעבור על כל הפרקים, כולל נושאים שנראים לכם כרגע פחות רלוונטיים לחייכם. ועוד דבר – אפשר לקרוא פרק, לחשוב עליו, לנסות ליישם, לראות איך זה עובד אצלכם. וכמו שתראו לאורך כל הספר, הגישה שבה אני דוגל היא שלא חייבים הכול מהר־מהר, ואולי אפילו עדיף לקחת את הזמן.

להורים, לבני המשפחה ולחברים של ה"מתחזקים" למיניהם – אף על פי שנדמה לי שגם אתם תפיקו ערך רב מקריאת הספר במלואו, נדמה לי שפרק יז, העוסק בתהליכים, יעניין אתכם במיוחד.

הפניות לסידור 

בכותרות שלאורך הספר תמצאו הפניות שנראות כך:

הפניות אלה נועדו להקל עליכם למצוא את הנושא בתוך סידור התפילה. הן מציינות את העמודים המתאימים ב**סידור קורן** בשלושת הנוסחים המקובלים ביותר, על פי הסדר הבא מימין לשמאל: אשכנז | ספרד | עדות המזרח. בגוף הטקסט ההפניה למספרי העמודים בסידורים תופיע כך: 18|36|101 – עמוד 18 בסידור נוסח אשכנז, עמוד 36 בסידור בנוסח ספרד, ובעמוד 101 בסידור בנוסח הספרדים (פירוט על נוסחי הסידורים השונים תוכלו למצוא בפרק ז, על התפילה).

קריאה אחרונה לנוסעים

השלבים הראשונים במסע אל היהדות הם קסומים ומלאי פלא. זוהי תקופה של בלבול לצד גילויים רבים על עצמכם, על משפחתכם ועל עמכם, ומלווים לרוב בהתעלות רוחנית גדולה. ייתכן שאתם כבר נמצאים במה שמכונה בסלנג הדתי 'באורות' – תחושה שמזכירה התאהבות, שבה האדם מתנתק מסביבתו ומרוכז כל כך במושא אהבתו, עד שאינו מעוניין לעסוק בשום דבר אחר.

אלא שה'אורות', ואיתם תחושת ההתעלות המתוקה, הם כמו ברק המבזיק לרגע, זרם חשמלי שמופיע בעוצמה אדירה – ומתפוגג אחרי זמן קצר. אם לא יימצא כלי מתאים שיוכל לקלוט את כל האנרגיה הזו, היא תיעלם במהירות כשם שהופיעה. זו הסיבה שחלק גדול מהעבודה שלנו יהיה לפתח 'כלים' מנטליים שיוכלו להכיל את האור לאורך זמן, ויאפשרו לו להופיע בצורה מתוקנת.

במדרש מסופר על רבי יהושע שהלך פעם בדרך וראה ילד יושב בצומת דרכים. הוא שאל אותו כיצד מגיעים לעיר, הילד הצביע על דרך אחת ואמר "זוהי דרך קצרה וארוכה", ואז הצביע על השנייה ואמר "וזוהי דרך ארוכה וקצרה". רבי יהושע החליט ללכת בדרך הקצרה־הארוכה. ואכן, כעבור זמן קצר ראה את העיר, אבל הדרך הייתה חסומה בקוצים ודרדרים שלא אפשרו לו לעבור. הוא חזר אל צומת הדרכים ושאל את הילד: "למה אמרת לי שאפשר להגיע מכאן לעיר?". והילד השיב בחיוך: "האם לא אמרתי לך שזוהי דרך קצרה וארוכה?..."

רוב הזמן אנחנו רוצים ללכת בדרך הקצרה, עדיף גם המהירה, ואם אפשר – שתיגמר כבר. רוצים שהכול יקרה עכשיו, להספיק כמה שיותר, לקבל הכול מיד. אבל כולנו גם יודעים שהדברים המיידיים – כמו שהם באים, כך הם חולפים. הסבתות שלנו כבר שכחו את מה שאנחנו מסרבים ללמוד: רק מה שמתאמצים בשבילו, נשאר איתנו באמת. לכו בדרך הארוכה־קצרה, ותגיעו בבטחה. לפעמים בניית הכלים נראית יבשה ומשעממת, מתישה ומייגעת, ואין בה את אותה התרגשות מתמדת כמו שאנחנו רוצים ומדמיינים. אבל אם תדבקו בדרך הסלולה הזו, תגלו שבסופו של דבר זוהי הדרך היחידה אל הארמון.

שער ראשון

מרכיבי המערכת

פרק א: אלוהים

בלעדי אמונה באלוהים אי אפשר להבין דברים.
יש אנשים, חיות, עופות, בהמות, רמשים,
ולכולם מידות שונות של שכל.
כשאני מטייל בשדה בוקר, בוקר וערב,
אני פוגש רמש קטן שגם הוא הולך ברחוב.
אבל כשהוא רואה אותי,
הוא רץ הצידה כדי שלא ארמוס אותו.
לאדם יש שכל עוד יותר מזה.
אך יש שכל עליון על שכל האדם
וזהו האלוהים,
יען כי הוא
קובע הכל.

(דוד בן־גוריון, בערוב ימיו)[1]

ריבונו של עולם, אנה אמצאך?
אנה לא אמצאך?
שמיים – אתה
ארץ – אתה
מזרח – אתה
מערב – אתה
צפון – אתה
דרום – אתה
אם ייטב לי – הרי זה אתה
אם יכאב לי -- שוב אתה
ואם זהו אתה – הרי הכול טוב.
רק אתה! תמיד אתה!
אתה! אתה! אתה!

(רבי לוי יצחק מברדיצ'ב, תרגום מיידיש)

מיהו אלוהים?

אנחנו, כל בני האדם, הננו אנשים מאמינים. אנחנו מאמינים שהשמש תזרח גם מחר, שעזרה לחבר היא מעשה טוב, ושההורים שלנו הם באמת הורינו. כולנו, אפילו מי שרואה את עצמו ככופר גמור, מלאים באמונה. האמונה, מלשון "אמון", היא תחושת ודאות שדבר מסוים הוא אמת. החיים מלאים אי־ודאות, ובכל זאת אנו מצליחים להתגבר עליה באמצעות האמונות שלנו. איננו יודעים אם מחר, כאשר נניח את רגלינו מחוץ למיטה, באמת תהיה שם קרקע, אך אנחנו מאמינים שכן, ובדרך כלל זה מספיק.

אולם שלא כמו אמונות אחרות, האמונה באלוהים משפיעה על כל תפיסת החיים. אמונה במובן היהודי היא הפנמה מלאה של העובדה שיש בורא לעולם, שמשגיח על הבריאה ושהביא אותנו לעולם הזה בשביל מטרה מסוימת. זו איננה ידיעה שכלית בלבד, אלא ביטחון פנימי שכך הדבר. ועם זאת, אף אחד לא נולד עם אמונה שלמה; כל חיינו הם גילוי ופיתוח של גרעין האמונה שבקרבנו.

למרות שלכאורה אפשר לקיים מצוות גם בלי להאמין, היו מחכמינו שהגדירו את האמונה כמצווה הראשית והחשובה ביותר, שמופיעה בדיבר הראשון מעשרת הדיברות: "אָנֹכִי ה' אֱלֹהֶיךָ" (שמות כ). בניגוד למצוות אחרות שיש להן פן מעשי יותר, כאן הציווי הוא על **הכרת** הבורא **וידיעתו**.

איך מתארים את אלוהים?

אולי זו בדיוק הבעיה, שמנסים לתאר אותו. משום שאלוהים שהיהדות מאמינה בו – "אין לו דמות הגוף ואינו גוף".[2] הוא איננו קוסם, לא ישות רוחנית מספר פנטזיה, לא סבא עם זקן שיושב בשמיים ומביט לצלחתנו לראות מה אנחנו אוכלים. אז מה הוא בעצם?

אינסופי. האינסוף מתנשא למעלה מכל המילים, הרגשות והמחשבות שנוכל להעלות בדעתנו. האינסוף קודם לעולם בזמן, בלתי ניתן להגדרה, וכולל את כל מרכיבי המציאות שאנו מכירים כמו חומר, מרחב, זמן, נפש ותחושת קיום, אך גם מושגים שאין לנו יכולת להבין או לתאר. הוא מתנשא מעבר לגדרי השכל וההבנה האנושיים, וכמו שאמר הנביא: "כִּי לֹא מַחְשְׁבוֹתַי מַחְשְׁבוֹתֵיכֶם וְלֹא דַרְכֵיכֶם דְּרָכָי" (ישעיהו נה). בניסוח חסידי מפורסם, האמונה באלוהים מתחילה במקום שבו השכל מסתיים.

בלתי מוחשי. מכיוון שאת אלוהים אי אפשר לתפוס בכלים אנושיים, היהדות התנגדה כל כך להגשמת האל (מלשון גשמיות, חומריות): "לֹא תַעֲשֶׂה לְךָ פֶסֶל וְכָל תְּמוּנָה" (שמות כ). תפיסה מוגשמת של אלוהים מובילה לדמיונות מעוותים, שמצמצמים את אינסופיותו של אלוהים ודוחקים אותו לתוך משבצת אנושית. למשל, השאלה "האם אלוהים יכול לברוא אבן שהוא לא יכול להרים" מניחה שאלוהים מתנהל בקטגוריות של "אבן" (חומר) ו"להרים" (פעולה). לשאלה הזו יש משמעות רק בעיניים אנושיות, אך לא כשמדברים על אלוהים, שנמצא מעבר לשכל ולהיגיון שלנו. מבחינת האינסוף, השאלה חסרת משמעות ממש כמו לשאול "האם הצבע הצהוב הוא אי־זוגי".

אחד. אלוהים הוא הכול, ואין מציאות מבלעדיו. הוא יוצר את העולם, אבל אינו משתנה. הוא נמצא מעבר למציאות, ועם זאת שורה בתוכה. במובן מסוים המציאות היא כמו עץ ובו אלפי עלים בגדלים וגוונים שונים. העלים חווים את עצמם כנפרדים זה מזה, אך למעשה הם כולם חלק מאותו עץ! בדומה לכך, כל חלקי המציאות הם חלקים של דבר גדול, ורק בגלל מוגבלות התודעה שלנו איננו יכולים לראות כיצד הם מתחברים לדבר אחד. אינסופיותו של אלוהים כל כך מוחלטת, עד שאין שום דבר בעולם חוץ ממנו, וכמו שאומרת התורה: "אֵין עוֹד מִלְּבַדּוֹ" (דברים ד).

הרעיון של אחדות האל מתמצה בפסוק שבעיני רבים מייצג את לב לבה של היהדות: **"שְׁמַע יִשְׂרָאֵל ה' אֱלֹהֵינוּ ה' אֶחָד"** (דברים ו). ה"אחד" שמופיע בקריאת האמונה הזו אינו עניין כמותי, כפי שאנחנו אומרים "תפוז אחד" ולא שני תפוזים. זוהי אחדות מהותית, שאי אפשר לחלק אותה. "הכול אחד" אומר שגם דברים שנראים לנו כמו סתירות או הפכים, הם בעצם צדדים משלימים של אותו דבר.

מחויב המציאות. האם תוכלו לדמיין חשבון בלי מספרים, מילים ללא אותיות, מוזיקה שאין לה צלילים? מה הופך ארבע רגלי עץ המחוברות לחתיכת דיקט – לשולחן? בכל דבר יש נקודה פנימית שמהווה את עצם העניין, התמצית שבלעדיה הדבר איננו הוא. אז מה הופך את המציאות למציאות? על פי היהדות, אלוהים הוא יסוד ההוויה – הנקודה שעומדת בבסיס המציאות כולה, הדבר שמהווה את עצם הקיום. הנחת היסוד שלנו היא שהוא תמיד היה ותמיד יהיה, ואינו תלוי בשום דבר.[3]

משגיח. עם כל גדלותו ונשגבותו, אלוהים נוכח בתוך הבריאה ומשגיח עליה. כל יצור זוכה ליחס מיוחד המיועד לו בדיוק, ואף אחד לא נעזב לבדו. האירועים, החוויות, ההצלחות והמשברים שבחיינו הם כולם תוצאה של רצון אלוהי.

אופן ההשגחה האלוהית על העולם הוא אולי הדבר הקשה ביותר להבנה לשכל האנושי. לעיתים אנו מצליחים להבין מדוע הדברים מתנהלים כפי שהם, ולעיתים לא (ראו בהמשך, "ביטחון"). מצד אחד אלוהים מנהל את העולם על פי מערכת של שכר ועונש – החוטאים נענשים והצדיקים יוצאים נשכרים. אבל אם מביטים סביב, רואים שלא תמיד זה כך. המציאות של "צדיק ורע לו, רשע וטוב לו"[4] איננה דבר נדיר כל כך. הסיבה היא שיש שיקולים נוספים, שאיננו בהכרח מכירים או מסוגלים להבין. רק משה רבנו, גדול הנביאים אשר הגיע להשגת האלוקות הגבוהה ביותר שבן אנוש מסוגל להגיע אליה, זכה גם גם להבין כיצד מנהל אלוהים את עולמו.[5]

אישי. אלוהים לא רק משגיח על הבריאה, אלא גם יוצר קשר אישי עם בני האדם. הקשר שלו עימנו מתבטא במגוון דרכים כגון נבואה, נתינת התורה לאנושות והשראת שכינה, שעל חלקן נרחיב בפרקים הבאים. הקשר שלנו איתו מתבטא בתפילה, לימוד תורה וקיום מצוות. הדיבור האלוהי עם בני האדם אינו נחלת העבר בלבד, כעין משהו היסטורי שקרה לאבותינו ולא לנו. גם היום אלוהים מדבר איתנו באופנים שונים, גם אם לא תמיד אנחנו שמים לב לכך. מה שאפיין את הנביאים היה לא רק הכישרונות והחוכמה שהיו להם, אלא הרגישות שלהם לשמוע את דבר האל. ככל שאדם יותר קשוב להוויה, כך הוא יכול לשמוע ולהבין את המסרים האלוקיים המופנים אליו.

בתורה מסופר שאלוהים ציווה על אברהם אבינו: "לֶךְ לְךָ מֵאַרְצְךָ וּמִמּוֹלַדְתְּךָ וּמִבֵּית אָבִיךָ אֶל הָאָרֶץ אֲשֶׁר אַרְאֶךָּ" (בראשית יב, א). אם אברהם (אז עוד אברם) יסכים לעזוב את כל עולמו מאחוריו וללכת בעקבות הקריאה, הוא יזכה לברכה עצומה. אך בשום מקום לא נאמר מדוע דווקא אברהם נבחר על ידי האל מכל בני האדם. אחד ההסברים הוא שהקריאה האלוקית "לך לך" הושמעה על ידי האל בכל העולם כקריאה תת־הכרתית, כמו גלי רדיו רוחניים. כל אחד יכול היה לשמוע אותם, אך אברהם היה היחיד שחיפש – ושמע.

איך מאמינים?

האמונה היא תכונת נפש בסיסית שקיימת בנו, ידיעה ודאית שמעל השכל, אך זקוקה לפיתוח וללימוד מתמיד כדי להוציא אותה אל הפועל. לעצם האמונה באלוהים מתווספות שתי מצוות המבוססות על יחס נפשי שלנו כלפיו: אהבה ויראה.

אהבה ויראה

אהבה לאלוהים היא השתוקקות לקרבתו. מכיוון שאי אפשר להכיר את הבורא עצמו, נוכל להכיר אותו על ידי הכרת מעשיו, כלומר דרך העולם שברא. האהבה לאלוהים מתעוררת בין היתר מתוך התבוננות בגדלות הבריאה, בחוכמת גופנו, בניסים הקטנים של החיים. וכפי שכתב הרמב"ם: "בשעה שיתבונן האדם במעשיו וברואיו הנפלאים הגדולים [של האל] ויִראה מהם חכמתו שאין לה ערך ולא קץ, מיד הוא אוהב ומשבח ומפאר ומתאווה תאווה גדולה לידע השם הגדול" (הלכות יסודי התורה ב).

יראה, לעומת זאת, היא תחושת אפסות שמתעוררת מתוך אותה התבוננות ממש: "וכשמחַשב בדברים האלו עצמן מיד הוא נרתע לאחוריו, ויירא ויפחד ויֵדע שהוא בריה קטנה שפלה אפלה, עומד בדעת קלה מעוטה לפני תמים דעות" (שם). לעיתים כל מה שצריך כדי לעורר אותנו לאמונה הוא להקדיש כמה דקות של מחשבה לנושאים מרוממים. אפשר להתבונן בכוכבים – בכמותם העצומה, במרחק הבלתי נתפס שלהם מאיתנו, ובמה שבוודאי נמצא אי־שם במרחבי הקוסמוס וכנראה לא נצליח לגלות לעולם. אפשר לחשוב על העובדה שחיינו הם דבר חולף שעתיד להסתיים יום אחד, ועל עוד ועוד שאלות קיומיות אשר פותחות פתח להכרת הבורא ולאמונה. גם התבוננות במאורעות שקרו לנו בחיינו, ב"צירופי המקרים" השונים,

בסימנים ששולחים לנו מלמעלה ושחוזרים על עצמם שוב ושוב, יכולה לעורר אותנו להתרחבות דעת שתוביל לאמונה.

ביטחון

הביטחון בבורא הוא חלק ממצוות האמונה. מהי מידת הביטחון? מנוחת הנפש מתוך אמונה שהבורא דואג לי, ועושה הכול לטובתי. כל מה שקורה לי ולאחרים הוא מדויק, מכוון מלמעלה ונעשה מתוך שיקול דעת גדול לטובתי ולטובת העולם כולו. לפעמים איננו יכולים לראות כיצד הדבר נעשה באמת לטובתי, אך עלינו לדעת שהטובה היא לעיתים גלויה ולעיתים סמויה. לפעמים היא תוצאה של מעשה שעשיתי לאחרונה, ולפעמים של דבר שקרה לפני שנים רבות ורק עכשיו הגיע זמנו. לפי תורת הקבלה, אולי אפילו קורים לנו דברים בגלל מה שעשינו בגלגול קדום. פעמים רבות, מה שקורה לאדם הוא אות ורמז מהבורא כדי שיתקן או ישנה את דרכיו.

מידת הביטחון מסירה מהאדם דאגות ומתחים מיותרים, מתוך שהוא יודע שהכול בידי שמיים, וכמו שאמר רבי נחמן מברסלב: "כשאדם יודע שכל מאורעותיו הן לטובתו, זאת הבחינה היא מעין העולם הבא" (ליקוטי מוהר"ן, ד). גם אם הדברים אינם ברורים לנו לעת עתה, עלינו להתחזק באמונה שהכול לטובה. זו לא רק המלצה, אלא כך נפסק גם להלכה: "לעולם יהא אדם רגיל לומר: כל מה דעביד רחמנא, לטב עביד [כל מה שעושה הבורא, לטובה עושה]" (שולחן ערוך אורח חיים, רל).

מעשה ברבי עקיבא שיצא יום אחד לדרך ארוכה, ולקח איתו חמור, שנשא את חפציו; תרנגול, כדי שיקיץ אותו משנתו מוקדם עם שחר ללמוד תורה; ונר, שיוכל ללמוד לאורו. לעת ערב הגיע לעיר, אך בני העיר סירבו לארח אותו בבתיהם. במקום להתייאש הוא יצא והלך לישון ביער סמוך. במהלך הלילה נשבה רוח חזקה וכיבתה את הנר. לאחר מכן הגיע חתול וטרף את התרנגול, ואז הופיע אריה וטרף את החמור. רבי עקיבא נשאר בחוסר כול, ובוודאי חשב לעצמו בתסכול: "למה זה קורה לי?!". לפתע נשמעו צהלות סוסים, והוא הבחין מרחוק בקבוצת חיילים שכובשת את העיר. בזכות אירועי הלילה, שנראו בזמנו כמפח נפש, ניצלו חייו: הנר היה חושף את מחבואו, והחמור והתרנגול

היו עלולים להסגיר אותו. מכאן אמר רבי עקיבא: "כל מה שעושה הקב"ה – הכל לטובה" (ברכות ס).

שמות האל

בתנ"ך ובספרות היהודית מתייחסים לאלוהים בכינויים שונים: אֱ־לֹהִים, הקדוש ברוך הוא, אֲ־דֹנָי צְבָאוֹת, שַׁ־דַּי, ריבונו של עולם, רחום וחנון, אבינו מלכנו, מלך העולם, אֵ־ל, וכמובן, השם המפורש בן ארבע אותיות שאסור להגות – יהו"ה (מכונה גם שם הוי"ה). אם אלוהים הוא אחד, מדוע יש לו שמות רבים כל כך?

שמות מבטאים גילויים שונים במציאות. ניקח לדוגמה קצין בכיר בצבא: כשהוא בלשכה, קוראים לו המפקד, אך הרמטכ"ל מן הסתם קורא לו בשמו הפרטי. אשתו מכנה אותו בכינוי אוהב, פוצ'יק. ילדיו קוראים לו אבא. הוריו, אחיו וחבריו קוראים לו בשם החיבה שדבק בו בילדותו. בתקשורת מתייחסים אליו בתור האלוף..., ובספר הטלפונים של השכן, שלפני שמונה שנים רצה לרכוש ממנו מכונית, הוא שמור בתור "שכן טויוטה". אף אחד מהשמות אינו "נכון" יותר מהאחרים. כל אחד מייצג בחינה אחת, צד מסוים באישיותו של אותו אדם. בבית הוא לא נותן פקודות או מסכם דיונים (בתקווה), ואילו בישיבת מטכ"ל הוא לא מספר סיפור לפני השינה ולא שואל אם נתנו שיעורי בית. כל שם מבטא רק צד אחד שלו, ואפילו אם נצרף את כל השמות, הכינויים וצדדי האישיות שלו, עדיין יישארו אזורים אפורים שאינם ידועים לנו.

בדומה לכך, גם אינסופיותו של אלוהים מופיעה באינספור גוונים, המיוצגים באמצעות שמות שונים. המדרש מספר כי כאשר אלוהים נגלה למשה בסנה הבוער, משה שאל אותו לשמו. התשובה שקיבל הייתה רבת־פנים:

> שמי אתה מבקש לידע [=לדעת]? לפי מעשיי אני נקרא...
> כשאני דן את הבריות, אני נקרא **אלוהים**;
> וכשאני עושה מלחמה ברשעים, אני נקרא **צ־באות**;
> וכשאני תולה על חטאיו של אדם, אני נקרא **א־ל ש־די**;
> וכשאני מרחם על עולמי, אני נקרא **ה'**.[6]

שמותיו הרבים של אלוהים מבטאים את דרכי הנהגת המציאות. לעיתים,

לפי הצורך, הוא חושף צדדים רחומים, ולעיתים מתנהג איתנו בקשיחות. אך עצמותו ומהותו לעולם נסתרות ונשגבות מפנינו.

השמות הקדושים. מבין שמותיו הרבים של אלוהים, שבעה נחשבים לשמות מקודשים יותר: הוי"ה (י־ה־ו־ה), א־דני, א־להים, א־ל, א־לוה, א־היה, ש־די, צב־אות. לגבי שמות אלה ישנם כמה כללים:

- אין להזכיר אותם לבטלה, כלומר לבטא או לכתוב אותם בלי סיבה, ולא לנהוג בהם בביזיון.
- לא משליכים לאשפה דפים או תשמישי קדושה שמופיעים בהם שמות קדושים. יש להניחם במתקן גניזה מיוחד, שממנו הם נלקחים לקבורה.
- לא נכנסים עם כיתוב של שם קדוש לשירותים או למקומות מזוהמים (האיסור כולל גם את הספר הזה...).

בספר זה אתייחס לאלוהים בכל מיני כינויים המקובלים בעולם היהודי: אלוהים (קוראים "א־לוקים"), הקדוש ברוך הוא, וגם בכינוי המקובל, ה' [קוראים "השם"].

מידע נוסף

כפי שנראה בהמשך, מצוות האמונה בעם ישראל איננה מתבססת על ראיות שכליות בלבד, אלא על "ראִיות" – מלשון ראייה, אותו רובד בנפש שהוא מעבר לשכל ולתבונה.[7] אך במהלך הדורות נעשה מאמץ להציג הוכחות לקיומו של אלוהים גם באופנים שכליים שיתקבלו על דעתנו, ואפשר לחלק אותם לארבעה סוגים מרכזיים.

הראיה הקוסמולוגית – סיבה ראשונה ואחרונה

לכל דבר שקורה בעולם יש סיבה שקדמה לו. המכונית נוסעת כי מישהו לחץ על דוושת הדלק; אם היא תילחץ והמכונית עדיין לא תזוז, נבין כי סיבה מסוימת מונעת זאת. כשהתפוח של ניוטון נפל על ראשו, הוא הבין שמשהו גרם לתפוח ליפול, וכך פיתח את נוסחת כוח המשיכה שלו.

מאז ומעולם ניסתה האנושות להבין מה גרם לעולם להיווצר. הפילוסופים היוונים חשבו שהעולם הוא קדמון – כלומר, היה קיים מאז ומעולם מבלי שהייתה לו נקודת התחלה. רק לפני שישים שנה החלו המדענים לקבל את תיאוריית "המפץ הגדול", הטוענת שלעולם יש נקודת ראשית בזמן. לפי תיאוריה זו, ברגע מסוים נוצר ריכוז אדיר של כל החומר והאנרגיה ביקום, והתפרצותו היוותה את נקודת הבריאה הראשונית. אבל המדענים לא עסקו בשאלה המרתקת עוד יותר – מה היה לפני המפץ הגדול? למרות הסקרנות, אין לנו יכולת לעסוק במה שקדם לזמן, למרחק ולבריאה.

היהדות מאמינה שאלוהים, שנמצא מעבר לחומר ולזמן, הוא שברא את העולם והוא שעומד בשורש כל התופעות. לכן הוא מכונה גם "סיבת הסיבות" – ה"למה" הגדול שאליו מובילות כל השאלות.

תפקידו של אלוהים לא הסתיים עם בריאת העולם. חוקרי הטבע מודעים היטב לכך שקיימת בבבריאה תנועה מתמדת של התפשטות והתרחבות, צמיחה וקמילה. אפילו הספר שאתם מחזיקים כעת אינו באמת דומם. הוא מורכב ממיליארדי חלקיקים הנעים במהירות אדירה כל כך, עד שאיננו מסוגלים להבחין בעובדה שהוא עשוי, ברובו המוחלט, מִריק (ואקום) – שום כלום.[8] כדי שהעולם יתקיים דרוש כוח שיהווה אותו ללא הרף, כמו נורה שזקוקה לזרם חשמל רציף כדי להאיר. אם הבריאה הייתה רק אירוע חד־פעמי שנמשך שישה ימים בלבד, מה ממשיך לקיים את העולם מאז?

לפי היהדות, ששת ימי בראשית המוזכרים בתנ"ך הם ההתחלה שבה נוצרה המסגרת של העולם. כדי שהעולם ימשיך להתהוות, צריך שאלוהים יקיים אותו כל רגע מחדש. אפשר לתאר זאת במשל הבא: דמיינו לרגע אולם קולנוע חשוך, שמוקרן בו סרט על מסך גדול. אתם שוקעים בעלילה המותחת, והכול נראה אמיתי כל כך עד שלעיתים שוכחים שזה רק קולנוע. אבל מה יקרה אם פתאום ייפסק זרם החשמל במקרן? במצב כזה תשתרר חשיכה באולם, הדמויות ייעלמו, ולא יישאר כל זכר לחיים הנפלאים שהתקיימו על המסך עד לפני רגע.[9]

בנמשל, ה"חשמל" שמקיים את המציאות בכל יום ובכל רגע הוא כוח הבריאה התמידי שאותו מזרים אלוהים. ועל כך נאמר בתפילה: "בָּרוּךְ אַתָּה ה'... הַמְחַדֵּשׁ בְּטוּבוֹ בְּכָל יוֹם תָּמִיד מַעֲשֵׂה בְרֵאשִׁית" (ברכות קריאת שמע של שחרית).

הבריאה המכוונת – התבוננות בגוף ובטבע

במפעל גדול לשוקולד עומדים פסי ייצור ארוכים, מכונות משוכללות ומשטחי אריזה שממלאים את האולם כולו. המכונות עובדות בקצב גבוה ובארגון מושלם, ואם תסתכלו מקרוב, תראו שכל מכונה וכל בורג נמצאים בדיוק במקום המתאים וממלאים את התפקיד שנועד להם, גם מבלי שיהיה שם ולו אדם אחד.

האם יכול להיות שהמפעל פשוט "נוצר מעצמו", ושכל המכונות נבנו בצורה אקראית? האם לא ברור שמישהו תכנן וסידר אותן במקומן, ושהוא שולט

על פעולתן ומתחזק אותן באופן שוטף? לא רק שחייב להיות מישהו כזה, אלא שברור שהוא עשה את כל זה למען מטרה מסוימת, אחרת לא היה מתאמץ לבנות מפעל מושלם כל כך.

אם כך הדבר לגבי מפעל אחד, על אחת כמה וכמה כשמדובר בעולם כולו. כשמתבוננים בחתיכת עץ או אבן, ועוד יותר – כשמבחינים בתחכום המדהים של הצמחים, של בעלי החיים, ומעל כולם של האדם, עומדים נפעמים מדרגת התכנון המדוקדקת. ככל שהאנושות לומדת יותר על העולם, כך מתברר שהתחכום שלו גדול עוד הרבה יותר משחשבנו, ותחושת ההתפעלות מהאדריכל העליון שתכנן אותו רק מתעצמת. מספיק להסתכל על מנגנון הפעולה של הלב – משאבה שפועמת 100 אלף פעמים ביום מבלי להתעייף; על העין – המצלמה המשוכללת בעולם, ואפילו על הדרך שבה צומחות השערות שלנו. התחכום והסדר המושלם של היקום מגלגלים את חובת ההוכחה לאקראיות על מי שרוצה לטעון שכל זה נוצר סתם כך. וכפי שהגדיר זאת אחד מגדולי הפיזיקאים בדורנו, הסיכוי שהעולם שלנו נברא "במקרה" הוא בדיוק אותו סיכוי שסופת הוריקן שעברה מעל מחסן גרוטאות תייצר מטוס בואינג...[10]

המקורות היהודיים מסבירים שאברהם אבינו, המאמין הראשון, הגיע לאמונתו מתוך התבוננות בעולם. המדרש מדמה את אברהם לאדם שהלך בדרך וראה ארמון מואר.[11] הוא תהה לעצמו: ארמון זה, מישהו הרי בנה אותו והדליק בו אור, אך מי הוא? באותו רגע הופיע בעל הארמון ואמר: אני הוא.

בנמשל, הארמון הוא העולם שלנו. אנחנו מקבלים אותו כפי שהוא, מבלי שהוא מעורר בנו יותר מדי שאלות. גם בעבר איש לא עצר לשאול "מיהו בעצם מנהיג העולם", עד שבא אברהם. כשהוא ראה את הסדר המדויק של יום ולילה, קיץ וחורף, הבין שיש יד שמסדרת את העולם. עצם השאלה והחיפוש הביאו את אלוהים להתגלות לפניו. העולם מעיד על בוראו בשתיקה, וכמו שאמר דוד המלך (תהילים יט): "הַשָּׁמַיִם מְסַפְּרִים כְּבוֹד אֵל, וּמַעֲשֵׂה יָדָיו מַגִּיד הָרָקִיעַ... אֵין אֹמֶר וְאֵין דְּבָרִים, בְּלִי נִשְׁמָע קוֹלָם".

שורש המוסר

אנחנו מרגישים שיש אמיתות מוסריות שנכונות תמיד – לא לקחת שוחד, לא לפגוע ביצורים חסרי ישע, להכיר תודה. עצם התחושה שלנו שיש "מעשה נכון", מעידה על מציאותו של שורש מוסרי עליון.

הבעיה היא שלעיתים קרובות אינטרסים אישיים משבשים את שיקול הדעת המוסרי שלנו. למשל, רוב בני האדם יסכימו שגנבה היא דבר מגונה. ובאמת, כשזה נוגע לדברים גדולים כמו מכונית או ארנק, כולנו שומרים על החוק ואיננו מעלים על דעתנו לקחת אותם בלי רשות. אבל מה לגבי דברים קטנים, כמו טעימת פיצוחים בחנות בשביל הכיף, או הדפסת מסמכים אישיים בעבודה בלי רשות? מבחינה מוסרית טהורה, אין הבדל בין גנבה של מיליוני דולרים ובין גנבה של כמה אגורות – מוסר אמיתי הוא דבר מוחלט, שנכון בכל זמן ובכל מקום.[12]

האמונה באלוהים, בהשגחתו המתמדת ובחוקים הנצחיים שהעניק לנו, היא הבסיס של מערכת ערכים מוסרית באמת, שתישאר יציבה גם כשהאידיאולוגיות ישתנו, וגם כשאין בסביבה שוטרים או אמצעי אכיפה. הסיפור הבא הוא דוגמה לכך:

פעם נסע יהודי אחד בעגלה רתומה לסוסים, כמנהג אותם ימים. בצד הדרך עמד מטע תפוחים עסיסיים, והעגלון שהסיע אותו לא התאפק ועצר לקטוף לעצמו פירות, כמובן ללא רשות הבעלים. הוא חשב לעצמו "בסך הכול תפוח אחד, למי זה כבר יפריע", וביקש מהנוסע שיצעק אם יראה מישהו מגיע. בדיוק כשעמד לקטוף תפוח, צעק לו הנוסע: "רואים!". העגלון הסתכל לצדדים, אך לא ראה איש. הוא ניגש לשדה שוב, אך גם הפעם, ברגע שנגע בפרי, צעק הנוסע "רואים, רואים!". הדבר נשנה כמה פעמים, עד שלעגלון נמאס. הוא שאל את היהודי: "מדוע אתה צועק סתם? אין כאן איש, אף אחד לא רואה!". הנוסע נשא את עיניו כלפי מעלה ואמר: "בני אדם אולי לא רואים, אבל יש מי שרואה..." (מסופר על רבי ישראל מאיר הכהן, ה"חפץ חיים").

חוויה רוחנית

אפשר לדבר על שוקולד כל היום: להסביר ממה הוא עשוי, לתאר את הארומה של כל סוגי הקקאו הגדלים בעולם, להסביר את ההבדלים בין שוקולד עם 60, 70 או 80 אחוזי קקאו, ואיך כל אחד מהם מתפצפץ אחרת על הלשון. אפשר לדקלם בעל פה את שמות היצרנים, הסוגים והזנים, ואפילו ללמוד כיצד מייצרים אותו לבד בבית. אפשר לדעת את כל זה, ועדיין לא להכיר כלל את טעמה של קוביית שוקולד.

אפשר גם ללמוד כל היום על מרחבי הקוסמוס, על נצחיות הזמן ועל אינסופיותו של הבורא. אבל זה דבר אחד ללמוד על כך, ודבר אחר לגמרי "לטעום" אותו – להרגיש יום בהיר אחד שהאינסוף הזה פונה אליך. החוויה יכולה להתבטא בדרכים שונות: תפילה שנענתה, חלום נבואי, תחושת "דז'ה־וו" או אינטואיציה חזקה. קשה להסביר אותה במילים, אבל היא אחד הדברים המרגשים והמפעימים ביותר שאפשר לחוות. אנשים רבים שעברו חוויה רוחנית העידו שהיא אירוע מטלטל שאחריו חייהם לא חזרו להיות אותו דבר.

מה גורם לחוויה רוחנית? איש עוד לא הצליח להבין. ועם זאת, אם מסתכלים על הסטטיסטיקה, פעמים רבות חוויה רוחנית מתרחשת כשהאדם נמצא מחוץ למסגרת החיים הרגילה שלו: טיול במקום רחוק, אירוע קיצוני כמו מלחמה או מחלה (לא עלינו), מצב נפשי מיוחד. נראה שיש יותר סיכוי לחוות אותה כאשר האדם נושא בתוכו שאלה משמעותית, שעושָׂה אותו קשוב יותר למציאות ולהוויה. אבל לפעמים זה יכול לקרות סתם כך, כמו זה שחווה חוויה רוחנית באמצע קריאת ספר של דוסטויבסקי:

> אני זוכר את עצמי רוכב ברכבת ההפתעות הסוערת של הספר "האחים קרמזוב" במשך מספר שבועות. ואז, יום אחד לקראת סיומו של הספר, זה קרה. רגע שאני יכול לתאר אותו רק כְּנס. פתאום באמצע הקריאה, נדמה לי שזה היה כשאליושה נשא את הנאום שלו על קבר הילד הרך, הכול התחבר, המציאות כולה הופיעה לפני שקופה וצלולה.
>
> קשה לתאר מה ראיתי שם, ואני גם לא בדיוק זוכר. אני רק זוכר שזה היה רגע של התגלות מהסוג הזך ביותר שנובע ישירות מהלב. אני יודע כמובן שבקנה מידה רציונלי לא הייתה פה הוכחה לכלום, אבל זה כל מה שהייתי צריך. מה שאני זוכר הוא שבאותו רגע אמרתי לעצמי

שבעולם שקיים בו דבר יפה ומושלם כל כך חייב להיות גם אלוהים, כי עצם קיומו של הדבר הזה כבר מצדיק את קיומם של כל הדברים הטובים והרעים בעולם. הייתי בן עשרים ואני זוכר שנשבעתי לעצמי שלעולם לא אשכח את הרגע הזה. שתמיד, לא משנה לאן אגיע בחיים האלה, אזכור שהיופי האינסופי הזה קיים. הזכרון שהיופי הזה קיים יהיה הקמיע שלך, הבטחה תמידית של האל שהוא איתך כאן בעולם.[13]

בדרך כלל אי אפשר לאלץ את עצמנו לעבור חוויה רוחנית, אבל בהחלט אפשר לעזור לה להופיע. כדי למצוא את אלוהים צריך תחילה לחפש אותו. חכמינו אמרו: "הכל בידי שמיים, חוץ מיראת שמיים" (ברכות לג), והתכוונו לכך שאף שאלוהים קובע הכול בבריאה, דבר אחד הוא השאיר לאדם – לבחור אם להאמין בו. וכמו אברהם אבינו, כאשר האדם מחפש את אלוהים, אלוהים משיב לו באותה מטבע ומופיע בפניו.

עם זאת, לא יהיה זה חכם לשבת ולצַפות לחוויה של קולות וברקים. פעמים רבות החוויה הרוחנית מופיעה בצורה עדינה ואינטימית יותר, אבל כזו שמשאירה אותנו בוודאות מוחלטת לגביה. כדי שזה יקרה, צריך קודם כול לחבוש את משקפי האמונה ולבקש את האל מבעד לערפל שמסתיר אותו מאיתנו. אפשר להתחיל בלדבר איתו, להתפלל אליו, לבקש ממנו שיופיע ברמזים שיהיו ברורים לנו. וכשהתדר הפנימי יכוון לאמונה, נוכל לשמוע סוף סוף כיצד אלוהים מדבר אלינו.

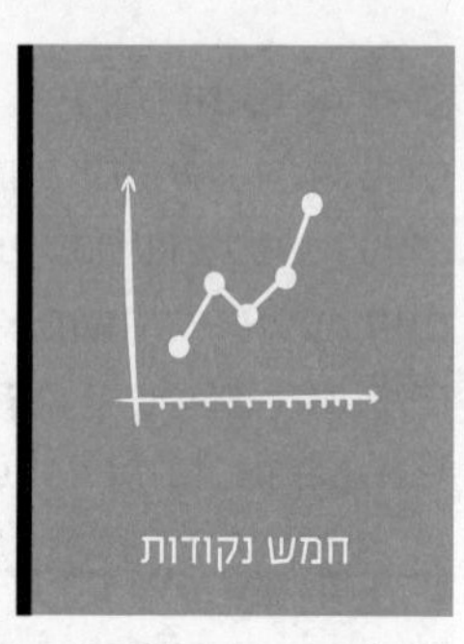

חמש נקודות על אמונה

1. **כולם מאמינים במשהו.** כל תפיסת עולם, תיאוריה או מדע מבוססים על הנחות יסוד נתונות שאי אפשר להוכיח. לפי היהדות, אלוהים הוא האקסיומה של העולם.
2. **תשתית המציאות.** אלוהים איננו דמות או ישות דמיונית, אלא מציאות אינסופית שקודמת למרחב ולזמן. יש לו מספר שמות והחשוב שבהם הוא שם הוי"ה, המרמז לכך שהוא היה, הווה ויהיה, ומהווה את העולם מחדש בכל רגע.
3. **מתגלה במגוון דרכים.** אי אפשר להכיר את האינסוף באופן ישיר, לכן אלוהים מתגלה אלינו בכל מיני צורות. השמות הרבים של אלוהים מבטאים למעשה את צורות ההתגלות השונות: בעל חסד, נוקם או מלא רחמים.
4. **מוגבלותו של השכל.** השכל הוא כוח נפלא המייחד את בני האדם משאר היצורים, אבל יחד עם זאת הוא מוגבל ועלול להטעות, ולכן צריך להיזהר שלא לראות בו את חזות הכל. אמונה שלמה היא גבוהה יותר מהשכל, כי היא מחברת אותנו אל ה"מעֵבֶר", אל השורש של כל המציאות.
5. **פשוט להאמין?** בניגוד למה שאנשים חושבים, אמונה באלוהים איננה דבר קל, ולכן זו מצווה שלפעמים פשוט צריך להתאמץ ולקיים. יש כל מיני דרכים להגיע לשם: לימוד תורה, התבוננות בעולם או חוויה רוחנית.

להרחבה

- **ספר האגדה,** חלק רביעי – "הקדוש ברוך הוא". אוסף מדרשים העוסקים בדמותו של אלוהים.
- משנה תורה לרמב"ם, ספר המדע, **הלכות יסודי התורה** (אפשר לדלג על פרקים ג–ד). שיטתו של רמב"ם בדבר ידיעת והשגת האל.
- חובות הלבבות, רבנו בחיי אבן־פקודה, **שער הביטחון** (רצוי עם ביאור "לב טוב").
- **המהפך,** סדרת ספרים מאת הרב זמיר כהן. המדע פוגש את התורה.
- **בגן האמונה,** הרב שלום ארוש. ספר יסוד על מהי אמונה ואיך מגיעים אליה.

פרק ב: האדם

על פי המדעים
נוצרו העולם והחיים
על פי נסיבות ותנאים
שנתהוו "מן הסתם".
מן הסתם, מה זאת אומרת?
שהתרחשו בשרשרת
שלא מתחילה או נגמרת
אקראית, מאז ומעולם.
ואני מסתובב לי מלא תוכניות
מלא כוונות, עתיר תרבויות
מלא חשיבות, שואף משמעות -
ואומרים לי שכל זה מן הסתמיות...

(**מה חדש במדע**, מאיר אריאל)

אל תכלאוני בשום כלוב
אל תסכמו אותי בוויקיפדיה
אני הכול, אני לא־כלום
אור אינסוף לבוש בגוף
אז אל תכלאוני בשום כלוב

(**ויקיפדיה**, חנן בן־ארי וקרן פלס)

מהו האדם?

התורה מתארת שהעולם נברא בשישה ימים, כאשר בכל יום נברא חלק אחר. ביום הראשון נבראו האור והחושך, ביום השני והשלישי נבראו השמיים, הים והצמחים, וכך הלאה. לבסוף, ביום השישי, אחרון חביב, נברא האדם.

שלא כמו שאר העולם שנברא בדיבור – "וַיֹּאמֶר אֱלֹהִים יְהִי אוֹר, וַיְהִי אוֹר" (בראשית א) – האדם נוצר משני יסודות הפוכים. מצד אחד, "וַיִּיצֶר ה' אֱלֹהִים אֶת הָאָדָם **עָפָר** מִן הָאֲדָמָה" (שם ב). היסוד שלו הוא גוף גשמי, ולאחר מותו הוא ישוב אל האדמה שממנה נוצר. מצד שני, לתוך התבנית הזו הכניס הבורא רוח מיוחדת: "וַיִּפַּח בְּאַפָּיו **נִשְׁמַת** חַיִּים". שני יסודות סותרים אלה – העפר הגשמי והנשמה הרוחנית, והמתח שביניהם – ילוו את האדם כל חייו.

את הדואליות הזו שבאדם ביטא היטב משורר התהילים: "מָה אֱנוֹשׁ כִּי תִזְכְּרֶנּוּ, וּבֶן אָדָם כִּי תִפְקְדֶנּוּ? וַתְּחַסְּרֵהוּ מְּעַט מֵאֱלֹהִים, וְכָבוֹד וְהָדָר תְּעַטְּרֵהוּ" (תהילים ח). החלק הראשון של הפסוק מדבר על כך שהאדם הוא כל כך קטן וחסר ערך עד שכלל לא ראוי להעניק לו תשומת לב, כאילו אומרים לנו "מי אתה בכלל?". אבל החלק השני של הפסוק הפוך לחלוטין: הוא אומר שהאדם הוא יצור גדול וחשוב מאוד, שנמצא במדרגה השנייה רק לאלוהים עצמו. איך מסתדרים שני החלקים יחד? מסתבר שהדבר תלוי בנו: האדם יכול להיות יצור חולף שאינו ראוי שיסתכלו לעברו, אך גם יצור נשגב ומרומם מעל כולם. שתי האפשרויות שוכנות בו בעת ובעונה אחת, והבחירה איזו מהן לממש תלויה בעיקר בו.

גוף ונשמה

התורה מספרת לנו שהאדם נברא "בְּצֶלֶם אֱלֹהִים" (בראשית א). אם לאלוהים

אין גוף ואין דמות (כפי שראינו בפרק הראשון), מה הוא בדיוק "צלם אלוהים"?

לשאלה חשובה זו הוצעו כמה תשובות, שאינן בהכרח סותרות זו את זו. יש מי שזיהו את צלם אלוהים עם **המוסר** או **המצפון**; יש שראו בו את **השכל**, המבדיל את האדם מבעלי החיים ומאפשר לו לחשוב, ללמוד, לתכנן ולהוציא לפועל את תוכניותיו; ויש מי שראו בו את החלק הרוחני העמוק של האדם – **הנשמה**.

הנשמה היא "חלק א-לוה ממעל ממש",[1] יסוד פנימי ששורשו מגיע מהאינסוף בכבודו ובעצמו. הנשמה מחברת את האדם עם האל ומאפשרת קשר תמידי איתו. אך מכיוון שהיא שייכת למקום עליון ורוחני מאוד, נגרם לה צער נורא כשהיא נאלצת לרדת אל העולם הזה, לתוך גוף גשמי ומגביל. מדוע אפוא היא נשלחת לכאן? איזו סיבה טובה יכולה להצדיק את הרחקתה ממקורה, מהבורא האינסופי?

התשובה היא שהנשמה היא אמנם רוחנית מאוד, אבל גם תמיד תישאר מוגבלת וכבולה לעולם הרוח. חִשבו על פרופסור מפוזר שבקיא בכל כתבי הפילוסופים החכמים ביותר, אבל אינו יודע את הדרך הביתה (הכרתי פעם אחד כזה). כפי שמיד נראה, האדם נברא כדי להגשים מטרה מסוימת בעולם הזה, החומרי, ולכן נמצא בו יסוד העפר, המצביע על עולם הגשמיות. ואילו הנשמה, מרוב רוחניותה, יכולה להאיר ולרומם את האדם, אבל לעולם לא תוכל לפעול כאן בכוחות עצמה.

בגמרא מובא משל יפה על מערכת היחסים המורכבת בין הגוף והנשמה. למלך אחד היה פרדס נאה ובו פירות משובחים. כדי לשמור עליו מגנבים, ביקש המלך להושיב בו שומר. אך הפירות כל כך טובים עד שגם השומר עלול לאכול מהם... חשב המלך על פתרון גאוני: הוא יושיב בכניסה לפרדס לא שומר אחד, אלא שניים: אחד חיגר (נכה ברגליו), והשני עיוור. בצורה כזו, חשב לעצמו, איש מהם לא יוכל לקחת פירות בלי רשותו; העיוור יוכל אמנם להגיע אליהם אבל לא יראה אותם, ואילו החיגר יראה אותם אבל לא יוכל להגיע אל העצים. למרות תוכניתו החכמה של המלך, בסופו של דבר שני השומרים בכל זאת אכלו מהפירות. כיצד? העיוור הרכיב את החיגר על גבו, והוא כיוון אותו לאן ללכת... (סנהדרין צא).

המשל מצביע על הדדיות בין הגוף לנשמה. כל אחד מהם ניחן בתכונה מיוחדת, אבל גם זקוק לשני. הגוף יכול לפעול בעולם, אבל נמשך כל הזמן לצדדים הגשמיים של "כאן ועכשיו"; הנשמה יכולה לרומם את האדם לעולמות עליונים, אבל משום שהיא רוחנית וחסרת צורה, איננה יכולה להופיע בעולם כמו שהיא.

חיינו הם מאבק שליטה בין הגוף והרוח, בין הנשמה לחלק הבהמי שבאדם. מי יהיה המנהיג? כשהיא נכנעת לו, האדם ממיר את השאיפה המרוממת בתאוות והנאות זמניות. אבל במצב מתוקן, הנשמה מנהיגה את הגוף.

מדוע נברא האדם?

בפרק הראשון ראינו שאלוהים הוא מושלם כפי שהוא, ולא חסר לו דבר. אם כן, לשם מה בכלל הוא ברא את העולם ואת האדם? גם שאלה יסודית זו זכתה למגוון תשובות בהגות היהודית.[2] אם לא נדע מהי תכלית בריאת האדם, איך נדע שאנו בדרך הנכונה?

כאשר אני שואל אנשים מהי התכלית שלהם בחיים, רבים משתתקים. הם מעולם לא חשבו על כך – "מה זאת אומרת מה המטרה? לחיות". חלק עונים שהם חיים כדי ליהנות. צר לי לומר להם, אבל אם זו התשובה – רוב האנושות אינה משיגה את תכלית החיים. אחרים אומרים שהם חיים כדי להקים משפחה ולהמשיך את שלשלת הדורות. גם זו תשובה בעייתית, מכיוון שהישרדות אינה יכולה להיות תכלית, אלא רק אמצעי עבור משהו אחר.

אז מהי התכלית? אציג כאן שתיים מהתשובות המפורסמות יותר בהגות היהודית:

"טבע הטוב – להיטיב". לפי הסבר זה, אלוהים הוא מקור הטוב והשלמות. כל זמן שרק הוא קיים, הטוב שלו לא יכול לבוא לידי ביטוי כי אין לו למי לתת אותו. לכן הוא בורא עולם ואדם שיוכל להיטיב להם.

תשובה זו נחשבת ליסודית מאוד בספרות היהודית, אך גם מעוררת קושי מסוים. היא מניחה שאלוהים צריך אותנו, הנבראים, כדי לגלות את טובו. אבל אם אלוהים הוא שלמות מוחלטת שאינה חסרה דבר, איך ייתכן שהוא זקוק לנבראים? יש כאן סתירה לוגית. ואף שישנם כל מיני הסברים שמתרצים זאת, לא נצליח לעמוד עליהם במסגרת הספר הזה. עלינו לחפש תשובה אינטואיטיבית יותר.[3]

"דירה בתחתונים". בהגות היהודית מופיע טעם נוסף לבריאת העולם: "בשעה שברא הקדוש ברוך הוא את העולם, נתאווה שיהא לו דירה בתחתונים כמו שיש בעליונים" (מדרש תנחומא, נשא). כדי להבין זאת נקדים הקדמה קצרה. נניח שנר קטן היה יכול לדלוק על השמש – איזה אור הוא היה מפיץ? אי אפשר לדעת. הוא פשוט היה נבלע באורה האדיר של השמש, ולא היינו יודעים כלל על קיומו. לעומת זאת, ככל שיותר חשוך מסביב כך קל יותר לראות את אור הנר, גם אם הוא קטן וחלש.

והנמשל: כפי שהסברנו בפרק הקודם, אלוהים הוא אינסוף, וממילא אין שום דבר חוץ ממנו. כל עוד הוא מתגלה ומאיר את אורו המלא, לא יכולה להתקיים מציאות אחרת. לכן, כדי שיוכל להתקיים משהו שאיננו אלוהים, אלוהים היה צריך "לצמצם" כביכול את אורו האינסופי כדי שדברים אחרים יוכלו להתקיים כמציאות עצמאית.

תורת הקבלה מסבירה שבתהליך הבריאה לא נברא עולם אחד, אלא אינספור עולמות. העולמות הללו נבדלים זה מזה בדרגת התודעה הרוחנית שלהם. הם מסודרים בהיררכיה על פי דרגת הקרבה שלהם לאינסוף – ככל שהאלוהות מתגלה יותר בעולם מסוים, כך העולם הזה נחשב ל"גבוה" יותר; ואילו ככל שההסתרה האלוהית גדלה ויש יותר פרטים נפרדים שאינם "אלוהים", הרי שמדובר בעולם "נמוך" יותר.[4]

העולם שבו אנו חיים מכונה בשפת הקבלה "עולם העשייה", והוא נחשב לנמוך ביותר מכל העולמות, משום שההסתרה של הבורא בו היא הגדולה ביותר. אפשר להבין זאת – מי מאיתנו רואה בגלוי את הנוכחות האלוהית בעולם?

עד כאן ההקדמה. כעת נחזור לטעם שהצגנו קודם, "נתאווה הקב"ה שתהיה לו דירה בתחתונים". מהי דירה? מקום שבו האדם יכול להתנהג כפי שהוא באמת. בבית אנחנו במצב האותנטי שלנו; מתנהגים בצורה טבעית יותר מאשר במקום ציבורי, לובשים את הבגדים שהכי נוחים לנו, ונועלים נעלי בית. כשרוצים שאורח ירגיש בנוח, אומרים לו "תרגיש בבית".

כשהבורא מבקש מאיתנו לעשות לו "דירה", כוונתו העמוקה היא שעלינו ליצור מרחב שבו האינסוף יוכל להתגלות במלואו, מבלי שיצטרך להסתיר או לצמצם את עצמו. הדירה הזו צריכה להיות דווקא ב"תחתונים", אותם

עולמות השרויים בחשיכה רוחנית ורחוקים מנוכחות אלוהית – וכפי שראינו, אין חשוך ומגושם מהעולם שלנו.

אך יש פרט מוזר בהסבר הזה. המילה "נתאווה" היא מלשון תאווה. האם ייתכן שלבורא, שיא השלמות, יש תאוות? מובן שלא. הכוונה כאן היא להדגיש את אחת התכונות הבולטות של התאווה: שהיא חסרת הסבר. מדוע אחד אוהב גלידת תות והשני דווקא גלידת בננה? אם תחשבו על זה לרגע, תגיעו למסקנה שהאמת היא שאין הסבר הגיוני, פשוט "כי ככה!".

השימוש במילה "תאווה" בא להמחיש שהסיבה העמוקה לבריאת העולם נמצאת מעבר לשכל אנושי. כל עוד אנחנו מנסים לתת לה הסברים לוגיים, אנו מכפיפים את אלוהים לחוקי ההיגיון שלנו. אך מכיוון שהוא נמצא מעבר לטעם ודעת, אין לנו יכולת להבין את מניעיו ואת דרכי הנהגתו. עכשיו נשאר רק להבין – איך הופכים את המקום הזה לדירה לאלוהים?

תיקון עולם

חכמינו מספרים על דו־שיח מעניין בין התנא רבי עקיבא (שחי במאה השנייה לספירה), ובין טורנוסרופוס, הנציב הרומאי ביהודה. הקיסר לא הבין מדוע בני ישראל מקיימים ברית מילה, והקשה: אם אלוהים היה רוצה שהילד יהיה מהול, הוא היה בורא אותו כך מלכתחילה! כדי להמחיש את טענתו, שואל טורנוסרופוס את רבי עקיבא: מה יפה יותר, מעשי אלוהים או מעשי האדם? הוא ניסה לשכנע את רבי עקיבא להסכים שהטבע מושלם כפי שברא אותו אלוהים, ואילו ההתערבות של האדם רק פוגעת בשלמותו.

אלא שבמפתיע, רבי עקיבא ענה שדווקא מעשי האדם יפים יותר. כדי להוכיח את טענתו הוא הביא לקיסר שני סלים – באחד ערימה של גרעיני חיטה, ובשני לחמניות טריות וריחניות. "איזה טוב יותר בעיניך?", שואל רבי עקיבא, והקיסר נאלץ להודות שהלחמניות הרבה יותר שוות מסתם גרגרים לא אכילים. בכך מוכיח רבי עקיבא את טענתו שהטבע אינו מושלם כפי שהוא, ורק האדם יכול להביא אותו לתכליתו – לעשות מהחיטה לחם (מדרש תנחומא, תזריע).

במובן מסוים, אלוהים ברא את העולם כמו רהיט "עשה זאת בעצמך" שמרכיבים בבית. כל החלקים כבר קיימים, אבל צריך מישהו שיחבר ביניהם. כשהאדם עושה זאת, הוא נעשה שותף לבורא: "כל מה שנברא בששת ימי בראשית צריכין עשייה, כגון החרדל צריך למיתוק, החיטין צריכין להיטחן, אפילו אדם צריך תיקון" (בראשית רבה, יא). תיקון העולם הוא המשימה המוטלת על האדם. במדרש אחר מסופר על מה שנאמר לאדם הראשון לאחר שנברא: "תן דעתך שלא תקלקל ותחריב את עולמי, שאם קלקלת, אין מי שיתקן אחריך" (קהלת רבה, ז). גם אם אינך מתקן, לפחות אל תקלקל.

מצד שני, באמונה שהעולם איננו מושלם ושתיקונו מוטל על האדם בלבד יש גם סכנה. האדם עלול לחשוב שהוא יודע הכי טוב איך לתקן אותו. זו כמובן טעות; ההיסטוריה האנושית ידעה הרבה מהפכות שהתחילו בקריאה אידיאליסטית והסתיימו בהרג אכזרי. שַׁאֲלו את המיליונים שמתו במהפכה הצרפתית או הרוסית, כחלק משאיפה לתיקון העולם.

תיקון העולם צריך להיעשות על פי התוכנית שקבע הבורא, ושאותה נכיר בפרקים הבאים. היהדות דואגת להזכיר זאת, כאשר בסיום כל תפילה בבית הכנסת אנו חוזרים על המשימה: "לתקן עולם במלכות ש־די". בכך אנו מביעים את השאיפה שתיקון העולם ייעשה מתוך קשר לרצון האלוהי, ולא רק על סמך גחמה אישית.

קדושה

קדושה בעברית פירושה "הבדלה", דבר חיצוני שאי אפשר להשיג אותו ושנמצא מחוץ לגדרי העולם הזה. לפני שמשה רבנו עלה לקבל את התורה בהר סיני הוא נצטווה, "הַגְבֵּל אֶת הָהָר וְקִדַּשְׁתּוֹ" (שמות יט). כלומר, ההר מתקדש על ידי זה שאי אפשר לגשת אליו. באופן דומה, החדר הפנימי ביותר בבית המקדש, המכונה "קודש הקודשים", הוא כזה משום שהגישה אליו נאסרה לחלוטין למעט פעם אחת בשנה, כשהכוהן הגדול נכנס אליו ביום הכיפורים.

הקדושה היא הירכית והדרגתית: ככל שדבר קשור יותר עם המקור האלוהי, כך הוא קדוש יותר. הדרגה הגבוהה ביותר של קדושה, שממנה משתלשלות כל שאר הרמות, היא הבורא עצמו, מקור הקודש המוחלט. לכן

הוא מכונה **הקדוש ברוך הוא**. כאשר אנו מתחברים לקדושה אנו יוצרים מגע עם האינסוף ומתחברים אל הנצח, ובכך נותנים משמעות נצחית גם למה שמתרחש כאן ועכשיו.

קדושה יכולה להופיע בכל מיני דרכים – בחפצים כגון תפילין, מזוזות וספר תורה; במקומות כמו בית המקדש ובית הכנסת; בזמנים כמו שבת וימים טובים; אפילו בבני אדם. עם זאת, איננו יכולים פשוט להמציא קדושה – הקדושה קיימת רק מתוקף הציווי האלוהי. ספר תורה, למשל, הוא חפץ מקודש רק משום שהוכן ונכתב על פי כללים מדויקים שנקבעו בהלכה. אם הוא ייכתב על פי כללים אחרים, ואפילו אם תהיה בו טעות רק באות אחת, כבר לא תהיה בו שום קדושה, ולא משנה עד כמה הוא יפה ומפואר.

את כל הקדושה הזו אנחנו רוצים להכניס לחיי היום יום. אבל כיצד עושים זאת?

"בכל דרכיך דעהו"

בשונה מדתות אחרות, כדי להשיג קדושה ביהדות אין צורך להיות נזיר פרוש או בעל דרגה רוחנית יוצאת דופן. להפך; כדי לקדש את עולם החול חייבים לבוא איתו במגע ישנן שתי דרכים מרכזיות לחיות חיי קדושה:

הראשונה היא למלא את רצון האל ולקיים את מצוותיו, בייחוד בתחומים הגשמיים והיצריים כמו אכילה ושתייה, מיניות, פרנסה וצורכי הגוף. בכל תחום ישנם הוראות וכללים מדויקים המגדירים את המותר והאסור, הראוי והבלתי ראוי. הנחיות אלה מכוונות את האדם לחיים של קדושה – חיבור לבורא והתעלות מעל הטבע היצרי.

אבל יש תחומים רבים שהתורה לא התייחסה אליהם. הם לכאורה "ניטרליים", לא מצווה ולא עבירה. למשל, לא כתוב בתורה שחייבים לאכול פיצה עם זיתים (ולכן זו לא מצווה), אבל זה גם לא אסור (ולכן גם לא עבירה). האם יש דרך לאכול פיצה לשם שמיים?

כאן נכנסת הכוונה הפנימית שלנו. מדוע אנחנו עושים את מה שאנחנו עושים? האידיאל היהודי הוא "בְּכָל דְּרָכֶיךָ דָעֵהוּ" (משלי ג); כלומר, שכל מחשבה, דיבור ומעשה יהיו מכוונים אל התכלית – קיום רצון הבורא.

אפשר להבין איך עושים את רצון הבורא כאשר מקיימים את מצוותיו, אבל היהדות מלמדת שאפשר למלא אותו גם בדברים שנראים לנו יומיומיים וטבעיים, ושאינם קשורים כביכול לתורה. כשאוכלים או הולכים לישון, עלינו לכוון בלב שתהיה לכך תכלית שאיננה רק הנאתנו הגופנית – למשל, שיהיה לנו כוח לעשות מעשים טובים ולעבוד את הבורא. כשיוצאים לעבודה, עלינו להשתדל שהזמן שלנו ישמש לדברים משמעותיים, ושהכסף שנרוויח יהיה אמצעי להשגת מטרה גבוהה יותר כמו לפרנס את המשפחה, לקיים מצוות, ללמוד תורה, לתת צדקה או להכניס אורחים.

אפילו חוש הומור יכול להיות קדוש. הליצנות (ציניות) אינה נחשבת לתכונה רצויה, אך מסופר על רבא, אחד מגדולי חכמי התלמוד, שהיה מקפיד לפתוח כל שיעור בבדיחה טובה.[5] התלמידים היו מתגלגלים מצחוק, ורק אחר כך הוא היה מתחיל ללמד. לבדיחה הייתה תכלית – היא שברה את המתח בין הרב לתלמידים, והדבר סייע להם להתרכז בלימוד. הרמב"ם מתאר כיצד אפילו טיול בחיק הטבע יכול להיות חלק מעבודת הבורא: אדם השרוי במצב רוח ירוד ומדוכא אינו יכול לעבוד את ה' בשמחה. לכן כשהוא יוצא להתאוורר קצת כדי לשפר את מצב רוחו, יכולה להיות לכך תכלית גבוהה. הדברים מגיעים לרזולוציות כאלה, שההלכה מדריכה אותנו אפילו באיזה סדר לקשור את הנעליים. גם את השרוכים אפשר לקשר אל האינסוף!

הכוונות הללו אינן רק תיאוריה או רעיון יפה, אלא כך נפסק להלכה:

> וכן בכל מה שיהנה בעולם הזה לא יכוון להנאתו אלא לעבודת הבורא יתברך, כדכתיב "בכל דרכיך דעהו". ואמרו חכמים: "כל מעשיך יהיו לשם שמים", שאפילו דברים של רשות, כגון האכילה והשתיה וההליכה והישיבה והקימה והתשמיש והשיחה וכל צרכי גופך, יהיו כולם לעבודת בוראך, או לדבר הגורם עבודתו. שאפילו היה צמא ורעב, אם אכל ושתה להנאתו - אינו משובח, אלא יתכוון שיאכל וישתה כפי חיותו, לעבוד את בוראו... ומי שנוהג כן, עובד את בוראו תמיד (שולחן ערוך אורח חיים, רלא).

חשוב לציין: גם אם הכוונה חשובה וראויה, היא איננה מתירה לעבור על מצוות התורה. נסיעה במכונית לטיול בשבת כדי לשפר את מצב הרוח, למשל, לא תיחשב מצווה גדולה אלא להפך...

על חטאים ופספוסים

מה קורה כאשר איננו נוהגים בהתאם לציווי האלוקי? במצב כזה נעשה "חטא", מילה שמשמעותה בלשון הקודש "חיסרון" (כמו "החטאה" בכדורגל).[6] כאשר אדם חוטא, הוא גורם לכך שהעולם כולו יהיה חסר, ממש כשם שכאשר נגן אחד אינו מתכונן כראוי לקונצרט, הסימפוניה נשמעת צורמת גם אם השאר מנגנים נפלא. לכל אחד יש חלק משלו בפאזל, ובלעדיו אי אפשר להשלים אותו. אם נראה לנו שמעשינו חסרי משמעות – ומי לא חושב לפעמים "מה כבר יכול לקרות?" – הרי שטעות בידינו:

> צריך כל אדם שֶׁיִּרְאֶה עצמו כל השנה כולה כאילו חציו זכאי וחציו חייב. וכן כל העולם חציו זכאי וחציו חייב. חָטָא חֵטְא אחד, הרי הכריע את עצמו ואת כל העולם כולו לכף חובה וגרם לו השחתה. עשה מצוה אחת, הרי הכריע את עצמו ואת כל העולם כולו לכף זכות, וגרם לו ולהם תשועה והצלה (רמב"ם, הלכות תשובה ג).

הרמב"ם מתאר את העולם כעומד בכל רגע על סף חורבן או גאולה. כל פעולה שאנו עושים, ולו הקטנה ביותר, יכולה להכריע את הכף לכאן או לכאן. האחריות שניתנה לנו היא עצומה, לא רק על חיינו אלא על העולם כולו.

מידע נוסף

בחירה חופשית

בלי בחירה חופשית, חיינו הם חסרי משמעות. אם אנחנו רק רובוט משוכלל ומתוכנת מראש, שכל דבר שאנו עושים כבר קבוע במערכת, איזה ערך יש למעשים הטובים שלנו? היהדות מניחה שיש לאדם בחירה חופשית מוחלטת, וזוהי מעלתו של האדם. "האדם שנברא בצלם אלוהים יש לו סגולה זאת שהוא ברשות עצמו", כותב המהר"ל מפראג. "כמו ה' יתברך, שהוא עושה מה שירצה. וכך האדם יש רשות בידו לעשות מה שירצה, והוא בעל בחירה".[7] הבחירה אם להיות טוב או רע, צדיק או רשע, נמצאת ביד האדם ותלויה ברצונו.

אלא שיחד עם הבחירה החופשית, לפני האלוהים הכול גלוי וידוע: "הכל צפוי – והרשות נתונה" (אבות ג), וזה כולל את העתיד ואת המעשים שאנו עומדים לעשות. כיצד שני הדברים מסתדרים יחד, מצד אחד יש לנו בחירה ומצד שני אלוהים יודע הכול? זו אכן בעיה פילוסופית קשה שרבים ניסו ליישב. התשובה היא שכאן מתגלה שוב חסרונו של השכל האנושי. מבחינתנו זה אולי נראה כפרדוקס, אך לא מבחינת השכל האלוהי:

> כשם שאין כוח באדם להשיג ולמצוא אֲמיתת הבורא... כך אין כוח באדם להשיג ולמצוא דעתו של הבורא. הוא שהנביא אומר (ישעיהו נה): 'כִּי לֹא מַחְשְׁבוֹתַי מַחְשְׁבוֹתֵיכֶם, וְלֹא דַרְכֵיכֶם דְּרָכָי'. וכיוון שכן הוא, אין בנו כוח לידע היאך ידע הקדוש ברוך הוא כל הברואים והמעשים (רמב"ם, הלכות תשובה ה).

שכר ועונש

התורה מלאה בתיאורים של שכר ועונש. לפי התיאורים הללו, אם נמלא

את רצונו ונלך בדרכיו של הבורא נקבל שפע ברכה, ואם נמרה את פיו נסבול צרות ואסונות חלילה. מציאות כזו אינה מותירה לנו כל כך בחירה חופשית; מי ירצה לבחור בדרך שתביא לעונש? נראה שנכנסנו למלכודת.

אלא שעקרון השכר והעונש של התורה מתנהל בדרך שונה מאוד ממה שאנו מורגלים לחשוב. השכר והעונש אינם תגובה שמיימית של כעס או שבח למעשינו, אלא תוצאה טבעית שלהם. ממש כמו שיד שנוגעת באש סובלת מכוויה, ומי שזרע את השדה בחורף יקצור חיטה בקיץ. הכוויה איננה עונש והחיטה איננה פרס; אלה תוצאות טבעיות של המעשים בעולם שמתנהל לפי חוקים מסוימים.

באותו אופן, לשמירה או לאי־שמירה על חוקי התורה יש השלכות טבעיות עלינו, גם ברמה הפיזית וגם ברמה הרוחנית. אמנם לא תמיד רואים איך זה קורה, ולעיתים חולפים שנים ואפילו דורות עד שמבשילה התגובה הראויה. אם כל מי שהיה אוכל צ׳יזבורגר היה מקבל מיד מכת ברק, איזו בחירה חופשית הייתה נשארת לנו?

המעשים של עם ישראל והמצב הרוחני שלו מביאים תוצאות מסוימות. אם לא ננהג כמו שצריך:

> הִשָּׁמְרוּ לָכֶם פֶּן יִפְתֶּה לְבַבְכֶם וְסַרְתֶּם וַעֲבַדְתֶּם אֱלֹהִים אֲחֵרִים וְהִשְׁתַּחֲוִיתֶם לָהֶם. וְחָרָה אַף ה׳ בָּכֶם וְעָצַר אֶת הַשָּׁמַיִם וְלֹא יִהְיֶה מָטָר, וְהָאֲדָמָה לֹא תִתֵּן אֶת יְבוּלָהּ וַאֲבַדְתֶּם מְהֵרָה מֵעַל הָאָרֶץ הַטֹּבָה אֲשֶׁר ה׳ נֹתֵן לָכֶם (דברים יא).

ולעומת זאת:

> אִם בְּחֻקֹּתַי תֵּלֵכוּ וְאֶת מִצְוֹתַי תִּשְׁמְרוּ וַעֲשִׂיתֶם אֹתָם, וְנָתַתִּי גִשְׁמֵיכֶם בְּעִתָּם וְנָתְנָה הָאָרֶץ יְבוּלָהּ וְעֵץ הַשָּׂדֶה יִתֵּן פִּרְיוֹ... וְנָתַתִּי שָׁלוֹם בָּאָרֶץ וּשְׁכַבְתֶּם וְאֵין מַחֲרִיד, וְהִשְׁבַּתִּי חַיָּה רָעָה מִן הָאָרֶץ, וְחֶרֶב לֹא תַעֲבֹר בְּאַרְצְכֶם... וְהִתְהַלַּכְתִּי בְּתוֹכְכֶם וְהָיִיתִי לָכֶם לֵאלֹהִים וְאַתֶּם תִּהְיוּ לִי לְעָם (ויקרא כו).

תשובה

תארו לעצמכם אדם שהתייאש מהחיים והחליט, לא עלינו, לקפוץ ממגדל גבוה. תוך כדי צלילתו למטה הוא נזכר באימו האהובה, וחושב על הצער

הרב שייגרם לה כשתשמע על מעשהו. הוא רוצה ברגע אחד לשנות הכול, לחזור למעלה ולהמשיך בחיים. אבל אי אפשר; את הנעשה אין להשיב.

רעיון התשובה הוא מהפכני מאין כמוהו: הוא אומר שאף על פי שהאדם עשה מעשה, הוא יכול להשיב אותו לאחור, לבטל הכול ולהתחיל מחדש. נכון, לא את כל מה שעשה אפשר למחוק, אבל את הכתם המוטל על נשמתו, שמונע ממנו להתחיל מחדש בדרך טובה ומתוקנת – אפשר גם אפשר. איך עושים זאת? חוזרים בתשובה!

התשובה כוללת שלושה חלקים: וידוי, חרטה וקבלה לעתיד. במהלך הווידוי האדם עומד מול ה׳ ואומר לו: ״חטאתי, עוויתי, פשעתי״. בכך הוא מתוודה על החטא שעשה (לא חייבים במילים הללו בדיוק, העיקר שהמסר יובע). הרעיון מאחורי הווידוי הוא שהאדם מקבל אחריות על מעשיו. מספיק עם ההתחמקויות והתירוצים בסגנון ״אכלו לי, שתו לי״. כן, הייתי לא בסדר, התנהגתי לא כשורה, ועכשיו אני רוצה לתקן.

השלב השני הוא חרטה, שבה האדם אומר עד כמה הוא מצטער על מה שעשה. זה דבר אחד להתוודות על מה שעשיתי, ודבר אחר לגמרי להתוודות עם חיוך...

השלב השלישי הוא קבלה לעתיד – קבלת החלטה לחדול מהמעשים הלא טובים ולא לחזור עליהם. אמת, היצר ימשיך לפתות ואיננו יכולים לדעת בוודאות שלא נמעד שוב, אבל שני דברים כן נמצאים בידינו: קודם כול לרצות בזה בכל מאודנו, דבר שמעיד על כוונה אמיתית, ובוודאי ה׳ יעזור לנו להבא. ושנית, לחשוב על דרכים שיסייעו לנו להימנע מלחזור על העבירה פעם נוספת. למשל, אם אדם יודע שחברת אנשים מסוימים גורמת לו להיכשל בעבירות שהוא רוצה להימנע מהן, זו תהיה התחלה טובה להחליט לצמצם את המפגשים איתם למינימום ההכרחי.

הרמב״ם הקדיש כמה פרקים בחיבורו ההלכתי לסוגיית התשובה, והוא דן שם לא מעט במעלת בעלי התשובה (בכלל, מומלץ מאוד ללמוד את ״הלכות תשובה״ בספר משנה תורה). הנה כמה דברים מחזקים בלשונו:

> וְאַל יְדַמֶּה אָדָם בַּעַל תְּשׁוּבָה שֶׁהוּא מֻרְחָק מִמַּעֲלַת הַצַּדִּיקִים מִפְּנֵי הָעֲוֹנוֹת וְהַחֲטָאוֹת שֶׁעָשָׂה. אֵין הַדָּבָר כֵּן אֶלָּא אָהוּב וְנֶחְמָד הוּא לִפְנֵי הַבּוֹרֵא כְּאִלּוּ לֹא חָטָא מֵעוֹלָם. וְלֹא עוֹד אֶלָּא שֶׁשְּׂכָרוֹ הַרְבֵּה, שֶׁהֲרֵי

> טָעַם טַעַם הַחֵטְא וּפֵרַשׁ מִמֶּנּוּ וְכָבַשׁ יִצְרוֹ. אָמְרוּ חֲכָמִים: מָקוֹם שֶׁבַּעֲלֵי תְּשׁוּבָה עוֹמְדִין אֵין צַדִּיקִים גְּמוּרִין יְכוֹלִין לַעֲמֹד בּוֹ. כְּלוֹמַר מַעֲלָתָן גְּדוֹלָה מִמַּעֲלַת אֵלּוּ שֶׁלֹּא חָטְאוּ מֵעוֹלָם מִפְּנֵי שֶׁהֵן כּוֹבְשִׁים יִצְרָם יוֹתֵר מֵהֶם (הלכות תשובה ז).

חשוב לדעת שהתשובה אינה מיועדת רק לאנשים שהיו רחוקים מתורה ומצוות. לא פחות מהם היא נועדה גם לאנשים דתיים, שומרי מצוות, שנפלו וכשלו בחטא. התשובה מאפשרת לחזור, להתקדם, לנשום מחדש – לחיות.

קידוש השם וחילול השם

האדם נברא כדי לתקן את העולם, ולכן כל דקה של חיים היא בעלת ערך עצום. ערך החיים חשוב כל כך עד שהוא דוחה את כל המצוות שבתורה. למשל, אם אדם חולה צריך לאכול מאכל לא כשר כדי להבריא, מצווה עליו לעשות זאת. בדומה לכך, מחללים את השבת ככל שנדרש כדי להציל חיי אדם.

ועם זאת, שלוש מצוות אינן נדחות מפני ערך החיים. אפילו אם מחייבים את האדם לעבור עליהן, אסור לעשות זאת גם תחת איום בהריגה (שלא נדע). המוכנות הזו למסור את החיים למען הערכים האלוקיים נקראת **"קידוש השם"**.

שלוש המצוות שעליהן צריך לקדש את השם הן: הימנעות מעבודה זרה (כגון השתחוות או פולחן לפסל), שפיכות דמים (נטילת חיי אדם) או גילוי עריות (יחסי מין אסורים לפי התורה). על שלושה איסורים אלה נאמר "ייהרג – ובל יעבור", ערכים מוחלטים שעליהם יהודי לא יכול להתפשר. החיים אכן יקרים מאוד, אבל יש דברים מעטים שיקרים אפילו יותר מהם.

אבל לא צריך דווקא למות כדי לקדש את השם. למעשה, כל דבר שמגדיל את כבודו ויקרו של ה' בעולם גורם לכך, ולכן דרך נוספת (ומומלצת יותר) לקדש את השם היא להיות מודל לחיקוי. כיצד? "שיהא שם שמיים מתאהב על ידך" (יומא פו). כשאנחנו גורמים לאנשים בסביבתנו להעריך את התורה ואת לומדיה, לאהוב יותר את עם ישראל ולהתקרב לה' – זהו "קידוש השם" גדול מאוד. למשל, כשאדם שומר מצוות מתנהג בנחת ובהגינות עם אנשים אחרים, מכבד כל אדם, נוהג במוסריות, שומר את

החוק ומשמש דוגמה אישית, הוא מעודד אנשים בסביבתו להיות כמוהו, ומתוך כך מתגדל גם כבוד שמיים. להבדיל, כשאדם שומר מצוות מתנהג בחוסר מוסריות, מבזה את התורה, מדבר בזלזול ואינו נוהג בהגינות, הוא גורם לחילול השם ולביזוי הבורא ותורתו (בניסוח נפוץ: "הדתיים האלה"). כן, יהודים צריכים להיות אחראים לאופן שבו הם מתנהגים. מסופר על חכמי התלמוד שלא היו מוכנים לקבל מהקצב בשר בהקפה, "על החשבון", אף שהיו משלמים לו אחר כך כסף מלא, רק כדי שלא יגידו עליהם שהם מקבלים בחינם. אני למשל משתדל לא לחצות כהולך רגל באור אדום, גם אם אין אף מכונית בסביבה, רק מהסיבה הזו.

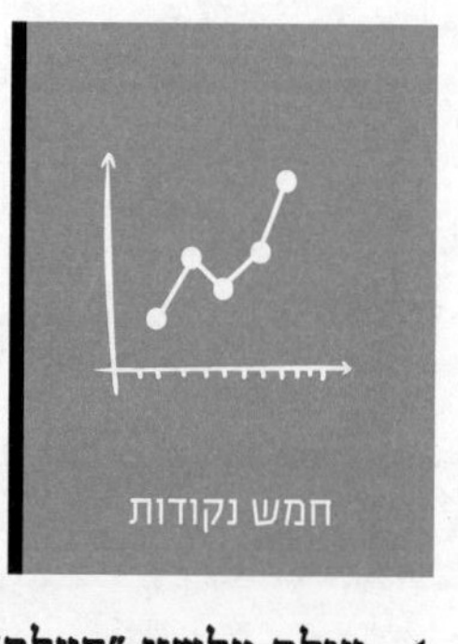

חמש נקודות על העולם והאדם

1. **עולם מלשון "העלם".** אלוהים, האינסוף ברוך הוא, צמצם את עצמו עוד ועוד כדי לברוא עולם. תכלית הבריאה היא המקום החשוך והמגושם (מבחינה רוחנית) שבו אנו חיים – עולם העשייה.
2. **תרגיש בבית.** דווקא בעולם החשוך הזה רוצה אלוהים שתהיה לו דירה, כלומר שנגלה את האינסוף בתוך המציאות החומרית.
3. **"חלק א־לוה ממעל ממש".** האדם נברא עפר מן האדמה, אך ניתנה בו גם נשמה – חלק אלוהי שבא מחוץ לגדרי העולם ומחובר בקשר רצוף עם האינסוף.
4. **לא מושלם.** העולם נברא עם חיסרון מובנה, מתוך ציפייה שהאדם ישלים ויתקן אותו ובכך ייעשה שותף בבריאה.
5. **קדושה בכל מקום.** אפשר לגלות את האלוהות בכל דבר, למעט במה שנאסר על ידי הבורא בהתאם לחוקי התורה.

להרחבה

- **ספר האגדה**, חלק חמישי, "אדם וצרכיו".
- משנה תורה לרמב"ם, **הלכות דעות**, פרק ג.
- **לדעת להאמין**, הרב יחזקאל סופר. ביאור מעמיק על אלוהים, הבריאה והאדם, תוך התמודדות עם דילמות החשיבה המודרניות.
- **נשמה**, הרב עדין אבן־ישראל (שטיינזלץ). מה אנחנו יודעים על הנשמה שלנו?

פרק ג: עם ישראל

אנחנו, [בני העולם המערבי],
חולמים חלומות יהודיים ומטפחים תקוות יהודיות.
למעשה, רוב המושגים החיוביים שלנו –
חדש, הרפתקה, הפתעה;
מיוחד, אישי, אדם, ייעוד;
זמן, היסטוריה, עתיד;
חופש, קדמה, רוח;
אמונה, תקווה, צדק –
הם מתנת היהודים.

(**מתת היהודים**, תומס קהיל)

מחלוני אני רואה
רחוב כמו נהר גואה,
ואנשים לעבודת
יומם הולכים.
ותינוקות של בית רבן
עם הילקוט שעל גבם,
ובידיהם כמה
ענפי הדס פורחים.
פתאום זה בא ומתבהר,
ולעצמי אני אומר –
לא תנצחו אותי,
לא מנצחים אותי כל כך מהר

(**לא תנצחו אותי**, נעמי שמר)

מיהו עם ישראל?

בפרק הקודם ראינו שהאנושות קיבלה משימה – לחשוף את האינסוף בתוך העולם הגשמי. משימה כזו נראית לעיתים בלתי אפשרית, משום שהחיים משכיחים בקלות רבה כל כך את החיבור העמוק שלנו לאלוהים. ועם זאת, הבורא איננו מטיל על האדם משימה שאי אפשר לעמוד בה.

כאשר מתכננים מבצע צבאי מסובך, לפעמים היחידות הרגילות אינן מספיקות וצריך לקרוא לסיירת – צוות מיוחד של אנשים מיומנים שייטול יוזמה, ייקח אחריות וינער את כל הישנוניים לעבודתם. כך בדיוק עשה אלוהים: הוא סימן קבוצת אנשים והטיל עליה את המשימה המורכבת ביותר שלו. הם קיבלו אימון מתאים וידע רלוונטי למילוי השליחות, צברו ניסיון, וכדי שלא יתייאשו בדרך – גם התלהבות ורצון להשלים את השליחות.

הקבוצה הקטנה הזו נקראת **עם ישראל**.

עם ישראל – תעודת זהות

מספר זהות: 613
שם המשפחה: בני ישראל
שם האבות: אברהם, יצחק, יעקב
שם האימהות: שרה, רבקה, רחל, לאה
מקום הלידה: ארץ מצרים, מדבר סיני
תאריך לידה: ט"ו בניסן, בערך בשנת 1550 לפני הספירה[1]
לאום: עברי / ישראלי / יהודי
מקצוע: תיקון עולם

היסטוריה על רגל אחת

עם ישראל מתחיל באברהם אבינו, שנולד בארם נהריים (באזור עיראק של ימינו). כפי שהזכרנו כבר, אברהם היגר לארץ כנען בעקבות הציווי האלוהי "לֶךְ לְךָ". בכנען הולידו אברהם ושרה את שני בניהם, יצחק וישמעאל. יצחק נבחר לממשיך דרכו, וגם לו ולרבקה נולדו שני בנים: יעקב ועשיו. יעקב, ששמו הנוסף הוא ישראל, נבחר להמשיך את המורשת המשפחתית, והוליד עם ארבע נשותיו שנים־עשר בנים ובת אחת: ראובן, שמעון, לוי, יהודה, דן, נפתלי, גד, אשר, יששכר, זבולון, יוסף (שבניו, אפרים ומנשה, נחשבים גם הם לשבטים) ובנימין. הבת נקראה דינה.

בני יעקב התגוררו בארץ כנען, אך נאלצו לרדת למצרים בגלל רעב כבד. בתחילה הם זכו לכבוד רב, אך לאחר שמלך מצרים התחלף הם נעשו עבדים וסבלו קשות במשך כמה מאות שנים. הם זעקו לאלוהים שיגאל אותם, והוא שלח להם את משה, איש עברי שגדל בארמון פרעה. לאחר שמלך מצרים סירב לשחרר את ישראל, הביא ה' על מצרים עשר מכות קשות, עד שבסופו של דבר פרעה נכנע ושחרר את ישראל. יציאת מצרים נחשבת עד היום לאירוע מכונן בהיסטוריה היהודית, ואנו מציינים אותה במגוון אופנים (חג הפסח הוא רק אחד מהם).

לאחר יציאת מצרים הגיעו בני ישראל להר סיני ושם קיבלו את התורה (וגם עשו את עגל הזהב). הם בנו את **המשכן**, מעין מקדש נייד שהלך איתם במדבר, וכבר עמדו להיכנס אל הארץ המובטחת. אך קבוצה מסוימת בעם ישראל לא רצתה בכך, וכולנו נענשנו ("חטא המרגלים"). בגללם נדדנו עוד ארבעים שנה במדבר, ורק אחרי שכל הדור שיצא ממצרים נפטר, נכנסנו לארץ ישראל. כאן חיִינו תחת הנהגת השופטים והנביאים. בשלב מסוים מינינו מלך – הראשון היה שאול, ואחריו באו דוד בן ישי ובנו שלמה, שגם זכה לבנות את בית המקדש הראשון בירושלים. הייתה זו תקופת השיא של עם ישראל בארצו.

לאחר מותו של שלמה התפצלה הממלכה לשתי ממלכות: יהודה וישראל. בממלכת יהודה חיו שני שבטים (יהודה ובנימין), והשאר נעשו חלק מממלכת ישראל, שהייתה גדולה וחזקה יותר. אלא שממלכת ישראל נכבשה בידי אשור, המעצמה החזקה ביותר בעולם באותו זמן, ומלך אשור הגלה את כל תושביה לארצות אחרות. עשרת השבטים התפזרו בעולם ועקבותיהם

לא נודעו עד היום הזה (מאז, מדי פעם נמצאים קבוצות ושבטים נידחים הטוענים שהם צאצאי ממלכת ישראל האבודים).

שנים מאוחר יותר נכבשה גם ממלכת יהודה בידי ממלכת בבל, שעלתה על במת ההיסטוריה במקום אשור. הבבלים שרפו את בית המקדש הראשון, החריבו את ירושלים והגלו את כל תושביה לבבל (586 לפנה"ס). לאחר שבעים שנה הביסה ממלכת פרס את בבל, ואז התיר המלך כורש ליהודים לשוב לארץ ולבנות את המקדש מחדש. חלק מהגולים שבו לציון והקימו את בית המקדש השני. הייתה זו תקופה טובה לעם ישראל, עד שגורם נוסף נכנס לתמונה.

כעת כבשו היוונים את הארץ. הם הטילו גזרות קשות על הדת היהודית, אך החשמונאים פתחו במרד והחזירו את המלכות לעם ישראל (חנוכה, חנוכה). העצמאות נמשכה כמאתיים שנה, עד שהרומאים כבשו את ממלכת יהודה. היהודים, עם קשה עורף, לא ויתרו, וקבוצות לוחמניות בעם הציתו מרד בשנת 70 לספירה. אך רומא פשוט הייתה חזקה מדי, וכך דוכא "המרד הגדול", כשהם החריבו את ירושלים ושרפו את בית המקדש השני. היהודים ניסו למרוד שוב, במה שקרוי מרד בר־כוכבא, אך נוצחו סופית. זה היה בשנת 135 לספירת הנוצרים.

בשנים שלאחר מכן התמעטו בהדרגה החיים היהודיים בארץ ישראל, ורוב העם גלה ממנה, בעיקר לבבל. עם ישראל יצא לגלות ופיתח קהילות מרשימות בכל רחבי העולם במשך מאות שנים. אך את ארץ ישראל מעולם לא שכחנו, וכך חזרנו אליה בדורות האחרונים, עד להקמת מדינת ישראל.

מיהו יהודי

על פי ההלכה, יהודי הוא מי שנולד לאם יהודייה או התגייר כהלכה. האימא קובעת את עצם היהדות של הילד, והאב קובע את ייחוסו (כהן, לוי או ישראל, להלן). יהודי נשאר יהודי לעולם – אי אפשר לשנות או לקחת את יהדותו, גם אם הוא ממיר את דתו או מכריז על עצמו כאתאיסט.

הסיפור המדהים הבא ממחיש זאת היטב. צ'ונאד סגדי נולד ב־1982 בהונגריה למשפחה נוצרית טיפוסית. מגיל צעיר גילה התעניינות

בפוליטיקה, ובהדרגה הפך לאחד ממנהיגי המפלגה הלאומנית שחרתה על דגלה שנאת מיעוטים, ובעיקר שנאת יהודים. שמו עורר חלחלה בקרב כל יהודי הונגריה.

יום אחד חשפה בפניו סבתו סוד משפחתי שנשאה שנים ארוכות: היא יהודייה, אשר גורשה לאושוויץ עם כל בני משפחתה ואף נשאה מספר מקועקע על היד. לאחר השואה נישאה להונגרי נוצרי, והחליטה להסתיר את יהדותה. לפיכך את הקעקוע הקפידה לכסות בשרוולים ארוכים גם בקיץ כך שאיש לא יראה אותו. היא סיפרה לנכדה ההמום: "הסבא שלך, הדודים, האב החורג והאם החורגת, בני הדודים – כולם מתו בגז". שלושים וחמישה מבני משפחתו נרצחו בשואה שאותה הכחיש סגדי כל חייו.

צ'ונאד הבין מיד שבעצם גם הוא יהודי, ובאותו רגע חרב עליו עולמו. הוא לא ידע מה לעשות ופנה במסרון לרב המקומי, לברר מה זה בכלל אומר להיות יהודי. הרב חשב שמדובר במתיחה – מה למנהיג אנטישמי אצל רב? אולם בהדרגה החל סגדי ללמוד יהדות ולהכיר את מורשתו. הוא פרש מהמפלגה הקיצונית, וכיום הוא יהודי שומר תורה ומצוות ושואף לעלות עם משפחתו לארץ.[2]

ייחוס משפחתי

מבין שנים-עשר השבטים, לוי נחשב לבכיר שבהם. הלוויים כיהנו בתפקידים המקודשים ביותר, והיו אחראים ללמד את התורה ומצוותיה לכל העם. בתוך שבט לוי ישנה משפחת הכוהנים – צאצאיו של אהרן, אָחיו של משה רבנו. הכוהנים זוכים למעמד מיוחד עד ימינו, דבר שמתבטא בפריבילגיות שונות אך גם באיסורים מסוימים המוטלים עליהם, כגון להינשא לאישה גרושה או גיורת. הייחוס המשפחתי עובר דרך משפחת האב, ואפשר לברר אותו דרך בני משפחה מבוגרים או מסמכים עתיקים.

הגניוס היהודי

קצת סטטיסטיקה: היהודים מהווים בסך הכול כ־0.2% מכלל אוכלוסיית העולם. עם זאת, נכון לשנת 2017, 22.2% מזוכי פרס נובל (24.5% אם

מנכים מהחישוב את פרס נובל לשלום) הם יהודים. 47% מזוכי תחרויות השחמט העולמיות הם ממוצא יהודי. 11% מהמיליארדרים בעולם הם יהודים. בחזית כל תחום במדע, בהגות ובתרבות נמצא מדענים, מלחינים, פסיכולוגים, הוגי דעות, בימאים, כלכלנים, סופרים או אנשי עסקים יהודים שזוכים להצטיינות ולפרסום רב, הרבה מעבר לחלקם היחסי באוכלוסייה העולמית. תופעה זו של הצטיינות יתרה מכונה "הגניוס היהודי", והיא בגדר תעלומה במשך שנים רבות. מה הופך את היהודים לכאלה?

בקרב החוקרים יש שלוש גישות מרכזיות. הראשונה אומרת שמדובר **בממצא גנטי**. היהודים הם בני משפחה אחת, וכנראה שזו משפחה עם גנים טובים במיוחד. אף שיש היגיון מסוים בטענה, היא שנויה במחלוקת עזה בין החוקרים. יש מהם שטוענים שהצליחו להוכיח אותה מבחינה מדעית, ויש הסבורים שהיא טענה מופרכת. אלה וגם אלה מביאים הוכחות וחיזוקים לדבריהם, אבל נראה שצריך לקחת אותה בעירבון מוגבל עד שייאספו נתונים רבים יותר.[3]

הגישה הסביבתית טוענת שהיהודים לא נולדו מוצלחים – הם **נעשו** כאלה. לפי הגישה הזו, הכישרון היהודי איננו תוצאה של ביולוגיה מוצלחת במיוחד אלא של היסטוריה קשה. מאז ימי חורבן הבית השני היהודים נמצאים בגלות, שבמהלכה סבלנו רדיפות, גירושים ופוגרומים נוראים. האומות שבתוכן גרנו במשך מאות שנים הגבילו את יכולתנו להשתלב בתעסוקה, בשלטון ובמוסדות החינוך וההשכלה הגבוהה, וכך נאלצנו לפתח דרכים חלופיות להתמודד עם המציאות הקשה. אחת מהן הייתה להצטיין בתחומים שמתאימים לעם נודד: אינם דורשים בעלות על קרקע אך כן מצריכים חוכמה, מעוף, יוזמה וחוש עסקי מפותח. תחומים כאלה מאפשרים עצמאות יחסית ואפשרויות קידום מהירות, הם העניקו ליהודים הזדמנות לנצל את כישוריהם ולהתחיל מחדש גם כאשר גורשו או נאלצו לנדוד. באמצעות פיתוח קשרים עם בני משפחותיהם ובני עמם המתגוררים בארצות אחרות, הפכו היהודים את אחת החולשות הלאומיות הגדולות שלהם – פיזורם הרב על פני תבל – למקור עוצמה. כך הלכה והתפתחה אצלנו תרבות שהחלה מסיבות של הישרדות, אבל המשיכה כהצטיינות לשמה.[4]

הגישה הדתית אומרת שהיהודים מצטיינים בתחומים אינטלקטואליים בזכות מאפייני הדת שלהם. התורה מצווה על ההורים ללמד את ילדיהם

תורה כבר מגיל צעיר – "וְשִׁנַּנְתָּם לְבָנֶיךָ" (דברים ו) – ולשם כך צריך לדעת לקרוא ולכתוב. בזמן שרוב אוכלוסיית העולם הייתה אנאלפביתית, כמעט כל היהודים ידעו לקרוא ולכתוב. הייתה זו תופעה נדירה, שהעניקה לנו יתרון עצום ברכישת ידע ופיתחה את האינטליגנציה שלנו. נוסף על כך, לימוד התורה עצמה דורש מאמץ אינטלקטואלי רב ויכולת שכלית מפותחת. העובדה שכל יהודי נדרש ללמוד תורה ברמה כזו או אחרת, הביאה לכך שדורות רבים של יהודים התפתחו מבחינה אינטלקטואלית יותר משכניהם.[5] כמו כן, חישבו על כך שאצל הנוצרים, במשך שנים היו הכמרים מרכיב חשוב באליטה האינטלקטואלית המקומית. אולם על פי הדת הקתולית, כמרים ונזירים אינם מתחתנים ואינם מביאים צאצאים שימשיכו את דרכם... אצל היהודים, לעומת זאת, לא רק שהמצווה "פרו ורבו" חלה על כולם (עמ' 307), אלא שבמשך שנים רבות השתדכו תלמידי חכמים מבריקים עם בנות של תלמידי חכמים ואנשי עסקים עשירים שתמכו בהם, ובכך יצרו שכבת אליטה אינטלקטואלית שהתקיימה למשך דורות רבים.

הגישה הרביעית שונה משלוש הקודמות. לא תמצאו אותה בתיאוריות ובמחקרים אקדמיים (לפחות לעת עתה), משום שהיא איננה ניתנת להוכחה מדעית. זוהי **הגישה המטאפיזית**, האומרת שיהודים זוכים להצלחה בגלל... עזרה משמיים. עם ישראל קיבל הבטחה שיזכה לחוכמה מיוחדת עד שכל העמים יאמרו "רַק עַם חָכָם וְנָבוֹן הַגּוֹי הַגָּדוֹל הַזֶּה" (דברים ד).

השאלה היא, כמובן, מה גרם לבחירת ישראל? האם יש לכך בהכרח סיבה רציונלית? לא מצאנו לכך ראיה בכתובים. בספרי הסוד מדובר על "בחירה עצמית", כלומר בחירה שאיננה תלויה בדבר כזה או אחר. גם אם אנחנו לא מתנהגים הכי בסדר, הבחירה בנו לא משתנה ולא מתבטלת לעולם, חלילה. כמו שאומרים, "צנחן נשאר צנחן"...

עם הנצח

ההבטחה האלוהית לשמירה על עם ישראל כללה גם הגנה מיוחדת מפני האויבים הקמים עלינו לכלותנו. ההיסטוריה שלנו, הדרך המופלאה שבה שרדנו אלפי שנים, מוכיחה שההבטחה של אלוהים לשמור ולהגן על עמו התממשה באופן בלתי מתקבל על הדעת וכנגד כל הסיכויים.

מסופר על רב שהגיע לאחר השואה לביקור בעיר רומא שבאיטליה. אף שירד גשם זלעפות, הוא ביקש שייקחו אותו מיד לשער טיטוס, אתר התיירות המפורסם. השער נבנה לפני שנים רבות כאות הוקרה לטיטוס, המצביא הרומאי ששרף את בית המקדש והחריב את ירושלים בשנת 70 לספירה. על השער נראה תבליט של חיילים רומאים הנושאים איתם את מנורת הזהב. לאחר שהגיע למקום, יצא הרב מהרכב ולעיני קבוצת תיירים נדהמת נעמד מול השער וצעק: "טיטוס, טיטוס, איפה אתה? האם אתה שומע? אמור לי, איפה העם הרומאי? אתם אינכם, נעלמתם מן העולם, אבל אנחנו – עדיין פה...".

ואכן, העם היהודי הוא שריד היסטורי של עולם עתיק שהיה ואיננו. כל העמים שהיו כאן – אשורים, בבלים, פרסים, יוונים ורומאים – חלפו ונעלמו כלא היו, בעוד עם ישראל ממשיך במסלולו המיועד. "יהודי הנו סמל הנצח", כתב הסופר הרוסי לב טולסטוי. "לא טבח ולא עינויים, לא אש ולא חרב האינקוויזיציה הצליחו להכחידו. הוא אשר בישר ראשון את דבר ה'. הוא אשר זמן רב כל כך שמר על הנבואה ומסרה לאנושות כולה. עם כזה אינו יכול להיעלם. יהודי הנו התגשמות הנצח".[6]

מדוע נברא עם ישראל?

עם סגולה

הביטוי "עם סגולה" מופיע כבר בתורה, סמוך למעמד הר סיני: "וְעַתָּה אִם שָׁמוֹעַ תִּשְׁמְעוּ בְּקֹלִי וּשְׁמַרְתֶּם אֶת בְּרִיתִי **וִהְיִיתֶם לִי סְגֻלָּה מִכָּל הָעַמִּים** כִּי לִי כָּל הָאָרֶץ" (שמות יט). משמעותו היא אוצר חביב: למלך יש אוצרות רבים, אבל אחד מהם יקר לו יותר מכולם. במקום אחר בתורה מכנה אותנו הבורא "בְּנִי בְכֹרִי יִשְׂרָאֵל" (שמות ד). בנים רבים יש למקום, אך רק אחד הוא הבכור, הנושא באחריות, שממנו הציפיות הן הגבוהות ביותר; הוא הבן שממשיך את האב, ויודע את כל הסודות המשפחתיים.

בתורה מסופר שבזמן שמשה עלה לקבל את התורה בהר סיני, הכינו בני ישראל עגל מזהב ועברו על החטא החמור של עבודה זרה. ה' הציע למשה להשמיד את העם ולהתחיל אותו מחדש, הפעם ממשפחתו של משה. איזה כבוד! אבל משה סירב בתוקף ואמר שאם עם ישראל יימחה, משה אינו מוכן ששמו יוזכר כלל בתורה. מה הופך את עם ישראל למשמעותי כל כך?

בכתבי חכמינו, עם ישראל מתואר כישות מטאפיזית שקדמה לבריאת העולם, הרבה לפני שנבראו בני האדם (מדובר כמובן בנשמות שלנו).[7] התפקיד הגדול של עם ישראל מתואר כך: "וְאַתֶּם תִּהְיוּ לִי מַמְלֶכֶת כֹּהֲנִים וְגוֹי [=עם] קָדוֹשׁ" (שמות יט). נבראנו כדי לחיות חיי קדושה כעם, ולהוות השראה לשאר העמים. אנחנו אמורים לשמש מגדלור רוחני קדוש ומוסרי, קול קורא לתיקון העולם שמנכיח את אחדות הבורא בכל מקום על פני הגלובוס. אנחנו אמורים להראות איך כל הפרטים הנפרדים הם חלק מאחדות אחת מופלאה וכוללת.

האם זו לא משימה יומרנית מדי? כיצד עם אחד, קטן כל כך, אמור להוביל מהפכה שתשנה את התודעה של כל העולם? נרחיב על כך בפרק ו, אך

בינתיים נוכל לומר: כן, זו בהחלט משימה לא פשוטה. אבל מי שהטיל אותה עלינו ידע מה הוא עושה – הוא חושב שהדבר ביכולתנו, ונתן לנו את הכלים הדרושים כדי למלא אותה.

בשנת 2011 הכה ביפן צונאמי קשה, שגרם לעשרות אלפי נפגעים בנפש ולנזק כלכלי עצום, כולל אסון גרעיני בתחנת הכוח בפוקושימה. בני כת המָקוּיָה, קבוצה של אוהבי ישראל, הזמינו נציגים יהודים שישוחחו עמם על הדרך להתמודד רוחנית עם משבר ואובדן. אחד המלומדים הללו היה הרב אלחנן ניר.

בסיום כמה ימים של הרצאות, שיעורים וביקורים במרכזי הקבוצה, שבהם אנשי המקויה שתו בצמא את דברי התורה והחיזוק של המלומדים היהודים, הפנה הרב ניר שאלה לקהל: "יש לכם רוחניות חזקה, תפילה שכמותה לא ראינו מעולם. מדוע אתם צריכים אותנו, את עם ישראל? הרי אתם מבקרים רבות אצלנו ויודעים מה קורה בארץ, ואתם גם יודעים כיצד מתנהגים אצלנו ברמזור או בתור לסופר". בתגובה ניגש אליו תעשיין יפני ואמר לו: "שמע נא, כבוד הרב. אלוהים יצר עולם כדי שנוכל להתקרב אליו. ואתם, עם התנ"ך, עמו ועֵדיו של אלוהים, האח הגדול של ההיסטוריה, מלווים עם כוחותיכם הייחודיים את העמים כולם. אנחנו יודעים בדיוק מי אתם, יודעים אילו מורים גדולים הוצאתם מכם, ויודעים גם שלפעמים אתם מבקשים לשכוח מכל זה. אנו מבקשים מכם שתשמרו על הצביון שלכם, שלא תתביישו בעצמכם".[8]

עם אחד, לב אחד

התורה משווה את עם ישראל לגוף. כשם שגוף צריך שכל האיברים יעבדו יחד, בתיאום ובהרמוניה – הלב ישאב דם, הריאות ימלאו אותו חמצן, הכליות ינקו את הדם וכן הלאה – כך גם עם ישראל. אנחנו אוסף של איברים שונים, שלכל אחד מבנה שונה וכישרונות שונים וכן, גם משימה שונה. אם הלב יחליט פתאום שהוא מנקה את הדם במקום לשאוב אותו, הגוף יקרוס. האחדות בין כל החלקים של עם ישראל חשובה ביותר, למרות – ואולי בגלל – ההבדלים הגדולים בינינו.

כדי להתקיים, עלינו לדאוג זה לזה. אי אפשר לוותר על אף אחד, וכמו

שאומרים חז"ל, "כל ישראל ערבים זה בזה" (סנהדרין כז). הדבר בא לידי ביטוי במצווה מיוחדת, "לֹא תַעֲמֹד עַל דַּם רֵעֶךָ" (ויקרא יט), שאף הפכה לחוק במדינת ישראל. המצווה קובעת שאם רואים יהודי אחר בסכנה, עלינו לעשות כל שביכולתנו כדי להצילו – הצלה גופנית, אך גם הצלה רוחנית.

מידע נוסף

גיור

מה אם יום אחד ייגש אליכם מישהו ברחוב ויאמר: ״סליחה, הסתכלתי על המשפחה שלכם הולכת ביחד, ואתם נראים כל כך נחמדים ומתוקים ביחד. אפשר להצטרף למשפחה?״. קצת מוזר, לא? מן הסתם הייתם מביעים חשד קל. אך זה בדיוק מה שקורה בתהליך הגיור: אדם מחוץ למשפחה מבקש להצטרף אליה.

באופן עקרוני, היהדות איננה דת מיסיונרית ואיננה מעודדת אנשים להתגייר. מי שבוחר בכך צריך לעבור תהליך ארוך, שבמהלכו מנסים לוודא עד כמה הוא באמת מעוניין להיות יהודי. היחס לגיור הוא מורכב: מצד אחד יש שמחה על כך שרוצים להצטרף אלינו, ומצד שני חשדנות רבה; ״הרי זה לא קל להיות יהודי, אז למה היא בכלל רוצה להתגייר?״.

כלפי היהודים מופנות טענות כאילו אנחנו גזענים, אבל עצם העובדה שעם רצון ומאמץ כל אדם יכול להתגייר, מלמדת על ההפך. לא משנה מאיזה עם, דת או תרבות אדם מגיע, הוא יכול להצטרף ליהדות ובלבד שיקבל את הכללים שלה.

בין ישראל לעמים

מערכת היחסים בין ישראל לעמים אחרים די קשה ומסובכת. שתי הדתות המונותאיסטיות הגדולות, הנצרות והאסלאם, מבוססות על חלקים נרחבים של התנ״ך ושל אמונות יהודיות. היהודים תמיד ראו בעצמם העם הנבחר וסירבו לקבל את מרותם של עמים אחרים, בייחוד לא בענייני אמונה והשקפה. הדבר עורר את חמתם של העמים שבתוכם חיינו, ופעמים רבות

גרם לשנאה ולאלימות כלפינו. מצד שני, לא מעט גויים מודים בעצמם שהיהודים הם אכן עם מיוחד (כפי שראינו קודם בציטוט של טולסטוי).

אף שהגויים אינם מחויבים לקיים את כל התורה, חלקים ממנה נאמרו גם כלפיהם – ובעיקר "שבע מצוות בני נח", שחלות על כל בני האדם. גוי ששומר את שבע המצוות נקרא "חסיד אומות העולם" וזוכה למדרגה רוחנית גבוהה. חסידי אומות העולם יכולים לבחור להתגייר, אך אינם חייבים לעשות כן.

שבע מצוות בני נח הן (על פי הרמב"ם):

- איסור עבודה זרה
- איסור לקלל את שם הא־ל
- איסור רצח ושפיכות דמים
- איסור גילוי עריות (יחסי מין אסורים על פי התורה)
- איסור לגזול
- איסור לאכול אבר מן החי (בעל חיים שלא מת)
- מצווה להקים מערכת משפט

אנטישמיות

שנאת היהודים, האנטישמיות, היא תופעה עתיקה שאיש לא הצליח עדיין למצוא לה הסבר רציונלי. היא הופיעה לראשונה כבר בזמן שבני ישראל היו עבדים במצרים ("נִרְפִּים אתם", אמר פרעה למשה), ונשארה לאורך כל ההיסטוריה.

בכל פעם שנאו אותנו מסיבה אחרת: כשהיהודים הצליחו כלכלית אמרו שהם רודפי בצע ומתעשרים על חשבון העניים, אבל כשהם היו עניים אמרו שהם מנצלים את המדינה ומפיצים מחלות. כששמרו על נאמנות למשטר, הטיחו בהם שהם משתפים פעולה עם שלטון הרשע, וכשהצטרפו לכוחות מהפכניים האשימו אותם שהם מורדים אלימים. כשחיינו בגלות אמרו לנו "לכו לפלסטינה", אבל כשחזרנו לארץ אומרים שאנחנו כובשים וקולוניאליסטים.

לא משנה מאיזה כיוון מסתכלים על זה, אנחנו תמיד לא בסדר. דוגמה בולטת לאבסורד הזה מופיעה במחזה "הסוחר מוונציה" מאת ויליאם

שייקספיר, גדול המחזאים. אחת הדמויות במחזה היא שיילוק, סוחר יהודי מלווה בריבית, המוצג כרשע ומנוול. לשייקספיר היה ברור כי היהודי הוא נבל אלא שספק אם הוא בכלל הכיר יהודים, מכיוון שכל היהודים גורשו מבריטניה כמה מאות שנים קודם לכן!

מדוע אם כן ישנה התנגדות לעם ישראל בקרב האומות? טענה אנטישמית נפוצה היא שהיהודים מבקשים להשתלט על העולם. במובן רוחני זה אולי קצת נכון – היהודים רוצים לשנות את צורת ההסתכלות של האנושות באופן יסודי. היטלר יימח שמו סבר שבני האדם הם כמו חיות – טורפים זה את זה, והחזק שולט. ה"צרה" עם היהודים, לדעתו, היא שהם הביאו לעולם בין היתר את המוסר, מערכת חברתית שמבוססת על מוסר וחמלה ודואגת לחלש. מבחינתו, מה פתאום שהחזק יוותר לחלש? זה בניגוד לחוק הטבע.

הגויים חשים בתת־המודע שלהם שאנחנו מנסים לשנות אותם ולכן הם מתנגדים לניסיון הזה, אבל הם לא מבינים שהמהפכה שאנחנו מנסים לחולל איננה חלה רק עלינו אלא על העולם כולו, וכמו שאומר הנביא: "כִּי אָז אֶהְפֹּךְ אֶל עַמִּים שָׂפָה בְרוּרָה, לִקְרֹא כֻלָּם בְּשֵׁם ה' לְעָבְדוֹ שְׁכֶם אֶחָד" (צפניה ג).[9]

ועם כל זה, עדיין צריך לשאול: אם אלוהים אוהב אותנו ובחר בנו מכל העמים, מדוע הוא מניח לנו לסבול כל כך במשך דורות ארוכים? הגויים ייענשו אמנם על מה שהם עושים לנו, אבל ייתכן מאוד שגם לאנטישמיות יש תפקיד בסדר האלוהי, והוא – לאתגר את עם ישראל. בכל פעם שאנחנו זונחים את תפקידנו, האומות מעוררות בפנינו קשיים שמאלצים אותנו לבחון מחדש את תפקידנו, ומתוך כך שליחותנו מתקדמת. האתגר כואב ומסוכן, אבל לפעמים דווקא הגויים יכולים לשקף לנו את מטרתנו ותכליתנו בשעה שאנו מתכחשים להן.

ארץ ישראל

ארץ ישראל היא מקום משכנו ההיסטורי של עם ישראל, הארץ שהובטחה בתנ"ך לאברהם, יצחק ויעקב. היא המקום הטבעי שאליו אנו שייכים – ביתנו העתיק. היא גם הבית הטבעי של התורה, כי התורה ניתנה לנו כדי שנקיים

אותה דווקא בארץ ישראל (יש מצוות רבות שאי אפשר לקיים בחוץ לארץ). כמה מרבותינו אף הסבירו שכל הסיבה שבגללה צריך לקיים מצוות גם בתקופת הגלות, היא רק כדי שלא נשכח כיצד לקיים אותן כאשר נשוב לארץ![10]

ארץ ישראל נקראת "נחלת ה'" ונחשבת אדמה מקודשת, "אֶרֶץ אֲשֶׁר ה' אֱלֹהֶיךָ דֹּרֵשׁ אֹתָהּ, תָּמִיד עֵינֵי ה' אֱלֹהֶיךָ בָּהּ מֵרֵשִׁית הַשָּׁנָה וְעַד אַחֲרִית שָׁנָה" (דברים יא). משה רבנו התחנן להיכנס אליה, ואי אפשר להתנבא אלא בארץ ישראל. מצווה גדולה להתגורר בארץ, ואמרו חכמים "כל הגר בארץ ישראל – כאילו יש לו אלוה". בגלל קדושתה של הארץ, ההלכה אינה רואה בעין יפה יציאה ממנה. הדבר מותר רק מסיבה מוצדקת כגון נישואין, לימוד תורה או פרנסה (ובכל מקרה כדאי להתייעץ עם רב).

גבולותיה ההלכתיים של הארץ אינם בהכרח חופפים את גבולות מדינת ישראל של ימינו. לאברהם אבינו הובטחה הארץ מנהר הפרת ועד הנילוס, אבל בימי בית שני התעצבו גבולות מינימליסטיים יותר, והם הגבולות התקפים עד ימינו מבחינה הלכתית. אזור אילת והערבה, למשל, אינם נכללים בהם, אך צור וצידון שבלבנון – דווקא כן.

הגלות נתפסת בתנ"ך כעונש על חטאי העם, והשאיפה לשוב אל הארץ מעולם לא התפוגגה. בכל הארצות שבהן התפזרנו, שמרנו על קשר הדוק אל הארץ. סידור התפילה מלא בברכות המדגישות את הזיקה אליה ועוסקות בקיבוץ גלויות, בניית ירושלים ובית המקדש. חכמי ישראל בכל הדורות עלו לארץ, או לפחות השתדלו לבקר בה: ביניהם הרמב"ם, רבי יהודה הלוי, רבי נחמן מברסלב ועוד רבים. הגדילו לעשות הבעל שם טוב והגאון מווילנה, שני מנהיגים רוחניים דגולים שחיו לפני כ־250 שנה (ראו בפרק יח) ששלחו רבים מתלמידיהם להתיישב בארץ, שנים רבות לפני שהתנועה הציונית קמה.

גם כאשר גלינו מארצנו, תמיד נשאר קומץ יהודים בארץ (ישנה מסורת חזקה לגבי היישוב היהודי בפקיעין שמעולם לא פסק), וכל המערערים על הקשר של עם ישראל עם ארצו מסלפים את המציאות. וכבר אמר שמעון החשמונאי לאנטיוכוס שליט יוון: "לא ארץ נוכריה לקחנו ולא ברכוש נוכרים משלנו, כי אם נחלת אבותינו [השבנו]".[11]

מצוות התלויות בארץ

אלה הן מצוות שאפשר לקיים רק באדמת ארץ ישראל. מרביתן קשורות לעבודת האדמה, כגון שמירת שנת השמיטה מדי שבע שנים ("שביעית"), הפרשת חלק מהיבול לכוהנים ("תרומות"), ללויים ("מעשרות") ועוד. העיסוק ההלכתי במצוות אלה בגלות היה מועט, ורק עם תחילת השיבה לארץ בסוף המאה ה־19 הוא החל להתפתח מחדש.

חכמינו אמרו שיש ערך מיוחד בלימוד תורה באוויר של ארץ ישראל: "'וּזֲהַב הָאָרֶץ הַהִיא טוֹב' – מלמד שאין תורה כתורת ארץ ישראל, ולא חכמה כחכמת ארץ ישראל" (בראשית רבה טז). תלמידי חכמים שעלו לארץ ישראל העידו שתלמודם התחדד, ושמשהו באווירתה המיוחדת השפיע גם על החשיבה התורנית שלהם. דבריו של רבי נחמן מברסלב מדברים בעד עצמם: "כל מי שרוצה להיות איש ישראלי באמת, דהיינו שילך מדרגה לדרגה, אי אפשר לזכות לזה כי אם על ידי ארץ ישראל".

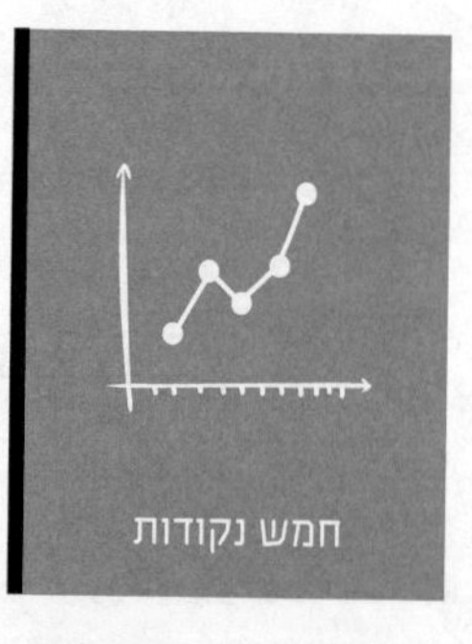

חמש נקודות על עם ישראל

1. **הסיירת שבאומות.** עם ישראל הוא הקבוצה שאמורה להוביל את האנושות אל ייעודה – ״לעשות לו יתברך דירה בתחתונים״.
2. **We Are Family.** יהודים הם משפחה אחת גדולה, ובסופו של דבר כולנו צאצאים של אותם ארבע אימהות ושלושה אבות. אחדות ישראל היא מרכיב חשוב ביותר בחוסן הלאומי שלנו.
3. **לנצח נצחים.** מי שנולד לאם יהודייה או התגייר יישאר יהודי לעד גם אם יתנצר, יתאסלם או יצטרף לשבט אינדיאני (שמעת את זה, שמעון ״צבי רץ״ כהן?).
4. **״עומדים עלינו לכלותנו״.** גם לגויים יש תפקיד בבריאה. אף על פי שהם אמורים לתמוך בעם ישראל, האנטישמיות ורדיפת היהודים הן חלק מהתוכנית האלוהית לשמור עלינו נאמנים לתפקידנו.
5. **נח בשבע מצוות.** גם הגויים צריכים לשמור מצוות, ויש להם שבע כאלה. מי ששומר אותן נקרא ״חסיד אומות העולם״ ויש לו חלק לעולם הבא.

להרחבה

- **ספר האגדה**, חלק ראשון – מפרק ג (מעשי אבות) עד פרק י (חורבן בית שני). חלק שלישי – ישראל ואומות העולם, ארץ ישראל.
- **קורס מזורז בהיסטוריה יהודית**, באתר "אש התורה".
- אבי בקר, **מיהו העם הנבחר? סיפור מאבק הרעיונות הגדול בהיסטוריה**, הוצאת "ידיעות ספרים".
- אביחי אורן, **שנאת ישראל ואנטישמיות**, הוצאת האוניברסיטה הפתוחה.

פרק ד: התורה

אֵין לִי קִיּוּם
בְּלִי הַבְּרָקִים וְהַקּוֹלוֹת
שֶׁשָּׁמַעְתִּי בְּסִינַי

(**לא ארחף בחלל**, זלדה)

איך הם נשבים בקסמה לפניה
מתהלכים כסומא אחריה
ותכלית האמת היא כל צדדיה
כל שבעים פניה
יקרה מפז ומעושר
נקנית היא בעמל וביושר
והיא הדרך והיא האושר

(**אור החיים**, ישי ריבו)

מהי התורה?

התורה היא דבר האל לאנושות. חכמינו אומרים שהמילה "אנכי", בדיבר הראשון של עשרת הדיברות "אנכי ה' אלוהיך", מורכבת מראשי תיבות שפירושם "אני את נפשי כתבתי והבאתי".[1] הבורא אומר לנו שבאמצעות התורה נוכל לפגוש אותו.

המילה תורה באה מלשון "הוראה", משום שהיא נועדה להדריך ולהורות את בני האדם. התורה לוקחת את הרעיונות הנעלים ביותר ואת החוכמה הנאצלת ביותר, ומכניסה אותם לתוך מילים ומושגים אנושיים: חוקים, מצוות, רעיונות ואפילו סיפורים ואגדות. מבחוץ הם עשויים להיראות רגילים ומובנים מאליהם, אך בתוכם מסתתר עומק גדול ואינסופי.

התורה שקיבלנו כוללת שני חלקים: תורה שבכתב ותורה שבעל פה. רבים חושבים בטעות שהתורה שבכתב, התנ"ך, היא העיקרית, אבל כפי שנראה, במקרים רבים דווקא התורה שבעל פה משמעותית ומשפיעה יותר על החיים היהודיים.

איך קיבלנו את התורה?

רוב הדתות החלו מכך שהיו יחידים שחוו התגלות אלוהית והלכו לספר עליה לאחרים. והם – פעמים האמינו והצטרפו, ופעמים לא. עם ישראל מיוחד בכך שהוא טוען כי בני העם כולו זכו לגילוי חד־פעמי שלא היה ולא יהיה עוד כמותו בכל תולדות המין האנושי. הדבר התרחש לפני כ־3,300 שנה, באירוע המכונן של עם ישראל – מעמד הר סיני. על פי התיאור התנ"כי, נכחו בו יותר משני מיליון גברים, נשים וטף. שם, לעיני עם שלם, התגלה אלוהים.

למעמד הר סיני קדמו שלושה ימי הכנה, שבהם נצטוו בני ישראל להיטהר ולהתקדש לקראתו. התורה מתארת שביום השלישי ירד אלוהים בכבודו ובעצמו על הר סיני:

> וַיְהִי בַיּוֹם הַשְּׁלִישִׁי בִּהְיֹת הַבֹּקֶר, וַיְהִי קֹלֹת וּבְרָקִים וְעָנָן כָּבֵד עַל הָהָר, וְקֹל שֹׁפָר חָזָק מְאֹד. וַיֶּחֱרַד כָּל הָעָם אֲשֶׁר בַּמַּחֲנֶה... וְהַר סִינַי עָשַׁן כֻּלּוֹ, מִפְּנֵי אֲשֶׁר יָרַד עָלָיו ה' בָּאֵשׁ, וַיַּעַל עֲשָׁנוֹ כְּעֶשֶׁן הַכִּבְשָׁן. וַיֶּחֱרַד כָּל הָהָר מְאֹד (שמות יט).

האירוע הבלתי רגיל הזה השאיר רושם אדיר ברמה עולמית. המדרש מספר שבשעה שקיבלנו את התורה "ציפור לא צייץ, עוף לא פרח, שור לא געה... הים לא נזדעזע, הבריות לא דיברו, אלא העולם שותק ומחריש" (שמות רבה כט). אף שתאריך האירוע אינו מצוין במפורש בתורה, המסורת קובעת שהוא התקיים בדיוק חמישים יום לאחר יציאת מצרים – תאריך שאנו מציינים כיום בחג השבועות. מיד לאחר מכן עלה משה רבנו אל ההר, ואז מסר אלוהים את עשרת הדיברות לכל בני ישראל. התורה מתארת שהמשתתפים בטקס לא יכלו לעמוד בעוצמת הגילוי וביקשו ממשה רבנו להיות המתווך, אשר יקבל את דברי האלוהים וימסור אותם הלאה לעם. בסיום האירוע נשאר משה רבנו על ההר במשך ארבעים יום וארבעים לילה, וקיבל שם גם את **שאר חלקי התורה שלא נכתבה**, כדי שימסור אותם לכל העם.

מעמד הר סיני לא היה רק טקס חגיגי שבו קיבלנו חוקים. הוא יצר טרנספורמציה מוחלטת בכל הקשר שבין שמיים לארץ:

> כשברא הקדוש ברוך הוא את העולם, גזר ואמר: "הַשָּׁמַיִם שָׁמַיִם לַה' וְהָאָרֶץ נָתַן לִבְנֵי אָדָם" (תהילים קטו). כשביקש ליתן התורה, ביטל גְּזֵרה ראשונה ואמר: התחתונים יעלו לעליונים והעליונים ירדו לתחתונים, ואני המתחיל, שנאמר (שמות יט): "וַיֵּרֶד ה' עַל הַר סִינַי", וכתיב (שם כד) "וְאֶל מֹשֶׁה אָמַר עֲלֵה אֶל ה'" (שמות רבה יב).

עד מעמד הר סיני הייתה הפרדה מוחלטת בין עולם הקודש לחול, בין "עליונים" ל"תחתונים" – השמיים שמיים לה', והארץ של בני האדם. אבל ברגע אחד נשברת החומה ביניהם. הבורא יורד אל העולם ומאפשר למשה, אדם בן תמותה, לעלות אליו. זוהי תחילת העידן שבו האנושות מתקדמת לקראת תכליתה, אותה "דירה בתחתונים" שהזכרנו בפרק ב.

התורה שבכתב

התורה שבכתב כוללת חמישה חלקים הנקראים **חמישה חומשי תורה:** בראשית, שמות, ויקרא, במדבר, דברים. בספרים אלה מתוארת ההיסטוריה של עם ישראל, החל בבריאת העולם וסיפורי האבות והאימהות, דרך יציאת מצרים ומתן תורה, וכלה בפטירתו של משה רבנו. בנוסף, התורה שבכתב כוללת גם מצוות, קטעי שירה ואפילו תפילות.

הנחת היסוד היהודית היא שמשה רבנו כתב את התורה בציווי אלוהי, ושכל מה שנאמר בה הוא דבר ה׳: "וַיֹּאמֶר ה׳ אֶל מֹשֶׁה, כְּתָב לְךָ אֶת הַדְּבָרִים הָאֵלֶּה, כִּי עַל פִּי הַדְּבָרִים הָאֵלֶּה כָּרַתִּי אִתְּךָ בְּרִית וְאֶת יִשְׂרָאֵל" (שמות לד). בתלמוד נחלקו כיצד התבצעה הכתיבה בפועל. לפי הסבר אחד, בכל פעם שמשה קיבל עניין מסוים הוא העלה אותו על הכתב, ואילו לפי ההסבר השני הוא כתב את כל התורה בבת אחת לפני מותו.[2]

הנחת יסוד נוספת היא ששום דבר בתורה אינו מופיע סתם. כל פרשייה (=פִּסקה), פסוק, אות, רווחים שבין השורות ואפילו התגים הקטנים שנמצאים על האותיות בספר התורה הם בעלי משמעות, וכוללים מסר אלוהי שעלינו לפענח.

התורה שבעל פה

יחד עם התורה שבכתב קיבלנו גם תורה שבעל פה. מדוע צריך אותה? מכיוון שהתורה שבכתב אינה מפורטת מספיק כדי שנדע מה אנו אמורים לעשות. מה זה אומר לשמור שבת, ואיך בדיוק אמורים לכבד את ההורים?

ניקח פסוק אחד, די מפורסם, לדוגמה: "וּקְשַׁרְתָּם לְאוֹת עַל יָדֶךָ וְהָיוּ לְטֹטָפֹת בֵּין עֵינֶיךָ" (דברים ו). הפסוק מצווה לקשור משהו (ליתר דיוק, "משהויים" בלשון רבים) על היד ובין העיניים. כאן מתעוררות כמה שאלות:

- **מה** לקשור?
- **היכן** לקשור? היד היא איבר ארוך, ו"על ידכם" יכול להתפרש על כף היד, באצבעות או אולי במרפק; ומי יודע מה הן בדיוק "טוטפות"?
- **כיצד** לקשור, ומה משמעות הציווי "והיו לאות"? האם צריך לקשור בצורה של אות מסוימת, או סימן מיוחד?

- **מתי** לקשור? באיזה זמן של היום, השבוע, החודש או השנה צריך לקשור? כל היום? פעם בשנה?
- **מי** צריך לקשור?

חכמינו מסרו שהפסוק מדבר על מצוות תפילין (ראו עמ׳ 155). למצווה זו יש הרבה פרטים שאינם מופיעים כלל בתורה שבכתב: בתי התפילין צריכים להיות שחורים ועשויים מעור בהמה, ובתוכם מניחים פיסות קלף שעליהן כתובים פסוקים מסוימים. את הקוביות הללו קושרים בנקודה מסוימת על הזרוע החלשה, ומעל המצח. זוהי **הלכה למשה מסיני**, פרטים שהועברו בעל פה כבר מימי משה אך לא נכתבו בתורה.

יש עוד סיבות למה צריך גם תורה שבעל פה:

״הפרטים אין להם קץ״.[3] לפני שסיימתי את תפקידי בצבא, נדרשתי לכתוב חוברת הדרכה למפקד שיחליף אותי. בעבודה רבה כתבתי חוברת שהכילה כמעט 100 עמודים, וחשבתי שהיא ממצה את כל ההיבטים המקצועיים, המנהלתיים והלוגיסטיים של התפקיד. אבל כשעברתי עליה עם המפקד הבא, התברר שכמעט בכל עמוד היה לי עוד הרבה מה להוסיף. החיים דינמיים ומשתנים, ואי אפשר לכלול את כל הפרטים המעשיים בספר אחד, עבה ככל שיהיה.

גם התורה שבכתב כוללת רק את העיקר, את העקרונות הכלליים של המצוות. התורה שבעל פה מכילה את הפרטים המעשיים היומיומיים, ואת הדרך שבה מיישמים אותם בחיים. מצוות שתוארו בתורה שבכתב במשפט קצר, מקבלות ״רוחב פס״ גדול בתורה שבעל פה.

״רוח המפקד״. ממאמר כתוב קשה להבין את רוח הדברים. קראו את המשפט הבא בקול רם: ״רציתי שאתה תביא לי פרחים״. אפשר להבין אותו בכמה אופנים:

- רציתי **שאתה** תביא לי פרחים (ולא מישהו אחר);
- רציתי שתביא **לי** פרחים (לי, לא לאימא שלך!);
- רציתי שתביא לי **פרחים** (ולא בוטנים);
- **רציתי** שתביא לי פרחים (אתמול, אבל עכשיו זה כבר לא משנה).

כמעט תמיד, מסר שעובר בתקשורת בין־אישית הוא ברור ומדויק יותר ממסר כתוב. ישנם מרכיבים שאי אפשר להעביר בכתב כמו שימוש בקול, שפת גוף, אווירה ואפילו כוונת הלב והמחשבה. זו הסיבה שאנו מוסיפים סמלי אימוג׳י ואייקונים להודעות טקסט ודוא״ל – כדי להעביר את מה שמעבר למילים.

הדינמיות של החוויה החיה היא בדיוק הסיבה שאנשים מוכנים לשלם ממיטב כספם, לנסוע בפקקים, לחפש מקום חניה, להצטופף יחד ולפעמים אפילו לא לראות שום דבר, רק כדי להשתתף בהופעה חיה של איזו להקה. אף שאפשר לשמוע בבית את אותה מוזיקה ובאיכות טובה יותר, בהופעה ״חיה״ יש אנרגיה אחרת, חיות אחרת, משהו קורה שם, שלא תמיד אפשר להסביר במילים למי שלא נכח באירוע.

רלוונטיות. התורה היא נצחית, ומתאימה לכל דור ולכל מקום. אך לשאלות רבות בחיים המודרניים אין התייחסות ישירה בתורה: האם עיוור יכול להיכנס לבית כנסת עם כלב נחייה? האם לפי ההלכה אפשר להשקיע במניות של חברה שמשלמת משכורות רעב לעובדיה? האם מותר, ושמא אף חובה, לעבור טיפולי פוריות? האם חיילים צריכים לשמור שבת גם בזמן פעילות מבצעית בצבא, ואם כן, איך עושים את זה? כל הסוגיות האלה לא נזכרו בתורה שבכתב, אבל בתורה שבעל פה מופיעים הכללים שמהם נוכל להסיק מה לעשות גם במצבים הללו.

ניקח לדוגמה את הנושא של שימוש בחשמל: כאשר השימוש החשמל התפשט, נשאלו הרבנים האם מותר להשתמש בו בשבת. השימוש בחשמל אינו מוזכר כמובן בתורה, וגם לא אצל חז״ל ופוסקי ההלכה לאורך הדורות. כדי לענות לשאלה הזו היה צורך לברר תחילה מהו החשמל וכיצד הוא פועל. רק לאחר לימוד מעמיק של התחום ברמה הפיזיקלית והבנת דרך פעולתו, יכלו חכמי התורה לפסוק להלכה כיצד להשתמש בו.[4]

חשיבותה של התורה שבעל פה

עם כל חשיבותו העצומה של התנ״ך, התורה שבעל פה היא היסוד האמיתי לחיים הדתיים של עם ישראל. עבורנו היהודים, עצם האמונה שמשה רבנו

קיבל תורה שבעל פה יחד עם התורה שבכתב היא אחד מעקרונות היסוד של היהדות:

> כָּל הַמִּצְוֹת שֶׁנִּתְּנוּ לוֹ לְמֹשֶׁה בְּסִינַי - בְּפֵרוּשָׁן נִתְּנוּ. שֶׁנֶּאֱמַר "וְאֶתְּנָה לְךָ אֶת לֻחֹת הָאֶבֶן וְהַתּוֹרָה וְהַמִּצְוָה" (שמות כד) - 'תּוֹרָה' זוֹ תּוֹרָה שֶׁבִּכְתָב, 'וְהַמִּצְוָה' זוֹ פֵּרוּשָׁהּ. וְצִוָּנוּ לַעֲשׂוֹת הַתּוֹרָה עַל פִּי הַמִּצְוָה. וּמִצְוָה זוֹ הִיא הַנִּקְרֵאת תּוֹרָה שֶׁבְּעַל פֶּה (רמב"ם, הקדמה למשנה תורה).

בתלמוד נאמר שהברית של ה' איתנו לא ניתנה אלא "בשביל דברים שבעל פה" (גיטין ס), וכי מי שאינו מקבל את סמכותה של התורה שבעל פה, אפילו אם הוא מאמין בתורה שבכתב – נחשב כופר.[5] התורה שבעל פה ממשיכה להילמד ולהתחדש בכל דור, ומכאן החשיבות הרבה של העיסוק בה כחלק בלתי נפרד של התורה.

אפשר לומר שאחת הסיבות המרכזיות לפער הגדול בין גישתם של אנשים שומרי מצוות לתורה ובין אלה שלא, היא הבנת חשיבותה של התורה שבעל פה. יהודי שומר מצוות כמעט אינו זקוק לתורה שבכתב כדי לדעת מה עושים. הוא צריך את ההלכה החיה, שאותה הוא שומע מפי הרב, שקיבל אותה מפי הרב, וכן הלאה.

אלה שאינם מקבלים את התורה שבעל פה מכונים בלשון חז"ל – "צדוקים" (מאות שנים מאוחר יותר קמה קבוצה בעם ישראל שדחתה את התורה שבעל פה, והם מכונים עד היום "קראים"). הם עושים רק מה שכתוב, ולכן יושבים בחושך בשבת ואוכלים מאכלים קרים – כי בתורה נאמר "לֹא תְבַעֲרוּ אֵשׁ בְּכֹל מֹשְׁבֹתֵיכֶם בְּיוֹם הַשַּׁבָּת" (שמות לה). חכמינו, לעומת זאת, למדו בתורה שבכל פה שאמנם אסור להדליק אש חדשה, אבל אפשר שאש שדלקה לפני השבת תמשיך לדלוק. קריאת התורה רק "כפשוטה", כפי שכתוב בטקסט, היא טעות גדולה, מכיוון שהיא נשענת רק על ההבנה השכלית. אך מכיוון שהתורה היא על־אנושית, הדרך הנכונה להבין אותה אינה עוברת בשכל רגיל אלא במסורת, שעברה מדור לדור.

בתלמוד (שבת לא) מסופר על אדם שביקש להתגייר. הוא הגיע אל שמאי, מגדולי החכמים, ואמר לו שהוא מעוניין ללמוד רק את התורה

שבכתב ולא את התורה שבעל פה, שנראתה לו כנראה פחות אמינה. שמאי לא הסכים וגירש אותו מעל פניו.

פנה אותו אדם להלל הזקן, והוא הסכים לגייר אותו בכל זאת. ביום הראשון לימד אותו הלל את צורת האותיות – "זו אל"ף, זו בי"ת". כשהגיע התלמיד למחרת, חזר הלל על מה שלמדו יום קודם, אך הפעם הצביע על האותיות ושינה את הסדר: בי"ת במקום אל"ף, אל"ף במקום בי"ת... התלמיד הביט בו בתמיהה ושאל: "והרי אתמול אמרת לי להפך?". ענה לו הלל: "רצית לקרוא רק בתורה שבכתב, אך כדי לקרוא צריך תורה שבעל פה!".

המסר שביקש הלל להעביר הוא שסדר האותיות, ואפילו הכרת צורת האותיות, "תורה שבכתב", זקוקות למסורת, ל"תורה שבעל פה". למעשה, עצם הידיעה מה הם חמישה חומשי תורה היא מסורת שהועברה בעל פה; בשום מקום לא כתוב היכן מתחילים ומסתיימים חומשי התורה. התורה מתחילה בפסוק "בראשית ברא אלוהים" ומסתיימת ב"לעיני כל ישראל" – כי כך קיבלנו מחכמינו.

השתלשלות תורה שבעל פה

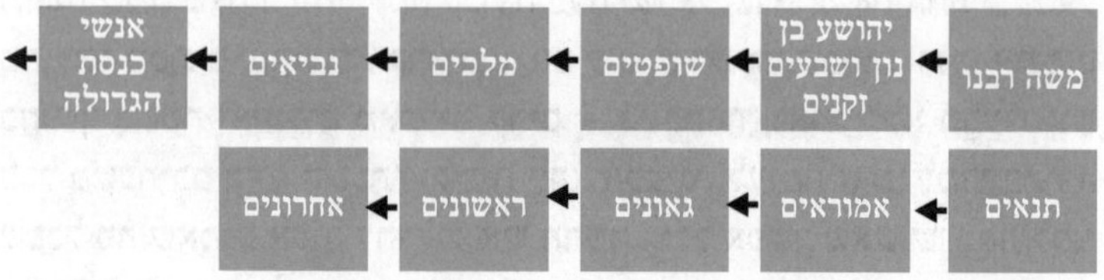

לאחר שמשה רבנו קיבל את התורה, הוא מסר אותה לממשיך דרכו יהושע בן נון, לשבעים הזקנים ובהמשך גם לשאר העם. מכאן ואילך נמסרה התורה מדור לדור, כל דור וחכמיו: שופטים, נביאים ומלכים, עליהם אנו קוראים בתנ"ך.[6] הבאים אחריהם היו **אנשי כנסת הגדולה** – מאה ועשרים חכמים שהנהיגו את ישראל ובהם עזרא ונחמיה, מרדכי היהודי (המוכר לנו מסיפור נס פורים), והנביאים חגי, זכריה ומלאכי. בתקופה זו פסקה הנבואה מישראל, ואז הופיעו **חז"ל, חכמינו זיכרונם לברכה** (בערך במאה השלישית לפנה"ס).

משנה ותלמוד

כתיבת התורה שבעל פה נאסרה במשך שנים ארוכות: "דברים שבכתב אי [=אין] אתה רשאי לאומרן על פה, דברים שבעל פה אי אתה רשאי לאומרן בכתב" (גיטין ס). זאת כדי לשמור על הדינמיות וההתפתחות של התורה שבעל פה, ולא להפוך אותה למאובנת. כאן גם התעוררו לראשונה גרסאות שונות ומחלוקות בין החכמים, שהתווכחו ביניהם על הדרך הנכונה להבין את התורה.

בערך במאה השנייה לספירה נקלע עם ישראל למצוקה תחת עול השלטון הרומאי, ולימוד התורה והעברת המסורת מרב לתלמיד לא יכלו להמשיך כסדרם. נשיא הדור, רבי יהודה הנשיא, החליט לקבוע נוסח אחיד לתורה שבעל פה וערך את שישה סדרי משנה (ראשי תיבות **ש"ס**).

המשנה היא אוסף הלכות של חכמי ארץ ישראל שנקראו **תַּנָּאִים**, ומהווה את החיבור היסודי ביותר של תורה שבעל פה. ששת הסדרים הם:

סדר	זרעים	מועד	נשים	נזיקין	קדשים	טהרות
נושא	ברכות, תפילה, מצוות התלויות בארץ	שבת ומועדי השנה	משפחה – נישואין, גירושין וכד'	ממונות, נזקים שבין אדם לחברו	הלכות בית המקדש ועבודת הקרבנות	טומאה וטהרה
מסכתות לדוגמה	ברכות שביעית תרומות מעשרות	שבת פסחים ראש השנה מגילה	יבמות נדרים גיטין קידושין	בבא קמא בבא מציעא בבא בתרא אבות	זבחים מנחות חולין תמיד	כלים מצורע זב נידה

הסדרים מחולקים **למסכתות**, וכל מסכת עוסקת בנושא מוגדר פחות או יותר. בסדר "מועד" נמצא מסכתות כמו שבת, פסחים, סוכה, ראש השנה, יומא (יום הכיפורים), מגילה (=הלכות קריאת מגילת אסתר בפורים) ועוד. כל מסכת מחולקת לפרקים, וכל פרק מורכב מכמה משניות.

המשנה היא חיבור מרוכז מאוד הכולל את עיקרי ההלכה, אך ללא פירוט רב. עד ימינו, לימוד התורה כולל שינון משניות בעל פה, בדרך כלל כבר אצל ילדים. המשנה הבאה, למשל, עוסקת בזמני התפילה:

תְּפִלַּת **הַשַּׁחַר**, עַד חֲצוֹת. רַבִּי יְהוּדָה אוֹמֵר, עַד אַרְבַּע שָׁעוֹת.
תְּפִלַּת **הַמִּנְחָה** עַד הָעֶרֶב. רַבִּי יְהוּדָה אוֹמֵר, עַד פְּלַג הַמִּנְחָה.
תְּפִלַּת **הָעֶרֶב** אֵין לָהּ קֶבַע.
וְשֶׁל **מוּסָפִין** כָּל הַיּוֹם. רַבִּי יְהוּדָה אוֹמֵר, עַד שֶׁבַע שָׁעוֹת (ברכות ד, א).

בקריאה ראשונית קל לראות שהמשנה כוללת מושגים רבים – תפילת השחר, המנחה, פלג המנחה, קבע, מוספין – שדורשים ביאור נוסף. כמו כן ניתן להבחין בשלוש מחלוקות בין החכם ששנה את המשנה ושמו אינו ידוע ("תנא קמא"), לבין רבי יהודה. מסיבה כלשהי יש ביניהם חוסר הסכמה על זמני התפילה, למעט תפילת הערב.

אף שהמשניות שליקט רבי יהודה הנשיא זכו למעמד־על, עדיין נשמרו גרסאות שונות ואחרות שלהן. עם הזמן גם התעוררו שאלות חדשות שלא זכו למענה במשנה. כך נוצר **התלמוד** (**גמרא** באדמית) – חיבור רחב היקף המפרש, מסביר ומרחיב את המשנה.

חכמי התלמוד היו **האמוראים**, שחיו על פני תקופה של כשלוש־מאות שנה בבבל ובארץ ישראל, והם חיברו שני חיבורים מרכזיים:

- התלמוד של חכמי ארץ ישראל נקרא **תלמוד ירושלמי**, והוא נחתם בערך באמצע המאה הרביעית לספירה על ידי רבי יוחנן מטבריה.
- התלמוד של חכמי בבל נקרא **תלמוד בבלי**, והוא נחתם כמאה וחמישים שנה מאוחר יותר על ידי רב אשי, מגדולי חכמי בבל.

מכאן ואילך, כל הספרות ההלכתית תתבסס על הגמרא. בכל תקופה למדו את התורה עם פירושי החכמים הקודמים, שהוסיפו עוד מדרגה בהבנת התורה:

החכמים שחיו לאחר תקופת התלמוד נקראו **גאונים**. הם חיו בבבל בערך עד המאה העשירית, והוסיפו את פירושיהם וחידושיהם עליו; אחריהם פעלו **הראשונים** (עד סוף המאה ה־15 לערך); כך הולכת ותופחת הספרות התורנית, עד לתקופתנו המכונה סוף תקופת **האחרונים**. כל החכמים האלה כתבו ספרים, והרבה; חייהם של המוציאים לאור מעולם לא היו עמוסים כל כך.

איך יודעים למה התורה התכוונה?

הגוף ההלכתי העליון של עם ישראל הוא **בית הדין הגדול, הסנהדרין** – מועצה בת שבעים ואחד חכמים בכירים, הנושאים בחלק מתפקידי הרשויות המוכרות במדינות מודרניות. בית הדין הגדול אמור לחוקק חוקים ותקנות ולפרש את התורה כדי להתאימה לתקופה – מעין רשות מחוקקת; להוציא לפועל פסקי דין, להיות אחראי על הסדר הציבורי ואף לגבות מיסים – מעין רשות מבצעת; בנוסף, בית הדין הגדול משמש ערכאה משפטית לערעורים ודן בדיני נפשות – מעין רשות שופטת.

לצערנו, לאחר החורבן הפסיק בית הדין הגדול את פעילותו, והמשמעות המעשית היא שכיום אין גוף ממוסד המקבל את ההכרעות ההלכתיות השונות. אבל אִם אין מי שמחליט, איך יודעים מה ההלכה?

בכל מדינה ובכל צורת שלטון, החובה לציית לחוק היא בגדר המובן מאליו. החוק היהודי אמנם ניתן בתורה, אבל התורה עצמה קבעה שהסמכות לפרש אותה נתונה לסנהדרין: "וּבָאתָ אֶל הַכֹּהֲנִים הַלְוִיִּם וְאֶל הַשֹּׁפֵט אֲשֶׁר יִהְיֶה בַּיָּמִים הָהֵם, וְדָרַשְׁתָּ וְהִגִּידוּ לְךָ אֵת דְּבַר הַמִּשְׁפָּט. וְעָשִׂיתָ עַל פִּי הַדָּבָר אֲשֶׁר יַגִּידוּ לְךָ מִן הַמָּקוֹם הַהוּא אֲשֶׁר יִבְחַר ה׳, **וְשָׁמַרְתָּ לַעֲשׂוֹת כְּכֹל אֲשֶׁר יוֹרוּךָ**" (דברים יז). המסורת היהודית הרחיבה את הכלל וקבעה שחכמי הדור הם האחראים לפרש את התורה ולתת מענה לשאלות המתעוררות בכל תקופה. יחד עם זאת, אין להם חופש מוחלט, והם עושים זאת על פי שימוש בכללים מיוחדים לפרשנות ההלכה, שעברו במסורת (למשל, "שלוש־עשרה מידות שהתורה נדרשת בהן"). מי הם אותם חכמים שאנו מצווים לשמוע בקולם, וכיצד הם נבחרים?

כדי להתמנות לרב צריך לקבל הסמכה מרב מוסמך. נוהל זה מבטיח את שמירת רצף ההלכה ואמינותה מימי משה רבנו ועד ימינו. הרבנים

(שנקראים גם "תלמידי חכמים", כדי להדגיש את העובדה שהם צריכים להמשיך וללמוד תמיד) פוסקים את ההלכה על פי מה שלמדו מרבותיהם ובהתאם לשיקול דעתם.

אבל לא מספיק לקבל סמיכה לרבנות כדי להפוך לרב שכולם מקשיבים להוראותיו. במדינה דמוקרטית הציבור בוחר חלק מנציגיו, וכך גם בעולם התורה. "גדולי הדור" אינם נבחרים על ידי מועצה או ועדה ממונה, אלא על ידי הציבור שנשמע לפסיקותיהם ומקבל על עצמו את דעתם ההלכתית.[7] זה פירוש הביטוי "עֲשֵׂה לך רב" (מסכת אבות) – כל אחד צריך שיהיה לו רב, אבל הוא עצמו בוחר מי הוא יהיה. אפשר לבחור בכל תלמיד חכם הנאמן למסורת, ותואם את השקפת עולמנו ונטייתנו הרוחנית. כמובן שגם לרב יש רב, והוא מתייעץ איתו במקרים שמצריכים שיקול דעת גדול.

ההלכה איננה סופרמרקט שאפשר לבחור בו מכל הבא ליד, וצריך לשמור על עקביות. מרגע שבוחרים רב, מקבלים את הוראותיו **בכל הנושאים**, "כל החבילה" יחד. אי אפשר לנהוג לפי רב אחד בענייני ברכות ולפי רב אחר בענייני כשרות, רק משום שכך יותר נוח... (ראו גם בפרק "איך לבחור רב?").

מחלוקות

זה לא סוד שהיהדות מלאה מחלוקות – זה סובר כך וזה סובר אחרת, ואין לדבר סוף. אבל אם התורה שבעל פה שומרת על רציפות והעברה חלקה מפה לאוזן עוד מימי משה רבנו, מדוע אין הסכמה מושלמת בין כל החכמים?

ראינו קודם את המשנה העוסקת בזמני התפילה, וקובעת שאת תפילת השחר מתפללים בבוקר. בואו נחשוב רגע: מהו בעצם בוקר? האם הוא מתחיל רק כשהשמש זורחת לגמרי, או אולי קודם לכן, כאשר קרני השמש הראשונות כבר מאירות את האופק? ועד מתי בדיוק נמשך הבוקר, ומתי הוא מסתיים ומתחילים הצהריים? מכיוון שהדבר נוגע לעניין חשוב, ההלכה דנה בשאלות אלה ברצינות רבה ומציעה כמה דעות. אבל הרי התורה היא אלוהית, אז למה היא כל כך לא חד־משמעית?

למחלוקות בהלכה יש כמה סיבות:

טעות בהעברה. לעיתים מחלוקות קורות מסיבה טכנית: למשל, תלמידים שלא דייקו מספיק במה שלמדו בשיעור, ומסרו אחר כך כמה גרסאות בדברי הרב. מקרים אלה נדירים יחסית.

שותפות אנושית. התורה מעודדת את האדם להיות שותף לגילוי האלוהי בעולם, ויש נושאים שבהם היא השאירה לנו מרחב הכרעה כדי שנבטא את דעתנו ואישיותנו. מהרגע שהתורה ירדה לעולם, ההלכה אינה נקבעת עוד בהתערבות מלמעלה אלא רק על ידינו, בעולם הזה. קיבלנו סמכות מלאה לפרש את התורה לפי הבנתנו האנושית, בהתאם לכללים ידועים.[8]

לדוגמה, המדרש מספר שהמלאכים שואלים את אלוהים מתי יחול יום הכיפורים. תשובתו המדהימה היא שהם צריכים לשאול את עם ישראל, משום שהם קובעים מתי המועדים יחולו (ראו על קידוש החודש, עמ׳ 323). יום הכיפורים, שבו אלוהים שופט את העולם כולו וכל הבריות עומדות לפניו בהרכנת ראש, בעצם נקבע בשיתוף פעולה בין האלוהי לאנושי.[9]

נקודת האמת. יש עוד יסוד חשוב להבנת שורש המחלוקות. הוא קצת עמוק, אז תתרכזו היטב. כפי שכבר ראינו, אי אפשר לתאר את אלוהים – האינסוף ברוך הוא – בצורה אחת מסוימת. יש לו הרבה צדדים ופנים. למעשה, כל מציאות בעולם ניתנת לתיאור מכמה זוויות מבט והשקפות, שרק חיבור של כולן יחד מקרב אותנו להבנת התמונה השלמה. לדוגמה, אם נציב על שולחן כוס וקנקן זה ליד זה ונשאל מי עומד ראשון, מזווית אחת נראה את הקנקן ומאחוריו כוס, ומזווית אחרת נראה כוס ומאחוריה קנקן. מה יותר נכון? תלוי מאיזו זווית מתבוננים. המציאות האמיתית והשלמה מורכבת מכל הצורות, הממדים וההופעות שאנו רואים, ואף מאלה שאיננו רואים.

גם המחלוקת ההלכתית היא ניסיון לתאר רעיון מזוויות הסתכלות שונות. כל אחד מהמשתתפים במחלוקת מגדיר את הצד העיקרי, מתוך אינסוף ההופעות והגילויים שאליהם צריך להתייחס. בכל טומאה יש גם צד של טהרה, ובכל טהרה – צד טומאה. בדבר כשר יש גם צד פסול, בדבר האסור יש צד כשר, וכן הלאה. ההלכה בסך הכול מנסה לקבוע מהו הצד הדומיננטי שאליו צריך להתייחס במציאות הנוכחית.

התלמוד (בסוף מסכת תענית) אומר כי לעתיד לבוא יעמיד הקדוש ברוך הוא את הצדיקים בגן עדן במעגל והוא יֵשב באמצע. כל אחד יצביע למרכז המעגל ויאמר את הפסוק "הִנֵּה אֱלֹהֵינוּ זֶה קִוִּינוּ לוֹ". מתוארת כאן תופעה מעניינת: כאשר בני אדם עומדים במעגל, מול כל אדם שמצביע למרכז עומד אדם שמצביע לכיוון ההפוך בדיוק. כיצד ייתכן ששני אנשים יצביעו לכיוונים מנוגדים ויטענו "הנה אלוקינו"?

ובכן, בחשיבה האנושית המוגבלת זה אכן בלתי אפשרי. אבל כשאלוהים "יושב" באמצע, כולם צודקים. את העומק הפנימי של המדרש הסביר רבי עקיבא איגר, מגדולי הרבנים בפולין לפני כמאתיים שנה:

> אף שבעולם הזה נראה כאילו שכל אחד הולך בדרך אחת לבדו... לעתיד לבוא יראה כל אחד שזה תכלית הנקודה האחת האמצעית, אשר אליה פונים כל הדרכים הטובות מכל צדיק וצדיק. כי באמת הכל אחד, ואין שום הפרש ביניהם. כי הכל אמת, **והכל נכלל בתכלית האחדות בנקודת האמת – נקודה האמצעית.**[10]

אם כך הם פני הדברים ובכל דבר רע יש צד טוב ולהפך, איך אפשר לדבר על אמת במצב כזה? אולי זה אומר שהכול נכון, הכול טוב ובכלל אי אפשר לומר ביקורת על שום דבר? היהדות מכירה בכך שהאמת היא עניין מורכב ורב־משמעי, אך היא גם מאמינה שיש אמת אחת שלמה ומוחלטת. אפילו אם איננו יכולים להשיג אותה כעת, אנחנו כן יכולים להתקרב אליה עד כמה שאפשר.

מספרים שיום אחד הגיע יהודי אל רב העיר כדי לתבוע את חברו על כך שלא שילם כספים שמגיעים לו. לאחר שסיים לשטוח בפניו את טענותיו, אמר לו הרב: "אתה צודק". בשלב הבא נכנס הנתבע, והסביר גם הוא את הצד שלו בטוב טעם. "מממ... גם אתה צודק", קבע הרב.

אשת הרב, שהקשיבה להתרחשות, פנתה אל בעלה ואמרה: "בעלי היקר, הרי הם אומרים דברים הפוכים! איך יכול להיות שגם הוא צודק וגם הוא צודק?". הביט בה הרב והשיב: "את יודעת מה? גם את צודקת..."

פסיקת ההלכה

אחרי שהתרגלנו לרעיון שמחלוקת היא דבר רצוי ואפילו מועיל לבירור האמת, בסופו של דבר צריך להכריע מה עושים. בדרך כלל, הכרעות הלכתיות מתקבלות ברוב דעות: "יחיד ורבים – הלכה כרבים" (ברכות לז). כך היה בסנהדרין, כך פוסקים בתי הדין של ימינו וזוהי גם צורת ההכרעה המקובלת, אף שבימינו הדברים מעט יותר מסובכים. בספר ההלכה היסודי "שולחן ערוך" מאת רבי יוסף קארו (צפת, המאה ה־16) פסק המחבר כי ההלכה תיקבע על פי רוב דעות בין שלושת החכמים שנתפסו בעיניו כבולטים שבפוסקים (רי"ף, רמב"ם ורא"ש), ורק במקרים מעטים הכריע כדעת המיעוט.

מעניין שדעת המיעוט מוזכרת כמעט תמיד – גם במשנה, גם בגמרא וגם בספרי ההלכה. אם היא לא התקבלה להלכה, מדוע בכלל להזכיר אותה? הסיבה לכך היא כדי שבשעת הצורך ועל פי שיקול דעת של חכם ניתן יהיה לפסוק גם לפי דעת המיעוט, אף שהיא לא נקבעה להלכה.

ההלכה מגוונת הרבה יותר ממה שנדמה לנו. במקומות שבהם הגמרא לא הגיעה להכרעה חד־משמעית, צריכים החכמים להכריע על פי שיקול דעתם, וכך מתקבלת קשת רחבה של דעות.

ריבוי השיטות ההלכתיות עלול להיראות כמו פילוג בעם, כאשר כל עדה וקבוצה נוהגת בצורה שונה. אך כמו במאכלים, המגוון תורם לטעמים מפותחים ולעונג רב יותר. המציאות היא עניין מורכב, ואפשר לראות בכך ביטוי לעושר הקיים בתוך המרחב הגדול של עם ישראל ושל התורה האלוקית.

מידע נוסף

עשרת הדיברות

עשרת הדיברות, שנחקקו על לוחות הברית, מהווים קוד מוסרי חשוב גם בימינו. מחקרים מוכיחים שעצם קריאת עשרת הדיברות גרמה לאנשים לגנוב פחות לאחר מכן.[11] עם זאת, ובניגוד לדעה רווחת, עשרת הדיברות אינם חשובים יותר משאר מצוות התורה: מבחינה מעשית, כל המצוות שוות בחשיבותן.

עשרת הדיברות מופיעים בתורה פעמיים, בשינויים קלים: פעם אחת בתיאור מעמד הר סיני בספר שמות, ופעם שנייה בספר דברים, כאשר משה מספר במבט לאחור על האירועים שקרו לבני ישראל ובהם מעמד הר סיני. מההבדלים הדקים ביניהם למדו חכמינו כמה פרטים חשובים (למשל לגבי השבת ראו עמ' 202). ואלו הם עשרת הדיברות:

1. "אָנֹכִי ה' אֱלֹהֶיךָ אֲשֶׁר הוֹצֵאתִיךָ מֵאֶרֶץ מִצְרַיִם מִבֵּית עֲבָדִים" – להאמין באל אחד.
2. "לֹא יִהְיֶה לְךָ אֱלֹהִים אֲחֵרִים עַל פָּנָי, לֹא תַעֲשֶׂה לְךָ פֶסֶל וְכָל תְּמוּנָה" – לא לעבוד עבודה זרה (האיסור כולל יצירת פסלים פולחניים, השתחוות לפסל והקרבת קורבנות לאלילים).
3. "לֹא תִשָּׂא אֶת שֵׁם ה' אֱלֹהֶיךָ לַשָּׁוְא" – לא להישבע לשקר ולא להזכיר את שם ה' ללא סיבה.
4. "זָכוֹר אֶת יוֹם הַשַּׁבָּת לְקַדְּשׁוֹ".
5. "כַּבֵּד אֶת אָבִיךָ וְאֶת אִמֶּךָ".
6. "לֹא תִרְצָח".
7. "לֹא תִנְאָף" – לא לקיים יחסים עם אישה הנשואה לאדם אחר.
8. "לֹא תִגְנֹב".

9. ״לֹא תַעֲנֶה בְרֵעֲךָ עֵד שָׁקֶר״ – לא להעיד עדות שקר.
10. ״לֹא תַחְמֹד״ – לא להתאוות לבני זוג של אחרים ולרכוש השייך לאדם אחר.

ביקורת המקרא והתשובה היהודית

המסורת היהודית קובעת כי התורה נכתבה בידי משה, ״איש האלוהים״, ועברה בירושה מדור לדור מבלי שעברה שינוי כלשהו. אלא שלפני כשלוש מאות שנה הופיעה תיאוריה ושמה ״ביקורת המקרא״. חלוציה היו משכילים נוצרים, מרביתם בעלי אידיאולוגיה חילונית מובהקת, שהציבו לעצמם מטרה לנתץ את קדושתו של התנ״ך.

אנשי ביקורת המקרא טענו שהתורה איננה טקסט אלוהי, גם לא כזה שרוח הקודש שורה עליו, אלא טקסט אנושי שלא נכתב בידי משה אלא על ידי קבוצות של כוהנים בימי בית שני, יותר מאלף שנה לאחר התיארוך המקובל. החוקרים ביססו את טענותיהם על סתירות, שינויים והבדלים מעוררי תמיהה בטקסט. לדבריהם, בתורה קיימים:

- שימוש בשמות שונים של אלוהים (התייחסנו לכך בפרק הראשון) – ה׳, אלוהים, ה׳ אלוהים וכו׳. לשיטתם כל שם מצביע לכאורה על מקור אחר, והבדלי השמות על עריכה של מקורות שונים והפיכתם לטקסט אחד.
- הבדלים מהותיים בין סיפורים שחוזרים על עצמם. למשל, בספר בראשית מופיעים שני סיפורים על בריאת האדם. בסיפור הראשון, בפרק א, אדם וחוה נבראים יחד, ואילו בסיפור בפרק ב, חוה נבראת מצלעו של אדם. דוגמה נוספת היא בנוסח עשרת הדיברות, המופיעים גם בספר שמות וגם בספר דברים. במקום אחד מופיע הציווי ״זָכוֹר את יום השבת״, ובמקום אחר ״שָׁמוֹר את יום השבת״. גם כאן, החוקרים טוענים כי ההבדלים מעידים על מקורות שונים.
- מילים ושמות מאוחרים שלא היו בזמן התרחשות הסיפור המקראי (״אנכרוניזם״). למשל, הפלישתים מופיעים בספר בראשית, אף שיש היסטוריונים הטוענים שהם הגיעו לאזור מאוחר יותר.

תפיסה זו רווחת מאוד כיום בעולם האקדמי, ואף נלמדת בתוכנית הלימודים בתנ״ך בבתי הספר הממלכתיים בישראל. לכן נראה לי שחשוב לעסוק בה ולו בקצרה.

ראשית, חשוב לדעת שחלק גדול מהביקורת שהפנו החוקרים נגד התנ"ך נדחה במהלך השנים, בעקבות גילויים ארכיאולוגיים חדשים שסתרו את הטענות, ובשל מחלוקות משמעותיות בין החוקרים עצמם, שהוכיחו כי לא מדובר פה בביקורת 'מדעית' ומבוססת.[12]

אך בעיניי מעניינת יותר העובדה שלמעשה, אנשי "ביקורת המקרא" הראשונים היו לא אחרים מאשר... חז"ל עצמם. בקריאתם את התורה הם מגלים סתירות והבדלים משמעותיים לא פחות מאלה שגילו החוקרים האירופים. ירידתם לפרטים, לעיתים עד הגזמה, מוכיחה כי צפונות הטקסט התנ"כי לא נסתרו מעיניהם. כמעט כל ספרות חז"ל מבוססת על דיוק בפסוקים ובמילים, הצגת כפילויות או להפך, ניסיון להבין מדוע חסרים בטקסט פרטים מסוימים וכדומה.

הגישה המסורתית אומרת שדווקא הסתירות והשגיאות, הפשוטות כל כך לזיהוי, מוכיחות שהתורה היא אלוהית. איך זה יכול להיות? ראשית, גם בקרב מבקרי המקרא אין עוררין על כך שהתורה היא טקסט מדהים. כולם מסכימים שיש בה רבדים ספרותיים, לשוניים ועלילתיים עמוקים מאוד, ושמי שכתב אותה היה מיומן מאוד במלאכת הכתיבה. נניח שהיא נכתבה בידי אדם שהתיימר לכתוב אותה בשם אלוהים; האם יעלה על הדעת שסופר מוכשר כזה לא ישים לב לשגיאות בסיסיות כל כך כמו לתאר את בריאת האדם פעמיים? האם התורה, שכל אחד מרגיש את הדיוק בכל מילה בה, נכתבה בידי אדם שלא שם לב לטעויות גסות ובולטות שכאלה? אנשים אינם טיפשים – אם מישהו היה רוצה לכתוב ספר "אלוהי", הוא בוודאי היה עושה עבודה טובה יותר.

אלא שנהפוך הוא; רק ספר אלוהי אינו חושש לפרסם "שגיאות" כאלה, משום שיש להן תפקיד ומטרה. התורה רוצה להראות את אינסוף הממדים והרבדים של אלוהים בבריאה, ואת העומק והמורכבות שלו. לכן היא גם מציגה את המציאות האלוהית מזוויות שונות, שכולן "דברי אלוהים חיים" גם אם בעינינו הן נראות כ"שגיאות".

למשל, סיפור בריאת האדם מופיע פעמיים כדי להראות שבאדם ישנה כפילות – גם אחדות זוגית (ולכן מתואר שאדם וחוה נבראו יחד), וגם פרטיות (אדם וחוה נבראו בנפרד). יש פה מסר חשוב מאוד לזוגיות בריאה ולדרך הנכונה להקים משפחה. הנוסח השונה של מצוות השבת בא לבטא

שהיא כוללת גם בחינה של "זכור" – פעולות ומעשים שהאדם עושה כדי להשיג קדושה, וגם בחינה של "שמור" – זהירות ממעשים אסורים. שני הצדדים של השבת עושים אותה להרמונית (להרחבה ראו פרק שבת). השכל האנושי אולי אינו יכול להבין כיצד שני דברים סותרים מתחברים יחד, אבל התורה, ספרו של אלוהים, מלמדת איך ללכת בעקבות המורכבות של האינסוף.

ובכלל, בשנים האחרונות מתברר כי הממצאים הארכיאולוגיים המעודכנים תומכים יותר ויותר בהיסטוריה התנ"כית – הטוענת שהאירועים התרחשו בצורה דומה לזו שהתנ"ך מציג – ושוללים את דעתם של תומכי התיאוריות הביקורתיות.[13]

פרד"ס

לתורה שבכתב ארבעה רבדים של הבנה, הנקראים בראשי תיבות פרד"ס: **פשט, רמז, דרש וסוד**. כל אחד מהם הוא עולם שלם בפני עצמו, וכולם יחד משלימים זה את זה.

פשט הוא קריאה של פסוקי התורה כפי שהם, מבלי לחפש רובד נסתר או סמלי. "מה שכתוב, זה מה שיש". כשהתורה מספרת שיעקב ובניו ירדו מצרימה, היא מתכוונת בדיוק לזה – הדמות ההיסטורית שנקראת יעקב עברה לגור בארץ מצרים. כשהתורה מזכירה מלחמות, היא מתכוונת לחיילים עם חרבות וקשתות ולפרשים על סוסים. למרות שמו, הפשט אינו בהכרח פשוט – בדרך כלל הוא מתמקד בקריאה מדויקת של התורה, תוך תשומת לב לכל מילה. פעמים רבות מתגלים ברובד זה אוצרות פרשניים של ממש.[14]

רמז הוא רובד שלפיו אירועים בתורה רומזים לתופעות דומות בעבר או בעתיד. כך למשל, כשאברהם אבינו יורד למצרים, שרה אשתו נלקחת לבית המלך עד שבדרך נס היא משוחררת משם. הפרשנים רואים בכך רמז לבאות – גם בני ישראל, צאצאיו של אברהם, יָרדו למצרים, ישתעבדו שם ויֵצאו רק בדרך נס (עשר המכות). מה שקורה לאבות קורה גם לבנים, כלל שנקרא בלשון חכמינו "מעשה אבות – סימן לבנים". רמז יכול להופיע גם בסגנון נוסף של גימטריות (חישובים מספריים של ערך האותיות), ראשי

תיבות וצירופי מילים שחוזרים על עצמם במקומות שונים ורומזים לקשר פנימי ביניהם.[15]

הדרש בא לחלץ ("לדרוש") משמעות עמוקה מתוך הטקסט. המדרשים לא נכתבו במפורש בתורה, אך עברו במסורת מדור לדור ומבטאים הקשר נוסף של הפסוק שאינו מובן במבט ראשוני. קיימים שני סוגים של מדרשים: מדרשי הלכה ומדרשי אגדה.

מדרשי הלכה הם הדרך שבה נלמדים ההלכה ופרטי המצוות, באמצעות מערכת כללים (כגון "שלוש-עשרה מידות שהתורה נדרשת בהן" שהזכרנו). למשל: "קל וחומר" הוא לימוד ממצב חמור למצב קל יותר ("אם התלמידים החזקים בכיתה לא הבינו את החומר, קל וחומר שהתלמידים החלשים התקשו"); או "גְזֵרה שווה", כאשר אותה מילה מופיעה בשני מקומות שונים ומלמדת על קשר ביניהם, ועוד.

מדרשי האגדה (לא הגדה!) הם מדרשים סיפוריים המתארים בהרחבה אירועים שונים בתנ"ך. לעיתים הם נשענים על היגיון שנמצא בפסוקים, ולעיתים מבוססים על מסורות שהיו לחז"ל. אם תרצו לדעת מה בדיוק קרה בגן עדן, על מה דיברו יעקב ורחל באוהל, או מה הייתה האופנה האחרונה בימיו של שמואל הנביא – מדרשי האגדה הם הכתובת. השאלה אם סיפורי המדרש אכן קרן במציאות אינה רלוונטית; הם נועדו בעיקר לבטא רעיון שחכמינו ביקשו ללמד ונושא מסר לדורות.[16]

סוד – תורת הסוד מכונה גם "פנימיות התורה", או בשמה המוכר יותר, קבלה. זוהי תורה מיסטית המתארת את הכוחות הרוחניים המרכיבים את העולם ואת מערכת האיזונים ביניהם. על פי המסורת, הקבלה הייתה ידועה כבר לאברהם אבינו ונמסרה מרב לתלמיד בחשאיות רבה.[17] למרות היותה תורה מיסטית, הקבלה מבוססת על מדרש של פסוקי התורה, ורואה בהם רבדים עמוקים ונסתרים אשר מייצגים את הכוחות השונים במציאות.[18]

ספר התורה

כתיבת ספר תורה נעשית ביד, על ידי סופר סת"ם (ראשי תיבות של **ספרי-תורה, תפילין ומזוזות**). ישנן הלכות רבות הנוגעות לכתיבת הספר: חלקן

טכניות, וחלקן נוגעות לכוונה הפנימית של הכותב. זו הסיבה שמחירו של ספר תורה מהודר יכול להגיע ליותר ממאה אלף שקלים.

תשמישי הקדושה נכתבים על קלף העשוי מעור פרה, בדיו מיוחד שנשאר עמיד לשנים רבות. במהלך עיבוד העור והכתיבה, על הסופר לכוון במחשבתו שהוא עושה זאת לשם קדושת ספר תורה, אחרת הספר פסול לשימוש. במיוחד יש להקפיד על כך כשכותבים את שם ה'. מכאן נובעת החשיבות הגדולה במהימנותו של הסופר ובטהרת מחשבותיו.

ספר התורה נכתב ללא ניקוד, סימני פיסוק או טעמים (סימני נגינה), וכולל רק אותיות ורווחים. לכן הקריאה בתורה בבתי הכנסת (עמ' 132) מצריכה מיומנות מיוחדת, ובדרך כלל שמורה לאחד המתפללים המיומן בכך ומכונה "בעל קורא". שאר המתפללים קוראים מספרי חומש מודפסים, שכן כוללים ניקוד, פיסוק וטעמים.

שגיאות הנמצאות בספר התורה עלולות לגרום לפסילתו. וכאשר ספר נפגם או נפסל עד כדי כך שאי אפשר לקרוא בו עוד, עורכים לו טקס הלוויה וקוברים אותו באדמה.

למרות הניתוק היחסי ששרר בין קהילות יהודיות מרוחקות במשך מאות שנים, נמצאו הבדלים קטנים מאוד בין ספרי תורה שנכתבו בקצוות שונים של העולם – סיכוי סטטיסטי נמוך ביותר! הדבר נזקף לזכות ההלכות המוקפדות של כתיבת ספרי התורה.

את הספרים שומרים בארון הקודש בבתי הכנסת. קהילות בכל העולם נהגו לקשט אותם בכתרים ורימונים יקרים; ישנן קהילות שעוטפות את ספר התורה בכיסוי מיוחד מכסף וזהב, ואחרות ברקמת משי מפוארת.

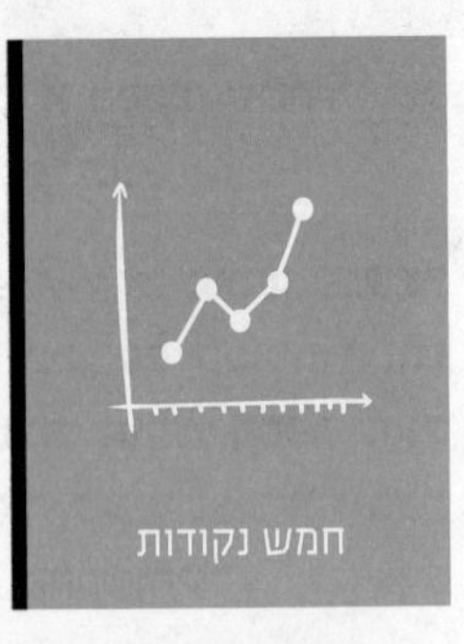

חמש נקודות על התורה

1. **תורה משמיים.** התורה היא חוכמתו ורצונו של אלוהים כפי שהיא מתגלה בעולם, ומהווה את הקשר שלנו איתו.
2. **שתי תורות לנו.** התורה שבכתב קובעת את הכללים, והתורה שבעל פה מיישמת אותם בחיים. אי אפשר לזו בלי זו.
3. **צמיחה מתמדת.** התורה ממשיכה לצמוח ולהתפתח כל הזמן, כדי לבטא את דבר ה׳ בכל דור ודור.
4. **אין בחירות.** תלמידי החכמים, הרבנים ופוסקי ההלכה אינם מתמנים לתפקיד על ידי בעלי סמכות; הם ״נבחרים״ באופן הכי דמוקרטי שיש – הציבור שומע להם על פי גדלותם בתורה ואישיותם המיוחדת.
5. **לא חייבים להסכים.** המחלוקות מגלות לנו את הצדדים העמוקים של כל נושא, כך שנוכל לראות את האמת האלוקית מבצבצת מתוכם.

להרחבה

- **הקדמת הרמב"ם למשנה תורה.**
- הרב אורי שרקי, **סדרת שיעורים בנושא "מבוא לתורה שבעל פה"**, באתר "מכון מאיר".
- הרב עדין שטיינזלץ, **התלמוד לכל**, הוצאת "ידיעות ספרים".

פרק ה: מצוות

המילה "חוק" מזכירה לך משטרה,
ואיזו דמות צדקנית שיושבת שם למעלה ואומרת לך מה לעשות.
זה פירוש גרוע מאוד.
מצווה פירושה שה' נתן לנו 613 דרכים להתקרב אליו.
הדרכים האלה מתחלקות לשני חלקים:
248 דרכים להתקרב אל ה' על ידי עשיית דברים טובים,
ו־365 דרכים להגיע אל ה' על ידי אי־עשייה של דברים מסוימים.
אם יש רמזור אדום ואני לא מתקדם, לא קרה שום דבר, נכון?
פשוט לא חציתי את הכביש.
אבל אם הרמזור האדום של ה' דולק,
ואני עוצר בזמן שיכולתי לעשות רע,
אז משהו קורה בתוכי.
משהו קורה לי, עליתי כמה מדרגות.

(הרב שלמה קרליבך)[1]

מהן המצוות?

המצוות הן הצד המעשי של היהדות. יחד עם תקנות של חכמים ומנהגים שנוספו במשך הדורות, התעצבה **ההלכה** – דרך החיים המעשית של היהדות שבה אנו **הולכים**. המצוות וההלכה משפיעות כמעט על כל פרט בחיי היום־יום, והן מכסות מגוון רחב של מצבים, החל מהקימה בבוקר ועד השכיבה לישון בלילה, זמנים מיוחדים כמו שבתות וימים טובים, אירועים במעגל החיים, התנהגות חברתית, עסקים ומסחר, משפחה ואישות, אכילה ושתייה ואף אמונה ומחשבה.

מדוע צריך מצוות?

- **עשיית רצונו יתברך**. המצוות הן רצון ה', והן הביטוי המעשי של האמונה שלנו.
- **קידוש החול**. המצוות מאפשרות לנו לקיים חיים של קודש בתוך עולם החול, החומר והשגרה. בזכות העובדה שחייו של יהודי מוקפים מצוות בכל מקום ובכל זמן, הוא יכול להכניס קודש לתוך חייו. כך הוא יכול להנכיח את הבורא בתוך המציאות אפילו במצבי חולין מובהקים – כמו בחנות או אפילו במגרש כדורגל. אמרו חכמים: "מיום שחרב בית המקדש, אין לו לקדוש ברוך הוא בעולמו אלא ארבע אמות של הלכה" (ברכות ח). מיום שחרב המקום הקדוש, אפשר להכניס קדושה לכל מקום על ידי המצוות.
- **תיקון החברה**. ההלכה יוצרת מערכת לניהול חברה בריאה המושתתת על ערכים של מוסר, אהבה וסולידריות. בניגוד לצווי מוסר אנושיים שעשויים להשתנות מתקופה לתקופה, המצוות מהוות סולם ערכים מוסרי מוחלט וחד־משמעי, החל על כולם באופן שווה ואינו תלוי באידיאולוגיות מתחלפות, בדעת הקהל או בגחמות המשתנות חדשות לבקרים.

- **תיקון האדם.** באדם טבועים כוחות יצריים חזקים ביותר. המצוות מאפשרות לנו להתרומם מעל הכוחות האינסטינקטיביים שטבועים בנו ולהגיע אל דרגת אדם קדוש, המתגבר ושולט ביצריו ועושה את הנכון משום שהוא הנכון.

ההלכה מבוססת על תרי"ג (613) מצוות שניתנו בתורה, והן מתחלקות לשני סוגים: רמ"ח (248) מצוות **עשה**, הדורשות מעשה בפועל; ושס"ה (365) מצוות **לא תעשה**, התובעות הימנעות מעשייה.

בפועל, בזמננו נוהגות רק 194 מצוות לא־תעשה ו־77 מצוות עשה מהתורה. מדוע כל כך מעט? בגלל חורבן בית המקדש, שנטל מאיתנו חלק גדול מהיכולת לעמוד לפני ה׳, יכולת שעדיין לא הופיעה מחדש.

ועוד דבר מעניין: לפי ׳ספר החינוך׳, ישנן שש מצוות תמידיות שאפשר לקיימן בכל רגע ובכל עת, אפילו עכשיו! ואלו הן: 1) להאמין בה׳, 2) שלא להאמין בכוח עליון אחר, 3) ליחדו (לדעת שה׳ אחד), 4) לאהבה אותו, 5) ליראה אותו, 6) שלא לתור אחר מחשבת הלב וראיית העיניים.

יש עוד כמה דרכים לסווג את המצוות:

בין אדם למקום / בין אדם לחברו

המצוות שבין אדם למקום, כלומר בין אדם לאלוהים, כוללות את המצוות ה"דתיות" כמו תפילה, שבת, כשרות. המצוות שבין אדם לחברו הן המצוות ה"מוסריות", שנועדו לתקן את האדם וליצור חברה טובה יותר. התורה מקפידה על מצוות שבין אדם לחברו לא פחות מאשר על מצוות שבין אדם למקום.[2]

מחשבה / דיבור / מעשה

ישנן מצוות שמקיימים במחשבה, למשל מצוות אהבת ה׳ ומצוות "לֹא תִשְׂנָא אֶת אָחִיךָ בִּלְבָבֶךָ" (ויקרא יט), האוסרת לשנוא בלבנו יהודים אחרים.

יש מצוות שמקיימים בדיבור, כמו ברכה לאחר האכילה, או דווקא על ידי הימנעות מדיבור, כמו לא לשקר ולא לדבר לשון הרע. יש מצוות שמקיימים במעשה, כמו לתת צדקה, להניח תפילין או לטבול במקווה.

כאשר אין אפשרות לקיים מצווה מסוימת באופן מעשי, עצם הלימוד והדיבור על אודותיה נחשבים ברובד מסוים כאילו קיימנו אותה.[3] כך לדוגמה, נכון לשעת כתיבת שורות אלה טרם נבנה בית המקדש, ולכן אי־אפשר לקיים בפועל את כל המצוות הקשורות אליו, אך אפשר לקיים את הרובד הנוגע אליהן על ידי לימוד.

משפטים / עדות / חוקים

"משפטים" הן מצוות שאפשר להבין בשכל, ושגם אם לא היו כתובות בתורה היינו יכולים לחשוב עליהן בעצמנו. כך הן רוב המצוות שבין אדם לחברו: לכבד את ההורים, לא לרצוח, לקיים מערכת דין ומשפט וכדומה.

"עדות" הן מצוות שאולי לא היינו חושבים עליהן בעצמנו, אבל מרגע שהן נכתבו בתורה אפשר להבין את ההיגיון שבהן. שמירת שבת איננה דבר טבעי לאדם, וההוכחה היא שעד היום יש תרבויות שלא אימצו את הרעיון של יום שבתון. ובכל זאת, לאחר שהתורה נתנה לנו את השבת אפשר להבין את החוכמה והיופי שעומדים מאחוריה, ולא בכדי הרעיון התפשט ברוב העולם. כך גם מצוות מזוזה, שמעוררת את האמונה באלוהים בכל פעם שעוברים בדלת, או ציצית, שמשמשת תזכורת לכל המצוות.

"חוקים" הן מצוות שאין להן הסבר הגיוני. למה אסור לאכול דווקא בשר עם חלב? מה ההיגיון שלא ללבוש שעטנז (בגד שעשוי משילוב של צמר ופשתן)? איננו יודעים. נרחיב על כך בהמשך הפרק, כשנעסוק בטעמי המצוות.[4]

מצוות דאורייתא / דרבנן

כפי שלמדנו, בתורה נזכרות 613 מצוות, והן המצוות **מדאורייתא** (בארמית: מן התורה). נוסף להן יש עוד מצוות ותקנות שונות שקבעו חכמים, והן מצוות **מדרבנן** (מדברי חכמים).

בפרק הקודם ראינו שהתורה נתנה רשות לחכמים לפרש את התורה על פי כללי הפרשנות שקיבלנו. המצוות והתקנות שקבעו חכמים זוכות למעמד מיוחד משום שהן כוללות את החלק והפירוש שלנו, עם ישראל, בתורה, ואינן מוכתבות מלמעלה. זו השותפות שלנו עם אלוהים, ועל כך אמרו חז"ל: "אמרה כנסת ישראל לפני הקדוש ברוך הוא: ריבונו של עולם, עֲרֵבים עלי דברי דודים [חכמי ישראל] יותר מיינה של תורה!" (עבודה זרה לה).

מדוע הוסיפו חכמים מצוות ותקנות? כמה סיבות לדבר:

א. **לפרש את התורה.** כפי שראינו בפרק הקודם, חכמינו השתמשו, ומשתמשים גם כיום, בכללי לימוד התורה כדי להתאים את התורה לשינויים שחלים בכל דור ודור ולשאלות החדשות שמתעוררות: כיצד להתייחס לרכב אוטונומי בשבת, להמבורגר צמחוני שהודפס במדפסת תלת־ממדית ולניירות סחירים בבורסה?

ב. **להוסיף קדושה.** חכמים השתמשו בסמכות שהתורה העניקה להם והוסיפו עוד שבע מצוות:

- מגילת אסתר (חג הפורים) – חידוש שנקבע כבר בימי הנביאים, מרדכי ואסתר.[5]
- חנוכה – הדלקת נר חנוכה, שלא נכתבה בתורה אלא התחדשה בימי החשמונאים.
- הדלקת נר שבת – לתוספת אור ושלום בבית ביום הקדוש.
- ברכות – לפני ואחרי אכילה ושתייה (למעט ברכת המזון אחרי סעודה הכוללת פת, שהיא מהתורה).
- הלל – תוספת של פרקי תהילים בתפילת שחרית במועדים (ובראשי חודשים כמנהג).
- נטילת ידיים – לפני התפילה ולפני אכילת לחם, מצווה שבתורה מוטלת על הכוהנים בלבד ומדברי חכמים התפשטה לכל ישראל.
- עירובין – תנאים מסוימים כדי להזיז חפצים ממקומם בשבת.

ג. **סייג לתורה** – סייג הוא גדר, גבול. חלק מההלכות הן בעצם תקנות ("גזרות") שנועדו להרחיק את האדם מן העבירה. כך למשל נולד איסור "מוקצה". בשבת חל איסור לבצע מלאכות מסוימות, וכדי שלא נעבור עבירה בטעות, אסרו חכמים להזיז חפצים שאין להם שימוש בשבת, כמו

מכשירי כתיבה או מוצרי אלקטרוניקה. באופן זה קטֵן הסיכוי שמישהו ישתמש בהם בהיסח הדעת.[6]

הערך המוסרי של ההלכה

רוב האנשים מגדירים "איש טוב" כאדם נחמד שבסך הכול איננו מזיק או פוגע באיש, "חיֵה ותן לחיות". האם זו הגדרה נכונה?

אדם שאינו מזיק לאיש אינו בהכרח אדם טוב. זהו אדם שאינו עושה רע. כדי להיות **טוב**, לא מספיק לא להיות רע; צריך לעשות טוב בפועל. לדוגמה, בתקופת השואה היו אנשים רבים שלא פגעו במו ידיהם ביהודים. אבל בתואר "חסיד אומות עולם", הגדרה ראויה לאדם מוסרי וטוב, זכו רק אלה שסיכנו את עצמם וסייעו ליהודים בצורה מוחשית. זו הסיבה שהתורה כוללת מצוות מעשיות רבות, המאלצות אותנו לנקוט עמדה ולפעול, ולא רק לעמוד מן הצד. ההגדרה הנכונה של אדם טוב היא מישהו שרודף אחרי עשיית הטוב.

כעת יש לברר, מהו הטוב? העובדה שאינספור תרבויות, פילוסופים והוגי דעות עסקו בשאלה הזו מוכיחה שאין תשובה אחת המוסכמת על כולם. האם להיות אדם טוב פירושו להיות אדם מוסרי? בעל מידות טובות? גומל חסד? נאמן למולדתו, למשפחתו, לאהובתו? אדם שמימש את עצמו? שדואג לאיכות הסביבה? או אולי אדם שלמד הרבה ורכש חוכמה וידע?

בדרך כלל אנו רואים את ה"טוב" דרך המשקפיים הפרטיים שלנו. אם יורד גשם בשנת בצורת זה כמובן דבר טוב, אבל אם בדיוק יצאתי מהבית בלי מטרייה ומתחיל מבול, ברגע אחד הגשם נעשה "לא טוב"... נקודת המבט האישית שלנו איננה מספיקה כדי לשקול את כל ההשלכות העשויות להתפתח מהמצב הנוכחי. אנחנו בקושי יודעים מה יהיה מזג האוויר בעוד שבוע, אז איך נוכל לצפות את השלכות מעשינו עוד עשרות ומאות שנים? כדי לדעת מהו טוב אמיתי עלינו להסתכל מנקודת מבט אבסולוטית, המתעלה מעבר לשיקולים הפרטיים והאישיים ומאפשרת לבחון את כל המציאות. במילים אחרות, אנו מבקשים את נקודת המבט של האינסוף. האם אפשר למצוא אותה?

אפשר – בתורה. היהדות מאמינה שהתורה והמצוות הן הביטוי של השקפה

אוניברסלית, המתעלה מעבר לשיקולי כאן ועכשיו, ומאפשרת לחיות את חיינו מתוך נקודת המבט של הנצח. ההלכה היא הדרך אל תיקון האדם והאנושות. היא מכירה בשינויים שמתרחשים כל הזמן, אבל סולם הערכים הבסיסי שלה איננו משתנה.

הקומוניזם למשל האמין בתיקון האדם והחברה ודגל בשוויון בין כל בני האדם, אך בשם הרעיון הנעלה הזה נרצחו עשרות מיליונים. היהדות אומרת שהמטרה הסופית אמנם חשובה מאוד, אבל איננה מקדשת את האמצעים. הדרך אל היעד צריכה להיות מוסרית גם היא. "עם הנצח לא מפחד מדרך ארוכה", גם אם היא תימשך עוד הרבה שנים (בתקווה שלא).

בזמן השואה ביקשו כמה יהודים בגטו לקיים את מצוות ציצית. אבל איפה משיגים צמר בגטו? רק במקום אחד: מחסניהם של הגרמנים היו מלאים וגדושים ברכוש יהודי שנשדד ונבזז. למרות הסכנה שבדבר, עובדי המחסנים תמיד יכלו "לארגן" משהו. לפיכך הופנתה אל רב הגטו שאלה: האם מותר לגנוב צמר מביזת הגרמנים ולהשתמש בו לעשיית ציציות? האם יש בכך גזל? הרי הצמר הזה בא מהיהודים, והם בסך הכול לוקחים לעצמם מה שממילא שייך להם.

אולם הרב פסק שעל פי ההלכה, מרגע שהצמר עבר לגרמנים, הוא נחשב שלהם. ואף שכדי לשרוד מותר לגנוב מהם, לצורך קיום מצווה אי אפשר – אחרת זו "מצווה הבאה בעבירה". המטרה אינה מקדשת את האמצעים. בעיני, הדבר המדהים הוא שאפילו בתוך התופת ביקשו היהודים לשמור על המוסר האלוקי שלהם והלכו לשאול את הרב מה דעת תורה, האם מותר לגנוב מן המרצחים כדי לקיים את מצוותיה![7]

עקרונות טובים

בואו נעשה רגע סדנת קואצ'ינג בחינם. דוד בן־גוריון אמר פעם: "כשאתה קם בבוקר תחליט מה עיקר ומה טפל, תתרכז כל כולך בעיקר, ואת הטפל – אל תעשה!". המצוות מאפשרות לנו התמסרות לעשייה חיובית. במקום להתעסק כל הזמן בשאלה האם אנחנו פועלים בכיוון הרצוי, אפשר פשוט לפעול בדרך שכבר אומתה ונבדקה. הרי איננו מסוגלים לחשוב לעומק על כל פעולה שאנחנו עושים; הדבר יגזול מאיתנו זמן רב מדי.

פעם הלכתי לסופרמרקט גדול וחיפשתי חומר ניקוי לרצפה. ראיתי שלושה מדפים ארוכים מאוד. איזה לקחת? אדום בריח שושנים, לבן עם וניל אנגלי או צהבהב בניחוח קוקוס טרופי? ירוק נגד תיקנים, כזה שמתאים לרצפה חלקה, לרצפה חלקה מאוד, לרצפה מבריקה או לכולן יחד? חלק היו בבקבוק גדול וחסכוני, ואחרים – בקטן ויוקרתי. כמה זמן בזבזתי שם, נבוך מול המדף, כשיכולתי לעשות דברים מועילים יותר?

הפתרון הוא להחליט על עקרונות טובים, שמהם נגזרים מעשים טובים. נכון, כשמתחייבים לעקרונות מאבדים קצת את הגמישות, ואי אפשר לעשות מה שרוצים בכל רגע. אבל התנהלות כזו עדיפה על מצב שבו הגמישות גורמת לנו להפסיד את מה שאנחנו כן רוצים להשיג. חִשבו על ספורטאי ששואף להגיע לאולימפיאדה – הוא לא יכול להרשות לעצמו לבלות עד אור הבוקר, משום שלמחרת מצפה לו יום אימונים מפרך. למתבונן מהצד נראה שמגבילים אותו, הוא לא יכול לעשות מה שהוא רוצה, אבל למען האמת, רק בגלל שהוא מגביל את רצונו המיידי הוא משוחרר להגשים את ערכיו האמיתיים. כשפועלים לפי כללים, חוסכים את הצורך הבלתי פוסק להחליט כל פעם מחדש. ככה מתחילים לצעוד בצעדי ענק לקראת השגת מטרות החיים.

המצוות לא נועדו להגביל אותנו אלא להפך, לאפשר לנו להתמקד בעיקר ולזנוח את הטפל. לבחירה מתוך אפשרויות רבות יש קסם רב, אך יש לה גם מחיר – קפיאה במקום. עם כל הכבוד למבחר שיש בסופר, לפעמים יותר פשוט לקנות במכולת...

איך מקיימים מצוות?

לקיים מצוות איננו דבר מסובך. יש מצוות ששייכות בכל עת (לא לשקר), ויש מצוות שקשורות לפעולות מסוימות שאנחנו עושים (לברך לפני האכילה), ויש מצוות שמקיימים רק בזמן המתאים (להדליק נרות שבת). עם הזמן, ככל שנכיר יותר מצוות, נדע מתי וכיצד לקיים כל אחת מהן בזמן המתאים לה.

מי מחויב בקיום מצוות?

קיום המצוות מוטל על כל אישה (נערה) מגיל שתים-עשרה ומעלה, ועל כל איש (נער) מגיל שלוש-עשרה ומעלה. ילדים פטורים מקיום המצוות, אבל הוריהם מצווים להתחיל לחנך אותם לקיום מצוות מסוימות כשהם מגיעים ל"גיל חינוך", שבו הם כבר מתחילים להבין. יש מצוות שמעודדים לקיים כבר כשמתחילים לדבר (למשל, לומר "שמע ישראל" כשהולכים לישון, "מודה אני" בבוקר), ויש שמחכות לגיל מבוגר יותר. הכל לפי העניין, ובעיקר – בנחת.

אין אדם בעולם שיכול לקיים את כל תרי"ג המצוות. הסיבה פשוטה: יש מצוות שמוטלות על כל היהודים, אך יש כאלה שמוטלות רק על כוהנים או לויים; יש מצוות של גברים ויש מצוות של נשים. הזכרנו את דברי הגמרא ש"כל ישראל ערבים זה בזה" – כל אחד מקיים את המצוות המוטלות עליו, וכך ביחד אנו מקיימים את התורה כולה.

נשים חייבות בכל המצוות למעט "מצוות עשה שהזמן גרמן", כלומר שקשורות בזמן מסוים. לכן הן אינן חייבות למשל לשבת בסוכה (מצווה שחלה רק בחג הסוכות), להניח תפילין (מצווה ששייכת רק לימות החול) או לקרוא קריאת

שמע (מצווה שחלה בבוקר ובערב בשעה מסוימת). אמנם, גם בתוך הקטגוריה של "מצוות עשה שהזמן גרמן" ישנן לא מעט מצוות שהן כן חייבות לקיים, כמו מצוות השבת, ליל הסדר, הדלקת נרות חנוכה, פורים ועוד.[8]

ישנם כמה הסברים מדוע נשים אינן חייבות במצוות אלה. אחד מהם הוא שמכיוון שהנשים נושאות לרוב במצווה הגדולה של גידול המשפחה, הן פטורות ממצוות שמתנגשות איתה, על פי הכלל "העוסק במצווה פטור מן המצווה", שעליו נרחיב בהמשך. הסבר נוסף מניח שקיימים הבדלים נפשיים מסוימים בין גברים לנשים, ומציע שאולי גם העבודה הרוחנית שלהן צריכה להיות שונה. עם זאת, אם הן בכל זאת רוצות לקיים את המצוות הללו, הרשות בידן.[9]

כוונה בקיום מצוות

במדינות מתוקנות האזרחים אמורים להישמע לחוק, אבל הם אינם צריכים להזדהות איתו. לנהגים אסור לעבור את המהירות המותרת, אבל לא מבקשים מהם "להתחבר לכוונה הפנימית" של חברי הכנסת שהעבירו את החוק; העיקר שניסע כחוק וזהו.

ההלכה, לעומת זאת, דורשת שבזמן קיום מצווה האדם גם יתכוון לתוכן של מעשיו – "מצוות צריכות כוונה". הרובד הבסיסי של כוונה בקיום מצוות הוא עצם המודעות לכך שהפעולה שאני עושה עכשיו היא לשם מצווה. לדוגמה, אדם שעובר ברחוב בראש השנה ושומע במקרה קול שופר, לא קיים את מצוות שמיעת קול שופר אם לא כיוון לכך במחשבתו. ברובד גבוה יותר של כוונה, האדם מכוון לא רק לקיים את המצווה אלא מזדהה עם התוכן הפנימי שלה, הוא "חי" את המצווה.

כמו כל דבר בחיים, גם הדברים המרגשים ביותר עלולים להפוך לשגרה אפורה. מספרים שהאדם שהתקבל לעבוד כשומר ה"מונה ליזה" הגיע לתפקידו ביום הראשון לאחר שלא נרדם כל הלילה. הוא הביט בציור המפורסם בחרדת קודש לאורך כל היום, ניקה את האולם ונזהר שלא לדבר בקול רם מדי. כעבור שבועיים ראו שהוא עדיין מרגיש גאווה בתפקיד, אבל הוא כבר ישב על כיסא. אחרי חודש מצאו אותו משועמם, קורא עיתון וגבו אל הציור.

קל יותר להתכוון כשמקיימים מצוות נדירות יחסית, כמו ברית מילה או אפילו הדלקת נרות חנוכה, שחוזרת על עצמה רק פעם בשנה. אבל במצוות היומיומיות, החוזרות על עצמן בוקר וערב, קשה לכוון באופן קבוע. לאורך הזמן אנו עלולים להגיע למצב של "מצוַת אנשים מלומדה" – ביצוע אוטומטי החוזר על עצמו, בלב מרוחק ואדיש. אמנם היהדות קובעת שעם כל חשיבות הכוונה, העיקר הוא לקיים את המצווה בפועל. ועם זאת, צריך לשים לב שהמצוות לא תיעשינה באופן רובוטי.

לשם ייחוד. יש הנוהגים לומר לפני כל מצווה תפילה מיוחדת שנקראת "לשם ייחוד", ובה מזכירים את הכוונה המרכזית של המצווה. בדרך כלל הנוסח מתחיל במילים: "לְשֵׁם יִחוּד קוּדְשָׁא בְּרִיךְ הוּא וּשְׁכִינְתֵּיהּ, בִּדְחִילוּ וּרְחִימוּ [=לשם ייחוד הקדוש ברוך עם שכינתו, ביראה ואהבה], לְיַחֵד שֵׁם י"ה בְּו"ה בְּיִחוּדָא שְׁלִים בְּשֵׁם כָּל יִשְׂרָאֵל [לחבר את חלקי השכינה באיחוד שלם בשם כל ישראל], הֲרֵינִי מוּכָן וּמְזוּמָן לְקַיֵּם מִצְוַת עֲשֵׂה שֶׁל..."

מידע נוסף

טעמי המצוות

בדרך כלל התורה אינה מציינת מדוע ניתנה לנו מצווה זו או אחרת, אך לאורך הדורות ניסו חכמינו להסביר את הרעיון העומד מאחורי מצוות רבות. חלקם הציעו טעמים מוסריים, חלקם היגיון שכלי, והיו שדיברו על סיבות עמוקות ופנימיות הקשורות לחוכמת הסוד ולעולמות עליונים.

אולם הניסיון לתת טעמים למצוות נתקל גם בהתנגדות מסוימת. התורה היא נצחית ועמוקה מני ים, ולעולם לא נוכל לעמוד על כל חוכמתה וסודותיה. אם המצוות הן רצונו וחוכמתו של אלוהים, תחומים שאין לנו יכולת להשיג בשכל, כיצד אפשר להתיימר להסביר אותן? וכך כתב המהר"ל מפראג: "כי המצווה גזירה עלינו, ולא הביט השם יתברך מה שהמקבל חפץ ורוצה, רק הכל גזירה" (תפארת ישראל, פרק ו).

שנית, גם אם הטעמים שמציעים הם יפים ונכונים, איך נוכל לדעת שאין עוד טעמים שאיננו מכירים? ועוד: הכרת הטעם למצווה עלולה לפגוע בקיומה, שכן כאשר הטעם נעשה פחות רלוונטי, גם הרצון לקיים את המצווה נחלש.[10] אם אדם סבור (בטעות) שהתורה אסרה להדליק אש בשבת כדי שלא נתאמץ – האם בזמננו, כשאפשר להדליק אש בלחיצת כפתור קלה, יהיה מותר לעשות זאת? ממש לא. לכן טענו המתנגדים שעלינו לקיים את המצוות מסיבה אחת בלבד – משום שכך ציוונו הבורא.

ריבוי הפרטים בהלכה

הספרות ההלכתית עוסקת בפרטים רבים שנראים טכניים. בחנויות לספרי קודש אפשר למצוא ספרים עבי כרס עם שמות כמו "הלכות מזוזה השלם", "דיני ערב פסח שחל בשבת", "כל מה שרצית לדעת על אתרוגי שמיטה

ולא העזת לשאול". כל כך הרבה מילים על מצווה כזו קטנה? מה כבר יכול להיות מסובך בהדבקת מזוזה? פשוט תולים וזהו, לא?

בפרק הראשון הזכרנו את המצווה הגדולה של אהבת האל. חלק מרכזי באהבה, כל אהבה, הוא השאיפה למלא את רצון האהוב על כל פרטיו. אין דינו של מי שיודע שאהובתו אוהבת נס קפה, כדינו של מי שיודע שהיא מעדיפה שתי-כפיות-קפה-נמס-חזק-בלי-סוכר-בספל-הירוק-עם-הידית-השבורה-וקצת-חלב-לא-מוקצף-בצד. איפה יש יותר אהבה?

ההלכה דורשת מאיתנו להיות מדויקים. כשאכפת לנו באמת מהאהוב, מתעוררת בנו תשוקה למלא את רצונו ובקשתו באופן מדויק. "לַעֲשׂוֹת רְצוֹנְךָ אֱלֹהַי חָפָצְתִּי", אומר דוד המלך בספר תהילים (פרק מ). המצוות הן ביטוי לקשר עם אלוהים, וכשמדייקים בהן, זהו הקשר העמוק ביותר שיכול להיות לנו איתו, קשר של אהבה גדולה שמתבטאת בפרטים הקטנים.

הרעיון מתבטא גם בכך שלכל מצווה יש שיעור ומידה מפורטים. בפסח צריך לאכול משקל מסוים של מצה; הציצית צריכה להיות באורך מוגדר; הפרשת חלה נעשית רק מעיסה שיש בה כמות מסוימת של קמח. המשמעות היא שעם כל זה שהמצוות אמורות להיעשות מכל הלב, הן דורשות גם דיוק חד כתער וריכוז מתמיד.[11]

התנגשות בין מצוות

מה עושים כשמצוות מתנגשות אחת בשנייה ואי אפשר לקיים את שתיהן? למשל, קבעתי ללכת לשיעור תורה (מצוות לימוד תורה), אבל ההורים רוצים שאבוא איתם לבקר את הדודה (כיבוד הורים). שואלים אותי מה דעתי על פלוני – מצד אחד עליי לומר את האמת (לא משהו), ומצד שני אסור לומר לשון הרע. מה עושים?

בהלכה נקבעו מספר כללים, הנה כמה מהמרכזיים שבהם:

- **פיקוח נפש דוחה (כמעט) את כל המצוות שבתורה.** פיקוח נפש הוא שמירת החיים, שהיא כאמור ערך עליון ביהדות. כאשר קיימת סכנה לחיי אדם, מותר – ואף חובה – לעבור על כל המצוות שבתורה כדי להצילו. מסיבה זו מותר לחלל שבת במצבים רפואיים מסוימים, לאכול אוכל לא כשר בשעת רעב קיצוני וכדומה, לא עלינו (הזכרנו

את שלוש המצוות שדוחות את עקרון פיקוח הנפש: איסורי עבודה זרה, שפיכות דמים ועריות).

- **"עשה דוחה לא תעשה"**. כאשר מצוות עשה ומצוות לא תעשה מתנגשות ביניהן, ישנה עדיפות לקיום מצוות עשה. לדוגמה: מותר להכין ציצית מצמר לבגד שעשוי מפשתן, אף שיש איסור שעטנז ללבוש צמר ופשתים יחד. מצוות הציצית (עשה) דוחה את מצוות השעטנז (לא תעשה). מובן שאם יש פתרונות אחרים, עדיף לא להיכנס למצב כזה.
- **"העוסק במצווה פטור מן המצווה"**. כאשר אדם מקיים מצווה או מתכונן לקראתה, הוא פטור מלעסוק במצווה אחרת. כלל זה חל רק אם קיום המצווה השנייה אכן יפגע בקיום המצווה הראשונה. למשל, חייל צה"ל שנמצא בפעילות מבצעית, שהיא מצווה גדולה של הגנת העם והארץ, פטור מקיום המצוות, אך בימי שגרה אין הדבר כן.
- **"גדול כבוד הבריות שדוחה לא תעשה שבתורה"**. שמירה על כבוד האדם עשויה לדחות מצוות מסוימות. לדוגמה, אדם שמצא מציאה ברחוב, מצווה להחזיר אותה לבעליה (עמ' 262). אבל אם הוא קשיש או אדם מכובד במיוחד שאין ביכולתו להתעסק בעניינים מסוג זה, הוא פטור מלהשיב את האבידה שמצא, שכן "גדול כבוד הבריות".

ועם כל זה, לעיתים באמת אין לנו אפשרות לדעת איזו מצווה חשובה יותר עכשיו. במקרים האלה כדאי להתייעץ עם רב שמכיר אותנו, ולנסות להקשיב לקול הנשמה שמכוונת אותנו אף היא.

מנהגים

לכל חברה, תרבות ואפילו משפחה יש מנהגים מיוחדים ולא פורמליים – מקומות ישיבה קבועים סביב השולחן, מתכונים שעוברים מדור לדור והדרך שבה חוגגים ימי הולדת. עבור המתבונן מבחוץ המנהגים נראים לפעמים כפולקלור נחמד, אבל היהדות מייחסת להם ערך גדול. הנחת המוצא היא שהמנהגים מבטאים דרגה רוחנית משותפת לעם כולו:

> מה שהמנהג מוסכם אצל כלל ישראל **הוא על פי רוח הקודש**, שהשם יתברך הופיע ביניהם, וממש כעל פי נביא הנהיגו, כי על ידי הרצון והמעשה לשם שמים, מאיר השם יתברך בכלל כנסת ישראל רוח הקודש איך לנהוג.[12]

כשקבוצה גדולה מעם ישראל מכוונת לשם שמיים, אלוהים כבר מאיר בתוכם את הדרך הנכונה כיצד לפעול. המנהגים התפתחו בדרך מסוימת, והעובדה שהם המשיכו להתקיים מעידה שהבאים אחריהם נתנו להם תוקף.

אם בעדה או במשפחה שלכם יש מנהגים מיוחדים – כבדו אותם. זוהי "טביעת אצבע" ייחודית שחבל לוותר עליה. ועם זאת, צריך להבחין מתי המנהג אינו עולה בקנה אחד עם ההלכה והיהדות. פגשתי פעם משפחה עם מנהג משונה: כל השנה הם לא שותים משקאות מוגזים בכלל, ודווקא בתשעה באב, יום הצום הלאומי, הם היו שותים קולה. כך הפך אצלם יום אבל ויגון ליום חגיגי... אם אתם לא בטוחים, כדאי לברר עם רב מה נחשב בתחום המותר, ומה עדיף להשאיר בחוץ.

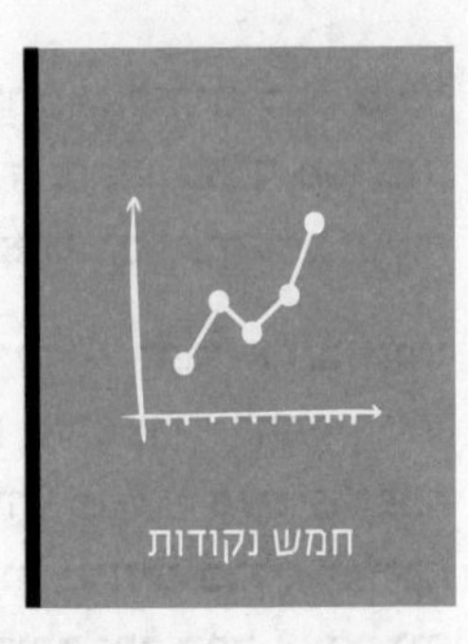

חמש נקודות על המצוות

1. **מצוות דאורייתא.** התורה נתנה לנו תרי"ג מצוות, שמהוות את הבסיס להלכה – דרך החיים המעשית של היהדות.
2. **מצוות דרבנן.** לחכמים ניתנה רשות להוסיף מצוות ותקנות כדי ליישם ולממש את התורה בחיים המשתנים.
3. **ללכת בדרכים טובות.** ההלכה מוליכה אותנו בדרך של מוסר אלוהי אבסולוטי, ומעודדת את האדם לעשות טוב ולא רק לדבר עליו.
4. **כוונה או מעשה?** לכל מצווה יש גוף ונשמה – הגוף הוא המצווה עצמה, והנשמה היא הכוונה. אמנם העיקר הוא קיום המצווה בפועל, אבל "מצווה ללא כוונה כגוף ללא נשמה".
5. **טעם החיים.** אף על פי שלרוב המצוות אפשר למצוא טעם, לעולם לא נוכל להבין עד הסוף את העומק המסתתר בהן.

להרחבה

- **ספר המצוות לרמב"ם**. פירוט של תרי"ג מצוות התורה.
- **ספר החינוך**. ביאור על תרי"ג המצוות וההיגיון מאחוריהן על פי סדר פרשות השבוע.
- ישעיהו ליבוביץ, **"מצוות מעשיות (משמעותה של ההלכה)"**, מאמר מתוך הספר "יהדות, עם יהודי ומדינת ישראל". זמין גם באינטרנט. מעורר מחשבה על חשיבותה הגדולה של ההלכה לקיום חיים יהודיים.
- דניאל גוטנמכר, **רחבה מצוותך**, הוצאת מכללת הרצוג. ספר אסתטי במיוחד עם פרקי הכנה והתבוננות בחוויית המצוות.

פרק ו: גאולה

שמעתי שאתה ממש עומד בשער
ושכל שה תמים יוכל לגור ביער
ושמעתי שגם הלב הזה יותר לא ימות
תבוא, אנחנו מחכים לך יותר מדי שנים
אנחנו השתגענו, אין לנו יותר פנים
רק הולכים ומתכלים כל הזמן,
אז תבוא

(**עומד בשער**, עמיר בניון)

מהי גאולה?

היהדות מאמינה שהעולם שלנו, מלא החסרונות, צריך להיות שלם. כל כך הרבה יגון ואנחה יש בו, אך בתוך כל הרע הזה בא עם ישראל עם בשורה מטורפת: אופטימיות רדיקלית שיהיה טוב. הגאולה היא תקווה עקשנית לעתיד טוב יותר – לא רק לאדם או לחוגו המצומצם, אלא לעולם כולו. זוהי שאיפה להתגלות אלוקית שתוביל למציאות אידיאלית שאין בה רע: לא מוות, לא חולי, לא רעב ומלחמות ולא קנאה, תחרות או מחסור. בתקופה זו השפע הגשמי והרוחני יהיה מנת חלקם של כל בני האדם, והעולם יתרומם למדרגה עליונה ביותר.

העתיד הטוב של העולם לא יקרה מעצמו. אפשר לדמיין עולם יפה יותר כמה שנרצה, אבל אם שורש הדברים לא ישתנה, הכול יישאר כמו שהוא. לפי היהדות, יש קשר חזק בין ידיעת הבורא למימושה של המציאות האוטופית הזו. ככל שהאנושות תתקדם יותר להכרה מעמיקה של האינסוף, כך המציאות תתקדם איתה. השאיפה היא להגיע ליום שבו כולנו נהיה במצב תודעתי גבוה כל כך, שהכול ייראה כאחדות אחת שלמה.

הבעיה היא שבדפוסי החשיבה הנוכחיים שלנו קשה לנו להבין איך תיראה המציאות החדשה הזו בפועל. חכמינו הזכירו כל מיני דברים שעתידים לקרות בימות המשיח, ואולם הרמב"ם ניסח זאת יפה באומרו: "וְכָל אֵלּוּ הַדְּבָרִים וְכַיּוֹצֵא בָּהֶן – לֹא יֵדַע אָדָם אֵיךְ יִהְיוּ עַד שֶׁיִּהְיוּ" (הלכות מלכים יב). כשנגיע – נדע.

מעגלי הגאולה

לגאולה, הגילוי האלוקי שאנחנו משתוקקים אליו, יש רבדים במעגלים

שונים של החיים: היא מתחילה במעגל הפרטי של האדם הבודד, ממשיכה לגאולת האומה, האנושות, ולבסוף היקום כולו – גאולה קוסמית.

גאולה פרטית מתרחשת כאשר האדם נגאל מתפיסת העולם החלקית והשגויה שלו. לרוב אנחנו מרגישים תחת מתקפה בלתי פוסקת של קשיים, מגבלות ותסכולים. לפעמים דברים נראים לנו רעים כי הם לא מתאימים לדרך שבה נדמה לנו שהדברים צריכים להתנהל (כפי שהזכרנו בפרק על אמונה); איך תפסו לי את החניה, למה לא קיבלתי את הקידום בעבודה, ולמה את אף פעם לא מחזירה לי טלפון?

הצעד הראשון בדרך לגאולה הפרטית הוא האל"ף־בי"ת של היהדות – **אמונה וביטחון**. אם רק נבין שהמציאות נשלטת על ידי הבורא הכול יכול, שרוצה בטובתנו ומשגיח באופן אישי על כל ברייה בעולמו, נראה בעצמנו ש"הכול לטובה". אם ייקח קצת זמן עד שנצליח לראות זאת, האמונה תעזור לנו לחוות בינתיים את הצרות כסוג של **ניסיון**, שדורש מצידנו התגברות על קושי. וכפי שכתב רבנו בחיי, עניין הביטחון הוא "שידע האדם עם לבבו כי הכל בידי שמים. ובידו [של ה'] לשנות הטבעים ולהחליף המזל, ואין לו מעצור להושיע ברב או במעט. וגם כי צרה קרובה אליו, ישועת השם קרובה לבוא כי כל יכול הוא ולא ייבצר ממנו מאומה".[1]

פעם שאל חסיד את רבו: קשים לי דברי המשנה, "חייב אדם לברך על הרעה כשם שמברך על הטובה" (ברכות ט). איך אפשר לברך על דבר רע באותה שמחה שאנו חשים כשקורה לנו דבר טוב? ענה לו הרב: שאלה גדולה שאלת, ואם ברצונך לקבל תשובה – גש לעיירה אניפולי וחפש את רבי זושא. הוא סבל הרבה בחייו ויוכל לענות לך.

נסע החסיד ושאל היכן ביתו של רבי זושא. הפנו אותו לבית בקצה העיירה, והוא דפק בדלת. איש מרשים עם זקן לבן פתח לו, ומאחוריו התגלה בית ישן ומרופט. עוני כזה לא ראה החסיד מימיו. רבי זושא שמח למראה האורח, והציע לו בחיוך לאכול מהמעט שהיה לו. אמר החסיד: "תודה לך רבי, אך אין לי פנאי; נשלחתי אליך על ידי מורי. רציתי לשאול, כיצד אפשר לברך על הרעה כשם שמברכים על הטובה?"

הביט בו רבי זושא בתמיהה: "מדוע באת דווקא אליי?"

ענה החסיד: "נראה שהפרוטה איננה מצויה בכיסך, החיים לא האירו לך פנים, ובכל זאת אתה שמח ומחייך. חשבתי שאולי אתה תדע את הסוד".

ענה לו רבי זושא: "צר לי מאוד, אבל אינני האיש המתאים לענות לך על שאלתך. מעולם לא הרגשתי שיש לי צרות. הכול טוב בחיי, ברוך השם!"

במעגל השני נמצאת **הגאולה הלאומית**, חידוש החירות של עם ישראל בארצו. כשם שאדם אינו יכול לממש את כל האישיות שלו כשהוא בכלא, כך עם ישראל אינו יכול לבטא את התוכן הפנימי שלו כשהוא נשלט על ידי אומה אחרת. החירות המדינית היא תנאי לחידוש הנבואה, להקמת חברה יהודית ברוח חזון הנביאים ולהתגלות ה׳ בעולם. היא אף זוכה להתייחסות נרחבת מאוד בתפילה: שש מתוך תשע־עשרה (!) הברכות בתפילת העמידה עוסקות בנושאים כמו קיבוץ גלויות, החזרת מערכת המשפט העברית, בניין ירושלים, בית המקדש וביאת המשיח.

עבור רבים, המציאות הנוכחית בארץ ישראל בדורות האחרונים – השיבה אל הארץ, הקמת מדינת ישראל, איחוד ירושלים – מסמלת את תחילתה של הגאולה הלאומית. זהו קרוב לוודאי האירוע המופלא ביותר בהיסטוריה האנושית: עם נרדף שכמעט הושמד שב לפתע אל ארצו, אל שפתו ואל מורשתו, ומקים מחדש את מדינתו לאחר אלפיים שנה – מי התסריטאי ההזוי שכתב את זה?

המעגל הבא הוא **גאולת האנושות**. היא תתרחש כאשר בני האדם יתמסרו ללימוד ולהתפתחות רוחנית במקום להילחם זה בזה, ויעסקו בדברים החשובים באמת: "וְכִתְּתוּ חַרְבוֹתָם לְאִתִּים וַחֲנִיתוֹתֵיהֶם לְמַזְמֵרוֹת, לֹא יִשָּׂא גוֹי אֶל גּוֹי חֶרֶב וְלֹא יִלְמְדוּ עוֹד מִלְחָמָה" (ישעיה ב); "כִּי מָלְאָה הָאָרֶץ דֵּעָה אֶת ה׳, כַּמַּיִם לַיָּם מְכַסִּים" (שם, יא). התוצאה תהיה גאולה לא רק של האדם, אלא של הקוסמוס כולו. הכול יתרומם למציאות שלמה ואחדותית, ואז גם ישתנו לחלוטין סדרי הטבע. כך אפשר להסביר את דברי הנביאים העוסקים בימות המשיח, כמו "וְגָר זְאֵב עִם כֶּבֶשׂ וְנָמֵר עִם גְּדִי יִרְבָּץ".

אך לעת עתה, המציאות הזו נסתרת מעינינו. איש אינו יכול לצפות מה יקרה כשאינסופיותו של אלוהים תתגלה.

המשיח

מנהיג המהפכה העולמית הזו נקרא **משיח**. המשיח אינו רעיון מיסטי או תקופה שתגיע, אלא בן אדם, ילוד אישה, שיתמנה למלך וינהיג את ישראל. בתקופת התנ"ך היו מושחים (יוצקים) שמן על ראשם של המלכים, ומכאן שמו.

לפי המקורות שבידינו, המשיח יהיה צאצא של שושלת בית דוד, ויוביל את העם להכרה שלמה בבורא. הוא גם יחזק את שמירת התורה, יבנה את בית המקדש ויילחם באויבים הקמים עלינו.

מתי הוא יבוא? אחד המקורות המרכזיים בסוגיה הוא הפסוק "אֲנִי ה' בְּעִתָּהּ אֲחִישֶׁנָּה" (ישעיה ס). רבותינו למדו ממנו על שני אופנים של גאולה: הראשונה היא "בעיתה", כלומר הגאולה תתרחש מעצמה בזמן הקבוע לה מראש, שאותו איננו יודעים. אולם יש עוד אפשרות – "אחישנה", מלשון להחיש, לפני הזמן שנקבע. זירוז הגאולה תלוי בעיקר בנו: "כבר הבטיחה תורה", כתב הרמב"ם, "שסוף ישראל לעשות תשובה בסוף גלותן, ומיד הן נגאלין" (הלכות תשובה ז). הציפייה למשיח היא אחד משלושה־עשר עיקרי האמונה, שרבים נוהגים להזכיר מדי יום בסיום תפילת שחרית: "אני מאמין באמונה שלימה בביאת המשיח, ואף על פי שיתמהמה – עם כל זה אחכה לו בכל יום שיבוא". את המילים הללו שרו יהודים בשואה בדרכם לתאי הגזים, כאילו אומרים לצוררים: עוד תראו...[2]

תהליכי הגאולה

השנים שלפני הופעת המציאות השלמה נקראות "עקבתא דמשיחא" – עקבי המשיח (וגם "חבלי משיח"). כשם שעור העקב הוא גס וקשה, כך הימים הללו יהיו קשים לישראל ולעולם. תקופת עקבי המשיח נועדה לבירור תקופת הגלות עד תום. כפי שזרע שנקבר באדמה יכול להתפתח רק לאחר שהוא נרקב, כך הגאולה תופיע דווקא ברגע שתקופת הגלות וההסתר האלוהי תגיע לשיאה (הרי תמיד הכי חשוך לפני עלות השחר). מסופר בגמרא על שניים מגדולי החכמים שמרוב פחד התפללו אמנם שהמשיח יבוא מהר – אבל לא בזמנם... לנו אין הרבה ברירה. גדולי המנהיגים הרוחניים של עם ישראל בדור האחרון אומרים שאנחנו קרובים יותר מתמיד לתקופת הגאולה, ונדרש רק עוד מאמץ אחרון כדי להגיע לשם.

האם הגאולה תבוא בבת אחת, או שהיא תתרחש בשלבים? גישה אחת אומרת שהגאולה תבוא בהדרגה, בשלבים היסטוריים. לעומתם יש הסבורים שהגאולה תתרחש בבת אחת, ללא התראה מוקדמת. פירוש הדבר שבפרוץ הגאולה עצמה לא יהיה כל תהליך – הכול יקרה מהר ומיד, וכל ההתרחשויות שקורות בינתיים הן חסרות משמעות מבחינת תהליך הגאולה.[3]

איך מקרבים את הגאולה?

ובכן, איננו מכירים דרך בדוקה לכך. אם הייתה כזו, המשיח כבר היה בא מזמן... ובכל זאת, כל מעשה טוב, כל מצווה, כל לימוד תורה שאנו מוסיפים בעולם, הם עוד אבן במקדש הרוחני שאנו בונים. גם לימוד תורה אודות נושאים של גאולה בוודאי מקרב אותה ומכין אותנו לבואה.

הפילוסוף הצרפתי ז׳אן פול סארטר נחשב לאחד האינטלקטואלים הגדולים של המאה העשרים. משנתו הפילוסופית העיקרית, שהתפתחה לאחר מלחמת העולם השנייה, כללה פסימיזם קיצוני וחוסר אמונה באלוהים. ״הקוסמוס יישאר שחור״, אמר פעם, ״ואנחנו חיות מוכות בקטסטרופה״. בשנותיו האחרונות ליווה אותו עוזר יהודי צעיר בשם בני לוי, שהיה באותם ימים מהפכן שמאלני קיצוני. לוי, חילוני אדוק, החל להתעניין ביהדות ובשלב מסוים הדביק בחיידק גם את מורו. שני הפילוסופים גילו עולם חדש שטרם הכירו, והחלו להתייחס ליהדות ברצינות.

בשנת 1980 פרסם לוי ספר המתעד את שיחותיהם. ״המטרה שכל יהודי מחזיק בה, במודע או שלא במודע, צריכה לאחד את האנושות״, ציטט את סארטר. ״זהו ׳סוף׳ במובן החברתי והדתי, אשר מצוי אך ורק אצל העם היהודי. עבורי המשיחיות היא דבר חשוב, שהיהודים לבדם הגו בצורה כזו היכולה לשמש גם את הלא־יהודים למטרות מוסריות נוספות״. סארטר ביטא באחרית ימיו הסכמה לרעיונות העמוקים ביותר של היהדות, ובייחוד לרעיון הגאולה.

בעקבות פרסום הספר העולם האקדמי בצרפת געש, ולא הסכים לקבל את השינוי הרדיקלי בהגותו של המורה הנערץ. כמה שבועות לאחר מכן מת סארטר, לפני שהספיק להסביר לעולם את תפיסת עולמו

המחודשת. בני לוי המשיך להתקרב למורשתו היהודית, עד שלבסוף עלה ארצה והפך לתלמיד ישיבה בירושלים. הוא נפטר בחג הסוכות 2003, ולא הספיק לפרסם את חידושיו המשלבים את עומק התורה עם עקרונות הפילוסופיה. מפתיע לגלות שאפילו האינטלקטואל הנחשב ביותר במאה העשרים זיהה ביהודים את מה שהם שכחו בעצמם. הוא כינה אותם במילת הכבוד הגדולה ביותר מבחינתו: מהפכנים.

לחיות גאולה

בשיח הישראלי המילה "משיחי" הפכה לכינוי גנאי. ה"משיחיים" נחשבים לאנשים הזויים, סהרוריים, חסרי קו מחשבה רציונלי; משוגעים שרוצים לשנות את העולם מן הקצה אל הקצה. אך נראה שבימינו העולם דווקא צמא יותר מתמיד למסר שנושא עם ישראל – "תקווה עכשיו", למען עתיד שאין טוב ממנו.

רעיון הגאולה אכן נראה נאיבי. הפסימיסטים טוענים שהוא לעולם לא יתממש; אחרים סבורים שזוהי המצאה אנושית שנועדה "לארגן את הסדר החברתי". ואולם ככל שהאנושות מתקדמת בהכרת העולם שסביבנו, מתברר שהיסודות של הרעיון מתגלים כיותר ויותר נכונים. תיאוריות מדעיות חדשניות מניחות את מה שבעבר נראה כבלתי אפשרי – שהיקום כולו עשוי מחלקיקי אור (תורת הקוונטים), שהחומר אינו מוגבל בזמן ומקום, שלפעולה קטנה במקום אחד יש השפעה גדולה במקום אחר (תיאוריית הכאוס) ועוד.[4]

הדבר דומה לאדם שמרכיב משקפיים שהעדשות שלהם מחליפות בין מה שרואים בעין ימין למה שרואים בשמאל ולהפך. כשמסירים את המשקפיים אחרי זמן ממושך, למוח לוקח זמן להתרגל חזרה למראה הטבעי שהעיניים רואות. כך נראה העולם בזמן הגלות – מעוות והפוך. כל כך הרבה שנים עברו עד שהתרגלנו לכך לחלוטין. אבל כשנהפוך את המשקפיים חזרה, מי יודע מה נוכל לראות?

הרבה אנשים שואלים את עצמם: "מה לי ולגאולה?". זה נכון רק ברובד חיצוני. בתוך תוכנו, מי לא רוצה להפוך את העולם למושלם? השאיפה לעתיד טוב היא המנוע שגרם מאז ומעולם ליהודים לנסות ולשפר את המציאות שוב ושוב, מבלי להתייאש.

מידע נוסף

בית המקדש

השנה היא 1961. גולדה מאיר, אז שרת החוץ של מדינת ישראל, מבקרת אצל הנשיא הנבחר של ארה"ב, ג'ון פ' קנדי, לפגישה סודית בעניין ביטחוני ממדרגה ראשונה. קנדי היה אז בתקופה אופטימית במיוחד, משוכנע שהמין האנושי נדיב ביסודו. עם פירוק החימוש והשלום העולמי שבפתח, הכול נראה אפשרי. תוך כדי השיחה התפרץ לעברה קנדי: "כל היהודים שמשתדלים בשבילכם לא מדברים על שום דבר חוץ מנשק. ואת בעצמך, גברת מאיר, במקום להזכיר את הבשורות הנצחיות של המוסר התנ"כי, את הנביאים, בעיות רוחניות או תרבותיות – מהרגע שנכנסת את רוצה לדבר רק על טילים. אין לך נושאים אחרים לשיחה?"

"אתה צודק, אדוני הנשיא", השיבה גולדה. "יש לנו דיבוק של ביטחון. אנחנו עם עתיק, ופעמיים בהיסטוריה שלנו איבדנו את בית המקדש ואת הריבונות. כן, שרדנו; אבל אנחנו מפוזרים. שרדנו מפני שלכל היהודים, למלומד מווילנה, לסוחר מלודז', לתעשיין משיקגו ולחנווני מסלוניקי יש חלום משותף: שיום אחד ייבנה בית המקדש מחדש. כן, אדוני, בית המקדש עוד לא נבנה מחדש, רק התחלנו. ואם ההתחלה הזו תיהרס, אפילו לחלום לא נוכל עוד".

קנדי הביט בה רגע ארוך, ואחר כך, בלי לומר מילה, לחץ על כפתור והורה לאחד מעוזריו להניע את התהליך שגולדה ביקשה עבור צורכי הביטחון של מדינת ישראל.

עבור רובנו, בית המקדש נתפס כשריד היסטורי חשוב ולא כדבר ממשי ששייך לתקופתנו – ודאי לא משאת נפש. אבל ככל שלומדים יותר

את התנ"ך, מתברר שבית המקדש הוא לב ליבה של האומה היהודית, וחסרונו – פצע מדמם.

מקומו של המקדש הוא בהר המוריה ("הר הבית"), וזהו המקום היחיד שההלכה מתירה להקריב בו קורבנות ולנהל את הפולחן הדתי. למען האמת, בית המקדש הוא הרבה יותר מכך. מתחת לנקודה הפנימית ביותר, "קודש הקודשים", שוכנת אבן השתייה (מלשון "תשתית") – המקום שממנו נברא העולם. אמנם הבורא הוא אינסופי ונמצא בכל מקום, אולם נוכחותו מורגשת ביותר דווקא שם. זוהי מעין נקודת מעבר לעולם גבוה יותר, וכבר אדם הראשון, נח (מהתיבה), ושלושת האבות אברהם, יצחק ויעקב, זיהו אותו כמקום מיוחד שחורג מגדרי העולם הזה.

בית המקדש הוא גם המרכז הלאומי שבו יושבת הסנהדרין – בית הדין הגדול שמנהל את ענייני החוק והמשפט של העם. לשם מגיעים כולם בשלושת הרגלים (פסח, שבועות וסוכות), ובמיוחד למעמד ה"הקהל" החגיגי שמתקיים פעם בשבע שנים.

עולם בלי מקדש הוא כמו עולם בלי צבעים: אפשר להתרגל אליו, אבל מי שיודע איך הדברים נראים באמת – ירגיש תמיד חיסרון עז. חכמינו שחיו בזמן החורבן מספרים שעם חורבן הבית אפילו טעמם המתוק של הפירות ניטל, ומה שאנו טועמים כיום אינו אלא צל חיוור של מתיקות אמיתית.

קצת היסטוריה: **בית המקדש הראשון** נבנה בימי שלמה המלך, כאשר עם ישראל היה בשיאו. הוא התקיים למשך 410 שנים וחרב לראשונה בשל עבירות חמורות של העם (586 לפנה"ס). כשבעים שנה לאחר מכן נבנה **בית המקדש השני** על ידי עזרא ונחמיה, שעלו מבבל בימי שיבת ציון. בית המקדש השני תואר על ידי חכמינו כבניין היפה ביותר בעולם, אך עבור היהודים לא היה זה רק מקום אסתטי אלא בעיקר מקום רוחני, אשר נתן השראה ותקווה לעם כולו. הוא התקיים למשך 420 שנה, אך בסופו של דבר נחרב גם הוא על ידי הרומאים (שנת 70 לספירה), ומאז לא נבנה שוב.

זכר לחורבן. כדי להזכיר את חסרונו של המקדש בחיינו, קבעו חכמינו כמה תקנות שחלקן נהוגות עד היום:

- צומות – תשעה באב, ועוד כמה צומות קלים יותר (ראו עמ' 370

- שבירת הכוס בחתונה, כדי להראות שכל עוד המקדש לא נבנה, השמחה איננה שלמה לחלוטין.
- להשאיר אמה (כחצי מטר) לא מסוידת בכניסה לבית, כדי להראות שהבית חסר.
- לקרוע את הבגד העליון כשרואים את מקום המקדש החרב.

בניית בית המקדש היא מצוות עשה מהתורה: "וְעָשׂוּ לִי מִקְדָּשׁ וְשָׁכַנְתִּי בְּתוֹכָם" (שמות כה). לאחר שחרב פעמיים, איננו יודעים מי יבנה את בית המקדש השלישי. יש הסוברים שבנייתו מוטלת על עם ישראל, ויש הסבורים כי הוא יֵרד באש מן השמיים כשנהיה ראויים לכך. כך או כך, ככל שנבין את מקומו המיוחד בהיסטוריה – ובעתיד – שלנו, נבין עד כמה הוא יכול להיות מקום שמאחד את האנושות כולה סביב מטרה נעלה וראויה – עבודת הבורא.

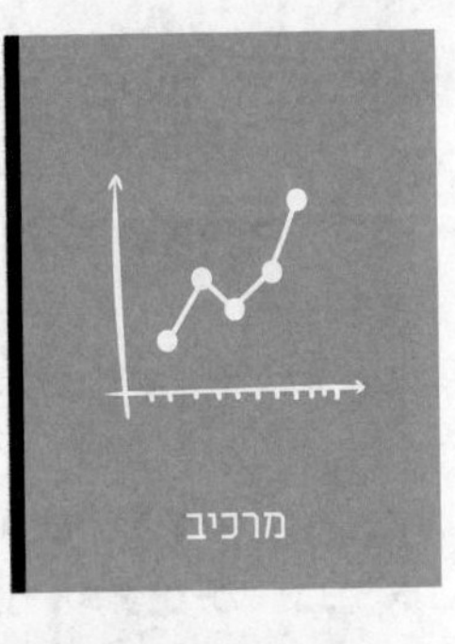

חמש נקודות על הגאולה

1. **אופטימיות קוסמית.** היהדות היא דת אופטימית, שמאמינה שהאנושות כולה הולכת לכיוון טוב.
2. **"כִּי כוּלָּם יֵדְעוּ אוֹתִי".** הדרך לגאולה עוברת בהכרת הבורא, כאשר האחדות האינסופית תופיע ותתגלה לעיני כל.
3. **משיח־משיח־משיח.** המשיח הוא המנהיג שיוביל את תהליך הגאולה ויממש אותו בפועל. כשיגיע – נדע.
4. **תהליכים.** ימות המשיח לא יהיו קלים כל כך, ובכל זאת אנחנו כבר בתקופת עקבי המשיח, ופירוש הדבר שהכול כבר ערוך ומוכן לגאולה.
5. **ויטמין בי.** אף שזה נראה נאיבי, קירוב הגאולה תלוי בכל אחד מאיתנו. וכמו שאמרו חכמים, "אין הדבר תלוי אלא בי!".

להרחבה

- **ספר האגדה,** חלק שלישי, פרקים ד-ו (גלות, גאולה, לעתיד לבוא).
- משנה תורה לרמב״ם, **הלכות מלכים,** פרקים יא-יב.
- הרב מנחם ברוד, **ימות המשיח.**

שער שני

הפעלת המערכת

עד כה דיברנו על יסודות האמונה והמחשבה, אבל היהדות אינה משאירה אותם כתוכניות על הנייר: אנחנו ממששים אותם בכל תחום מהחיים, 7/24, 365 ימים בשנה. החל מהדרך שבה שורכים את הנעליים בבוקר ועד שהולכים לישון בלילה; בבית, בעבודה ובדרכים; ביבשה, באוויר ובים; מהנושאים כבדי המשקל ועד השוליים ביותר – בכולם אנחנו יכולים לממש את התאוריה ולהנכיח את ה'.

גם אתם ודאי שואלים את עצמכם, ממה מתחילים? ברור שאי אפשר לאמץ אורח חיים מפורט כל כך ולחיות אותו ביום אחד, גם לא בשבוע או בשנה. מדובר בתהליכים שהַפנמתם ועיבודם דורשים זמן, והרי איננו רוצים לפעול כרובוטים, אלא להיות מחוברים מתוך כוונה פנימית ואמונה. מסיבה זו, פרקי השער הבא אינם מסודרים בהכרח לפי סדר החשיבות של המצוות, אלא בסדר שנראה לי מתאים לתהליך שאותו עוברים רבים – מתחילים בתפילה וכשרות, עוברים לשבת וכדומה. אפשר כמובן לקרוא את הפרקים בסדר שונה מכפי שהם מופיעים כאן, בהתאם למידת החיבור האישית שלכם.

פרק ז: תפילה

היה זה במלחמת השחרור, כשהייתי מפקד מחלקה.
כשירדה החשכה, הכל היה ערוך וציפינו להתקפה
שהייתה צריכה לבוא עם שחר.
שכבתי בשוחה בפרדס. התחלתי לדמיין לעצמי מה יקרה
כשיעלה השחר – ונתקפתי פחד נורא.
הפחד העיק ביותר, הרגשתי רצון עז להתפלל אבל לא ידעתי איך.
שום תפילה לא הייתה שגורה על לשוני, אבל בכל זאת התפללתי.
התפללתי בלשון פשוטה כפי שהבנתי.
אבל אני זוכר את הרצון שלי
להתפלל דווקא תפילה שאותה כל היהודים
בכל הדורות התפללו –
אלא שלא ידעתי שום תפילה כזאת.

(ד"ר מרדכי בר־און)[1]

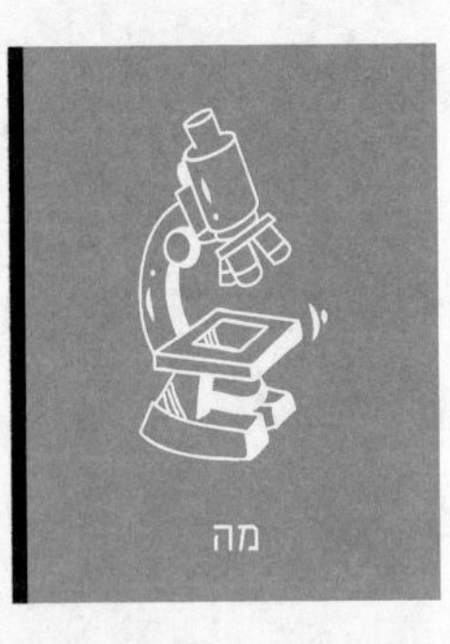

מה?

לכל אחד יש רגעי מצוקה שבהם הוא מתעורר פתאום להתפלל. לקראת מבחן חשוב, כשקרוב זקוק חלילה לטיפול רפואי, וגם ברגעים הדרמטיים של משחק הגמר בליגת האלופות ("יששששש!"). ברגעים אלו אנחנו פונים לבורא עולם באופן ספונטני, ומבקשים שיעשה משהו שאנחנו מאוד רוצים. תפילה כזו אינה בהכרח אקט דתי, וגם אנשים לא מאמינים יכולים למצוא את עצמם מתפללים כך. יש לה כמובן מקום בחיים הדתיים, אך זהו רק צד אחד של עולם התפילה.

עיקרה של התפילה הוא עמידה בפני אלוהים ויצירת קשר איתו. בלשון חכמינו היא נקראת "עבודה שבלב", משום שהחלק העיקרי שבה הוא הכוונה הפנימית, שמצריכה מאמץ. ה' לא נתן לנו את התפילה רק כדי למלא את חסרונותינו, אלא נתן לנו חסרונות כדי שנתפלל אליו... אם לא היינו מרגישים חסרים, כנראה לא היינו פונים אליו מעצמנו.

אפשר לראות את שתי המשמעויות הללו בתוך המילה תפילה: היא באה מהשורש "פלל", שפירושו לקוות (כמו "פילל בליבו"), אך יש לה גם משמעות של קשר, שכן היא מייצרת חיבור בין האדם לאלוהיו.[2]

תפילה ספונטנית מול תפילת קבע

היהדות מכירה בשני סוגים של תפילה. תפילה ספונטנית היא דיבור חופשי של האדם עם אלוהים על כל מה שעל ליבו – ללא כללים של "נכון" ו"לא נכון". מותר להתפלל בכל לשון ולומר מה שרוצים, ובמיוחד טוב להתמקד בשלושה דברים: לשבח את הבורא, לבקש ממנו ולהודות לו.

כך נראתה התפילה מאז שקיבלנו את התורה ועד חורבן בית ראשון (בערך

לפני 2,700 שנה). אחת התפילות המיוחדות המתוארות בתנ"ך היא זו של חנה, שהייתה עקרה במשך שנים רבות. היא נכנסה להתפלל במשכן, וכשתפילתה נענתה היא זכתה לחבוק בן – שמואל הנביא, אחד המנהיגים הדגולים בתולדות ישראל (תחילת ספר שמואל־א). רבות מההלכות הנהוגות עד היום בתפילה נלמדות מאופן תפילתה של חנה.

כאשר עם ישראל גלה לבבל, הוא ספג לתוכו השפעה של תרבויות זרות. המסורת שובשה, ולשון הקודש נשכחה. קשיי הגלות גרמו לרבים לאבד את היכולת לבטא את שעל ליבם לפני ה'. כשהעם שב לארץ ישראל ערכו אנשי "כנסת הגדולה", ובראשם עזרא הסופר, נוסח אחיד לתפילה. הם גם קבעו שהתפילה תתקיים בשלושה זמנים קבועים מדי יום.[3] מרגע זה הפכה התפילה למצווה שיש דרך מסוימת וקבועה לקיים אותה. עם זאת, חשיבותה של הכוונה שבלב לא נעלמה.

מדוע דווקא שלוש תפילות?

בגמרא נאמר ששלוש התפילות נקבעו כנגד תפילותיהם של שלושת האבות אברהם, יצחק ויעקב, המתפללים הראשונים. אברהם התפלל תפילת שחרית, כפי שנאמר: "וַיַּשְׁכֵּם אַבְרָהָם **בַּבֹּקֶר** אֶל הַמָּקוֹם אֲשֶׁר עָמַד שָׁם אֶת פְּנֵי ה'" (בראשית יט); יצחק התפלל תפילת מנחה, כפי שנאמר: "וַיֵּצֵא יִצְחָק לָשׂוּחַ בַּשָּׂדֶה **לִפְנוֹת עָרֶב**" (שם כד); ויעקב התפלל תפילת ערבית: "וַיִּפְגַּע בַּמָּקוֹם וַיָּלֶן שָׁם **כִּי בָא הַשֶּׁמֶשׁ**" (שם כח).

דעה נוספת היא שהתפילות נקבעו כנגד הקרבת קורבן התמיד בבית המקדש. קורבן זה הובא פעמיים ביום, בכל יום – בבוקר ואחר הצהריים, בימי חול, בשבתות ובחגים, ואפילו ביום הכיפורים (רק במקדש מותר להבעיר אש בשבת). לאחר החורבן נקבעו התפילות כתחליף לעבודת הקורבנות. מעתה תיעשה עבודת האלוהים במילים – "וּנְשַׁלְּמָה פָרִים שְׂפָתֵינוּ" (הושע יד). התפילות היומיות נקבעו באותם זמנים של קורבן התמיד. בשבתות, ראשי חודשים וימים טובים מתפללים גם תפילת "מוסף", כנגד הקורבן המיוחד שהיו מביאים בימים חגיגיים אלה.

העובדה שהתפילה באה במקום קורבן מלמדת על קשר פנימי ביניהם. הקורבן, מלשון קִרבה, מבטא דבר שהאדם מביא מעצמו ומוכן לוותר עליו

כדי להתקרב לאלוהים. אך אם בעבר נדרשנו לוותר על חפצים בעלי ערך כספי (כמו בהמות, פירות או כסף), היום יש דבר יקר מהם – הזמן. עצם הקדשת הזמן שלנו לאלוהים היא כבר קורבן גדול. ובכל זאת לא די בכך, משום ש"רחמנא ליבא בעי" – הקדוש ברוך הוא מבקש את הלב.

נוסח קבוע

מצד אחד, יש מעלה גדולה בנוסח הקבוע: הוא מזכיר לנו על מה ראוי להתפלל. בתפילה האישית אנחנו מדברים עם אלוהים על הדברים שמעניינים בעיקר אותנו – לעבור את ריאיון העבודה, למצוא את הזיווג שלי או להצליח בדיאטה שהתחלתי בה. נוסח התפילה הקבוע, לעומת זאת, עוסק בעיקר בעניינים לאומיים וכלל־אנושיים: רפואה, תשובה, מפלת הֶרשע, בניין בית המקדש. כוחו בכך שהוא שומר על אחדות בין כולנו ועוזר לנו לזכור את מקומנו בעולם, כחלק מאומה שלמה שרוצה לתקן את העולם (לכן כשמתפללים על חולה שיבריא, אומרים בסוף: "בתוך שאר חולי ישראל"). בנוסף, הנוסח הקבוע עוזר לנו למצוא את המילים הנכונות גם כשהלב אינו מכוון.

מצד שני, תפילות הקבע עלולות להיעשות להפך הגמור מ"עבודה שבלב". אנו עלולים להישאב לעיסוק יתר בחוקים וכללים שישכיחו מאיתנו את גודל המעמד ואת התייצבותנו לפני ה'. החזרה על אותן מילים שוב ושוב יכולה להפוך ל"מִצְוַת אֲנָשִׁים מְלֻמָּדָה" (ישעיהו כט), בלא רגש פנימי. לכן, על כל אחד לבחון מה מסייע לו לעורר את כוונת הלב – בית כנסת עם תפילה מיוחדת? לימוד לפני התפילה? התבוננות ומחשבה על החיים? אולי סידור יפה ומושך? העיקר הוא לא להיכנע, ולהמשיך לרצות את הקשר עם הקב"ה גם בתוך השגרה.

איך?

בעמודים הבאים נעבור על חלקי התפילה השונים, ובכל אחד נסביר מהם החלקים החשובים והמשמעותיים ביותר, ועל אילו ניתן בינתיים לדלג. רצוי מאוד לעיין בסידור שלכם תוך כדי קריאת הפרק, ובמידת הצורך אף לכתוב בו הערות (מותר!) ולציין לעצמכם הוראות חשובות ומחשבות מעוררות. בכל קטע מצוינת גם הערכת זמנים לפי משך התפילה בבית כנסת ממוצע. קחו בחשבון שבשלבי התשובה הראשונים התפילה אורכת יותר זמן, אך אל דאגה: נסו להתחבר למילים ולמה שעומד מאחוריהן בקצב שלכם. ככל שתעברו על הסידור שוב ושוב, תרגישו בו יותר בבית.

תזכורת: בעמודים הבאים יופיעו סימונים שמפנים לעמודים המסוימים בסידור "קורן", ראו הסבר במבוא לספר.

להיות אמיתי

מתפללים ומתפללות שמגיעים בפעמים הראשונות לבית הכנסת, מסתכלים בקנאה על הוותיקים: אלה שגם כאשר הם מאחרים יודעים מיד איפה החזן נמצא; ההן שמכירות את כל המילים בעל פה ובכלל לא צריכות סידור; ההם שיודעים בדיוק מתי משתחווים, מתי עומדים ומתי אפשר לשבת. כמה היינו רוצים להיות כאלה.

ובכן, זה ייקח קצת זמן, אבל פחות ממה שנדמה לכם. עם הזמן, הניסיון וקצת תשומת לב, גם אתם תהיו כאלה. בינתיים, אל תנסו בכוח. הַתחילו להתפלל בשלבים, ורַכשו את יסודות התפילה בהדרגה. אינכם צריכים לעמוד בקצב של החזן, לבצע תנועות מוגזמות או למלמל את כל המילים כאילו נולדתם איתן. עיקר התפילה הוא לעמוד מול הבורא, ואת זה אתם יכולים לעשות כבר עכשיו. ובכלל, אמת ואותנטיות הן מילות מפתח בכל

מה שקשור לתפילה: "וַאֲנִי תְפִלָּתִי לְךָ ה׳ **עֵת רָצוֹן**, אֱלֹהִים בְּרָב חַסְדֶּךָ עֲנֵנִי בֶּאֱמֶת יִשְׁעֶךָ" (תהילים סט).

הכנה לתפילה

המעבר הקיצוני מעולם החול אל תוך הקודש עלול להיות חד, ונדרש ריכוך מסוים. בתפילת שחרית – זה עתה התעוררנו משנת הלילה; בתפילת מנחה – סביר להניח שהיינו באמצע עיסוק חשוב. לפני שנתחיל להתפלל, עלינו להכין את הגוף ואת הלב. ההכנה אינה חייבת להיות ארוכה, והיא כוללת כמה עניינים:

- **לבוש.** חשוב שהלבוש יהיה מכובד, כאילו עומדים להיפגש עם אדם חשוב. אם מתפללים בבית, משתדלים שלא להישאר בנעלי בית או בפיג׳מה (למעט חולים שלובשים אותם כל היום). ברוב המקומות מקובל שמכנסיים קצרים אינם נחשבים לבוש מכובד לתפילה, אלא אם כן מקובל גם להופיע איתם לפגישות חשובות.
- **ראש צלול.** לא שותים יין או משקאות משכרים לפני התפילה.
- **ניקיון הגוף והחדר.** הולכים להתפנות לפני התפילה. אם בזמן התפילה מרגישים שצריכים בדחיפות ואין אפשרות להתאפק, מפסיקים באמצע. מוודאים גם שהסביבה נקייה, ללא ריחות רעים (חדר שירותים פתוח, חיתולים משומשים וכדומה).
- **כיסוי ראש.** גברים חובשים כיפה או כובע, נשים נשואות מכסות את שערן.
- **ידיים נקיות.** בבוקר, נוטלים ידיים לפני התפילה. במנחה וערבית משתדלים גם, אך בלי ברכה.

כדאי גם:

- **צדקה.** יש הנוהגים לתת צדקה לפני התפילה, אפילו מטבע אחד, כדי לקיים "אֲנִי בְּצֶדֶק אֶחֱזֶה פָנֶיךָ" (תהילים יז). ולחלק מהמנהגים נותנים צדקה גם תוך כדי פסוקי דזמרה.
- **טהרה.** מנהג חסידות לגברים לטבול במקווה לפני תפילת שחרית.

לאחר שסיימנו להכין את הגוף, נעבור ללב ולמוח. חכמינו אומרים שחסידים הראשונים היו שוהים שעה אחת לפני התפילה ואז מתפללים. בשעה הזו היו

עורכים הכנה פנימית: ״ויחשוב קודם התפלה מרוממות האל יתעלה ובשפלות האדם, ויסיר כל תענוגי האדם מלבו״ (שולחן ערוך אורח חיים, צח).

ראוי להקדיש כמה דקות קודם התפילה למחשבה והתבוננות, ולכניסה מכוּונת למצב תודעתי גבוה יותר. אפשר להשתמש בכל מיני כיווני מחשבה: לדמיין את מרחבי החלל ולראות כמה אנחנו קטנים מול הקוסמוס, ולאין־ערוך לעומת האינסוף ברוך הוא; לחשוב על הזכות שנפלה בחלקנו להיות חלק מעם ישראל, ועד כמה אלוהים אוהב אותנו וקרוב אלינו; לחשוב על הנשמה האלוקית שפועמת בקרבנו. כל אחד ימצא לעצמו את הדרך שהוא מתחבר אליה, ובלבד שנצליח ״להמריא״ ולהתנתק, ולו לרגע, מחיי החול של כאן ועכשיו.

כוונה

התפילה נקראת ״עבודה שבלב״. ולמרות שאנחנו יודעים כמה היא חשובה, לעיתים אנחנו אכן מרגישים שהיא ״עבודה״, כלומר עול מייגע. התפילה חוזרת על עצמה שלוש פעמים ביום, והיצר הרע מוכן לעשות הכול, ממש הכול, כדי להסיח את דעתנו ממנה. לא נעים להתפלל בלי חשק, ולא סתם נקראת התפילה בספר הזוהר ״שעת קרבא״ – שעת קרב.

במהלך התפילה צצות הפרעות והסחות דעת, שמאיימות להטביע אותנו תחת מבול חיי היום־יום והמשימות שמצפות לנו. מכירים את זה שנוסעים במכונית, וכשמגיעים הביתה לא זוכרים את הדרך? אנחנו פשוט עובדים על מצב שגרה. אם לא נשמור עליה ונטפח אותה, גם התפילה שלנו עלולה להגיע למצב כזה.

חוזרים בתשובה רבים זוכרים בערגה את התפילות הראשונות שלהם, כשעוד היו ב״מחתרת״: כיצד הניחו תפילין במטבח, קראו קריאת שמע במרפסת והתפללו עמידה במסדרון. התפאורה והעיתוי לא שינו להם דבר; העיקר היה לשפוך את הלב לפני ה׳, והוא החזיר להם חיבוק חם ואוהב.

אחת הדרכים לשמור על התפילה היא להתייחס אליה ברצינות. התכוננו אליה, לִמדו עליה, מִצאו בית כנסת שנעים לכם בו (להלן) ובקיצור – יַקרו אותה. באופן אישי אני מתפעל כל פעם מחדש ממשפט אחד שאמר רבי נתן, תלמידו של רבי נחמן מברסלב, וכולל בתוכו את כל היחס לתפילה: ״כל מקום שאני מוצא בו חיסרון – או שלא התפללו עליו בכלל, או שלא התפללו עליו מספיק״.

קצב

התפילה צריכה את הזמן שלה. כמו שפגישה עם חבר טוב דורשת "חימום" עד שמגיעים לרגעים של פתיחות וקרבת הלב, כך גם התפילה. הכלל החשוב בנוגע לקצב הוא שלתפילה יש זמן התחלה, אך לא זמן סיום. תנו לה לקחת כמה שהיא צריכה, והדבר משתנה מאדם לאדם.

בבתי כנסת מסוימים מתפללים אנשים הממהרים לעבודה – מוקדם ומהר. במקומות כאלה סביר להניח שלא תמצאו חוויית תפילה מרוממת. למרות זאת, אולי גם אתם תמצאו את עצמכם מתפללים בבית כנסת כזה, כתוצאה מאילוצים ושיקולים שונים.

באחד מבתי הכנסת שהתפללתי בהם היה חזן אולימפי: בכל בוקר הוא שבר את שיא המהירות של אתמול. בקצב כזה התקשיתי מאוד לחשוב על המילים, כל שכן לכוון את הלב. בשלב מסוים לא עמדתי עוד בקוצר הנשימה ומצאתי לי מניין אחר, שמתאים גם לאנשים שאינם רצים מרתון. בתוך תוכי התרגזתי: עצבן אותי שהתפילה הופכת לדבר מכני ויבש כל כך.

באותם ימים עבדתי בחברה גדולה. יום אחד נדרשתי להגיע לפגישה חשובה עם המנכ"ל בשעה מוקדמת בבוקר. הפעם אני הוא שחיפשתי תפילה קצרה ומהירה, ומי שהציל אותי היה החזן האולימפי. דווקא באותו יום הוא החליט להאט קצת, אולי לכבודי, ואני מצאתי את עצמי חושב: "אוף, שיזדרז כבר...". נזכרתי בדברי חכמינו "אין לך אדם שאין לו שעה, ואין לך דבר שאין לו מקום". לכל אחד יש תפקיד, בזמן ובמקום הנכון. למדתי להיזהר משיפוט מוקדם ומהיר. מי יודע מתי נזדקק בעצמנו להתנהגות שכעת מכעיסה אותנו? וגם למדתי שאם אפשר, כדאי לדחות פגישות עם המנכ"ל: הוא עצמו איחר לפגישה. נו בטח, הוא לא הכיר את החזן האולימפי.

השכמה וברכות השחר

3 א | 3 ס | 3 עמ

בוקר טוב! זה עתה התעוררנו. הנשמה, שעלתה בלילה לבוראה, שבה אלינו. "מודה אני לפניך, מלך חי וקיים, שהחזרת בי נשמתי בחמלה. רבה אמונתך". כך מתחיל יהודי את יומו; מיד עם פקיחת העיניים מודים ומשבחים את הבורא על ההזדמנות שנתן לנו להיות בעולמו.

לאחר הקימה נוטלים ידיים. בלילה, בעת השינה, נדבקה טומאה לגופנו, ועלינו להיטהר ממנה (דעה נוספת אומרת כי הנטילה באה כהכנה לתפילה, ואנו נוהגים כשתיהן). הנטילה מתבצעת מתוך כלי ("נטלה") או כוס, לתוך קערה או כיור. אוחזים את הכלי ביד שמאל, שופכים מים על יד ימין, לאחר מכן על יד שמאל, וכך עושים עוד פעמיים לסירוגין, ובסך הכול שלוש פעמים ימין־שמאל. יש המכינים לעצמם מים מראש ומקפידים ליטול ידיים מיד כשהם מתעוררים, ליד המיטה, ויש שקודם מתפנים ולאחר מכן נוטלים את ידיהם במטבח או באמבטיה.

לאחר שמתלבשים ומתארגנים, מברכים את **ברכות השחר**. ברכות אלה הן דברי תודה על כל מה שנראה לנו מובן מאליו – קימה, עמידה, ראייה, שמיעה, הליכה. בנוסף אומרים גם את **ברכות התורה**, שבהן אנו מודים לאלוהים על שבחר בנו מכל העמים ועל התורה שנתן לנו, ומייחלים לכך שגם צאצאינו וצאצאי כל בית ישראל ימשיכו את השושלת הנצחית הזו.

על פי חלק מהמנהגים, מברכים בבית את כל הברכות; ולפי אחרים, מברכים בבית חלק מהברכות, ואת היתר בבית הכנסת (מי שלא מתפלל עדיין בבית כנסת, מברך כמובן את כל הברכות בבית).

כעת אנו מוכנים להתחיל את התפילה החשובה של היום – שחרית.

תפילת שחרית

זוהי התפילה הראשונה וגם הארוכה ביותר. היא כוללת שישה חלקים על פי הסדר הבא, ונפרט על כל אחד מהם:

קורבנות

16 א | 16 ס | 24 עמ

פסוקים וקטעי תורה שבעל פה העוסקים במגוון תחומים, שמטרתם להכין אותנו לתפילה. חלק גדול מהם עוסק בעבודת הקורבנות, שכן כפי שהזכרנו, התפילות נקבעו כנגד הקורבנות. בתפילה אנו אמורים להקריב את החלק הבהמי שלנו – העצלות, הכעס, הגאווה והתאוות, על מזבח ה׳, ולאפשר לאור האלוקי להופיע בתוכנו.

מנהגים: בחלק מבתי הכנסת, בעיקר אצל הספרדים, אומרים את פסוקי הקורבנות יחד, ובחלק מהם כל מתפלל אומר לעצמו את הקטעים, והחזן מתחיל בקול רם רק בקטע האחרון, הנפתח במילים "רבי ישמעאל אומר...".

מצב הגוף: אפשר בישיבה.

כמה זמן: אמירת חלק זה נמשכת בערך 7–10 דקות.

למתחילים: אין חובה לומר את קטעי הקורבנות.

תפילת נשים: לא חייבות.

פסוקי דזִמרה 

בעברית: פסוקים של זמרה. אוסף פסוקים וקטעים מהתנ"ך, בעיקר מספר תהילים, העוסקים בנפלאות הבריאה, בגדולת הבורא ובאהבתו לעם ישראל. חלק זה מעביר אותנו בהדרגה מהעולם שבחוץ על טרדותיו, מתחיו ומטלותיו, אל עולם רוחני גבוה יותר. יש שדורשים את המילה זימרה מלשון "לזמר קוצים", כלומר להמשיך בתהליך שהתחלנו ולנקות את חלקי הנפש הגסים, לרככם ולעדנם.

ברוב הנוסחים פסוקי דזמרה נפתחים במילים **"הוֹדוּ לַה' קִרְאוּ בִשְׁמוֹ"**, ואחריהם רצף פסוקים עד שמגיעים לברכת **"בָּרוּךְ שֶׁאָמַר"** (במנהג אשכנז הסדר הפוך, קודם ברוך שאמר ואחר כך "הודו"). אחרי ברכה זו אסור לדבר עד סיום תפילת העמידה. בהמשך אומרים את פרקי הסיום של ספר תהילים, מפרק קמ"ו (**"אַשְׁרֵי יוֹשְׁבֵי בֵיתֶךָ"** שנאמר שלוש פעמים ביום, ובו הפסוק החשוב **"פּוֹתֵחַ אֶת יָדֶךָ וּמַשְׂבִּיעַ לְכָל חַי רָצוֹן"**) ועד פרק ק"נ, שמסתיים במילים **"כֹּל הַנְּשָׁמָה תְּהַלֵּל יָהּ"**; קובץ פסוקים מספר דברי הימים ומספר נחמיה המתחיל במילים **"וַיְבָרֶךְ דָּוִיד אֶת ה'"**, ואז את **"שירת הים"** ששרו בני ישראל לאחר חציית ים סוף. סיום פסוקי דזמרה בברכת **"יִשְׁתַּבַּח"**.

מנהגים: בבתי הכנסת הספרדיים נוהגים שהחזן אומר בקול את כל המזמורים, והקהל במקביל בלחש. בבתי כנסת אשכנזיים החזן אומר

בקול רק את הפסוק הראשון והאחרון של כל קטע, את שאר הקטע אומר כל מתפלל לעצמו.

מצב הגוף: רוב פסוקי דזמרה נאמרים בישיבה, למעט הקטעים הבאים (תלוי במנהג): מברכת "ברוך שאמר" עד לאחר "מזמור לתודה", מ"ויברך דוד" עד סוף ברכת "ישתבח" (הספרדים נוהגים לשבת גם ב"שירת הים").

משך: ביום חול, אמירת פסוקי דזמרה נמשכת כ־10–20 דקות. בשבת אומרים קטעים נוספים שמאריכים את פסוקי דזמרה והם נמשכים כ־20–40 דקות, תלוי כמה סבלנות יש לכם...

למתחילים: רצוי לומר את כל הקטעים. אם קשה או שאין זמן, אפשר להסתפק בברכת "ברוך שאמר", לאחר מכן "אשרי יושבי ביתך", ואז ברכת ישתבח. אם אפשרי לומר יותר, רצוי להתייעץ עם הרב או המדריך אילו קטעים חשובים יותר.

תפילת נשים: לא חייבות.

קריאת שמע וברכותיה

45 א | 46 ס | 57 עמ

"שְׁמַע יִשְׂרָאֵל ה' אֱלֹהֵינוּ ה' אֶחָד" (דברים ו) – שש מילים שמתמצתות את האמונה היהודית למשפט אחד. קריאת שמע היא מצווה מן התורה שאותה מקיימים פעמיים ביום – בבוקר ובערב. היא מורכבת משלוש פרשיות (קטעים) של פסוקים: "שמע ישראל", "והיה אם שמוע" ופרשת ציצית. הפרשיות עוסקות בקבלת עול מלכות שמיים, קיום המצוות וזיכרון יציאת מצרים. אף שקריאת שמע היא מצווה נפרדת ממצוות תפילה, צירפו אותה לסדר התפילה משיקולים שונים. לפני אמירת קריאת שמע מברכים מספר ברכות: בתפילת שחרית מברכים שתי ברכות לפניה ואחת לאחריה, ובתפילת ערבית מברכים שתיים לפני קריאת שמע ושתיים אחריה.

איך קוראים קריאת שמע? נוהגים לעצום את העיניים ולהניח עליהן את יד ימין בעת אמירת "שמע ישראל". אומרים את הפסוק "שמע ישראל... ה' אחד" בקול רם, ואת המשפט שאחריו, "בָּרוּךְ שֵׁם כְּבוֹד מַלְכוּתוֹ לְעוֹלָם

וָעֶד" – בלחש. מי שמתפלל עם ציצית נוהג לאסוף את ארבע הכנפות ולנשק אותן כאשר מזכירים את הציצית בפרשה השלישית.

חשוב! יש להקפיד לומר את קריאת שמע עד שעה מסוימת. שעה זו משתנה מעט בכל יום, ואפשר למצוא אותה בלוחות עם "זמני היום" (להלן עמ' 138). אמירת קריאת שמע בזמנה היא מצווה נפרדת מהתפילה, ולכן, גם אם טרם התפללנו – צריך לקרוא אותה לפני שיחלוף זמנה.[4]

מנהגים: אם סיימתם את שלוש הפרשיות של קריאת שמע לפני החזן, מחכים שהוא יאמר את המילים "ה' אלוהיכם אמת" בקול רם, ולאחר מכן ממשיכים יחד בתפילה.

מצב הגוף: אומרים את הברכות ואת קריאת שמע בישיבה. קמים לקראת תפילת העמידה, מהמילים "תהילות לאל עליון...".

משך: אמירת קריאת שמע עם ברכותיה נמשכת כ־5–7 דקות.

למתחילים: קריאת שמע היא מצווה מהתורה, ואין אפשרות להשלים אותה במועד מאוחר יותר. לכן יש לקרוא אותה בכל יום בזמנה, גם לפני התפילה. בימים שבהם מניחים תפילין, רצוי לומר אותה עם תפילין.

תפילת נשים: רצוי לומר לפחות את שני הפסוקים הראשונים ("שמע ישראל" ו"ברוך שם").

תפילת עמידה

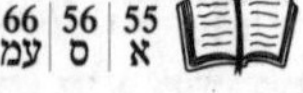

תפילת העמידה, או בשמה המוכר "תפילת שמונה עשרה" (מכונה גם "תפילת לחש"), היא הלב של התפילה. זוהי דרגת הקִרבה הגבוהה ביותר של האדם אל ה', כאשר כל אחד עומד לפניו לבדו ומדבר איתו. אם קראנו כל מה שכתוב בסידור ולא אמרנו אותה – לא קיימנו את מצוות תפילה. ולמרות שמה, היא אינה כוללת שמונה־עשרה ברכות אלא תשע־עשרה.[5]

תפילת העמידה מורכבת משלוש חטיבות: הראשונה כוללת שלוש ברכות העוסקות **בשבחו** של הבורא; השנייה כוללת שלוש־עשרה **בקשות** בנושאים שונים כמו דעת, רפואה, פרנסה וגשמים, התחדשות מלכות ישראל ובית המקדש; השלישית והאחרונה כוללת גם היא שלוש ברכות שעניינן **הודאה**.

הרעיון העומד מאחורי סדר זה מזכיר את האופן שבו מביעים בקשה בפני אדם חשוב, ומעוררים את רצונו להיענות לנו.

את תפילת העמידה אומר כל אחד בפני עצמו, בלחש, ו"המתפלל צריך שיכוון את לבו לשמיים" (ברכות לא). שאלת הכוונה בתפילה היא בעיה מורכבת, ועוד נדון בה בהמשך. רוב הפוסקים נוטים לומר כי הנחת היסוד בזמננו היא שבני האדם אינם מכוונים, ועצם העובדה שהם נוכחים בתפילה ואומרים את המילים מוציאה אותם ידי חובה, אולם אין זו כוונת התפילה בהידור.

בימים מסוימים מוסיפים תוספות שונות בתוך תפילת העמידה: בראשי חודשים, בחול המועד, בתעניות, בחנוכה ופורים ובעשרת ימי תשובה (הימים שבין ראש השנה ליום הכיפורים). חלק מהשינויים משמעותיים ביותר, עד שאם לא אומרים אותם יש לחזור על תפילת העמידה.

בשבת ויום טוב לא אומרים בכלל בקשות בתפילה, וכל החטיבה השנייה מוחלפת בברכה יחידה, שמשתנה בכל אחת מתפילות השבת.

איך מתפללים עמידה? בתחילתה פוסעים שלושה צעדים קדימה, להראות שאנו מתקרבים לקראת המלך, ובסיומה צועדים שלושה צעדים אחורה, ותוך כדי אמירת המילים "עושה שלום במרומיו" כורעים לשמאל, לימין ("הוא יעשה שלום עלינו") ולפנים ("ועל כל ישראל ואמרו אמן"). נשארים במקום שבו עצרנו עד ל"קדושה" (להלן).

לאחר שמרבית המתפללים סיימו את תפילת הלחש, החזן אומר שוב את התפילה בקול רם. זוהי **חזרת הש"ץ** (ראשי תיבות של שליח ציבור=חזן). מדוע מתפללים פעם שנייה? טכנית, משום שבעבר לא כולם ידעו לקרוא, ושליח הציבור היה מתפלל בקול רם כדי להוציא גם אותם ידי חובת תפילה. הסבר עמוק יותר הוא שמעלת התפילה בציבור גבוהה מזו של תפילת היחיד, ולמעשה אין זו חזרה אלא עליית מדרגה.

הקדושה (56|57|67) נאמרת בשיתוף הקהל, בין הברכה השנייה לשלישית. מעט לפני שמגיעים אליה צועדים כמה צעדים קדימה וחוזרים למקום שבו התפללנו את תפילת העמידה. עומדים ברגליים צמודות, ואומרים את הנוסח עם החזן. אין לזוז מהמקום אלא לאחר שהחזן סיים את ברכת "הא־ל הקדוש". כשהחזן מגיע לברכת "מודים", הקהל אומר במקביל את נוסח

מודים דרבנן. לאחר מכן עולים הכוהנים (אם ישנם בקהל) לדוכן **לברכת כוהנים.** בחוץ לארץ הכוהנים עולים לדוכן רק בחגים. נוהגים שהלויים נוטלים את ידיהם של הכוהנים במהלך חזרת הש"ץ.

בזמן חזרת הש"ץ יש להקשיב לחזן ולענות "אמן" על ברכותיו. פרק הזמן הזה, שבו צריך להקשיב ולכוון למילות החזן, יכול להיות אתגר רציני. מפתה מאוד לקרוא או למצוא תעסוקה אחרת, אבל כדאי להתאמץ: חכמי הקבלה אמרו שמעלת חזרת הש"ץ גבוהה משל תפילת היחיד...

מנהגים: מותר לומר בקשות אישיות משלכם, מעין הברכה. למשל, בברכת "רופא חולים" אפשר להזכיר בשמותיהם חולים שאתם רוצים להתפלל עליהם, ובברכת "מברך השנים" להוסיף תפילה אישית על הפרנסה. יש מנהגים שלפיהם אין מוסיפים דבר לתפילת העמידה, ורק בסיומה, בקטע שנפתח במילים "אלוהי נצור", מוסיפים תפילה אישית בשפה חופשית.

מצב הגוף: את תפילת העמידה מתפללים כמובן... בעמידה. הרגליים זקופות וצמודות זו לזו, והפנים מכוונות אל ארון הקודש, ירושלים והר הבית. במהלך תפילת העמידה כורעים ארבע פעמים (ולא יותר): בתחילת הברכה הראשונה "מגן אברהם" ובסופה; בתחילת ברכת "מודים" ובסופה. הכריעות נעשות במילים "ברוך אתה", וכשאומרים את שם ה' – זוקפים, וכן כורעים במילים "מודים אנחנו לך" וזוקפים בשם ה'.

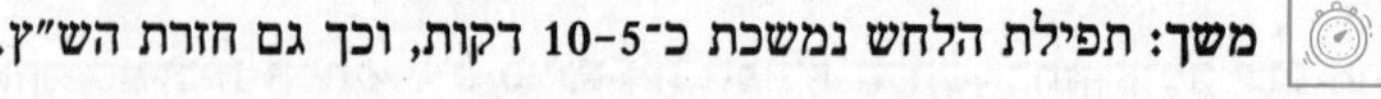

משך: תפילת הלחש נמשכת כ־5–10 דקות, וכך גם חזרת הש"ץ.

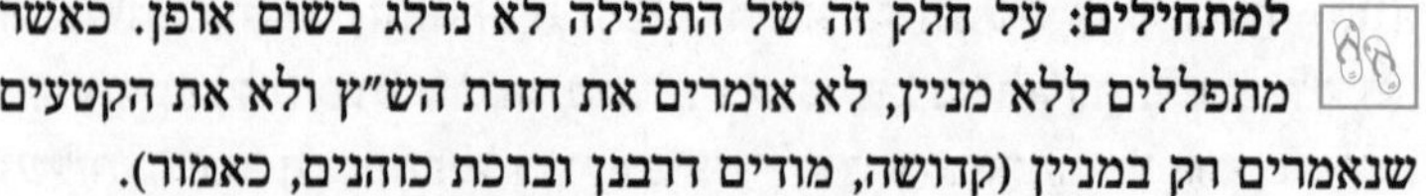

למתחילים: על חלק זה של התפילה לא נדלג בשום אופן. כאשר מתפללים ללא מניין, לא אומרים את חזרת הש"ץ ולא את הקטעים שנאמרים רק במניין (קדושה, מודים דרבנן וברכת כוהנים, כאמור).

תפילת נשים: רצוי להתפלל תפילת שמונה־עשרה מלאה. בעניין נשים שאינן מספיקות להתפלל – ראו בהערה.[6]

תנועות בתפילה. מתפללת טרייה הגיעה בשבת לבית הכנסת. היא ראתה שכולן מבצעות תנועות מסוימות, אבל הייתה מתוסכלת מכך שלא הבינה בדיוק איך ומתי לבצע אותן. היא החליטה לחקות את אחת

המתפללות הוותיקות שעמדו לידה ונראתה בטוחה בעצמה – התכופפה, כרעה, הזדקפה וזזה ללא הרף. זה נראה משכנע... רק אחרי כמה דקות הבחינה המתפללת הטרייה שהיא בעצם עוקבת אחרי אימא שמנסה להרגיע תינוקת בעגלה, ולכן רוכנת ומתכופפת אליה מדי פעם. זה היה פשר התנועות המוזרות.

כשהיא סיפרה לי על כך, נזכרתי בסיפור חסידי שנון: שנה אחת נכנס האדמו"ר לבית המדרש בערב הדלקת נרות חנוכה וראה פירורים על הרצפה. הוא לקח מטאטא בידו וניקה מעט את החדר. לאחר מכן אמר לחסידים: "מה שעשיתי עכשיו זו לא הוראה למעשה", והדליק את הנרות. ומאז, בכל שנה לפני הדלקת הנרות נוטלים החסידים מטאטא ביד, מנקים קצת ואומרים: "מה שעשיתי עכשיו זו לא הוראה למעשה...". המסקנה? אפשר ללמוד הרבה מהסתכלות על אנשים אחרים, ויש לכך מקום חשוב. אבל אם אתם כבר מחקים מישהו – לפחות תוודאו שאתם עוקבים אחרי האדם הנכון.

תחנון / נפילת אפיים

התחנון עוסק בתשובה וחרטה. מטרתו – להזכיר לאדם שאיננו מושלם. עם כל הרצונות והמעשים הטובים, יש עוד מה לתקן ולאן להתקדם. במבט ראשון נראה כאילו מחשבות כאלה יחלישו אותנו, אך האמת הפוכה. התחנון לא נועד לשבור אלא לרומם ולהזכיר לאדם שהוא בעל כוחות אדירים שעליו לחבר אל ה', ושעליו לשאוף קדימה ולהסתלק מן המקומות הנמוכים שלו.

לאחר חזרת הש"ץ אומרים וידוי ("אשמנו, בגדנו..."), וברוב המנהגים גם י"ג מידות רחמים ופסוקים שעניינם תשובה. בימים שני וחמישי אומרים "תחנון ארוך" שכולל עוד בקשות, פיוטים ופסוקים, והספרדים גם אומרים שלוש פעמים נוספות י"ג מידות.

מנהגים: לא אומרים תחנון בימים שמחים כמו שבת, חגים, חול המועד, ראש חודש, כל חודש ניסן, כאשר מתקיימת ברית או כשבבית הכנסת נוכח חתן בתוך שבעת ימי המשתה.

מצב הגוף: בווידוי ובי"ג מידות עומדים, לאחר מכן מתיישבים. מנהג האשכנזים להשעין את הראש על הזרוע (בשחרית על יד ימין – כדי לא לבזות את התפילין שמונחים על יד שמאל, במנחה על יד שמאל). נוהגים לעמוד בתוספת שאומרים בימי שני וחמישי.

משך: תחנון רגיל נמשך דקות ספורות, תחנון ארוך יכול להגיע גם ל־10 דקות.

למתחילים: מי שמתקשה לומר הכול, יכול לדלג. עם זאת, רצוי לא לוותר על התחנון לגמרי, ואם אפשר לומר אפילו חלק ממנו – מה טוב.

תפילת נשים: אפשר לדלג.

קריאה בתורה

76 א | 78 ס | 92 עמ

התורה נמשלה למים. כשם שאי אפשר לחיות בלי מים שלושה ימים, כך עם ישראל אינו יכול לחיות שלושה ימים בלי תורה... לכן קוראים בתורה בציבור בימים שני, חמישי ושבת. בימי החול, בשעה שאנשים ממהרים למלאכת יומם, קוראים רק את הקטע הראשון של פרשת השבוע, ואילו בשבת קוראים את כל הפרשה. בימים מיוחדים כגון מועדים, ראשי חודשים ותעניות, קוראים קטעים הקשורים לאופי היום.

בימים שבהם מתקיימת קריאה בתורה היא נפתחת **בפתיחת ההיכל** – אחד המתפללים פותח את הארון, מוציא את ספר התורה ומביא אותו בליווי הקהל אל הבימה שעומדת במרכז בית הכנסת. הגבאים מזמינים את העולים לתורה בזה אחר זה: בימי חול נקראים שלושה עולים, בראש חודש ובחול המועד ארבעה, במועדים חמישה, ביום הכיפורים שישה, ובשבת – שבעה עולים. בדרך כלל הסדר הוא שהראשון כהן, השני לוי ולאחר מכן ישראל. אצל הספרדים מגביהים את הספר לפני הקריאה ומציגים אותו לכולם, ואצל האשכנזים רק בסיום הקריאה.

כל עולה צריך לראות תחילה את המקום בתורה שבו קוראים. לאחר מכן הוא אומר "ברכו את ה' המבורך", והקהל עונה "ברוך ה' המבורך לעולם ועד". המברך חוזר על כך גם הוא. לאחר מכן הוא מברך את ברכת התורה ו... מקשיב לקורא בתורה, ה"בעל קורא".

את התורה קוראים בניקוד המדויק ועל פי טעמי המקרא – מנגינה מיוחדת של קריאה בתנ"ך. מרבית האנשים אינם מכירים את הטעמים היטב, והקורא בתורה עושה זאת עבורם. מי שממש רוצה, יכול ללמוד לקרוא את הפרשה בטעמיה ולקרוא בעצמו (בתיאום מראש עם הגבאי), כמו בבר־מצווה. זו חוויה מיוחדת שמצריכה חזרות ואימון לפני, אך שווה כל רגע.

מנהגים: נוהגים שהעולה לתורה מקבל "מי שבירך" מהגבאי, ברכה שמעתירה על העולה שפע ברכה והצלחה (שימו לב: יש מקומות שבהם מצפים מהעולה לנדב תרומה לבית הכנסת, המתקיים כלכלית בזכות תרומות כאלה). לא יוצאים מבית הכנסת באמצע הקריאה בתורה, אלא רק בין עולה לעולה.

מצב הגוף: רבים נוהגים לשבת במהלך הקריאה, אך יש שמקפידים לעמוד. כאשר הרב, אבא או איש חשוב אחר עולה לתורה, נוהגים לעמוד לכבודו.

משך: בימים שני וחמישי נמשכת קריאת התורה (כולל הוצאת הספר) כעשר דקות. בשבת – בין חצי שעה לשעה, תלוי באורך הפרשה, בקצב הקריאה ובכמות העולים.

למתחילים: קריאת התורה היא מצווה של הציבור, אבל רצוי מאוד לשמוע אותה.

תפילת נשים: אם מתפללים במקום שמתקיים בו מניין, כדאי לשמוע, אך אין חובה.

סיום התפילה

אומרים קטעים שונים כמו "שיר של יום" – פרקי תהילים שהלויים היו שרים בבית המקדש ומתחלפים בכל אחד מימי השבוע, פסוקי תהילים ו"פיטום הקטורת". מסיימים את התפילה באמירת **עלינו לשבח**, קטע שמביע את ייחודו של עם ישראל ואת התקווה לגאולה קרובה, הנאמר בסיום כל אחת מתפילות היום.

מנהגים: המתפללים שיש להם "חיוב" אומרים כמה קדישים (להלן עמ' 145).

מצב הגוף: ברוב המנהגים נוהגים לשבת עד סיום התפילה, את "עלינו לשבח" אומרים בעמידה. בקדישים הספרדים נוהגים לשבת, והאשכנזים לעמוד.

משך: קטעי סיום התפילה נמשכים 10-5 דקות בממוצע.

למתחילים: כדאי להגיד לפחות "עלינו לשבח".

תפילת נשים: אפשר לדלג.

תפילת מנחה

100 א | 105 ס | 121 עמ

תפילת מנחה היא התפילה השנייה ביום, ובדרך כלל מתקיימת כשאנחנו בתוך העיסוקים השוטפים שלנו. צריך למצוא עבורה זמן ולהתנתק, ואולי לכן אמרו חכמים "לעולם יהא אדם זהיר בתפילת המנחה" (ברכות ו). עם זאת, זוהי גם מעלתה – שהאדם מקשר את כל פעילותו אל הבורא. לא סתם אליהו הנביא התפלל לעיני כל העם בהר הכרמל ונענה דווקא בתפילת המנחה (מלכים א יח).

סדר התפילה קצר יותר מאשר בתפילת שחרית: אומרים פסוקי קורבנות, ולאחר מכן "אשרי יושבי ביתך". אחרי אמירת חצי קדיש על ידי החזן, מתפללים תפילת שמונה־עשרה (תפילת לחש). בסיומה חזרת הש"ץ. אומרים וידוי / תחנון כמו בשחרית (אם למחרת יחול ראש חודש או יום שיש בו שמחה, אין אומרים תחנון). לאחר מכן אומרים קדיש, הספרדים מוסיפים פרק "למנצח בנגינות מזמור שיר", ומסיימים ב"עלינו לשבח".

מנהגים: בבתי כנסת מסוימים, בעיקר של אנשים עסוקים, וכן במקומות עבודה, מתקיימים מניני "מנחה קצרה", שהיא תפילה מקוצרת שמוותרים בה על רוב חזרת הש"ץ. זוהי אפשרות הלכתית מוכרת, אך לכתחילה רצוי להימנע מתפילה כזו. במקומות רבים מקובל להתפלל מנחה בסמוך לשקיעה, לאחריה מתקיים שיעור קצר בבית הכנסת, ולאחר כ־20 דקות מתפללים ערבית.

מצב הגוף: כמו בתפילת שחרית – עומדים בתפילת שמונה־עשרה.

משך: תפילת מנחה נמשכת 20-10 דקות בממוצע.

למתחילים: אם אפשר, להתפלל.

תפילת נשים: לרוב הדעות, נשים חייבות בתפילה אחת ביום. מי שלא התפללה שחרית, טוב שתתפלל לפחות מנחה.

תפילת ערבית / מעריב

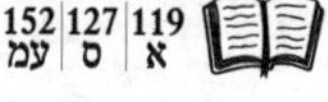

119 א | 127 ס | 152 עמ

בשעות החשיכה, לאחר שהשמש שוקעת, האדם שרוי בתחום הלא־נודע ומחפש קשר אל ה׳. בימי חז״ל תפילה זו לא הייתה קבועה, אך במהלך הדורות עם ישראל קיבל אותה עליו כתפילת חובה. תפילת ערבית מיוחדת בכך שאין בה חזרת הש״ץ. מקדימים לה את קריאת שמע של ערבית, ככתוב **״בְּשָׁכְבְּךָ וּבְקוּמֶךָ״** – הזמן שבו אנשים שוכבים לישון.

מתחילים בפסוקי **״וְהוּא רַחוּם״**, החזן אומר חצי־קדיש ו**״בָּרְכוּ״**. אומרים את שתי הברכות הראשונות שלפני קריאת שמע של ערבית, קריאת שמע, ואחריה שתי ברכות נוספות. מתפללים תפילת עמידה, אך כאמור ללא חזרת הש״ץ (רק בליל שבת החזן אומר ״ברכה מעין שבע״, שהיא במקום חזרת הש״ץ מקוצרת). יש אומרים את הפרק ״שִׁיר לַמַּעֲלוֹת אֶשָּׂא עֵינַי אֶל הֶהָרִים״ (תהילים קכא) לפני שמסיימים ב״עלינו לשבח״.

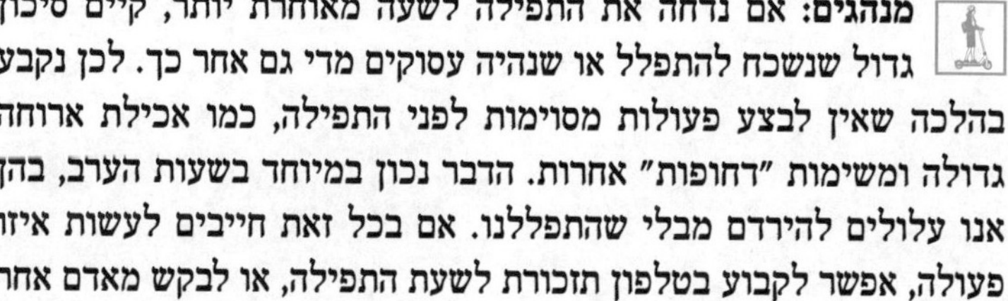

מנהגים: אם נדחה את התפילה לשעה מאוחרת יותר, קיים סיכון גדול שנשכח להתפלל או שנהיה עסוקים מדי גם אחר כך. לכן נקבע בהלכה שאין לבצע פעולות מסוימות לפני התפילה, כמו אכילת ארוחה גדולה ומשימות ״דחופות״ אחרות. הדבר נכון במיוחד בשעות הערב, בהן אנו עלולים להירדם מבלי שהתפללנו. אם בכל זאת חייבים לעשות איזו פעולה, אפשר לקבוע בטלפון תזכורת לשעת התפילה, או לבקש מאדם אחר שיזכיר לנו.

במקומות מסוימים נוהגים להתפלל תפילת ערבית מבעוד יום, לפני שהגיע זמן צאת הכוכבים. במקרה כזה יש לשוב ולקרוא קריאת שמע בזמנה לאחר צאת הכוכבים.

מצב הגוף: נוהגים לשבת באמירת קריאת שמע וברכותיה, ולעמוד בתפילת העמידה.

משך: תפילת ערבית נמשכת 20-10 דקות בממוצע.

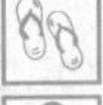
למתחילים: לומר לפחות קריאת שמע.

תפילת נשים: אפשר לדלג.

קריאת שמע שעל המיטה  144 א | 163 ס | 189 עמ

זוהי איננה מצווה מהתורה (אלא אם כן לא קראנו קריאת שמע בתפילת ערבית). שעות הלילה נחשבות לזמן של לימוד וחשבון נפש. הנה הזדמנות להתבונן ביממה החולפת, לראות את הדברים הטובים שהיו, להתחרט על מה שעשינו שלא כשורה ולמחול בלב לכל מי שפגע בנו.

לפני השינה קוראים קריאת שמע ואומרים את הנוסח שבסידור. מסיימים בברכת "הַמַּפִּיל חֶבְלֵי שֵׁנָה עַל עֵינָי". לילה טוב! מפקידים לכמה שעות את הנשמה אצל הבורא, אך אל דאגה; אם ירצה השם בקרוב ניפגש מחדש, נתגבר כארי לעבודת הבורא, ושוב נאמר: "מודה אני לפניך!".

מי?

מצוות התפילה חלה על גברים ונשים כאחד. אלא שיש הבדל ביניהם: בעוד גברים צריכים להתפלל שלוש תפילות ביום, מרבית הפוסקים סבורים שנשים אינן צריכות להתפלל את כל השלוש, ודי להן בתפילה אחת (ולדעות מסוימות, שתיים). ובכל מקרה, הן פטורות מתפילה במניין ובבית הכנסת.

עם זאת, מצאנו שלנשים יש קשר מיוחד במינו לתפילה. כפי שהזכרנו, רבות מהלכות תפילה נלמדו מתפילת חנה, אימו של שמואל הנביא. אולי אפשר לומר שתפילת הגברים שייכת יותר למסגרת קבועה, ואילו בתפילת הנשים בולט יותר הצד האישי והספונטני שאיננו זקוק בהכרח לסדר ומבנה אחיד. בנוסף, מכיוון שבסדר הרגיל נשים הן שנוטלות את עיקר האחריות על גידול המשפחה – ערך משמעותי ביותר ביהדות (ראו פרק טו, זוגיות ומשפחה) – חכמינו פטרו אותן ממחויבות שיכולה לבוא על חשבונו.

מעיקר הדין, נשים צריכות לומר לפחות את ברכות השחר וברכות התורה, שני הפסוקים הראשונים של קריאת שמע ותפילת שמונה־עשרה. מעבר לכך הן אינן חייבות, אך אם הן רוצות הן יכולות להוסיף על כך. אימהות לילדים צעירים רשאיות להסתפק אף בפחות מכך, ולומר את ברכות השחר וברכות התורה בלבד.

ילדים קטנים אינם חייבים כמובן להתפלל, אך טוב לחנך אותם כבר מגיל צעיר לומר ברכות מסוימות וקריאת שמע, וככל שיגדלו יוסיפו עוד.

מתי?

זמני היום

החיים המודרניים מתנהלים במנותק ממהלך היממה הטבעי וממה שקורה בשמיים. אם בדורות קודמים אדם היה חי לפי זריחת השמש והירח, היום אנחנו מתעוררים, אוכלים והולכים לישון לתקתוק מחוגי הדקות או צג השעון הדיגיטלי. כל כך התרגלנו לתאורה החשמלית, שלכוכבים כמעט אין חשיבות בעינינו (מלבד ברגעים רומנטיים, שושנה שלי). אבל עבור היהודי המאמין, יש להם חשיבות עצומה: מצוות רבות מאוד צמודות לזמני היום, הנקבעים לפי מצב גרמי השמיים. ההתבוננות בשמיים תופסת מקום חשוב בהכרה היהודית, כמו שמתואר למשל בתחילת תפילת ערבית: ״בָּרוּךְ אַתָּה ה׳... אֲשֶׁר בִּדְבָרוֹ מַעֲרִיב עֲרָבִים, בְּחָכְמָה פּוֹתֵחַ שְׁעָרִים, וּבִתְבוּנָה מְשַׁנֶּה עִתִּים וּמַחֲלִיף אֶת הַזְּמַנִּים, וּמְסַדֵּר אֶת הַכּוֹכָבִים בְּמִשְׁמְרוֹתֵיהֶם בָּרָקִיעַ כִּרְצוֹנוֹ״. נראה כאילו בכל רגע אנחנו אמורים להיות מודעים למקומנו הצנוע בתוך היקום. בגלל התנועה הקבועה של כדור הארץ, הזמנים משתנים מעט בכל יום. אל תתפלאו אם תשמעו סביבכם שאלות כמו ״מתי סוף זמן קריאת שמע?״, ״ממתי אפשר מנחה?״, והפופולרית ביותר – ״מתי שקיעה?״.

בדיחה מספרת על תלמיד ישיבה שנפגש לדייט עם בחורה ליד החוף. הבחורה מביטה אל הים ואומרת, ״תראה איזו שקיעה יפה!״. הבחור מציץ בשעון ומגיב: ״מה פתאום, יש עוד שבע דקות״...

היממה היהודית מתחילה בלילה, על פי הפסוק ״וַיְהִי עֶרֶב וַיְהִי בֹקֶר יוֹם אֶחָד״ (בראשית א). היא מסתיימת עם שקיעת החמה, ולכן יום **שישי בערב** הוא בעצם **ליל שבת**, **ומוצאי שבת** הוא כבר **ליל ראשון**. בעיקרון, לוח הזמנים היומי נקבע על פי מצב השמש: השעות שבין שקיעה לזריחה הן ״לילה״, והשעות שבין זריחה לשקיעה הן ״יום״.

יחידת הבסיס לחישוב היא מה שמכונה בהלכה **שעה זמנית**: מודדים את הזמן מזריחה ועד שקיעה, מחלקים ב־12, ומקבלים את ההיקף של שעה אחת. בקיץ, שעה זמנית תהיה ארוכה משישים דקות, ובחורף היא תהיה קצרה יותר. זמני התפילות, קריאת שמע, סוף זמן אכילת חמץ בערב פסח, תחילת אמירת הסליחות באלול ועוד – כולם נקבעים לפי שעות זמניות. כמובן, זמני היום משתנים לא רק מיום ליום אלא גם ממקום למקום, ולכן הקפידו לברר את הזמנים המתאימים למקום שבו אתם גרים או מבקרים. את הזמנים המתעדכנים תוכלו למצוא בלוחות שנה מתאימים, באתרי אינטרנט וביישומונים במכשירי טלפון. תוכלו גם למצוא דוגמה ללוח זמני היום בתמונות שבסוף הספר.

- תפילת עמידה של שחרית אפשר להתפלל מזריחת החמה ועד סוף ארבע שעות (זמניות). זמן קריאת שמע של שחרית מסתיים קודם לכן, לאחר שלוש שעות זמניות – בחורף בסביבות 9:30, ובקיץ באזור 8:30. במניין "ותיקין" מקפידים להתחיל את תפילת שמונה־עשרה מיד עם הזריחה ("הָנֵץ החמה") – לא משנה באיזו עונה, זה תמיד יוצא מוקדם...
- מנחה אפשר להתפלל מחצי שעה לאחר חצות היום (לאחר 6.5 שעות זמניות מהזריחה; לרוב זה נע בין 12:15 ל־13:20 בצהריים) ועד שקיעת החמה.
- ערבית ניתן להתפלל מצאת הכוכבים – כעשרים דקות לאחר השקיעה, ועד עלות השחר (לפני הזריחה). בשיא החורף כשהשמש שוקעת מוקדם, בסביבות 17:00; בשיא הקיץ היא מתאחרת עד 20:15.

שם	עלות השחר	נץ החמה (זריחה)	סוף זמן קריאת שמע	סוף זמן תפילה	חצות היום	מנחה גדולה	מנחה גדולה	שקיעת החמה	צאת הכוכבים
זמן (בשעות זמניות)	72 דק' לפני הזריחה	0	סוף שעה 3 (שני זמנים, עמ' 128)	סוף שעה 4	6	6.30	9.30	12	כ־20 דק' לאחר השקיעה
דוגמה לזמנים בירושלים (כ"ח באייר תשכ"ז)	4:21	5:34	8:29 / 9:05	10:16	12:37	13:13	16:45	19:47	20:08

תפילת תשלומין

מי שהפסיד את התפילה בשוגג, יכול להשלים אותה בתפילה הבאה ("תפילת תשלומין", מלשון להשלים). האפשרות מוגבלת רק לתפילה אחת, כך שמי שלא התפלל שחרית יכול להתפלל פעמיים תפילת מנחה; מי שלא התפלל מנחה, יכול להתפלל פעמיים ערבית; ומי שלא התפלל ערבית, יכול להתפלל פעמיים שחרית. מי שלא התפלל גם שחרית וגם מנחה, יוכל להשלים רק את תפילת מנחה ויתפלל פעמיים ערבית.

איך משלימים תפילה? בסיום תפילת העמידה ביחיד, מתפללים פעם נוספת את תפילת העמידה של **אותו זמן** (למשל, מי שלא התפלל תפילת מנחה של יום שישי, יתפלל פעמיים תפילת עמידה של ליל שבת, שהיא שונה מתפילת החול).

איפה?

המקום המובחר ביותר לתפילה הוא בית הכנסת. אך כאשר מסיבות שונות איננו מתפללים בו – כמעט כל מקום טוב לתפילה, ובלבד שיהיה נקי ובלי ריחות רעים. רצוי לא להתפלל במקום פתוח, ולא במקום שיש בו מראות לא צנועים או הסחות דעת.

בית הכנסת

אבא בנימין אומר: אין תפלה של אדם נשמעת אלא בבית הכנסת, שנאמר (מלכים א ח) "לִשְׁמֹעַ אֶל הָרִנָּה וְאֶל הַתְּפִלָּה"; במקום רינה – שם תהא תפלה (ברכות ו).

בית הכנסת, כשמו כן הוא – מקום התכנסות. ייעודו המרכזי הוא לכנס את המתפללים בקבוצה של עשרה גברים לפחות, מעל גיל שלוש־עשרה. בית הכנסת משמש גם כמקום לשיעורי תורה, אירועים וטקסים של קהילת המתפללים כמו ברית מילה, קידוש לרגל הולדת הבת, מסיבות בר־מצווה ובת־מצווה, סעודות סיום מסכת, סעודה שלישית בשבת וכדומה. ביום רגיל מבלים בו בממוצע בין שעה לשעתיים, ובשבתות וחגים אף יותר.

בית הכנסת נתפס כמקום מאיים ומנוכר. המון ספרים עבים עם עיטורי זהב, אנשים שעושים תנועות משונות עם הגוף, גברים ונשים יושבים בהפרדה, והכי כואב – שאין לנו מושג מה עושים. כולם יושבים, אחר כך פתאום עומדים, ואז החזן מדבר וכולם משתתקים. תוך כדי שומעים אמירת "אמן", "ברוך הוא וברוך שמו", "יהא שמה רבא"... מה קורה פה?!

בואו ננסה להבין.

למה צריך בית כנסת?

בדתות רבות, התפילה היא רגע אישי ושקט שהאדם חווה עם עצמו, בהתבודדות או במדיטציה, ואילו ביהדות התפילה נעשית בקול, בציבור, מתוך סידור. ככל שהקהל רב יותר כך התפילה נחשבת לחשובה יותר, וכמו שלמדו חז"ל מהפסוק "בְּרָב עָם – הַדְרַת מֶלֶךְ" (משלי יד). רבים מרגישים שקשה להם לכוון את מחשבותיהם בציבור, אז מדוע בכל זאת צריך להשתדל להתפלל שם?

הגמרא אומרת שבכל מקום שנמצאים בו עשרה אנשים מישראל, השכינה נמצאת עמהם, אך לא כשהאדם מתפלל לבד. תפילת הציבור גם חזקה יותר: כשאדם מתפלל עם עצמו, בוחנים את זכויותיו וחובותיו ונענים לו בהתאם, אולם לא כך כשמתפללים ברבים: "תפילת הציבור נשמעת תמיד. ואפילו היו בהן ח[ו]טאים, אין הקדוש ברוך הוא מואס תפילתן של רבים, לפיכך צריך אדם לשתף עצמו עם הציבור" (רמב"ם הלכות תפילה ח).[7]

סיבה נוספת מדוע להתפלל במניין נוגעת מאוד אליכם, ובוודאי בשלבים הראשונים של ההתחזקות. להתפלל בבית כנסת פירושו להיות חבר במועדון של המתפללים: יש את מי לשאול, ממי ללמוד, אפשר להצטרף לשיעורי תורה, להכיר אנשים חדשים ולהשתלב בהוויה הדתית. ובכל זאת, גם כאן צריך ללכת בהדרגה, ונרחיב על כך בהמשך.

מבנה בית הכנסת

קיים מגוון רחב של בתי כנסת: יש כאלה גדולים ומפוארים, קטנים וישנים, פעילים, שוממים, בבניין נפרד או בדירה ועוד ועוד. אך המשותף לכולם הוא שהתפילה תמיד פונה לכיוון ירושלים. בחלק הקדמי נמצא את **ארון הקודש**, ובו מונחים ספרי התורה. אם בבית הכנסת יש רב, לרוב הוא יֵשב ב"מזרח", בסמוך לארון הקודש, ופניו אל הקהל.

ישנם כמה הבדלים בין בתי הכנסת האשכנזיים והספרדיים. אצל האשכנזים החזן עומד ליד ה"עמוד" בקדמת בית הכנסת, סמוך לארון הקודש; ואילו אצל הספרדים החזן עומד במרכז האולם, על הבימה שעליה קוראים בתורה. הבדל נוסף – בבתי הכנסת האשכנזיים הכיסאות פונים קדימה, כך שכולם מסתכלים לכיוון ארון הקודש; ואילו אצל הספרדים הכיסאות פונים אל

הבימה, כך שמי שיושב מימין ומשמאל לחזן נמצא עם הפנים אליו ולא אל ארון הקודש.

עזרת נשים

בבית הכנסת נהוגה הפרדה בין גברים ונשים. הגברים יושבים באולם התפילה והנשים בעזרת הנשים שנמצאת לצידו, מופרדת על ידי מחיצות, או בקומה למעלה. המקור להפרדה בין גברים לנשים מופיע כבר בגמרא: בחג הסוכות התאסף קהל רב בבית המקדש, והערבוב בין נשים לגברים הוביל להתנהגות לא צנועה. כדי לתקן את הדבר הוקמה במקדש "עזרת נשים", המיועדת להן בלבד. היא נועדה למנוע ערבוביה לא רצויה במקום קדוש כזה.

לא צריך מחקרים מסובכים כדי להבין שהנוכחות של בני המין השני משנה את התנהגותנו, וגורמת לנו לנסות ולמשוך את תשומת לבם גם באופן בלתי מודע. המטרה העומדת מאחורי ההפרדה היא לאפשר לכל המתפללות והמתפללים להתמקד בתפילה, ולא בעניינים שאינם מתאימים במקום כזה.

תפקידים בבית הכנסת

את התפילה מוביל שליח הציבור – **ש"ץ**, או **חזן**. הוא אומר את התפילה בקול, ובכך קובע את הקצב. משתדלים למנות שליח ציבור שקורא בקול יפה, ושיהיה רצוי על קהל המתפללים. כל אחד יכול לשמש כשליח ציבור. נוהגים שמי שנמצא בשנת האבל הראשונה על אחד מהוריו משמש כשליח ציבור בכל התפילות בימי החול, ולכן תשמעו ששואלים בתחילת התפילה "למי יש חיוב?".

הגבאי אחראי על ניהול בית הכנסת, זמני התפילות, הזמנת העולים לתורה ויתר הפעילות השוטפת. לעיתים הוא גם קובע מי ישמש כש"ץ או יוציא את ספר התורה מארון הקודש.

הנה כמה כללי התנהגות מומלצים למבקר המתחיל בבית הכנסת:

- **מקום קדוש.** התנהגות מכובדת והולמת: לא צועקים ולא מדברים דיבורים לא ראויים. מקפידים על לבוש הולם וצנוע, והגברים חובשים כיפה. נשים נשואות נוהגות לכסות את הראש במטפחת, אך לא בכל מקום מקפידים על כך.

- **לא קיצור דרך.** לבית הכנסת לא נכנסים כקיצור אל מקום אחר. אם נכנסים מסיבה כלשהי שאינה קשורה לתפילה או ללימוד תורה, אומרים כמה פסוקים או יושבים קצת לפני שיוצאים. כמו שאמר דוד המלך: "אשרי יושבי ביתך" (תהילים פד) – אשרי היושבים בבית ה'.
- **הקדש.** רכוש בית הכנסת מיועד בדרך כלל לשימוש בבית הכנסת בלבד, ואסור להשתמש בו לצורכי חול. למשל, אסור להשתמש בפרוכת של בית הכנסת כמפת שולחן, ואין להוציא ספרים בלי רשות מהגבאים. כסף שנתרם לצדקה נחשב כמוקדש לבית הכנסת בלבד, ולא לשימוש אחר. אגב, רוב הציוד נרכש בדרך כלל מתרומות של המתפללים. בדרך כלל תמצאו בבית הכנסת לוחות זיכרון והנצחה, לפעמים אפילו על המזגן או על המנורות: "נורת לד זו נתרמה לעילוי נשמת...".
- **סדר.** בבית הכנסת מתפללים רבים ורק גבאי אחד. תהיו נחמדים ותחזירו את הסידורים והספרים למקומם בסיום השימוש.
- **הידעת?** יש סדר מיוחד שלפיו עורמים ספרי קודש זה על זה. למעלה תמיד מניחים חומשים וספרי תורה, מתחתיהם – נביאים וכתובים, ולאחר מכן את ספרי התורה שבעל פה. כך זוכרים שהתורה בראש, אחריה ספרי נ"ך, ולאחר מכן כל השאר.
- **זריזות.** מצווה לרוץ לבית הכנסת, ואפילו בשבת. ואם זה מרגיש קצת מוזר, אפשר גם סתם ללכת מהר...
- "בתי כנסיות ובתי מדרשות – נוהגין בהן כבוד, מכבדין אותן ומרבצין [מטאטאים ומנקים] אותן" (רמב"ם הלכות תפילה יא). מספרים על אביו של רש"י שהיה מנקה את הרחבה שלפני ארון הקודש באמצעות זקנו הארוך. ולא משום שהיה חסר לו מטאטא, אלא כי כך ביטא את אהבתו אל ה' והתבטלותו בפניו. לא חייבים לנהוג כך, אבל אפשר לקבל השראה.

קטעים שנאמרים רק במניין

קדיש. הקדיש, שנאמר בארמית, מוכר בדרך כלל מהלוויות ואזכרות, אך למעשה הוא קטע מעבר נפוץ למדי בכל התפילות. עניינו - לרומם ולגדל את שמו של הבורא יתברך. נוהגים שהאבלים אומרים קדיש במשך שנה לאחר פטירת קרוב משפחה וכן ביום השנה, כסגולה לעילוי נשמת המת.

קיימים ארבעה סוגים של קדיש:

- **'קדיש תתקבל'** שאומר **החזן** בגמר תפילת העמידה;
- **'קדיש יתום'** שאומרים **המתפללים** לאחר אמירת קטעים שכוללים פסוקים מהתנ"ך;
- **'קדיש על ישראל'** שאומרים **המתפללים** לאחר אמירת דברי תורה שבעל פה;
- **'חצי קדיש'**, שנאמר בתפילה על ידי **החזן** כקטע מעבר.

תרגום של הקדיש, נוסח עדות המזרח

יִתְגַּדַּל וְיִתְקַדַּשׁ שְׁמֵיהּ רַבָּא	יתגדל ויתקדש שמו הגדול
בְּעָלְמָא דִּי בְרָא, כִּרְעוּתֵהּ	בעולם שברא כרצונו
וְיַמְלִיךְ מַלְכוּתֵהּ, וְיַצְמַח פֻּרְקָנֵהּ	ותמלוך מלכותו, ויצמיח ישועתו
וִיקָרֵב מְשִׁיחֵהּ	ויקרב את משיחו
בְּחַיֵּיכוֹן וּבְיוֹמֵיכוֹן	בחייכם ובימיכם
וּבְחַיֵּי דְכָל בֵּית יִשְׂרָאֵל	ובחייהם של כל בית ישראל
בַּעֲגָלָא וּבִזְמַן קָרִיב, וְאִמְרוּ אָמֵן	במהרה ובזמן קרוב, ואמרו אמן
יְהֵא שְׁמֵיהּ רַבָּא מְבָרַךְ	יהי שמו הגדול מבורך
לְעָלַם לְעָלְמֵי עָלְמַיָּא	לעולם ולעולמי עולמים
יִתְבָּרַךְ וְיִשְׁתַּבַּח וְיִתְפָּאַר וְיִתְרוֹמָם וְיִתְנַשֵּׂא	
וְיִתְהַדָּר וְיִתְעַלֶּה וְיִתְהַלָּל,	
שְׁמֵהּ דְּקֻדְשָׁא בְּרִיךְ הוּא	שמו של הקדוש ברוך הוא
לְעֵלָּא מִן כָּל בִּרְכָתָא, וְשִׁירָתָא	
תֻּשְׁבְּחָתָא וְנֶחָמָתָא	התשבחות והנחמות
דַּאֲמִירָן בְּעָלְמָא, וְאִמְרוּ אָמֵן.	שאנו אומרים בעולם, ואמרו אמן
יְהֵא שְׁלָמָא רַבָּא מִן שְׁמַיָּא	יהא שלום רב מן השמים
חַיִּים וְשָׂבָע וִישׁוּעָה וְנֶחָמָה וְשֵׁיזָבָה [הצלה]	
וּרְפוּאָה וּגְאֻלָּה וּסְלִיחָה וְכַפָּרָה,	
וְרֵיוַח וְהַצָּלָה לָנוּ וּלְכָל עַמּוֹ יִשְׂרָאֵל	
וְאִמְרוּ אָמֵן:	
עוֹשֶׂה שָׁלוֹם בִּמְרוֹמָיו,	
הוּא בְּרַחֲמָיו יַעֲשֶׂה שָׁלוֹם עָלֵינוּ,	
וְעַל כָּל עַמּוֹ יִשְׂרָאֵל, וְאִמְרוּ אָמֵן:	

מדוע אומרים קדיש לאחר פטירת אדם מישראל? / ש"י עגנון

מלך בשר ודם שיוצא למלחמה על אויביו - מוציא חיילותיו להרוג וליהרג. ספק אוהב את חיילותיו ספק אינו אוהב את חיילותיו, ספק הם חשובים בעיניו ספק אינם חשובים בעיניו, ואפילו חשובים בעיניו חשובים בעיניו כמתים, שכל היוצא למלחמה מלאך המות כרוך בעקבותיו ומתלווה לו להרגו.

פגע בו חץ או סייף או חרב או שאר מיני משחית ונהרג - מעמידין אחר במקומו, ואין המלך מרגיש בחסרונו, שאומות העולם מרובים וגייסות שלהם מרובים. נהרג אחד מהם - יש לו למלך הרבה כנגדו.

אבל מלכנו, מלך מלכי המלכים הקדוש ברוך הוא, מלך חפץ בחיים, אוהב שלום ורודף שלום ואוהב את ישראל עמו ובחר בנו מכל העמים, לא מפני שאנו מרובים חשק ה' בנו, כי אנו המעט מכל העמים.

ומתוך אהבתו שאוהב אותנו ואנו מעטים, כל אחד ואחד מעמנו חשוב לפניו כליגיון שלם. לפי שאין לו הרבה להעמיד במקומנו. נפקד חס ושלום אחד מישראל באה פחת בלגיונותיו של המלך ובאה תשות כח כביכול במלכותו יתברך, שהרי מלכותו חסרה לגיון אחד מלגיונותיו ונתמעטה חס ושלום גדולתו יתברך.

לפיכך אנחנו מתפללין ואומרים אחר כל מת מישראל: יתגדל ויתקדש שמיה רבא, יגדל כח השם, ולא יביא תשות כח לפניו. יתברך ויתקדש בעולמות שברא כרצונו, ולא נפחד על עצמנו אלא מהדר גאון קדושתו יתעלה. וימליך מלכותיה שתתגלה ותראה מלכותו בשלימות ולא יתמעט ממנה חס ושלום, בחייכון וביומייכון ובחיי דכל בית ישראל במהרה ובזמן קרוב, שאם מלכותו גלויה בעולם - שלום בעולם וברכה בעולם ושירה בעולם ותשבחות הרבה בעולם ונחמה גדולה בעולם וישראל קדושים אהובים בעולם וגדולתו גדלה והולכת ומתרבה ואינה מתמעטת לעולם... ("קדיש על חללי ארץ ישראל")

קדושה. קדושה נאמרת רק בחזרת שליח הציבור, לאחר הברכה השניה "מחיה המתים". זהו קטע הכנה לברכה השלישית – "ברכת הקדושה". במילים האלה אנחנו מקדשים את שמו של ה', ומזכירים שהוא שולט על כל העולמות, אלה הנראים לנו ואלה שאינם נראים לנו.

חוזרים למקום בו עמדנו בתפילת העמידה, מכוונים את הרגליים שתהיינה צמודות וישרות, ואומרים יחד עם החזן את המילים "קדוש, קדוש, קדוש ה' צ־באות, מלוא כל הארץ כבודו", "ברוך כבוד ה' ממקומו", "ימלוך ה' לעולם, א־להיך ציון לדור ודור, הללוי־ה". בתפילת מוסף ישנו נוסח ארוך יותר שנקרא "כתר", וכן למנהג אשכנזים ישנו נוסח שונה בתפילת שחרית של שבת ויום טוב.

- **ברכו.** בסיום פסוקי דזמרה, לאחר "חצי קדיש", אומר שליח הציבור "ברכו את ה' המבורך". הקהל עונה "ברוך ה' המבורך לעולם ועד", והחזן חוזר על המשפט. עד עכשיו אפשר היה להתפלל גם אם אין עשרה מתפללים, אולם כאן מתחילה התפילה במניין בפועל ממש, וזוהי הזמנה של הקהל להתחבר ולהתאחד – כדי לברך את ה' יתעלה ויתברך.
- **קריאה בתורה.**

משך התפילה בבית הכנסת

בימי חול שבהם לא קוראים בתורה, תפילת **שחרית** נמשכת אצל המקצרים ביותר בין 30 ל־35 דקות, ואצל המאריכים עד שעה. בימי שני וחמישי קוראים בתורה ואומרים עוד פסוקי תחנון, ולכן התפילה מתארכת בכ־10-15 דקות נוספות.

בראש חודש אומרים לאחר תפילת שחרית פרקי הלל – מזמורי תהילים חגיגיים – קוראים בתורה וממשיכים לתפילת מוסף, ולכן התפילה מתארכת עוד.

בשבתות וימים טובים מאריכים עוד יותר בתפילה – מוסיפים פרקי תהילים, פיוטים ומזמורים, וכמובן את קריאת פרשת השבוע. תפילה מלאה אורכת כשעתיים אצל המקצרים, ויכולה להגיע גם לשלוש שעות ויותר אצל המאריכים.

ראש השנה ויום הכיפורים הם ימים שעיקרם תפילה, ולכן התפילות ארוכות מאוד. בראש השנה התפילות יכולות להימשך כ־7–8 שעות, וביום הכיפורים שוהים בבית הכנסת כמעט כל היום.

זמני התפילות מתפרסמים לרוב על ידי הגבאים. חשוב לשים לב להבדלים בין שעון קיץ וחורף. בדרך כלל תפילת שחרית בשבת מאוחרת קצת מזמנה בימי החול.

נסו להגיע בזמן – ועוד יותר טוב, לפני הזמן. אפילו חמש דקות קודם, יחוללו הבדל עצום עבורכם. תוכלו להיכנס לאווירת התפילה, להירגע מהדרך ולחשוב קצת מול מי אתם עומדים להתפלל. האיחורים מפריעים למתפללים אחרים, ויגרמו לכם לדלג ולמהר כדי להדביק את החזן. חבל.

סגנונות של בתי כנסת

החלוקה העיקרית בין בתי כנסת היא לפי נוסח התפילה או העדה: ישנם בתי כנסת אשכנזים, ספרדים־ירושלמים, תימנים בלדים, תימנים שאמים, מרוקאים, עיראקים, מצרים, תוניסאים, יקים, פולנים, ליטאים, כורדים ואפילו ג׳רמוקלים (כן, יש דבר כזה). ולפעמים גם בין בתי כנסת המשתייכים לאותו נוסח ייתכנו הבדלי מנהגים.

אינה דומה תפילת שחרית של שבת בבית כנסת מרוקאי, על פיוטיה הארוכים וסלסוליה הנעימים, לתפילה אשכנזית עם פרקי חזנות בניחוח מזרח־אירופי, כמו שאין דמיון בין מנחה־ערבית זריזה בנוסח הבלאדי לתפילה חב״דית המתבוננת בכל מילה. כל קהילה פיתחה לה סגנון משלה והתוצאה היא מארג יפהפה של מסורות, שעלול לבלבל מאוד את מי שמחפש סדר.

עבור מי שעושים את צעדיהם הראשונים, ההבדל המשמעותי בין הסגנונות הוא שאצל רוב הספרדים (בני עדות המזרח) החזן מתפלל בקול רם את כל התפילה, וקל יותר לעקוב אחר התפילה ולהבין איפה נמצאים. אצל האשכנזים מקובל שהחזן קורא בקול רק את הפסוק הראשון והאחרון של כל קטע, ואת שאר המילים בקול נמוך. כך מתקבלת חוויה אישית יותר וכל אחד יכול להתרכז במחשבותיו, אבל לפעמים גם קשה יותר לעקוב אחר מהלך התפילה. מתחזקים רבים אומרים שקל להם יותר להתחיל להתפלל בבית כנסת ספרדי, ולאחר מכן הם עוברים לעיתים לבית כנסת שסגנונו מוצא חן בעיניהם יותר.

בית הכנסת הראשון שבו התפללתי היה בנוסח ספרדי־ירושלמי, וזה כל מה שהכרתי אז. לחזן היה קול חזק וברור, ואי אפשר היה לפספס היכן נמצאים בתפילה. שבת אחת החלטתי לנסות, בשביל החוויה, תפילה בבית כנסת אשכנזי לא הרחק מביתי. הגעתי בדיוק בזמן שבו

התפילה הייתה אמורה להתחיל, אך הכול היה שקט. מישהו עמד ליד התיבה ומלמל מדי פעם אמירות לא ברורות, אך המשכתי לחכות בסבלנות שיתחילו. לפתע פצח החזן בקול במילים "נשמת כל חי...", קטע מתקדם למדי בתפילה. מסתבר שהם התחילו בזמן, ואני היחיד שלא הבנתי...

איך בוחרים בית כנסת?

לכל בית כנסת אופי משלו: ציבור שונה, סגנון, מנהגים, מימיקות, הומור פנימי, פיוטים אהובים. כל אחד הוא מיוחד, וכמו שאין שני תבשילי צ׳ולנט (חמין) עם אותו טעם – כך לא תמצאו שני בתי כנסת זהים. זכינו ובארץ ישראל יש בית כנסת כמעט בכל פינה, ורבים פשוט הולכים למניין הקרוב לביתם. למרות ההיגיון שבדבר, זִכרו ש**בית** הכנסת הוא גם בית, וחשוב שתמצאו מקום בו אתם מרגישים נעים.

חלק מתחושת הנוחות והביתיות קשורה לכך שאתם מבינים מה מתרחש. לא פחות חשוב הוא החיבור למקום, לסגנון ולחברת המתפללים. המניין שבו תתפללו הוא קהילה לכל דבר; אלה אנשים שתפגשו מדי יום. המפגש הקבוע יוצר קרבה וקשר מיוחד. המתפללים מכירים ומזהים זה את זה (גם אם לא תמיד בשמותיהם), יודעים מי מאריך ומי מקצר, מי מפטפט ומי מתרכז, מי ממהר ומי לוקח את הזמן, מי משתוקק לעלות לתורה ולמי אין בעיה לוותר, וכמובן – למי יש שמחות, ולהבדיל, ימי זיכרון. כשמישהו חסר, חסרונו מורגש אצל כולם.

כדאי למצוא בית כנסת שקהל היעד שלו מתאים לכם – מבוגרים או צעירים, בעלי משפחות או רווקים, וכן לבדוק כמה אפשרויות שנמצאות באזורכם. תנו לכל מקום הזדמנות, וכשתמצאו את המקום שיגרום לכם להרגיש בבית – תדעו שהגעתם.

שטיבלך. שטיבל ("בית קטן" ביידיש; שטיבלך ברבים) הוא בית־תפילה שפועל מסביב לשעון. בדרך כלל מדובר בבניין גדול ובו מספר חדרי תפילה, כאשר מדי כמה דקות מתחילה תפילה באחד מהם. הקצב מהיר, מניין יוצא ומניין בא. בשטיבלך המשוכללים תוכלו למצוא שילוט מאיר עיניים, כמו בשדה תעופה, מהיכן ומתי "ממריאה" התפילה הבאה.

השטיבלך הוא פתרון נהדר למי שצריך להתפלל בשעות לא סטנדרטיות, אם נתקעים בלי מניין או סתם כשרוצים להרגיש את הווי החיים היהודי התוסס. בארץ, מרבית השטיבלך מרוכזים בערים חרדיות, אך תוכלו למצוא שטיבלך גם במקומות אחרים עם ריכוז מתפללים גדול. קחו בחשבון שבשעות מסוימות עשויה להיות צפיפות מסוימת, ומי שלא מורגל לכך – שלא ייקח את זה באופן אישי. ברוב השטיבלך אין עזרת נשים למעט באולמות מסוימים, כדאי לברר מראש.

תפילת יחיד

הזכרנו כבר שהתפילה המעולה היא תפילת הרבים, אבל ישנם מצבים שבהם אפשר, ולעיתים אף רצוי, להתפלל לבד. תפילה כזו נקראת "תפילת יחיד". אחד המצבים הללו הוא כאשר אין בית כנסת בעיר או כשאין לאדם אפשרות להגיע לתפילה. למשל, חייל שמשרת בבסיס שאין בו מניין, או אדם שעובד במשמרות ולא יכול לצאת להפסקה – יתפללו בזמנם הפנוי ללא מניין (חשוב לדעת: פקודות הצבא מחייבות את המפקדים לתת לכל חייל זמן לתפילה בציבור!). במצב כזה מתפללים את התפילה ללא החלקים שנאמרים רק במניין.

מצב אחר הוא כשהתפילה בציבור מקשה על האדם להתפלל בכוונה. לצערנו, התפילות השגרתיות עלולות להפוך לעיתים למרדף חסר תוחלת להגיע "לצד השני" של הסידור. מי שרוצה להתחבר לתפילה זקוק לזמן, והדברים נכונים עוד יותר אצל מתפללים בתחילת דרכם. פעמים רבות הם זקוקים לתוספת זמן כדי לקרוא את הפסוקים הקשים שאינם שגורים על לשונם, תוך שהם מנסים להבין את פירושם ואת הקשר בין חלקי התפילה. ועל כן, בתחילת הדרך בעולם התפילה, נראה שלא רק אפשר אלא אף רצוי להתפלל ביחיד, עד שמגיעים לבשלות להצטרף לתפילה בציבור.[8]

עם זאת, גם מי שמתפלל ביחיד ראוי שיתפלל לפחות חלק מהתפילות בציבור. הצעה מתאימה היא להתפלל תפילת שחרית, שהיא ארוכה יותר, ביחיד, ואת תפילות מנחה וערבית, הקצרות יותר, בציבור. לצד היכולת להעמיק את ההיכרות עם עולם התפילה, הדבר גם יסייע להתרגל לרעיון של תפילה בציבור, להכיר את מנהגי בית הכנסת, ובכלל – תמיד נחמד לפגוש אנשים...

תהילים. את ספר תהילים חיבר על פי המסורת דוד המלך ברוח קודשו, והוא הפך ברבות השנים לספר התפילה האולטימטיבי של עם ישראל. כמעט בכל אירוע אומרים תהילים: בתפילה, בקידוש, בברית מילה, באזכרה. הפרקים עוסקים בשבח, הודאה, מלחמה (פנימית / חיצונית) ועוד, כך שכל אחד יכול למצוא בהם את עצמו. אמירת תהילים בשעת צרה היא אחד המנהגים היהודיים הכי נפוצים, ויש הנוהגים לקרוא כל יום שיעור יומי / שבועי / חודשי של כמה פרקים ולאחר שמסיימים אותו מתחילים מהתחלה. על פי הקבלה, לא אומרים תהילים משקיעת החמה ועד חצות הליל.

תפילה פרטית: התבודדות

תפילת הקבע איננה מצליחה תמיד לבטא את המצוקות והבעיות של האדם. כאב השיניים, מצב חשבון הבנק וקשיים אחרים שמעיקים עלינו, לא בהכרח מקבלים מקום וביטוי בנוסח התפילה.

רבים וטובים מחכמי ישראל בכל הדורות המליצו לכל אדם לאפשר לעצמו מעט זמן שבו הוא נמצא לבדו ויכול לדבר בשפה חופשית עם ה'. "התבודדות היא מעלה עליונה וגדולה מן הכל", אמר רבי נחמן מברסלב, והמליץ "לקבוע לו על כל פנים שעה או יותר להתבודד לבדו באיזה חדר או בשדה, ולפרש שיחתו בינו לבין קונו בטענות ואמתלאות, בדברי חן וריצוי ופיוס, לבקש ולהתחנן מלפניו יתברך שיקרבו אליו לעבודתו באמת".

איך מתבודדים? הולכים למקום שאין בו אף אחד, מכבים את הטלפון, ופשוט – מתחילים לדבר. בהתחלה זה מרגיש מוזר. אל מי אני מדבר, ומה אני אמור לספר לו? עם הזמן הלשון מִתרגלת, המוח נעשה קל והלב משתחרר. כמו במפגש של שני חברים טובים שמתראים כל יום, לפעמים יש יותר מה לומר ולפעמים לא כל כך, אך את הפגישה לא מחמיצים. רבי נחמן אומר שאפילו אם אדם עבר שעה של התבודדות בלי לדבר בכלל, יש בכך קִרבה גדולה יותר מאשר לומר מילים חסרות משמעות. אך צריך לזכור שההתבודדות איננה תחליף לתפילות הקבועות: שחרית, מנחה וערבית.

רבי נחמן המליץ לייחד זמן קבוע להתבודדות מדי יום (לאו דווקא שעה ממש), ויש מחסידיו שמשתדלים לעשות זאת בחצות הלילה, כאשר העולם שקט ושליו ואפשר לשמוע את המחשבות. מי שמטייל ביערות שליד ירושלים וצפת, בוודאי ישמע דיבורים קדושים ומתוקים מבין העצים. לא לאוזניכם.

נספח: עזרי תפילה

סידור

מכירים את הראיונות בעיתון בהם שואלים "איזה ספר תיקח לאי בודד?", והמרואיינים תמיד עונים: "התנ"ך"? (בגרסה אחרת שואלים אותם "איזה ספר מונח ליד המיטה שלך?", מסתבר שהרבה אנשים פשוט לא יכולים להירדם בלי איזו נבואה טובה בזכריה).

התנ"ך אמנם נחשב לספר היסוד של עם ישראל, ובגללו אנו נקראים "עם הספר". אבל החדשות המפתיעות הן שהספר השימושי ביותר עבור יהודי, אפילו יותר מהתנ"ך, הוא הסידור.

כשמו כן הוא, הסידור – עושה סדר. הוא כולל את כל הברכות והתפילות, הקריאות והמנהגים, מקימה ועד שכיבה, ביום חול, בשבת ובמועד, מה שהופך אותו לכלי פרקטי ונצרך מאוד לכל יהודי שומר מצוות (לחגים מסוימים יש ספרי תפילה משלהם – "מחזור").

נוסח התפילה. הסידור התפתח בהדרגה עם השנים, כאשר כל קהילה מעצבת אותו בצורה שונה במקצת. לכן תמצאו על המדף מגוון רחב ביותר של סידורים מסוגים שונים. אלו הם הנוסחים הנפוצים ביותר בישראל – קבלו אותם!

- נוסח **אשכנז** הנו קדום ביותר, ומבוסס על הסידור שבו התפללו בעבר בארץ ישראל, עם תוספות מתקופת הגאונים. בנוסח זה התפללו כל קהילות אירופה עד לפני כמאתיים וחמישים שנה, כשהופיע נוסח ספרד. כיום הוא משמש בעיקר בציבור החרדי-ליטאי, והוא נפוץ מאוד בקהילות יהודיות בחוץ לארץ.
- נוסח **הספרדים / עדות המזרח** מבוסס על שני מקורות עיקריים: הסידור של יהודי בבל, הקהילה היהודית הגדולה בעולם במשך מאות שנים; ושל יהודי מלכות ספרד, שהתפזרו על פני קהילות רבות בעולם לאחר שגורשו משם בשנת 1492 לספירת הנוצרים. בנוסח הזה ובווריאציות שונות שלו מתפללות כמעט כל עדות המזרח, הבלקן וצפון אפריקה.

- נוסח **סְפָרַד** התפתח במזרח אירופה, והוא למעשה שילוב של נוסח אשכנז עם נוסח הספרדים שנעשה בהשפעת תורת הקבלה. הוא נפוץ בבתי כנסת בציבור החסידי והדתי־לאומי בישראל (גם נוסח האר"י, שבו מתפללים חסידי חב"ד, מבוסס על נוסח זה).
- נוסח **תימן** מתחלק לשניים: בלדי ושאמי. **הבלדי** הוא הנוסח המקורי שהיה נפוץ בתימן במשך מאות שנים, והוא מופיע כנוסח התפילה שמביא הרמב"ם בספרו "משנה תורה". לצידו התקבל בדורות האחרונים **השאמי**, שהוא למעשה נוסח עדות המזרח שנכנס לשימוש בתימן במאות האחרונות והתפשט במהרה.

מבולבלים? גם אני. מדוע בכלל צריך כל כך הרבה נוסחים? נוסח התפילה הוא בעצם צורת ביטוי מיוחדת של כל קהילה, על מצבה הרוחני, הדתי והחברתי. הגרעין הגדול זהה אצל כולם, אך לעיתים נכנסו שינויים קטנים, אם בגלל הבדלי מנהגים ואם בהשפעת התרבות והזמן. למשל, בסידורים הספרדיים מופיעים הרבה פיוטים שנכתבו על ידי משוררי ספרד, מרביתם מיועדים ממש עבור התפילה; ובסידורי האשכנזים הכניסו התייחסויות למאורעות קשים שהיו שם (למשל תפילת "אב הרחמים", הנאמרת לאחר קריאת התורה בשבת, לעילוי נשמת הקהילות שמסרו נפשן על קידוש השם). יש קהילות בזמננו שהוסיפו תפילות שונות לשלום המדינה ולחיילי צה"ל, וכן הלאה.

איך לבחור את הנוסח שלכם? האם יש נוסח "הכי טוב"? ממש לא. כולם טובים, בתנאי שיש להם מסורת מוכחת והם לא איזו המצאה חדשה.[9]

בדרך כלל ממשיכים את נוסח התפילה המקובל במשפחת האב. זה חלק מהמטען הרוחני שהאב מעביר לבנו, בבחינת "והגדת לבנך". אם אין לכם מסורת במשפחה או שאין לכם נוסח מקובל – תוכלו לאמץ לעצמכם איזה נוסח שתבחרו. יש פוסקים שהנחו לבחור את נוסח התפילה של הרב שלכם, ויש שציינו עדיפות לנוסח העדה שהוריכם באו ממנה, גם אם הם עצמם לא השתמשו בו כמה דורות. אתם יכולים לראות בכך הזדמנות להעמיק בהבדלים שבין הנוסחים השונים בימי חול, שבת ומועד (ההבדלים בולטים במיוחד בתפילות ראש השנה ויום הכיפורים).

טלית וציצית

4 א | 4 ס | 18 עמ

> דַּבֵּר אֶל בְּנֵי יִשְׂרָאֵל וְאָמַרְתָּ אֲלֵהֶם, וְעָשׂוּ לָהֶם צִיצִת עַל כַּנְפֵי בִגְדֵיהֶם לְדֹרֹתָם וְנָתְנוּ עַל צִיצִת הַכָּנָף פְּתִיל תְּכֵלֶת. וְהָיָה לָכֶם לְצִיצִת וּרְאִיתֶם אֹתוֹ וּזְכַרְתֶּם אֶת כָּל מִצְוֹת ה'. (במדבר טו)

מצוות לקשור חוטים מיוחדים בכל בגד שיש לו ארבע פינות ("כנפות") – "ציציות". כיום איננו לובשים בדרך כלל בגדים בעלי ארבע כנפות (החולצות הרגילות אינן עומדות בקריטריונים ההלכתיים לכך), וכך נוצרה **הטלית** – בגד מרובע עם ציציות המשמש בזמן התפילה. בשאר היום נוהגים ללבוש **טלית קטן** ("ציצית") – בגד בעל ארבע כנפות שנלבש מתחת לחולצה. בעת לבישת טלית קטן מברכים "על מצוות ציצית", וכאשר מתעטפים בטלית גדול מברכים "להתעטף בציצית".

ברוב העדות נוהגים להתעטף בטלית רק בתפילות שחרית ומוסף. יש קהילות שבהן מתעטפים גם בליל שבת, ובבתי כנסת רבים החזן מתעטף תמיד בטלית. זמנה של המצווה הוא ביום בלבד, אבל הפוסקים נחלקו האם הכוונה היא שרק בגדים מיוחדים ללילה כמו פיג'מה פטורים מציצית, או שמא אין חובה ללבוש ציצית בכלל בשעות הלילה.[10]

מהתורה, אחד החוטים בציצית צריך להיות פתיל תכלת. **התכלת** הוא צבע מיוחד שמופק מחילזון נדיר, אולם המסורת בדבר הפקת הצבע נעלמה לפני שנים רבות, ורק בדורות האחרונים החלה התעוררות מחודשת בנושא. כיום מקובל בקרב רוב החוקרים שצבע התכלת המקורי הופק מחילזון בשם "ארגמון קהה קוצים", שחי בים התיכון. בשנים האחרונות החלו להפיק ממנו צבע בכמויות מסחריות, וניתן לרכוש פתיל תכלת שכזה ולקשור בציצית. מנגד יש הטוענים כי כל עוד לא הוכח הדבר באופן חד־משמעי, אפשר להסתמך על פסיקת חכמינו שהתכלת אינה מעכבת את הציצית, כלומר שמותר ללבוש ציצית שיש בה רק חוטים לבנים, כמו שנוהגים רבים עד היום.

מצוות ציצית חלה על גברים בלבד. הנשים פטורות מלבישת ציצית וטלית, שכן זוהי מצוות עשה שהזמן גרמא. וכך הוא הנוהג בכל הקהילות הנאמנות למסורת, שנשים אינן מתעטפות בטלית ואינן לובשות ציצית.

אצל הספרדים מתעטפים הגברים בטלית כבר מגיל בר־מצווה, ואצל

האשכנזים רק לאחר החתונה. ילדים קטנים לובשים ציצית כבר מגיל צעיר כדי להרגילם במצווה.

תפילין

8 א | 8 ס | 19 עמ

וְשַׂמְתֶּם אֶת דְּבָרַי אֵלֶּה עַל לְבַבְכֶם וְעַל נַפְשְׁכֶם, וּקְשַׁרְתֶּם אֹתָם לְאוֹת עַל יֶדְכֶם וְהָיוּ לְטוֹטָפֹת בֵּין עֵינֵיכֶם. (דברים יא)

התפילין הן קוביות שחורות עשויות עור, המשמשות תזכורת מתמדת לקדושת ישראל. בתוכן מונחות פיסות קלף מיוחדות, ועליהן כתובים פסוקים מהתורה העוסקים במצוות תפילין. לתפילין שני חלקים: בתפילין של יד ארבע הפרשיות כתובות על קלף אחד, ובתפילין של ראש ארבעה קלפים, על כל אחד פרשייה אחת.

התפילין מבטאות את קשירתם לקדושה של הכוחות החזקים באדם – השכל (מוח, תפילין של ראש), הרגש וכוח המעשה (לב, תפילין של יד שפונות קצת ללב). הרעיונות הנשגבים אינם נשארים רק למעלה אלא יורדים הנה, לעולם הזה.

כל גבר מגיל שלוש-עשרה צריך להניח תפילין בכל יום חול. התפילין הן "אות" בינינו ובין אלוהים, אולם מכיוון שגם השבת עצמה היא אות, כמו שנאמר בפסוק "וְשָׁמְרוּ בְנֵי יִשְׂרָאֵל אֶת הַשַּׁבָּת... בֵּינִי וּבֵין בְּנֵי יִשְׂרָאֵל **אוֹת** הִוא לְעֹלָם" (שמות לא), לא מניחים אותן בשבת, ביום טוב ובחול המועד (בחוץ לארץ יש מקומות שמניחים גם בחול המועד). בתשעה באב מניחים תפילין רק בתפילת מנחה, כדי לסמל את האבלות.

נשים פטורות ממצוות תפילין. אף שהן יכולות לקיים את כל שאר מצוות עשה שהזמן גרמן, במצוות אלה אמרו חכמים שרצוי שנשים לא יקיימו אותן. ובימינו כך מקובל, שנשים אינן מניחות תפילין ואינן מתעטפות בטלית, בוודאי שלא בציבור.

בעבר היו מניחים את התפילין לאורך היום כולו, אולם כיום נוהגים להניחן רק בזמן התפילה. התפילין צריכות גוף נקי ומחשבות נקיות, וקשה להקפיד על כך תוך כדי הפעילויות השוטפות במהלך היום. מי שלא מספיק להתפלל

בהן, משתדל לפחות לקרוא בהן קריאת שמע. את התפילין מניחים רק בשעות היום, ויש להסירן לאחר השקיעה.

איך מניחים תפילין?

א. מתחילים בהנחת תפילין של יד: מוציאים את התפילין מהבית שלהן, מנשקים.
ב. ממקמים את התפילין על היד החלשה – ימניים מניחים על יד שמאל, ושמאליים על יד ימין. מי שמשתמש בשתי ידיו בשווה, יניח על היד שהוא לא כותב בה. התפילין צריכות להיות מונחות על קיבורת הזרוע, השריר התפוח בזרוע, כשהן פונות מעט לכיוון הלב.
ג. מברכים את ברכת התפילין ומהדקים, מרגע זה אסור לדבר!
ד. קושרים שבע כריכות סביב היד וכורכים את הרצועה סביב כף היד.
ה. עוברים לתפילין של ראש: מוציאים אותן מהבית שלהן, מנשקים.
ו. מניחים אותן מעל המצח, במקום שבו מסתיים קו השיער, בדיוק באמצע מעל העיניים. יש עדות שנוהגות לברך כאן ברכה נוספת, "על מצוות תפילין".
ז. חוזרים לתפילין של יד: פותחים את הכריכה, כורכים מחדש על האצבעות ומחזקים על היד. כעת אפשר לחזור ולדבר.

מצאנו מחלוקת בהלכה בסדר הפרשיות בתוך התפילין. התפילין הרגילות נקראות גם **תפילין רש"י**, ואילו רבנו תם, נכדו, סבר שסדר הפרשיות בתפילין שונה. לפי שיטתו סודרו **תפילין רבנו תם**. אף שדי בהנחת תפילין של רש"י, ישנם רבים שמניחים גם תפילין של רבנו תם, ביחד עם תפילין של רש"י או אחריהן. יש בכך מידת חסידות, אך זו אינה חובה גמורה.

התחלה מהירה

מְצאו זמן פנוי ומקום שקט, השקיטו את הטלפון ומִנעו הפרעות – ודברו עם אלוהים! יש לכם כמה זמן שאתם רוצים... ספרו לו הכול. בקשו ממנו, הודו, שַׁבחו, התרעמו, בְּכו, צחקו. הבמה שלכם.

השלבים המוצגים כאן הם כמובן הצעה. אתם יכולים לשלב ביניהם או להמציא שלבים משלכם. כדאי מאוד שתעמדו בקשר עם חבר, רב או מתפלל בבית הכנסת שעימו תוכלו להתייעץ בנוגע לשאלות שעולות לכם. תיווכחו לדעת שהם ישמחו מאוד לסייע לכם.

1. **לעשות סידור.** אתם צריכים סידור! התייעצו עם המלווה שלכם באיזה נוסח כדאי שתשתמשו, בַּחֲנוּ את מגוון האפשרויות בבית הכנסת או בחנות ומִצאו את הסידור שהכי מתאים לכם. היום ניתן למצוא סידורים עם פירושים והסברים בגוף המילים, שיסייעו לכם להבין טוב יותר את כוונת התפילה. עִברו על הסידור בשקט, ראו אילו חלקים נמצאים בו, נסו לקלוט את המילים. האם יש חלקים שאתם מתחברים אליהם יותר? אם כן, הַתחילו משם. אני, למשל, התחלתי דווקא עם קריאת שמע על המיטה, ובעיקר במילים שפותחות אותה: "הריני מוחל וסולח לכל מי שהכעיס והקניט אותי...".
2. ***להתחיל מהתחלה.*** התחילו באמירת "מודה אני" מיד כשאתם קמים בבוקר. לאחר מכן, השתדלו ליטול ידיים (עמ' 125), ולפני שתתחילו את היום מְצאו כמה דקות לברך את ברכות השחר – הודו לה' על הדברים הקטנים, הטריוויאליים כל כך שבחייכם. התחלה זו תיתן לכם כוח וחיוּת למשך כל היום. כדאי גם לקרוא קריאת שמע מהסידור בבוקר ובערב.
3. ***ללמוד איך להתפלל.*** בשלב הבא כדאי לעבור על הסידור לעומק – מה אומרים ומתי. רצוי להתחיל בתפילת שחרית, אך אין חובה. היעזרו בחלק "איך מתפללים" לעיל, וכן בספר המצוין של הרב ישראל מאיר

לאו, "יהדות הלכה למעשה", המציג את חלקי התפילה השונים ומעניק הדרכה מפורטת בנוגע אליהם. בנוסף, תמיד טוב ללמוד עם בעל ניסיון שיוכל להדריך אתכם ולהכווין את דרככם.

4. **הדרגה.** לא חייבים להתחיל מיד עם כל התפילות. העיקר הוא לפתח קביעות, ולהוסיף בהדרגה. המלצתי היא להתפלל מעין תפילת שחרית **בבית**, בשקט, בקצב שלכם. זה יאפשר לכם לקרוא את המילים בשגיאות (עד שתלמדו), לחזור על קטעים לפי הצורך, לפתוח באמצע ספר עם הסברים, לעשות הפסקה. כל הדברים האלה הכרחיים כדי לגלות את האישיות המתפללת שלכם – איזה כיף!
5. **תיירות רוחנית.** טיילו בבתי הכנסת באזור המגורים, העבודה או הלימודים שלכם. בקרו בהם כמה פעמים, נסו לראות אם אתם מתחברים למקום ולאווירה. אל תתייאשו... הצטרפו לתפילות מתי שתרגישו לנכון.
6. **רכישות חדשות.** לגברים – אם אין לכם עדיין, תוכלו למצוא בבתי כנסת רבים טלית ותפילין שעומדים לרשות הציבור, לעיתים אפילו בהשאלה. כשתרגישו מוכנים, פנקו את עצמכם בטלית ותפילין משל עצמכם, רק שימו לב: תפילין הם תשמיש קדושה יקר, הקפידו לרכוש אותם רק אצל אדם אמין בעל המלצות.

פרק ח: אכילה וכשרות

האכילה – מצווה ראשונה שבתורה,
שעליה נצטווה אדם הראשון...
ויש לה דין קדימות לכל המצוות,
ומתחילה לכך בא [האדם] לעולם,
להעלות הרוחניות שבדומם, צומח, חי ומדבר -
ולתקנו.

("מגדל עוז", רבי יעקב עמדין)

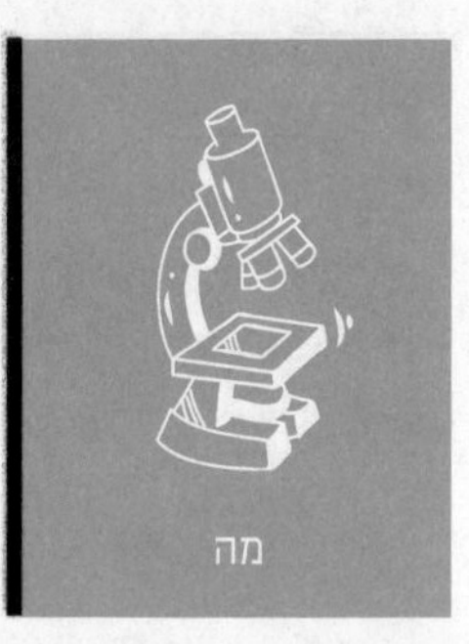

מה?

כמה שעות ביום אנחנו מקדישים לאוכל? מחשבות עליו, קניית מצרכים וסידורם בארון, הכנת האוכל או יציאה למסעדה, עריכת השולחן, אכילה עצמה, שטיפת הכלים... תכפילו את זה כמה פעמים ביום, בלי לדבר על הנשנושים שבין לבין. האוכל תופס נתח עיקרי מכלל הסחר הכלכלי בעולם; תעשיית המזון משקיעה הון תועפות כדי להפוך אותו לטעים ומפתה יותר, והמפרסמים – כדי שנקנה אותו.

לא צריך להסביר למה אוכל הוא דבר חשוב. חוץ מזה שהוא מזין את הגוף ומספק את הרכיבים ההכרחיים לתפקודנו, יש לו השפעות בריאותיות, נפשיות ואפילו רוחניות. לכן היהדות מעניקה משקל רב כל כך לאוכל שאנחנו מכניסים לגוף, ולא פחות מכך, לדרך שבה אנו אוכלים אותו.

התורה הגדירה שני כללים חשובים בנושא אכילה: האחד, האוכל צריך להיות כשר. הלכות הכשרות מכסות את כל המגוון הרחב של מאכלים מהחי, מהצומח ומהדומם. השני, התורה מזהה שהאכילה, עם כל חשיבותה לקיום הגוף, היא גם יצר גופני חזק ביותר. כמה פעמים ביום 'בא לנו' משהו? אבל בניגוד לחיות, הפועלות מתוך אינסטינקט, האדם מסוגל לעדן את יצריו ולשלוט בהם. מצפים מאיתנו לרסן את תאוות האכילה ולהכניס בה כוונה ומחשבה מרוממת שתעניק לה משמעות. עם הכַּוונה הנכונה, גביע יין יכול להפוך לקידוש, ופרוסת לחם – לקורבן תודה.

בפרק זה נערוך היכרות עם כללי הכשרות ועם הדרכים שבהן נוכל לדייק את האכילה ולהפיק ממנה משמעות רוחנית.

תיקון וקדושה

האכילה תופסת מקום מרכזי בברית שלנו עם אלוהים, ומהווה מרכיב חשוב בהשגת קדושה. על הפסוק שאומר לנו ה׳, ״וְאַנְשֵׁי קֹדֶשׁ תִּהְיוּן לִי״ (שמות כב) אמרו חכמינו: ״אם אתם קדושים ופְרושים משיקוצי נבלות וטרפות הרי אתם שלי, ואם לאו – אינכם שלי״. הדרך להיות אדם קדוש עוברת בין היתר באכילה קדושה.

רבותינו אמרו שאכילת מאכלים לא כשרים גורמת לטמטום הלב (מלשון אוטם), כלומר חוסר יכולת להשיג קדושה. התנא רבי ישמעאל הסביר שכל יציאת מצרים הייתה שווה רק כדי שבני ישראל יעזבו את המאכלים האסורים (רש״י על ויקרא יא, מה). הרמב״ם, מגדולי פוסקי ההלכה בכל הדורות, כלל בספר ״קדושה״ שלו שני נושאים בלבד: הלכות הנוגעות לענייני אישות וצניעות, והלכות הנוגעות לאכילה כשרה.[1] כאשר האדם מתגבר על יצריו ואוכל בהתאם לציווי התורה, הוא מבטא את צלם אלוהים שבו, את החלק הנצחי שיכול להתעלות מעל הרצון הרגעי. האכילה הכשרה מתקנת שלוש רמות באדם: גוף, נפש ונשמה.

תיקון הגוף. היה מי שרצה לטעון ששמירת כשרות גורמת לשמירה על הבריאות, אך לא ברור באיזה אופן. עם זאת, כבר לפני יותר משמונה־מאות שנה, הרבה לפני שהדבר הפך לטרנד, לימד הרמב״ם כי ישנם מזונות מועילים ומזונות מזיקים, ויש לשמור על תזונה נכונה כמפתח לרפואה מונעת. כשם שלוויטמינים יש השפעה מרחיקת לכת על בריאותנו אף שהם מצויים במזון בכמות מזערית בלבד, התורה מנחה אותנו להקפיד על תזונה מיוחדת ששומרת עלינו, גם אם איננו מבינים בדיוק כיצד הדבר פועל.[2]

תיקון הנפש. עם זאת, עדיין אפשר למצוא מאכלים לא כל כך בריאים אך בכל זאת כשרים, ולהפך. לא־יהודים שאוכלים מאכלים לא כשרים אינם בריאים וחזקים פחות מיהודים שומרי מצוות, ולכן קשה לדבר רק על נימוקים גופניים. כאן נכנס לתמונה רובד גבוה יותר: למזון שאנו אוכלים יש גם השפעה על הנפש. המזון נספג בנו, כך שמה שעד לפני רגע היה לחמנייה, הופך כעבור כמה שעות לחלק מאיתנו ממש. האם לא ברור שבספיגתו בגוף הוא מותיר עלינו רשמים, מצבי רוח, תחושות ורגשות מסוגים שונים? פרופ׳ גארי וונק מארה״ב אף חיבר ספר שלם העוסק בהשפעה של האוכל על מוחנו, והגיע לכמה תגליות מרחיקות לכת (הידעתם

שאכילת שוקולד מריר גורמת לשיכוך כאבים, ושתיית קפה שחור מורידה משמעותית את הסיכוי ללקות באלצהיימר?).[3]

הרמב"ן (רבי משה בן נחמן, המאה ה־13) סבר שרוב החיות שהתורה אסרה באכילה הן חיות טורפות ועופות דורסים, ואילו החיות הכשרות הן צמחוניות ונחשבות "רגועות" יותר. לדעתו, הדבר משפיע גם על הנפש – אכילת בשר חיה טמאה עלולה לפתח נפש גסה ומסואבת, ואילו אכילת בשר כשר שומרת על נפש עדינה.[4]

צד נוסף של חוקי הכשרות הוא ההיבט המוסרי, שנועד לעדן את תאוות האכילה. משרדי הפרסום מנצלים אותה היטב ומשקיעים מאמצים גדולים כדי לפתות אותנו לקנות דווקא את השלגון החדש שיצא במהדורה מוגבלת (הקודם היה עם ציפוי לבן וקרם חום, וזה עם ציפוי לבן וקרם חום עם נקודות. חייב לטעום!). צילומי תקריב של מאכלים עסיסיים, משקאות צוננים על מצע של קרח – משכנעים אותנו לפתוח את הארנק. אם זה לא היה עובד, לא היו משקיעים בכך כל כך הרבה כסף.

כדי לעבוד על תאוות האכילה עלינו לפתח מודעות בשלוש נקודות זמן: לפני האוכל, תוך כדי האוכל ואחרי האוכל. למשל, התורה מנחה לא לאכול בגסות (עבודה על עדינות ורגישות); לבדוק לפני האכילה שהמזון אכן כשר (התעמקות בפרטים); לוודא שהוא בושל וחומם בתנאים המתאימים (סבלנות); ולבסוף, לברך ולהודות לה' על המזון לפני ואחרי האכילה (הכרת הטוב). נדרשת מידה מרובה של איפוק לפני שיהודי מכניס משהו לפה. ולאיפוק, מתברר, יש השלכות עצומות.

"מבחן המרשמלו" הוא ניסוי מפורסם שנערך בארה"ב בשנות השישים. הניסוי הציב בפני ילדים בגיל הגן ממתק, ונאמר להם שאם יצליחו להתאפק ולא יאכלו אותו במשך זמן מסוים, יקבלו בתמורה שני ממתקים. כל ילד הושאר לבדו למשך עשרים דקות, אך הוסרט כדי לבחון את תגובותיו. התוצאות: רק שליש מהילדים עמדו במשימה, ואילו השאר לא הצליחו להחזיק מעמד.

שנים לאחר מכן בדקו החוקרים מה עלה בגורל הילדים שהשתתפו בניסוי. התברר כי אותם ילדים שהצליחו להתאפק יותר הצליחו יותר גם בחיים, הגיעו להישגים משמעותיים בקריירה, נהנו מבריאות נפשית

ומשפחתית, ובאופן כללי היו מאושרים יותר מחבריהם הלא מתאפקים. יופי שהתאפקתם עד פה.[5]

תיקון הנשמה. כאשר יצחק אבינו רצה לברך את עשיו, הוא שלח אותו אל השדה להביא לו ציד; נראה כאילו הברכה אינה יכולה לפעול אם אין כיבוד על השולחן. גם בעוד מקומות בתורה מוזכרת העובדה שיש קשר הדוק בין אכילה להשראה רוחנית.[6]

המקובלים מסבירים שהאדם מסוגל להוציא ('לברר') את הניצוצות הקדושים הטמונים בכל דבר בבריאה. כאשר אוכלים בכוונה הראויה, ומברכים לפני ואחרי האוכל, מעלים אותו לדרגת תודעה גבוהה יותר ומחברים אותו לשורש המציאות, שבאופן אחר לא היה לו שום סיכוי להגיע אליה.

איך מעוררים אכילה בקדושה? בעזרת נוסחת **מאכ"ל**, ארבע שאלות שעלינו לשים לב אליהן באכילה:

- **מ – מה אוכלים?** האוכל צריך להיות בריא, מזין וכמובן כשר.
- **א – איך אוכלים?** במתינות וביישוב הדעת, בלי לחטוף, תוך אמירת דברי תורה במהלך האכילה.
- **כ – כמה אוכלים?** האכילה אמורה להמריץ ולהזין אותנו באנרגיה; שובע מוגזם מעייף וגוזל כוחות. הרמב"ם קבע שאדם צריך לאכול פחות מיכולת השביעה המלאה שלו. וחוץ מזה, צריך לוודא שיישאר גם לאחרים...
- **ל – למה אוכלים?** "בְּכָל דְּרָכֶיךָ דָעֵהוּ" (משלי ג): אנחנו רוצים להיות קשורים לאלוהים בכל פעולה ובכל מעשה. כוונת האכילה צריכה להיות קשורה לעבודת הבורא, לא רק כדי למלא את הכרס. אוכלים כדי שיהיה לנו כוח ללמוד תורה, לקיים מצוות, להתפלל, לגדל משפחה, להתפרנס בכבוד, ובקיצור – להרבות טוב.

איך?

דומם

חומרים כמו מינרלים טבעיים ואחרים, למשל מלח, כשרים ללא חשש. עם זאת, תעשיית המזון מתפתחת בימינו במהירות רבה, ורשימת המרכיבים של כמעט כל מאכל תעשייתי מכילה חומרים מלאכותיים שמיוצרים במעבדה: חומרי טעם וריח, חומצות מאכל, ג'לטין, חומרים מתחלבים וחומרים משמרים. חלקם מופקים ממקור לא כשר, כמו למשל צבע־מאכל אדום ותמים למראה שמופק מ... דם של יבחושים.

גופי הכשרות אמורים לוודא שכל החומרים במוצר הסופי אכן כשרים, אך לשם כך עליהם להיות בקיאים מאוד בפרטי הפרטים של טכנולוגיית הייצור, ולהכיר היטב את מקור החומר ואת אופן הפקתו. רק מומחים בתחום הכשרות, שמקפידים להתעדכן בחידושים שחלים בענף המזון חדשות לבקרים, יכולים להיות בקיאים לחלוטין בנושא. לכן חשוב לרכוש מוצרים בעלי חותמת כשרות מוכרת ואמינה.

צומח

כל הצמחים כשרים מצד עצמם. עם זאת, בארץ ישראל ישנן כמה "מצוות התלויות בארץ", שיש להן השלכה על כשרות הפירות והירקות שאנו אוכלים. הנה כמה מהן:

- **ערלה.** פירות שגדלו בשלוש השנים הראשונות של העץ אסורים לחלוטין באכילה ובשימוש.
- **תרומות ומעשרות.** הפרשת חלק מהתוצרת החקלאית. בעבר נתנו תרומות ומעשרות לכוהנים וללויים, אולם מסיבות שונות מפרישים

אותם בימינו מבלי לתת אותם. מאחר שהכוהנים נחשבים לטמאים בזמננו, הם אינם יכולים לאכול מהתרומות ולכן מפרישים אותם אך שורפים או משליכים עטופים לפח האשפה. את המעשרות ניתן לאכול בעצמנו או לתת ללוי. פירות וירקות שלא הפרישו מהם תרומות ומעשרות נקראים "טֶבֶל", והם אסורים באכילה.

- **הפרשת חלה.** בעת הכנה של עיסת בצק לאפייה מפרישים חלק ממנה. בעבר נתנו גם אותו לכוהנים, אולם בימינו נוהגים בחלה כמו עם התרומה – מפרישים חתיכה מהבצק ושורפים או משליכים עטף לפח. את החלה מפרישים רק אם יש בבצק כמות מסוימת של קמח: לפחות 1.2 ק"ג קמח או 1.66 ק"ג קמח, לפי השיטות השונות בפוסקים.[7]
- **שמיטה.** מדי שבע שנים חלה שנת השמיטה, שבה הופכות כל הקרקעות לנחלת הכלל. לא מעבדים את האדמה, ואת הפירות שגדלו בשנה השביעית אסור למכור. חשוב לוודא שלפירות והירקות שקונים בשנת השמיטה (ומעט אחריה) יש אישור כשרות, המעיד על כך שמדובר בתוצרת חקלאית שלא גדלה באיסור.[8]

חרקים ותולעים. התורה אוסרת לאכול שרצים כגון תולעים, חרקים ומעופפים למיניהם: "וְכָל הַשֶּׁרֶץ הַשֹּׁרֵץ עַל הָאָרֶץ שֶׁקֶץ הוּא, לֹא יֵאָכֵל... כִּי אֲנִי ה' הַמַּעֲלֶה אֶתְכֶם מֵאֶרֶץ מִצְרַיִם לִהְיֹת לָכֶם לֵאלֹהִים, וִהְיִיתֶם קְדֹשִׁים כִּי קָדוֹשׁ אָנִי" (ויקרא יא).

וכך נאמר בספר "קיצור שולחן ערוך" (סימן מו):

> הרבה אזהרות הזהירה התורה בשרצים, ועוברין עליהן בכמה לאווין ומטמאין את הנפש, כדכתיב 'ונטמאתם בם', ולכן צריך האדם ליזהר במאוד מאוד שלא יכשל בהם.

לפני השימוש במוצרים שקיים בהם חשש להימצאות חרקים כגון קמח, אורז וקטניות, יש לבדוק ולנפות אותם. קמח – מסננים בנפה (מסננת מיוחדת שחוריה דקים במיוחד), ואורז וקטניות בודקים על מגש או צלחת.

לכל מזון אופן בדיקה שונה, ובעיקרון הם מתחלקים לשלושה סוגים: סוג אחד הוא מאכלים שכמעט אין בהם חשש נגיעות ואינם מצריכים בדיקה, כדוגמת בננה, תפוז, מלפפון וכדומה. סוג שני הוא מאכלים שלעיתים נמצאים בהם

חרקים, כגון תמרים, משמשים וקמח, ולכן צריך לבדוק אותם לפני האכילה, אך אם לא בדקו – בדיעבד מותר לאכול. הסוג השלישי הוא מאכלים שיש סבירות גבוהה שיימצאו בהם חרקים, כגון ירקות עליים (חסה, פטרוזיליה וכדומה), תות שדה, תירס, כרובית, ברוקולי, תאנים ופירות מיובשים. מאכלים אלה מצריכים בדיקה וניקוי מיוחדים, ואם לא נבדקו היטב – אסור לאוכלם. כיום ניתן להשיג בקלות תוצרת חקלאית מיוחדת "ללא חרקים" (מכונה גם "גוש קטיף", על שם האזור שבו פותחה שיטת הגידול).

חי

התורה מבחינה בין חיות כשרות לחיות טמאות. לפעמים היא קובעת כללים ברורים לזיהוי החיות הכשרות, ולפעמים מציינת אותן בשמותיהן. סימני הטהרה הם:

- **חיות ובהמות.** שלושה מאפיינים יש לחיה הכשרה: "מַפְרֶסֶת פַּרְסָה", "שֹׁסַעַת שֶׁסַע", ו"מַעֲלַת גֵּרָה" (ויקרא יא). בדרך כלל לחיה יש את כל הסימנים גם יחד או שאין לה אף אחד, אך לפי התורה לארבע חיות יש רק סימן אחד, ובכל זאת אסור לאכול אותן: גמל, שפן, ארנבת וחזיר, ולכן התורה ציינה אותן במיוחד, (שם ד–ז). החיות הכשרות הנפוצות הן פרה, כבש, עז, ואפילו תאו (באפלו).
- **עופות.** אין סימני כשרות, רק שמות ספציפיים של עופות כשרים או טמאים. עם הזמן נשכח הזיהוי הוודאי של חלק מהעופות הכשרים, ובימינו נאכלים רק עופות שנשמרה לגביהם מסורת ידועה שהם כשרים, בעיקר תרנגולות ותרנגולי הודו.
- **דגים.** דג כשר הוא דג שיש לו סנפיר וקשקשת. שרצים ו"פירות ים" אינם כשרים.

שחיטת בשר. התורה התירה לאכול רק בשר של חיות כשרות שנשחטו כהלכה. השחיטה צריכה להתבצע על ידי שוחט מקצועי וירא שמיים, שכן יש בה פרטים רבים שצריך להכיר. חיה שלא נשחטה כהלכה נקראת **נְבֵלָה**; ואילו **טְרֵפָה** היא חיה שסובלת מפציעה או מחלה חמורה. את שתיהן אסור לאכול. גם בחיה כשרה שנשחטה כדין, לא את כל האיברים מותר לאכול, כמו למשל שומן מסוים שנקרא חֵלֶב, וחלק אחר בשם "גיד הנשה". בנוסף, אסור לאכול דם של חיות או עופות, "כִּי הַדָּם הוּא הַנָּפֶשׁ" (דברים יב).

לאחר השחיטה יש **להכשיר** את הבשר, כלומר להוציא את הדם הבלוע בו על ידי השריה במים ומליחתו. בדרך כלל הדבר מתבצע במשחטה, והבשר הכשר הנמכר ברוב המקומות הכשרים הוא גם "מוכשר" אלא אם מצוין אחרת. כבד ואיברים פנימיים יש לצלות תחילה באש כדי להוציא את הדם הבלוע בהם, ורק לאחר מכן מותר לבשלם (כבד נמכר כמעט תמיד לא מוכשר).

בשוק קיימים עשרות רבות של כשרויות ומותגי כשרות (להלן), המציעות בשר ברמות כשרות שונות. כדאי להתייעץ עם הרב איזה בשר לצרוך.

בשר "חָלָק" / "גְלַאט". מושג נפוץ שלא תמיד מבינים את משמעותו. למעוניינים להבין את פרטי ההלכה, מופיע הסבר בהערה. נציין רק שבשר "חלק" נחשב ברמת כשרות גבוהה יותר. בעבר היה קושי להשיג בשר כזה ולכן יש שסמכו על ההיתר לאכול בשר רגיל, אולם כיום ניתן למצוא בשר "חלק" כמעט בכל מקום. הספרדים מחמירים בהלכה זו יותר מאשכנזים. אף שיש הטוענים אחרת, לא אמור להיות שום הבדל בטעם.

חשוב להדגיש שהמושג מתייחס רק לבשר בהמה, אך חסר משמעות בנוגע לעופות.[9]

חלב וביצים. כלל יסודי בהלכות כשרות קובע: "היוצא מן הטמא – טמא, והיוצא מן הטהור – טהור" (משנה בכורות א, ב). כל מה שיוצא מחיה טהורה טהור, ומה שיוצא מחיה טמאה – טמא. מכאן שמותר לשתות חלב או לאכול ביצים רק של חיות טהורות וכשרות.

כמו כל תעשיית המזון, גם תעשיית החלב של ימינו מסובכת. ראשית, חלק מהפרות עוברות טיפולים וניתוחים שונים שהופכים אותן לטרֵפות (חולות), ואי אפשר לשתות את החלב שלהן מבחינה הלכתית. שנית, אסור לחלוב בשבת ויום טוב; חליבה בשבת מותרת רק כדי למנוע צער בעלי חיים, אבל לעיתים הדבר נעשה באופן שנאסר על פי ההלכה. שלישית, בתהליך הייצור של גבינות מסוימות נעשה שימוש באנזימים ובחומרים לא כשרים. מכל הסיבות הללו חשוב להקפיד על צריכת מוצרי חלב בכשרות טובה.

חכמינו אסרו לצרוך **חלב נוכרי** (נקרא גם "חלב עכו"ם" – עובדי כוכבים ומזלות), שנחלב על ידי לא־יהודי. החשש הוא שהחלב ייָמהל בחלב של בהמה טמאה, וחכמי הקבלה הוסיפו שחלב כזה גורם להשפעה רוחנית

שלילית על האדם. במדינת ישראל אין כמעט חשש לחלב נוכרי, למעט במוצרים מיובאים כמו גבינות רכות, שוקולד וממתקים. יש פוסקים שהתירו בזמננו לצרוך חלב כזה בשעת הדחק (בעיקר בחו"ל), ולפי הנחיות הרבנות הראשית לישראל על כל מוצר שמכיל רכיבי חלב נוכרי יש לציין את הדבר במפורש. יש שנוהגים להקל באבקת חלב נוכרי.

בשר וחלב. בשלושה מקומות נכתב בתורה "לֹא תְבַשֵּׁל גְּדִי בַּחֲלֵב אִמּוֹ". אם הבנו אחרי פעם אחת, למה צריך שלוש? חכמינו למדו מכאן כמה הלכות בנוגע לעירוב בשר עם חלב: אין לבשל אותם יחד, אין לאכול מהם יחד ואין להפיק מהם הנאה (למשל, להאכיל את הכלב בתבשיל של בשר וחלב כדי לחסוך כסף).

התורה עצמה אסרה רק בשר בהמה כשרה שהתבשל עם חלב של בהמה כשרה, אבל חכמינו הרחיבו את הגזֵרה גם לעוף, כדי למנוע בלבול אפשרי. מכאן נולדה ההפרדה המוחלטת במטבח היהודי בין מאכלי בשר – כל מה שיש בו חתיכות בשר בהמה או עוף, או מאכל שבושל עם בשר – ובין מאכלי חלב, המכילים רכיבים של מוצרי חלב.

המפרשים הביאו כמה כיוונים אפשריים למקור ההפרדה הזו. הסבר אחד אומר שבישול חיה בחלב אמה הוא מעשה אכזרי, והתורה רוצה להרחיק אותנו ממנו מסיבה מוסרית. הרמב"ם סבור שכך עשו עובדי עבודה זרה, שהיו מתכנסים ומקריבים קורבנות גדי בחלב אימו, ואנו מתרחקים ממנהגם המגונה. "ספר החינוך" סבור שהעירוב של בשר עם חלב משבש את התועלת הטבעית שיש בכל אחד מהם כשהם מופיעים בנפרד, וחיבור זה אף עלול לגרום נזק.

אחד הפירושים המעניינים ביותר הוא של הראי"ה קוק זצ"ל. לשיטתו, חלב הבהמה נוצר כדי להחיות את הגדי, לא את האדם. האיסור על בישול בשר וחלב יחד נועד להזכיר לנו כי "חיי החי לא נוצרו בעבור קיבתך התאוונית, והחלב עיקרו נועד להיות למזון למי שעבורו בא הטבע למלא את תפקידו, כמו שחלב שדי אמך היה לך למבטח בימי הנקתך" (חזון הצמחונות והשלום, יא). התורה אמנם התירה לאדם לאכול בשר וחלב אך לא ביחד, משום שיש בכך סכנה של איבוד החוש המוסרי הטבעי.

לא רק שאסור לבשל יחד בשר וחלב, אלא שבגלל משך העיכול הארוך של

הבשר צריך להמתין פרק זמן מסוים בין אכילת מאכלי בשר למאכלי חלב. משך ההמתנה תלוי במנהגים, כאשר לרובם ממתינים שש שעות. בדעות מקילות יותר ממתינים שלוש שעות, ויש אף שנוהגים שעה אחת בלבד (כמו יוצאי הולנד, goed voor je!).

בין חלב לבשר, לעומת זאת, אין צורך לחכות. מספיק לשטוף את הידיים והפה משיירי המזון (ויש שנוהגים להמתין מעט גם כאן). קיים יוצא מן הכלל אחד: לאחר אכילת גבינות קשות, אשר עמדו להבשלה במשך מספר חודשים, יש להמתין כמה שעות לפני אכילת בשר.

דגים אינם נחשבים לבשר, ולכן מותר לאכול אותם בארוחות חלביות. לרוב המנהגים אין צורך לחכות בין אכילת דג למאכל חלבי. עם זאת, לא אוכלים דג עם בשר מפני הסכנה אלא בנפרד – צלחות שונות, סכו"ם שונה וכדומה.

המטבח הכשר

כדי לשמור על כשרות צריך מטבח כשר. עיקר הקושי מתעורר סביב ההפרדה הנדרשת בין בשר וחלב: משתמשים במערכות סירים, סכו"ם וכלים נפרדות לכל סוג. מטעמי נוחות, בבתים יהודיים רבים אפשר למצוא שני כיורים, אחד לשימוש בשרי ואחד לשימוש חלבי, ולעיתים גם משטח שיש ייעודי נפרד, אך אל דאגה: אפשר כמובן לשמור על כשרות גם בלי אלה.[10] נוח מאוד להחזיק תנור אפייה ובו שני תאים נפרדים, אך גם כאן – אם יש רק תנור עם תא אחד אפשר להשתמש בו באופן מסוים.

כאן המקום להציג קטגוריה חשובה והיא **פרווה**, מילה ביידיש שפירושה "סתמי" – לא בשרי ולא חלבי, ואליה משתייכים רוב המאכלים. ויש מי שמעדיף לנהל עבורה מערכת כלים נפרדת (נוח מאוד למאפים, סלטים וכדומה).

בליעת טעם. הולכים וצוללים לעומק ההלכה... כלי בישול ומאכל "בולעים" טעם, כביכול "נצבעים" כבשריים או כחלביים, באחת משלוש דרכים: א) אם מניחים בהם מאכל חם; ב) אם הם באים במגע עם מזון חריף כמו בצל או שום, או עם מאכל מלוח מאוד; ג) אם משהים בהם נוזל למשך עשרים וארבע שעות.

לדוגמה, כשצולים עוף בתבנית אפייה, התבנית והתנור סופגים בחימום את טעם הבשר והופכים לבשריים. אם חותכים בצל בסכין המוגדרת כ"חלבית", הבצל בולע את הטעם הבלוע בסכין והופך בעצמו לחלבי. כאשר משאירים קערה ובה שאריות קורנפלקס עם חלב למשך עשרים וארבע שעות, הקערה תהפוך לחלבית.[11]

בתחום זה יכולות להתעורר לא מעט שאלות פרוזאיות: מה אם טיגנתי חביתה עם גבינה צהובה במחבת בשרית? האם אפשר לבשל אורז (פרווה) בסיר חלבי לסעודה שיאכלו בה בשר? השאלות רבות, וכדאי מאוד להתייעץ עם רב בכל מקרה לגופו. במקרים רבים המאכל יהיה כשר למרות הטעות, ולעיתים הסיר או הכלים יצטרכו הכשרה מחדש (להלן).

יש דעות הסבורות שכלי זכוכית אינם "נצבעים" אלא נשארים תמיד ניטרליים, ולכן אפשר להשתמש בהם גם לשימוש חלבי וגם לשימוש בשרי. הדבר יכול להקל על בניית מטבח כשר בתחילת הדרך, וכן במציאת פתרונות כשמתארחים אצל קרובי משפחה וחברים. גם כאן כדאי לקבל הכוונה הלכתית בנידון.

הכשרת כלים. בדרך כלל ניתן להכשיר כמעט כל מטבח, גם אם לא הקפידו בו על כשרות. הכלל הוא שהדרך שבה מכשירים את הכלי תהיה באותו אופן שבו נבלע בו הטעם האסור – "כבולעו כך פולטו". לדוגמה, אם השתמשנו באותה כף לערבוב תבשילים בשריים וחלביים, הכשרתה תהיה באמצעות **הגעלה** – טבילה בסיר עם מים רותחים למשך כמה רגעים. אם הטעם נבלע באפייה או בצלייה, ההכשרה תיעשה באמצעות **ליבון** – חימום ישיר באש. לא כל הכלים עומדים בעוצמת הליבון, ואותם לא ניתן יהיה להכשיר. גם אמצעי הבישול כגון תנורים, כיורים ומשטחי עבודה, זקוקים להכשרה.

ישנם חומרים שאי אפשר כלל להכשיר, כמו חרסינה, אמייל, טפלון ועוד. אמנם יש פוסקים הסבורים שגם אותם אפשר להכשיר באופנים מסוימים. מכיוון שספר זה אינו בא להחליף מדריך הלכתי, כדאי מאוד להתייעץ עם רב: הוא יכול לחסוך לכם הרבה כאב ראש. תוכלו גם למצוא שירותים המציעים הכשרת מטבח ביתי ללא עלות – שַׁאלו בבתי הכנסת ובבתי חב"ד במקום מגוריכם.

טבילת כלים. כלי אוכל שיוצרו על ידי גויים (Made in China וכו') מצריכים טבילה במקווה לפני השימוש. כשם שהטבילה מעבירה את האדם

מעולם החול לעולם הקודש, כך כלי שאמור לשמש יהודי לאכילה כשרה ולהתקדשות צריך לעבור טבילה בעצמו, כמו אדם שמתגייר.

הכלים שצריך לטבול הם כלי זכוכית או מתכת הבאים במגע עם מזון, כגון צלחות, כוסות, סכו"ם, סירים, כלי מטבח, חלקים מתפרקים של מכשירי חשמל, סכיני חיתוך וכדומה. כלים שעשויים מחרסינה מזוגגת או מפורצלן יש לטבול מספק, ולכן לא מברכים על הטבילה.

במקוואות טהרה רבים ניתן למצוא מקווה מיוחד לכלים, בדרך כלל במקום נגיש בחוץ. לפני הטבילה מסירים מהכלי מדבקות, תוויות וחציצות אחרות, כך שכל הכלי ייגע במים בשלמותו.

מה עושים כשמגישים לכם אוכל כשר אבל אינכם יודעים אם הכלים טבולים? פוסקים רבים מתירים לאכול ולשתות מהם כל זמן שמדובר בשימוש ארעי ולא קבוע, שכן האחריות על טבילת הכלים מוטלת על בעל הבית. בכל מקרה, אוכל שבושל בכלים לא טבולים אינו נאסר באכילה, אך לאורך זמן כדאי למצוא פתרון. למכשירי חשמל שעלולים להתקלקל במגע עם מים, כמו קומקום ומצנם, יש מספר פתרונות אפשריים (בהערה).[12]

כשעברנו פעם דירה, אחד המובילים הרים ארגז כבד בידו. "תיזהר בבקשה, זה שביר!", אמרתי לו. "מה זה?", הוא שאל. "סט צלחות", עניתי. אחרי שהעמיס את הארגז על המשאית, הרים ארגז אחר. "תיזהר גם על זה בבקשה, זה סט צלחות". "חשבתי שכבר העמסנו אחד", העיר המוביל. "נכון, הקודם היה בשרי, וזה חלבי".

אחרי שהעמיס את הארגז השני, חזר והרים עוד אחד. שוב אמרתי: "תיזהר, סט כלים!", ושוב המוביל לא הבין. "עוד אחד?". "הפעם זה סט בשרי חגיגי לשבת". "אהה...". בפעם הרביעית, הצבעתי על עוד ארגז והנהנתי לעברו. "זה החלבי החגיגי...", ואחר כך עוד שני סטים לפסח – בסך הכול שישה. ייאמר לזכותו שהוא לא רטן, רק שינס מותניים ומלמל משהו על הדתיים המוזרים האלה.

כשחזר וראה עוד ארגז ועליו הכתובת "שביר", ניסה לנחש לבד. "אל תגלה! סט לחנוכה?".

"הגזמת", אמרתי לו, "כמה צלחות נראה לך שבן אדם צריך?..."

מי?

כמו בכל מצוות לא תעשה, גם באכילה כשרה מחויבים כל הבנות מגיל שתים־עשרה ובנים מגיל שלוש־עשרה. עם זאת, כמובן שטוב לחנך את הילדים לאכול כשר כבר מגיל צעיר ולשמור על הפרדה מסוימת בזמנים בין בשר לחלב, כדי להרגיל אותם לרעיון. אם רואים אותם אוכלים מאכלים לא כשרים – צריך להניא אותם מכך.

בישולי נוכרים ויין נסך

אכילה היא פעילות חברתית, ונדיר יחסית לראות מישהו שאוכל לבד עם עצמו. חכמינו זיהו באכילה משותפת נקודת תורפה שעלולה לעודד קִרבה בין יהודים ללא־יהודים מתוך קלות דעת, ולהוביל להתבוללות ונישואי תערובת. הדברים נכונים על אחת כמה וכמה בכל מה שקשור לשתייה חריפה, שהרי "גדולה לגימה שמקרבת" (סנהדרין קג). כמה הלכות הופכות את הערבוב הזו לקשה יותר; המרכזיות שבהן הן האיסור לאכול תבשיל שבושל על ידי לא־יהודי ("בישולי נוכרי") ולשתות יין שהוא נגע בו ("סתם יינם").

בישולי נוכרים. מה עושים אם רוצים להיעזר בשירותיהם של טבח או טבחית לא־יהודים? הדרישה ההלכתית היא שלפחות תחילת הבישול תיעשה על ידי יהודי. לדעה אחת, וכך נוהגים יוצאי אשכנז (שיטת הרמ"א), די שהיהודי ידליק את האש או את התנור כדי שהבישול ייקרא "בישול ישראל" והתבשיל יהיה מותר. לדעה המחמירה, ולפיה נוהגים יוצאי ספרד (שיטת ה"בית יוסף"), יש צורך בהתערבות פעילה יותר של היהודי בזמן הבישול, כגון שיניח את הסיר על האש או יערבב את התבשיל. בתעודות כשרות מסוימות תוכלו לראות הגדרות כמו "בישול ישראל לשיטת הבית

יוסף" או "לשיטת הנוהגים כרמ"א", וכל אחד ינהג לפי מסורת משפחתו או בהתייעצות עם רבותיו.

יין. בעבר נהגו הגויים לנסך יין כקורבן לעבודה זרה. יין כזה, כמו כל דבר שנעשה בו שימוש לעבודה זרה, נאסר לחלוטין. עם זאת, חז"ל גזרו שלא לשתות כל יין שנגע בו גוי (יין וקוניאק, אך לא בירה ומשקאות חריפים שאינם מיוצרים מענבים).[13]

איפה?

אם שמירה על כללי הכשרות היא דבר מאתגר בתוך הבית, על אחת כמה וכמה מחוצה לו. הגישות המאפיינות את שומרי הכשרות ביחס לאכילה מחוץ לבית נעות מאמונה עיוורת ועד חשדנות מוחלטת. בקצה האחד, כל מקום שמחזיק תעודת כשרות נאמן ללא פקפוק, וניתן לסמוך עליו כאילו משה רבנו הכין לכם את החביתה. בקצה השני סבורים שגם אם במקום יש תעודת כשרות בד"ץ מהדרין, משגיח צמוד ומצלמות מעקב של האף.בי.איי, אי אפשר לסמוך עליו כ"כשר" עד שהלקוח יערוך חקירה צולבת מול משגיח הכשרות, המפקח האזורי מטעם הרבנות, הרב הראשי לישראל והנהג שהוביל את התבלינים אתמול בבוקר. האמת, כמו במקרים רבים, נמצאת איפה שהוא באמצע.

למה צריך תעודת כשרות?

על פי ההלכה, "עד אחד נאמן באיסורים" (גיטין ב). כלומר, בכל ענייני איסור והיתר ניתן לסמוך על עדותו של אדם נאמן וירא שמיים, ובמקרה שלנו – אדם מוכר ואמין המעיד בפנינו שהאוכל כשר.[14] אך מה קורה כשאינני מכיר את בעל המסעדה או את צוות המטבח? גם אם הם מעידים בפניי ואפילו נשבעים בחיי אמה של הטבחית ש"הכול כשר", אולי הם עצמם לא בקיאים מספיק בהלכות כשרות? שנית, שמירת כשרות עשויה להאט את קצב עבודת המטבח, ובכלל עולה למסעדה יותר כסף. אם לא נמצא אדם שתפקידו להקפיד על הכשרות, ייתכן שמתרחשות תקלות.

הפתרון הוא למנות משגיח, נאמן הכשרות שלנו.

במועצה הדתית של כל יישוב או מועצה אזורית בארץ קיימת מחלקת כשרות, שתפקידה לוודא שמפעלים, בתי עסק, מסעדות ואולמות אירועים

המחזיקים בתעודת כשרות הם אכן כשרים. בתעודה מופיע שמו ומספר הטלפון של משגיח הכשרות, ומומלץ לא להתבייש ולברר איתו את מידת הנאמנות של המקום. לעיתים תגלו שלא כל המאכלים נמצאים באותה רמת כשרות, והוא יוכל לייעץ לכם מה כדאי לאכול מבחינה הלכתית (ואולי גם מבחינה קולינרית. המלבי היה מצוין, תודה!). אם הוא נשמע מהורהר, חששן או סקפטי, כדאי לבדוק לעומק את רמת הכשרות במקום.[15]

דרגות הכשרות

בתחום הכשרות קיים טווח רחב של רמות. מזון שעומד בתנאי הכשרות הבסיסיים של ה״שולחן ערוך״ יהיה בדרגת כשרות רגילה, ומותר לאכול אותו בלי חשש (מכונה גם ״כשרות רבנות״). יש שמקפידים יותר על שיטות וחומרות שונות בהלכה, והם יעדיפו מזון ״כשר למהדרין״ (המתאים לשיטת המהדרים / המהדרין, שמקפידים יותר במצוות).

היות שהמגוון עצום ויכולת האכיפה נמוכה יחסית, קיימות בתחום הכשרות הונאה והטעיה לא מעטות. הרבנות הראשית לישראל אף הקימה גוף מיוחד שנאבק בתופעה ומפרסם לעיתים קרובות עדכוני כשרות למען ״יידע הציבור ויזהר!״. חשוב לשים לב לחותמות שעל המוצר ולזהות הגוף שהעניק את הכשרות. עם הזמן תלמדו להכיר את גופי הכשרות המוכרים והמומלצים, שאת מוצריהם כדאי לקנות.

איך לקרוא תווית כשרות?

כמובן שלא נקנה מוצרים שלא מופיעה עליהם המילה ״כשר״. גם אם הם נראים זהים למוצר שאנחנו מכירים, לעיתים קיים ייבוא מקביל וייתכן שהמוצר ה״זהה״ כלל לא כשר.

על כל מוצר כשר מסומנים **רמת** הכשרות **ושם הגוף** שנתן את ההכשר. שני נתונים אלה הם המשפיעים על קביעת רמת הכשרות – יש הבדל בין מוצר בהשגחת ״הרבנות הראשית לצ׳קליטסטן, בהשגחת הרב מחמוד אבו דאוד שליט״א, מכיל רכיבי חלב נוכרי״ לבין ״כשר למהדרין בהשגחת הרבנות פלונית, חלב ישראל. ללא חשש טבל ושביעית״, עם עוד חמישה סימני בד״צים...

בישראל הגוף הממונה על מתן כשרות הוא הרבנות הראשית לישראל, שהסמיכה כל רבנות מקומית להעניק תעודת כשרות לעסקים הפועלים בתחומה. לצידה קיימים גופים פרטיים שמעניקים כשרות – ה"בד"צים" בלשון העם (ראשי תיבות של "בית דין צדק"). נכון להיום, לא מוטל עליהם פיקוח חיצוני. אמנם רבים מהם נאמנים ומספקים רמת כשרות גבוהה, אבל לא תמיד ידוע כיצד אותו גוף קובע את רמת הכשרות שלו. ובכל מקרה, חשוב לשים לב שגוף הכשרות מוכר וידוע.

תמיכה במקומות כשרים

שמירת כשרות במטבחים ציבוריים ובמסעדות עולה לבעלים כסף, ולכן ראוי לתמוך במקומות שיש בהם כשרות טובה. בשנים האחרונות גילו בעלי עסקים רבים כי כשרות היא לא רק עניין של רוגע (יום חופשי הוא מצרך נדיר בקרב המסעדנים), אלא גם של ביזנס. ככל שציבור דורשי הכשרות הולך וגדל, למסעדות יש אינטרס עסקי להשיג תעודת כשרות. באפשרותנו, צרכני הכשרות, לחזק את בעלי העסקים הכשרים באמצעות הארנק, כמובן בכפוף ליכולת (לא חייבים לקנות גלידה במחיר מופקע רק כי זה כשר).

אכילה במקומות לא כשרים

גם אם נראה שמסעדה מגישה רק מאכלים "ממש כשרים" והמלצר מספר שהוא צאצא ישיר של הגאון מווילנה, בלי משגיח כשרות אין באפשרותנו לדעת מה באמת קורה במטבח.

החשש הראשון הוא שנאכל חלילה אוכל לא כשר. לפני כמה שנים רציתי לקנות אגוזי מלך בחנות תבלינים, אך אז ראיתי שאין לה תעודת כשרות. גם על הסחורה עצמה לא היה סימן כשרות. "מה כבר יכול להיות בעייתי באגוזי מלך?", חשבתי לעצמי, אך ליתר ביטחון התייעצתי עם חבר שבקיא בתחום. להפתעתי הוא הסביר שכדי למנוע מהאגוזים להתייבש, ברוב המפעלים מורחים אותם בשמן. מכיוון שבחו"ל מרבים להשתמש בשומן של בעלי חיים, הדבר הופך כמובן את האגוזים ללא כשרים.

חשש נוסף הוא הנראוּת. יש אנשים שנכנסים למסעדה ובמקום לחפש תעודת כשרות הם מסתכלים סביב: אם יושבים דתיים עם כיפה או מטפחת,

מבחינתם זה סימן שהמקום כשר. אחרת הם בטח לא היו אוכלים שם, נכון?... מסיבה זו, נוכחות של בעלי חזות דתית במקום ללא תעודה, גם אם הם סתם יושבים שם, עלולה להטעות. אמנם אתם לא אחראים על אנשים אחרים, אבל יש לכם קצת אחריות על מה שקורה במרחב הציבורי.

כשרות במקומות ציבוריים

בצבא ובמקומות עבודה ישנם לרוב מטבחונים המשמשים את כלל החיילים ואת ציבור העובדים. ברוב המקרים יש להתייחס לכלים ולמכשירים לחימום המזון (טוסטר, תנור, מיקרוגל וכו') כאל לא כשרים, ומי שמביא אוכל מהבית צריך לדעת את כללי השימוש בהם.[16]

התחלה מהירה

- **צורכים רק מזון כשר.** קונים רק מצרכים שיש עליהם חותמת כשרות, פירות וירקות בחנויות עם תעודת כשרות, אוכלים רק במסעדות כשרות.
- **מוציאים מהבית אוכל לא כשר.** בשרים, משקאות חריפים, מוצרים מיובאים מחו"ל ללא פיקוח ועוד. ניקיון בארון – ניקיון בנשמה.
- **מפרידים בין בשר לחלב.** לא אוכלים מאכלי חלב מספר שעות לאחר אכילת מאכלי בשר (בסוף תגיעו לשש). בהצלחה לכם, מכורי הנס קפה!
- **מכשירים את המטבח.** קודם כל, מתייעצים עם מישהו שמבין בתחום מה צריך להכשיר. ואז מכשירים את הכלים הניתנים להכשרה, ומה שלא – רוכשים חדש (צלחות חרסינה, מחבתות טפלון וכו').
- **טבילת כלים.** מטבילים במקווה את הכלים הטעונים טבילה.
- **למתקדמים:** לומדים איך מפרישים תרומות ומעשרות, לכל מקרה.

נספח: היחס לצמחונות ביהדות

תופעת הצמחונות והטבעונות מתפשטת בדורנו, ורבים מבקשים לדעת האם היהדות תומכת בצמחונות או מתנגדת לה. הנושא מורכב. מצד אחד, אדם הראשון הצטווה לאכול בגן עדן רק מפרי עץ הגן, ולא הותרה לו אכילת בשר. מצד שני, לאחר המבול הותרה לאנושות אכילת בשר, ואף מצאנו התייחסויות רבות בתורה ובהלכה לכך שאכילת בשר היא דבר חיובי ומשמח כאשר היא נעשית באירוע מרומם או בעבודת המקדש.

הדעות בעניין חלוקות: היו שטענו כי לעתיד לבוא ישוב האדם להיות צמחוני, וייתכן שאף בבית המקדש יובאו קורבנות מן הצומח בלבד. לדבריהם, הנהגה זו אפשרית כבר בימינו. אולם יש שסברו כי אכילת בשר ומוצרים מן החי, מעבר לתועלת התזונתית שלהם, יוצרת חיץ מוסרי חשוב בין האדם, שניחן בתבונה ובדעת ואמור לרומם את הבריאה כלפי שמיים, ובין עולם החי המתנהל על פי הטבע. יתרה מכך, המקובלים מסבירים כי אכילת בשר בקדושה ובטהרה מעלה את החיה ומכלילה אותה בתוך רמת מודעות גבוהה יותר, ובכך עושה איתה חסד. בכל מקרה, צער בעלי חיים אסור מהתורה, ויש להשתדל להימנע ממנו ככל האפשר.

להרחבה – ספר "חזון הצמחונות והשלום".

פרק ט: ברכות

לַמְּדֵנִי, אֱלֹהַי, בָּרֵךְ וְהִתְפַּלֵּל
עַל סוֹד עָלֶה קָמֵל, עַל נֹגַהּ פְּרִי בָּשֵׁל,
עַל הַחֵרוּת הַזֹּאת: לִרְאוֹת, לָחוּשׁ, לִנְשֹׁם,
לָדַעַת, לְיַחֵל, לְהִכָּשֵׁל.

לַמֵּד אֶת שִׂפְתוֹתַי בְּרָכָה וְשִׁיר הַלֵּל
בְּהִתְחַדֵּשׁ זְמַנְּךָ עִם בֹּקֶר וְעִם לֵיל,
לְבַל יִהְיֶה יוֹמִי הַיּוֹם כִּתְמוֹל שִׁלְשׁוֹם,
לְבַל יִהְיֶה עָלַי יוֹמִי הֶרְגֵּל.

(למדני אלוהי, לאה גולדברג)

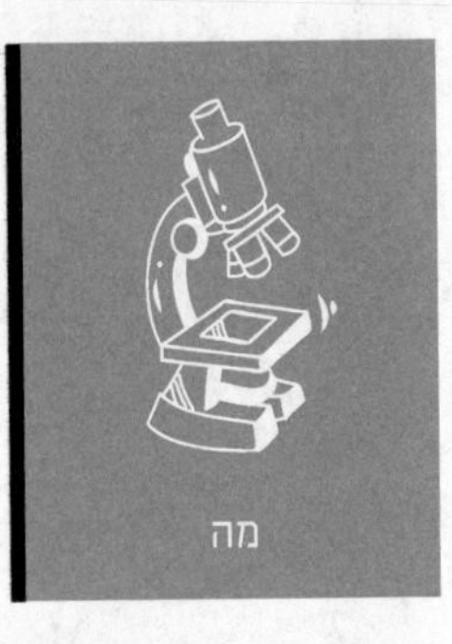

מה?

אחד הזיכרונות הטובים מהשירות הצבאי שלי הוא השמירות. אני יודע, אין חייל שאוהב שמירות. מי נהנה לקום בארבע בבוקר, לעלות על אפוד, לצאת בקור מקפיא בחרמונית עבה ולדשדש את הדרך אל עמדה שמי יודע מה כבר מחכה לך בה? אבל כשאתה משרת במוצב החרמון, ועמדת השמירה פונה לכיוון מזרח, אל המישור הסורי העצום הפרוס מתחתיך, והשעה היא שעת זריחה כשהשמש עולה בעדינות וברוך מעל מצע של עננים רכים, אתה מתחיל לאהוב את זה.

בפעם הראשונה שבה ראיתי את היופי הזה, התמזל מזלי ושמרתי עם חייל דתי. קשת הצבעים הבלתי נתפסת התחילה להיראות כמו ציור של אלוהים, ושאלתי אותו: "מה אומרים כשרואים יופי כזה?". כנראה הערתי אותו מנמנום, הוא נעמד רגע, ניגש לחלון ואמר: "תגיד 'מה רבו מעשיך השם'. זה מספיק טוב".

לו הכרתי אז את המגוון הרחב של הברכות, הייתי מחפש את הברכה המתאימה והקולעת ביותר על הנוף המרהיב. זו שמתמצתת במשפט אחד את כל תשומת הלב, השמחה והכרת הטוב על העולם שה' ברא עבורנו. אבל לא הכרתי, ובאותו רגע זה היה מספיק טוב.

ברכה היא תפילה קצרה שנאמרת בהזדמנויות שונות ויומיומיות. הברכה מנכיחה את ה' בתוך החוויות והמעשים השגרתיים ביותר: שתיית כוס תה, לבישת שמלה חדשה או נסיעה לכנרת.

למילה "ברכה" כמה פירושים: האחד, מלשון בריכה. אצל הבורא שמורה כביכול בריכה של שפע אינסופי, והברכה שלנו מורידה חלק ממנו אל העולם. השני, מלשון "הַבְרָכָה". מושג זה שייך לעולמם של מגדלי הגפנים. כשרוצים להגדיל את הכרם, מכופפים את אחת הזמורות (הענפים) הארוכות

של הגפן לתוך האדמה בצורה של ברך, ומכסים באדמה. לאט־לאט היא משרישה באדמה, עד שלבסוף מנתקים אותה מגפן־האם ומקבלים גפן חדשה נפרדת. כך גם הברכה היא הורדה של שפע מלמעלה למטה, לתוך העולם.

כוחה של ברכה

הברכה לא רק מושכת שפע ונוכחות אלוהית לעולם – היא אפילו משפיעה על מבנה החומר. למסקנה הרדיקלית הזו הגיע חוקר יפני בשם מאסארו אמוטו (Masaru Emoto), שפיתח טכניקה ייחודית של צילום מיקרוסקופי. במסגרת סדרת ניסויים שערך, הוא לקח צלוחיות מים וחשף אותן להשפעות אנרגטיות מסוימות – חלקן חיוביות כמו תפילה, ברכה ומוזיקה הרמונית, וחלקן שליליות כמו קללות וצלילים צורמים.

לדבריו, התוצאות היו חד־משמעיות. המים שנחשפו להשפעות החיובית נראו בתצלומים כצורה עגולה וסימטרית, ואלה שנחשפו להשפעות השליליות קיבלו צורה עכורה ומבולגנת. ניסוי דומה נערך עם אורז מבושל שהוכנס לשתי צנצנות, על אחת מהן הודבקה המילה "אהבה", ועל השנייה המילה "שנאה". הצנצנות צולמו מדי יום, ולאחר שבועיים התוצאות היו מדהימות – האורז ב"צנצנת השנאה" נרקב והושחר כולו, בעוד האורז ב"צנצנת האהבה" נשאר בהיר וטרי (הניסוי מופיע בווריאציות רבות, חפשו ביוטיוב). מחקרים אחרים, מדהימים לא פחות, מראים שצמחים מושפעים לטובה כשמדברים אליהם ומשמיעים להם מוזיקה נעימה.

מה זה אומר? שלמילים יש אנרגיה, והיא משאירה חותם על כל רובדי המציאות – הנפשי, הרוחני וגם הגשמי. כפי שאנרגיה אטומית יכולה להביא תועלת לעולם בתחנת הכוח או להחריב אותו בפצצה גרעינית, כך גם המילים. כדי להשתמש בכוח שלהן בצורה הטובה ביותר, ההלכה קבעה לומר ברכות בהזדמנויות רבות, משום שיש להן כוח להפוך את המציאות הגשמית לאלוהית. הברכה שיוצאת מפינו – היא עצמה עושה טוב ומשנה את הסביבה (עוד על כוחו של הדיבור ראו עמ' 258 "לשון הרע").

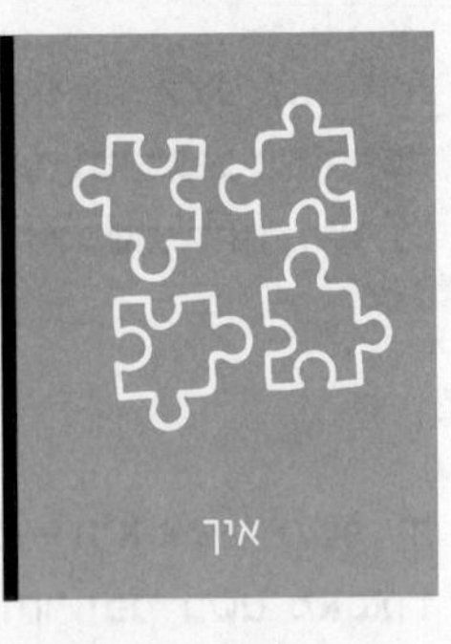

איך?

ישנם שלושה סוגים של ברכות:

- **ברכות הנהנין**, הנאמרות על הנאות חושיות כגון אכילה, שתייה והרחת ריח נעים.
- **ברכות השבח**, שבהן משבחים את ה' על תופעות ואירועים מיוחדים.
- **ברכות המצוות**, הנאמרות לפני קיום מצווה.

ברכת המזון, שנאמרת לאחר אכילת לחם, נלמדת מהפסוק "וְאָכַלְתָּ וְשָׂבָעְתָּ וּבֵרַכְתָּ אֶת ה' אֱלֹהֶיךָ עַל הָאָרֶץ הַטֹּבָה אֲשֶׁר נָתַן לָךְ" (דברים ח). שאר הברכות מקורן בתקנת חכמים. הגמרא דנה בשאלה מניין לנו שהתורה רוצה שנברך את כל הברכות הללו, ולבסוף מגיעה למסקנה שאין צורך במקור כזה – זו הבנה ("סברה") פשוטה שכאשר אדם נהנה מאוכל, עליו להודות למי שנתן לו את האוכל!

הלכות ברכות כוללות פרטים רבים, ולא נוכל להרחיב על כולן. נביא כאן רק את העקרונות, ואת השאר תוכלו להשלים מתוך רשימת הספרים המומלצים בסוף הספר.

לפני הברכה. יש לשים לב שהגוף והסביבה שלנו נקיים – שאיננו צריכים להתפנות, שהידיים נקיות, שאין באזור ריח רע ושאין מולנו מראות לא צנועים. מסמיכים את הברכה לפעולה שעליה מברכים – אכילה, שתייה, מצווה וכדומה – ולא מדברים בין הברכה לפעולה.

הברכה עצמה. את הברכות אומרים בקול (אפשר בלחש, אבל לא בלבד), בנחת, בלי לבלוע את המילים, בצורה מכובדת, כשאנו לבושים. הגברים חובשים כיסוי ראש – כיפה או כובע. תוך כדי הברכה מתרכזים בה ולא עושים דברים אחרים. אם הולכים, רצוי לעמוד במקום ולהתרכז בזמן אמירת הברכה.

הברכה מתחילה תמיד במילים "ברוך אתה א־דוני, א־לוהינו מלך העולם..." ולאחר מכן אומרים את התוספת המיוחדת של אותה ברכה (הברכות שנציין בהמשך הפרק הן התוספת לאחר שש המילים הללו, לדוגמה: "ברוך אתה א־דוני, א־לוהינו מלך העולם, **שהכול נהיה בדברו**").

לפני האכילה והשתייה

512 א | 522 ס | 826 עמ

מברכים לפני כל דבר שאוכלים, וגם אחריו. סוג הברכה נקבע על פי חומר הגלם שממנו עשוי המאכל, ומכאן שעלינו לדעת ממה עשוי הדבר שאנו עומדים להכניס לפה. יש בכך אלמנט של ריכוז ומודעות: דווקא בשעה של רעב וצמא, כשהאדם מרגיש נשלט על ידי כוחות הגוף שלו, אנחנו נעצרים ומבררים. גם זה תהליך של תיקון היצר וריסון התאווה.

אם המאכל עשוי מתערובת של כמה חומרים, למשל פסטה עם רוטב, קרקר עם חומוס, עוגת שטרודל, סלט ירקות עם חתיכות פרי – נשתמש בכלל "מברך על העיקר, ופוטר את הטפל". נגדיר תחילה מהו המאכל העיקרי, ורק עליו נברך את הברכה המתאימה לו.

אין צורך לברך את אותה ברכה גם על מאכלים אחרים שאוכלים באותו זמן ושברכתם זהה. למשל, כשאוכלים תפוח, מברכים עליו פעם אחת ופוטרים בכך את כל הפירות האחרים שנאכל; אם מברכים על מיץ פוטרים את כל שאר המשקאות שנשתה באותו זמן (חוץ מיין, שיש לו ברכה מיוחדת).

בסך הכול יש שש ברכות שונות על מאכלים:

- על לחם (או מצה בפסח) שעשויים מחמשת מיני הדגן – חיטה, שעורה, כוסמין, שיפון או שיבולת שועל – מברכים **"המוציא לחם מן הארץ"**. ברכה זו פוטרת את כל שאר המאכלים שרגילים לאכול בסעודה כגון סלטים, תבשילים וכדומה, חוץ מקינוחים ושאר דברים שלא רגילים לאכול בתוך הסעודה. עליהם נברך בנפרד כאשר יוגשו לשולחן.
- **נטילת ידיים:** לפני ברכת "המוציא" נוטלים את הידיים לסעודה. משתמשים בכלי המיועד לכך ("נטלה") או בכוס, ממלאים אותו במים ושופכים שלוש פעמים על יד ימין, ולאחר מכן שלוש פעמים על יד שמאל (ויש ששופכים רק פעמיים על כל יד). מברכים "על נטילת ידיים", מנגבים ומברכים על הלחם.

- על יין ומיץ ענבים טבעי מברכים **"בורא פרי הגפן"**.
- על מאכלים העשויים מחמשת מיני דגן שאינם לחם, כגון עוגות, מאפים, פסטה, קוסקוס, בייגלך וכדומה, מברכים **"בורא מיני מזונות"**. כשאוכלים מאפים בכמות משביעה מאוד שקובעים עליה סעודה (כגון כמה משולשי פיצה) – נוטלים ידיים ומברכים "המוציא".
- "לחמניית מזונות" – לשיטת הספרדים, אם לבצק נוספה מתיקות בכמות כזו שהמאכל נחשב מעין עוגה, ברכתו תהיה "מזונות" ולא "המוציא", ואפשר לאכול ללא נטילת ידיים וברכת המזון. זהו פתרון טוב לטיולים, טיסות ומקומות שבהם מעדיפים להימנע מקביעת סעודה עם נטילת ידיים (למנהג האשכנזים זה לא תופס – גם על לחמנייה כזו מברכים "המוציא").
- על פירות האילן כגון תמרים, ענבים, תפוחים, תפוזים, אגוזים, שקדים, אפרסקים וכדומה, מברכים **"בורא פרי העץ"**.
- על ירקות, עשבי תבלין ופירות שגדלים על שיח או על גבי הקרקע, כגון גזר, פלפל, עגבנייה, אבטיח, מלון, בננה ואננס (שני האחרונים נחשבים מבחינה הלכתית פרי האדמה מכיוון שגזעם מתחדש מדי שנה) מברכים **"בורא פרי האדמה"**.
- על כל השאר – משקאות (למעט יין), בשר, חלב, ביצים, גלידות וכדומה, מברכים **"שהכול נהיה בדברו"**.

אם איננו יודעים ממה המאכל עשוי, נוכל לנקוט אחת משתי אפשרויות: או לאכול אותו בתוך ארוחה הכוללת לחם, ואז נפטור אותו בברכת "המוציא"; או לברך על מאכלים אחרים שעליהם אין לנו ספק, ועל ידי כך לפטור את המאכל שאנו אוכלים. למשל, אם אינני יודע מה מברכים על גרנולה עם יוגורט ("מזונות" או "שהכול"?), אפשר לברך קודם על חתיכת קרקר "מזונות" ועל כוס מים "שהכול", ולכוון לפטור גם אותה (אגב, על גרנולה בפני עצמה בדרך כלל מברכים "אדמה", ואם היא מעורבת עם יוגורט או חלב – "מזונות").

ברכות אחרי האכילה והשתייה

גם לאחר האכילה מברכים ואומרים תודה על המזון והשתייה שאכלנו. ישנן שלוש ברכות אפשריות:

- בסיום סעודה שבה אוכלים לחם, מברכים **"ברכת המזון"** (816|513|503). זוהי ברכה שנזכרת בתורה במפורש, והיא גם ארוכה יותר משאר הברכות. לכן מתייחסים אליה ברצינות יתרה; מברכים אותה רק בישיבה ולא בעמידה או בהליכה, ורצוי מתוך סידור או ברכון. ברכה זו פוטרת את כל המאכלים שאכלנו בסעודה (כולל הקינוח...). היא כוללת למעשה ארבע ברכות נפרדות – הראשונה היא הודאה לה' שהוא זן את העולם כולו, השנייה על שבחה של ארץ ישראל, השלישית על עיר הקודש ירושלים, והרביעית כללית יותר ומכילה בקשות והודאות שונות.
- על מיני מזונות, יין ופירות שבעת המינים מברכים **"ברכה מעין שלוש"** (826|522|512). שבעת המינים הם: חיטה, שעורה, זית, תמר, גפן (ענבים וצימוקים), תאנה ורימון. ברכה זו היא מעין "ברכת המזון מקוצרת", מכיוון שהיא כוללת את היסודות הבסיסיים של ברכת המזון הרגילה אך בקיצור נמרץ. שימו לב! בסידורים הברכה מופיעה בצורה "מודולרית", שמתאימה לכמה סוגי מאכלים. בנוסח הברכה צריך "לבחור את המסלול" בהתאם למה שאכלנו: מזונות, יין או פירות.
- על שאר הדברים – שתייה קלה, בשר, גבינה וכדומה, מברכים ברכה קצרה – **"בורא נפשות"** (827|523|513).

כמות האכילה. את הברכות בסוף האכילה מברכים רק אם אכלנו כמות מסוימת, המכונה בלשון חכמים "כַּזַּיִת", ובתוך כארבע דקות. ה"זית" הוא שיעור של כ־27 גרם, בערך בגודל של קופסת גפרורים. אם אוכלים פחות, או שלא אוכלים את הכמות הנדרשת בתוך ארבע דקות, לא מברכים. אם יש ספק, אפשר לאכול עוד קצת כדי להתחייב בברכה אחרונה (אולי בגלל זה המילה "רוגלאך" נאמרת תמיד בלשון רבים?...).

הברכות לאחר השתייה מורכבות קצת יותר – מברכים רק אם שותים כמות של "רביעית" (75–86 מ"ל) בקצב שתייה של אדם רגיל.

פרטי ברכות האכילה

סדר. כאשר אוכלים כמה מאכלים, מברכים על פי סדר מסוים. הראשונה במעלה היא ברכת "המוציא", וכאמור היא גם פוטרת את כל המאכלים

האחרים. אחריה הסדר הוא לפי ראשי התיבות **מג"ע א"ש – מזונות, גפן, העץ, האדמה ושהכול**. לדוגמה, אם רוצים לאכול תמר ועוגה ולשתות יין, מברכים תחילה על העוגה (מזונות), לאחר מכן על היין (פרי הגפן) ובסוף על התמר (העץ). יש עוד פרטים נוספים על סדר הברכות, אך לא נוכל להרחיב על כך.

הנאה. מברכים רק על מאכלים שיש בהם הנאה. לכן אין מברכים על תרופות מרות או חסרות טעם, על מאכלים שמעוררים גועל או על משקה ששותים כשנתקע משהו בגרון (נראה אתכם...).

מקום. את הברכה מברכים באותו מקום שבו אכלנו, תוך פרק זמן סביר שבו עדיין מרגישים שבעים מהמאכל או מהשתייה, ויש להשתדל שלא יחלפו שעה וחמישית (72 דקות) מזמן האכילה.

ברכות הריח

515 א | 525 ס | 848 עמ

אצל רוב האנשים הריח הוא גם החוש החזק ביותר, ויש לו קשר לנפש ולנשמה. מברכים על ריחות טובים של צמחים, שיחים ופרחים ריחניים. רק הנשמה נהנית מחוש הריח, ומכיוון שהוא מסתלק ולא משאיר רושם בגוף לא מברכים עליו ברכה אחרונה.

- על ריח ממיני עצים כגון הדס, יסמין ורוזמרין, מברכים **"בורא עצי בשמים"** (ההגדרה ההלכתית של עצים לעניין זה: הגזע מתקיים משנה לשנה, הגבעול או הגזע קשים, והעלים יוצאים מהם ולא ישירות מהשורש).
- על ריח ממיני עשבים כגון נענע ונרקיס, מברכים **"בורא עשבי בשמים"**.
- על ריח משאר דברים מברכים **"בורא מיני בשמים"**, לדוגמה: תבלינים, בשמים סינטטיים, אבקת קפה וכדומה. ברכה זו מברכים גם במקרה של ספק בנוגע למקור הריח, ולכן למעשה על רוב המינים מברכים "מיני בשמים" אלא אם יודעים בוודאות שיש להם ברכה אחרת.

ברכות השבח

515 א | 525 ס | 848 עמ

ברכות אלה נקבעו בשעת התרגשות כגון קבלת בשורה טובה, ראיית נוף מרשים, תופעות טבע כמו ברקים ורעמים ועוד. להלן רשימה חלקית:

- בשעת שמחה, כגון כאשר לובשים בגד חדש, טועמים פרי בפעם הראשונה בעונתו או שומעים שמועה טובה, מברכים **שהחיינו** ("שהחיינו וקיימנו והגיענו לזמן הזה"). מברכים גם כאשר מקיימים לראשונה מצווה הקשורה לחג, כגון בליל הסדר, בלילה הראשון של חנוכה או ביום הראשון של נטילת לולב בחג הסוכות.
- אדם שהיה בסכנה וניצל ממנה, עליו להודות על כך באמצעות ברכת **הגומל** ("הגומל לחייבים טובות שגמלני כל טוב"). עם זאת, לא בכל מצב מברכים אותה אלא במקרים הבאים: מי שחזר מדרך ארוכה, השט בים או טס באוויר, הנרפא ממחלה והיוצא מבית האסורים. נוהגים לברך אותה בבית הכנסת, בדרך כלל לאחר קריאת התורה. לעיתים אחד המתפללים מכריז לפני הברכה שהוא מוציא ידי חובה את כל מי שמעוניין בכך, ואז השומעים שמעוניינים בכך יכוונו לצאת בברכתו.
- על בשורה רעה, כגון אדם קרוב שנפטר חלילה, מברכים **"דיין האמת"**.
- כשרואים נוף מרשים ויוצא דופן שלא ראינו בשלושים הימים האחרונים, מברכים **"עושה מעשה בראשית"** (ברכה פחות מצויה).
- גם על מראה ברק מברכים **"עושה מעשה בראשית"**, ועל קול הרעם מברכים **"שכוחו וגבורתו מלא עולם"**. ברכות אלה מברכים פעם אחת ביום, או לחילופין אם התפזרו העננים והתחילה סערה חדשה.
- כשרואים תלמידי חכמים גדולים ("גדולי הדור") מברכים **"שחלק מחוכמתו ליראיו"**.

ברכות המצוות

לפני שמקיימים מצוות מברכים: "אשר קידשנו במצוותיו וציוונו...". דוגמאות: להדליק נר של שבת, להניח תפילין, להדליק נר חנוכה, לקבוע מזוזה ועוד.

"אשר יצר" 3 א | 3 ס | 3 עמ

בדרך כלל איננו נותנים את הדעת על בריאותנו, אלא רק כשאנחנו חולים. רק אז מתחילים לשים לב עד כמה הבריאות והתפקוד התקין של הגוף חשובים לנו. את ברכת **"אשר יצר"** אומרים אחרי ש... מתפנים בשירותים, פעולה שמבטאת את התפקוד התקין של כל המערכות. התורה אינה מתביישת לדבר על דברים טבעיים שכאלה, אלא מתייחסת אליהם כחלק של החיים ומעניקה גם להם הקשר רוחני. בשבילי היא נשמעת כמו שירה:

בָּרוּךְ אַתָּה ה' אֱ־לֹהֵינוּ מֶלֶךְ הָעוֹלָם,
אֲשֶׁר יָצַר אֶת הָאָדָם בְּחָכְמָה
וּבָרָא בוֹ נְקָבִים נְקָבִים חֲלוּלִים חֲלוּלִים.
גָּלוּי וְיָדוּעַ לִפְנֵי כִסֵּא כְבוֹדֶךָ
שֶׁאִם יִפָּתֵחַ אֶחָד מֵהֶם אוֹ יִסָּתֵם אֶחָד מֵהֶם
אִי אֶפְשָׁר לְהִתְקַיֵּם וְלַעֲמֹד לְפָנֶיךָ אֲפִילוּ שָׁעָה אֶחָת.
בָּרוּךְ אַתָּה ה',
רוֹפֵא כָל בָּשָׂר וּמַפְלִיא לַעֲשׂוֹת.

חכמינו מסבירים שהברכה נאמרת לא רק על בריאות הגוף, אלא גם כהכרת תודה על החיבור המופלא של הנשמה והגוף יחד. הנשמה היא חלק רוחני, שהיה אמור לכאורה לצאת מן האדם כמו אוויר שבורח מבלון, ובכל זאת היא מתקיימת בתוך הגוף לאורך זמן למרות כל הפתחים שיש בו. איזה נס!

איך מברכים? אחרי עשיית הצרכים, בין גדולים ובין קטנים, רוחצים את הידיים ומברכים "אשר יצר". ברכה זו נחשבת סגולה לרפואה ובריאות טובה, כשאומרים אותה בכוונה.

לפני כמה שנים ביקרתי באנגליה במסגרת עבודתי. נסעתי לשדה התעופה במונית עם נהג מוסלמי. הוא חבש טורבן מסורתי, ואני – כיפה גדולה. בדרך סיפר על עצמו: "נולדתי באפגניסטן, מיסטר, אבל היום אני כאן באנגליה". אחרי כמה דקות התחיל לדבר על הנביא מוחמד, על הקוראן ועל נשמות. הרגשתי כאילו עוד רגע יעצור בצד ויבקש ממני להתפלל איתו... אחרי נאום ארוך על מוחמד, הוא פנה אליי באדיבות וביקש לשמוע ממני, "מיסטר, אני רואה שאתה יהודי, אולי

תסביר לי מה זו בעצם היהדות?". היינו כבר קרובים לשדה התעופה, והייתי צריך לחשוב על תשובה קצרה וממצה. באמת, איך מגדירים מהי היהדות? מה אתם הייתם עונים?

התפללתי שאמצא את המילים הנכונות, ולפתע עלה לי משפט בראש: "מיסטר נהג, הדבר הכי יהודי הוא... שאחרי שהולכים לשירותים, במחילה מכבודך, מברכים ברכה מיוחדת. ומה אומרים בה? תודה לאלוהים שעשה לנו גוף בריא שפועל בהרמוניה ושאנחנו בריאים. אתה מבין, אדון מנסה-לאסלם-עוברי-דרך-תמימים-שכמוך (את זה לא באמת אמרתי), ה' הוא כל כך גדול, שהוא יכול לרדת למקום הכי נמוך. זו בשבילי היהדות".

דרך המראָה של הרכב יכולתי לראות את התדהמה שהתפשטה על פניו. דמיינתי את המחשבות מתרוצצות בראשו: "אני שאלתי אותו על דברים רוחניים, והוא מדבר איתי על שירותים?". אבל בעיניי זו אכן תמציתה של היהדות – היכולת לגלות את אינסופיותו של אלוהים בתוך פרטי החיים הקטנים, ולראות גם בדבר שפל ונמוך את יד ההשגחה העליונה, כך שהכול מקושר בסופו של דבר אליו יתברך. ומי יודע, אולי הדברים נכנסו אל ליבו: אולי אם תסתובבו ברחובות ירושלים תמצאו יהודי ליד הכותל, שהיה פעם נהג מונית מוסלמי מאנגליה?...

כללים שונים בענייני ברכות

ברכה לבטלה. הדיבר השלישי בעשרת הדיברות הוא "לֹא תִשָּׂא אֶת שֵׁם ה' אֱלֹהֶיךָ לַשָּׁוְא", ופירושו שאין להזכיר את שמו של אלוהים ללא צורך. האיסור חל גם על ברכות, ולכן יש להיזהר לא לברך שלא לצורך. הכלל אומר "ספק ברכות להקל" – במקרה של ספק אם צריך לברך או לא, עדיף לא לברך (אבל אין בכך הצדקה לא ללמוד את הלכות ברכות). לעיתים אפשר למצוא דרך אחרת, כגון לשמוע את הברכה ממישהו אחר ועוד כל מיני פתרונות יצירתיים. ברכת המזון היא יוצאת דופן משום שאותה חוזרים לברך גם במקרה של ספק אם כבר בירכנו או לא.

סדנת אמן. מי ששומע ברכה – עונה "אמן", מילה שפירושה אמת, "נאמן עליי הדבר שאמרת", וחכמינו ציינו ש"גדול העונה אמן יותר מן המברך" (נזיר סו). אמן!

כוכבית מאה. דוד המלך תיקן לברך בכל יום לפחות מאה ברכות. בשבתות וחגים, שבהם התפילה כוללת פחות ברכות, משלימים את הברכות החסרות באכילת פירות ובהרחת בשמים, ויש מי שאומר שאפשר לכוון לצאת ידי חובת מאה ברכות בשמיעת ברכות מן העולים לתורה ומשליח הציבור.

מי?

המצווה לברך חלה על נשים וגברים כאחד. וגם כאן, נוהגים להרגיל את הילדים לברך כבר מגיל צעיר.

ומי שלא מברך? מעיקר הדין, אין להגיש אוכל לאדם שאינו מברך, כדי שלא להעמיד בפניו מכשול רוחני. יחד עם זאת, פוסקים רבים קבעו שבזמננו מותר להגיש אוכל לאדם שאינו מברך כדי שלא להעליבו. עם זאת, אם הוא עשוי להתרצות אפשר להציע לו בעדינות לברך, או לברך בקול רם ולכוון להוציא אותו ידי ברכה (רצוי שגם הוא יכוון לצאת ידי חובה...). והכול כמובן בנחת ובשלום.

התחלה מהירה

כדי לברך אין צורך בעזרים רבים, למעט סידור שבו כתובות כל הברכות שתזדקקו להן. בנוסף, כדאי להיעזר ב"מדריכי ברכות", שכוללים פירוט רב של הברכות שמברכים על כל מאכל. הם זמינים גם באינטרנט וביישומונים ייעודיים, אז בואו נבחן אתכם: מה מברכים על במבה?!

פרק י: שבת

זה עוד יום שישי, נושם את האוויר
האור והצל משחקים שוב תופסת.
השולחן ערוך, תמונות ילדות על הקיר
שיירות לבנות חוזרות מבית כנסת.
והריח הזה ששורט לי את הלב
מתגנב-מתגנב ופותח דלתות
אל אושר קטן, אל אותו שיר ישן
שעובר אצלנו במשך דורות.

מתנות קטנות,
מישהו שלח לי מתנות קטנות
רסיסים של כוונה,
עיגולים של אמונה

(**מתנות קטנות**, נועם חורב)

כְּשֵׁם שֶׁהַגּוּף זָקוּק לְמָזוֹן בִּשְׁבִיל קִיּוּמוֹ,
כָּךְ גַּם הַנְּשָׁמָה צְרִיכָה לַמָּזוֹן הַשַּׁיָּךְ אֵלֶיהָ,
הַיְנוּ מָזוֹן רוּחָנִי.
וּמְזוֹן הַנְּשָׁמָה הוּא הַשַּׁבָּת קֹדֶשׁ...

("נתיבות שלום", רבי שלום נח ברזובסקי)

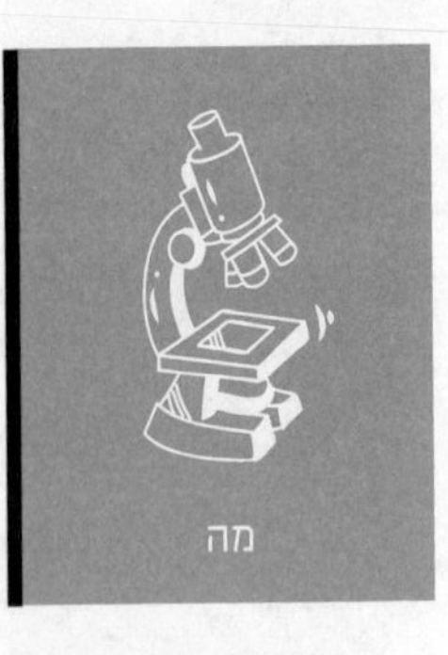

מה?

וַיְכֻלּוּ הַשָּׁמַיִם וְהָאָרֶץ וְכָל צְבָאָם. וַיְכַל אֱלֹהִים בַּיּוֹם הַשְּׁבִיעִי מְלַאכְתּוֹ אֲשֶׁר עָשָׂה, וַיִּשְׁבֹּת בַּיּוֹם הַשְּׁבִיעִי מִכָּל מְלַאכְתּוֹ אֲשֶׁר עָשָׂה. וַיְבָרֶךְ אֱלֹהִים אֶת יוֹם הַשְּׁבִיעִי וַיְקַדֵּשׁ אֹתוֹ, כִּי בוֹ שָׁבַת מִכָּל מְלַאכְתּוֹ אֲשֶׁר בָּרָא אֱלֹהִים לַעֲשׂוֹת. (בראשית ב)

בסיום היום השישי לבריאת העולם, **שבת אלוהים ממלאכת הבריאה**. היום השביעי מיוחד בכך שלא נברא בו דבר. במקום זה, אלוהים בירך וקידש אותו והפך אותו ליום שכולו עונג ומנוחה. וכשם שה׳ שבת מכל מלאכתו, גם אנחנו הולכים בעקבותיו ושובתים ליום שלם מכל יצירה חדשה. המלאכה שממנה שובתים בשבת אינה זו שמצריכה מאמץ יוצא דופן, אלא דווקא יצירה אנושית שהושקעו בה מחשבה, תכנון ודיוק.

השביתה ממלאכה מאפשרת לנו הרפיה מהמשימה המתמדת של שינוי ותיקון העולם. כפי שראינו בפרק ב, עשייה ועבודה הם יסוד גדול בעבודת הבורא – התכלית שלשמה נברא האדם. ובכל זאת, יום אחד בשבוע מוקדש להקשבה ולהפנמה של מה שעשינו ומה שמתרחש סביבנו. השביתה ממלאכה איננה עונש; היא חלק מהותי של המלאכה. כמו הרגע הזה שבו הצייר צועד לאחור ומביט בהתפעלות בתמונה שסיים לצייר זה עתה. הוא נהנה מהיופי שלה כמו שהיא, גם אם יש עוד מה להוסיף ולשנות.

השבת מעודדת אותנו להתחבר לעצמנו, למשפחתנו, לעולמנו הפנימי. להתנתק מהטכנולוגיה, מהמסכים, מהצורך ״להספיק״. בשביתה הכפויה שלה, היא מעבירה אותנו מעשייה – Doing, להוויה – Being. היא נותנת שלווה ומטעינה את מצברי הנשמה מחדש. ימות החול הם החיים עצמם; השבת מזכירה לנו **בשביל מה חיים**.

קדושת השבת גדולה כל כך עד שהיא מצליחה לרומם לא רק את הנשמה,

אלא גם את הגוף. "עונג שבת" פירושו ליהנות מאוכל משובח, לשתות יין טוב, לישון קצת יותר מהרגיל. הגשמיות, שבימי החול מושכת אותנו למטה, הופכת על ידי קדושת השבת למכשיר התרוממות.

אף שכבר אלפי שנים מחברים לכבודה שירים, כותבים עליה ועורגים לבואה, איש לא הצליח להסביר במילים מה היא שבת. השבת היא סוד, "רזא דשבתא" (=סוד השבת) כפי שנאמר בספר הזוהר, שהמתבונן מבחוץ לא יכול להבין. רק אם נתמסר אליה, נוכל לחוות את כל שהיא מציעה. בגלל חשיבותה הגדולה, נרחיב קצת על הרעיון האדיר שעומד מאחוריה.

הרמן ווק, סופר ומחזאי ותיק (נפטר בשנת 2019 בגיל 104!)) שיצירותיו זכו לפרסום רב בארה"ב וברחבי העולם, היה יהודי גאה ומאמין. כמחזאי בברודווי, לא פעם קרה שהחזרות לקראת מחזות חדשים עלו על שרטון דווקא ביום שישי אחר הצהריים. בלב כבד הוא נאלץ לצאת הביתה כדי להתכונן לשבת, משאיר מאחוריו את השחקנים, הבמאים ואנשי ההפקה מתוחים וחסרי סבלנות.

"בעוזבי את התיאטרון הקודר, שבתי הביתה", תיאר בספרו "זה אלי". "היה זה שינוי מדהים, דומה מאוד לשיבה חטופה מן המלחמות. אשתי וילדיי, שקיומם כמעט נשכח מלבי בחרדת מניעתו של החורבן הממשמש ובא, מחכים לי, עליזים, לבושים חג ובעיניי הם מושכי לב להפליא. ישבנו לאכול ארוחה נהדרת, אל שולחן שמקשטים אותו פרחים וסמלי השבת העתיקים: הנרות הדולקים, החלות הקלועות, הדגים הממולאים, וגביע הכסף של סבי המלא יין עד שפתו. בירכתי את ילדיי בברכה הקדומה; זימרנו את זמירות השבת הערבות. השיחה כמעט לא נגעה כלל בחורבנות הממשמשים ובאים. אשתי ואני חזרנו להשלים את שיחת השבוע שלנו. בשבילי זוהי נסיגה לתוך איזה נוף מקסים משיב נפש".

אך ההפתעה הגדולה התרחשה עשרים וחמש שעות מאוחר יותר, כשחזר אל אולם החזרות. "ברדת הערב אני חוזר למשחק הנפלא ומורט העצבים של ברודווי. לעיתים קרובות אני תורם דווקא אז את הטובה בתרומות השבוע שלי. פעם אחת אמר לי מפיק שלי במוצאי שבת: 'אינני מקנא בדת שלך – אבל אני מקנא בשבת שלך'".[1]

זכר ליציאת מצרים

לשבת יש גם פן סוציאלי מובהק. היא זכר להיותנו עבדים חלשים במצרים, חסרי זכויות, משועבדים למערכת כלכלית חזקה שאיש אינו יכול להתנגד לה:

> לֹא תַעֲשֶׂה כָל מְלָאכָה, אַתָּה וּבִנְךָ וּבִתֶּךָ וְעַבְדְּךָ וַאֲמָתֶךָ וְשׁוֹרְךָ וַחֲמֹרְךָ וְכָל בְּהֶמְתֶּךָ וְגֵרְךָ אֲשֶׁר בִּשְׁעָרֶיךָ, לְמַעַן יָנוּחַ עַבְדְּךָ וַאֲמָתְךָ כָּמוֹךָ. וְזָכַרְתָּ כִּי עֶבֶד הָיִיתָ בְּאֶרֶץ מִצְרַיִם וַיֹּצִאֲךָ ה׳ אֱלֹהֶיךָ מִשָּׁם בְּיָד חֲזָקָה וּבִזְרֹעַ נְטוּיָה, עַל כֵּן צִוְּךָ ה׳ אֱלֹהֶיךָ לַעֲשׂוֹת אֶת יוֹם הַשַּׁבָּת (דברים ה).

השבת דואגת לא רק לרווחת האדם אלא גם לעולם החי. אפילו הבהמות וחיות המשק אמורות לנוח בשבת.

מנוחת העובדים ליום שלם בשבוע הייתה חידוש עצום. כאשר עבדים השתחררו משליטת האדון לפרק זמן קבוע כל שבוע, פירוש הדבר שהם אינם משועבדים לגמרי גם בשאר הימים. התורה מונעת שעבוד מוחלט של אדם לאדם אחר משום שבעיני אלוהים, "לִי בְנֵי יִשְׂרָאֵל עֲבָדִים, עֲבָדַי הֵם אֲשֶׁר הוֹצֵאתִי אוֹתָם מֵאֶרֶץ מִצְרָיִם..." (ויקרא כה) – וכמו שמסבירים חז"ל, "עבדַי הם, ולא עבדים לעבדים" (בבא מציעא י). בני ישראל הם משרתיו של אלוהים וכפופים לחוקיו, אך הכפיפות הזו משחררת אותם משליטתה של כל ברייה אחרת. התורה אינה מכירה בזכותו של אדם למכור את עצמו לעבד, כשם שאינה מכירה בזכותו לוותר על השבת שלו, גם אם יוכל להרוויח סכום כסף נכבד. שמירת השבת היא הביטוי המובהק לחירות האדם – שביעית מחייו שבה אינו משועבד לשום ציווי או גחמה אנושיים.

השחרור מהשעבוד הוא קודם כול שחרור מוסרי. זו הייתה טענתו של נתן שרנסקי, אסיר ציון מפורסם ברוסיה הסובייטית ולימים שר בממשלת ישראל, כשאמר לשופט במשפט הראווה שהתנהל נגדו:

> אתה, אדוני השופט, חושב שהנך חופשי! אתה חושב כך מכיוון שלאחר שייגמר המשפט תלך לביתך, ואילו אני אהיה משועבד מכיוון שאלך לכלא לזמן רב. אך דע לך שמבין שנינו, אני הוא בן החורין האמיתי! אמנם גופי יהיה משועבד, אבל רוחי תישאר חופשית, מכיוון שארגיש שלא נכנעתי לגזרותיכם ונשארתי נאמן לאמונתי. אך לך, השופט, קבעו מראש מה לומר. גופך אמנם משוחרר, אבל אינך חופשי להכריע לפי אמונתך. רוחך משועבדת, וזה חמור פי כמה.[2]

זו אולי הסיבה לכך שהתורה רואה בחילול שבת הפרה גדולה כל כך של הברית עם אלוהים. העונש על חילול שבת הוא חמור משום שחיים ללא שבת הם חיים ללא חירות. ואם גוזלים מן האדם את חירותו, גוזלים גם את משמעות חייו, את נפשו ואת גופו גם יחד.

יום משפחתי

תא משפחתי חזק היה מאז ומעולם אחד המאפיינים הבולטים של החברה היהודית, והשבת היא גורם משמעותי בכך. הבילוי יחד במשך יום שלם מדי שבוע, תוך אכילת סעודות המלוות בשירים, דיבורים בנושאים שברומו של עולם ושיחה רגועה, הוא הזדמנות מצוינת להעמיק את הקשרים המשפחתיים. בעשורים האחרונים, נוכחותם של אמצעי התקשורת והמכשירים האלקטרוניים בחיינו גורמים לניכור הולך וגובר בתוך המשפחה. כבר שנים שפסיכולוגים ממליצים לפנות זמן משפחתי מיוחד ללא הפרעות של טלפונים, מכשירי טלוויזיה ומסכים אחרים. במקום זאת הם ממליצים לקבוע זמן איכות, גם אם לעיתים צריך לכפות אותו באופן לא טבעי.

אם בוחנים אותה מהזווית הזו, ההימנעות ממלאכה בשבת היא מתנה גדולה לאנושות, שכן היא מסייעת לנו להגן על עצמנו מעצמנו. הגבלות חיצוניות נתפסות כמצמצמות את החירות, אך באופן פרדוקסלי פעמים רבות הן אלה שמאפשרות אותה. וכפי שכתב ד"ר גורדון ניופלד, פסיכולוג משפחתי בעל שם עולמי:

תבניות והגבלות משמרות את החשוב לנו ביותר. חלק **מתפקידה של תרבות הוא להגן על ערכים שאנו אוהבים אבל איננו חווים כדחופים** בחיי היום־יום. רק לעיתים רחוקות תחושת הדחיפות שלנו חזקה דיה כדי להניע אותנו לכבד צרכים אלה בעקביות.

כשהתרבות שלנו נשחקת, התבניות והריטואלים שמגינים על חיי המשפחה... נשחקים אף הם בהדרגה. מכאן החשיבות של הצבת תבניות, כל עוד בידינו הכוח לעשות זאת. אם נשאיר זאת לגורל, משפחותינו יתפרקו בהדרגה בגלל עיסוקים אישיים, דרישות חברתיות, לחצים כלכליים. **אם לא מקצים מועד ומקום ולא יוצרים ריטואלים**, הלחצים של מה שדחוף יותר יגברו באופן בלתי נמנע...[3]

מצוות השבת, עם כל ההגבלות שבה, מגינה על ערכים אנושיים חשובים. זהו ריטואל מושלם להשגת שפיות: יש לה זמן ומקום מוגדרים, טקסים משלה, ורשימה ארוכה של הפרעות שיש להימנע מהן. מתכון עם המלצות של יותר משלושת אלפים שנה...

מעין עולם הבא

כפי שראינו בפרקים הקודמים, כל מלאכה שאנו עושים היא חלק מהמהלך לתיקון העולם: כשמשרטטים אותיות על דף חלק, מנסים בעצם למלא אותו על ידי כתיבה. כשמכבסים, מבשלים או קונים רהיט חדש, רוצים לשנות את העובדה שהבגד מלוכלך, שהאורז אינו אכיל ושהארון הישן שבור. כל הפעילות האנושית היא ביקורת מתמדת על כך שהעולם עדיין איננו מושלם.

אבל כשאלוהים נח ממלאכתו ביום השביעי, הוא עשה זאת משום שבאותו רגע, שום דבר לא חסר עוד. העולם הגיע לשלמות: "וַיַּרְא אֱלֹהִים אֶת כָּל אֲשֶׁר עָשָׂה וְהִנֵּה טוֹב מְאֹד. וַיְהִי עֶרֶב וַיְהִי בֹקֶר יוֹם הַשִּׁשִּׁי" (בראשית א). השבת היא "זכר למעשה בראשית", משום שכל שבעה ימים העולם חוזר לאותה שלמות שהייתה בו כשהסתיימה בריאתו. השבת היא אמירה שהעולם מושלם בדיוק כפי שהוא, הזדמנות לטעום את טעם השלמות הנצחית כבר בעולם הזה: "שבת – אחד משישים לעולם הבא" (ברכות נז).

לפרוש ממלאכה פירושו להפסיק לשפוט את המציאות ללא הרף. כשנחדל מכך, נוכל לקבל את הנייר החלק, את האור הכבוי, את המאכלים הבלתי מבושלים כמו שהם, את הבריאה כולה בשיא טובה.[4] ליום אחד בשבוע המשימה שלנו משתנה. לא צריך לחפור עמוק כדי לגלות את האוצר, אלא רק לשנות את המבט – להבין שהוא כבר נמצא, ברגע זה ממש, בידינו.

עליית העולמות והאדם

שמענו על שביתה אצל מורים ועובדי הרכבת, אבל איפה נשמע על שביתה אצל אלוהים? אין לו גוף ולא דמות, ולא ייתכן ששֵׁשֶׁת ימי הבריאה עייפו אותו. מאיזו מלאכה הוא בדיוק שבת?

בתורת הסוד נאמר כי בבריאת העולם לא נחשפו כל כוחותיו של אלוהים.

למעשה, הוא התגלה בדרגה נמוכה מכפי שהוא באמת, כדי שיוכל לברוא את העולם הגשמי. אך מדי שבוע, ביום השבת, אלוהים שובת מן הצמצום הזה וחוזר להופיע בשיא גדולתו. המקובלים הצביעו על כך שאותיות המילה **שבת** זהות למילה **תשב**: העולם מתעלה ושב חזרה למקורו הראשוני, והיכולת להתקרב אל האינסוף נעשית זמינה יותר.

גם האדם זוכה להגיע בשבת למדרגה גבוהה יותר: "נשמה יתרה ניתנה בו באדם בערב שבת, ובמוצאי שבת נוטלין אותה ממנו" (תענית כז). בשבת מקבל האדם תוספת נשמה, כלי מוגבר להשגה רוחנית. ואם קיבלנו כלי עוצמתי שכזה, סימן שצריך להשתמש בו... מכאן, אגב, המנהג להריח בשמים בהבדלה במוצאי שבת: הוא נועד לפצות על אובדן הנשמה היתרה, שכן ריח הוא דבר שהנשמה בלבד נהנית ממנו ולא הגוף.[5]

עליית העולמות והנשמה היתרה שהאדם מקבל מצביעות על הבדל גדול בין שבת לימי החול. אם במהלך השבוע האדם אמור לתקן את העולם באמצעות עבודה גשמית ורוחנית, בשבת אין צורך לתקן, רק להיות כלי לקבלת האור האלוקי. עושים את זה על ידי שמסלקים את הגורמים המפריעים לכך – מחשבות, דיבורים ומעשים של ימות החול, ומצד שני מגבירים את הגורמים הרוחניים – לימוד תורה, תפילה והתענגות על השבת.

איך?

השבת היא הדיבר הרביעי בעשרת הדיברות, שמופיעים פעמיים בתורה – בספר שמות ובספר דברים. יש הבדל אחד משמעותי ביניהם: בספר שמות נאמר "זָכוֹר את יום השבת לקדשו", ואילו בספר דברים "שָׁמוֹר את יום השבת לקדשו". זכור לעומת שמור. מה ההבדל?

"זכור" היא מצוות עשה, המכוונת לפעולות אקטיביות שעושים כדי לקדש את השבת. למשל הדלקת נרות, קידוש, שלוש סעודות, תפילות מיוחדות, עונג שבת. **"שמור"** היא מצוות לא־תעשה, כלומר הימנעות מעשיית מלאכות האסורות בשבת כמו בישול, כיבוס, הדלקת אש, כתיבה ועוד. בסך הכול ישנן 39 (ל"ט) **מלאכות האסורות בשבת,** ולכל אחת גם תתי־מלאכות הקשורות אליה. שני המרכיבים הללו משלימים זה את זה ועומדים בלב רעיון השבת, ולכן "שָׁמוֹר וְזָכוֹר בְּדִבּוּר אֶחָד, הִשְׁמִיעָנוּ אֵל הַמְיֻחָד" (פיוט "לכה דודי").

הכנות לשבת

התורה מצַווה: "וְהָיָה בַּיּוֹם הַשִּׁשִּׁי, וְהֵכִינוּ אֵת אֲשֶׁר יָבִיאוּ" (שמות טז). לשבת צריך להתכונן, וכמאמר הגמרא "מי שטרח בערב שבת (=יום שישי) – יאכל בשבת" (עבודה זרה ג). ההכנות כוללות גם צד מעשי וגם צד נפשי־רוחני, ויש לסיימן לפני כניסת השבת.

מבחינה מעשית, מכינים את הבית לשבת: קונים מצרכים, מבשלים את סעודות השבת, מארגנים את מכשירי החשמל שמתכוונים להשתמש בהם (כגון פלטת חימום ומיחם לשבת), עורכים שולחן חגיגי, מכינים נרות, מפנים חפצים האסורים בשימוש בשבת ומנקים את הבית לקראת שבת.

מצווה להתרחץ במים חמים לכבוד שבת (וגברים רבים נוהגים לטבול

במקווה), ולובשים בגדים חגיגיים. כדאי מאוד להכין איזה דבר תורה או סיפור עם מסר מעניין לשולחן השבת. כדי להגביר את התיאבון למאכלי השבת, משתדלים להימנע מסעודות גדולות במהלך היום, וכן מנסיעות או מלאכות לא הכרחיות כבר משעות הצהריים. חז"ל הדגישו עד כמה חשוב להשתתף בהכנות לשבת, וסיפרו שאף החכמים הגדולים הפסיקו מלימודם ולקחו חלק בהכנות.

בגלל ההכנות המרובות, יום שישי עלול להפוך ליום מתוח, וצריך להיזהר מכעס ורוגז בין בני הבית. רבים מעדיפים להתכונן לשבת מראש ועורכים את הקניות, הבישולים והניקיונות כבר מיום חמישי ואף לפני כן. אנחנו פיתחנו מנהג משפחתי למניעת מתח מיותר – כשעה לפני כניסת השבת, בתוך כל הלחץ, משתדלים למצוא זמן יחד לכוס קפה ופרוסת עוגה. חשוב גם לנוח במידת האפשר, כדי לא להגיע רצוצים ולהירדם על השולחן...

הדלקת נרות

151|169|209
א|ס|עמ

נרות השבת נועדו להשרות אווירה של שלום ושמחה, ולהפיץ את אורה הטוב של השבת לבית ולעולם כולו. מצווה זו מוטלת בעיקר על הנשים, אך בהיעדרן גם גברים מחויבים בה. את הנרות מדליקים באזור שבו מתכוונים לסעוד את סעודת השבת, וטוב שידלקו עד סוף הסעודה. בעניין מספר הנרות מצאנו שני מנהגים עיקריים – יש שמדליקות תמיד שני נרות, ויש שמדליקות נר עבור כל אחד מבני המשפחה.[6]

קבלת שבת ותפילות

ליל שבת ("שישי בערב") – בכניסת השבת אומרים "קבלת שבת", אוסף של פרקי תהילים וקטעים אחרים, ושיאה בפיוט "לכה דודי" שחיבר רבי שלמה אלקבץ (צפת, המאה ה־16), על שלל מנגינותיו. פרקי התהילים מתארים את שירת הבריאה שמשבחת את אלוהים – שירה שבמהלך ימות השבוע העמוסים איננו מצליחים כנראה לשמוע... יש בתי כנסת שבהם קוראים לפני קבלת שבת את מגילת שיר השירים, שיר האהבה בין הקב"ה ועם ישראל. לאחר תפילת השבת מתפללים תפילת ערבית של שבת, ובסיומה מברכים זה את זה: "שבת שלום!" (153|177|216).

שבת בבוקר – בתפילת שחרית מוסיפים עוד מזמורי תהילים ופיוטים מעבר לאלה שאומרים בימות החול. לאחר מכן קוראים את **פרשת השבוע** – קטע מהתורה המחולק לפי שבתות השנה, כך שבכל שנה מסיימים לקרוא את כל התורה (על תחילת וסיום הקריאה בשמחת תורה – עמ׳ 342). לאחר מכן קוראים את **ההפטרה** – קטע מספרי הנביאים, שבדרך כלל עוסק בנושא הקשור לפרשה או לענייני דיומא, ומתפללים תפילת **מוסף**. בסך הכול נמשכת התפילה כשעתיים־שלוש (193|218|244).

שבת אחר הצהריים – בתפילת **מנחה** קוראים קטע קצר בתורה מתחילת הפרשה הבאה (281|313|326).

תפילות השבת מלאות שבח, הודיה והכרת הטוב, ואין בהן בקשות כמו של תפילות ימי החול (על בריאות, פרנסה, ואפילו דעת...). במקום זה, בכל אחת מתפילות העמידה יש ברכה מרכזית המשתנה מתפילה לתפילה, ומתארת פן מסוים של השבת.

קידוש וסעודות שבת

במוקד השבת עומדות שלוש סעודות, הנחשבות ל״סעודות מצווה״ ואוכלים בהן לחם ומאכלים משובחים כמו דגים, בשר ומטעמים נוספים, איש כפי טעמו. את האוכל מבשלים ומכינים לפני השבת, אף שיש מאכלים (כגון סלטים מסוימים) שניתן להכין גם בשבת. הסעודות מלוּות בזמירות וניגונים, דברי תורה ושיחה שלא בענייני חולין. רבים נוהגים לארח ולהתארח בסעודות השבת, וכך נוצר מפגש משפחתי או חברתי נעים.

את **הסעודה הראשונה** (181|206|765), אחרי התפילה בליל שבת, מתחילים **בקידוש**, שמזכיר שהשבת היא ״זיכרון למעשה בראשית... זכר ליציאת מצרים״. בדרך כלל את הקידוש עורך אב המשפחה, אך כל איש או אישה מגיל בר / בת מצווה יכולים לקדש בעת הצורך. לפני הקידוש נוהגים לשיר שירים המופיעים בסידורים – ״שלום עליכם מלאכי השרת״, המתאר את שני המלאכים המלווים אותנו בשבת מבית הכנסת (שבת קיט), ו״אשת חיל״, מזמור מספר משלי המונה את מעלותיה של אם המשפחה. הקידוש נערך על גביע מלא יין או מיץ ענבים, ולאחריו נוטלים ידיים ומברכים על הלחם ״המוציא״ (עמ׳ 185).

סעודה שנייה (770|304|272) עורכים לאחר תפילת הבוקר, והיא נפתחת ב"קידושא רבא" – "קידוש גדול" לסעודת היום. ישנן קהילות שבהן עורכים לאחר התפילה קידוש משותף בבית הכנסת, לעיתים לרגל אירוע משמח או סתם כדי להיות יחד, ולאחר מכן סועדים בבית. החמין, צ'ולנט, הוא מאכל מסורתי בסעודה שנייה שמתבשל ברצף מכניסת השבת ופותר את הקושי לחמם אוכל בשבת.

סעודה שלישית מתקיימת אחרי תפילת מנחה, לקראת השקיעה. זמן זה נקרא בקבלה **רעווא דרעווין** [=רצון הרצונות]. העולם נברא במוצאי שבת (ליל ראשון), ובאותם רגעים שקדמו למעשה הבריאה עלתה בבורא השתוקקות עצומה לברוא את העולם.

אור החמה הדועך, יחד עם תחושת הנשמה שהשבת עומדת להסתיים, מעוררים כיסופים וגעגוע למקור הרוחני, ולכן הניגונים החסידיים של הסעודה השלישית הם עמוקים ומלאי הוד (774|355|321).

לימוד תורה

חכמים דיברו בשבח לימוד התורה בשבת, והזכירו כי השבת ניתנה לישראל לא רק כדי לאכול ולנוח: "לא ניתנו שבתות וימים טובים... אלא לעסוק בהם בדברי תורה" (תלמוד ירושלמי שבת טו). כדאי לנצל את הזמן שמתפנה בשבת ללימוד תורה, בייחוד בשבתות הקיץ שבהן היום ארוך. כדאי שהלימוד יהיה בדברים נעימים ופשוטים שמשמחים את הלב, ולא בסוגיות כבדות שמצריכות עיון שכלי עמוק. במקומות רבים נוהגים לקבוע זמן מיוחד בשבת לשיעורי תורה, אמירת תהילים או לימוד עם הילדים ("אבות ובנים", "אמהות ובנות").

הבדלה ומלווה מלכה

354|358|828
א|ס|עמ

"ברוך המבדיל בין קודש לחול". כפי שקיבלנו את השבת בקידוש חגיגי, כך נפרדים ממנה בצורה מיוחדת – הבדלה. אומרים פסוקי ברכה ומבדילים על גביע מלא עד תום ביין או מיץ ענבים, כדי לסמל את השפע שיבוא בשבוע החדש. מברכים על הבשמים ועל האש; ריחם הטוב של הבשמים מסייע לגוף להתגבר על צאת הנשמה היתרה שזכה לה במהלך השבת,

ואילו הנר מסמל את התחדשות האש שלא השתמשנו בה במהלך השבת. לאחר מכן עורכים סעודת "מלווה מלכה", שבה נפרדים מן השבת מתוך סעודה ומשקה.

כך מסתיימת השבת ומתחיל שבוע חדש. מזל שהפרידה לא ארוכה – רק עוד שישה ימים...

"שָׁמור" – 39 מלאכות

מצוות השבת מוזכרת בתורה כמה וכמה פעמים, אך כמעט לא מפורט מה היא בדיוק כוללת. מה זה בעצם אומר "לשמור שבת"? הגמרא מלמדת של"ט (39) המלאכות שנעשו לצורך הקמת המשכן הן גם המלאכות האסורות בשבת.[7] מלאכות אלו מופיעות במשנה מפורסמת במסכת שבת (ז, ב), ואפשר לחלקן על פי קטגוריות:

- **אפיית לחם.** זורע, חורש, קוצר, מעמר (מסדר תבואה בערימה), דש, זורה (מפזר תבואה ברוח), בורר (מפריד בין אוכל לפסולת), טוחן, מרקד (מנפה קמח), לש, אופה (כולל גם בישול).
- **הכנת בגד.** גוזז צמר, מלבן (מכבס), מנפץ, צובע, טווה, מיסך, עושה שתי בתי נירים, אורג, פוצע חוטים, קושר, מתיר קשר, תופר, קורע על מנת לתפור.
- **כתיבה על קלף.** צד חיה (לצורך עור), שוחט, מפשיט את העור, מעבד עור, מוחק, משרטט, מחתך, כותב, מוחק על מנת לכתוב.
- **בניית בית.** בונה, סותר (הורס), מכבה, מבעיר, מכה בפטיש, מוציא מרשות לרשות.

לא נוכל להרחיב על כל אחת. ספרים רבים נכתבו בנושא, והלכות שבת אכן מצריכות לימוד מקיף. נציין רק שלכל מלאכה יש **אב** – הפעולה עצמה, **ותולדות** – פעולות שדומות לה. לדוגמה, עניינה של מלאכת "זורע" הוא זריעת גרעינים בקרקע כדי לגדל צמחים – זהו אב המלאכה; השקיית צמחים היא אחת התולדות של המלאכה. דוגמה נוספת: מלאכת "טוחן" היא כתישת צמח (למשל גרגרי חיטה) לחלקים קטנטנים או לאבקה (קמח). כתישת שום במכשיר המיועד לכך תהיה תולדה של מלאכת טוחן. למעשה, גם אב המלאכה וגם התולדות שלה נאסרו בשבת, וההבחנה ביניהן פחות רלוונטית לענייננו.

דבר נוסף – התורה מגדירה את מלאכות השבת בשונה מההגדרה הרגילה שלנו. דוגמאות:

- **בישול.** בדרך כלל כשחושבים על בישול, חושבים על סיר עומד על הכיריים. אבל לפי ההלכה, הגדרת הבישול כללית יותר: שינוי מצב של חומר באמצעות חום, ולכן המסת שעווה של נר או הכנסת עלי תה (שמתבשלים בקלות) לתוך מים רותחים הן פעולות בישול ואסורות בשבת.
- **הבערה.** בדרך כלל הבערת אש נעשית על ידי גפרור או מצת, אך בהלכה היא כל הדלקת ניצוץ. לכן אין להפעיל במהלך השבת תנורים, תאורה חשמלית או כלי רכב.
- **בניית אוהל.** לא קמפינג, אלא הקמת סיכוך או גג מבנה (ואפילו קטן מאוד) שיש לו. דוגמה לכך היא מטרייה, שאסור לפתוח בשבת מסיבה זו.

יש מצבים שבהם מותר ליהנות ממלאכה שכבר מתבצעת מעצמה בשבת. לכן פוסקים רבים התירו להשתמש ב**שעון שבת** – קוצב זמן (טיימר) המאפשר להפעיל אוטומטית מכשירי חשמל כמו מזגנים, תנורים ופלטות חימום בשעות שנקבעו מראש.

"שבות"

כיוון ששמירת השבת כל כך חשובה, חכמינו אסרו לבצע פעולות מסוימות שעלולות להוביל לחילול שבת, ואיסורים אלה מכונים **"שְבוּת"**. לדוגמה, שימוש בכלי נגינה איננו אחת מל"ט מלאכות השבת; ובכל זאת חכמים גזרו שלא לנגן בשבת מחשש שכלי הנגינה יתקלקל, והאדם יבוא לתקן אותו בשבת ויעבור על איסור תורה חמור. דוגמה נוספת היא **"מוקצה"**: כינוי לחפצים שאין להם שימוש בשבת כגון מכשירי כתיבה, טלפון נייד, ארנק, כסף, מחשב, צעצועים מנגנים ואפילו קמח או תפוחי אדמה שאינם מבושלים. את המוקצה לא מזיזים בשבת, כדי לא לבוא למצב בו משתמשים בו בהיסח הדעת ועוברים על מלאכה אסורה.

הכללים שקבעו חז"ל עלולים להיראות קצת נוקשים, ואולי אפילו לא כל כך רלוונטיים לזמננו, "מה הסיכוי שאתקן גיטרה בשבת?". ובכך כבר טעה

אחד מגדולי התַנאים, רבי ישמעאל בן אלישע, שזלזל בגזֵרה שלא לקרוא בשבת לאור הנר שמא יטה אותו ויעבור על מלאכת "מבעיר". "לי זה לא יקרה", אמר רבי ישמעאל (בלשון הגמרא, "אני אקרא ולא אטה"), עד ששבת אחת הוא לא שם לב ובהיסח הדעת כמעט כיבה את האש (שבת יב). גם אני, בוקר אחד, לאחר שהתארגנתי בבוקר ועמדתי לצאת לבית הכנסת, ניגשתי בהיסח הדעת לטלפון לבדוק הודעות. ברגע האחרון שמתי לב שהטלפון לא במקומו הרגיל, ומיד נזכרתי ששבת היום. אז קחו בחשבון – זה קורה.[8]

מעשה חול

החסיד ר' מנדל פוטרפאס היה נוהג לחזור על סיפור שאירע בעת שלימד בבית ספר לבנות בארה"ב. כשסיים ללמד מה ברא ה' בכל יום מימי הבריאה, הוא שאל את הבנות: "ומה ברא אלוהים ביום השביעי?". ילדה אחת לא היססה וענתה: "את הקדושה!", ור' מנדל כל כך התפעל מהתשובה התמימה, עד ששנים רבות היה שב ומספר זאת לתלמידיו בישיבה.

אווירת שבת. השבת מאופיינת בצביון קדוש ומיוחד, ויש דברים שפשוט אינם מתאימים לאווירה הזו. יכול להיות שצפייה בטלוויזיה (אפילו כשהיא דלוקה על ידי שעון שבת), בילוי בקניון או רכיבה על אופניים עושים לנו כיף, אבל הם לא כל כך מתאימים לאווירת השבת. דווקא האבסולוטיות הזו היא ששומרת על האופי המיוחד שלה, לכן בשבת לא קונים ולא מוכרים, לא שומעים מוזיקה ולא מתעמלים. יש אפילו "הליכה של שבת", איטית ונינוחה יותר.

דיבורים. גם הדיבור בשבת שונה מדיבור של ימות החול. לא מדברים על ענייני עבודה, כלכלה, לשון הרע ורכילות (שאסורים כל השנה) ותוכניות לימי החול, יש שנזהרים משיחות על פוליטיקה ואפילו משיחות חולין. גם קריאת דברי חול כמו מודעות, עיתונים וספרים שאינם הולמים נאסרה בשבת. הרעיון הוא למקד את המחשבות והדיבור בנושאים שמחים וטובים. תהיו כאן, הכול טוב!

מי?

שמירת השבת מוטלת על כלל ישראל, גברים ונשים כאחד. אף שהיא נחשבת למצוות עשה שהזמן גרמא (ראו עמ' 89), שנשים אינן חייבות בהן, אמרו חכמים: "כל שישנו בשמירה ישנו בזכירה" (ברכות כ). כלומר, מי שחייב במצוות "שמור" ומצווה לשבות ממלאכה בשבת חייב גם ב"זכור", ולכן נשים חייבות בכל מצוות השבת כמו קידוש, שלוש סעודות וכדומה.

ילדים – בנות עד גיל שתים-עשרה ובנים עד גיל שלוש-עשרה אינם חייבים עדיין במצוות, אבל דווקא לילדים השבת היא היום הקסום בשבוע. כל המשפחה נמצאת יחד, להורים יש זמן עבורם, אפשר לדבר, לשחק וללמוד, וכמובן – יש אוכל טעים ובדרך כלל מקבלים תירוש... גן עדן. מדין חינוך משתפים את הילדים בהימנעות מחילול שבת ובשמירת ההלכות הבסיסיות כבר מגיל צעיר.

חולים ופיקוח נפש

"פיקוח נפש דוחה שבת". במקרים של הצלת נפשות חובה לעשות כל מה שצריך כדי להציל חיים: להזעיק אמבולנס ומכבי אש, לפנות לבית החולים וכדומה בהקדם האפשרי, וכל דבר אחר. המקרים המוגדרים בהלכה כפיקוח נפש הם סכנת חיים כגון חולה מסוכן, חשש לאיבוד איבר ואישה יולדת. אצל תינוקות וילדים קטנים מקילים עוד יותר בעת הצורך. בכל המקרים הללו יש לטפל בבעיה בזמן הקצר ביותר ולכן נוהגים לפי הכלל הצה"לי הידוע, "אם יש ספק, אין ספק". כשרואים מישהו שנמצא בסכנה, חובה לעשות כל מה שאפשר כדי להצילו (וזה נכון תמיד).

גוי של שבת

לא־יהודים אולי אינם חייבים לשמור שבת, אך אין זה אומר שאפשר לבקש מהם לעשות מלאכה בשבילנו. אחרת, לכל משפחה יהיה גוי במשרה מלאה, והשבת תיעלם... עם זאת, בתנאים מסוימים אפשר להיעזר בהם.

ראשית, כל מלאכה שגוי מבצע עבור עצמו – מותר ליהנות ממנה. למשל, אם הוא מדליק אור בחדר בשביל עצמו, מותר לשבת שם. אבל אם הוא הדליק את האור עבורנו, אפילו אם לא ביקשנו ממנו והוא עשה זאת מעצמו כי הבין שאנחנו מעוניינים בכך – לא נוכל ליהנות מהאור.

שנית, מותר **לרמוז** לו לעשות עבורנו מלאכה אם מדובר בצורך גדול או בדבר מצווה. למשל, אם נפל החשמל בבית הכנסת אפשר לומר "אחח, כמה קשה להתפלל בחושך...", מתוך תקווה שהוא יבין לבד. במקרים מסוימים מותר לבקש אפילו ישירות, אך צריך לדעת כיצד ומתי כדי לא לחלל את השבת.

מלאכת יהודי. ההלכה קובעת שאסור ליהנות ממלאכה שביצע יהודי באיסור: בישול, הדלקת אור, צפייה בטלוויזיה, נסיעה וכדומה. לפעמים נגרמות בעיות כאשר הורים שאינם שומרי שבת חושבים שהם יכולים לסייע לילדיהם בכך שידליקו עבורם את האור או יכוונו את הטמפרטורה במזגן. "אני אהיה הגוי של שבת בשבילך!". צריך לדעת שכל יהודי, גם אם אינו שומר מצוות כעת, **לעולם אינו נחשב גוי של שבת!** כדאי להסביר זאת מראש כדי למנוע אי־נעימות.

מתי?

כניסת השבת

השבת נכנסת עם שקיעת החמה. בארץ ישראל החמה שוקעת בשיא החורף סביב 16:30, ובשיא הקיץ בערך ב־20:00 (כמובן, צריך לבדוק בלוחות את הזמן המדויק).

כשמגיע אורח לביקור ממלכתי, מקובל שיוצאים להקביל את פניו עם פמליה מכובדת ושטיח אדום. כך גם השבת: נכון שהיא מגיעה בין אם נהיה מוכנים ובין אם לא, אבל מן הראוי שנצא לקבל את פניה. לכן תיקנו חכמים מצווה של **תוספת שבת** – הכנסת השבת עוד לפני השקיעה. תוספת זו נקבעה ברוב המקומות כעשרים דקות לפני השקיעה, וזהו הזמן המופיע בלוחות השנה **כזמן הדלקת הנרות**. המשמעות המעשית היא שמותר לבצע מלאכות עד כרבע שעה לאחר זמן זה – דקות שלעיתים יכולות להיות משמעותיות ביותר... בכל מקרה, גם אם לא קיבלנו את השבת מוקדם יותר, כמה דקות לפני השקיעה יש להפסיק כל מלאכה.

כניסת השבת היא זמן קסום ביותר. בדקה אחת הכול משתנה. עד 17:52 זה היה יום רגיל; המולה ורעש בכל מקום, בני הבית רצים לכל הכיוונים עם דלי, מטאטא ומגהץ. ואז, ברגע אחד, משתנה פתאום האווירה: נרות השבת הודלקו זה עתה, השמש נעלמת לאיטה בשמיים ולעולם יורד האור המיוחד שיש רק בערב שבת.

אפשר לקבל את השבת עוד לפני הזמן הכתוב בלוחות, אך לא יותר משעה ורבע לפני השקיעה. פשוט אומרים את המילים "הריני מקבל (או מקבלת) עליי תוספת שבת קודש", והופ... אתם בשבת! שימו לב, מרגע זה חלים עליכם כל איסורי המלאכה (אבל מותר לבקש ממי שעדיין לא קיבל על עצמו שבת לעשות עבורכם מלאכה, כמובן בתנאי שטרם שקעה החמה).

צאת השבת

לרוב הדעות, השבת יוצאת כרבע שעה אחרי צאת הכוכבים, ובסך הכול היא אורכת כ־25 שעות. אין כמעט הגבלה לזמן שאדם יכול להוסיף על עצמו בצאת השבת, כך שאם תרצו, תוכלו להישאר בשבת גם עד יום שלישי בבוקר.

איך מוציאים את השבת? הזכרנו את ההבדלה שעורכים במוצאי שבת על יין, בשמים ונר מיוחד, ובתפילת העמידה של ערבית מוסיפים קטע מיוחד ("אתה חוננתנו"). מי שצריך להוציא שבת לפני ההבדלה יכול לומר את המילים "ברוך המבדיל בין קודש לחול", ומאותו רגע הוא מותר בעשיית מלאכה. אך כל זמן שלא הוצאנו את השבת, אסור עדיין לעשות מלאכות אסורות.

שיטת רבנו תם. בלוחות רבים מופיע זמן נוסף ליציאת השבת, "זמן רבנו תם", שחישב אחרת את זמני היום. ברוב המקומות יציאת השבת לפי רבנו תם חלה כ־35 דקות לאחר זמן צאת השבת הרגיל, ויש המחמירים לנהוג לפי שיטתו.

איפה?

שמירת שבת נוהגת בכל מקום בעולם על פי זמני כניסת השבת שלו.

אפשר לשמור שבת לבד, אך קל ונעים יותר לעשות זאת ביחד. בכל מקום תמצאו בתי כנסת, בתי חב"ד ומוסדות יהודיים המציעים בשבת אירוח, סעודות ופעילויות, וחלקם מספקים אף מקום לינה.

מקובל מאוד להזמין אורחים לסעודות שבת או לשבת שלמה. במהלך השבוע כולנו עסוקים מכדי להכיר לעומק זה את זה, אך שבת נינוחה היא הזדמנות נהדרת לכך. אם אתם רוצים לחוות שבת – אל פחד! הֱיו נועזים ובקשו מחברים, קרובי משפחה ומכרים שומרי שבת להתארח אצלם. ברוב המקרים, ההזמנה (העצמית) תתקבל בברכה, ואולי אף תלווה ב"איך לא חשבנו על זה קודם?..."

אם אתם נוסעים לחופשה או לצורך עסקים, רצוי לברר מבעוד מועד היכן תוכלו להתארח בשבת. בחוץ לארץ יש משמעות גדולה לבחירת בית מלון הסמוך לבית כנסת או מרכז יהודי. כמו כן קחו בחשבון שבבתי מלון רבים קיימות מערכות אוטומטיות (מפתח אלקטרוני, אורות אוטונומיים, מעלית דיגיטלית או מצלמות אווירודינמיות) שעלולות לסבך אתכם בשבת. כדאי לבדוק מבעוד יום ולהתייעץ עם רב.

עירוב

אחת המלאכות האסורות בשבת היא **הוצאה מרשות לרשות**. מלאכה זו אוסרת להעביר ("לטלטל") חפצים מרשות היחיד (מבנה או חצר מוקפים קירות) לרשות הרבים (רחוב או כביש סואן). כמו כן, ברשות הרבים עצמה אין לטלטל חפץ למרחק של יותר משני מטר. נראה שהרעיון של מלאכת

הוצאה הוא שלכל חפץ יש את מקומו המתאים, וכמו שהאדם נח, גם החפץ נמצא במצבו המושלם איפה שהוא. מכאן יוצא שבעיקרון לא אמורים להוציא בשבת שום דבר מהבית לרחוב ולהיפך, גם לא ספרים, עגלת תינוקות ואפילו מפתחות, גם אם הם רק מונחים בכיס.

עם זאת, חכמינו למדו שניתן להקיף את העיר או השכונה במעין חומה סמלית, הנקראת "צורת הפתח" ומוכרת יותר בשם **עירוב**. העירוב בנוי בדרך כלל מעמודים שביניהם מתוח חוט, מגדר נמוכה או מקירות של מבנים. אם תחפשו היטב, תראו שכמעט בכל עיר בישראל ישנו עירוב המקיף אותה. העירוב הופך את כל השטח המוקף לרשות היחיד, ואז מותר לטלטל בתוכו בשבת.

ברוב הישובים בארץ דואגת הרבנות המקומית ליצירת "עירוב" סביב הישוב כדי לאפשר טלטול בשבת. בחוץ לארץ, או ביישובים שאין בהם עירוב, עלולה להיות בעיה ואז אין ברירה אלא להימנע מטלטול בשבת. וכדאי לברר מראש עם הרבנות המקומית אם יש עירוב ומה הגבולות שלו.

התחלה מהירה

בהדרגה. יש שתי אסכולות בכל הנוגע להתקדמות בשמירת מצוות, ובטח לגבי שמירת שבת: לאט או מהר. יש מי שמעדיף להתחיל לשמור שבת מלאה מיד, על כל דקדוקיה ופרטיה. הוא ירוויח חווית שבת עוצמתית, אבל השינוי הפתאומי עלול לגרום תוך כמה שבועות למשבר וקושי בשמירת שבת. הגישה הכללית של ספר זה היא התקדמות הדרגתית בכל מצווה, וכך גם בנוגע לשבת – אחת המצוות המרכזיות והמורכבות, המעצבת במידה רבה את אורח החיים של שומריה.

כיף ושמחה. כדאי לאמץ בהדרגה את מצוות השבת, בדגש על אותם חלקים שמעוררים בכם שמחה וכיף – להשתתף בקבלת שבת קופצנית, להתארח בסעודות ולהשתתף בשיעורי תורה מרתקים, כל אחד לפי הרגשתו.

מעשים קטנים. אפשרות נוספת היא להתחיל לשמור שבת באופן חלקי – למשל, לכמה שעות בלבד, כדי להתרגל. כך קרה למשפחה שהחליטה לשמור בתור התחלה רק את ליל שבת, אבל ככל שחלף הזמן הם כל כך נהנו מאווירת השבת עד שבלי לספר על כך אחד לשני, בני הזוג החלו לשמור את כל השבת בסוד... רק כעבור כמה שבועות הם שמו לב שמשהו מוזר אצל השני ("מה פתאום, אין לי שום בעיה להדליק את האור, פשוט הרבה יותר מאתגר אותי לחפש את המפתחות בחושך") וגילו זה לזה שבעצם שניהם רוצים בכך, ואז הכניסו את השבת לביתם במלואה. בשלבים הראשונים של שמירת השבת כדאי להימנע לפחות מחילול שבת בפרהסיה (ברבים), שנחשב לדרגה חמורה יותר של חילול שבת.

כל פעולה נחשבת. דיני השבת אינם תלויים זה בזה. לכל אחד מהם ערך בפני עצמו, ושמירת שבת חלקית עדיפה על חילולה השלם. זו לא צביעות לשמור רק חלק מהלכות השבת, אם זה מה שאתם מרגישים שאתם יכולים

בשלב הנוכחי. כל מה שתעשו הוא בעל ערך, ואל תזלזלו בכך בשום אופן! לפני כמה שנים סיפר לי חבר כיצד הוא התחיל לשמור שבת: הוא מאוד התחבר לרעיון של השבת אבל לא ידע איך להתחיל. הוא החליט שכשהוא ייסע במכונית בשבת, לפחות את הרדיו הוא לא ידליק. לכאורה זו החלטה קטנה, אך בעיניו הייתה לכך משמעות עצומה. הוא הקפיד עליה מאוד, ובמשך הזמן הוסיף עוד ועוד חלקים משמירת השבת לחייו, עד שהגיע לשמירת שבת מלאה בשמחה ובנחת.

סביבה תומכת. קל יותר להתחיל לשמור שבת שלמה במשפחה מסורתית או בקהילה דתית, וקשה יותר לעשות זאת במשפחה שמתנגדת לשמירת שבת או למי שגר לבדו. אם יש לכם אפשרות להתארח בסביבה כזו מדי פעם, אל תהססו לקפוץ על ההזדמנות.

למלא את היומן. אנחנו רגילים כל כך לעולם החול עד שהשעות הארוכות של שבת, בעיקר בקיץ, עלולות להרגיש מעט מכבידות בשלבים הראשונים. נסו לא להשאיר יותר מדי זמן פנוי, כדי שחלילה לא תרגישו שהשבת משעממת. הכינו תוכנית – הזמינו חברים ואורחים, הצטרפו לשיעורי תורה, הכינו חומר לימוד וקריאה, מצאו מקום נעים לטייל אליו (ברגל), הכינו פיצוחים ומטעמים שילוו אתכם לכל השבת.

ניגוני נשמה. לשבת יש פסקול מיוחד שמלווה את התפילות והסעודות. כדאי ללמוד (ביום חול...) מנגינות של שירי שבת, פיוטים ומזמורים מוכרים שיעשו לכם אווירה שבתית.

נספח: המלצות לרשימת ציוד והכנות לשבת

- סידור תפילה – בו תמצאו נוסח הדלקת נרות, קידוש והבדלה, זמירות שבת וכמובן תפילות.
- פמוטים ונרות שבת
- גביע לקידוש
- יין או מיץ ענבים טבעי (לא להתבלבל עם מיץ "בטעם ענבים")
- חלות או לחמניות (לפחות שתיים לכל סעודה)
- פלטת שבת לחימום האוכל. הפלטה היא משטח חימום; מבשלים הכול מראש ומניחים עליה מספיק זמן מראש לפני הסעודה.[9]
- מיחם או קומקום עם מצב שבת לשתייה חמה.[10]
- שעון שבת (מרכזי ו/או "טיימר" לשקעים) – אם רוצים לכוון תאורה, פלטת שבת או מכשירי חשמל לשעות מסוימות.
- נר הבדלה למוצאי שבת
- בשמים להבדלה (צמחים, שמנים אתריים או תבלינים ריחניים)

הכנות לשבת

- לערוך את נרות השבת בפמוטים
- לחבר מיחם ופלטת שבת
- להשאיר האורות בבית דולקים כמו שאתם אוהבים
- להעביר את המקרר ל"מצב שבת" (כדאי שיהיה לכם) / לנתק את הנורה
- לערוך שולחן לסעודה
- להכין טישו או נייר טואלט חתוך
- לכבות דוד חשמלי
- לכוון מזגן / תנור חימום / שעוני שבת
- להוציא מהכיסים דברי מוקצה – כסף, מצית, ארנקים, טלפונים וכדומה
- להצניע את דברי המוקצה בבית – מכשירי כתיבה, מחשבים וכדומה
- לכבות טלפונים ושעונים מעוררים
- להירגע!

הצעה ללוח זמנים עקרוני לקראת שבת

יום חמישי:

- קניות לשבת, בישול, ניקיון וסידור הבית

יום שישי:

- סיום הבישולים, חיבור פלטה ומיחם
- רחצה / טבילה במקווה
- עריכת שולחן
- הדלקת נרות
- תפילת מנחה, קבלת שבת, ערבית

ליל שבת:

- קידוש וסעודה ראשונה
- עונג שבת

יום השבת:

- תפילת שחרית, קריאת התורה, תפילת מוסף
- קידוש וסעודה שנייה
- מנוחה / לימוד / טיול רגלי
- תפילת מנחה
- סעודה שלישית

מוצאי שבת:

- תפילת ערבית
- הבדלה
- סעודת מלווה מלכה

פרק יא: תלמוד תורה

אֵלּוּ דְבָרִים שֶׁאָדָם אוֹכֵל פֵּרוֹתֵיהֶם בָּעוֹלָם הַזֶּה,
וְהַקֶּרֶן קַיֶּמֶת לוֹ לָעוֹלָם הַבָּא:
כִּבּוּד אָב וָאֵם,
וּגְמִילוּת חֲסָדִים,
וַהֲבָאַת שָׁלוֹם בֵּין אָדָם לַחֲבֵרוֹ,
וְתַלְמוּד תּוֹרָה כְּנֶגֶד כֻּלָּם.

(משנה פאה א, א)

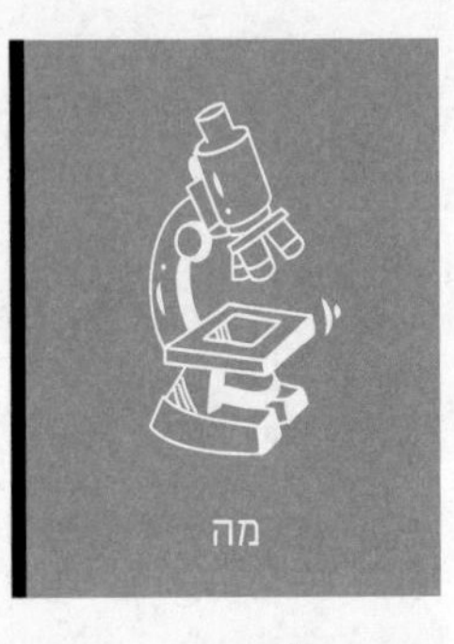

מה?

מצוות לימוד תורה נחשבת למצווה החשובה ביותר ביהדות: "אין לך מצוה בכל המצוות כולן שהיא שקולה כנגד תלמוד [=לימוד] תורה, אלא תלמוד תורה כנגד כל המצוות כולן" (רמב"ם הלכות תלמוד תורה ג). המצווה מתחלקת לשניים: ידיעת התורה, ולימוד התורה. בשלבים הראשונים לומדים כדי לדעת ולקיים את התורה – מצוות, הלכות, פרשת השבוע וכדומה. אבל גם אחרי שלומדים שנים רבות וכבר יודעים את התורה היטב, עדיין מצווה עלינו להמשיך וללמוד, כמו שנאמר "וְהָגִיתָ בּוֹ [=בספר התורה] יוֹמָם וָלַיְלָה" (יהושע א).

לשם שמיים. בעולם הרחב, לימוד נעשה בדרך כלל למטרה מסוימת כגון רכישת ידע, הנאה, התקדמות חומרית או השגת תואר. אך לימוד תורה, אף שיש בו יתרונות רבים, אמור להיעשות "לשמה" – בלי אינטרס מלבד לימוד לשם שמיים.

מה הופך את לימוד התורה לחשוב כל כך? קודם כול, צריך ללמוד כדי לדעת מה לעשות ואיך לנהוג, וכמו שאמרו חכמים: "גדול תלמוד, שהתלמוד מביא לידי מעשה" (קידושין מ). שנית, לימוד התורה פועל על הנפש ומעדן אותה, מתקן את המידות ומיישר את האדם – "המאור שבה מחזירו [=את האדם] למוטב" (מדרש איכה רבה). בנוסף, לימוד תורה הוא חוויה אינטלקטואלית מעצימה שתגרום לכם להרגיש שרירים שמעולם לא הפעלתם במוח.[1]

אך יותר מכול, לימוד תורה הוא האמצעי הטוב ביותר להתחבר עם הבורא ולאפשר לנשמה להתגלות. אף שלא תמיד זוכים להרגיש את האור האלוהי בזמן הלימוד, עצם העובדה שהתורה היא חוכמתו ורצונו של הבורא מבטיחה שכשעוסקים בה – מתחברים אליו.

את רוב הספרים שנציג כאן תוכלו למצוא בכל בית כנסת, ישיבה ובית מדרש. את חלקם ודאי תרצו לרכוש לשימוש ביתי (ראו פרטים בנספח ״לקריאה נוספת״ בסוף הספר).

תנ״ך

רב המכר מספר אחת בעולם מאז המצאת הדפוס. הוא מורכב מעשרים וארבעה ספרים (נביאי ״תרי עשר״ נחשבים לספר אחד) המתחלקים לתורה, נביאים וכתובים. תוכנו נקבע לפני כ־2,500 שנה על ידי אנשי כנסת הגדולה, שקידשו אותו וקבעו את צורתו הסופית. על פי המסורת היהודית, התנ״ך נכתב ברוח הקודש ואינו דומה לשום ספר אחר בעולם. במהלך הדורות נכתבו עליו אלפי פירושים וביאורים.

תורה	נביאים		כתובים
בראשית שמות ויקרא במדבר דברים	יהושע שופטים שמואל א+ב מלכים א+ב	נביאים ראשונים	תהלים איוב משלי רות שיר השירים קהלת איכה אסתר דניאל עזרא נחמיה דברי הימים א+ב
	ישעיהו ירמיהו יחזקאל	נביאים אחרונים	
	הושע, יואל, עמוס, עובדיה, יונה, מיכה, נחום, חבקוק, צפניה, חגי, זכריה, מלאכי	״תרי עשר״	

תורה. התורה שבכתב, חמישה חומשי תורה, היא הבסיס של כל היהדות, ולכן יש להכיר אותה היטב. דרך טובה להתחיל ללמוד את התורה היא להצטרף לסדר המקובל בעם ישראל. בכל שנה נוהגים לסיים את קריאת כל התורה

בבתי הכנסת, כאשר בכל שבת קוראים חלק אחר שנקרא **פרשת השבוע**. רצוי לקרוא בכל שבוע את הפרשה (לפירושים מומלצים ראו בסוף הפרק). פירוש רש"י הוא המקובל והנפוץ ביותר, ומופיע כמעט בכל חומש סטנדרטי. יש כמובן עוד מפרשים עם סגנון שונה (למשל רמב"ן או אור החיים) או מודרניים יותר (רש"ר הירש לדוגמה). כל אחד לפי מה שהוא מתחבר אליו. אפשר למצוא היום חומשים עם כל הפירושים מבוארים בעברית של ימינו.

נביאים. מתארים את סיפורו של עם ישראל עם הכניסה לארץ: בתחילה תחת הנהגתו של **יהושע** בן־נון ולאחר מכן בתקופת **השופטים**, בימי **שמואל** הנביא **והמלכים** שאול, דוד ושלמה. בסוף התקופה חל פיצול לשתי ממלכות, ישראל ויהודה, שהוביל בסופו של דבר לחורבנן ולחורבן בית ראשון.

כתובים. ספרי חוכמה ומגילות בנושאים שונים, בהם ספר תהילים ומשלי; והמגילות אסתר, שיר השירים וקהלת.

לא צריך הסברים רבים מדוע חשוב ללמוד תנ"ך. עד היום אנו נקראים "עם הספר" בזכותו, והוא עדיין מהווה יסוד חשוב ביותר בדת ובתרבות שלנו. בכתבי חז"ל מתגלה הבקיאות המדהימה שלהם בתנ"ך: לעיתים כשהם רוצים להביא ראיה מפסוק הם מצטטים רק כמה מילים, מתוך הנחה שהקורא כבר ידע להשלים את הפסוק לבד...

חושבים שאתם יודעים תנ"ך כי למדתם בבית הספר? בינינו, זה לא מדויק. כבוגר מערכת החינוך הזו אני יכול להעיד שתוכנית הלימודים הממלכתית היא לא רק חסרת מעוף והשראה, אלא גם מציגה את התנ"ך כיצירה אנושית בלבד. אז תשכחו מה שאתם יודעים על התנ"ך, וצאו למסע מחדש עם הדרכה צמודה של אנשים שמחפשים בו את אלוקים. תהיה לכם הזדמנות לפגוש אותו שם עם בין כל הסודות והעומקים שמסתתרים בו, מסרים שהשפיעו על כל האנושות ורלוונטיים לחיינו גם היום.

משנה

המשנה היא חיבור הלכתי שהוא הבסיס לתורה שבעל פה ולהלכה בכלל. היא נערכה על ידי רבי יהודה הנשיא בסוף תקופת התנאים, בערך בשנת 200 לספירה, וכוללת שישים מסכתות המחולקות לשישה **"סדרים"**

(חלקים). ההיכרות עם המשנה הכרחית כדי לרכוש את יסודות התורה שבעל פה וההלכה.

בזמן חז״ל, כאשר ספרים כתובים היו נדירים, נהגו לחזור ולשנן כל משנה מאה פעם עד שזכרו אותה בעל פה. לא חייבים להגיע למספר הזה, אבל שליטה טובה במשניות היא דבר חשוב שגם עוזר מאוד בלימוד הגמרא (להלן).

על המשנה נכתבו פירושים רבים, הידועים שבהם הם פירושיהם העתיקים של רבי עובדיה **מברטנורא והרמב״ם**, ופירוש מודרני בן זמננו מאת פנחס **קהתי**, במהדורה הנושאת את שמו.

תלמוד (גמרא)

ספר הלימוד העיקרי ביהדות. התלמוד הוא פירוש, ביאור והעמקה הלכתית של חכמינו על המשניות, אך הוא כולל גם אגדות, סיפורים ומדרשים. ישנם שני תלמודים: בבלי וירושלמי (ראו עמ׳ 66).

הבבלי קיים על 37 מתוך 63 מסכתות המשנה, ורובו כתוב בארמית. על התלמוד הבבלי נכתבו מאות פירושים במהלך השנים, והוא נחשב למקור העיקרי של שורשי פסיקת ההלכה עד ימינו. **התלמוד הירושלמי** קיים גם הוא רק על חלק מהמסכתות. הוא זוכה לפופולריות נמוכה יחסית, ולא כל כך נלמד מסיבות שונות.[2]

הגמרא בנויה באופן הבא: תחילה יוצג קטע מהמשנה, ולאחר מכן יופיע דיון ארוך בסוגיה ובסוגיות קשורות, הכולל חלקים הלכתיים ואגדתיים. כאשר מובאות דעות שונות של חכמים, רק לעיתים רחוקות הגמרא מכריעה מה הדין; בדרך כלל המפרשים והפוסקים הם שמכריעים את ההלכה המעשית מתוכה על פי כללי פסיקה מסוימים.

מקובל ללמוד את הגמרא עם פירוש רש״י הצמוד לגוף הטקסט. לומדים מתקדמים צוללים גם לפירושים אחרים ועמוקים כגון ה״תוספות״, מהרש״א ואחרים. היות שהגמרא כתובה לרוב בארמית ובשפה משפטית מיוחדת, לומדים מתחילים נתקלים בקושי גדול להבינה. בעשורים האחרונים הופיעו מהדורות מבוארות רבות של הגמרא, והן מאפשרות ללומד המתחיל (וגם למתקדם) להבין את מהלך הסוגיה בעברית ברורה ולעקוב אחר מהלך הגמרא.

הלכה

תחום הלימוד שמסביר כיצד לנהוג בפועל בחיי היום־יום. ההלכה מכסה מגוון עצום של נושאים כגון כשרות, שבת, כיבוד הורים, תפילה, בין אדם לחברו, ברכות ועוד. ספרי ההלכה עוזרים לאדם להבין מה עליו לעשות וממה להימנע, ולכן לימוד הלכה הוא הכרחי תמיד, ובמיוחד בשלבים הראשונים של הלימוד.

ספרות ההלכה עצומה בגודלה, והיא כוללת עשרות אלפי ספרים, בלי הגזמה. חלק גדול מהם הוא ספרי **שו"ת** – **שאלות ותשובות**, שאלות הלכתיות שהופנו לרבנים ופורסמו יחד עם תשובותיהם. מכיוון שהשו"תים כוללים שאלות אמיתיות מהחיים, הם גם מקור מעניין להיכרות עם חיי היהודים בעבר והנושאים שהטרידו אותם.

ספר ההלכה החשוב ביותר הוא **שולחן ערוך** שחיבר רבי יוסף קארו במאה השש־עשרה בצפת. גם בימינו הוא נחשב עדיין לבסיס ההלכתי המקיף ביותר. עם זאת, בגלל אורכו ובגלל העדכונים והשינויים הרבים שחלו בעולם מאז חיבורו, עם השנים נכתבו ספרים מודרניים יותר על בסיסו.

ספרי הלכה ידועים: **משנה תורה / י"ד החזקה** (רמב"ם), **שולחן ערוך**, **משנה ברורה** (ביאור על השולחן ערוך מאת רבי ישראל מאיר מראדין), **קיצור שולחן ערוך** (הרב שלמה גנצפריד, ובגרסה מודרנית יותר של הרב חיים דוד הלוי), **כף החיים** (רבי יעקב חיים סופר), **ילקוט יוסף** (הרב יצחק יוסף על פי פסקי אביו, הרב עובדיה יוסף זצ"ל) ועוד.

מדרש

מדרשי האגדה הם אוצר של סיפורים השופכים אור חדש על התורה, ומביאים רובד נוסף שלא מופיע בתורה שבכתב (עמ' 76). הם גם כוללים מעשיות מחיי החכמים עצמם, ומשמשים דוגמה טובה לרוח היהדות. חלק מהמדרשים מופיעים במשנה ובגמרא, אך מרביתם מכונסים בספרים נפרדים.

ספרי המדרש העיקריים: **מדרש רבה** (על חמישה חומשי תורה ועל מגילות רות, אסתר, שיר השירים, קהלת ואיכה), **תנחומא**, **ילקוט שמעוני** **ועין יעקב** (ריכוז של כל קטעי האגדה המופיעים בגמרא).

לפני כמאה שנה ערכו ח"נ ביאליק וי"ח רבניצקי את **ספר האגדה**, אוסף של מדרשים מתורגמים לעברית לפי נושאים ומבאר אותם. זוהי בהחלט נקודת התחלה טובה להיכרות עם המדרש.[3]

מחשבה ואמונה

ספרי המחשבה עוסקים בסוגיות עיוניות כמו גדלות הבורא, סגולת ישראל, טעמי המצוות ועוד. ספרי האמונה והמוסר "מחזקים" את שרירי האמונה והביטחון בבורא, מזרימים דם חדש לתפילה ולקיום המצוות ומשפרים את המידות בין אדם לחברו ובין אדם לאלוקיו. הם מעמידים לפנינו מראה היכן אנחנו נמצאים, ולאן נוכל להגיע. ייתכן שייקח זמן עד שנגיע אל הרף הגבוה שהם מציבים לפנינו, אולם עצם הלימוד בהם מעורר את הלב שלעולם יש לאן לשאוף.

ספרי מחשבה ומוסר ידועים: **הכוזרי** (רבי יהודה הלוי), **מורה נבוכים** (הרמב"ם), **חובות הלבבות** (רבנו בחיי אבן־פקודה), **ספרי המהר"ל** מפראג, **אורחות צדיקים**, **תומר דבורה** (רבי משה קורדובירו – רמ"ק), **מסילת ישרים** (רבי משה חיים לוצאטו – רמח"ל), **אורות התשובה** ו**אורות הקודש** (הראי"ה קוק).

קבלה

לימוד הקבלה זוכה בימינו לפופולריות רבה משום שהיא נתפסת כמסתורית ועל־טבעית ועוסקת בנושאים מסקרנים כמו מבנה העולמות, דרגות הנשמה ושמות המלאכים.

הספר המרכזי של תורת הקבלה הוא ספר **הזוהר**, שעל פי המסורת מחברו הוא רבי שמעון בר יוחאי וחבורת תלמידיו. תורת הקבלה הועברה מרב לתלמיד ונשמרה בסוד במשך שנים רבות, עד שתלמידי האר"י הקדוש ("אדוננו רבי יצחק" לוריא), שחי בצפת במאה השש־עשרה, חשפו אותה בהדרגה גם לציבור הרחב.

בגלל העיסוק שלו בעניינים רוחניים מופשטים וקשים לתפיסה, במשך שנים נאסר לימוד הקבלה על תלמידים שלא עסקו מספיק בתורת הנגלה,

כלומר גמרא והלכה. הזוהר עצמו מציין כי ככל שיתפשט לימוד הקבלה בציבור, כך תתקרב הגאולה; אולם יש לדעת שלמרות שהוא הפך לאופנתי זהו לימוד תובעני, רווי מושגים מסובכים ושפה מיסטית שמצריך מחויבות עמוקה. חכמינו ציינו כי מי שאינו משלב את לימוד הקבלה עם לימוד גמרא והלכה עלול להגיע לחוסר איזון רוחני ואף להינזק.

לצערנו, רוב רובם של שיעורי הקבלה שמוצעים לציבור הרחב מציגים רובד חלקי ובעייתי. חלק מהמכונים לקבלה מלמדים אותה ללא מחויבות לשמירת הלכה, מה שיוצר סילוף חמור של תורת הקבלה האמיתית. לכן מי שרוצה ללמוד קבלה, כדאי שיעשה זאת אצל חכם המוסכם על גדולי הרבנים והמקובלים.

ספרי קבלה ידועים: **ספר יצירה** (מיוחס לאברהם אבינו), **ספר הזוהר**, **פרדס רימונים** (רמ"ק – רבי משה קורדובירו), **עץ חיים** ו**שער הכוונות** (האר"י הקדוש), פירוש הזוהר של הרב פריש (**"מתוק מדבש"**), ובחוגים מסוימים גם ספרי הרב אשלג – **תלמוד עשר ספירות וספר הזוהר עם פירוש "הסולם"**.

חסידות

החסידות היא תנועה רוחנית שנוסדה לפני כמאתיים וחמישים שנה על ידי רבי ישראל בעל שם טוב באוקראינה. היא מלמדת שכל יהודי, לא משנה מה דרגתו וידיעותיו בתורה, יכול להתקרב אל הבורא ולהידבק בו. הכלל שעליו עומדת החסידות הוא "בכל דרכיך דעהו" – עבודת הבורא שייכת לכל תחומי החיים. אפשר לעבוד את הבורא בלימוד תורה אך גם בתפילה מרוממת, בכוונה עמוקה בקיום מצוות, ועל ידי ריבוי באהבת ישראל. החסידות תרגמה מושגים מעולם הקבלה לעולם הנפשי ובכך הביאה את בשורת פנימיות התורה, שהייתה שייכת לחוג מצומצם בלבד, לציבור הרחב (עוד על תנועת החסידות בימינו – בפרק יח).

ספרי חסידות ידועים: **כתר שם טוב** (אִמרות הבעל שם טוב), **ספר התניא** (רבי שניאור זלמן מלאדי, מייסד חסידות חב"ד), **ליקוטי מוהר"ן** (רבי נחמן מברסלב), **שפת אמת** (רבי יהודה אריה ליב אלתר מגור), **חובת התלמידים** (רבי קלונימוס מפיאסצ'נה), **ליקוטי שיחות** (הרבי מלובביץ'), **נתיבות שלום** (הרבי מסלונים).

קביעת תוכנית לימוד

חכמינו הנחו לחלק את הלימוד לשלושה תחומים: מקרא, משנה ותלמוד.[4] במושגים של ימינו אפשר לתרגם זאת לשלוש שאלות: מה עושים? איך עושים? למה עושים? ובמילים אחרות: תורה שבכתב, הלכות, וטעמי ההלכות (בתחום זה נכללים גם לימודי אמונה, מחשבה ופנימיות התורה). מכאן רואים שיש תחומים **שחייבים** ללמוד אותם כדי להשתלם.

יחד עם זאת, חז"ל גם קבעו ש"אין אדם לומד אלא ממקום שליבו חפץ" (עבודה זרה יט). כלומר שהלימוד ייעשה מתוך עניין וסקרנות. אם יש תחום שמושך אתכם במיוחד עליכם לייחד לו זמן, כדי שלא להשתעמם.

כדאי לברר עם עצמנו מהי המוטיבציה שלנו בלימוד: אתגר אינטלקטואלי? חיפוש רוחני? סקרנות היסטורית? רצון להעמיק את הזהות היהודית? השתוקקות לאלוהים? התשובה תסייע לכם למצוא את תחום הלימוד שממנו כדאי להתחיל. למשל, מי שמתעניין בנושאים של חוק ומשפט או נהנה מחשיבה לוגית, יתעניין כנראה בלימוד הגמרא וההלכה; מי שמתחבר לרוחניות יפיק עניין מעיסוק בתורת הסוד והחסידות; ומי שנמשך לשאלות פילוסופיות יתעניין בלימודי מחשבה ואמונה. אם נלמד את הדברים שבאמת מעוררים אותנו, הלב ייפתח גם לתחומים אחרים שאולי לא משכו אותנו קודם.

לכן העצה היא "מזה ומזה אל תנח ידך" (ע"פ קהלת ז) – צריך לשלב את שניהם. בשלבים הראשונים של הלימוד ישנם תחומי דעת יסודיים **שכל אחד צריך ללמוד**, גם אם הם פחות מעניינים לעת עתה (לימוד "לשמה", זוכרים?). לעיתים קרובות, עצם המוכנות להשקיע ולהתמסר ללימוד בתחומים אלה תהפוך אותם למושכים ומרתקים. ועם זאת צריך למצוא ולהשקיע זמן בתחומים המושכים את הלב. בהמשך נציג תוכנית לימודים מתאימה למתחילים, שמכסה את היסודות הללו.

איך?

דרכי הלימוד מתחלקות לשלוש: שיעור, חברותא ולימוד עצמאי. לכל צורת לימוד יתרונות וחסרונות, ותמהיל נכון של לימוד תורה כולל את שלושתן.

שיעורים

שיעור טוב הוא כזה שמעניק ידע חשוב, משלים פערים בהבנה, מעביר את האדם לרמת חשיבה גבוהה יותר, מרומם את הנפש או מעניק לנו חוויה רוחנית. הרבה פעמים יש חשיבות לסגנון ואפילו לזהות המורה, וכדאי לבחון סגנונות שונים – שיעור על אותו תוכן יכול להישמע אחרת לגמרי מפי שני מורים שונים.

החיסרון שבשיעור הוא שהלומד מאזין פסיבי בלבד, ואם מתרגלים ללמוד רק משיעורים נעשים תלויים בהם. לכן האזנה לשיעורים היא חלק מבורך וחשוב מאוד בלימוד תורה מסודר, ובטח שבשלבי הלימוד הראשונים כאשר עדיין לא יודעים כלום, אבל לא נכון שהם יחליפו את אופני הלימוד האחרים שהצגנו.

שיעורים באינטרנט. הרשת שינתה את פני עולם הלימוד, וכיום ניתן למצוא אינספור אתרים ושיעורי תורה נגישים לכול. עם זאת, בעושר הרב יש גם סכנה: אתרים מסוימים מביאים מידע חלקי ומסולף ולפעמים אף גובלים בכפירה של ממש. למשל, ארגוני מיסיון שונים מציעים תכנים בנושאים תנ"כיים בכסות יהודית, ולעין בלתי מנוסה קשה לפעמים להבדיל באתרים אלו בין אמת לשקר ומה שביניהם. ודאו שהמורים שאתם שומעים מהם שיעורים הם מוכרים ומומלצים על ידי רבנים מוסמכים.

חברותא

לימוד בחברותא – לימוד בזוג. חכמינו ראו בחברותא את דרך הלימוד המועדפת והמליצו עליה מאוד, עד שאמרו "או חברותא או מיתותא" (תענית כג) – חברות או מיתה.

מדוע טוב כל כך ללמוד בזוג? ראשית, החברותא שונה ממך – יש לו קצב אחר, תפיסה אחרת ורגישות לפרטים שלא שמת לב אליהם, וגם לך יש דרך לימוד מיוחדת שתתרום הרבה לחברותא שלך. ההפריה ההדדית הזו מעמיקה ומגלה רבדים נוספים בתורה האינסופית. יתרון נוסף הוא שהלומדים יחד מחדדים זה את זה – אחד מקשה, השני מתרץ, וכך הלימוד נעשה איכותי יותר. הלימוד המשותף מועיל גם לבהירות, משום שלפעמים אתה משוכנע שהבנת את החומר היטב, אבל כשצריך להסביר אותו לחברותא מתברר שלא כל כך...

אך הלימוד בחברותא הוא לא רק אתגר אינטלקטואלי אלא גם חלק מעבודת המידות. הוא מאפשר להכיר את עצמנו ברמה גבוהה יותר ולעמוד על טעויות או תכונות הטעונות שיפור, כמו גם על מעלות ומידות טובות שיש בנו. חלק מהעניין בלימוד בחברותא הוא תהליך הבירור המשותף שמתקיים תוך כדי הלימוד, גם אם לא תמיד מגיעים למסקנות או ל"שורה תחתונה", וגם אם לפעמים לא מצליחים כל כך להבין. במקרה הצורך תשאלו את הרב, אבל את המאמץ כבר הרווחתם.

חברותא טובה היא מצרך יקר, וכשמוצאים אחת לא מחליפים אותה בקלות: בעולם התורה אפשר למצוא חברותות שהחזיקו יחד עשרות שנים. כדאי למצוא חברותא באותה רמה פחות או יותר, אחרת הלימוד יהפוך לשיעור חד־צדדי.

לימוד עצמאי

לימוד עצמאי הוא כלי חשוב ביותר כדי להתקדם בחומר: האדם קובע לעצמו את חומר הלימוד ואת הקצב. בדרך זו אפשר לצבור ידע רב, ולכן לימוד עצמאי נותן תחושת סיפוק ש"עשית זאת בעצמך". זו חוויה אישית

שבונה את הביטחון העצמי ואת תפיסת העולם של הלומד מול הטקסט ללא התערבות של עמדות ותפיסות מבחוץ. מובן שיש בכך גם סכנה מסוימת, כי אולי לא הבנת נכון... לכן חשוב מדי פעם לשאול, להתייעץ ולברר את הנושאים עם אנשים מנוסים.

טכניקה

לימוד תורה הוא בעצם משימה בפיצוח טקסט, ולשם כך צריך להתמסר אליו – לנסות להיכנס לראש של המחבר, ולשים את כל הפרשנות והעניינים האישיים שלנו בצד.

לימוד טוב מתחיל תמיד בשאילת שאלות. לאחר קריאת קטע ננסה להסביר אותו במילים שלנו, ואז נשחק ב"משחק השאלות" שהמנצח בו הוא מי ששואל כמה שיותר שאלות. למה? כמה? איך? מתי? היכן? האם?... נעזרים במפרשים כדי להבין את המושגים ואת הסוגיה הבסיסית, ואחר כך מנסים לחשוב מה לא מסתדר בקטע שלמדנו, מה לא מובן ומה לא קשור. מדוע השתמשו דווקא במילים האלה? האם יש כאן משהו מיוחד ויוצא דופן? האם המונחים מזכירים סוגיה שכבר למדתי במקום אחר? למה הקטע הזה מופיע דווקא כאן, ומה הקשר שלו לקטע הקודם ולקטע הבא?

עם הזמן והניסיון, השאלות יתחדדו ויהפכו למדויקות יותר. וכשתעיינו בספרי המפרשים ותראו שכיוונתם לדעתו של אחד מהם, רְאו בכך מחמאה גדולה!

הנה לימוד לדוגמה של קטע מהמשנה הראשונה במסכת ברכות:

> מֵאֵימָתַי קוֹרִין אֶת שְׁמַע בְּעַרְבִית? מִשָּׁעָה שֶׁהַכֹּהֲנִים נִכְנָסִים לֶאֱכֹל בִּתְרוּמָתָן, עַד סוֹף הָאַשְׁמוּרָה הָרִאשׁוֹנָה, דִּבְרֵי רַבִּי אֱלִיעֶזֶר. וַחֲכָמִים אוֹמְרִים, עַד חֲצוֹת. רַבָּן גַּמְלִיאֵל אוֹמֵר, עַד שֶׁיַּעֲלֶה עַמּוּד הַשָּׁחַר.

"משחק השאלות" לדוגמה (את התשובות נספק בספר אחר...):

- מה הם כל המושגים המופיעים כאן – שמע, ערבית, כוהנים, תרומה, אשמורה, חצות ועמוד השחר?
- למה קוראים את "שמע" דווקא בערבית?
- מתי הכוהנים נכנסים לאכול בתרומתן?
- מדוע נחלקו רבי אליעזר, חכמים ורבן גמליאל?

- מדוע מסכת ברכות – המסכת הראשונה במשנה – נפתחת דווקא בקטע הזה?

אל תהססו לשאול ולהקשות – זה טיבו של בית המדרש. קחו בחשבון שיש שאלות שיתבררו מאליהן בהמשך הסוגיה. כל לומד זקוק להנחיה, ולומדי תורה מתחילים על אחת כמה וכמה. ההנחיה נדרשת גם ברמה הטכנית, בביאור מילים קשות ופסוקים, וגם ברמת הבנת התוכן.

עצה חשובה: שִׁמרו על ענווה אינטלקטואלית. לומדים מתחילים נופלים בפח כשהם חושבים שהם מבינים הכול לאחר הפעם הראשונה. חכמי ישראל הקדישו את חייהם ללימוד התורה, ולמדו וחזרו שוב ושוב על כל סוגיה במשך שנים ארוכות לפני שאמרו את דעתם. אם תתמידו, בעזרת השם גם אתם תגיעו לכך.

דרגות הלימוד

נוהגים לחלק את הלימוד לכמה רמות העמקה: גירסה, בקיאות ועיון.

גירסה היא קריאה מרפרפת על החומר מבלי להתעמק בהבנתו, כמו מי שעובר על סיכומים ברגעים האחרונים לפני מבחן. הגירסה, שקשה להפיק ממנה תובנות עמוקות, מיועדת בעיקר למי שכבר בקיא בחומר ורוצה לחזור ולשנן אותו. יש מעלה בגירסת פרקי תנ"ך, משניות וקטעי זוהר גם ללא הבנה.

בקיאות היא לימוד החומר ברובד הבסיסי שלו. מנסים להבין את **הסוגיה** [=החומר / הנושא], את המושגים המרכזיים שלה ואת מהלך העניינים עד לרמה שנוכל להסביר אותה למישהו אחר.

עיון הוא לימוד מעמיק של סוגיה תוך העלאת **קושיות**, כלומר שאלות עומק מהותיות. בדרך כלל מוסיפים אלמנט השוואתי מול סוגיות אחרות שעוסקות בנושא דומה. העיון מצריך בקיאות מעולה בחומר הנלמד, ולא פחות מכך יכולת לוגית מפותחת. הלומד נדרש "להחזיק בראש" את **הסברות** השונות של הצדדים במחלוקת, להבין כיצד הן מתייחסות זו לזו ולהקיף את הסוגיה מכל צדדיה. לא פלא אפוא שלימודי העיון נחשבים לפסגה האינטלקטואלית של לימוד התורה.

עמל תורה וחזרות

"פעם ראשונה אדם לומד ומבין. פעם שנייה לומד ותוהה: משטה הייתי בי שדימיתי מבין, הרי אינני מבין ולא כלום. פעם שלישית מבין ואינו מבין. פעם רביעית מבין את שלא הבין ואינו מבין את שהבין. וכן על דרך זה פעם אחר פעם. ואם יגע הרבה וחזר הרבה עד ששכח כמה פעמים חזר, ויש לו סיוע מן השמיים, הרי הוא מתחיל להבין, וזו תחילתה של חוכמה" (ש"י עגנון, עיר ומלואה).

אפשר ללמוד למבחן רק כדי לעבור אותו, ושעה אחר כך לא לזכור כלום; אבל התורה צריכה להיות חקוקה במוח, בלב ובכל איבר בגופנו. כדי להגיע לרמה כזו נדרשת התמסרות – **עמל תורה**. ריכוז, שינון וחזרה על החומר. הפולקלור היהודי מלא בסיפורים על צדיקים ותלמידי חכמים גדולים שהיו חסרי כישרון בילדותם ורק בזכות התמדתם ויגיעתם הגיעו להישגים.

לאחר שלומדים את החומר פעם אחת, יש לשוב ולחזור עליו כמה פעמים עד שיהיה מסודר במוחנו היטב. תרגיל טוב שיעזור לכם לדעת אם אתם שולטים בחומר יהיה לסגור את הספר בסיום הלימוד ולהסביר לעצמכם מה למדתם בראשי פרקים (אפשר גם בקול, זה דבר מקובל בעולם התורני ואף אחד לא יחשוב שהשתגעתם). אם הצלחתם, סימן שהבנתם. אם לא, נסו להבין מה לא מספיק ברור, וחִזרו עליו עד שתוכלו להסביר גם אותו.

קול. רצוי ללמוד בקול רם, משום ש"כל המשמיע קולו בשעת תלמודו, תלמודו מתקיים בידו" (שולחן ערוך יורה דעה רמו). בישיבות לומדים בקול רם ואפילו בצעקות, עם תנועות ידיים וגוף נלהבות כי כשכל האיברים משתתפים בלימוד, החומר נכנס טוב יותר לראש.

"סיום". כשמסיימים ללמוד ספר חשוב – לרוב מסכת בגמרא או סדר משניות – עורכים "סיום". המסיים מסביר את המשפטים האחרונים בספר למשתתפים, ואומר את נוסח הסיום וקדיש מיוחד (אם יש עשרה משתתפים). נוהגים לערוך סעודה חגיגית או לפחות להביא כיבוד, ומיד לאחר מכן מתחילים כבר את המסכת הבאה...

יום אחד הגיע תלמיד אל הרב יהודה עמיטל ז"ל וביקש עצה: "קשה לי ללמוד, הכול משעמם אותי. איך אוכל להמשיך ללמוד בישיבה?".

הרב ענה לו: "אני מקנא בך! אני נולדתי עם משיכה עזה ללימוד עיוני, וסביר להניח שאם לא הייתי מתמנה לרב הייתי כנראה נעשה פרופסור ליהדות או משהו דומה. אבל אצלך הלימוד לא בא כל כך בקלות. אתה צריך להתאמץ, למצוא עניין, להחזיק את עצמך ער. זו דרגה הרבה יותר גבוהה של לימוד תורה לשמה, שאני לא זכיתי לה. אולי אם תחשוב על כך כשאתה לומד, תקבל כוחות מחודשים".

עזרים

שפות. ספרי הקודש היהודיים כתובים בעברית או בארמית. לנו, דוברי העברית, יש יתרון שכן נחסכה לנו שפה אחת שאיננו צריכים ללמוד. אך גם הארמית בגמרא עלולה להיראות מאיימת ומנוכרת. למעשה, מבחינות רבות היא דומה לעברית, וברגע שתופסים את העיקרון אפשר להבין מילים וביטויים רבים. כדאי מאוד לנהל מעין מילון כיס קטן ולכתוב בו כל מילה חדשה שנתקלים בה ואת פירושה בעברית.

כתב רש"י. זהו גופן (פונט) עתיק שבו מודפסים ספרי קודש רבים. כאשר הומצא הדפוס במאה ה־15, הספר העברי הראשון שהודפס היה חומש עם פירוש רש"י. כדי שלא לבלבל את הלומדים היכן מופיע הטקסט המקורי והיכן הפירוש, יצרו המדפיסים את הגופן כדי להבדיל ביניהם. החומש הודפס באותיות עבריות,[5] ואילו פירוש רש"י נכתב בגופן החדש. כך נולד ה"כתב" החדש, אף שרש"י כלל לא הכיר את האותיות האלה... בגופן זה כתובים פירושים רבים על הגמרא (בין היתר של רש"י כמובן), אך הוא נפוץ גם בספרים אחרים עד היום. חשוב מאוד להכיר אותו, ולאחר תרגול לא ארוך אפשר לקרוא אותו באופן כמעט שוטף. רוב האותיות דומות בצורתן לאותיות בעברית, אך יש שש אותיות שנראות בצורה שונה ומודגשות בטבלה:

א	ב	ג	ד	ה	ו	ז	ח	ט	י	כ	ל	מ	נ
א	ב	ג	ד	ה	ו	ז	ח	ט	י	כ	ל	מ	נ
ס	ע	פ	צ	ק	ר	ש	ת	ך	ם	ן	ף	ץ	
ס	ע	פ	צ	ק	ר	ש	ת	ך	ם	ן	ף	ץ	

והנה תרגול קצר, התשובות בסוף הפרק בעמ׳ 242:

ואהבת לרעך כמוך: אמר רבי עקיבא, זה כלל גדול בתורה (תלמוד ירושלמי, נדרים)

גדולה תשובה שזדונות נעשות לו כזכויות (מסכת יומא)

במקום שבעלי תשובה עומדים - אפילו צדיקים גמורים אינם יכולים לעמוד (ברכות)

ראשי תיבות. בימים עברו, כדי לחסוך בדפים ובהוצאות הדפסה, פותחה תרבות ענפה של ראשי תיבות וקיצורים. חלקם מוכרים: ר׳ (רבי), ק״ו (קל וחומר), אדמו״ר (אדוננו מורנו ורבנו), וחלקם פחות כמו אדה״ר (אדם הראשון), מע״ב (מעשה בראשית). יש גם ראשי תיבות יצירתיים במיוחד כמו דצח״ם (דומם, צומח, חי, מדבר) אאמע״ר (אין אדם משים עצמו רשע) ואפילו נתחב״ס (נעוץ תחילתן בסופן). רוב ראשי התיבות חוזרים על עצמם ואחרי שנכנסים לשגרת לימוד, הקריאה נעשית שוטפת יותר. תוכלו למצוא מילונים לראשי תיבות ואפילו אתר אינטרנט שכולל פענוחים לראשי תיבות שונים ומשונים. צה״ל לא המציא את השיטה, רק אימץ אותה מעובדי הדפוס...

מי?

מצוות לימוד תורה מוטלת על כל יהודי, אולם יש בה הבדל מהותי בין נשים לגברים. גם נשים וגם גברים מצווים לדעת את התורה כדי לקיים אותה, ולכן עליהם ללמוד היטב את יסודות התורה – הלכה, אמונה ומחשבה יהודית. בלימוד זה יש ערך רב, ואישה שלומדת תחומים אלה מקיימת בכך את מצוות לימוד התורה המוטלת עליה.

אולם על הגברים מוטל חיוב נוסף של לימוד לשם לימוד, שפירושו להעמיק בתורה עוד ועוד, עד בלי די. זו הסיבה שאופי הלימוד ביניהם שונה, וגברים עוסקים יותר בתחומים שנוטים לפלפול ועיון. הבדל נוסף הוא שעל הגברים מוטלת **חובה** ללמוד תורה גם אם אינם חפצים בכך, ואילו נשים יכולות לבחור בכך. ואף על פי כן, אם אישה רוצה ללמוד מרצונה – אין איסור לעשות כן.

לימוד לנשים

עד לפני מאה שנה בערך, ברוב קהילות ישראל לא היו מוסדות לימוד מיוחדים לבנות, והן קיבלו חינוך בסיסי בבית או בקהילה. ככל שגברו מגמות החילון וההתבוללות בקרב יהודי אירופה, נוצר צורך דחוף בחיזוק החינוך היהודי לבנות.

כבר באמצע המאה ה־19 היו רבנים בגרמניה שהעבירו שיעורים מיוחדים לנשים, ובשנת 1918 הקימה שרה שנירר בפולין את בית הספר היהודי־אורתודוקסי לנשים הראשון בעולם – "בית יעקב".[6] היוזמה זכתה לתמיכת רבנים ואדמו"רים רבים שהבינו כי נוכח התפשטות ההשכלה החילונית, לא ייתכן שהחינוך היהודי לנשים יסתמך על חינוך וולנטרי בחיק המשפחה, וכי יש להקים מסגרות לימוד מסודרות של אמונה, הלכה ותנ"ך גם לנשים. זו

הייתה הסנונית הראשונה, ומאז החינוך לנשים התפשט במהרה והפך למובן מאליו בכל רחבי העולם היהודי.

כמעט כולם מסכימים שאין בימינו מניעה שנשים תלמדנה את כל תחומי התורה אם הן חפצות בכך, וכך הורו רוב גדולי ישראל בדורות האחרונים.[7] הגדיל לעשות הרבי מלובביץ', שעודד נשים להעמיק בכל מקצועות התורה ואף בלימוד הגמרא, שנחשבת למקצוע גברי במיוחד. עם זאת, גם הוא הדגיש כי לימוד וולנטרי אינו יכול לבוא במקום מצוות אחרות שנשים כן חייבות בהן.

ישנן בנות שנמשכות ללימוד התורה ואז מתעוררת אצלן דילמה כבדת משקל בין רצונן להעמיק בלימוד ובין הרצון להקים משפחה, שפעמים רבות אינו מאפשר את ההעמקה הזו. דילמה זו קיימת כמובן גם אצל גברים, המצווים על לימוד תורה, וכבר הגמרא עסקה בשאלה האם צריך ללמוד תורה ואחר כך להתחתן או להפך. אכן, זו דילמה בין שני ערכים מרכזיים ביהדות, וכפי שנראה בהמשך היהדות רואה בהקמת משפחה ערך עצום, וברוב המקרים מעדיפה אותו על ערך לימוד התורה לנשים (פרק טו).

מצוות חינוך

כדי להמשיך את שלשלת המסירה מדור לדור, על ההורים יש מצווה מיוחדת להתחיל ללמד את ילדיהם עוד לפני שהגיעו לגיל מצוות. כבר כשילד מתחיל לדבר מלמדים אותו פסוקים ראשונים כמו "תּוֹרָה צִוָּה לָנוּ מֹשֶׁה, מוֹרָשָׁה קְהִלַּת יַעֲקֹב" (דברים לג), וכמובן "שְׁמַע יִשְׂרָאֵל ה' אֱלֹהֵינוּ ה' אֶחָד" (דברים ו). בגיל הגן נוהגים ללמד את הילדים את סיפורי פרשת השבוע, הלכות ראשונות ואגדות חז"ל, ומכאן ואילך מוסיפים בהדרגה באיכות ובכמות לפי יכולת ההשגה של הילד. ההורה אינו חייב ללמד את בנו בעצמו, ואפשר להיעזר באדם אחר כגון מורה או רב, אבל לימוד עם הילדים הוא בהחלט זמן איכות יקר כשהוא נעשה בשמחה ובנחת...

מתי?

מצוות תלמוד תורה שייכת בכל זמן, על פי הנאמר "וְהָגִיתָ בּוֹ יוֹמָם וָלַיְלָה" (יהושע א). את יסודות התורה אמורים ללמוד בגיל הנעורים, תקופה שבה האדם פנוי מעול הפרנסה והמשפחה ויכול לעסוק בתורה בחופשיות. אבל מה יעשה אדם מבוגר שלא למד תורה עד כה? כיצד ישלב את הלימוד עם הצורך להתפרנס ולדאוג לבני משפחתו?

כאן נכנס הרעיון של "קביעת עיתים לתורה" – זמן מוגדר וקבוע ביום שאותו מקדישים ללימוד. "קביעת עיתים" יכולה להיות באמצעות השתתפות בשיעור, לימוד בחברותא או לבד; היא יכולה להימשך חצי יום, שעתיים או עשר דקות. גם אם מדובר בזמן לא ארוך, בזכות הקביעות אפשר להגיע להספק יפה. מילת המפתח היא התמדה!

במבט ראשון נבהלים מגודל האתגר: הררים של ספרים, מילים ואותיות לפנינו. איך נעשה זאת? המדרש מביא משל על אדם שקיבל משימה שנראית במבט ראשון בלתי אפשרית – להעביר תלולית גבוהה של עפר מקצה אחד של השדה לקצה השני:

> מִי שֶׁטִּפֵּשׁ מַהוּ אוֹמֵר? "מִי יָכוֹל לְקַצּוֹת [=לשטח] אֶת זוֹ?"; [אבל] מִי שֶׁפִּקֵּחַ מַהוּ אוֹמֵר? "הֲרֵינִי קוֹצֵץ שְׁתֵּי מַשְׁפָּלוֹת [=ערימות קטנות] הַיּוֹם, שְׁתֵּי מַשְׁפָּלוֹת לְמָחָר, עַד שֶׁאֲנִי קוֹצֵץ אֶת כֻּלָּהּ".
>
> כָּךְ, מִי שֶׁטִּפֵּשׁ אוֹמֵר: "מִי יָכוֹל לִלְמֹד אֶת [כל] הַתּוֹרָה? [מסכת] נְזִיקִין שְׁלֹשִׁים פְּרָקִים, [מסכת] כֵּלִים שְׁלֹשִׁים פְּרָקִים!"; [אבל] מִי שֶׁפִּקֵּחַ מַהוּ אוֹמֵר? "הֲרֵינִי שׁוֹנֶה שְׁתֵּי הֲלָכוֹת הַיּוֹם, שְׁתֵּי הֲלָכוֹת לְמָחָר, עַד שֶׁאֲנִי שׁוֹנֶה אֶת כָּל הַתּוֹרָה כֻּלָּהּ" (ויקרא רבה, מצורע יט).

מי שנבהל מגודל האתגר ומוותר מראש מכונה כאן ״טיפש״, אך החכם מבין שהפתרון נעוץ בחלוקה למנות קטנות, יום אחר יום, כמו שמטפסים על הר, צעד אחר צעד, לאט ובעקביות. הלימוד בקביעות מצריך התמסרות. לכל אחד יש שעות / דקות / שניות ״מתות״ – בהמתנה לפגישה, במעלית, בנסיעה, בין פעילויות. הן נראות חסרות ערך אבל יקרות מאוד, וכל דקה שווה זהב. במקום להוציא את הסמרטפון כשמשעמם, למה לא תוציאו משניות מהכיס?

מסופר על רבי משה פיינשטיין, מגדולי הפוסקים בארצות הברית, שערך ״סיום״ על כל מסכתות הגמרא בש״ס – מאמץ שנמשך כמה שנים גם אצל גאוני עולם. לאחר כמה שבועות ערך שוב סיום על כל הש״ס. כולם התפלאו: כיצד הצליח הרב לסיים שוב את הש״ס בזמן קצר כל כך? הרב פינשטיין השיב שהיו לו שני סדרי לימוד: האחד הוא הסדר הקבוע שלו, והשני היה סדר שאותו למד בזמן ש... המתין לאשתו כאשר הם עמדו לצאת מן הבית. יש מי ש״מעביר את הזמן״, ויש מי שמנצל את הרגעים המצטברים הללו כדי לסיים את הש״ס. זה לקח אולי כמה שנים טובות, אבל כל דקה הייתה מנוצלת.

איפה?

נאמר בתורה: "וְשִׁנַּנְתָּם לְבָנֶיךָ וְדִבַּרְתָּ בָּם, בְּשִׁבְתְּךָ בְּבֵיתֶךָ וּבְלֶכְתְּךָ בַדֶּרֶךְ וּבְשָׁכְבְּךָ וּבְקוּמֶךָ" (דברים ו). כל מקום מתאים לעסוק בתורה. בבית, ברכבת, בחדר האוכל, במלון, באוהל, בחנות, במכונית או בטיול. רק צריך לוודא שלא יהיה שם ריח רע או צואה. ובכל זאת, גם ללימוד תורה יש מקום ייעודי – **בית המדרש**.

ברוב המקומות מדובר באולם ובו שולחנות, כיסאות או ספסלים, סטנדרים (מעין פודיום) וחשוב מכול – המון המון ספרים. בהלכה נחשב בית המדרש למקום קדוש לא פחות מבית הכנסת, ובמקומות רבים יש גם ארון קודש ותפילות סדירות.

מוסדות לימוד לגברים

מוסד הלימודים התורני המפורסם ביותר הוא **הישיבה**, המיועדת בדרך כלל לבחורים שטרם נישאו. בעבר הלימוד היה מתבצע בעמידה, אך עם השנים עברו לישיבה ומכאן כנראה נובע השם. בישיבות רבות לומדים מסביב לשעון, ביום ובלילה, בימי חול ובשבת. רוב הזמן לומדים בחברותא, וחלק ממנו בשיעורים. הרעש הבוקע מאולם הישיבה יכול להחריש אוזניים – הלומדים נסחפים בהתלהבות ולעיתים ממש צועקים זה על זה, תופעה שנקראת "ריתחא דאורייתא" (רתיחת התורה מתוך התלהבות). האווירה בישיבה וצורת הלימוד משתנות בהתאם לאופי המקום ולכמות הלומדים: יש ישיבות שבהן לומדים אלפי תלמידים, וישיבות שבהן מספר מצומצם.

הישיבות מתחלקות לכמה סוגים: ישיבות **קטנות** מיועדות לבחורים עד גיל שמונה־עשרה, וישיבות **גדולות / גבוהות** לבחורים מבוגרים יותר.

בשתיהן מתמקדים רק בלימודי קודש. בעולם הדתי־לאומי אפשר למצוא גם ישיבות **תיכוניות**, המשלבות לימודי חול ותעודת בגרות יחד עם לימוד תורני, וישיבות **הסדר** שבהן התלמידים לומדים תקופה מסוימת, מתגייסים לצה"ל ולאחר מכן חוזרים לעוד פרק זמן בישיבה. בישראל יש ישיבות מיוחדות ל"**חוצניקים**" (תלמידים מחוץ לארץ בסלנג הישיבתי), ישיבות **דתיות־לאומיות, ליטאיות וחסידיות** (על החלוקה החברתית ראו בפרק יז), ועוד ועוד.

לדעתי, המסגרת המתאימה ביותר ללומדים מתחילים היא **ישיבה** או **בית מדרש לבעלי תשובה**. בתי מדרש אלה מיועדים בדרך כלל לתלמידים בטווח גילים רחב ובעלי רקע משתנה. הם לא רק מכשירים בלימוד תורה ומעניקים את יסודות היהדות, אלא גם מציעים ליווי ותמיכה בתהליכים הנפשיים והחברתיים שהחוזרים בתשובה חווים.

אצל רוב הלומדים, תקופת הלימוד בישיבה נמשכת עד החתונה. בשלב מסוים יוצאים ללימודים גבוהים או לעבודה, ושומרים על קשר עם עולם התורה באמצעות "קביעת עיתים". בתי כנסת, בתי מדרש ומוסדות לימוד הפזורים בכל מקום מציעים שיעורים וחברותות למי שמעוניינים להמשיך ללמוד בשעות הפנאי שלהם. עם זאת, חלק מהלומדים ממשיכים ללמוד גם לאחר החתונה ב"**כולל**", שהוא למעשה ישיבה לתלמידים נשואים (המכונים **אברכים**).

מוסדות לימוד לנשים

כפי שראינו, מוסדות הלימוד לנשים הם תופעה שהתחדשה רק בדורות האחרונים. עד לפני מאה שנה לא היו כלל מוסדות לימוד לבנות; כיום ישנה פריחה עצומה וביקוש רב.

בציבור הדתי־לאומי נערות יכולות ללמוד **באולפנה**, המקבילה הנשית לישיבה תיכונית, בעוד שבעולם החרדי מקובל ללמוד **בסמינר**. אחרי גיל 18 אפשר להמשיך וללמוד **במדרשות**, שבהן שמים דגש על לימודי קודש ברמה גבוהה. חלק מהמדרשות מיועדות גם לבעלות תשובה וחסרות רקע קודם. במוסדות אלה לומדים לרוב תכנים בנושאי אמונה, הלכה, מחשבה וחסידות, ובמקומות מעטים מציעים גם לימודים עיוניים יותר.

מוסדות אחרים

בתי כנסת. בבתי כנסת רבים מתקיימים שיעורים קבועים עבור ציבור המתפללים. לרוב הם מתקיימים בשעות הערב, סביב תפילות מנחה וערבית, כשהציבור ממילא נמצא בבית הכנסת. שיעורים אלה מיועדים לרוב ללומדים שאינם תלמידי ישיבות, ולכן מתאימים גם ללומדים מתחילים. בנוסף, ניתן למצוא אינספור שיעורים והרצאות במגוון סגנונות באינטרנט ובאפליקציות ייעודיות.

בתי מדרש פתוחים. לצד המוסדות הקלאסיים ללימוד תורה ישנו מגוון של בתי מדרש פלורליסטיים, וגם באקדמיה מציעים קורסים ותוכניות לימוד ביהדות. במקומות אלה מלמדים תכנים מגוונים באווירה אינטלקטואלית פתוחה, אבל לרוב הם אינם רואים את עצמם מחויבים להלכה ולמסורת. עבורם היהדות היא תרבות, לא דרך חיים של קדושה אלוקית, ולא פעם הם ממציאים לעצמם דרך חדשה שאין בינה ובין מסורת ישראל כלום.

בברכות של קריאת שמע אומרים "וְתֵן בְּלִבֵּנוּ בִּינָה לְהָבִין וּלְהַשְׂכִּיל, לִשְׁמֹעַ לִלְמֹד וּלְלַמֵּד, לִשְׁמֹר וְלַעֲשׂוֹת, וּלְקַיֵּם אֶת כָּל דִּבְרֵי תַלְמוּד תּוֹרָתֶךָ בְּאַהֲבָה". קודם כל מבקשים שכל ובינה כדי ללמוד ולהבין את התורה, אבל התכלית הסופית היא "**לשמור ולעשות ולקיים**". מי שמחפש יהדות אותנטית, חמה ואמיתית, ימצא את מבוקשו רק אצל מי שמחויבים גם ללימוד התורה וגם לקיומה.

התחלה מהירה

- **לקבוע עיתים.** פַּנו חלק מהיום ללימוד – רצוי מאוד שזה יהיה זמן קבוע. אל תקבעו לעצמכם מחויבות גדולה מדי אלא עלו בהדרגה. זִכרו שלימוד תורה יכול להיעשות בכל מקום ובכל זמן. אפשר לנצל כל זמן פנוי, ואפילו המתנה בתור לספָּר! הצטרפו לשיעורי תורה במקום מגוריכם והאזינו להרצאות באינטרנט.
- **מִצאו מדריך.** חפשו אדם מנוסה – רב, מורה או חבר – שיוכל ללמוד איתכם. אין דרך טובה יותר להיכנס לעולם התורה מאשר שיעור קטן ואינטימי או אפילו לימוד אחד על אחד. המדריך גם יוכל להנחות אתכם כיצד להתקדם בלימוד, לחבר אתכם עם חברותא מתאימה ולסייע לכם לגבש תוכנית לימוד אישית.
- **ללמוד במקום שליבך חפץ.** מִצאו מקום לימודים – בית מדרש, ישיבה, בית כנסת, מדרשה – שאתם מתחברים אליו. רצוי לנסות מגוון מקומות המציעים שיעורים ללומדים מתחילים כגון בתי מדרש לבעלי תשובה, תוכניות לסטודנטים, בתים יהודיים וכדומה.
- **אל תתייאשו.** כל ההתחלות קשות. ייקח זמן עד שהלימוד ייעשה נעים וערב, אבל זה יקרה!
- **תשמחו.** כל דקה של לימוד היא רגע נדיר של קִרבה לה׳, ואולי בשביל הרגע הזה נבראת. יש לך זכות גדולה להתקרב ולהתאחד עמו.

ביאור המשפטים בכתב רש״י מעמ׳ 234:

- ואהבת לרעך כמוך: אמר רבי עקיבא, זה כלל גדול בתורה (תלמוד ירושלמי, נדרים)
- גדולה תשובה, שזדונות נעשות לו כזכויות (מסכת יומא)
- במקום שבעלי תשובה עומדים – אפילו צדיקים גמורים אינם יכולים לעמוד (ברכות)

נספח: תוכנית לימודים למתחילים – "חמש האצבעות"

בנספח זה תמצאו תוכנית מפורטת ללומדים מתחילים. שמה של התוכנית בא מהאופן שבו מחזיקים חפצים בכף היד: כשם שאנחנו זקוקים לכל חמש האצבעות שלנו כדי לאחוז בהם היטב, כך כדי לאחוז בתורה נשתמש ב"חמש אצבעות" – חמישה תחומים שונים של תורה שיקנו לנו הבנה מלאה ושלמה. תוך כדי לימוד היסודות, יוכל כל אחד למצוא את החלק שאליו הוא נמשך יותר.

- התוכנית המוצעת מבוססת על תפיסת חז"ל, שלפיה הבקיאות בתורה היא שלב הכרחי לא פחות מאשר העמקה ועיון (יש הסבורים שבמציאות של ימינו אין זה כך, ומי שמרגיש אחרת יתייעץ עם הרב או המדריך שלו).
- ייקח זמן עד שתוכלו לכסות את כל ה'אצבעות', ובשלבים הראשונים תבחרו רק כמה מהן. מומלץ להתחיל לפחות עם האצבע **הראשונה והחמישית**.
- חלק מהאצבעות מיועדות גם לגברים וגם לנשים, ואילו ה"אצבעות" העיוניות יותר מתאימות בעיקר לגברים. נשים שרוצות להוסיף לימוד גם בתחומים אלה, רצוי שיתייעצו עם אדם בקיא ומנוסה.
- בכל אצבע מפורטות שלוש רמות לימוד – למתחילים, למתקדמים ולמיטיבי לכת. ניתן להתחיל ברמה מסוימת ולעבור בבוא העת לרמות מתקדמות יותר. אין חובה ללמוד את כל האצבעות באותה רמה – מי שבקיא בפרשת השבוע אבל חסר ניסיון בלימוד גמרא, יכול להתחיל ברמה מתקדמת בתנ"ך וברמת מתחילים בגמרא.
- כדאי להתנסות ולטעום מגוון רחב של ספרים. רבי נחמן מברסלב אמר: "ראוי לאדם **שיעבור וילך בזה העולם בכל הספרים הקדושים** וללמוד כולם כדי שיהיה בכל מקום, כמו שנמצא השרים הגדולים שהולכים ועוברים במדינות, ומוציאים הוצאות רבות על זה... כדי שיוכל אחר כן להתפאר ולומר שהיה במדינות, כמו שדרך השרים להתפאר ולומר 'הייתי בוורשא' וכיוצא בזה. כמו כן ראוי שיהיה האדם בעולם הזה בכל מקומות הקדושים של התורה, כדי

שיוכל להתפאר בעולם הבא שהיה בכל מקום, דהיינו בכל הספרים הקדושים כנ"ל. ולעתיד בעולם הבא מזכירין אותו כל מה שלמד בעולם הזה" (שיחות הר"ן, כח).

- מעקב – שימוש בטבלת מעקב יסייע לעקוב אחר ההתקדמות בלימוד ויעניק זריקת מוטיבציה בסוף החודש כשתראו כמה הספקתם ללמוד...

א. אצבע ראשונה – הלכה

לימוד ההלכה המעשית הוא הבסיס לחיים היהודיים, ולכן הוא קודם לכל לימוד אחר.

מתחילים – יש הממליצים ללמוד היטב ספרי הלכה למעשה כמו **קיצור שולחן ערוך** (מאת הרב שלמה גנצפריד, המתאים יותר לבני אשכנז), **ילקוט יוסף – קיצור שולחן ערוך** (על פי פסקי הרב עובדיה יוסף, מיועד בעיקר לעדות הספרדים). הסדרה המומלצת בעיניי היא **פניני הלכה** מאת הרב אליעזר מלמד, המתאימה לבני כל העדות. מעבר שיטתי על הספרים מכריכה לכריכה יספק תמונת מצב מצוינת על עיקרי ההלכה במגוון רחב מאוד של נושאים. כדאי לקבוע לימוד יומי של כמה עמודים, סדר הנושאים לא כל כך משנה.

מתקדמים – לחזור, לחזור ולחזור.

כמו כן, בשנים האחרונות יצאו מספר ספרים וחוברות במסגרת מפעל "צורבא מרבנן", המספק לימוד הלכה מן המקורות עד להלכה המעשית. מומלץ.

מיטיבי לכת – לאחר שמגיעים לשליטה טובה בהלכה המעשית (אחרי כמה חזרות...), אפשר להרחיב וללמוד את יסודות ההלכה העיוניות על כל חלקיה דרך הספרים **משנה ברורה**, **ארבעה טורים**, **שולחן ערוך** עם "נושאי הכלים" – המפרשים, **ילקוט יוסף** ואחרים.

ב. אצבע שנייה – תנ"ך

רצוי להתחיל בלימוד של **פרשת השבוע**:

מתחילים – הפרשה מתחלקת לשבע "עליות", חלוקה המתייחסת לשבעת הקוראים בתורה בשבת, שכל אחד מהם עולה בקטע אחר של הפרשה. קראו את ה"עלייה" של אותו יום עם פירוש הרב שטיינזלץ, וכך תקיפו את הפרשה על פני כל השבוע. ביום ראשון לומדים את עליית ראשון, ביום שני – עליית שני, וכן הלאה. מעבר לקריאה עצמה בתורה, כדאי למצוא ספר עם רעיונות קלים על הפרשה (המלצות תוכלו למצוא בבלוג שלי).

מתקדמים – ללמוד את העלייה היומית עם פירוש רש"י. מהדורה מומלצת מאוד היא "רש"י כפשוטו" בהוצאת לשם.

מיטיבי לכת – כמו ברמה הקודמת, עם תוספת: חז"ל תיקנו לקרוא מדי שבוע את הפרשה "שניים מקרא ואחד תרגום", כלומר לקרוא כל פסוק פעמיים ולאחר מכן את תרגום אונקלוס לארמית. התרגום נועד במקור לאפשר להמון העם, שכבר לא דיבר כמעט עברית, להבין את התורה. כל תרגום הוא גם סוג של פירוש, והרמב"ם ראה בתרגום אונקלוס יצירת מופת שכוללת סודות רבים (מורה נבוכים א, כז). זהו גם תרגול מצוין לשפתיים לקריאת ארמית, שמהווה חסם מרכזי בלימוד התלמוד הבבלי. בהמשך אפשר כמובן ללמוד מפרשים נוספים על הפרשה, ביניהם – רמב"ן, כלי יקר, אור החיים, רש"ר הירש ועוד רבים אחרים.

נביאים וכתובים:

מתחילים – אפשר לדלג לעת עתה.

מתקדמים ומיטיבי לכת – ללמוד את התנ"ך על הסדר עם פירוש (רש"י או מפרש אחר). אפשר להתקדם בכל יום כמה פסוקים או אפילו פרק.

ג. אצבע שלישית – תורה שבעל פה, היקף

לימוד מקיף של הנושאים המרכזיים בתורה שבעל פה. בקטגוריה זו כלולים שני חיבורים מרכזיים: **משניות**, וספר **משנה תורה** לרמב"ם.

קשה להפריז בחשיבות הלימוד "ההיקפי". בעולם הישיבות של היום מקובל ללמוד מסכת או סוגיה מסוימת במשך זמן ארוך, בזמן שחלקים שלמים בתורה אינם נלמדים כלל. היות שהגמרא עצמה מתייחסת ללא הרף לסוגיות רבות ממסכתות אחרות, היכרות איתן, ולו כללית בלבד, היא הכרחית. שלא לדבר על כך שחלקים שלמים של התורה נשארים זנוחים בצד באין לומד.

מתחילים – רצוי מאוד להקיף לפחות פעם אחת את כל המסכתות במשנה עם פירוש קהתי. אפשר להתחיל בלימוד שתיים-שלוש משניות ביום.

מתקדמים – יגדילו את הכמות לחמש משניות, ויקראו כל משנה ארבע פעמים ואז את הפירוש.

מיטיבי לכת – יכולים אפילו לקרוא פרק ביום. מיטיבי לכת של ממש יכולים לאמץ את סיום הש"ס החודשי – בכל יום גורסים ח"י פרקי משנה, ומסיימים את הש"ס משניות בכל חודש!

"משנה תורה"

ספר שכתב הרמב"ם ומסכם את כל ההלכות שמקורן בתורה שבכתב, בתורה שבעל פה ובספרות הגאונים. זהו חיבור מונומנטלי שעד היום איש לא הצליח לחקות. הספר כולל ארבעה-עשר חלקים ("ספרים") המסודרים על פי נושאים, ומכסה את כל תחומי התורה שבעל פה. רוב ההלכות בשולחן ערוך נקבעו על פי פסקי הרמב"ם, ולכן יש לו משמעות גדולה גם במובן ההלכתי. לימוד קבוע בספר זה יעניק זווית ראייה בלתי רגילה לכל מי שרוצה להיכנס לעולמה של תורה.

מתחילים – יכולים ללמוד את ספר המדע וספר אהבה בתור התחלה.

מתקדמים – באמצע שנות השמונים של המאה הקודמת ייסד הרבי מלובביץ' סדר לימוד של פרק אחד ביום, הדורש כרבע שעה ומאפשר לסיים את הרמב"ם כולו בשלוש שנים.

למיטיבי לכת – מוצע סדר לימוד של שלושה פרקים ביום, המאפשר לסיים את הלימוד בשנה. כיום ניתן להשיג פירושים מצוינים ללומדי הרמב"ם היומי. לא חייבים לחכות לתחילת מחזור חדש; אפשר בהחלט להצטרף כשמתחילים ספר, או אפילו בתחילת נושא בתוך כל ספר ("הלכות").

ד. אצבע רביעית – תורה שבעל פה, העמקה

ספר הלימוד היסודי של התורה שבעל פה הוא התלמוד. ככזה, הוא דורש מאמץ מסוים ומוטיבציה שבדרך כלל קשה לרכוש לבד. לימוד בשיעור או בחברותא הוא הדרך הטובה ביותר ללמוד את הגמרא. כאמור לעיל, אצבע זו מיועדת בעיקר לגברים.

איך לומדים? קוראים את הטקסט כמה פעמים, ומגלגלים את המילים על הלשון. מנסים לתרגם לעברית, קוראים את פירוש רש"י. מתעמקים ומבררים מה השאלות העולות בקטע, אילו בעיות הגמרא מנסה לפתור, ומה התירוצים השונים המובאים. חוזרים עוד ועוד על הלימוד כדי לחקוק אותו בנפשנו.

מתחילים – ילמדו בחברותא כמה שיספיקו. אף על פי שלגמרא יש קצב משלה, בשלבים מתקדמים יותר של הלימוד כדאי לקבוע הספק מסוים – כמה שורות, עמוד או אפילו דף (שני צדדים של אותו עמוד) ליום.

לפני כמאה שנה ייסד רבי מאיר שפירא את מסגרת **הדף היומי**, שבה יהודים בכל העולם לומדים את אותו דף גמרא בכל יום ומסיימים את כל הש"ס יחד מדי שבע שנים בערך. אף ששיעורים רבים ברחבי הארץ מתקיימים על פי סדר הדף היומי, זו **איננה** מסגרת מתאימה למתחילים, בגלל הקצב המהיר שלה וחוסר האפשרות להתעכב על סוגיות ושאלות מעמיקות.

מתקדמים – יכולים ללמוד עמוד ליום עם פירוש רש"י (אם אפשר, כדאי לנסות ללמוד גם חלק מפירוש תוספות).

מיטיבי לכת – ינסו לעבור ללימוד בעיון, קריאת הגמרא עם המפרשים העיקריים. יש לקבל הדרכה כיצד ללמוד.

ה. אצבע חמישית – מוסר / אמונה / חסידות / קבלה

נוהגים להשוות את לימוד ארבע האצבעות הקודמות ל"לחם ובשר", כלומר למזון הבסיסי והעיקרי של האדם, ואילו האצבע הזו נחשבת ל"יין", משום שהיא נותנת טעם וחיות. למרות ששמרתי אותה לסוף, היא חשובה ביותר – היא זו שאחראית על בניין האמונה ועל תפיסת העולם היהודית שלכם! למרות השוני הגדול בין תחומי הלימוד המקובצים באצבע זו, כללתי אותם בקטגוריה אחת משום שרוב האנשים מתחברים בעיקר לאחד מהם, וכך יוכלו לבחור.

באצבע זו, רצוי לבחור ספר אחד וללמוד בו באופן קבוע כמה עמודים עד שמסיימים אותו, ואז לעבור לספר הבא וכן הלאה. עם זאת, זה יכול לקחת זמן וחשוב שלא לאבד במקביל את הסקרנות הטבעית לתחומים אחרים. ראינו את דבריו של רבי נחמן מברסלב על כך שאנשים נוסעים ממדינה למדינה ומספרים לכולם בגאווה (או לפחות מעלים תמונות לפייסבוק) על כל המקומות המיוחדים שביקרו בהם, וכך ראוי שיהיה גם ברוחניות – אדם צריך "לבקר" בכל הספרים הקדושים, אפילו בלמידה שטחית, "ולעתיד בעולם הבא מזכירין אותו כל מה שלמד בעולם הזה".

מוסר – מספרים על אדם שבא לרב ושאל אותו מה ללמוד בחצי השעה הפנויה שיש לו ביום. הרב ענה: מוסר. הוא התפלא: מדוע לא הלכה או גמרא? השיב לו הרב: כאשר תלמד מוסר תגלה שבאמת יש לך הרבה יותר מחצי שעה פנויה ביום... ספרים מומלצים: **מסילת ישרים, חובות הלבבות, אורחות צדיקים.**

ספרי **מחשבה** עוסקים בעניינים שכליים ופילוסופיים ודנים במהות האמונה, התורה והמצוות. מי שאוהב העמקה בטעמי המצוות, סיבות לבריאת העולם ושאלות דומות ימצא בהם עניין רב. ספרים מומלצים: **הכוזרי, דרך ה', נפש החיים, כתבי הרב קוק מבוארים.**

החסידות עוסקת בעניינים האלוקיים ומבקשת לעורר באדם את הלהט היהודי בעבודת ה', אהבת הבורא, אהבת ישראל ואהבת התורה והמצוות. הבעל שם טוב כתב כי פעם אחת, כשהעלה את נשמתו למרומים, הוא פגש את המשיח ושאל אותו מתי יבוא סוף סוף. תשובתו של המשיח הייתה "כשיפוצו מעיינותיך חוצה", כלומר כשתורת החסידות תתפשט בעולם. הספרות החסידית מכילה סגנונות שונים, יש כאלה שהם יותר

שכליים וכאלה שפועלים יותר על הרגש, יש ספרים עם דרשות קלות על פרשת השבוע ומאמרים הדורשים התבוננות עמוקה. רצוי לבדוק מגוון סגנונות כדי לראות לאן לבכם נוטה. ספרים מומלצים: חב"ד – **ספר התניא, ליקוטי שיחות**. ברסלב – **שיחות הר"ן, ליקוטי מוהר"ן**. חסידויות נוספות – **נתיבות שלום, קדושת לוי, שם משמואל, שפת אמת, ספרי רבי קלונימוס שפירא (האדמו"ר מפיאסצנה) ורבי צדוק מלובלין.**

קבלה – לא מומלץ להתחיל ללמוד קבלה לבד, ולדעתי גם לא בשלבים הראשונים. העיסוק בנושאים מופשטים ורוחניים עלול לבלבל את מי שאינו מוכן לכך עדיין. הדרכת חכמינו היא לרכוש תחילה ידע מספיק בתורת הנגלה, ורק לאחר מכן להוסיף את לימוד הפנימיות. מי שכבר מרגיש מוכן יכול להצטרף למסגרת קיימת המומלצת על ידי רבנים מוסמכים. קחו בחשבון שלימוד זה דורש הדרכה צמודה ועבודה רוחנית משמעותית.

פרק יב: בין אדם לחברו

מתי בפעם האחרונה
עשית משהו בשביל מישהו?

(**ככלות הקול והתמונה**, יעקב רוטבליט)

מי שרעב ימצא אצלנו פת של לחם
מי שעייף ימצא פה צל ומי באר
מי שסוכתו נופלת
חרש ייכנס בדלת
חרש ייכנס ועד עולם יוכל להישאר.

(**צל ומי באר**, יורם טהרלב)

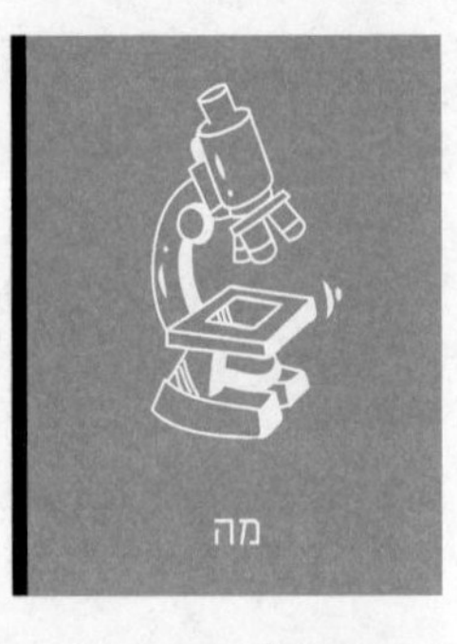

מה?

כמעט כל תייר שמגיע לביקור באיטליה עובר בקולוסיאום ברומא, אחד מאתרי התיירות הפופולריים בעולם. כמעט שבעה מיליון תיירים מבקרים בו מדי שנה. הקולוסיאום הוא אמפיתיאטרון ענק שהוקם בליבה של האימפריה המתקדמת והתרבותית ביותר באותו זמן, כשהמטרה שלשמה הוקם הייתה ספורט מיוחד במינו – משחקים של חיות הטורפות בני אדם ועבדים שנלחמים זה בזה עד מוות, להנאת הקהל. מה'בידור' הזה לא נהנו רק אנשים אלימים וגסים. כל האליטה התרבותית, ראשי השלטון ואפילו הקיסר, הגיעו לצפות במשחקים על בסיס קבוע. הביקוש בציבור היה רב כל כך, עד שהשלטונות סיבסדו את הכרטיסים לקהל הרחב.[1]

שנים רבות לפני שנבנה הקולוסיאום קיבל עם ישראל את התורה, שהפסוקים הראשונים שלה קובעים כי האדם הוא יצור מיוחד במינו, אשר נברא "בְּצֶלֶם אֱלֹהִים" (בראשית א). מי שיפגע בו צפוי לעונש חמור: "שֹׁפֵךְ דַּם הָאָדָם, בָּאָדָם דָּמוֹ יִשָּׁפֵךְ" (שם ט). כל הוויתו של האדם, כל אדם, היא קדושה אלוהית, ולכן יש לשמור עליה ולכבד אותה. אך מערכת היחסים בינינו איננה רק מכשיר אינטרסנטי להשגת תועלת; יש בה קדושה מצד עצמה, וכפי שאמר מרטין בובר, "רק אדם עם האדם הוא דמות אדם שלמה".[2]

עד כה התייחסנו בספר בעיקר למצוות "דתיות" הנוגעות ליחסים בינינו ובין ה' – תפילה, כשרות, שבת, לימוד תורה. לצידן קיים חלק לא פחות חשוב של מצוות שבין אדם לחברו, המכווינות את ההתנהגות החברתית שלנו.

השאלה הראשונה היא, מדוע התורה בכלל מתערבת ביחסים שבין אדם לחברו? הרי היא באה ללמד אותנו איך לחיות חיי קדושה, ואם לא הייתה נותנת לנו מצוות כמו שבת או ציצית, לא היינו יכולים להמציא אותן לבד. אבל בעניין מוסר וחוקים חברתיים – הרי בכל חברה קיים קוד התנהגותי

ומוסרי כלשהו שנקבע בהסכמה חברתית, אז מה התורה באה לחדש לנו? למה לא לתת לאנשים לקבוע בעצמם מה שמתאים להם?

עבודת ה'. אם קראתם את הפרקים הקודמים, אתם כבר יודעים שעבודת ה' איננה מוגבלת רק לנושאים מסוימים, אלא מחלחלת לכל תחומי החיים. כשם שהיא עוסקת בעניינים שברומו של עולם, כך היא יורדת עד הרזולוציה הנמוכה ביותר. לתפיסת החיים היהודית יש השלכות גם על היחסים החברתיים, כך שהתחשבות בזולת ועשיית חסד נעשות חלק מעבודת הבורא. ללוחות הברית שקיבלנו בהר סיני היו שני צדדים: צד אחד כלל את המצוות שבין אדם למקום, והשני את המצוות שבין אדם לחברו, מכיוון שהתורה והלוחות שלמים רק כששני החלקים מחוברים זה לזה.

אובייקטיביות. מוסר הוא דבר נזיל ומשתנה. מעשים שנחשבו מוסריים בתקופה אחת נחשבים לא מוסריים בזמן אחר או בחברה אחרת, ולהיפך. סולם הערכים האנושי משתנה על פי גחמות, אופנות ותפיסות עולם חולפות, שמושפעות מאוד מיצרים ואינטרסים. התורה, לעומת זאת, הגדירה כללי מוסר שנכונים לכל זמן ולכל מקום. הסטנדרט האוניברסלי שלה נקבע מתוך השאיפה להידמות לבורא, הטוב הנצחי והמוחלט.

הפסוק אומר "וְהָלַכְתָּ בִּדְרָכָיו [של אלוהים]" (דברים כח), ושואלים חכמים: וכי אפשר ללכת בדרכי ה' ולהגיע למדרגתו? מובן שלא – אנחנו יצור חולף ומוגבל, והוא אינסופי ומושלם. מה שאנחנו כן יכולים לעשות הוא לחקות את מעשיו: "מה הקדוש ברוך הוא נקרא רחום, אף אתה הֱיֵה רחום; מה הקדוש ברוך הוא נקרא חנון, אף אתה הֱיֵה חנון".

הרב יהודה אשלג זצ"ל ("בעל הסולם") מסביר שהאדם נברא עם רצון עז לקבל – אהבה, הערכה, כבוד, כסף ורכוש. תכלית העבודה המוסרית היא להפוך את הרצון **לקבל** – לְרצון **לתת**.[3] האידיאל שהתורה רוצה שנגיע אליו הוא אדם שאיננו מרוכז בעצמו אלא דוגמה לאיש חסד, אכפתי, מאיר פנים, דואג לזולת ומרבה בנתינה.

איך?

בחלק זה נציג כמה מצוות – טיפה קטנה מים רחב – שישפכו אור על הדרך שבה רוצה היהדות שנתנהג לבני אדם אחרים. מובן שלא נוכל לכסות כאן את ההסבר המעמיק והמלא, והרוצה להעמיק ירחיב על פי רשימת הספרים המומלצים בסוף הספר.

ואהבת לרעך – כמוך?

המצווה החשובה והידועה ביותר מבין המצוות שבין אדם לחברו היא "וְאָהַבְתָּ לְרֵעֲךָ כָּמוֹךָ" (ויקרא יט). חכמינו ראו בה הרבה יותר מאשר עוד מצווה. רבי עקיבא סימן אותה כ"כלל גדול בתורה", וכאשר ביקשו מהלל הזקן לתמצת את כל התורה למשפט אחד, הוא השיב: "מה ששנוא עליך לא תעשה לחברך – זוהי כל התורה כולה, ואת השאר לך ולמד" (שבת לא).

דבריו של הלל מתמיהים. כי איך ייתכן שמצוות "ואהבת לרעך כמוך" היא היסוד הבלעדי שכל התורה עומדת עליו? מה לגבי שאר המצוות כמו שבת, תפילה או כשרות – איך הן מתבטאות באהבת הזולת? ובכלל, איך אפשר לאהוב את האחר ממש כמוני? ברור שכל אחד אוהב את עצמו קצת יותר...

אנחנו שונים כל כך זה מזה, ולא סתם קשה לראות את הזולת "כמוך". יש כל כך הרבה הבדלים חיצוניים שמפרידים בינינו: מגדר, מראה חיצוני, מעמד חברתי, תכונות. ולכן, כל עוד אני מסתכל רק על החיצוניות של הזולת, לעולם לא אוכל לאהוב אותו באמת כמוני. הדרך היחידה שבה אפשר לשנות זאת היא להתבונן פנימה, אל הנשמה. שם, בעומק העומקים, מתברר שהחלק הרוחני שלנו אינו שונה; זו אותה נשמה אצל כולנו, "רק הגופים מחולקים".[4]

דמיינו לרגע כוסות זכוכית צבעוניות שמזגו לתוכן יין. הכוסות שונות זו מזו, כל אחת מעוטרת בקישוטים אחרים. יש כוסות יפות יותר ויש כוסות ממש מכוערות, אבל האם לא בכולן נמצא את אותו יין? באופן דומה, אם נסתכל על הזולת דרך המשקפיים של אלוהים, נראה שגם אני וגם את וגם אתה מורכבים בעצם מאותו חומר רוחני, יצורי אנוש שנבראו בצלם אלוהים, ורק הכיסוי החיצוני שעוטף את הנשמה משתנה מאדם לאדם.

לכן מצוות "ואהבת לרעך כמוך" היא מרכזית כל כך: היא גורמת לאדם לצאת מעצמו. כל המגמה של התורה היא לגרום לנו לראות את העולם בצורה פנימית יותר, להביא לכך שהרוח והנשמה ישלטו על האגו ולא להפך. כל עוד האגו מנהיג, האדם אנוכי ומרוכז בעצמו; אך כשהנשמה מובילה, האדם אוהב יותר את עצמו, את הזולת ואת ה', וקל לו להתמסר בשמחה לעבודת ה'. הלל אומר שמצוות "ואהבת לרעך כמוך" היא החשובה ביותר בתורה, כי היא הפתח לשאר המצוות.

מצוות במחשבה

לדון לכף זכות. אנו שופטים את הסביבה כל הזמן. בכל אחד נמצא קול פנימי המחווה דעה על כל אדם ועל כל דבר ללא הרף: "מה הוא חושב לעצמו?", "איך הוא לא מתבייש לחנות פה?" או "אני בחיים לא הייתי יוצאת ככה מהבית".

המצווה לדון לכף זכות אומרת שכאשר נתקלים במקרה שניתן לפרש באופן חיובי ובאופן שלילי, עלינו להעדיף את הפירוש החיובי. המצווה נלמדת מהפסוק "בְּצֶדֶק תִּשְׁפֹּט עֲמִיתֶךָ" (ויקרא יט), שהשיפוט שלנו את הזולת יהיה צודק – שפוט אותו כמו שהיית רוצה שישפוט אותך, גם אם לא תמיד אתה יודע מדוע נהג כפי שנהג.

איך מקיימים? המצווה לדון לכף זכות מתבססת על היכולת, שכבר קיימת בנו ממילא, לספר לעצמנו סיפור. אבל לא את הסיפור הביקורתי והמאשים שמתנגן אצלנו אוטומטית, אלא סיפור חדש, יצירתי ואולי אף יוצא דופן. מי יודע איזה סיפור יותר נכון? הסיפור לכף זכות יכול לשקף את המציאות לא פחות מהסיפור העוקצני שנובט בראשנו. הרי איננו יודעים באמת מה קורה אצל השני, אז מדוע אנחנו כל כך ממהרים להאשים? ייתכן שהוא לא

ידע או לא שם לב לפרט מסוים, וייתכן שידע אלא שיש פרטים מסוימים שאנחנו, הצופים, לא מכירים.

במהלך שירותי הצבאי נקלעתי יום אחד לפעילות מבצעית בבסיס שבו לא הכרתי איש. הייתה לי חבילת עוגיות שוקולד שהבאתי מהבית, והנחתי אותה ליד עמדת העבודה שלי. לאחר כמה שעות יצאתי לחדר האוכל, וכשחזרתי חשכו עיניי: החיילת שישבה לידי כירסמה להנאתה עוגיית שוקולד והחבילה הייתה ריקה לחלוטין. "חצופה! באיזו רשות את אוכלת מהאוכל שלי?!" הטחתי בה. "מה פתאום, אלה העוגיות שלי!", היא צעקה בחזרה. התחלנו לריב כשכל אחד מתבצר בעמדתו. אחרי כמה שעות אחד החיילים חיפש משהו ולפתע נפלה קופסת עוגיות סגורה מאחורי השולחן. לא ידעתי איפה לקבור את עצמי... התנצלתי ולמדתי לקח; לפחות יצא מזה סיפור.

כשרואים מעשה שלילי מובהק או כזה שאי אפשר לפרשו בחיוב על ידי אדם בינוני שאיננו צדיק, לא חייבים לדון לכף זכות. אם אדם ברחוב מכניס את היד לתיק של איזו גברת, כנראה לא מדובר במתן בסתר... אפילו במקרים כאלה יש יוצאים מן הכלל, וצריך להיזהר שלא לחרוץ דין מהר מדי.

הרב אריה לוין זצ"ל, מצדיקי ירושלים בדור הקודם, סיפר: "פעם אחת השתתפתי בהלווייתו של אחד מגדולי ירושלים. לאותו נפטר היה ידיד קרוב משכבר הימים. לפתע ראיתי שאותו ידיד פורש מן הלוויה בתחילת דרכה, ואינו מלווה את חברו לבית הלוויות. במקום זאת הוא נכנס לחנות פרחים סמוכה וקנה עציץ. חשבתי בלבי: כך מתנהג ידיד לחברו הקרוב, ולא גומל עימו חסד אחרון?! האם אינו יכול למצוא שעה אחרת לקנות עציץ, שהוא חייב לעזוב את הלוויה דווקא עכשיו?

"ניגשתי אליו בסוף הלוויה ושאלתי אותו על כך. הוא ענה לי בסיפור מופלא: 'מזה שנים אני מטפל באדם אחד שחולה במחלת הצרעת ומטופל בבית החולים למצורעים כאן בירושלים. אותו אדם נפטר אתמול, וכדי שהמחלה לא תדביק אחרים החליטו הרופאים, שאינם יהודים, לשרוף את כל חפציו, ובכללם גם זוג תפילין. התקוממתי ודרשתי שלא ישרפו את התפילין, שכן הדבר אסור לפי ההלכה. סיכמתי

עם הרופא הראשי שאם אבוא עד השעה 12 בצהריים עם עציץ חרס, הם יקברו את התפילין בתוך העציץ – כדין. לכן הייתי מוכרח לרוץ לקנות את העציץ פן אחמיץ את השעה...'. מאז אותו יום קיבלתי על עצמי לדון כל אדם לכף זכות".[5]

איסור נקימה ונטירה. הכתוב אומר "לֹא תִקֹּם וְלֹא תִטֹּר אֶת בְּנֵי עַמֶּךָ" (ויקרא יט). נקמה פירושה שאנחנו "מחזירים" למישהו בגלל ההתנהגות הלא יפה שלו, ונמנעים מלסייע לו או נוקטים כלפיו תגובה שלילית. נטירה היא שמירת הכעס בלבנו, גם אם במעשים אנחנו מוכנים ללכת לקראתו.

איך מקיימים? "לא תיקום" – אדם שנהג כלפיך שלא כראוי, אל תנהג איתו באותו אופן. לדוגמה, קרוב משפחה מבקש ממך הלוואה, אף שכאשר אתה ביקשת ממנו הלוואה לפני כמה שנים הוא סירב להלוות לך. אל תעניש אותו על כך, ואם הדבר מתאפשר – תן לו בלב שלם.

"לא תיטור" – אדם שלא התנהג איתך כראוי, אל תזכיר לו זאת בפעם הבאה שיזדקק לעזרתך. לדוגמה, אם הסכמת כבר לתת את ההלוואה, אל תשחרר עקיצה כמו "רק מזכיר שכשאני הייתי צריך לא עזרת לי...". אין בכך שום תועלת – הוא כבר יודע.

מצוות בדיבור

גנבת דעת ואונאה. "רבן שמעון בן גמליאל אומר: על שלושה דברים העולם קיים, על הדין ועל האמת ועל השלום" (אבות א). האמת היא יסוד שעליו המציאות עומדת, לעומת השקר שמפרק אותה. התורה מייחסת חשיבות רבה לאמירת אמת, ולא פחות מכך מְצַוָּה עלינו להתרחק מאוד ממידת השקר: "מִדְּבַר שֶׁקֶר תִּרְחָק" (שמות כג).

קל לומר את האמת כשאין לה השלכה, אבל מה עושים כשאמירת האמת עלולה לפגוע בנו? לפעמים נוח לאשר הגעה לחתונה "כי לא נעים", גם כשאנחנו יודעים שלא נוכל להגיע; נחמד להיכנס לחנות ולמדוד בגדים גם כשאיננו מתכוונים לקנות; מפתה להחניף לאיש העסקים שיושב מולי בלי סיבה אמיתית, רק כדי שיסכים לחתום על העסקה. התורה מכוונת אותנו אל ערך האמת גם כשהוא אינו פועל לטובתנו.

איך מקיימים? יש כמה מצוות העוסקות באמירת אמת, ובהרחקה משקר ומפגיעה בזולת.

איסור אונאה ("הונאה" בכתיב העברי של ימינו) הוא הטעיה מכוונת של אדם אחר. סוג אחד הוא **אונאה ממונית**, הנוגעת יותר לתחום העסקי. למשל כאשר מעלים את המחיר של מוצר מעבר למחירו האמיתי, או כשגורמים לקונה לחשוב שחפץ שמוכרים לו שווה יותר מכפי שהוא שווה באמת. הסוג השני הוא **אונאת דברים**, כשמצערים אדם אחר, פוגעים בו, מזכירים לו פרטים לא נעימים מעברו או מעמידים אותו באור מביש. למשל, אסור להזכיר לבעל תשובה את עברו, התורה אסרה גם **גנבת דעת**, כלומר יצירת רושם פיקטיבי לגבי הכוונות האמיתיות שלנו. למשל, מוכר שמסתיר את פגמיו של המוצר שהוא מעוניין למכור; תלמיד שמעתיק במבחן ומקבל ציון שלא מגיע לו; אדם מזמין את חברו לאכול אצלו אף שהוא יודע שהחבר לא יבוא. התורה מעודדת את האדם ללכת בדרכים ישרות וטובות, וכמו שכתב הרמב"ם: "אסור לאדם להנהיג עצמו בדברי חלקות ופיתוי. ולא תהיה אחת בפה ואחת בלב, אלא תוכו כברו, והעניין שבלב הוא הדבר שבפה. ואסור לגנוב דעת הבריות, ואפילו דעת הגוי" (הלכות דעות ב).

לשון הרע ורכילות. התקשורת האנושית היא כלי רב־עוצמה, והיכולת לשתף את מחשבותינו ורגשותינו עם הסובבים היא כנראה הסיבה בה' הידיעה שהאנושות הגיעה להישגים גדולים כל כך. אלא שמילים הן מכשיר מסוכן: הן יכולות לבנות אהבה וקִרבה אך גם להחריב יחסים וליצור שנאה בן־רגע, כפי שאמר שלמה המלך "מָוֶת וְחַיִּים בְּיַד לָשׁוֹן" (משלי יח).

שימוש במילים באופן שגורם לצרות עין, שנאה ומחלוקת נקרא **לשון הרע.** "שמירת הלשון" נחשבת לגורם מרכזי ביצירת אטמוספירה של אמון וכבוד הדדי, כי אנחנו כל כך מוקפים בדיבורים שליליים עד ששמעתי לא מעט אנשים שסיפרו שרק כשהם התחילו להקפיד על שמירת הלשון, שמו לב פתאום כמה הם נגועים בכך. שמירת הלשון היא אחת המצוות הקשות, כי כבני אדם אנחנו כל כך נהנים לדבר על מה שאחרים עשו...

איך מקיימים? לא אומרים שום דבר מגונה או שלילי על אנשים אחרים, אפילו אם הוא אמיתי! הדברים נכונים במיוחד אם הם עלולים לגרום עלבון,

אי־נעימות, הפסד כספי או צער. משפטים כמו "כמה היא מדברת", "פיטרו את הבן שלו וכנראה הייתה סיבה טובה", "עם הפרצוף שלו הוא לא יגיע רחוק" ושאר פנינים כאלה, נחשבים ללשון הרע גם אם הם נכונים. עדיף להימנע ממשפטים שליליים שאפשר לפרש בכמה דרכים, כמו "מה דעתך על יוסי?" – "עזבי, עדיף שלא נדבר עליו...".

אסור לא רק לדבר לשון הרע אלא גם לשמוע אותה. מרגע ששומעים דברים שליליים על אדם אחר, באופן אוטומטי אנחנו מתחילים לחשוב עליו כך אפילו אם איננו מכירים אותו בכלל. כשנמצאים בסביבה בה מדברים הרבה לשון הרע ואין אפשרות לעזוב, נשתדל להתעלם ולהזכיר לעצמנו שזו אינה בהכרח האמת, אלא רק צד אחד של הסיפור.

במספר מוגבל של מצבים מותר בכל זאת לומר דברים שליליים על אנשים אחרים מבלי שזה יחשב ללשון הרע. יש לכך כמה תנאים, והמרכזי הוא שתהיה בכך תועלת ברורה, כגון להזהיר אנשים מרמאים ונוכלים וכדומה. יש מי שמתיר גם כדי לפרוק מטען רגשי, כמו שמצוי מאוד בין בני זוג שמספרים זה לזה על אירועי יומם, אבל צריך להיזהר לא להגזים גם באופן המותר. ובכל מקרה רצוי לספר מבלי שהשומעים יוכלו לזהות את גיבור המעשה ("אחד העובדים שלי איחר היום איחור רציני...").

מעשה באדם שדיבר לשון הרע ורכילות בלי סוף. לאחר זמן, כשהתחיל להבין עד כמה דיבוריו הזיקו לאנשים, מצפונו התעורר והוא פנה אל הרב לבקש תיקון על חטאיו. אמר לו הרב: "קח כר נוצות, חתוך בו פתח רחב ופזר את הנוצות ברוח היום". מבלי להבין מדוע, עשה אותו אדם כהוראת הרב ופיזר את הנוצות בכל העיר. למחרת, כשחזר אל הרב ובישר לו שהמשימה בוצעה, אמר לו הרב: "יפה, עכשיו לך ואסוף את כל הנוצות שפיזרת".

האדם המסכן ניסה, אך בקושי הצליח לאתר חלק קטן מהנוצות. בבושת פנים חזר אל הרב והודה שלא הצליח לקיים את דבריו. אמר לו הרב: "הדיבורים שלנו הם כמו נוצות – מה שיצא מהפה, כבר אי אפשר להחזיר". ועל כך אמר הכתוב: "שֹׁמֵר פִּיו וּלְשׁוֹנוֹ, שֹׁמֵר מִצָּרוֹת נַפְשׁוֹ!" (משלי כא).[6]

מצוות במעשה

כיבוד הורים. מצוות כיבוד הורים, שמופיעה בעשרת הדיברות, ממוקמת ממש במרכז של לוחות הברית, בין המצוות שבין אדם למקום ובין המצוות שבין אדם לחברו. הדבר מדגיש את העובדה שעבור הילדים, ההורים אינם בני אדם רגילים אלא שותפים בכירים ליצירת האדם, ויש להתייחס אליהם באותו כבוד השמור לאלוהים. "שלשה שותפין הן באדם: הקב"ה ואביו ואמו; בזמן שאדם מכבד את אביו ואת אמו, אמר הקב"ה: מעלה אני עליהם כאילו דרתי ביניהם וכבדוני" (קידושין ל). היהדות אינה רואה ביחסים בין הורים לילדים יחסים שוויוניים; יש לכבד את ההורים ללא קשר למצבם או לאופן שבו גידלו את ילדיהם. כיבוד ההורים הוא גם הכרת הטוב על כך שאנו חייבים להם את חיינו, פשוטו כמשמעו, ועל החסד והטובה שעשו עימנו בילדותנו.

למעשה, מצוות כיבוד הורים כוללת שני מרכיבים: לכבד את ההורים, ולירא מהם. בפסוק "**כַּבֵּד** אֶת אָבִיךָ וְאֶת אִמֶּךָ לְמַעַן יַאֲרִכוּן יָמֶיךָ עַל הָאֲדָמָה אֲשֶׁר ה׳ אֱלֹהֶיךָ נֹתֵן לָךְ" (שמות כ) הדגש הוא על נתינת כבוד, ואילו בפסוק "אִישׁ אִמּוֹ וְאָבִיו **תִּירָאוּ**" (ויקרא יט), הדגש הוא על היראה.

איך מקיימים? לכבד את ההורים פירושו לעזור ולסייע להם בכל מה שהם מבקשים. העזרה של הילדים מתבטאת בזמן ובאכפתיות שהם מקדישים להוריהם. אם העזרה כוללת הוצאה כספית, כמו לערוך עבורם קניות, היא יכולה לבוא מכספם של ההורים. יראה פירושה לדבר אליהם בכבוד, לא סותרים את דבריהם (כמו "אבא, אתה טועה!") ולא קוראים להם בשמותיהם הפרטיים. אם יש להם מקום קבוע בשולחן האוכל או בפינת הישיבה, לא יושבים בו. וכמובן אסור לקרוא להם בשמות גנאי, לקלל או להכות אותם.

עד כמה צריך לכבד את ההורים? דמיינו את המצב הבא: מנכ"ל של חברה גדולה מנהל ישיבה עסקית רבת משתתפים. לפתע נכנסים הוריו הזקנים, ומסיבה לא ברורה ניגשים אליו בחמת זעם, קורעים את בגדיו ויורקים בפניו. ההלכה קובעת שאפילו במצב הזה "לא יכלים אותם, אלא ישתוק ויירא מן מלך מלכי המלכים שציווהו לירא מפניהם" (שולחן ערוך יורה דעה רמ). אינני יודע אם מישהו מאיתנו נאלץ אי־פעם להתמודד עם מצב קיצוני שכזה, אך הדוגמה באה להראות עד כמה כיבוד הורים תקף גם כשהדבר אינו נעים ונוח. עם זאת, מובן שלהורים אין שום היתר לפגוע בילדיהם בשום דרך – לא כספית, לא מילולית ולא גופנית.

האם ילדים חייבים לעשות כל מה שהוריהם מבקשים? כן ולא. מצד אחד, ראוי לשמוע בקולם ולמלא את רצונם ובקשותיהם עד כמה שאפשר, ולהתאמץ ולהשקיע גם כאשר יש לכך מחיר אישי וכלכלי עד גבול מסוים. מצד שני, ההורים אינם יכולים לדרוש מילדיהם כל דבר. הם אינם יכולים לדרוש מילדם שיעברו על מצווה – למשל, שיחללו בשבילם שבת או שיאכלו אוכל לא כשר, גם אם תיגרם להורים עוגמת נפש וצער. הרי בלתי אפשרי שההורים ידרשו מילדיהם לעבור על חוק שהם עצמם חייבים בו... הם גם לא יכולים לכפות את דעתם על הילד בנושא בחירת בני זוג, מקצוע או מקום מגורים, משום שלילד יש זכות לקבל החלטות בעצמו בנוגע לחייו שלו. אמנם, אם הילד יבחר לשמוע להם בכל זאת הוא יקיים מצווה, אך גם אם לא – הוא לא יעבור על מצוות כיבוד הורים.

מצוות כיבוד הורים מחייבת את כל הילדים, בכל גיל, עד סוף החיים. אפילו אחרי שההורים כבר אינם בין החיים, ראוי לכבד את זכרם (אומרים קדיש, לומדים לעילוי נשמתם). והיא כמובן חלה גם על ילדים שמתקרבים ליהדות, שצריכים לכבד את הוריהם גם אם ההורים מתנגדים לדרכם ומערימים עליהם קשיים (נרחיב על כך בפרק יז).

בדרגה נמוכה יותר יש מצווה לכבד גם את סבא וסבתא, ואף את האחים הגדולים.

גנבה וגזל. "גְנֵבה" מתקשרת אצלנו בדרך כלל לפריצה לבית, חטיפת תיקים ברחוב או קבלת שוחד של אנשי ציבור מושחתים. אבל לפי התורה גנבה היא מעשה כמעט יומיומי, שעלול לקרות לכל אחד בהיסח הדעת מבלי שאנו מודעים לכך.

לפני מספר שנים ערכה קבוצת חוקרים בארה"ב ניסוי מעניין באחת האוניברסיטאות הידועות בארה"ב: הם הניחו במקרר של מעונות הסטודנטים שישיית פחיות שתייה שכל אחת מהן שווה דולר, ולצידן צלחת ובה שישה שטרות של דולר אחד. לאחר עשרים וארבע שעות התברר כי כל הפחיות נעלמו, אולם איש לא נגע בשטרות הכסף.[7] ייתכן כי בדמיוננו יש הבדל בין גנבת כסף ובין "שימוש" בפחית, אך לא לפי ההלכה: "כל הגונב ממון משוה פרוטה ולמעלה עובר על 'לא תעשה', שנאמר 'לא תגנוב'" (רמב"ם, הלכות גנבה).

איך מקיימים? גנבה נעשית בהיחבא ובשקט, ואילו גזל – בתקיפות ולעיני כול. כל ספר, דיסק או כלי ששאלנו פעם ולא החזרנו, עלול להפוך עם הזמן לגזל המצוי בידינו... מצווה זו שכיחה גם במקום העבודה: לעובדים אסור להשתמש בציוד משרדי או לבזבז את זמנם בעניינים אישיים מעבר למסגרת שהמעסיק מסכים עליה. למורים ולמרצים אסור לאחר לשיעור כי יש בכך גזל זמן. צריכים להיות יותר מודעים.

מי שכבר גזַל – מצווה מן התורה שישיב את מה שלקח, אפילו לאחר שנים רבות. ואם הגזילה אינה אצלו, יחזיר את שוויה. ואם אינו יודע ממי גזל, יתרום סכום כסף בשווי הגזילה לזיכוי הרבים, וכך אולי ישוב חלק משווי הגזילה לנגזל.

מסופר בתלמוד על רבי יהושע, שמימיו לא ניצחו אותו בוויכוח מלבד שלוש פעמים. זוהי אחת מהן: "פעם אחת הייתי מהלך בדרך, והייתה דרך עוברת בשדה והייתי מהלך בה. אמרה לי תינוקת (ילדה) אחת: 'רבי, לא שדה היא זו?' אמרתי לה: 'לא דרך כבושה היא?' (ניכר שרבים כבר עברו בה). אמרה לי: 'ליסטים כמותך כבשוה!' (אתה שודד; כל האנשים שעברו בה עשו שלא כשורה, ואתה ממשיך בדרכם)" (עירובין נג).

השבת אבידה. התורה מייחסת חשיבות רבה לשמירה על רכוש הזולת. השבת אבידה היא החזרת רכוש שאבד לבעליו. מקור המצווה בפסוק "לֹא תִרְאֶה אֶת שׁוֹר אָחִיךָ אוֹ אֶת שֵׂיוֹ נִדָּחִים וְהִתְעַלַּמְתָּ מֵהֶם, הָשֵׁב תְּשִׁיבֵם לְאָחִיךָ" (דברים כב).

איך מקיימים? כאשר מוצאים חפץ כלשהו, צריך לעשות מאמץ כדי להשיב אותו לבעליו. אם לחפץ יש סימנים מזהים, המשימה אמורה להיות קלה יחסית. אם לא, יש להכריז על המציאה ולפרסם אותה (למשל, לתלות שלטים עם מינימום פרטים מזהים, כמו "נמצאה טבעת זהב במקום פלוני"). כך המאבד יוכל לקבל אותה חזרה תמורת סימני זיהוי, באופן שירחיק רמאים פוטנציאליים. במצווה זו ישנם פרטים רבים המגדירים באילו מקרים מוטלת עלינו חובה להשיב את האבידה, ורצוי לברר אותם בעת הצורך. אחד הכללים הוא שאם הבעלים התייאש מלמצוא את האבידה אין חובה להשיבה לו, ולכן שטר כסף שמוצאים ברחוב – אין חובה להחזירו.

בשנת 2016 פרסם תושב חיפה פוסט מרגש, ובו סיפר כי שכח תיק ובו 130 אלף שקלים במזומן ליד תחנת אוטובוס בחיפה. לאחר כחצי שעה הוא שם לב לאבידה, וחזר למקום כשהוא בחרדה עצומה שמא לקחו את התיק. "חשבתי, אולי בכל זאת יקרה נס ועוד אמצא את זה", תיאר. "כשהגעתי לתחנה, ישב שם בחור חרדי ושאל אותי האם הוא יכול לעזור לי. סיפרתי לו את הסיפור והוא אומר לי כך: 'הגעתי לפה לפני 25 דקות וראיתי את התיק. פתחתי וראיתי סכום כסף לא קטן. אמרתי לעצמי שאחכה כאן רבע שעה, ואם האיש לא יגיע אשים פתק עם מספר טלפון שיוכל להשיג אותי. לאחר רבע שעה, כשאף אחד לא הגיע, אמרתי לעצמי שכיוון שאני מתגורר בירושלים ואולי הכסף דחוף למאבד, אחכה עוד פרק זמן. אמרתי פרק תהילים כדי שיבוא מהר. לא עברו עשר דקות והגעת'". הבחור ביקש שהמאבד ייתן סימנים שהתיק שלו, ולאחר שהתברר כי הוא אכן בעל התיק, החזיר לו את הכסף בשלמותו. "עד לרגע שסיימתי לספור, לא האמנתי שזה אצלי ושאמצא את זה בכלל. רציתי לתת לו סכום יפה אבל הוא בשום אופן לא רצה לקבל, ואמר שזו המצווה שלו", סיים המאבד בהתרגשות את סיפורו.[8]

גמילות חסדים. גמילות חסדים היא מצווה שעיקרה נתינה. היא יכולה להיעשות בכסף (ראו להלן מצוות צדקה), או בעזרה אחרת כגון בישול ארוחות לחולים, הכנסת אורחים או ניחום אבלים.

וכך כתב הרמב"ם:

> מצוות עשה של דבריהם [=דברי חכמים], לבקר חולים ולנחם אבלים ולהוציא המת וללוות האורחים ולהתעסק בכל צרכי הקבורה: לשאת על הכתף ולילך לפניו, לספוד, לחפור ולקבור. וכן לשמח חתן וכלה ולסעדם בכל צרכיהם. ואלו הם גמילות חסדים שבגופו שאין להם שיעור... כל הדברים שאתה רוצה שיעשו אותם לך אחרים, עשה אתה אותן לאחיך בתורה ובמצוות (הלכות אבל יד).

איך מקיימים? מצוות גמילות חסדים היא רחבה מאוד וניתן לבצע אותה בתחומים רבים ושונים, כל אחד לפי אישיותו. בעולם הדתי והחרדי קיימים "גמ"חים" (ראשי תיבות של **גמילות חסדים**) רבים המציעים עזרה וסיוע כמעט בכל תחום: החל מהשאלת כיסאות, שולחנות, תנורי חימום וציוד

לחולים, ועד בקבוקי תינוקות, טרמפים והקראת סיפורים לקשישים. בשנים האחרונות החלה תופעה של תרומת כליה אלטרואיסטית לחולים הסובלים מאי־ספיקת כליות, ובישראל שיעור התרומות בהתנדבות הוא מהגבוהים בעולם.

גמילות חסדים אינה מתרחשת מעצמה – יש ליזום אותה ולפנות לה זמן מוגדר. דוגמאות לא חסרות: במרכזים הרפואיים (בתי חולים) אפשר לראות אנשי חסד שמציעים עזרה וסיוע, מחלקים בלונים וממתקים ואפילו באים לבקר חולים שאין מי שיבקר אותם. מסופר על הרב אריה לוין שהיה יוצא לביקור אצל אלמנות הרבנים בירושלים בערבי חג, כדי שלא תחושנה בודדות. ושמעתי על גמ"ח מקורי במיוחד: איש אחד נוסע במכוניתו מדי יום שישי אחר הצהרים, ומחפש אנשים שצריכים הסעה כדי להגיע ליעדם לפני כניסת השבת.

צדקה. כהמשך למצוות גמילות חסדים, צדקה היא סיוע חומרי לנזקקים. מקור המצווה בפסוק "כִּי יִהְיֶה בְךָ אֶבְיוֹן מֵאַחַד אַחֶיךָ... לֹא תְאַמֵּץ אֶת לְבָבְךָ וְלֹא תִקְפֹּץ אֶת יָדְךָ מֵאָחִיךָ הָאֶבְיוֹן. כִּי פָתֹחַ תִּפְתַּח אֶת יָדְךָ לוֹ, וְהַעֲבֵט תַּעֲבִיטֶנּוּ דֵּי מַחְסֹרוֹ אֲשֶׁר יֶחְסַר לוֹ" (דברים טו). הצדקה היא מצווה חשובה ביותר, ומי שמקיים אותה נדבק במידותיו של ה'. מטרתה לסייע לעניים ולנזקקים לעמוד בכוחות עצמם, ולכן הדרגה הגבוהה ביותר של צדקה היא להשיג להם מקום עבודה שיאפשר להם להתפרנס באופן עצמאי. מובן שבמקרים שבהם הדבר אינו מתאפשר, יש לסייע בדרכים אחרות.

ואם יאמר אדם: הרי אני משלם מיסים, נאנק תחת עול המשכנתא, ואיך אתן עוד מכספי לעניים? על כך כתב ספר "ארבעה טורים": "אל יעלה בלבו עצה לומר 'איך אחַסר ממוני ליתנו לעניים?'. כי יש לו לדעת שאין הממון שלו, אלא פיקדון לעשות בו רצון המפקיד [=ה']. וזה רצונו – שיחלק לעניים ממנו, וזהו החלק הטובה שיהיה לו ממנו... ועוד, כי הדבר בדוק ומנוסה כי בשביל הצדקה שנותן לא יחסר לו, אלא אדרבה תוסיף לו עושר וכבוד" (טור יורה דעה, רמז). והרמב"ם כתב: "לעולם אין אדם מעני [נעשה עני] מן הצדקה, ואין דבר רע ולא היזק נגלל בשביל הצדקה, שנאמר (ישעיהו לב, יז) 'וְהָיָה מַעֲשֵׂה הַצְּדָקָה שָׁלוֹם'" (הלכות מתנות עניים י).

איך מקיימים? מצווה על כל אדם להפריש מכספו ולתת צדקה. גם העניים עצמם, ואפילו מי שבעצמו מקבץ נדבות, צריכים לתת צדקה, כי הנתינה

היא פעולה של הידמות לה׳. על פי ההלכה רצוי להעביר את כספי הצדקה לגבאי צדקה או לארגון נאמן המעבירים את הכספים לנזקקים ודואגים לצורכיהם. כאשר אדם שאינו מוכר לכם מבקש צדקה, לא חייבים לתת סכום גדול, אך מקובל לתת לפחות מטבע קטן כדי שלא להשיב את פניו ריקם. את הצדקה יש לתת בסבר פנים יפות ובצורה מכובדת, כי החיוך עצמו שווה לא פחות מהכסף. וכדי לשמור על כבודם של העניים עדיף לתת את הצדקה באופן שהמקבל אינו יודע ממי קיבל והנותן אינו יודע למי נתן, וזוהי הצדקה המעולה.

סכום הכסף שנותנים לצדקה אינו קבוע, אך לא יעלה על עשרים אחוז מנכסי האדם. בהלכה התקבע המנהג של **מעשר כספים** – הפרשת עשרה אחוזים מתוך ההכנסות. את המעשר מחשבים מההכנסה ברוטו, ויש שמקילים לנכות ממנו סכומים מסוימים לפני החישוב. את המעשרות מעבירים לארגוני צדקה, בתי כנסת או מוסדות ללימוד תורה על פי בחירת התורם.

בירושלים חי הצדיק הירושלמי ר׳ אשר פריינד (המכונה רֶב אוֹשֶר), שהקים בשנות השישים ארגון צדקה גדול בשם ״יד עזרה״ וסייע לנזקקים בהיקף עצום. תלמידיו השתתפו בגיוס כספים, ואחד מהם סיפר:

״כיתַתִּי את רגליי עבור איסוף כספים לפעולות החסד של יד עזרה. בתחילה הלכתי ל׳דגי רקק׳, אך עם הזמן למדתי איפה גרים העשירים הגדולים וביקשתי מהם להשתתף בפעילות. פעם אחת הצלחתי במיוחד, ועשיר גדול אחד מסר לי סכום שעלה על כל ציפיותיי. בחלומות הוורודים שלי לא חלמתי לקבל סכום כזה. חזרתי לירושלים בתחושת שכרות, והנחתי בחיוך זחוח את הסכום על השולחן של ר׳ אשר, מרוצה מאוד מעצמי.

וכך הגיב ר׳ אשר: ׳אני רוצה לספר לך סיפור קטן. אתה יודע, אני מטפל בכל מיני אנשים שצריכים ישועה, אחד מהם הוא יוסל׳ה. יוסל׳ה הוא ממש מסכן גדול, בחור אומלל עם דימוי עצמי נמוך ורגשי נחיתות איומים. באמת יש לו סיבה מוצדקת... רציתי לרומם את רוחו, והתחלתי לשלוח אותו בכל יום שישי לחלק סכומי כסף למשפחות עניות על פי

כתובות שמסרתי לו. יוסל'ה נעשה אדם חדש, האור זרח בעיניו. הוא עושה משהו בחיים! מדי שבוע נתתי לו סכומים קטנים כדי לבדוק שהוא לא גונב ולא מאבד את הכסף. לאט־לאט הסכומים הלכו וגדלו, וגם תחושת החשיבות של יוסל'ה. 'אתה יודע שהיום חילקתי 300 שקל לצדקה?!', אמר לי יום אחד, נפוח מגאווה. לאחר שבוע נתתי לו 500 שקל, וגם אז הוא חזר מסוחרר. בשבוע שלאחר מכן הוא כבר חילק 1,000 שקל לצדקה, וחזר אלי בשאגה: 'מי ידמה לי ומי ישווה לי?! אני חילקתי היום אלף שקל!'".

ר' אשר סיים כאן את הסיפור והשתתק.

שאלתי אותו בסקרנות: 'אינני מכיר שום יוסל'ה אצלנו. מי האידיוט הזה שמשתחצן עם הכסף שאתה מסרת לו? הרי הוא בסך הכול גזבר, צינור להעברת הכסף. מאיפה לטיפש הזה יש גאווה כזו כאילו חילק את הכסף שלו?'

ר' אשר פרץ בצחוק. 'אתה יודע מי זה יוסל'ה? אני, אתה, כל אחד בעצם. הקדוש ברוך הוא נותן לנו את הכסף שלו, כמו שאומר הפסוק 'לי הכסף ולי הזהב, נאום ה''. אנחנו זוכים מדי פעם לתת משהו לצדקה, ואז מתגאים ובאים אל אלוקים נפוחים מגאווה, ואומרים לו: ראית? אלף שקל נתתי... טיפשים שכמותנו, וכי הכסף שלנו? והרי אין לנו כלום משלנו, אנחנו בסך הכול נותנים את מה שהוא נתן בידינו...'".[9]

התחלה מהירה

- **לשנות פאזה.** המצוות שבין אדם לחברו מכריחות אותנו להחליף דיסק. במקום להיות מרוכזים בעצמנו, מה טוב ומה נעים לנו, אנחנו נדרשים לראות את האחר. מה **הוא** צריך? מה אוכל לעשות כדי לשמח **אותה?**
- **הכול בראש.** מצוות "ואהבת לרעך כמוך" מתבססת על רגש אהבה פנימי לזולת. רוב האנשים צריכים לעבוד ולהשקיע מאמץ כדי לפתח אותו. טוב מאוד גם להתפלל על כך, כמו בתפילתו של רבי אלימלך מליז'נסק: "אַדְּרַבָּה, תֵּן בְּלִבֵּנוּ שֶׁנִּרְאֶה כָּל אֶחָד מַעֲלַת חֲבֵרֵינוּ וְלֹא חֶסְרוֹנָם, וְשֶׁנְּדַבֵּר כָּל אֶחָד אֶת חֲבֵרוֹ בַּדֶּרֶךְ הַיָּשָׁר וְהָרָצוּי לְפָנֶיךָ, וְאַל יַעֲלֶה שׁוּם שִׂנְאָה מֵאֶחָד עַל חֲבֵרוֹ חָלִילָה". אמן ואמן.
- **"עניי עירך קודמים".** קל לפנטז על תוכניות גדולות להצלת כל העניים באפריקה מאשר לעזור למי שנמצא לידי וכבר התרגלתי אליו – הורים, בני זוג, ילדים וקרובים אחרים. איך אני מתייחס להורים שלי? האם מישהו מבני המשפחה או הקהילה שלי נקלע לצרה וזקוק לסיוע? ואולי, כמו שאני רץ לבקר ילדים מסכנים בבתי חולים בפורים, כדאי קודם לרוץ לבקר את סבתא...
- **חדל קשקשת.** שימו לב מה אתם מוציאים מהפה. די מהר תשימו לב עד כמה כולנו נגועים בחיידק לשון הרע. עצם המודעות היא השלב הראשון במאבק, כי "לשון הרע – לא מדבר אליי!".
- **להקדיש זמן.** גמילות חסדים דורשת השקעה ורצון, כל אחד לפי יכולתו. ראוי שהתנדבות או פעילות אחרת של גמ"ח תתפוס ולו חלק קטן ביומן העמוס שלנו.

פרק יג: תיקון המידות

העולם הזה מלא באנשים
שלא רואים דבר מלבד עצמם,
כמו במועדון ריקודים ענק
נעים לצליל מאוד מיוחד
שאיש אינו שומע – מלבדם

(**אני אוהב אותך**, מיכה שטרית)

בנעורי הייתי נלהב ונמרץ, והאמנתי שאחזיר למוטב את כל העולם כולו.

כשבגרתי קצת, הבנתי שהדבר נבצר מיכולתי.
די יהיה אם אחזיר בתשובה את כל תושבי עירי.

חלפו שנים, ושוב הבנתי שתפסתי מרובה.
די יהיה אם אצליח להחזיר בתשובה את בני ביתי.

והיום, בערוב ימיי, יש לי רק תפילה אחת:
הלוואי שאצליח להחזיר למוטב לפחות את עצמי.

(רבי חיים מצאנז)

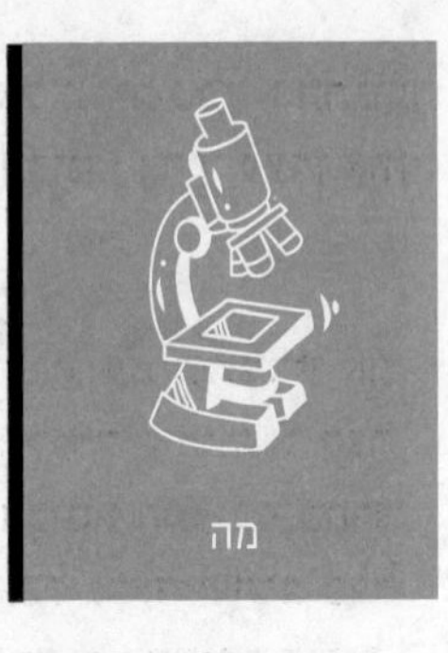

מה?

כאשר ברא אלקים את האדם, עשהו לנותן ונוטל. כח הנתינה הוא כח עליון ממדות יוצר הכל ברוך הוא, שהוא מרחם ומטיב ונותן, מבלי לקבל דבר בתמורה... אבל כח הנטילה הוא אשר יתאוה האדם למשוך אליו את כל הבא בתחומו, כי זה הוא אשר יקראוהו בני האדם 'אהבת עצמו', והוא שורש כל הרעות...

שני הכחות האלה, הנתינה והנטילה, הם שרשי כל המידות וכל המעשים. ויש לך לדעת שאין דרך ממוצע בזה, כי נפש האדם לעולם תשאף לאחד משני הצדדים, ובתשוקת הלב הפנימית אין פשרות (הרב אליהו דסלר, "מכתב מאליהו", חלק א - קונטרס החסד)

התורה נתנה לנו מצוות שבין אדם לחברו, אך היא רוצה גם שנתקן את נפשנו שלנו. תכונות הנפש מכונות "מידות", משום שאי אפשר לדבר על תכונות רעות או טובות באופן כללי. כמו תבלין טוב שמוסיף לבישול רק כשהוא במינון המדויק אך פוגם בטעמו אם שופכים ממנו יותר מדי, כך הפעלת התכונה המתאימה במינון הנכון ובזמן הנכון יוצרת איזון בנפש.

מידות טובות הן הבסיס לקיום התורה כולה, ואמרו חכמים "דרך ארץ קדמה לתורה" (ויקרא רבה ט). התנהגות מתוקנת ומוסרית היא מנוף להתקדמות רוחנית. העבודה על תיקון המידות דורשת לעיתים החלשה של מידות מסוימות כגון גאווה, כעס, נטייה לשקר, התפארות, חמדנות, שנאה; ולעיתים חיזוק או רכישה של מידות כמו נדיבות, אהבת הזולת, רחמנות, עין טובה, רדיפת האמת.

העבודה על תיקון המידות דורשת מאיתנו לחרוג מהתנהגות אינסטינקטיבית. כולם רוצים להיות "טבעיים" ואותנטיים, והסיסמאות של "דַּבֵּר דוגרי", "תהיה פתוח", "תעשי מה שבא לך" הפכו לנחלת הכלל. היהדות אומרת

את ההפך הגמור: בכל מה שקשור למידות בנפש, אל תהיה טבעי! התגובה הטבעית והאוטומטית היא בדרך כלל לא התגובה הנכונה; צריך לעדן אותה לפני שנוכל להשתמש בה.

שנה אחת הגיע רב ידוע, ראש ישיבה גדולה, לחגוג עם תלמידיו את שמחת תורה. במהלך הריקודים השמחים אחד התלמידים התלהב קצת יותר מדי, ובלי כוונה פגע בכיסא שעמד לידו. הכיסא התעופף בחדר ופגע בראש הישיבה, שהיה כבר קשיש למדי. אבל נראה שהרב כלל לא הרגיש בעוצמת המכה שניחתה על ראשו, והמשיך להתנהג כרגיל. לאחר שהסתיימו הריקודים שאל אותו עוזרו, שראה הכול: "איך זה שלא כואב לך?". ענה הרב: "האמת שכואב לי מאוד, אבל מה יכולתי לעשות? אם הייתי מראה זאת, הבחור היה מתייסר כל חייו שפגע בי". איזו שליטה עצמית!

היכולת לחשוב על טובת הזולת אפילו ברגע כזה היא סימן לגדלות נפש אמיתית. אפשר להביא עוד הרבה סיפורים מרגשים שידגימו את הרעיון של תיקון המידות, אבל לפעמים קל מדי לספר על מעשים מיוחדים של גדולי הדורות מאשר לשנות את דרכינו בתוך חיי השגרה, וזוהי הרי כל מהותה של היהדות. גדלות רוחנית איננה מתבטאת בהכרח במעשה קיצוני ויוצא דופן. לעיתים די בפעולה קטנה ופשוטה: להתאפק מלהשמיע הערה ביקורתית, להתאזר בסבלנות עוד כמה דקות, לעשות את הדבר הנכון גם כשלא מתחשק, להיות נדיב בלי סיבה מיוחדת, לסרב לפיתוי קורץ.

תיקון המידות אינו מתרחש בן־רגע, אלא הוא תהליך ארוך טווח שנמשך בעצם כל החיים. המלחמה עם היצר הרע ועם המידות הרעות מתרחשת תמיד ואין ממנה מנוחה, לפחות לא בעולם הזה. החדשות הטובות הן שכשצועדים בהדרגתיות ובמסירות, לאורך זמן מצליחים לתקן ולעדן חלק משמעותי מהמידות, והמאבק נעשה קל יותר.

איך?

תיקון המעשים

"אחרי הפעולות נמשכים הלבבות" (ספר החינוך). אפשר להשפיע על הלב באמצעות פעולות חיצוניות, גם כאשר עדיין איננו מזדהים איתן. ככל שחוזרים על מעשה עוד ועוד – מתרגלים אליו ורוכשים אותו כהרגל טוב, עד שהאישיות משתנה אף היא.

כפי שהזכרנו, המפתח לתהליך בריא הוא הדרגה: מעשים קטנים לאורך זמן, לא שינויים דרסטיים. אם להשתמש במשל מתחום הפיזיותרפיה, חולים שנפגעו עוברים טיפולי שיקום מיוחדים, המבוססים על חזרה עקבית על תרגילים קטנים. ביצוע התנועה העדינה שוב ושוב מרגיל את הגוף ועוזר לו לרכוש אותה מחדש, וכך מאפשר לחזור בהדרגה לתפקוד שלם.

דבר דומה מתרחש גם בעבודת הנפש. עלינו לחזור שוב ושוב על פעולות קטנות, עד שהנפש תפנים את המידות הטובות. הרמב"ם, למשל, מציע תרפיה כזו למי שרוצה לרכוש את מידת הנדיבות: כשאתה מחלק סכום גדול לצדקה (פעולה קשה כשלעצמה...), לא לעשות זאת בפעם אחת אלא לחלק את הכסף לסכומים קטנים, ואותם לחלק שוב ושוב להרבה אנשים. כך תתרגל הנפש לפעולת הנתינה, עד שהיא תהפוך לחלק מאיתנו. באותו אופן אפשר לטפל גם במידות אחרות, למשל עצלות. אדם מרגיל את עצמו לקביעות על מעשה קטן שהוא עושה אותו גם כשלא מתחשק לו, למשל לסדר את המצעים במיטה מיד כשקמים בבוקר, לברך מתוך סידור, לומר תודה על כל דבר קטן. לאט-לאט הנפש תתרגל לעשות זאת גם כשלא מתחשק לה.

לימוד תורה

דרך טובה לתיקון הנפש היא ללמוד תורה. לכאורה, הלימוד אינו משפיע

באופן ישיר על המידות, ולא מובן כיצד סוגיות מופשטות בגמרא יכולות להכניע את היצר הרע?

הזכרנו שהאדם אמור להידבק במידותיו של ה׳, אבל כיצד נדע מה הן מידותיו? בכך מסייע לנו הלימוד, כשאנחנו רואים למשל את מעשיהם של האבות, הנביאים או התנאים בכל הדורות ולומדים מהם. שנית, וזה העיקר: ללימוד התורה ערך סגולי, שיש לו השפעה עקיפה על האישיות גם מבלי שנרגיש. עצם העיסוק בתורה, שהיא רצונו וחוכמתו של ה׳, מכניס אור אלוקי לחיים ומסייע לדחות את הרע מקרבנו ולהתקרב אל הטוב. ועל כך אמרו חכמים ״מאור שבה [=בתורה] מחזירו למוטב״ – עצם הלימוד בתורה מועיל לנו, ולא רק ההבנה המעמיקה.

תפילה

הגמרא מציינת שבמאבק עם היצר הרע, האדם אינו מסוגל לנצח לבד. ״אלמלא הקדוש ברוך הוא עוזרו – אינו יכול לו״ (קידושין ל). תיקון המידות דורש סיוע רציני מלמעלה, ומה יותר מעורר אותו מאשר תפילה אישית מעומק הלב? כדאי להקדיש כל פעם זמן לעבודה על מידה אחרת ולהתפלל עליה, וכפי שאמר רבי נחמן מברסלב: ״בַּתְּחִלָּה יַרְבֶּה בִּתְפִלּוֹת וְשִׂיחוֹת בְּהִתְבּוֹדְדוּת וכו׳ עַד שֶׁיִּזְכֶּה לְבַטֵּל זֶה הַדָּבָר, דְּהַיְנוּ לְבַטֵּל מִדָּה וְתַאֲוָה זֹאת, וְאַחַר כָּךְ יַרְבֶּה עוֹד בְּהִתְבּוֹדְדוּת, עַד שֶׁיְּבַטֵּל מִדָּה וְתַאֲוָה אַחֶרֶת. וְכֵן יִנְהַג זְמַן רַב בְּהִתְבּוֹדְדוּת וכו׳ עַד שֶׁיְּבַטֵּל הַכֹּל״ (ליקוטי מוהר״ן, תורה נב).

לטפל בשורש

חוסר איזון במידות מצביע על חוסר איזון בנפש. וכמו שכשהגוף חולה הולכים לרופא, כך גם בעבודת הנפש. וכמו שרוצים שהרופא יבין שהסימפטומים שמהם אנו סובלים (כאב גרון, נזלת וחום) הם בעצם מחלה אחת ולא שלוש מחלות שונות, כך גם בעבודת הנפש. הצדיקים ותלמידי החכמים הם המומחים לרפואת הנפשות, והם יודעים את שורש המחלה.

האר״י הקדוש לימד שהאדם נולד עם שתי נפשות: נפש אלוקית ונפש בהמית. **הנפש האלוקית** היא הנשמה, אותו חלק אלוהי וקדוש שנמצא

בתוכנו. היא באה מעולם גבוה יותר, ומכניסה בנו השתוקקות להיות טובים ומחוברים יותר לה'. לצידה שוכנת גם **נפש בהמית**, המכונה גם "הנפש הטבעית". היא אחראית על כל מה שטבעי בנו – פעולת הגוף, המחשבות, הרגשות ושאר הדברים שעולים בנו מעצמם. הנפש הבהמית מתעניינת בכל מה שיש לעולם הזה להציע, ובדרך כלל מושכת אותנו למקומות לא רצויים. אפשר לדמיין אותה כמו טרקטור עם אלף כוחות סוס שמאבד שליטה בלב העיר, עולה על בתים ומחריב אותם בזה אחר זה. פתרון אחד לנזק הצפוי הוא לנטרל את הטרקטור הסורר כך שלא ייסע עוד. ההרס אמנם ייפסק אבל הפסדנו כלי יקר ויעיל. פתרון טוב יותר יותר יהיה להשתלט על הטרקטור ולהשתמש בכוח שלו לתועלת – לחפור יסודות לבתים במקום להרוס אותם. כך גם עם הנפש הבהמית. כשהיא משתוללת, במקום להילחם בה ולנסות לשבור אותה, עדיף לרתום אותה לצרכים חיוביים.

התכונה הבולטת ביותר של הנפש הבהמית היא הישות, האגו, החשיבות העצמית. אותה תחושה נעימה ומתוקה שמציבה אותנו במרכז העולם. כשהישות משתלטת עלינו, כפי שקורה רוב הזמן, מתפרצות המידות הרעות. כעס למשל, הוא תוצאה של ציפייה שלא התממשה, אכזבה מהמציאות שלא התאימה את עצמה למה שקיווינו או ציפינו. כמו בסיפור הבא:

אפרים הוא נהג של משאית מלט. בכל יום הוא יוצא מוקדם בבוקר לעבודה, חוזר לפנות ערב ומחנה אותה מול ביתו, במקום המסומן במיוחד עבור המשאית. ערב אחד הגיע אפרים מהעבודה וראה רכב אחר חונה בחניה הקבועה שלו. "נהג חצוף! הוא לא רואה שהחניה כאן מסומנת עבור המשאית שלי?!", אבל משחלפו כמה דקות ואיש לא הופיע, אפרים כבר ממש כעס. "אני אראה לו מה זה! אם הוא כל כך רוצה לחנות כאן, אני אעזור לו...".

הוא החנה את המשאית בסמוך למכונית שתפסה את החניה, הפנה את משפך הבטון אל חלונה הפתוח ולחץ על כפתור. מלט נשפך מהמשאית אל תוך הרכב, מילא אותו עד לגובה המושבים וצבע הכול באפור מט. רק אחרי שהרכב התמלא בשכבה עבה, אפרים חייך לעצמו וכיבה את המשאית.

שמח וטוב לב נכנס לביתו, וכשפתח את הדלת שמע צעקה: "מזל טוב!". הוא הופתע לגלות סביבו בני משפחה וחברים שערכו לו מסיבת הפתעה ובאו לחגוג את יום הולדתו. אפרים התרגש מאוד, ואשתו ניגשה אליו ואמרה לו: "אפרים, קנינו לך מתנה". היא לקחה אותו למרפסת ואמרה: "אתה רואה את הרכב הקטן הזה שם?", הצביעה לכיוון המכונית שעמדה בחניה, "תתחדש!".

הנפש האלוקית יודעת את האמת: יש בורא לעולם, וזה לא אני. לי אין כל התשובות, ולא הכול סובב סביבי. אותו אחד שמנהל את העולם יודע בחוכמתו ותבונתו האינסופית יותר ממני. לעיתים אני יכול לחוש עד כמה זה לטובתי, ולעיתים להבין שזה כנראה עבור התיקון שלי. כל זמן שאני מרגיש המנהל הבלעדי אני חי בסבל ובקיטור נצחי – למה העולם לא מתנהג כמו שאני רוצה?!

המידות הרעות הן רק תסמין של בעיה עמוקה יותר, שהיא עצם תחושת הישות. רק אם נטפל בה נוכל לרפא את המחלה. איך עושים זאת? חוזרים ליסודות האמונה, מזכירים לעצמנו את אינסופיותו של הבורא, מחזקים את ההבנה שאני רק שליח, לא בעל הבית, ושהניסיון שבא לי הוא בעצם רק תרגיל, חלק מאימון גדול יותר שנקרא "החיים". תתחילו לעבוד...

התחלה מהירה

- **מודעות.** עבודת המידות מצריכה מודעות. התנהגות טבעית היא דבר המאפיין את עולם החי, לא את האדם. עלינו להיות מודעים יותר למעשינו: מה אומרים, מה עושים, ואפילו מה מרגישים.
- **אלוהי הפרטים הקטנים.** טייס אחד סיפר שכל חייו לימדו אותו שאין אחריות גדולה יותר מאשר להטיס מטוס. רק כשהתחיל ללמוד יהדות הוא הבחין שבעצם בכל מעשה, דיבור ומחשבה יש לו השפעה לא על מטוס אחד אלא על עצמו, משפחתו, החברה ובעצם על העולם כולו.
- **השתלמות מתמדת.** עלינו ללמוד להכיר את עצמנו, לזהות את הרגעים שבהם משתלטות עלינו המידות הרעות, ולמצוא דרכים יצירתיות להימנע מכך להבא ולהתמודד איתן בשעת הצורך.
- **שורש הדברים.** מקורן של המידות הרעות הוא בתפיסה לא נכונה של המציאות. חלק גדול מהעבודה הרוחנית שלנו הוא לטפל בה, ולרכוש במקומה את הדעות וההשקפות הנכונות על עצמנו, על החיים ועל המציאות.
- **סוף מעשה במחשבה תחילה.** בספר "מסילת ישרים" (פרק כ) מסביר הרמח"ל כי האדם "צריך לעיין ולהתבונן עד היכן תולדות המעשה מגיעות, כי לפעמים המעשה בעצמו ייראה טוב, [אבל] לפי **שהתולדות רעות יתחייב להניחו**, ולו יעשה אותו יהיה חוטא ולא חסיד". צריך להיות מסוגל לחשוב קדימה על התוצאות האפשריות של המעשים. למשל, חז"ל אמרו "כשם שמצווה לומר דבר הנשמע, כך מצווה שלא לומר דבר שאינו נשמע" (יבמות סה). אם אתה יודע שישמעו לך – תגיד, ואם לא – תלמד מתי לשתוק.

פרק יד: צניעות

אי שם עמוק בתוך תוכנו
טמונים קולות וזכרונות,
מראות רבים שכבר שכחנו
ספרי פלאים ומנגינות.

עולם מופלא של ילדותנו
רדום בפנים בצל צלילים,
איתנו הוא עד יום מותנו
חבוי בתוך תילי מילים.

(**חלומות שמורים**, אהוד מנור)

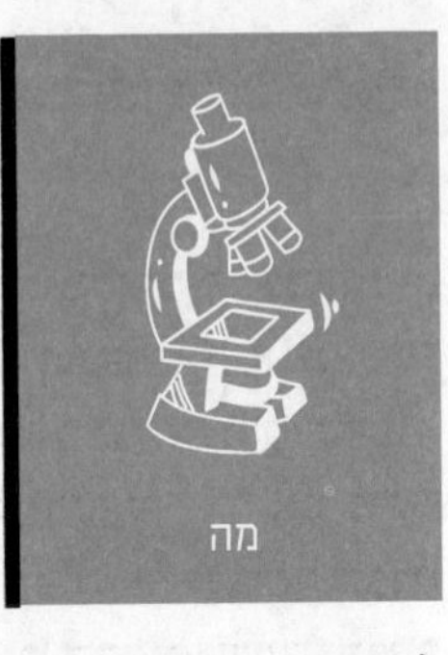

מה?

לאחר שעסקנו בתיקון המידות, הגיעה השעה להרחיב על מידה אחת חשובה ומיוחדת. כמו בשיר שבו פתחנו את הפרק, בכל אחד ישנו "עולם מופלא, רדום בפנים". עולם עשיר זה הוא המהות הפנימית שלנו, הייחוד שבנו שאין כדוגמתו אצל אף אדם. הוא עדין ופגיע, ואי אפשר לחשוף אותו בפני כל אחד. כל שריטה קטנה – זלזול, הערה שיפוטית, מבט קטן וזדוני – עלולה לגרום נזק בל ישוער לטווח הארוך, ולכלוא את העולם הפנימי סגור ומסוגר. ישנו כלל ידוע בקרב סופרים, שמראים את היצירה המתבשלת רק לאנשים קרובים האוהבים אותם, כך שאם תהיה להם ביקורת על היצירה, ציפור נפשו של הסופר, הם יעשו זאת בכבוד וברגישות.

לעומת זאת, קל לנו יותר להתעסק בצדדים החיצוניים שלנו – דמותנו הגופנית, החפצים והרכוש שלנו, הדברים שאומרים וכותבים עלינו. אם העולם ממילא לא מכיר את מי שאנחנו באמת, לפחות ניצור חלון ראווה שיציג כלפי חוץ את מי שהייתי רוצה להיות – יפה, מוצלח, כישרוני. פייסבוק, אתם יודעים. בעולם החלומי הזה אין כמעט פגמים, כישלונות וסתם חוסר שקט פנימי, והכול טוב ויפה ונעים ונוצץ ומצליח תמיד. אבל בפנים... בפנים הנשמה בוערת.

כדי לגלות את הפנימיות שלנו בצורה נכונה, צריך למצוא איזון בין העיסוק בחלק הפנימי ובין הצגתו כלפי חוץ. וכאן בדיוק נכנסת התכונה החשובה שהיא נושא הפרק הזה – צניעות. אם לומר את האמת, כתיבת הפרק הזה הייתה עבורי מלאכה מורכבת ומסובכת מזו של שאר הפרקים. איך מוצאים את המילים הנכונות כדי לתאר חוויה חמקמקה כל כך?

צנוע בעברית פירושו מכוסה ומוסתר. בדרך כלל המילה צניעות מתקשרת אוטומטית לקוד לבוש שמרני, אך זו טעות. צניעות היא קודם כול תכונה

אישיותית, ולבוש הוא רק ביטוי אחד שלה. כולנו מצניעים דברים שיקרים לנו, ושומרים אותם למקום הנכון ולזמן הנכון.

ככל שהרובד הפנימי שלנו מפותח יותר, כך החיים מלאים ומשמעותיים יותר. ולכן לכיסוי של חלקים באישיות יש יתרון גדול: הוא מאפשר לתהליכים עמוקים להתרחש מבלי שהם יעמדו לשיפוט של העולם החיצון. מי שתלוי כל הזמן בדעת החברה וההמון, ב"מה יגידו" וב"איך אני נראה או נראית", משתעבד אליה ומחמיץ את היכולת לתפוס את העושר העדין המקיף אותנו. הוא מאבד את הרגישות לשינויים הדקים שמתרחשים סביבו. ההצלחה נמדדת עבורו רק במובן החומרי והכמותי, והוא אינו רואה ערך בהתקדמות עצמה, במיוחד כשהיא מתרחשת באיטיות, צעד אחר צעד.

הצניעות קשורה קשר הדוק לתזמון והקשר מתאים. כמו חוש הומור, שמצחיק רק כשהוא מופיע ברגע הנכון אבל הורס כשהוא נאמר בפורום הלא מתאים. ועל כך אמר קהלת: "לַכֹּל זְמָן, וְעֵת לְכָל חֵפֶץ תַּחַת הַשָּׁמָיִם" (הרבה לפני שהביטלס שרו את זה).

כשדבר פנימי מתגלה בזמן המתאים מתעוררת התרגשות, אולי אפילו תחושת אינטימיות. כמו, למשל, כשנותנים לחבר או חברה ברגע של קִרבה לקרוא שיר או יומן אישי עם מחשבותינו הכמוסות. אבל כשהדבר האינטימי הזה הופך לנחלת הכלל, הוא משאיר גסות וטעם רע. הקִרבה נעלמת והופכת לצלקת.

חיים של צניעות מתמקדים אפוא בפנימיות, לא בחיצוניות. כדי להגיע אליהם צריך למתן ולהשהות חלק מסוים כלפי חוץ. נתחיל בצניעות הפנימית, ואחר כך נעבור לחיצונית.

מוחצנות מול פנימיות

הנביא מיכה אמר: "הִגִּיד לְךָ אָדָם מַה טּוֹב וּמָה ה' דּוֹרֵשׁ מִמְּךָ, כִּי אִם עֲשׂוֹת מִשְׁפָּט וְאַהֲבַת חֶסֶד, וְהַצְנֵעַ לֶכֶת עִם אֱלֹהֶיךָ" (מיכה ו). אחד המפרשים כתב שכוונת הפסוק היא "ללכת עם אלוהיך בדרכי מצותיו בצנעה, **לא בפרסום רב ולהתייהר**" (מצודת דוד).

המוחצנות היא תכונה בולטת בדורנו. כל אירוע והגיג סתמי זוכים לפרסום מיידי ברשתות החברתיות. לא תמיד אנחנו שמים לב כמה חוויות אנחנו צוברים מבלי לעבד אותן בכלל. נוכחתי בכך בשעת מסיבת חנוכה בגן, כאשר צבא של הורים צילם עשרות תמונות מכל זווית אפשרית. הילדים המבולבלים רק רצו שההורים יסתכלו עליהם שרים...

למרבה הפלא, גם בעבודת ה' יכולה להיות מוחצנות. יש מי שלומד שעות ארוכות כדי להיחשב "מתמיד" או מתפלל זמן רב תוך כדי תנועות משונות כדי להרגיש "מיוחד". בסופו של דבר יש רק אחד שאנו צריכים לתת לו דין וחשבון, ומולו אנחנו צריכים להיות אמיתיים ואותנטיים.

אדם "פנימי", לעומת זאת, איננו מנסה להוכיח שום דבר לאף אחד. התורה מספרת שנוח, שנמלט מהמבול אל תוך התיבה יחד עם כל החיות, עשה בה "צוהר". חכמינו נחלקו מה פירוש הדבר. יש שאמרו שצוהר הוא חלון, ויש שאמרו שצוהר הוא אבן יקרה. מה ההבדל ביניהם? חלון מכניס אור מבחוץ (כמו במילה "צהריים"), אבל כשבחוץ חשוך – גם בפנים יהיה חשוך. אבן יקרה, לעומת זאת, מאירה בזכות עצמה ואיננה תלויה כלל במה שקורה בחוץ.

אתה יכול להיות חלון או אבן יקרה. אם אתה חלון, אתה רק מכניס אור של אחרים, מנסה למשוך תשומת לב ויוצר קשרים כדי להרגיש מקובל; אם אתה יהלום, אתה לא צריך אישורים מבחוץ.

שמח בחלקו

הגוף נמשך לתאוות ולרצונות גשמיים ללא הרף, והניסיון למלא אותם גורם לנו להתעסק בטפל במקום בעיקר. רגעים ספורים אחרי שהשגנו את התאווה קסמה כבר פג, עד שיעבור מספיק זמן ושוב יתעורר רצון לתאווה חדשה... אלא שבפעם הבאה סף הריגוש יעלה, ונצטרך חוויה עוצמתית יותר כדי להשביע אותו.

דרך אחת להתמודד עם היצר היא להימנע ממנו לחלוטין, כלומר להתנזר מהחיים. בשיטה זו נוהגים נזירים בכל מיני דתות. הם חושבים שהיצר הוא מקור הרוע בעולם, ולכן מכריזים עליו מלחמה מוחלטת. האם אפשר בכלל

לנצח במלחמה הזו? כבר אמרו יודעי דבר שלא כדאי לנסות לשבור את היצר, משום שאז נישאר עם שניים ביד...

הדרך היהודית שונה לגמרי. רבי יהודה הנשיא מתואר בדברי חז"ל כעשיר מופלג. הוא נהנה מארוחות דשנות, משרתים צמודים ולבוש יוקרתי כיאה לאדם גדול. "בשעת פטירתו של רבי זקף עשר אצבעותיו כלפי מעלה, אמר: ריבונו של עולם! גלוי וידוע לפניך שיָגעתי בעשר אצבעותי בתורה ולא נהניתי אפילו באצבע קטנה; יהי רצון מלפניך שיהא שלום במנוחתי" (כתובות קד). כששכב על ערש דווי, ברגעים שבהם אף אחד כבר לא משקר, הרים רבי יהודה הנשיא את ידיו לשמיים ונשבע בשבועה חמורה שכל חייו לא נהנה מהעולם הזה אפילו מאומה. האם ייתכן שאדם יצבור עושר כזה ולא ייהנה ממנו כלל?

כשעבדתי בחברת הייטק, שמתי לב שצוות המכירות שלנו בארה"ב מוציא הון תועפות בחיזור אחרי לקוחות פוטנציאליים. חוץ מלהציג להם את המוצרים כמובן, הם הזמינו אותם למסעדות ולמשחקי כדורסל, לקחו אותם לחופשות סקי, מה לא – העיקר שיבחרו במוצר שלנו. צוות המכירות נהנה יחד איתם והכל כמובן על חשבון החברה. כמה נדהמתי כשבסוף החודש המנכ"ל אמר להם: "לא הוצאתם מספיק כסף... הפסדנו את הלקוח". שמעתם פעם על מנהל שדוחק בעובדיו להוציא עוד ועוד על מסעדות? אלא שכאשר אתה פועל בשליחות, כל מה שאתה משתמש בו הוא חלק מהשליחות שלך. אם המסעדה היא רק חלק מתכלית שלמה יותר, גם היא נכללת ב"שליחות" שקיבלת.

הדברים נכונים גם בחיים עצמם. אם משתמשים בכסף רק כדי ליהנות ו"לעשות כיף", אין לזה שום ערך. אבל אם משתמשים בכל מה שקיבלנו בשביל מטרה עליונה יותר של עבודת ה', כל הרכוש מקבל משמעות חדשה לגמרי. רוצה לקנות אוטו חדש כדי לנקר עיניים, או סתם מתחשק לך להתחדש? בהצלחה. אבל אם תחליט שאתה צריך מכונית שתשמש אותך למעשים טובים – למשל, לחזור הביתה מהעבודה יותר מוקדם כדי להספיק לראות את הילדים, לנסוע לשיעור תורה במקום מרוחק או לקחת איתך לקניות את השכנה שמתקשה ללכת לסופר בכוחות עצמה – יש לזה ערך עצום, וגם בשמיים ישמחו לתת לך מכונית חדשה... כשאנחנו משתמשים בגשמיות בשביל עצמה, היא באמת חסרת משמעות. אבל אם משתמשים

בה לצרכים רוחניים, היא נעשית הכי איכותית שיש. כך נהג רבי יהודה הנשיא, שהשתמש בכל מעדני העולם הזה – לשם שמיים.

רבי ישראל מרוז׳ין, מראשי תנועת החסידות במזרח אירופה, היה נוסע בכרכרת זהב, לבש בגדי זהב, נעליו היו מצופות בזהב ועל שולחנו היו מונחים תמיד כלי כסף יקרים. החסידים באותו דור היו רגילים לצדיקים סגפניים שמסתפקים במועט, ולפתע התעוררו אצלם תהיות – מה פשר ההתנהגות הגנדרנית הזו?

שיטתו של הרוז׳ינר הייתה שצריך לעבוד את ה׳ לא רק מתוך עניות, אלא גם מתוך עשירות. לעיתים זה אפילו יותר קשה... כשאתה עני קל יותר להתייחס לכך כ״ייסורים משמיים״ שממרקים ממך את כל העבירות והחטאים. אבל איך אפשר לעבוד את ה׳ בעשירות?! עד שפעם אחת ראו החסידים את רבי ישראל צועד בשלג עם נעלי הזהב שלו. לפתע הבחין אחד מהם בטיפות דם על השלג – מסתבר שעם כל הזהב שעליהן, נעליו היו ללא סוליות...

איך?

כל אדם ניחן בכישרונות ותכונות מיוחדות: חוכמה, נדיבות, יופי, זריזות, כוח פיזי. להיות עניו אין פירושו להתכחש למעלות האלה ("זה רק מזל, אני לא באמת מוכשרת"), גם לא להרגיש שפלים או חסרי ערך ("איזה אפס אני, הא?"). על שני המנהיגים הגדולים של עם ישראל, משה רבנו ורבי עקיבא, נאמר שהיו ענווים וצנועים ביותר, והדבר בכלל לא גרם להם לחשוב שהם לא שווים כלום. אם האדם נברא כשותף בבריאה ויש לו משימה למלא (כמו שהסברנו בפרק ב), איך הוא יוכל לעשות זאת בלי יוזמה וביטחון עצמי?

ענווה אמיתית היא חיים מתוך אמונה שכל היכולות והכישרונות שקיבלנו הן מתנה. באמת-באמת שום דבר לא שייך לנו, הכול הוא מתנת חינם. ואם שום דבר לא שלנו, מה יש כל כך להתרברב?...

לא רק שהענווה איננה שוללת את ההכרה בערך העצמי של האדם, היא אפילו **מחייבת** אותה. "כֹּל הַנִּקְרָא בִשְׁמִי וְלִכְבוֹדִי בְּרָאתִיו, יְצַרְתִּיו אַף עֲשִׂיתִיו" (ישעיה מג) – הכול נברא לכבוד ה'. ואפילו במידת הגאווה אפשר להשתמש באופן הראוי, כמו שנאמר על דוד המלך שהייתה לו "עזות של קדושה", שאִפשרה לו להילחם ולעמוד על כבודם של ה', עם ישראל והתורה.

היחס לממון ורכוש

כסף הוא דבר טוב או רע?

היהדות אינה רואה בצבירת עושר תכלית – "אַל תִּירָא כִּי יַעֲשִׁר אִישׁ, כִּי יִרְבֶּה כְּבוֹד בֵּיתוֹ. כִּי לֹא **בְמוֹתוֹ יִקַּח הַכֹּל**, לֹא יֵרֵד אַחֲרָיו כְּבוֹדוֹ" (תהילים מט). שלא כמו הפרעונים במצרים, שהאמינו שיוכלו לקחת איתם את רכושם אל החיים שאחרי המוות, היהדות יודעת שהאדם יוצא מן העולם הזה כמו

שנכנס אליו – עירום וחסר כול. במקום שאליו נגיע, החומריות היא חסרת ערך. מה שנשאר איתנו הם רק ההישגים הרוחניים שצברנו, מצוות ומעשים טובים. "בִּשְׁעַת פְּטִירָתוֹ שֶׁל אָדָם אֵין מְלַוִּין לוֹ לְאָדָם לֹא כֶסֶף וְלֹא זָהָב וְלֹא אֲבָנִים טוֹבוֹת וּמַרְגָּלִיּוֹת, אֶלָּא תּוֹרָה וּמַעֲשִׂים טוֹבִים בִּלְבָד" (אבות ו).

אז למה בכל זאת צריך כסף? קודם כול כי כך ברא אלוהים את העולם. חלק מההתנהלות כאן קשורה לממון שניתן להשתמש בו לדברים שמנמיכים את האדם או לכאלה שמגביהים אותו. אפשר לראות בכך סוג של מבחן, על מה אני מוכן להוציא את הכסף שלי? כסף, מלשון כיסופים (געגועים, רצונות חזקים), מבטא את מה שבאמת חשוב לי.

חכמינו אומרים כי "לא היה העולם ראוי להשתמש בזהב, ולמה נברא? בשביל בית המקדש" (שמות רבה לה). העושר מתקיים כדי שנשתמש בו בצורה נכונה: להתקיים ולפרנס את בני ביתנו; לבנות, ליצור ולקדם את החברה; לדאוג לנזקקים ולמי שעושרם איננו מתבטא באופן כלכלי (תמיכה בלימוד תורה, הדורש התמסרות רבה וארוכת שנים, נחשבת מטרה ראויה במיוחד). שיר הילדים הבא של אורי אורבך ז"ל מסביר הכול:

לשמיים מגיעים אחרי מאה ועשרים,
גם העניים וגם העשירים.
שם לא שואלים אם קנית
בתים ורחובות.
שם העיקר –
שאספת מצוות.[1]

היחס לגוף וליופי חיצוני

עם כל חשיבותה של הרוח, היהדות נותנת מקום חשוב גם לגוף. אחרי הכול, זה הכלי המרכזי שאיתו אנחנו עובדים את ה' בעולם הזה. הגוף עצמו נברא בצלם אלוהים, ולכן יש לכבדו ולשמור עליו: לא לפגוע בו, לא לכער ולשרוט אותו ולא לקעקע בו קעקועים. גם אחרי שיוצאת ממנו הנשמה, יש לקבור אותו בהקדם ולא להשאיר אותו בביזיון.[2] הגוף הוא כלי שאפשר להיעזר בו לחיזוק באמונה משום שהדרך המופלאה שבה הוא עובד מעידה על חוכמת הבורא. וכמו שאמר איוב – "מִבְּשָׂרִי אֶחֱזֶה אֱלוֹהַּ" (איוב יט).

עם זאת, צריך לזכור שהגוף הוא רק אמצעי, מכשיר, כלי לבטא את הנשמה. הוא צריך שנדאג לו ונשמור עליו כל הזמן, אבל לא שנהפוך אותו לקדוש... וכמו שהיה אומר הלל הזקן בכל פעם שהלך לרחוץ את גופו: "אני הולך לגמול חסד עם העלובה" (ויקרא רבה לד).

חשיפה. באופן כללי, חשיפת הגוף נתפסת ביהדות כדבר לא צנוע משתי סיבות מרכזיות. הראשונה קשורה לתחום המיניות. היהדות מכירה בכך שכל תאווה מתחילה בחוש הראייה, וכמו שאמרו חכמים "עין רואה – והלב חומד". גם חוה, כשאכלה מעץ הדעת בגן עדן, התפתתה בעקבות המראה המושך שלו: "וַתֵּרֶא הָאִשָּׁה כִּי טוֹב הָעֵץ לְמַאֲכָל וְכִי תַאֲוָה הוּא לָעֵינַיִם" (בראשית ג). שמירה על צניעות נועדה לצמצם את הפריצות המינית ולאפשר את יצירתה של חברה בריאה וקדושה. שנית, האופן שבו אנו מתלבשים מהווה מעין "כרטיס ביקור" שלנו כלפי חוץ. כשאדם מציג לראווה את גופו, הוא בעצם מצהיר באופן לא מודע שהעיקר שלו הוא החלק החיצוני. הבגדים אמנם מייצגים אותנו כלפי חוץ ומאפשרים לנו לצאת לרחוב, אבל אינם מחליפים את המהות הפנימית. אישיותו של האדם ורמתו הרוחנית איננה נמדדת בכמות המותגים שהוא מחזיק בארון ובכמות תשומת הלב שהוא מושך ברחוב... וכמו שכתבה הרבנית דינה הורביץ:

> כאשר אנו מכסים את גופנו אנו מעבירים מסר דרך הבגדים: אני לא רק מה שנראה כלפי חוץ, אני לא רק מה שאתה פוגש בעיניך, אני לא רק הגוף שלי. אם אתה באמת רוצה להכיר אותי, תצטרך לחפש מעבר לצדדים החיצוניים. אינני רוצה שיכירו ויעריכו אותי על בסיס היופי החיצוני שיש לי או שאין לי, אלא אני רוצה שהקשר שלי עם אנשים יהיה מתוך כך שירצו להכיר **אותי**, את הפְּנים שלי...
>
> הבגדים הם שיקוף וביטוי של אותה התוודעות פנימית של האדם עם עצמו, אבל אינם כל עניין הצניעות. על כן יכול להיות גם מצב הפוך, שבו האדם הולך עם בגדים צנועים אבל הוא נשאר אדם מוחצן.[3]

משתי הסיבות הללו קבעה ההלכה אמות מידה מסוימות של לבוש רצוי – מעין "קוד לבוש" (Dress code), כפי שמקובל גם באולמות תיאטרון ומסעדות יוקרתיות. חשוב לדעת שישנו טווח מסוים של כללי צניעות גם בתוך החברה הדתית: יש מקומות שבהם מאפשרים יותר פתיחות, ויש חברות שמקפידות יותר על קלה כבחמורה.

צניעות אצל נשים

כיום ידוע לנו יותר מאי־פעם שהסיבה המרכזית להבדלים העמוקים בדרך שבה גברים ונשים חושבים ותופסים את המציאות קשורה לביולוגיה של המוח. בספרה "המוח הנשי" כותבת ד"ר לואן בריזנדיין כי "יותר מתשעים ותשעה אחוזים מהצופן הגנטי של נשים וגברים זהים לחלוטין. בגנום האנושי יש שלושים אלף גנים, והשונות של פחות מאחוז אחד בין המינים היא קטנה. אבל שוני זה משפיע על כל תא ותא בגופנו – מהעצבים הקולטים הנאה וכאב ועד תאי העצב המעבירים תפיסה מחשבות, הרגשות ורגשות...". היא מצטטת כמה מחקרים שלפיהם במוח הנשי בולט מאוד המקום של יצירת רגשות, שפה והתבוננות ברגשות הזולת. זו הסיבה שנשים בדרך כלל מיטיבות לבטא רגשות ולזכור יותר את הפרטים של אירועים רגשיים.

בריזנדיין גם מביאה מחקר שבו נבדקו סריקות מוח של גברים ונשים שהתבוננו בתמונה ניטרלית של גבר ואישה משוחחים. "האזורים המיניים במוחות הגברים התעוררו מיד – הם ראו את השיחה כמפגש מיני אפשרי. אך באזורים המיניים של הנשים לא ניכרה כל התעוררות. מוחות הנשים ראו את המצב כשיחה בין שני אנשים – ותו לא". אצל גברים, החלק במוח המוקדש לדחף המיני גדול פי שניים וחצי מזה של הנשים. התברר גם כי במוחו של גבר חולפות מחשבות מיניות רבות ביום, בעוד שבמוחה של אישה – רק פעם אחת ביום בממוצע.[4]

ההלכה מכירה בהבדלים אלה בין המינים, ומכירה גם בהשפעה שיש לגירויים חיצוניים על מוחם של גברים, לעומת היעדרה הכמעט מוחלט אצל נשים. זו הסיבה שבתחום הצניעות נוצרו הלכות שונות בין גברים לנשים.

יחד עם זאת, ההלכה מניחה שטיפוח החן והיופי הוא תכונה שמצויה יותר אצל נשים.[5] רוב הנשים נוטות להשקיע בלבוש, באיפור ובטיפוח הגוף הרבה יותר מאשר גברים, אולם עיסוק מוגבר בגוף עלול להפוך לאובססיה או לניסיון למשוך באמצעותו תשומת לב ואהבה. היופי החיצוני אמור לבטא יופי פנימי, וכפי שאומר הפסוק: **"שֶׁקֶר הַחֵן וְהֶבֶל הַיֹּפִי, אִשָּׁה יִרְאַת ה' הִיא תִתְהַלָּל"** (משלי לא).

כמה מכללי הצניעות המקובלים על פי ההלכה:

- **עדינות.** יש להימנע מלבוש חשוף, שקוף או צעקני.
- **לא מבליט.** הלבוש יהיה כזה שאיננו מבליט את חלקי הגוף, ולכן הלבוש הנשי המקובל הוא חצאיות או שמלות (יש פוסקים הסבורים כי לנשים אין ללבוש כלל מכנסיים משום שזהו לבוש גברי, והתורה ציוותה "לֹא יִהְיֶה כְלִי [=בגד] גֶבֶר עַל אִשָּׁה וְלֹא יִלְבַּשׁ גֶּבֶר שִׂמְלַת אִשָּׁה" [דברים כב]. פוסקים אחרים סבורים שמותר לאישה ללבוש מכנסיים רחבים במקום שהדבר מקובל, או מתחת לחצאית).
- **כיסוי.** ההלכה קובעת שצריך לכסות יותר ממה שחושפים, ולכן הבגדים צריכים לכסות את הרגליים לפחות עד גובה הברכיים, ואת הידיים לפחות עד המרפק.
- **כיסוי ראש.** נשים נשואות נדרשות לכסות את שערן בציבור. כיסוי הראש מבטא את העובדה שיופייה של האישה, שעד נישואיה היה גלוי לכול, נשמר למסגרת הקשר הזוגי. היא מגבילה את חשיפתו במרחב אחד כדי לייחד אותו למרחב אחר, אינטימי, עם בן־זוגה. יש נשים המכסות את השיער במטפחת, שביס או פאה (לגבי הפאות רבו המחלוקות בין חכמי דורנו – יש שציינו כי הן מאפשרות כיסוי הרמטי יותר של השיער, ויש שטענו שבגלל האיכות הגבוהה של הפאות בתקופתנו הן דווקא גורמות למשיכת תשומת לב רבה יותר ולפיכך צנועות פחות. וטוב תעשה כל אחת אם תתייעץ עם הרב שלה).

צניעות אצל גברים

בדרך כלל גברים לא מייחסים חשיבות רבה למראה החיצוני שלהם. רוב ההיסטוריה הם נדרשו להשקיע את זמנם בלימוד, בפיתוח מקצועי, אישי וחברתי ובפעילויות אחרות, כך שלבוש מכובד, ניקיון הגוף וטיפוח בסיסי אמורים להספיק. הדברים השתנו בדורות האחרונים, וכיום גם גברים רבים משתדלים להיראות מטופחים, לפחות במידה מסוימת.

לגברים אמנם לא נקבעו כללים ברורים בנוגע לצניעות, אולם ודאי שהיא חלה גם עליהם. גברים שלבושים בצורה חושפנית מושכים אולי פחות

תשומת לב מנשים, אך הצניעות היא עניין יותר עמוק מזה. הרמב"ם למשל קבע שתלמידי חכמים יֵלכו בבגד עם שרוולים ארוכים, וכן נפסק להלכה ששליח הציבור בבית הכנסת לא יגלה את זרועותיו. התלמוד אף מספר בשבח אנשי ביתו של שאול המלך שלא גילו את עקבם ואת רגלם (ירושלמי סנהדרין יב), ומכאן אנו למדים שהם לבשו בגדים המכסים את גופם.

משום שכללי הלבוש לגבי גברים לא נקבעו להלכה, הם משתנים מחברה לחברה. בחברה החרדית, למשל, רוב הגברים מקפידים ללבוש חליפה וכובע במשך כל היום. בחברה הדתית־לאומית ניתן לראות גברים בלבוש יומיומי יותר. לאור הרעיונות העמוקים שעומדים מאחורי רעיון הצניעות, נראה שנכון שגם גברים ייתנו את הדעת מהו לבוש שמבטא צניעות חיצונית וכבוד לגופם.

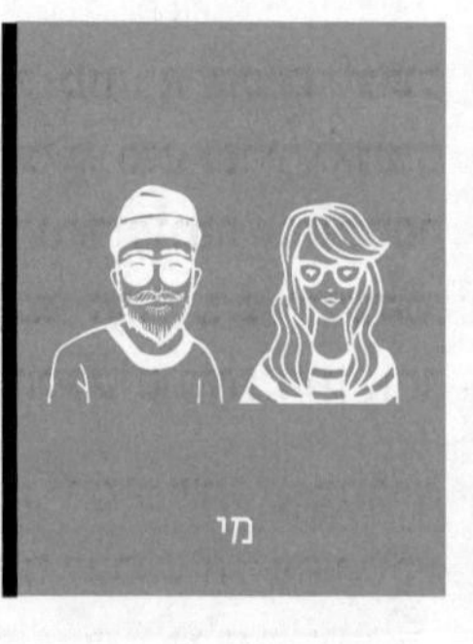

מי?

בין גברים לנשים

מערכת היחסים בין גברים לנשים היא אחת הסוגיות המורכבות בדורנו. בעבר הייתה הפרדה כמעט מוחלטת בין חברת הגברים ולחברת הנשים, אולם בימינו ברוב המקומות החברה מעורבת ונשים וגברים לומדים, עובדים ושוהים יחד. עם זאת, ההלכה סבורה כי יש להיזהר מפני קשר בין גברים ונשים שאינם נשואים זה לזו, מכמה סיבות:

ראשית, הקשר העיקרי בין גברים לנשים אמור להיות במסגרת זוגית, לטובת הקמת משפחה המושתתת על קדושה וטהרה. קשר שאינו מכוון למטרה זו הוא למעשה חסר תכלית, ופעמים רבות משאיר צלקות רגשיות אצל שני הצדדים, שמשפיעות על קשרים שנוצרים בהמשך.

שנית, בכל מפגש בין המינים, אפילו בפגישה עסקית או מקצועית, עלול להיווצר מתח יצרי – לעיתים סמוי ולעיתים גלוי, כך שגם קשר שמתחיל כידידותי לחלוטין יכול להתפתח במהירות לקשר גופני. על כך אמרו חכמינו ״אין אפוטרופוס (=שומר) לעריות״ (חולין יא): בלתי אפשרי להשתלט על יצר כשהוא כבר מתעורר. הדרך היחידה לעצור אותו היא להימנע מראש ממצבים בעייתיים שעלולים לסחוף אותנו למקומות לא טובים.

לאור זאת, ההלכה קבעה הגדרה לשמירת גבולות ומרחק בקשר בין המינים. באופן מעשי נאסר מגע גופני בין גברים ונשים שאינם נשואים זה לזה, ואפילו לא לחיצת יד.[6] צריך להבין – בניגוד לחברה המערבית שמנסה לייצר אשליה כאילו המשיכה ההדדית בין גברים לנשים אינה קיימת ואינה משפיעה, היהדות מכירה בה אך מבקשת להטות אותה לאפיקים של זוגיות בריאה ויציבה. היא לא מתנגדת לטבע אלא מבקשת לכוון אותו.

יחד עם זאת, לכולם ברור שחוסר צניעות בדרגה מסוימת לא בהכרח יגרום לאנשים להיכנע מיד ליצר הרע. בניגוד למה שלפעמים מנסים לצייר, אנשים דתיים לא מאבדים את העשתונות כשהם רואים בחורה בגופייה, אבל זה כל כך שונה מהנורמה שהם הורגלו אליה עד שהדבר בהחלט צורם להם. נכון שישנם אנשים חסינים בדרגות שונות, אבל ההלכה קובעת חוק אחד שחל על כולם.[7]

הלכות ייחוד, שמירת נגיעה וראייה

לצערנו, שוב ושוב שומעים על אישי ציבור שמואשמים בהטרדות מיניות, ועל אחרים שאומרים "לי זה לא יקרה", ובכל זאת פעם אחר פעם זה קורה גם להם. "הלכות ייחוד" קובעות שכדי למנוע מתח מיני בלתי רצוי, גברים ונשים שאינם נשואים זה לזו לא ישהו יחד במקומות שבהם הם עלולים להגיע לדבר עבירה, ובאופן כללי יימנעו מיצירת קִרבה רגשית שלא לצורך. פגישה תתקיים בנוכחות אנשים אחרים, או בחדר שקיימת בו אפשרות מעשית שמישהו ייכנס בכל רגע. חִשבו כמה אנשים שנפלו היו יכולים להציל את שלמות משפחותיהם לו היו מקפידים על כך!

בנוסף, בחברה היהודית הייתה מקובלת מאז ומעולם הפרדה בין גברים לנשים בבית הכנסת, במוסדות הלימוד, בחוף הים ובבריכה ולעיתים גם במקומות נוספים. הפרדה זו הייתה מקובלת כבר בימי בית שני, כאשר בשמחת בית השואבה, אירוע חגיגי ושמח במיוחד שהתקיים בבית המקדש בחג הסוכות, הוקמה עזרת נשים מיוחדת כדי למנוע "קלות ראש" ופריצות. גם כאן הרעיון הוא להימנע ממתח מיותר, שגם אם אינו קיים אצל כולם הוא בהחלט תופעה רווחת במקומות מעורבים.

הדרך לחיים של צניעות עוברת גם בשמירת המחשבה והראייה. התורה מצווה: "וְלֹא תָתוּרוּ אַחֲרֵי לְבַבְכֶם וְאַחֲרֵי עֵינֵיכֶם אֲשֶׁר אַתֶּם זֹנִים אַחֲרֵיהֶם" (במדבר טו). כמו שהזכרנו, העבירה מתחילה בעין, שהיא זו שמעוררת את הלב. צריך להישמר גם מחוויות וממראות שמעוררים מחשבות יצריות, מה שנקרא בשפה הדתית **שמירת העיניים**.

בשנים האחרונות כתבו פוסקים רבים שיש לשמור על הלכות צניעות גם בשימוש באינטרנט ובטלוויזיה. כדי להימנע מכך אפשר להשתמש במגוון

מכשירים "כשרים" החוסמים את האפשרות לגשת לתכנים בלתי ראויים. לחילופין יש להשתמש באינטרנט מסונן או להתקין תוכנות לסינון אתרים, להציב את המכשירים במקומות מרכזיים בבית ולא בחדר פרטי, ולנסות לצמצם עד כמה שאפשר את השימוש הלא הכרחי למינימום (עצה טובה בכלל לחיים שפויים).

התחלה מהירה

- **מחיצוניות לפנימיות.** צניעות מתחילה מההבנה שיש בנו מהות פנימית יקרה. ככל שהיא נחשפת יותר באופן בלתי מבוקר – כך היא יותר מתאדה.
- **ענווה.** להיות צנוע פירושו להתמקד בדברים החשובים באמת במקום לנקר עיניים, לעורר קנאה ולהבליט את עצמנו יותר מדי. כשפונים כל הזמן החוצה, מפסידים את האמת שלנו.
- **אנחנו מותג מעולה.** הערך העצמי שלנו איננו נגזר מכמות התמונות שהעלינו לרשת ולא מהתווית שמחוברת לנו לחולצה. האישיות שלנו היא מותג יקר מאוד, והאמת הזו אינה זקוקה לשם שאין מאחוריו כלום.
- **לבושים.** צניעות מתבטאת בלבוש הולם, שאינו חושף או מבליט מדי את הגוף. בפנים אנחנו נשמות קדושות, אז למה לשדר לכולם שאנחנו משהו אחר?
- **שמירה על החושים.** קשה לשמור על טהרת הלב והמחשבה כשהעיניים נחשפות למראות לא ראויים. לא חייבים להסתכל בכל דבר שבא לפנינו, וצריך ללמוד להסיט עיניים בעת הצורך בלי לפגוע בזולת, כמובן.

פרק טו: זוגיות ומשפחה

דרש רבי עקיבא:
איש ואישה,
זכו – שכינה ביניהם;
לא זכו – אש אוכלתן.

(תלמוד בבלי, סוטה יז, א)

וְאוֹתָךְ אֲנִי בּוֹחֵר
אוֹתָךְ אֲנִי חוֹלֵם
אִתָּךְ אֲנִי יוֹדֵעַ שֶׁרַק אִתָּךְ אֲנִי חָפְשִׁי.

לְבַד אֲנִי מַרְגִּישׁ כְּאִלּוּ אַתְּ הָיִית אִתָּנוּ
אֲבָל כְּשֶׁאֲנִי שׁוֹתֵק לִי עִם עַצְמִי
אָז אַתְּ אִתִּי, אֲבָל אֵינֵךְ.

וַאֲנִי שׁוֹתֵק אִתָּךְ
וּלְעַצְמִי אֲנִי אוֹמֵר:
אִתָּךְ אֲנִי יוֹדֵעַ
שֶׁרַק אִתָּךְ אֲנִי עַצְמִי.

(**אחרי שנסעת**, שלמה גרוניך)

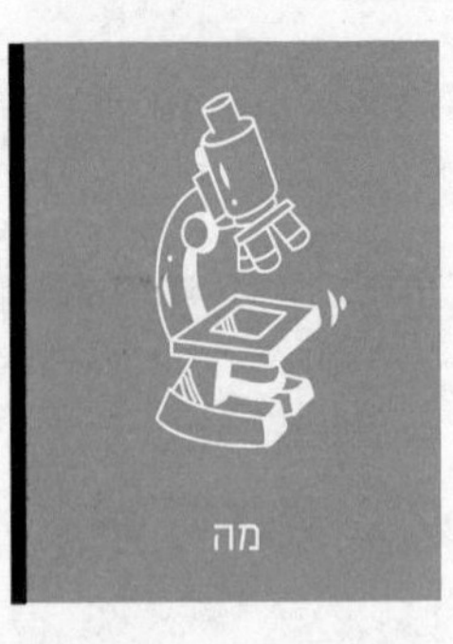

מה?

דתות רבות סבורות שלהיות אדם קדוש פירושו להתנתק מהעולם. האידיאל שלהן הוא נזיר או נזירה החיים על הר גבוה, מתבודדים כל היום וניזונים רק ממה שצמח בגינת הירק שלהם. עבור הדתות הללו, יחסים בין גברים לנשים הם עניין יצרי וטמא, וזו הסיבה שכמרים קתולים ונזירים בודהיסטיים אינם מתחתנים ואינם מקימים משפחה. היהדות, לעומת זאת, רואה בזוגיות ובמשפחה דבר קדוש עד מאוד – זה המקום שממנו מתחילים לשנות את העולם.

הדלאי לאמה, המנהיג הטיבטי הישיש, גולה בהודו כבר שנים רבות. יום אחד, כשנפגש עם כמה מלומדים יהודים, אמר להם: "אני נמצא בגלות מזה עשרות שנים, הרחק ממולדתי, ומרגיש עד כמה קשה לשמור על הזהות ועל צורת החיים הייחודית הרחק מהבית. ואילו אתם היהודים, עם שנמצא בגלות מזה אלפי שנים, הצלחתם לשמר על זהותכם העצמית בצורה כה מרשימה וייחודית. מה הסוד שלכם?". היהודים ניסו להעלות רעיונות, אך אף אחד מהם לא קלע. עד שלבסוף אמרה אחת הנשים: "מקור עוצמתנו וסוד הישרדותנו הוא המשפחה היהודית. בכל מקום בעולם שאליו הגיעו זוג יהודים, הגיע הכול. כי כל משפחה היא גרעין של עם שלם, יש בה מלך ומלכה, כוהן גדול ושכינה, הכול מקופל בה". הקשיב הדלאי לאמה, הנהן ואמר: "זהו, זה הסוד. כאן טמון המפתח".[1]

המשפחה מתחילה בנישואין – חיבור של גבר ואישה. היהדות רואה בהם הרבה יותר מאשר הֶסדר חברתי נוח, אלא אירוע שמשנה את מהותם של בני הזוג. על בריאת אדם וחוה נאמר "זָכָר וּנְקֵבָה בְּרָאָם, וַיְבָרֶךְ אֹתָם וַיִּקְרָא אֶת **שְׁמָם** אָדָם בְּיוֹם הִבָּרְאָם" (בראשית ה), ודרשות חתונה רבות מתייחסות

לכך שרק לאחר החתונה הם נקראים "אדם" שלם. הוא שלה והיא שלו, וכך הם חיו יחד לנצח נצחים.

אבל צאו לרגע מאשליית הקומדיה הרומנטית – זו לא חזות הכול. בסופו של דבר, גם הנישואין הם אמצעי למימושו של אידיאל גבוה יותר. "עַל כֵּן יַעֲזָב אִישׁ אֶת אָבִיו וְאֶת אִמּוֹ וְדָבַק בְּאִשְׁתּוֹ וְהָיוּ לְבָשָׂר אֶחָד" (בראשית ב). ואיך יהיו לבשר אחד? בלידת ילדים משותפים, שהיא חוויית ההידמות לבורא, יוצר האדם, בזעיר אנפין.

המשפחה היא יחידת היסוד שבה האישיות מתפתחת. בה אנחנו סופגים ערכים ותרבות, ובה אנחנו לומדים איך לחיות. המשפחה היא המסגרת שבה האהבה והנתינה אמורות להגיע לשיא – אהבת אם לילדיה, רחמי האב על בניו, וכך הזוגיות והמשפחתיות משלימות זו את זו וזקוקות זו לזו. כפי שכתב הרב יעקב אריאל:

> אין ספק שהמשפחתיות מצריכה זוגיות טובה והדוקה. ילדים זקוקים לאווירה חמה ולבבית. היחסים בין ההורים משמשים דוגמה חיובית לכל בני המשפחה. ואולם באותה מידה גם להפך: זוגיות ערכית אידיאליסטית מחייבת משפחתיות... האהבה בין ההורים גדלה ומתרוממת ונעשית אידיאליסטית יותר כתוצאה מילדיהם. **הקשר הזוגי מתמזג בהרמוניה המשפחתית השלמה.**[2]

מדוע להתחתן?

לפני כמה שנים שאלה כזו נראתה טריוויאלית למדי. כולם ידעו שאם בני זוג רוצים לחיות יחד עליהם להתחתן תחילה. אבל בדור האחרון, ככל שהתרחקו מהמסורת, השאלה עלתה מחדש – למה בכלל להתחתן אם אפשר לחיות ביחד גם בלי חתונה? מדוע לקיים חתונה יהודית אם אפשר לערוך טקס אזרחי, אפריקאי או אינדיאני, שעל פניו נראה הרבה יותר מגניב?

ובכן, הקשר הזוגי הוא עדין וחשוב מכדי להשאיר אותו לגחמות אנושיות חולפות. גם אליו אנחנו רוצים להכניס את ה', הנצח המוחלט. "הנישואין אינם רק מוסד אזרחי, הסכם של 'תן וקח' הנוגע לשאלות של רכוש ותענוג, אשר שותפים בו שני אנשים הצמאים לאהבה ארוטית ולחיים של נוחות...

[הם] שייכים זה לזה באופן מיוחד במינו, מאחד אותם קשר אישי החודר עמוקות אל התחומים הנסתרים ביותר של האישיות האנושית".[3]

הקידושין כדת משה וישראל מנכיחים את היותנו לא רק אנשים פרטיים שחוגגים את יום חתונתם, אלא חלק מאומה עם תודעה ושליחות היסטורית (זו אחת הסיבות מדוע שוברים את הכוס תחת החופה – לסמל את הקשר הנצחי לירושלים).

איך?

שידוכים

הדרך אל הקמת משפחה מתחילה כמובן במציאת בני זוג מתאימים. זיווגו של אדם נקבע בשלב מוקדם ביותר, עוד בטרם נוצר העובר, ובעצם הוא זיווג של שתי נשמות. "ארבעים יום קודם יצירת הוולד בת קול יוצאת ואומרת – בת פלוני לפלוני" (סוטה ב). מי השדכן? על פי המדרש, זוהי משימה שה' בכבודו ובעצמו מתעסק בה:

מַטְרוֹנָה [אישה חשובה] אַחַת שָׁאֲלָה אֶת רַבִּי יוֹסֵי בֶּן חֲלַפְתָּא: לְכַמָּה יָמִים בָּרָא הַקָּדוֹשׁ בָּרוּךְ הוּא אֶת עוֹלָמוֹ? אָמַר לָהּ: לְשִׁשָּׁה יָמִים.

אָמְרָה לוֹ: וּמֵאוֹתָהּ שָׁעָה וְעַד עַכְשָׁו מָה הוּא עוֹשֶׂה?

אָמַר לָהּ: הַקָּדוֹשׁ בָּרוּךְ הוּא יוֹשֵׁב וּמְזַוֵּג זִוּוּגִים, בִּתּוֹ שֶׁל פְּלוֹנִי לִפְלוֹנִי.

אָמְרָה לוֹ: וְזוֹהִי אֻמָּנוּתוֹ? אַף אֲנִי יְכוֹלָה לַעֲשׂוֹת כֵּן! כַּמָּה עֲבָדִים וְכַמָּה שְׁפָחוֹת יֵשׁ לִי, וּבְשָׁעָה קַלָּה אֲנִי יְכוֹלָה לְזַוְּגָם.

אָמַר לָהּ: אִם קַלָּה הִיא בְּעֵינַיִךְ, קָשָׁה הִיא לִפְנֵי הַקָּדוֹשׁ בָּרוּךְ הוּא כִּקְרִיעַת יַם סוּף.

מֶה עָשְׂתָה? נָטְלָה אֶלֶף עֲבָדִים וְאֶלֶף שְׁפָחוֹת וְהֶעֱמִידָה אוֹתָם שׁוּרוֹת שׁוּרוֹת, וְאָמְרָה: פְּלוֹנִי יִשָּׂא פְּלוֹנִית וּפְלוֹנִית תִּנָּשֵׂא לִפְלוֹנִי, וְזִוְּגָה אוֹתָם בְּלַיְלָה אֶחָד.

לְמָחָר בָּאוּ לְפָנֶיהָ: זֶה רֹאשׁוֹ פָּצוּעַ, זֶה עֵינוֹ שְׁמוּטָה; זֶה זְרוֹעוֹ פְּרוּקָה, זֶה רַגְלוֹ שְׁבוּרָה. אָמְרָה לָהֶם: מָה לָכֶם?

> זֶה אָמַר: אֵינִי רוֹצֶה בָּזוֹ, וְזוֹ אָמְרָה: אֵינִי רוֹצָה בָּזֶה.
>
> מִיָּד שָׁלְחָה וְהֵבִיאָה לְרַבִּי יוֹסֵי בֶּן חֲלַפְתָּא. אָמְרָה לוֹ: רַבִּי, אֱמֶת הִיא תּוֹרַתְכֶם, נָאָה וּמְשֻׁבַּחַת הִיא, כָּל מַה שֶּׁאָמַרְתָּ - יָפֶה אָמַרְתָּ (על פי בראשית רבה סח, ד, בתרגום קל).

הגברת היהירה והמתחכמת חשבה ששידוכים הם משימה קלה, אך עד מהרה התבררה האמת המרה: זה לא עובד בכוח.

הזיווג בין הנשמות נקבע אמנם בשמיים, אבל אפשר לעשות משהו כדי לזרז את פגישתן בעולם הזה. הדרך היהודית לפגוש בני זוג עלולה להיראות "פרימיטיבית" ומיושנת, ובכל זאת היא עובדת כבר אלפי שנים וזוכה, אפילו היום, לאחוזי הצלחה גבוהים ביותר.

ההיכרות המסורתית של בני זוג נעשתה באמצעות שדכנית, שהציעה להורים בני זוג פוטנציאליים לילדיהם (אגב, אם הצעה של שדכנית מקצועית הסתיימה בחתונה מקובל לשלם לה על שירותיה). השידוך מבוסס על התאמת מאפיינים משותפים של בני הזוג: השקפת עולם, תכונות אופי, מנטליות משפחתית, רצונות ושאיפות לעתיד וכמובן מציאת חן, מתוך הבנה שאלה הם היסודות האמיתיים שעליהם נבנה קשר טוב ויציב. ההשקפה היהודית היא שאהבה היא רגש שמתפתח עם הזמן, ככל שבני הזוג לומדים להכיר זה את זה ומתוך נתינה הדדית. לכן, בניגוד למקובל בתרבות המערבית, התאהבות אינה תנאי הכרחי לפני הנישואין...

כשיש הסכמה הדדית, בני הזוג נפגשים. ואם הם אכן מוצאים חן זה בעיני זו, אפשר להכריז – "מזל טוב!". מה קורה היום? בימינו, משקלם של ההורים בקביעת השידוכים עדיין גבוה בעולם החרדי, ואילו בחברה הדתית-לאומית בני המשפחה פחות מעורבים בקביעת והתאמת בן הזוג המתאים (אבל הם כן ימליצו "יש לי שידוך בשבילך, את חייבת לפגוש אותו!"). בעקבות השפעה של העולם המערבי, יש כמובן זוגות רבים שפשוט נפגשים לבד, וגם תחום ההיכרויות באינטרנט הפך לנפוץ מאוד בעולם הדתי וזוגות רבים נפגשו ונישאו דרכו.

מובן שבכל מקרה ההחלטה הסופית היא של בני הזוג, ואי אפשר להכריח אף אחד להתחתן עם מי שאינם מעוניינים בהם.

למה שידוך?

כאשר שני אנשים נפגשים במקרה, מה שגורם להם בדרך כלל להתעניין זה בזו הוא המראה החיצוני. אחר כך באים כל השאר. אבל הקמת בית יהודי איננה עניין של משיכה או מציאת חן בלבד.

בכל תחום אחר בחיים כמו רכישת דירה, הקמת עסק ואפילו בחירת מוסד לימודים אנחנו משווים, בודקים ומבררים לפני קבלת החלטה משמעותית. איננו סומכים רק על האינטואיציה שלנו אלא בוחנים מגוון פרמטרים העומדים לפנינו. גם אתם תחשבו פעמיים לפני שתרכשו דירה מעוצבת ומשופצת להפליא, אם תגלו שהיא בקומה שישית ובלי מעלית.

משום מה, כשזה מגיע לזוגיות אנחנו פחות מתחשבים בפרמטרים כאלה, והדבר היחיד שקובע הוא הלב. אבל הבעיה היא שעננת ההתאהבות שמציפה את בני הזוג מונעת מהם להתרשם באמת מבן הזוג הפוטנציאלי, ומסתירה קווי אופי מסוימים שלמען האמת אפשר היה לאתר די בקלות. במצב הנפוץ היום, שבו הם גם מקיימים מגע פיזי לפני החתונה, מקומו של הרציונל בקבלת החלטה משתבש לחלוטין. כשנפגשים בשידוך, כל זה נחסך – הנתונים שאנחנו כבר יודעים על בן או על בת הזוג מאפשרים להתרשם טוב יותר ממי שעומד לפנינו, ואם זה לא מתאים אומרים פשוט "לא תודה" ונפרדים לשלום.

נקודה נוספת לזכותה של דרך ההיכרות המסורתית מתגלה בהשוואה לשיטה המקבילה. בחברה החילונית מקובל מאוד שבני זוג גרים יחד עוד לפני החתונה, כביכול כדי לבחון את התאמתם זה לזה ולחוות חיים משותפים "על אמת". האם המגורים המשותפים באמת גורמים לכך שההתאמה והזוגיות שלהם טובה יותר? להיפך! בפועל, אחוז הגירושין רק הולך ועולה **גם אצל זוגות שחיו יחד לפני החתונה**. אז עד כמה מועילים באמת החיים המשותפים הללו?

בחברה הדתית, לעומת זאת, לא חיים יחד לפני החתונה, והפלא ופלא – אחוז הגירושין נמוך משמעותית מאשר בחברה החילונית.[4] שאלתי פעם חבר חרדי איך זה יכול להיות שהם נפגשים כמה פעמים וכבר יודעים אם להתחתן או לא, ושברוב המקרים זה מצליח להם. הוא ענה לי בבדיחה בני־ברקית: "זה שאתה גבר והיא אישה זה כבר 95 אחוז חוסר התאמה... אז על חמישה אחוז לעשות כזה עניין?"

אין קשר בין התאהבות מוקדמת לאהבה יציבה. נהפוך הוא: ההתאהבות שאיתה החל הקשר תימשך שנים ספורות, עד שיום אחד היא תדעך. ואז יתברר לבני הזוג כי למען האמת הם שונים מאוד זה מזה, ושאיפותיהם ורצונותיהם רחוקים כמרחק מזרח ממערב, ולפתע הם שואלים את עצמם: "מה אני עושה איתו (או איתה)?!". לא מעט זוגות מרגישים כך לאחר שכבר חיו יחד כמה שנים אבל מתחתנים מכוח האינרציה, והמחיר עלול להיות כבד בהמשך. הרעיון של היכרות באמצעות שידוך מבטיח שבני הזוג לא ייקשרו רגשית זה לזה לפני שהם מכירים מספיק כדי לגבש החלטה מושכלת.

מה עושים בפגישות השידוכים? מקובל לנהל שיחות היכרות בנושאי חולין, וגם על נושאים גדולים "ברומו של עולם" – שאיפות וציפיות, סגנון החיים וההשקפה בבית שרוצים להקים, מקום המגורים הרצוי, גודל המשפחה, חלומות לעתיד... מחפשים כמובן גם את ההתאמה האישית ואת "מציאת החן", כלומר משיכה והתרשמות חיצונית מבן או בת הזוג.

ועוד דבר – במהלך תקופת השידוכים "שומרים נגיעה" עד החתונה, כלומר לא נוגעים בכלל אחד בשנייה. התנהגות זו מונעת הטיה יצרית שמשבשת את שיקול הדעת, ומאפשרת להתרכז בבן הזוג כפי שהוא. מספר הפגישות המקובל משתנה מחברה לחברה, ויכול לנוע בין פגישה אחת לשתיים אצל המקצרים מאוד ובין כמה חודשי היכרות אצל המאריכים, אך ברוב המקרים מומלץ לבני הזוג לא לקשור קשר ארוך מדי עד שיחליטו להתחתן.

פעם שאלתי חבר שגר עם חברתו במשך שלוש שנים אם הם מתכוונים להתחתן בקרוב. הוא עדיין לא יודע, כי "יש כמה דברים שמפריעים לי אצלה". לשאלתי מתי הוא מתכוון להחליט, הוא התפתל. מכיוון ששניהם כבר לא היו צעירים כל כך – ובכלל, למה לבזבז את הזמן עם מישהי שאולי לא תהיה אשתו? – הצעתי לו לפתוח מולה את הנושאים המורכבים. אם ימצאו דרך לגשר על הפערים, שיתחתנו; ואם לא, אולי כדאי לפרק את החבילה ולהמשיך הלאה.

הוא קיבל את ההצעה, וכאיש מסודר למדי קבע איתה "סמינר זוגיות". במשך יומיים רצופים הם דיברו על כל העניינים שעמדו ביניהם,

ובסופם קיבלתי הודעה שהכל בסדר, וכעבור זמן קצת הם הודיעו שהם מתחתנים. שמחתי מאוד, וגם ציינתי שאת מה שהוא עשה אחרי שלוש שנים אפשר היה לעשות גם אחרי שלוש פגישות...

מזל טוב! יש לנו שידוך. יש הנוהגים לקיים טקס אירוסין שבו המשפחות נפגשות ומודיעות על השידוך, ואליו מזמינים קהל מצומצם יחסית. בטקס זה גם קובעים ההורים ביניהם את ה"תנאים" – היקף הסיוע שייתנו למימון החתונה ולתחילת דרכם של בני הזוג.

אחרי שהודענו לבני המשפחה ולכל החברות והחברים, הגיע הזמן לתכנן את החתונה.

הדרכה לפני החתונה

כדי לקבל רישיון צריך לקחת שיעורי נהיגה ולעבור טסט. כדי להיות רופא או עורך דין צריך ללמוד כמה שנים ואז לעבור מבחן הסמכה ותקופת התמחות. נהגי מלגזה, משגיחי כשרות וסייעות בפעוטון חייבים לעבור הכשרה מקצועית. זוגות רבים עוברים סדנאות הכנה ללידה לפני שהם הופכים להורים. אנשי עסקים נרשמים לסדנאות אימון עסקי. כולם לומדים ומשתלמים, ורק תחום אחד נותר בחוץ – הזוגיות. דווקא הוא, שמפגיש לחיים שלמים גבר ואישה השונים כל כך זה מזה, נראה לנו כל כך פשוט ובא בקלות. האבסורד זועק לשמיים.

בשנת 1994 פרסם ד"ר ג'ון גריי ספר מהפכני בשם "גברים ממאדים, נשים מנוגה", שניסה להסביר את הפערים הבולטים בין גברים לנשים במערכות יחסים. ד"ר גריי טען שמדובר בשני יצורים שונים שחושבים, מדברים ופועלים אחרת, ומבלי להכיר היטב את התכונות המאפיינות כל אחד קשה מאוד לייצר הרמוניה זוגית.

המחשבה שאפשר לטפח זוגיות בריאה ויציבה על סמך אינסטינקטים ועצות של חברים אולי עבדה טוב פעם, אבל היום, כשאופציית "פירוק החבילה" (גירושין) זמינה הרבה יותר, זה כבר לא מספיק. כשהאידיליה של תקופת ההתאהבות חולפת נשארים עם שגרה של ניהול משפחה, גידול ילדים וטיפול בבית, לצד ענייני פרנסה וקריירה. נסו לנהל שגרה זוגית

עם תקשורת בריאה, איזון בין הזמן האישי והמשפחתי, חלוקת תפקידים במשפחה ונוסף לכל, שמירת התשוקה בין בני הזוג – ותגלו שזה דבר מורכב למדי. לא נולדנו עם כל הידע הזה, מוכרחים ללמוד אותו!

מכל הסיבות האלה, בעולם היהודי מקובל מאוד שלפני החתונה בני הזוג עוברים הדרכה בתחום ההלכתי, הזוגי והאישי. הדרכה זו מועברת לרוב בנפרד – החתן לומד אצל מדריך והכלה אצל מדריכה (יש גם זוגות שמדריכים יחד, אך זה נדיר יותר). לא כדאי להסתפק בפגישה בבודדת שמציעה הרבנות, אלא כדאי מאוד למצוא מדריך ומדריכה מקצועיים שמתאימים לסגנון האישי שלכם. לעיתים הדבר כרוך בתשלום נוסף, אבל בתוך כל שאר הוצאות החתונה, יכול מאוד להיות שזו ההוצאה הכי משתלמת בחייכם!

ההדרכה אמורה לסייע לבני הזוג לבנות את היסודות שעליהם יקימו את ביתם – לברר את האידיאלים המשותפים, למצוא את הדרך להכניס אותם לתוך שגרת החיים, לשמור על זוגיות טובה, לטפח תקשורת בריאה וכדומה.

בנוסף, היא כוללת הדרכה הלכתית בתחום טהרת המשפחה (ראו להלן), וכן הדרכה בתחום הקשר האינטימי. גם נושא זה, שנשמר בצנעה (ובצדק), דורש ידע, תיאום ויכולת שיתוף בין בני הזוג כדי שיוכלו לפתור בעיות שעלולות לצוץ בחיי הנישואים. ההדרכה גם מאפשרת לחתן ולכלה לדעת שיש מי שאפשר ורצוי להתייעץ איתם לאחר הנישואין בשלושת התחומים שהוזכרו לעיל. מכל הסיבות האלה, ברור עד כמה הדרכה לפני הנישואין היא חשובה ביותר.

טקס החופה

החתונה כוללת שני חלקים: **קידושין ונישואין** (877|542|534). שניהם נערכים יחד תחת החופה במעמד שני עדים כשרים, שצריכים להיות גברים מעל גיל שלוש־עשרה, שומרי שבת, שאינם קרובי משפחה של בני הזוג.

בטקס הקידושין נותן החתן לכלה טבעת, ואומר לה "הרי את מקודשת לי בטבעת זו כדת משה וישראל". בקבלת הטבעת מידי החתן מסכימה הכלה להתקדש לו. כאן למעשה מסתיים טקס הקידושין, ובשלב זה גם נותן החתן לכלה את **הכתובה** (להלן).[5]

לאחר הקידושין מברכים **שבע ברכות**, המדגישות את המעבר מחיי רווקות לחיי הנישואין, את השמחה על הקמת בית חדש בעם ישראל ועל ההצטרפות של הזוג החדש לקהילה ולאומה. הברכות גם מדגישות את שמחתו של ה׳ על כך ששתי הנשמות שהמתינו שנים ארוכות זו לזו התחברו סוף סוף יחד. את הברכות מברך הרב עורך הקידושין או אורחים אחרים שבני הזוג בוחרים (נוהגים לכבד רבנים אך גם בני משפחה וחברים יכולים לברך).

יש נוהגים שהחתן מברך על טלית חדשה "שהחיינו" לכבוד המעמד המרגש, ולאחר מכן מגיעה שבירת הכוס. רגע זה, שהפך משום מה לשיא החתונה, נקבע כזכר לחורבנה של ירושלים, שאף שהיא בנויה ועומדת, עדיין איננה שלמה – כמו המציאות שלנו שמלאה חסרונות, ובעזרת השם החתונה הזו תקרב אותנו אל מציאות שלמה ומלאה.

בעבר, לאחר הקידושין הייתה הכלה עוברת לגור עם החתן בביתם המשותף, ומרגע זה הם נחשבו לבעל ואישה לכל דבר ועניין. אלה הם ה"נישואין". בימינו נוהגים לקיים שלב זה באופן סמלי כאשר בני הזוג עומדים יחד תחת החופה, המדמה את גגו של הבית החדש שהם מקימים. לאחר הטקס יש הנוהגים (בעיקר בני אשכנז) ללוות אותם ל**חדר ייחוד**, שבו החתן והכלה נפגשים לראשונה כזוג נשוי ו"שוברים את הקרח". זו הזדמנות לשוחח, לאכול וגם למגע עדין לראשונה כזוג נשוי. בניגוד למה שחושבים, חדר הייחוד לא נועד ליחסי אישות!...

הכתובה

לפני החופה חותמים החתן והעדים על שטר הכתובה. זהו מעין חוזה בעל מעמד משפטי שהחתן נותן לכלה, ובו הוא מתחייב לדאוג לה ולכל מחסורה. כמו כן הוא מתחייב לשלם סכום כסף מסוים במקרה של גירושין או התאלמנות, חלילה.

לכתובה כמה מטרות. ראשית, בעולם המסורתי היא נחשבה לזכות סוציאלית גדולה. הנשים בדרך כלל לא יצאו לעבוד, ובזכות הכתובה יכלו להתקיים בכבוד גם לאחר הגירושין. גם כיום הכתובה מבטיחה את מצבה הכלכלי של האישה במקרה של פירוק הבית.

שנית, היא נועדה למנוע את האפשרות להתגרש בקלות. כשם שהנישואין נחשבים לאירוע חשוב בשמיים ובארץ, גם הגירושין נתפסים כאירוע טראומטי בעל השפעה רחבה ביותר: "כל המגרש [את] אשתו ראשונה, אפילו מזבח מוריד עליו דמעות" (גיטין צ). פעמים רבות הרצון להתגרש נובע מתוך מריבה או התפרצות, וקשה לבלום את כדור השלג המתגלגל. עצם הידיעה שהבעל יצטרך לשלם את סכום הכתובה מונעת ממנו לממש את הגירושין בקלות רבה מדי. זו גם הסיבה שבגללה תהליכי הגירושין ברבנות נמשכים לעיתים זמן ארוך – יש משמעות איומה לפירוק בית יהודי שנבנה בעמל רב כל כך.

שבע ברכות ושבת חתן / כלה

ביהדות יש מצווה גדולה לשמח חתן וכלה, ולכן בחתונות יהודיות רוקדים – והרבה. יש לא מעט זוגות שיעדיפו שתבואו עם מתנה צנועה אבל תשמחו איתם עד השמיים, מאשר שתביאו צ'ק ותשבו חמוצים בצד כל הערב.

לאחר החתונה מתחיל שבוע הכלולות.[6] בשבוע שאחרי החתונה מקובל לערוך לחתן ולכלה סעודה חגיגית מדי יום, בדרך כלל בחוג המשפחה, וזו הזדמנות להזמין ידידים ומכרים שלא יכלו להשתתף בחתונה.[7]

במנהגי "שבת חתן / כלה" יש הבדלים בין העדות. האשכנזים עורכים אותה בשבת **שלפני** החתונה, בחיק המשפחה והחברים (כשהחתן והכלה בנפרד), ונוהגים שהחתן עולה לתורה. לאחר החתונה מקיימים "שבת שבע ברכות", בהשתתפות משפחת החתן והכלה. הספרדים עורכים את שבת החתן **לאחר** החתונה, והשמחה גדולה.

אחרי החתונה: קדושת הבית היהודי

כאן המקום לדבר מעט על נושא האינטימיות הזוגית ביהדות. כפי שכבר ראינו, המיניות היא אחד הכוחות החזקים באדם וגם אותו מבקשת היהדות לעדן. היא עלולה להיות גסה, מגונה ומכוערת, אבל כשהיא מנוהלת על פי גדרי ההלכה היא נעשית עדינה וטהורה, ומוכיחה שהאדם יכול להשתמש בצורה רוחנית אפילו ביצר.

ליחסי האישות נקבע מקום קדוש ומיוחד ביהדות. הדיבור על מיניות נחשב לחשיפה של עניינים פנימיים וכמוסים, ולכן בלתי צנוע. אבל בדורנו, כשכבר נפרצו כל הגבולות וכמעט אין שום נושא מוצנע, יהיה זה חסר אחריות להשאיר את הבמה רק לקולות שמבטאים פריצות ולהסתיר דווקא את אלה שמכניסים קדושה. ובכל זאת, בגלל רגישותו של הנושא והצורך להיות מדויק ככל האפשר, לא זה המקום הראוי לספק הדרכה מפורטת בתחום. המבקשים להרחיב יכולים לעשות זאת בהתייעצות עם רב או מדריכת כלות, ולקרוא עוד בספרים המופיעים בנספח.

היחסים האינטימיים הראשונים מתוארים בתורה כך: "וְהָאָדָם **יָדַע** אֶת חַוָּה אִשְׁתּוֹ" (בראשית ד). המילה "ידיעה" אומרת שלא מדובר פה על קשר פיזי בלבד, אלא גם על רבדים עמוקים ופנימיים. הרמב"ם השתמש באותה מילה כדי לתאר את הכרת הבורא: "יְסוֹד הַיְסוֹדוֹת וְעַמּוּד הַחָכְמוֹת **לֵידַע** שֶׁיֵּשׁ שָׁם מָצוּי רִאשׁוֹן" (הלכות יסודי התורה א), ומכאן אנו רואים שיש קשר עמוק בין **ידיעת** הבורא ובין **הידיעה** האינטימית בין בני זוג.

בנושא זה רבו המיתוסים וסיפורי הגוזמא על היהדות, ולהלן אביא רק שלוש נקודות מרכזיות המפריכות אותם:

- **מצווה קדושה.** יחסי האישות נחשבים למצווה גדולה בין איש לאשתו. כשהם נעשים על פי הדרכת התורה, אין בהם שום טומאה, לכלוך או שליליות. להפך.
- **לא רק "פרו ורבו".** היהדות מעניקה ליחסי האישות מקום מרכזי בזוגיות, ולא רק לשם הבאת ילדים. מצווה זו תקפה גם בזמן שהאישה בהריון, או הגיעה לגיל מבוגר שבו אי אפשר עוד ללדת.
- **כבוד האישה.** יחסי אישות הם אחד משלושה דברים שהגבר מתחייב לאשתו בשעת הנישואין (יחד עם הדאגה למזונה וללבושה). האישה רשאית לדרוש אותם מהגבר (באופן מרומז, מצד הצניעות) ודווקא הוא אינו יכול לתבוע אותם מאשתו. ובכלל, שמחתה של האישה תופסת חשיבות גדולה גם בתחום הזה.

טהרת המשפחה

אחד המאפיינים המובהקים של הזוגיות היהודית הוא מצוות טהרת המשפחה.

באופן כללי, המושגים ההלכתיים של טומאה וטהרה אינם קשורים ללכלוך. ״טמא״ הוא מי שבא במגע עם מוות או היעדר חיים, ו״טהור״ הוא מי שעבר תהליך טהרה (בדרך כלל על ידי טבילה במקווה מים טהורים). רוב הלכות טומאה וטהרה חלות על גברים ונשים כאחד, וקשורות למציאות של בית המקדש; כל זמן שהוא טרם נבנה, הן פחות רלוונטיות לחיי היומיום שלנו. יוצאת דופן היא טהרת האישה לבעלה.

אחד התהליכים הביולוגיים הגורמים לטומאה הוא הווסת הנשית (נידה) – הריון פוטנציאלי שלא התממש, חיים שלא יצאו אל הפועל. התורה קבעה ״אֶל אִשָּׁה בְּנִדַּת טֻמְאָתָהּ לֹא תִקְרַב״ (ויקרא יח), ומכאן שיש לתקופה זו השלכה על מערכת היחסים הזוגית.

כאשר האישה רואה וסת, בני הזוג פורשים מכל מגע גופני ביניהם למשך זמן הווסת. לאחר מכן ממתינים שבעה ימים שבהם מוודאת האישה כי הווסת אכן הסתיימה (״שבעה נקיים״), וגם בימים אלה חלים דיני הפרישה. לאחר פרק זמן זה, הנמשך בסך הכול כ־11–12 ימים, טובלת האישה במקווה טהרה. לאחר מכן היא מותרת לבעלה עד לפעם הבאה שבה תראה וסת או, אם תתעבר, עד ללידה. בימים האסורים בני הזוג נזהרים מכל מגע, אפילו כזה שאין בו אינטימיות. מובן שהם ממשיכים לאהוב ולבטא את אהבתם, אך בדרכים שאינן פיזיות. כך נוצר ביניהם קשר שאינו תלוי רק במגע, ושיש לו ממד נוסף של עומק ומשמעות.

טהרת המשפחה משמעותית מכמה בחינות. ראשית, קשר אינטימי לאחר תקופת פרישה הוא בעל משמעות עמוקה יותר מאשר קשר שמותר בכל עת, וכך מובטחת התחדשות מתמדת בין בני הזוג. שנית, היא מגבילה את יחסי האישות לימים המותרים, ובכך מסייעת לעידון היצר ו״אילופו״ לתוך מסגרת רוחנית. ולבסוף, היא מאפשרת לבני הזוג לנהל תקופות של שותפות לצד תקופות של פרטיות, ״אינטימיות מול אוטונומִיות״, בלשונה של נעמי וולפסון.

טבילה במקווה

הטבילה במקווה מתוארת על ידי נשים רבות כחוויה רוחנית עמוקה. מי המקווה אינם מים רגילים אלא ״מים חיים״ – מי גשמים או נהרות שנשמרים

על פי כללים מדויקים ביותר (זו הסיבה שאמבטיה ביתית אינה יכולה לשמש תחליף לטבילה במקווה). בעבר יצא למקוואות שם רע משום שחלקם היו מוזנחים, אבל בשנים האחרונות כמעט כל המקוואות משופצים ואסתטיים כמו ספא יוקרתי, וזו איננה הגזמה.

לפני הטבילה האישה עורכת הכנות מסוימות שנועדו להסיר כל חציצה אפשרית בין הגוף למים: רחיצה, חפיפה, גזירת ציפורניים ועוד. הבלנית, האחראית על המקווה, בדרך כלל תשמח לסייע בכל שאלה כדי לוודא שהטבילה תהיה כשרה.

"פרו ורבו"

הבאת ילדים לעולם מצביעה על אמונה גדולה בעתיד. לכן החברה היהודית – המאמינה והאופטימית למרות כל הצרות – תמכה תמיד בהבאת ילדים לעולם.

מצוות "פרו ורבו" היא המצווה הראשונה בתורה: "וַיְבָרֶךְ אֹתָם אֱלֹהִים וַיֹּאמֶר לָהֶם אֱלֹהִים פְּרוּ וּרְבוּ וּמִלְאוּ אֶת הָאָרֶץ וְכִבְשֻׁהָ" (בראשית א). המצווה מתקיימת כאשר יש לאדם לפחות בן אחד ובת אחת. אמנם, מצווה מדברי חכמים להמשיך ולהעמיד צאצאים גם לאחר מכן, "בַּבֹּקֶר זְרַע אֶת זַרְעֶךָ וְלָעֶרֶב אַל תַּנַּח יָדֶךָ" (קהלת יא).

למרות החשיבות הגדולה של הבאת ילדים, צריך להיות מודעים בכל עת למצבה הבריאותי והנפשי של המשפחה וליכולתה להמשיך ולהעמיד צאצאים נוספים. במקרה הצורך כדאי להתייעץ עם רב שמכיר את המשפחה בשאלת הקצב הראוי להגדלתה, תוך התחשבות במגוון גורמים.

סימני הבית היהודי: מזוזה

צבעונית או שקופה, שמחה או רצינית – המזוזה היא סימן מובהק שהגעתם לבית יהודי. התורה מצווה "וְהָיוּ הַדְּבָרִים הָאֵלֶּה אֲשֶׁר אָנֹכִי מְצַוְּךָ הַיּוֹם עַל לְבָבֶךָ... וּכְתַבְתָּם עַל מְזוּזֹת בֵּיתֶךָ וּבִשְׁעָרֶיךָ" (דברים ו). המזוזה היא קלף ועליו פרשיות מספר דברים העוסקות במזוזה, והיא החלק החשוב. כדי לשמור עליה עוטפים אותה בבית מזוזה, והוא יכול להיות באיזו צורה

שרוצים. את בית המזוזה מחברים בערך בשני שליש הגובה של המשקוף הימני בצד שבצד שממנו נכנסים לחדר. למשל, במרפסת קובעים את המזוזה בצד ימין של הנכנס מכיוון הבית. מתקינים מזוזה בדלת הראשית של הבית ובכל החדרים והפתחים, למעט בחדרי שירותים ואמבטיה או בחדרים קטנים במיוחד.

ראיינתי פעם בחורה שגדלה בפורטוגל במשפחה קתולית לכל דבר. היו להם כמה מנהגים מוזרים במשפחה, ואחד מהם היה שאסור לטאטא את החדר לכיוון הדלת ולא להניח לידה פח אשפה. רק כעבור שנים היא גילתה שהם למעשה משפחה של אנוסים, ששימרה את המנהגים העתיקים זה מאות בשנים מבלי להכיר את הקשר שלהם ליהדות. מסתבר שכאשר היהודים נאלצו להסיר את המזוזות מפתחי הדלתות מחשש שיזוהו כיהודים, הם רצו לשמר את העובדה שאמור להיות משהו חשוב וקדוש בדלת. כך התקבע המנהג שאסור לטאטא לכיוונה ולא להניח לידה פח, אך ברבות השנים המזוזה נשכחה ונשאר רק המנהג. ובכל זאת, אפילו הוא הספיק כדי שחנה תמצא חזרה את דרכה לשורשיה היהודיים...

מי?

במהלך המסע למציאת הזיווג, יש כמה מגבלות על בחירת בני הזוג הפוטנציאליים.

ראשית, התורה אוסרת **עריות**, כינוי ליחסי אישות מסוימים הכוללים בין היתר יחסים בין בני משפחה קרובים (הורים עם ילדיהם, אחים ואחיות וכו'), עם אישה נשואה ומשכב זכר.

אדם שנולד כתוצאה מאיסורי עריות הוא **ממזר**, ואסור לו להתחתן לעולם. זוהי סנקציה משמעותית שנועדה להרתיע את הוריו מלפגום בקדושת עם ישראל. עיקר בעיית הממזרים מתרחשת בעקבות בגידה, אולם אם האישה אינה נשואה (רווקה, גרושה או אלמנה) הילד **אינו** נחשב ממזר.

מגבלה נוספת מוטלת על **הכוהנים**, אותה קבוצה מיוחדת שנבחרה לשרת בבית המקדש ולברך את עם ישראל (עמ' 43). בשל מעלתם הרוחנית הגבוהה נאסר עליהם לשאת נשים במעמד אישי מסוים כמו גרושה או גיורת (אך מותר להם להתחתן עם אלמנה).

מסופר על בחור יהודי שהחל להתקרב ליהדות והיה בקשר עם בחורה לא יהודייה. לאחר שהסבירו לו את הבעייתיות שבדבר הוא הצליח להשפיע עליה להתגייר, והיא אכן התגיירה כדת וכדין. אלא שאז התברר לבחור שהוא כוהן, ולכן אסור לו להתחתן עם גיורת. בשלב זה כבר לא הצליחו לשכנע אותו שלא יתחתן איתה... אחד הרבנים סידר לו פגישה עם הרבי מלובביץ' בניו־יורק, והוא הסכים לבוא.

הבחור חשש שמא הרבי יאיים עליו ויפחיד אותו, אך בפגישה קרה ההפך. הרבי אמר לו: "יש אנשים חכמים וקדושים מאוד בעולם. אבל דע לך, שגם האנשים הגדולים ביותר, לא משנה כמה יעבדו ויזככו את

עצמם כל ימיהם, לעולם לא יגיעו למעלת קדושת הכהונה. הכהונה היא קדושה שהקב"ה נותן מלמעלה; האדם בכוחות עצמו לעולם לא יוכל להגיע למעלה זו. לך הקב"ה נתן את המתנה הנפלאה הזו – אל תוותר עליה".

בסיום הפגישה, לאחר שהרבי סיים להפליא את ערכה של מתנת הכהונה, אמר הבחור לעצמו: "כנראה באמת קיבלתי משהו מיוחד מה', ואין זה ראוי לחלל קדושה נעלית זו". הרבי לא הסביר לו את חומרת האיסור או את גודל העונש; הוא רק הזכיר לו את דרגת הקדושה שאליה הוא שייך, ואז ממילא הדברים השליליים יצאו ממנו (על פי הרב יואל כהן, ה"חוזר" של הרבי מלובביץ').

מתי?

גיל הנישואין

חכמי הגמרא המליצו להתחתן בגיל צעיר, כש־18 נחשב לגיל הטוב ביותר לנישואין. נישואין בגיל צעיר מבטיחים את הקמת המשפחה כאשר כוחם של בני הזוג עוד במותניהם, ומאפשרים להוליד מספר ילדים ולגדלם. יש לכך יתרון גם ברמה הזוגית משום שבני הזוג עוד לא התרגלו לחיים עצמאיים מחוץ לבית וטרם סיימו לעצב את אישיותם, וקל להם יותר לבצע בשלב הזה את ההתאמות והוויתורים הנדרשים בתוך הקשר הזוגי.

עם זאת, יש קושי בנישואין בגיל צעיר מבחינת הבשלות הנפשית, וכמובן גם מצד אתגר הפרנסה. גידול משפחה כאשר בני הזוג עדיין בשלב הלימודים ובתחילת חייהם המקצועיים עלול להקשות עליהם, ולכן ההלכה מעודדת את ההורים לסייע לזוג הצעיר בשנים אלה, עד שיעמדו על רגליהם בכוחות עצמם.

שאלה נוספת, הרלוונטית יותר לגברים, היא עד כמה להשקיע בלימוד תורה על חשבון דחיית החתונה והקמת המשפחה. ההלכה מאפשרת לעכב בכמה שנים את הקמת המשפחה לצורך לימוד תורה. סוגיה זו מטרידה מאוד את החוזרים בתשובה, משום שכדי להקים בית יהודי שומר תורה ומצוות הם חייבים לרכוש תחילה את יסודות ההשקפה ואת הידע ההלכתי הבסיסי לניהול בית כזה (שבת, כשרות וכדומה), מה שמאלץ אותם לדחות את גיל החתונה. עם זאת, מכיוון שרבים מהם מתקרבים ליהדות כשהם כבר בוגרים, דחיית הנישואין עוד ועוד עלולה לפגוע בהם בסופו של דבר. הדבר תלוי כמובן בגיל ובשיקולים נוספים, ולכן כדאי מאוד להתייעץ עם רב בעל ניסיון.

זמן החתונה

אפשר להתחתן בכל שעות היממה – גם ביום וגם בלילה, אך לא עורכים חתונות בשבתות וחגים.

כיוון שהחתונה היא אירוע משמח, לא עורכים אותה בזמני אבל לאומיים. ימים אלה הם בעיקר חלק מימי ספירת העומר (ראו עמ' 362), וימי בין המצרים שבהם מתאבלים על חורבן בית המקדש (עמ' 370). ישנם מנהגים שונים בין העדות באשר למועדי הנישואין המותרים, וניתן לברר אותם מבעוד מועד ברבנות המקומית.

איפה?

בעיקרון אפשר להתחתן בכל מקום, אולם בישראל קבעה הרבנות הראשית שהחתונה תיערך במקום בעל תעודת כשרות שאינו פועל בשבת.

מבחינה הלכתית כל מה שצריך בשביל להתחתן זה חתן, כלה, שני עדים וטבעת. אולם בגלל טעויות רבות שקרו, כבר לפני מאות שנים נקבעה תקנה שרק רב מוסמך יערוך את הקידושין כדת משה וישראל.

טקסים קונסרבטיביים, רפורמיים, אזרחיים ואחרים אינם תקפים על פי ההלכה, ובמדינת ישראל הם אינם מוכרים על ידי הרבנות הראשית. מי שכבר התחתן בטקס כזה אינו נחשב על פי ההלכה לנשוי, ועליו להתחתן מחדש בטקס דתי כשר.

רבנות או "צוהר"? כל חתונה יהודית בישראל נערכת באישור הרבנות הראשית. דרך זו מבטיחה פיקוח מסודר על רישום הנישואין, ווַדאות שהם תקפים לפי ההלכה.

בעבר סבלו המועצות הדתיות מבירוקרטיית יתר, ואז נכנסו לתמונה ארגונים שונים שהוכרו על ידי הרבנות כמסייעים לזוגות להתחתן. זוגות שנרשמים בארגונים המוכרים ("צהר" הוא אחד מהם, אך יש עוד רבים) מקבלים שירות זהה לזה שמציעה הרבנות, רק עם פחות בירוקרטיה. מבחינה מעשית, כל עוד מדובר בארגון המוכר על ידי הרבנות הראשית, אין הבדל בין זוגות שמתחתנים כאן או כאן. כיום תוכלו למצוא יותר ויותר מועצות דתיות שמאפשרות לעבור את רוב הרישום באינטרנט ומקלות על בני הזוג את כל התהליך.

נספח: טקסי חיים

ברית מילה

523 א | 531 ס | 861 עמ

"וּבַיּוֹם הַשְּׁמִינִי יִמּוֹל בְּשַׂר עָרְלָתוֹ" (ויקרא יב).

הברית היא הטקס היהודי העתיק ביותר. הראשון שהצטווה על ברית המילה היה אברהם אבינו, שבגיל תשעים ותשע מל את עצמו ואת בני ביתו, ובכך כרת ברית עם אלוהים שהבטיחה לו את המשכיות קיומו בארץ ישראל. ברית המילה מראה שהקדושה יורדת עד המקום האינטימי ביותר בגוף, ומהווה ביטוי לאמונה שהאדם לא נברא שלם אלא זקוק לתיקון מתמיד. היא נחשבת למצווה חשובה ומהותית כל כך בעם ישראל, עד שכאשר שלטונות זרים ביקשו לפגוע ביהדות הם אסרו תחילה על ברית המילה: כך היה בגזרות אנטיוכוס היווני, אדריאנוס הרומאי, הקומוניסטים בברית המועצות ועוד.

את הברית עורכים ביום השמיני מהלידה, כלומר שבוע ימים אחריה. תינוקות שסובלים מצהבת או ממחלה אחרת עוברים את הברית לאחר שהם מחלימים. כשהיא נערכת בזמנה היא מתקיימת גם בשבת, בחגים ואפילו ביום הכיפורים. אולם אם האירוע יהיה כרוך בחילול שבת ויום טוב יש שדוחים אותה למחרת, ורצוי להתייעץ עם רב.

כדי שהברית תעמוד בכללי ההלכה, יש להיעזר בשירותיו של מוהל או רופא־מוהל מוסמך ומוכר. יש לדעת שלא כל רופא שמבצע "ניתוחי ברית" פועל בהתאם להלכה. לכן, גם לנעזרים ברופא כזה חשוב לבקש טקס דתי.

- **לסנדק** יש תפקיד מיוחד במהלך הברית, ונוהגים לבקש מאחד הסבים או מרב חשוב לשמש סנדק.
- מציבים בברית **כיסא של אליהו** ומניחים עליו את התינוק לזמן קצר. על פי המדרש, לאחר שאליהו הנביא התלונן "כִּי עָזְבוּ בְרִיתְךָ בְּנֵי יִשְׂרָאֵל" (מלכים א יט) חייב אותו ה' להגיע לכל הבריתות שייערכו כדי שיווכח במו עיניו שעם ישראל דווקא כן שומר את הברית.
- נוהגים שלא מזמינים במפורש אורחים לברית, אלא רק "מיידעים" על קיומה.

- בסיום הברית, ההורים מעניקים את השם לבנם. על פי האר"י, כשההורים בוחרים שם לרך הנולד נכנסת בהם רוח הקודש.
- לברית נקשרו מנהגים רבים: האשכנזים עורכים בליל שבת שלפני הברית התכנסות הנקראת **שלום זכר** ("שולם זוכר" בהגייה האשכנזית), והספרדים עורכים בלילה שלפני הברית **"ברית יצחק"**, ובו קוראים קטעים מספר הזוהר בבית התינוק לשם הגנה ושמירה.

זבד הבת

532 | 540 | 870
א | ס | עמ

בנות אינן עוברות אמנם ברית מילה, אך אין זה אומר שלא חוגגים את הולדתן. בלשון התנ"ך, זבד הוא מתנה: "וַתֹּאמֶר לֵאָה, זְבָדַנִי אֱלֹהִים אֹתִי זֶבֶד טוֹב... וַתִּקְרָא אֶת שְׁמוֹ זְבֻלוּן" (בראשית ל). על פי המדרש, יחד עם זבולון נולדה גם האחות דינה, הזבד הטוב.

אין חובה הלכתית לקיים טקס מסוים, אך מנהג ישראל לקרוא לבנות שם בבית הכנסת בשעת קריאת התורה. הנה נוסח אחד לדוגמה:

מִי שֶׁבֵּרַךְ אִמּוֹתֵינוּ שָׂרָה וְרִבְקָה, רָחֵל וְלֵאָה וּמִרְיָם הַנְּבִיאָה וַאֲבִיגַיִל וְאֶסְתֵּר הַמַּלְכָּה בַּת אֲבִיחַיִל, הוּא יְבָרֵךְ אֶת הַיַּלְדָּה הַנְּעִימָה הַזֹּאת וְיִקָּרֵא שְׁמָהּ (שם התינוקת) בְּמַזָּל טוֹב וּבְשָׁעַת בְּרָכָה, וִיגַדְּלוּהָ בִּבְרִיאוּת, שָׁלוֹם וּמְנוּחָה, וִיזַכֶּה אֶת אָבִיהָ וְאֶת אִמָּהּ לִרְאוֹת בְּשִׂמְחָתָהּ וּבְחֻפָּתָהּ, בְּבָנִים וּבְבָנוֹת, עוֹשֶׁר וְכָבוֹד. עוֹד יְנוּבוּן בְּשֵׂיבָה, דְּשֵׁנִים וְרַעֲנַנִּים יִהְיוּ, וְכֵן יְהִי רָצוֹן וְנֹאמַר אָמֵן.

נוהגים לערוך באחת השבתות שלאחר הלידה קידוש בבית הכנסת לקהל המתפללים, ובו אומרים דברים בשבח האם והתינוקת, ולעיתים גם "מדרש שם" שמסביר מדוע בחרו ההורים דווקא בשם זה.

פדיון הבן

529 | 537 | 871
א | ס | עמ

מצווה מהתורה לפדות את הבן בגיל שלושים יום: "וְכֹל בְּכוֹר אָדָם בְּבָנֶיךָ תִּפְדֶּה" (שמות יג). הבנים הבכורים היו אמורים להיות משרתי ה' בבית המקדש, אולם לאחר חטא העגל הוחלפו בכוהנים משבט לוי. עם זאת, עדיין חלה עליהם קדושה מסוימת, ולכן יש לפדות אותם מקדושתם.

לטקס מזמינים כמובן כוהן, ומביאים מטילי כסף בשווי של חמישה סלעים (מידה מקראית, בדרך כלל יש לכוהנים מדליונים מתאימים שהם מעניקים לאבי הבן לפני הפדיון). במהלך הטקס הכוהן אוחז בתינוק ושואל את אבי הבן: מה אתה מעדיף, חמישה סלעים כסף או את בנך הבכור? האב עונה כמובן שאת בנו (אם כי לפעמים אתה מוצא את עצמך מתפלל שהוא לא יענה משהו אחר...), ואז הכוהן אומר שהוא מוכן לתת את הבן תמורת הכסף. אבי הבן משלם, ומקבל את בנו הפדוי מיד הכוהן.

מצווה זו אינה נפוצה כל כך, שכן היא חלה רק על בנים בכורים שנולדו באופן טבעי (ולא בניתוח) להורים שאינם כוהנים או לויים, וכן שלא הייתה חלילה הפלה לפני הלידה. הטקס מלווה בסעודת מצווה, ונוהגים להזמין אליו חברים ובני משפחה. בברכת המזון מוסיפים קטעים מיוחדים לסעודת פדיון הבן.

בת מצווה ובר מצווה

בנות מגיעות לגיל מצוות בגיל שתים־עשרה, והבנים בגיל שלוש־עשרה. עד כה הם חסו רוחנית תחת כנפי הוריהם, וכעת הם נושאים באחריות לקיום המצוות כמו כל אדם בוגר.

בטקס בר־המצווה הבנים נוהגים להניח תפילין ולעלות לתורה. לטקס בת־המצווה אין מצוות ומנהגים מיוחדים, אבל ראוי לעבור עם הבת תהליך שבו היא מקבלת על עצמה עול מצוות, בדגש על המצוות השייכות לנשים. בקהילות רבות נוהגים לשאת דרשות בר מצווה ובת מצווה ולערוך סעודה חגיגית בקרב המשפחה, הקהילה ומתפללי בית הכנסת.

אבלות

538 א | 547 ס | 884 עמ

לאחר שאדם נפטר חלילה, בני משפחתו הקרובים מתאבלים עליו. שבעת הקרובים החייבים באבלות הם הורים, בן או בת זוג, אחים, אחיות וילדים. שאר הקרובים אינם חייבים בכל הלכות אבלות, אך נהוג שהם משתתפים עם בני המשפחה באבלם. תקופת האבלות מתחלקת לכמה שלבים:

1. **אנינות.** בין הפטירה לקבורה. כל זמן שהנפטר לא הובא לקבורה, האבלים מחויבים לדאוג לפטירתו. כיום ברוב המדינות, החברה־קדישא המקומית מטפלת בסידורי ההלוויה. ועם זאת, ההלכה פוטרת את האונן מכל מצוות עשה עד לזמן הקבורה – תפילה, ברכות, נטילת ידיים וכדומה.
2. **שבעה.** מרגע הקבורה ועד לבוקר היום השביעי (יום הקבורה נספר במניין הימים), האבלים יושבים שבעה. בימים אלה הם אינם יוצאים לעבודה, לא לומדים תורה, לא מחליפים בגדים ולא מתקלחים. בשבת שומרים על מנהגי אבלות באופן פרטי, אך לא בפרהסיה. בזמן השבעה משתדלים לקיים תפילות בבית הנפטר או הנפטרת והאבלים, והילדים אומרים קדיש יתום. בסוף השבעה נוהגים שהמשפחה עולה לקבר.
3. **שלושים.** לאחר ימי השבעה נמשכים מנהגי האבלות, אך בדרגה פחותה יותר. נוהגים לעלות לגילוי מצבה ביום השלושים. בתקופה זו לא מתגלחים ומסתפרים ולא שומעים מוזיקה משמחת.
4. **שנה.** לאורך כל השנה הראשונה לאחר הפטירה נוהגים שלא להשתתף בשמחות, והבנים אומרים קדיש בכל תפילה. בסוף השנה עולים לאזכרה בקבר, ומכאן ואילך חוזרים לשגרת החיים. מכאן ואילך נוהגים לערוך ביום השנה סעודה חגיגית, עולים לקבר, אומרים קדיש ולומדים לעילוי נשמת הנפטר.

פרק טז: מעגל השנה

קַיִץ וָחֹרֶף, אָבִיב וּסְתָו
מֵי נְהָרוֹת וְהַיָּם הָרָחָב,
וְהָרִים וִיעָרוֹת וְשִׂיחִים וּפְרָחִים
וְגוּפֵי עֲשָׂבִים יְרֻקִּים וְלַחִים,
וְהָאוֹר הַנּוֹדֵד כְּנָסִיךְ מְאֹהָב
וְצִנַּת הַכֶּסֶף וְחֹם הַזָּהָב,
סוֹבְבִים וְהוֹלְכִים בְּגַלְגַּל הַשָּׁנָה,
שָׁטִים וְעוֹבְרִים בִּתְקוּפוֹת הַשָּׁנָה,
וְאַתָּה עִמָּהֶם בִּתְקוּפוֹת הַשָּׁנָה.

(**תקופות השנה**, דליה רביקוביץ')

מעגל השנה היהודי הוא פסיפס שלם של חגים, מועדים וימים מיוחדים. שלא כמו בתרבויות שבהן החגים הפכו בעיקר זמן טוב לקניות, העולם היהודי רואה בהם הזדמנות לעבודה פנימית ולהארה. המועדים מכניסים אותנו לאווירה חגיגית שמאפשרת לשנות בתוכנו משהו עמוק. החגים לא רק "עוברים עלינו" – הם עוברים גם בתוכנו.[1]

לוח השנה קובע את צורת ההתייחסות אל הזמן. המצווה הראשונה שקיבלנו בתורה הייתה לקבוע לוח שנה עברי, כהכנה להיותנו אומה חופשית שיש לה זמן משל עצמה: "הַחֹדֶשׁ הַזֶּה לָכֶם רֹאשׁ חֳדָשִׁים, רִאשׁוֹן הוּא לָכֶם לְחָדְשֵׁי הַשָּׁנָה" (שמות יב). לוח השנה גם מבטא את הערכים וההשקפה של חברה – מה אנחנו חוגגים וזוכרים, ומה מעבירים לדור הבא?

בישראל, לוח השנה כולל חגים יהודיים דתיים לצד ימים לאומיים. קל להרגיש שאנחנו עם אחד כשכולם מתכוננים לפסח או כשהאווירה החגיגית של ראש השנה נמצאת באוויר. אבל אי אפשר להכחיש את הפער בין הדרך שבה מתייחסים ללוח השנה היהודי בתרבות הדתית, לעומת זו החילונית. מצד אחד, יש חגים שמקבלים מקום חשוב בתרבות החילונית אבל זוכים לאזכור שולי יחסית בעולם היהודי, כמו ט"ו באב. יש הלכות ומנהגים מסוימים שאינם נחשבים למהותיים ביותר וזוכים ל"זמן מסך" ארוך בתרבות הישראלית, כמו מאכלי חלב בשבועות או השופר של מוצאי יום הכיפורים.

מצד שני, ישנם ימים משמעותיים ביותר בעולם היהודי שזוכים להתייחסות דלה יחסית בחברה הישראלית, כמו ראש השנה ותשעה באב; ויש הלכות חשובות מאוד שאינן מוכרות כל כך בתרבות הכללית, כמו תקיעה בשופר בראש השנה או הסעודה החגיגית של פורים.

כיוון שלכל חג עשרות הלכות ומנהגים שקשורים אליו, התמקדתי בפרק זה בעיקר באותם עניינים שבהם השוני בין העולם הדתי לתרבות החילונית משמעותי יחסית. תוכלו לקרוא את כל הפרק ברצף, אבל אני מניח שרובכם תעדיפו להתמקד כל פעם בחג הקרוב.

"מהו החג החשוב ביותר בשנה?", שאלו תלמידים את הרב צבי יהודה קוק. הוא חשב רגע וענה: "החג הכי חשוב הוא... החג הבא!".

אז לפני שנצלול אל המועדים, הקדמה קצרה על לוח השנה.

תשרי	מרחשוון	כסלו	טבת	שבט	אדר
ראש השנה יום הכיפורים סוכות שמחת תורה		חנוכה	חנוכה עשרה בטבת	ט"ו בשבט	פורים

ניסן	אייר	סיון	תמוז	אב	אלול
פסח	יום העצמאות יום ירושלים	שבועות	י"ז בתמוז	ט' באב	סליחות

לוח השנה העברי

ברוב התרבויות לוח השנה נקבע באחת משתי דרכים: על פי הירח או על פי השמש.

לוח שנה **שמשי**, כמו הלוח הלועזי המקובל ברוב העולם, מאופיין ביציבות והיצמדות של החודשים לעונות השנה. ינואר יוצא תמיד בחורף ויולי בקיץ. מצד שני, בלוח השמשי אין שום משמעות לקביעת החודשים – הם סתם יחידות זמן אקראיות של בין 28 ל־31 ימים, שנקבעו רק מטעמי נוחות. החודש לא מסמל שום דבר שמתחדש (חוץ מהמשכורת).

בלוח שנה **ירחי**, כמו הלוח המוסלמי, החודשים נקבעים לפי מולד הלבנה. מדי קצת יותר מ־29.5 יום הלבנה מופיעה, גְדלה וגדלה עד שהיא מגיעה לירח מלא, ואז חוזרת ומתכווצת עד להיעלמותה המוחלטת. מדי חודש בחודשו, הלבנה מתכסה, מופיעה ונעלמת. בחישוב מהיר, שנים־עשר חודשי לבנה נמשכים 354 יום (12X29.5). שנת השמש, לעומת זאת, נמדדת לפי משך הקפת השמש ונמשכת קצת יותר מ־365 יום. המשמעות היא שיש פער בין הלוח השמשי ללוח הירחי שעומד על קצת יותר מאחד־עשר יום, מה שאומר שבלוח ירחי התאריכים "נודדים" על פני עונות השנה. חג שחל בשנה מסוימת בחורף יזוז בהדרגה, עד שכעבור חמש־עשרה שנה הוא יחול בקיץ (לכן חודש הרמדאן אצל המוסלמים נע על פני השנה).

לוח השנה העברי מיוחד בכך שהוא משלב בין שני הלוחות, הירחי והשמשי. חודשי הלבנה הם היחידה הבסיסית, אך כדי לשמור על היצמדות מסוימת לעונות מוסיפים בכל כמה שנים עוד חודש (אדר שני, ואז זוהי **שנה מעוברת**), שמשלים את הימים החסרים.[2] לוח השנה אמנם נודד במקצת משנה לשנה, אבל בכל תשע־עשרה שנה מתלכדים מחדש שנת השמש ושנת הירח לאותו תאריך. במשך מאות שנים נחשב לוח השנה העברי לאחת החוכמות המסתוריות ביותר, וגם היום סודו טרם פוענח לחלוטין.[3]

"מדרש קדום מספר שכשאלוהים ברא את העולם, השמש והלבנה היו בעלי אותו אור בוהק, והלילה האיר כמו היום. אלא שאז באה הלבנה אל ה' ואמרה לו: אין זה הוגן שלשני מלכים יהיה אותו אור. ענה לה ה': הצדק איתך, לכי והקטיני את עצמך. כך החלה הלבנה להתמלא ולהתרוקן מדי חודש, ואורה זורח ומחשיך לסירוגין.

רוב האנשים מסבירים שללבנה הגיע להיענש. 'אם ה' ברא אותך כך, מדוע את מתלוננת?'. אבל אחרים אומרים: הלבנה צודקת. היא בכלל לא התכוונה למה שאתם חושבים. הלבנה אמרה לה': האם זה כל האור שאתה מסוגל להעניק לעולם? האם נגזר עלינו להסתפק באור חיצוני? אין לך אור עמוק יותר, שמראה את הדברים הפנימיים ביותר?

ה' ענה לה: את צודקת, ואת היא זו שתעשי את זה. את זו שתביאי את האור העמוק הזה לעולם" (הרב שלמה קרליבך).[4]

ראש חודש

מה?

ראש חודש הוא היום הראשון לחודש, והוא נחשב בתורה ליום חג. בתקופת בית המקדש קידשו חברי הסנהדרין (עמ' 67) את החודשים על פי עדים שראו את הירח מופיע מחדש ("מולד הלבנה"). לאחר החורבן היה קשה להמשיך ולקדש את החודשים, ואז הוחלט לקבוע את לוח השנה לשנים רבות קדימה. זהו הלוח העברי שאנו משתמשים בו היום.

איך?

באופן עקרוני ראש חודש הוא יום של שמחה, ובתפילת שחרית מוסיפים פרקי "הלל" (להלן). נמנעים מדברים מצערים, לא מתענים ולא אומרים תחנון בתפילה (עמ' 131). מוסיפים בתפילה ובברכת המזון תוספת מיוחדת, "יעלה ויבוא", ומשתדלים לקבוע סעודה חגיגית יותר מביום רגיל.

הלל

360 א | 368 ס | 370 עמ

רצף של פרקי תהילים (קיג-קיח) שעוסקים בשבח והודיה לה' על הטובות שעשה לעם ישראל. כאשר אומרים את כל הפרקים הוא נקרא "הלל שלם" (ומכאן הביטוי "לגמור את ההלל"), ובימים מסוימים מדלגים על חלק מהפרקים ואז הוא נקרא "חצי הלל".

בארץ ישראל גומרים את ההלל בשלושת הרגלים (יום ראשון של פסח, שבועות וכל חג הסוכות) ובשמונת ימי החנוכה. בראש חודש, בחול המועד פסח ובשביעי של פסח אומרים "חצי הלל". בציבורים שונים אומרים הלל גם ביום העצמאות וביום ירושלים.

בני אשכנז נוהגים לברך תמיד לפני אמירתו "...לקרוא את ההלל", ובני ספרד מברכים רק כשאומרים הלל שלם – "...לגמור את ההלל".

מי?

מנהגי ראש חודש חלים על גברים ונשים כאחד. בגלל הקשר המיוחד של הנשים ללבנה, בעבר היה מנהג שהן לא עשו מלאכה בראש חודש. המנהג איבד מתוקפו, אבל אולי ראוי לאמצו מחדש...

מתי?

מחזור הלבנה נמשך קצת יותר מ־29.5 יום, ולכן החודשים נקבעו לסירוגין – חודש של 29 יום וחודש של 30 יום. חודש שנמשך 29 יום נקרא **חודש חסר**, וראש החודש שלאחריו יהיה יום אחד. חודש שנמשך 30 יום נקרא **חודש מלא**, וראש החודש שלאחריו יימשך יומיים (נוהגים את מנהגי ראש חודש בשני הימים – היום השלושים של החודש הקודם, והיום הראשון של החודש הבא).

בשבת שלפני ראש חודש מכריזים לפני תפילת מוסף על ראש החודש הקרב, ושבת זו נקראת **שבת מברכים**.

ברכת הלבנה. ימים ספורים לאחר תחילת החודש, בדרך כלל במוצאי שבת, עורכים את "ברכת הלבנה" (בסידור 349|158|185, נקרא גם "קידוש לבנה"). יש נוהגים להמתין שלושה ימים ממולד הלבנה, ויש שנוהגים להמתין שבעה ימים. ברכה זו מקבילה בין הלבנה לעם ישראל, ומדגישה את כוח ההתחדשות של שניהם: גם לאחר שנראה שהם נעלמים לגמרי הם מופיעים שוב, ומשם רק הולכים וגדלים. גם העולם הזה פועל במחזוריות, עד ליום שבו תשוב הלבנה למעמדה השלם כמאור הגדול, ונגיע לגאולה השלמה.

על המשמעות הרוחנית של התחדשות הלבנה כתב הרב אליעזר מלמד:

> מיעוט הלבנה מבטא את החסרון שישנו בבריאה, את הירידה שיורדת הנשמה בהגיעה לעולם הזה ואת כל הנפילות שיש לאדם בעולם. וכל הירידות והחסרונות הללו הם לצורך עלייה, שמתוך ההתמודדות עם הקשיים נזכה להגיע לבסוף למדרגה גבוהה יותר, וכדברי רבי אבהו

בגמרא: "מקום שבעלי תשובה עומדים צדיקים גמורים אינם עומדים" (ברכות לד, ב). אולם בינתיים יש חטאים שגורמים צער רב בעולם, וכדי להפיג את הכאב ולתקן את החסרון, צווה הקב"ה שנקריב את השעיר לחטאת [=קורבן מיוחד שמביאים בראש חודש].

וזה עניינו של ראש חודש, להראות איך מתוך התמעטות הלבנה שנגרמה בעטיו של החטא והקטרוג צומחת התחלה חדשה. ולכן ראש חודש הוא זמן טוב להתחלות חדשות ותשובה, ויש בו שמחה עמוקה. אולם עד שהעולם ייגאל מכל חסרונותיו, עדיין שמחת ראש חודש נסתרת קמעה ואינה מתגלה בשלימות.

התחלה מהירה

ציון ראש חודש אינו דורש הכנות מיוחדות, מלבד להרבות מעט בסעודה. וכמו בכל מועד ויום טוב, לא לשכוח להזכיר "יעלה ויבוא" בתפילה, כי אם לא אומרים, צריך לחזור ולהתפלל...[5]

חודש טוב!

הקדמה למועדים

לאורך השנה מציינים חמישה מועדים מהתורה: ראש השנה, יום הכיפורים ושלושת הרגלים – סוכות, פסח ושבועות.

רגלים / ימים טובים / מועדים דרבנן

שלושת הרגלים מכונים כך בגלל העלייה לרגל לירושלים, שהייתה נהוגה בהם בתקופת המקדש. החגים נקראים גם יום־טוב. יום־טוב הוא יום שבתון בדיוק כמו שבת, למעט הבדל משמעותי אחד: בחג מותר לבצע מלאכות שקשורות להכנת מאכלים. למשל, מותר לבשל אך לא להדליק לשם כך אש חדשה. נוהגים להכין מערב החג נר שדולק ל־24 או ל־48 שעות, בהתאם לצורך, ואז אפשר לקחת ממנו אש במהלך החג.

בחוץ לארץ מציינים כל אחד משלושת הרגלים במשך יומיים, והיום השני מכונה "יום טוב שני של גלויות". כך נקבע בעבר, כאשר יהודי חו"ל לא יכלו לדעת מתי התקדש החודש, ומחמת הספק ציינו את החג בשני הימים. מנהג זה נשאר בחו"ל גם בימינו אך אינו רלוונטי לתושבי ארץ ישראל.

תפילות החג. תפילות החג דומות מאוד לתפילות השבת, אלא שבתפילת העמידה מזכירים בברכה האמצעית את עניינו המיוחד של היום. לאחר תפילת העמידה של שחרית אומרים הלל, וקוראים בתורה בעניין החג. לאחר מכן מתפללים תפילת מוסף ליום טוב (443|414|404).

בנוסף לחגים מהתורה, קבעו חכמינו שני חגים נוספים: חנוכה ופורים. עוד הם קבעו כמה תעניות לציון חורבן בית המקדש: תשעה באב, י"ז בתמוז, צום גדליה ועשרה בטבת.

חול המועד

חול המועד הוא לא חול ולא מועד אלא משהו באמצע. ימים אלה אמורים להיות מוקדשים לשמחת החג, ולכן לא עובדים בהם אלא במקרים חריגים.[6] זה אינו יום שבתון, אבל לא כל המלאכות מותרות. הלכות חול המועד נחשבות למעט מורכבות; באופן כללי אפשר לומר שלא עושים מלאכות שנמשכות זמן רב או מצריכות דיוק וריכוז, אלא אם כן זה לצורך החג.

משתדלים להקדיש את חול המועד לסעודות מצווה, לאירוח משפחה וחברים, ללימוד תורה, לנסיעה לכותל ולטיולים בכלל.

תפילות חול המועד. אומרים בתפילת העמידה "יעלה ויבוא". בתפילת שחרית אומרים הלל וקוראים בתורה בעניין החג. לאחר מכן מתפללים תפילת מוסף (404|414|443).

מחברת התחקירים

בצבא מקובל לערוך תחקיר לאחר כל פעילות מבצעית, כדי לברר מה הצליח יותר ומה פחות ולהפיק לקחים לעתיד. כשני קצינים לשעבר, אימצנו אשתי ואני את רעיון התחקירים גם בנוגע לחגים... בעוד שנה, מי יזכור ממה הילדים נהנו במיוחד בפסח האחרון, וכמה בשר ודגים היינו צריכים לקנות לכל הסעודות של ראש השנה?

במוצאי כל חג אנחנו מתיישבים עם "מחברת התחקירים" שלנו ומשחזרים את כל הדברים שהשפיעו על החג: קניות, הכנות, לוחות זמנים, מקומות שטיילנו בהם, עצות וטיפים קטנים. כל מה שצריך לעשות בשנה הבאה זה לשלוף אותה מהמגירה שבוע לפני החג, ולהתענג על כך שהיינו כל כך חכמים לכתוב את הלקחים הקטנים. אמרתי לך שלא צריך כל כך הרבה פטרוזיליה?

ראש השנה

מה?

בגוף יש איברים רבים: ידיים, רגליים, לב, כליות, עיניים ואף, והראש הוא המפקד על כולם. ראש השנה הוא הראש של השנה כולה, ו"הכול הולך אחר ההתחלה". ביום זה, שבו נברא האדם, כבר נמצא הפוטנציאל של כל ההתרחשויות שעומדות לצאת אל הפועל בשנה הבאה. כמו תקליטור DVD, המידע הצרוב עליו כבר קיים אבל בלתי נגיש עד שינגנו את כל הסרט בסדר הנכון.

בתורה נזכר ראש השנה כ"**יום תרועה**", יום שיש בו מצווה לשמוע קול שופר. חכמינו לימדו שזהו יום הדין שבו אלוהים דן את כל הבריאה, ובמיוחד את בני האדם: "בראש השנה כל באי עולם עוברים לפניו כבני מרון" (משנה ראש השנה א). אנו נדרשים לתת דין וחשבון על השנה החולפת: כמה מצוות הוספנו? על אילו קשיים התגברנו? באילו ניסיונות עמדנו? וגם על הדברים הפחות טובים...

על פי המדרש, בראש השנה ה' פותח שלושה ספרים: ספר של צדיקים, ספר של בינונים וספר של רשעים. הוא כותב כל אחד בספר המתאים לו, אך החתימה הסופית תהיה רק בעוד עשרה ימים, ביום הכיפורים. עד אז יש לנו הזדמנות לתקן ולשוב בתשובה. לכאורה היינו אמורים להגיע לראש השנה מפוחדים, יראים ומדוכאים, אך איננו נוהגים כך. אף על פי שאנו עומדים למשפט אצל מלך העולם, אנו זוכרים שהוא "אבינו מלכנו". אנחנו מאמינים שהכול יבוא על מקומו בשלום! ומשום כך, במקום ללבוש בגדי אבלות ולצום אנו מתלבשים בחגיגיות, סועדים סעודות חג ושותים יין, שלמים באמונה ובוטחים בחסד ה'.

ועוד דבר מיוחד בראש השנה – שהוא נמשך יומיים (להלן). ואולי אפשר ללמוד מזה שגם אם פספסת את היום, תמיד ישנו מחר כדי לתקן...

איך?

בערב ראש השנה (כלומר, בבוקר של ערב החג) נוהגים לערוך **התרת נדרים**. זהו טקס קצר שבו מבטלים כל מיני מנהגים שקיבלנו על עצמנו מבלי שהתכוַונו להתחייב להתמיד בהם (אחרי שלוש פעמים הם כבר הופכים למעין נדר), אך הוא אינו מבטל נדרים שהאדם קיבל על עצמו במפורש.

שופר. המצווה המרכזית של ראש השנה היא שמיעת קול השופר. תוקעים בשופר במהלך התפילה בשלושה קולות שונים: תקיעה, שברים ותרועה (כל אחד נשמע קצת אחרת). ישנם מנהגים שונים בסדר התקיעות, אולם המנהג המקובל בעם ישראל הוא לשמוע מאה "קולות": שלושים לאחר קריאת התורה, שלושים בזמן תפילת הלחש של מוסף (בחלק מהמנהגים לא תוקעים בשלב זה) ושלושים בזמן חזרת שליח הציבור של תפילת מוסף. בסיום התפילה משמיעים עשרה קולות נוספים (או ארבעים, לאלה הנוהגים שלא לתקוע בזמן תפילת הלחש). כשראש השנה חל בשבת, לא תוקעים בשופר.

תפילות. תפילת ערבית של ראש השנה נחשבת לתפילה חשובה ביותר, ולכן יש שמאריכים ומכוונים בה יותר מהרגיל. בסיומה פותחים את ההיכל ואומרים פרק תהילים המתחיל במילים "לְדָוִד מִזְמוֹר לַה' הָאָרֶץ וּמְלוֹאָהּ תֵּבֵל וְיֹשְׁבֵי בָהּ" (תהילים כד). על פי המקובלים, בתפילה זו תלויה הפרנסה של השנה הבאה. בסיום התפילה מברכים זה את זה: "לְשָׁנָה טוֹבָה תִּכָּתֵב וְתֵחָתֵם! לְשָׁנָה טוֹבָה תִּכָּתְבִי וְתֵחָתְמִי!"

תפילת מוסף. ראש השנה מיוחד מכל החגים בתפילת מוסף המיוחדת שלו. היא כוללת שלוש ברכות יוצאות דופן: **מלכויות, זיכרונות ושופרות.** הגמרא מציינת את הרעיון העומד מאחוריהן: "אימרו לפני בראש השנה מלכויות, זכרונות ושופרות. מלכויות – כדי שתמליכוני עליכם, זכרונות – כדי שיעלה זכרונכם לפניי לטובה, ובמה? בשופר" (ראש השנה טז).

תפילת מלכויות מבטאת את המסר העמוק של ראש השנה כיום הדין, שבו עם ישראל ממליך מחדש את ה' כמלך העולם; תפילת זיכרונות מדגישה שהוא זוכר את כל באי העולם, שהכול גלוי וידוע לפניו ושהוא דן כל אחד ואחד על מעשיו ואפילו על מחשבותיו; ותפילת שופרות מהווה תזכורת לכך שהוא התגלה אלינו במעמד הר סיני בקול השופר, המעורר אותנו לתשובה וחשבון נפש.

במהלך התפילה וחזרת הש"ץ מוסיפים פיוטים רבים, שהופכים את תפילות ראש השנה לארוכות ביותר בשנה. ובכלל, לתפילות הימים הנוראים יש מנגינה מיוחדת ומעוררת את הלב. אמנם לוקח כמה שנים עד שלומדים להכיר אותן, אך ככל שעובר הזמן ממש מחכים לפס הקול המיוחד של חודש תשרי. פיוטים כמו "בן אדם מה לך נרדם", "אבינו מלכנו", "ונתנה תוקף", "עוקד והנעקד והמזבח", "ה' ימלוך לעולם ועד" הם חלק קטן מהמגוון.

"סימנים" בסעודת החג. בסעודת הלילה של שני ימי החג נוהגים לאכול "סימנים", מאכלים מיוחדים בעלי שם סמלי, ומוסיפים לכל אחד תפילה קצרה. ה"סימנים" משתנים מעט בין העדות, אך כמעט כולם אוכלים מאכלים כמו סלק – ומבקשים "שיסתלקו אויבינו"; תמרים – "שייתמו אויבינו"; רימון – "שירבו זכויותינו כרימון"; וכמובן תפוח בדבש – "שתחדש עלינו שנה טובה ומתוקה".

מנהגים נוספים. ביום הראשון של החג, אחרי תפילת מנחה, נוהגים ללכת **לתשליך**. זוהי תפילה מיוחדת שאומרים ליד מקווה מים – אגם, מזרקה או אפילו דלי מים – ובה מנערים כביכול מאיתנו את כל העבירות והעוונות, משליכים אותן הרחק ומתכוונים לקבל נפש ורוח חדשים לשנה חדשה וטובה. מקור הביטוי "תשליך" הוא בפסוק "יָשׁוּב יְרַחֲמֵנוּ, יִכְבֹּשׁ עֲוֹנֹתֵינוּ, וְתַשְׁלִיךְ בִּמְצֻלוֹת יָם כָּל חַטֹּאותָם" (מיכה ז, יט), שהוא חלק מהתפילה הנאמרת בעת ה"תשליך". רבים נוהגים לקרוא פרקי תהילים בראש השנה ויש שמסיימים את הספר כולו!

תוספות בתפילה. הימים שמראש השנה ועד מוצאי יום הכיפורים נקראים גם "עשרת ימי תשובה" (עשי"ת). בימים אלה משנים מעט את נוסח התפילה ומוסיפים בקשות שונות המתאימות לימים אלה. חלק מהשינויים מעכבים, כלומר שאם שכח אדם אותם עליו לחזור ולהתפלל. משום כך, בימים אלה כדאי גם לבקיאים בתפילה לקרוא מתוך הסידור.

סליחות. בתקופה שלפני ראש השנה מתחילים באמירת "סליחות", תפילות מיוחדות שנועדו לעורר לתשובה. עיקרן של הסליחות הוא אמירת **שלוש-עשרה מידות הרחמים**, שאותן אומרים בכל עת צרה.

הספרדים מתחילים באמירת סליחות כבר מב' באלול, והאשכנזים במוצאי שבת שלפני ראש השנה (אם החג חל ביום שני, מקדימים בשבוע). ברוב

המנהגים אמירת הסליחות נמשכת עד יום הכיפורים. את הסליחות אפשר לומר בין חצות הלילה (בשעון קיץ בסביבות 24:30) ועד עלות השחר, ויש שאומרים אותן בחצות היום, לפני תפילת שחרית או בסמוך לתפילת מנחה. התפילה הספרדית מובנת יותר לאוזן הישראלית, יש בה הרבה לחנים (כמו "אדון הסליחות") והציבור שר אותה יחד. הפיוטים האשכנזיים, לעומת זאת, מסובכים יותר, וברובם נאמרים ביחיד. באופן אישי אוכל להעיד ש"מזה ומזה אל תנח ידך": לעיתים התפילה הספרדית מעוררת יותר את הלב, ולעיתים דווקא התפילה האשכנזית.

מי?

נשים אינן חייבות בכל התפילות מכיוון שהן מצוות עשה שתלויות בזמן, אך רצוי לעשות מאמץ ולהתפלל לפחות חלק מהן. רוב הנשים משתדלות להגיע לבית הכנסת ולשמוע קול שופר, ובנות אשכנז אף מברכות את הברכה המתאימה: "אשר קידשנו במצוותיו וציוונו לשמוע קול שופר".

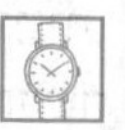

מתי?

ראש השנה חל תמיד בראש חודש תשרי, ומסיבות הקשורות לדרך חישוב לוח השנה, נמשך יומיים.[7] מבחינה מעשית שני הימים זהים לחלוטין, ובשניהם שומרים את מצוות החג: תפילה, שופר וסעודות החג.[8]

עיקר הזמן בראש השנה מוקדש לתפילות ארוכות, שיכולות להימשך לעיתים עד שעות הצהריים המאוחרות. כדאי להיערך בהתאם, וייתכן ששהות ארוכה של יומיים כאלה בסביבה שאינה שומרת על הלכות החג עלולה לגרום למתח יותר מאשר בחגים אחרים.

התחלה מהירה

- כדאי לקנות **מחזור** (סידור תפילה מיוחד) לראש השנה וליום הכיפורים בנוסח התפילה הנהוג בבית הכנסת שלכם – לא תמיד יש מספיק לכולם.
- להכין מראש את כל **הסימנים** לסעודות החג.
- להתכונן מנטלית לתפילות ארוכות.

יום הכיפורים

דודי סלע, טניסאי ישראלי מוביל, לא האמין שזה קורה לו. במהלך טורניר יוקרתי בסין הוא הוגרל לשחק בשלב רבע הגמר מול טניסאי אוקראיני, אך המשחק נקבע דווקא ליום הכיפורים. לאחר לחצים רבים הסכימו המארגנים להקדים את המשחק לשעות הצהריים, לפני כניסת החג. אולם המשחקים ששוחקו לפניו התארכו, וכך באמצע המשחק, דקות ספורות לפני השקיעה, ניגש סלע לשופט ואמר לו: "מצטער, אני לא יכול להמשיך. יום הכיפורים נכנס". פרישתו גרמה לו להפסיד כסף ונקודות חשובות שיכלו להעלות אותו בדירוג העולמי והוא בכלל לא מגדיר את עצמו כאדם דתי, אבל מבחינתו, כפי שהסביר, בכלל לא הייתה פה שאלה.

מה?

יום הכיפורים הוא היום הקדוש בשנה, יום של צום וטהרה, שבו נמחלים חטאיהם של בני ישראל: "כִּי בַיּוֹם הַזֶּה יְכַפֵּר עֲלֵיכֶם לְטַהֵר אֶתְכֶם מִכֹּל חַטֹּאתֵיכֶם, לִפְנֵי ה' תִּטְהָרוּ" (ויקרא טז). הטהרה מאפשרת "אתחול מחדש", והסרה של משקולות נפשיות ורוחניות שאנחנו סוחבים על צווארנו. זהו יום חגם של בעלי התשובה שנזכרים בדרך הארוכה שעברו, בהצלחות ובכישלונות, ושל כל מי שרוצים הזדמנות לתקן ולהתחיל מחדש.

מכל הסיבות הללו, יום הכיפורים אינו נחשב ליום עצוב או מדכא; נהפוך הוא. חכמינו מציינים ש"לא היו ימים טובים לישראל כחמישה עשר באב וכיום הכיפורים" (משנה תענית ד). זהו יום של שמחה וחסד עצום, ויש מי שהסביר שצמים ביום הכיפורים כי ביום עם פוטנציאל כזה, מי רוצה לבזבז את הזמן על אוכל?

איך?

חמישה איסורים. "שַׁבַּת שַׁבָּתוֹן הִיא לָכֶם, וְעִנִּיתֶם אֶת נַפְשֹׁתֵיכֶם" (ויקרא טז). יום הכיפורים שונה מכל הימים הטובים האחרים, משום שנוהגים בו כמו שבת לכל דבר ועניין, וכל הדברים שמותרים ביום טוב – אסורים בו. מעבר להלכות השבת הרגילות, נוספו בו חמישה איסורים: אכילה, שתייה, סיכה, נעילת הסנדל ותשמיש המיטה.

- **אכילה ושתייה.** לא אוכלים או שותים דבר מכניסת הצום ועד צאתו, ואפילו לא מצחצחים שיניים. חולים ואנשים שקשה להם לצום רשאים במקרים מסוימים להקל (להלן). מי שלוקח תרופות קבועות, ממשיך לקחת אותן גם במהלך הצום. בערב החג, כלומר מהבוקר ועד כניסת הצום, מצווה לאכול הרבה: "כל האוכל ושותה בתשיעי [=ערב יום הכיפורים], מעלה עליו הכתוב כאילו התענה תשיעי ועשירי" (יומא פא, ב). מוזר – האם באמת צריך לצוות על אדם שעומד לצום במשך עשרים וחמש שעות שיאכל טוב לפני כן? אלא שהתורה רוצה ללמד שאפשר לקיים את רצון הבורא בין בצום ובין באכילה. הכול תלוי במה שאנחנו מכוונים – "בכל דרכיך דעהו". וכמובן, לפני תחילת הצום עורכים **סעודה מפסקת** – סעודה חגיגית גדולה.
- **סיכה.** לא מתרחצים ולא מורחים משחות או קרמים, בשמים וכדומה.
- **נעילת הסנדל.** לא נועלים נעלי עור. מותר ללכת עם כפכפים, סנדלים או נעליים שאינן עשויות עור, ורצוי שהן תהיינה פחות נוחות מהרגיל כדי להרגיש את העינוי.
- **תשמיש המיטה.** נמנעים מיחסי אישות ונוהגים בהרחקות בין בני הזוג (עמ' 306).

תפילות. גם בזמן המקדש היה יום הכיפורים היום המיוחד ביותר בשנה: רק בו נכנס הכוהן הגדול אל קודש הקודשים – לב ליבו של המקדש, המקום הנשגב ביותר בעולם. עבודתו המפרכת של הכוהן הגדול מתוארת באריכות בתפילת מוסף של יום הכיפורים, והיא מדגישה את הפן הכללי־לאומי של היום הזה – אומה שלמה מיטהרת לפני ה'.

מאז חורבן הבית השתנה אופיו של היום, והוא נעשה יותר פרטי ופחות לאומי. אך תפילות החג עדיין משמרות את תהליך התשובה שלנו כאומה, כציבור וכאנשים פרטיים.

בכל אחת מהתפילות אומרים נוסח "וידוי" מיוחד, שבו מבקשים סליחה ומחילה על העבירות שעשינו, אנחנו ואחרים, בשנה החולפת. גם בתפילת מנחה שלפני כניסת החג (שאותה מתפללים לפני הסעודה המפסקת, בדרך כלל בשעות הצהריים המוקדמות) מוסיפים וידוי בסוף תפילת העמידה.

כמו בראש השנה, התפילות ארוכות וכוללות פיוטים רבים ומנגינות מרגשות. יום הכיפורים מיוחד בעוד דבר: מוסיפים בו תפילה חמישית, תפילת **נעילה**, אותה מתפללים ממש לקראת סוף הצום.

פיוס. יום הכיפורים מכפר על כל העבירות שבין אדם לה׳, אך לא על עבירות שבין אדם לחברו. לפני יום הכיפורים יש לפייס את האנשים שפגענו בהם במהלך השנה, וכדאי להקדיש קצת מחשבה מבעוד מועד ממי עלינו לבקש סליחה. רצוי שבקשת הסליחה תהיה מפורטת ותזכיר את החטא ("אני מצטער שפגעתי בך בנוכחות כל העובדים"). אם האדם שמבקשים ממנו סליחה אינו מוכן אפילו לפגוש אותנו, אפשר להביע את בקשת המחילה דרך שליחים. ויש גם דרך מיוחדת לבקש סליחה מאדם שכבר נפטר.

מי?

כל נערה מגיל שתים-עשרה וכל נער מגיל שלוש-עשרה צריכים לשמור את כל מצוות יום הכיפורים. נוהגים לחנך את הילדים מגיל עשר להתחיל לצום חלק מהזמן, כדי שיתרגלו לצום כשיגיעו לגיל מצוות.

חולים, יולדות ונשים בהריון צריכים לצום, אולם חשוב שישאלו רופא האם מותר להם לצום במצבם הרפואי, ורצוי שיהיה זה אדם ירא שמיים שמכיר בחשיבותו של הצום. גם אם הרופא אומר לחולה שמותר לצום, ובכל זאת החולה מרגיש שהוא נמצא בסכנה, מותר לו לאכול כרגיל.

גם למי שהותר לאכול ולשתות בגלל מצבו הגופני, רצוי שיאכל וישתה בשיעור מועט, מדי חמש עד תשע דקות כדי למעט באיסור. לחישוב שיעור האכילה והשתייה המותר, יש להתייעץ עם רב לפני החג.

מתי?

יום הכיפורים נכנס מעט לפני השקיעה ונמשך עד צאת הכוכבים למחרת. לא לשכוח לעשות הבדלה לפני ששוברים את הצום, כמו במוצאי שבת.

יום הכיפורים דוחה את השבת, וגם אם הוא חל בשבת צמים ושומרים את שאר האיסורים כרגיל (בחלק מהמנהגים מדלגים בשנים אלה על תפילת "אבינו מלכנו", ואומרים את הווידוי בלחש).

התחלה מהירה

קל מאוד לשמור את יום הכיפורים – פשוט לא עושים כלום 25 שעות...

וברצינות: מתפללים תפילת מנחה לפני הארוחה המפסקת, ומוסיפים בסוף תפילת העמידה את נוסח הווידוי (454|444).

בסעודה המפסקת רצוי לא להרבות מדי באכילת בשר, יין ומלח כדי לא להגיע לתפילות עייפים וכבדים.

עם כניסת הצום, ולמעשה מעט לפני כן, הולכים לבית הכנסת לתפילת כל־נדרי הפותחת את היום. ביום הכיפורים ישנם מניינים רבים הפותחים את שעריהם למי שאינם רגילים להתפלל, ובהם תוכלו למצוא הדרכה בתפילה. למחרת, התפילה נמשכת לאורך רוב היום. אם קשה לכם, תוכלו לנוח קצת במהלך חזרת הש"ץ.

במהלך התפילות הארוכות, חשוב לא לשכוח למצוא זמן לתפילה אישית. זו ההזדמנות להשאיר הכול מאחור ולהתחיל מחדש...

סוכות

מה?

לאחר שעברנו בהצלחה את ימי הדין, מגיע זמן השמחה. ואכן, סוכות נחשב לחג השמח ביותר בשנה: "וְשָׂמַחְתָּ בְּחַגֶּךָ... וְהָיִיתָ אַךְ [=רק] שָׂמֵחַ" (דברים טז). מסופר שהגאון מווילנה שאל: מה היא המצווה הקשה ביותר בתורה? לא, אין זו שבת, פסח וגם לא לימוד תורה. לדבריו, המצווה הקשה ביותר היא שמחת חג הסוכות – לא קל לשמוח שמונה ימים רצופים...

סוכות נקרא על שם הסוכה שבה יושבים במשך שבעת ימי החג: "בַּסֻּכֹּת תֵּשְׁבוּ שִׁבְעַת יָמִים, כָּל הָאֶזְרָח בְּיִשְׂרָאֵל יֵשְׁבוּ בַּסֻּכֹּת. לְמַעַן יֵדְעוּ דֹרֹתֵיכֶם כִּי בַסֻּכּוֹת הוֹשַׁבְתִּי אֶת בְּנֵי יִשְׂרָאֵל בְּהוֹצִיאִי אוֹתָם מֵאֶרֶץ מִצְרָיִם, אֲנִי ה' אֱלֹהֵיכֶם" (ויקרא כג).

חכמינו נחלקו בשאלה מדוע יושבים בסוכה, ולהלכה נקבע שהסוכה היא זכר לענני הכבוד ששמרו על בני ישראל בהיותנו במדבר אחרי יציאת מצרים. הסוכה מסמלת את ההגנה האלוקית שמקיפה את האדם מכל הצדדים. זו גם המצווה היחידה שממש נכנסים לתוכה, כך שבכל רגע שנמצאים בה מקיימים מצווה!

בילדותי, הורי היו בונים סוכה בעיקר עבורנו, הילדים, כדי שתהיה לנו הזדמנות לחוות חוויה מיוחדת מחוץ לבית. אבל כשגדלנו, כבר לא היה כל כך בשביל מי... רק לימים הבנתי שהחג לא נועד רק לילדים והסוכה איננה משחק ב"כאילו", אלא עניין בעל משמעות עצומה, שתקף בעבור קטנים וגדולים כאחד.

יש בחג הזה משהו קסום: הישיבה בחוץ תחת צל הסוכה, חשופים לרוח הקרירה של הלילה ולשמש הקופחת ביום, מנתקת אותנו מהחיים היומיומיים. זה הזמן להרים את הראש ולצפות בכוכבים, לחוש את ארעיות

החיים ולהתענג על המתנה הגדולה שקיבלנו. זה זמן נפלא להעמיק את החיבור בין בני המשפחה, לארח ולהתארח, ולמצוא את השמחה הפנימית שאינה תלויה בדברים חיצוניים.

איך?

סוכה. "בסוכות תשבו שבעת ימים". בחג הסוכות עלינו "לגור" בסוכה, וכל דבר שרגילים לעשות בבית – עושים בסוכה: אוכלים, ישנים, לומדים, משוחחים ומשחקים, כל אחד לפי יכולתו ובכפוף לזמינות הסוכה. להלכה יש להקפיד על שני דברים עיקריים שייעשו בסוכה: אכילת סעודות (לחם ומאפי מזונות) ושינה. לפחות בלילה הראשון חייבים לסעוד את סעודת החג בסוכה, ויש המקפידים שכל אכילה או שתייה תהיה בסוכה, וזוהי מידת חסידות. מי שסובל מהשינה בסוכה בגלל יתושים, חום וקור כבדים או צרות אחרות יכול לישון בבית.

איך בונים סוכה כשרה? סוכה כשרה כוללת לפחות שלוש דפנות קשיחות בגובה עשרה טפחים – לפחות 80 סנטימטר (יש גם אפשרות לבנות סוכה שיש לה רק שתי דפנות ארוכות ושלישית קצרה, אך זה קצת יותר מסובך). על הדפנות מניחים סכך כשר, שצריך להיות מן הצומח בלבד. נוהגים להשתמש בענפי דקל, אך כיום אפשר להשיג בקלות "סכך לנצח" – יריעות קנים שחוסכות את המרדף אחרי הענפים ונשמרות לשנים רבות. הסוכה צריכה לעמוד תחת כיפת השמיים, ללא חציצה של ענפים, עצים או מבנים. הלכות בניית הסוכה מורכבות למדי, ולפחות בפעמים הראשונות רצוי להתייעץ עם רב.

ארבעת המינים (369|367|359). "וּלְקַחְתֶּם לָכֶם בַּיּוֹם הָרִאשׁוֹן פְּרִי עֵץ הָדָר, כַּפֹּת תְּמָרִים וַעֲנַף עֵץ עָבֹת וְעַרְבֵי נָחַל, וּשְׂמַחְתֶּם לִפְנֵי ה׳ אֱלֹהֵיכֶם שִׁבְעַת יָמִים" (ויקרא כג). לא להתבלבל עם שבעת המינים שנתברכה בהם ארצנו!

ארבעת המינים כוללים **לולב** – ענף של עץ דקל – אחד, **אתרוג** אחד, שלושה ענפי **הדס** ושתי **ערבות**. אוגדים (קושרים) יחד את הלולב, ההדסים והערבות, ומצרפים את האתרוג. מנענעים אותם לארבע רוחות השמיים (יש מנהגים שונים לגבי סדר הכיוונים). מן התורה נוטלים אותם רק בחג הראשון, אך חכמים הרחיבו את המצווה גם לימי חול המועד.

את ארבעת המינים נוטלים בתפילת שחרית לפני אמירת הלל, ורבים משתדלים לברך עליהם בסוכה. גם בעת אמירת ההלל מנענעים אותם בפסוקים מסוימים. בשבת לא נוטלים ארבעת המינים, והם אף נחשבים ״מוקצה״ ואסור לגעת בהם.

ארבעת המינים מייצגים טיפוסים שונים בעם ישראל. לאתרוג יש טעם וריח; ללולב (תמר) רק טעם; להדס רק ריח, ואילו לערבה אין לא טעם ולא ריח. חז״ל מקשרים בין הטעם ללימוד התורה, ובין הריח לקיום המצוות; יש מי שיש להם את שניהם (תלמידי חכמים שהם גם צדיקים במעשיהם), יש מי שיש להם רק אחד מהם, ויש מי שאין להם לא את זה ולא את זה. ובכל זאת, כדי לקיים את המצווה יש לֶאגֹד את כולם יחד, ולא די באתרוג או בלולב. מכאן שארבעת המינים מרמזים על אחדות העם היהודי, שצריך את כולנו, כולל את הערבות הפשוטות.

בדרך אחרת ממשילים את ארבעת המינים לאיברי הגוף, כאשר הלולב הזקוף מקביל לעמוד השדרה, האתרוג ללב, ההדס דומה לעיניים והערבה מזכירה את השפתיים. כשנוטלים אותם יחד ומניפים לכל רוחות השמיים, מסמלים בכך את שיתופם של כל איברי הגוף בעבודת הבורא.

ישנן הלכות רבות בנוגע לכשרות של כל אחד מהמינים. כדאי להכיר אותן, לפחות באופן כללי, לפני שעומדים לרכוש את ארבעת המינים, כדי לוודא שהם אכן עומדים בדרישות ההלכה. אמנם ראוי להדר במצוות, ובפרט במצוות ארבעת המינים, וכך בחירת המינים הפכה אצל רבים לטקס שלם שנמשך שעות ארוכות בחיפוש אחר האתרוג או הלולב המושלם. באופן אישי מעולם לא הבנתי מה עלי לחפש באתרוג, ואיך לבחור לולב ״דליקטס״. לאחר שנים שבהן הייתי מגיע במיוחד לכל מיני חורים נידחים עם ה״מבינים״ ומשוטט במבוכה בין אלפי אתרוגים, הגעתי למסקנה שכדאי לקנות את ארבעת המינים אצל אדם אמין, ובמקרה שמתעוררת שאלה אני מתייעץ עם הרב. את כוחותי אני מעדיף לשמור לדברים שבאמת אזדקק להם, כמו בניית הסוכה, התפילות הארוכות וסעודות החג המשפחתיות. ומי שנהנה מטקס בחירת מלך היופי של האתרוגים – שיהיה לו בהצלחה!

בעבר, ובמיוחד בחוץ לארץ, היה קושי רב להשיג את ארבעת המינים, אך כיום, בתקופת השפע שזכינו לה, הדבר אינו מהווה בעיה. לכן משתדלים

שלכל אחד יהיו ארבעה מינים משלו, ורבים נוהגים לרכוש אותם גם לילדיהם שהגיעו לגיל חינוך (שש־שבע).

את המינים אוגדים יחד עוד לפני החג, ברצועות מעלי לולב או בחוטים. לרוב מקבלים נרתיק מיוחד ששומר עליהם, אך הם נוטים להתייבש ולכן כדאי לעטוף אותם במגבת לחה או בנייר כסף.

הושענות (466|427|416). אחד הזיכרונות הבלתי נשכחים שלי מבית הכנסת הוא הפעם הראשונה בה ביקרתי בו בסוכות. לעיניי נגלה המחזה הבא: עשרות מתפללים עטופים בטליתות, מקיפים את הבמה שעומדת במרכז בית הכנסת ומניפים בידיהם לולבים ואתרוגים לכל עבר. חשבתי שהגעתי בטעות לבית תפילה של שבטים באפריקה... זו הייתה הפגישה הראשונה עם ההושענות.

בימי בית המקדש היו מקיפים את המזבח בתהלוכה חגיגית במהלך ימי החג. לימים התברר לי שהמנהג דווקא שולל פגאניות, ונועד להזכיר שהכול שייך לא־ל אחד, בורא שמיים וארץ (סוכה לז). כיום אנו משמרים זכר למנהג ההקפות בבית הכנסת, ובמהלכן אומרים תפילות מיוחדות שנקראות "הושענות". לכל יום מימי החג יש תפילה מיוחדת משלו. את ההושענות אומרים לאחר תפילת ההלל, לפני קריאת התורה.

שמחת בית השואבה. "אמרו: כל מי שלא ראה [את] שמחת בית השואבה, לא ראה שמחה מימיו" (משנה סוכה ה). שמחת בית השואבה הייתה אירוע חגיגי במיוחד שהתקיים בבית המקדש בכל ימי חג הסוכות. מי שלקח בה חלק היו דווקא החכמים וראשי העם ששרו, רקדו ואפילו ערכו מופעי אקרובטיקה בפני הקהל.

כיום נוהגים לערוך במקומות רבים "זכר לשמחת בית השואבה", בדרך כלל בהרקדה עם תזמורת, ולעיתים גם פעילות מיוחדת לילדים.

הושענא רבה. 'ההושענא הגדולה', היום האחרון של חול המועד, שחל בדיוק חמישים ואחת יום (בגימטריה נ"א) לאחר ראש חודש אלול – רמז לשם "הושע־נא". על פי המקובלים זהו יום מיוחד מאוד, "יום החיתום". אחרי שנכתבנו ונחתמנו בספרי החיים בראש השנה ויום הכיפורים, זו הזדמנות אחרונה להתפלל ולבקש לפני שהספרים נסגרים לחלוטין. יש

שמאחלים זה לזה "פתקא טבא" [=פתקה טובה], כי ביום זה ה' מוסר כביכול את הפתקים עם גזר הדין ביד השליחים, ואפשר עוד לשנותו.

בליל הושענא רבה נוהגים רבים להישאר ערים ולעסוק בתורה ובתפילה. יש שקוראים את כל חומש דברים, ספר תהילים וקטעים שונים מהזוהר, ויש שמתכנסים לשיעורי תורה עד הבוקר.

בתפילת שחרית, לאחר אמירת ההלל, מקיפים את התיבה שבע פעמים וחוזרים על ההושענות שאמרנו במהלך ימי החג. בסיום התפילה מקיימים מנהג מיוחד מימי הנביאים – כל מתפלל נוטל חמישה ענפי ערבה וחובט אותם בקרקע. הערבות, שנמשלו לפֶה, מציינות את המתקת הדינים שתבוא עלינו לשנה הבאה. יש ששומרים לעצמם עלי ערבה חבוטה כסגולה.

מי?

הישיבה בסוכה ונטילת ארבעת המינים הן מצוות שתלויות בזמן, ולפיכך נשים פטורות מהן, אך אם הן מקיימות אותן – יש להן מצווה.

מי שמצטער מהשהות בסוכה, כגון חולים או אנשים רגישים במיוחד, מי שמתקשה לישון בסוכה או גברים נשואים שרוצים לישון עם נשותיהם – עשויים במקרים מסוימים להיות פטורים מהסוכה.

מתי?

סוכות מתחיל בט"ו בתשרי, שבועיים בדיוק לאחר ראש השנה, ונמשך שבעה ימים.

גם בשבת חול המועד יושבים בסוכה, עורכים בה את הקידוש וסועדים את סעודות השבת; אך כאמור לא נוטלים את ארבעת המינים, ולחלק מהמנהגים גם לא אומרים הושענות.

התחלה מהירה

סוכות חל לאחר שני חגים גדולים ומשמעותיים. ריבוי ההלכות, התפילות הארוכות שאיננו מורגלים בהן ועצם השינוי מהשגרה עלולים ליצור מתח

בבית. כדי לצמצם אותו למינימום, רצוי להתמקד בעניינים שהם העיקר ולא להיתפס לזוטות ולכל מיני מנהגים שאולי שמעתם עליהם כסגולה נפלאה, אך בפועל הם אינם מתאימים לכם בשלב זה.

כמו כן, קחו בחשבון שנדרש עיסוק רב סביב הקמת הסוכה, רכישת ארבעת המינים וכדומה. אם אפשר למצוא פתרונות פשוטים (שמצויים היום בשפע), כדאי לנצל אותם ככל האפשר – סוכות מן המוכן, סכך לנצח וכדומה.

בניית סוכה. מנהג יפה להתחיל לבנות את הסוכה בצאת יום הכיפורים, אך למעשה אפשר להתחיל גם לפני כן. רשימה חלקית של ציוד מומלץ: קישוטים לסוכה, שולחן אוכל וכיסאות, תאורה עם שעון שבת, מיטות ומזרנים לשינה, שמיכות, מאוורר, ספרים, משחקים, תכשירים נגד יתושים, מחצלות ושטיחים. משנה לשנה תלכו ותשתכללו, וארסנל הציוד ילך ויגדל.

אם אין לכם אפשרות לבנות סוכה כשרה בחצר, בחניה או במרפסת – רצוי להצטרף לסוכה של חבר או שכן. ברוב בתי הכנסת בונים סוכה שפתוחה לאורך כל היום, ומי שזקוק לכך יכול לבקש רשות להשתמש בה במשך החג.

ארבעת המינים. קונים סט אחד של ארבעת המינים (טיפ חסכוני: לשמור את נרתיק הפלסטיק לשנה הבאה). קחו בחשבון שהערבות נוטות להתייבש בקלות, ולכן כדאי להשיג כמה ערבות נוספות ולשמור במקרר לעת הצורך. בדרך כלל ניתן לרכוש ערבות במהלך חול המועד בבתי הכנסת. להושענא רבה כל מתפלל צריך חמש ערבות נוספות לשם מנהג החבטה (לא משתמשים באותה ערבה פעמיים).

לסיכום: החג ארוך, וכדאי לתכנן היטב את הזמן מבעוד מועד. את מי מארחים ומתי, לאן נוסעים ואפילו מתי עושים "על האש" – הניסיון מלמד שתכנון טוב מוביל ליותר נחת ואפשרות להגיע לשמחה אמיתית.

שמחת תורה

מה?

"בַּיּוֹם הַשְּׁמִינִי עֲצֶרֶת תִּהְיֶה לָכֶם, כָּל מְלֶאכֶת עֲבֹדָה לֹא תַעֲשׂוּ" (במדבר כט). לאחר שבעת ימי חג הסוכות מגיע חג נוסף, "שמיני עצרת", המכונה גם "שמחת תורה" (בחוץ לארץ אלה שני ימים שונים). זהו חג בפני עצמו, שאמנם ממשיך את סוכות אך עומד גם באופן עצמאי; בשמחת תורה כבר לא יושבים בסוכה, ולא נוטלים את ארבעת המינים.

במקור, לשמיני עצרת לא היו מאפיינים מיוחדים משלו, אך כבר למעלה מאלף שנה שמסיימים בו את קריאת התורה בפרשת "וזאת הברכה", ומיד מתחילים אותה מחדש בפרשת "בראשית".

חג הסוכות נחשב לחג אוניברסלי, שבו מקריבים בבית המקדש שבעים קורבנות כנגד שבעים אומות העולם. המדרש מסביר שלאחר שהקדשנו שבוע שלם בשביל כל העולם, ה' מבקש מעם ישראל להישאר איתו עוד קצת לבד. משל ל"מלך שזימן את בניו לסעודה לכך וכך ימים, כיוון שהגיע זמנן להיפטר, אמר: בניי, בבקשה מכם, עַכבו עמי עוד יום אחד, קשה עלי פרידתכם" (מובא ברש"י ויקרא כג, לב).

איך?

הקפות. בסיום תפילת ערבית בליל החג, ופעם נוספת למחרת בסיום תפילת שחרית, מוציאים את ספרי התורה מארון הקודש, מחלקים אותם בין המתפללים ומקיפים איתם את הבימה שבמרכז בית הכנסת. בחלק מבתי הכנסת אפילו יוצאים איתם לריקוד ברחובות, כדי להרבות את השמחה גם לאלו שאינם מגיעים לבית הכנסת.

מנהג ההקפות תמוה: אם חוגגים את סיום הקריאה בתורה, היה ראוי לערוך

"מרתון" קריאה של כל התורה. אבל במקום זה רוקדים עם ספרי התורה כשהם סגורים, ואפילו מי שלא כל כך למדו בה בשנה החולפת רוקדים איתה בשמחה.

אחד ההסברים הוא שאמנם התורה והמצוות מאפשרות לנו להתחבר ולהתקשר אל ה', אבל הן מוגבלות ומצומצמות לשכל שלנו ולדרך שבה אנחנו מבינים אותן. הריקוד עם ספר התורה הסגור, לעומת זאת, מצביע על קשר אחר לחלוטין עם ה', עמוק עוד יותר. זהו קשר "עצמי" שאינו תלוי בדבר, מעבר לטעם ודעת, כמו קשר של הורה לילדו. הוא מוכיח שכל יהודי קשור בכל גופו ונשמתו אל נותן התורה, גם אם אינו יודע מה כתוב בה.

גם נשים רוקדות בשמחת תורה (בנפרד מהגברים, כמובן), שכן השמחה היא על עצם הקשר שלנו עם ה', ונשים שייכות לקשר הזה לא פחות מהגברים. כדאי לקחת בחשבון מראש שהתפילות, גם בערב וגם ביום, מתארכות מאוד בשל ההקפות, וחשוב לתכנן את הסעודות ואת הציפיות של בני המשפחה בהתאם. במקומות שונים עורכים קידוש בבית הכנסת לפני ההקפות, ואז יוצאים במחול במשך שעות ארוכות.

התעייפתם? יופי, אבל רגע, זה עוד לא נגמר. במוצאי החג נוהגים לערוך **הקפות שניות**. בבתי כנסת בכל הארץ, בכיכרות הערים ובמקומות ציבוריים מתאסף קהל גדול עם תזמורת וריקודים, וממשיך את השמחה; עדיין איננו מוכנים לתת לתקופת החגים המפרכת והנפלאה להסתיים.

לטעמי, שמחת תורה הוא אירוע השיא של חודש תשרי. לאחר ימי הרחמים, הדין, התשובה והסליחה, מגיע זמן של שמחה פשוטה על עצם היותנו יהודים, ועל כך שאנו מחוברים לאינסוף בגוף ונשמה. אולי בגלל זה רוקדים דווקא במעגלים, כאילו אומרים שהקשר הנצחי של הנשמה אין לו התחלה ואין לו סוף והוא נמשך לנצח נצחים.

תפילת הגשם. בתפילת מוסף של שמחת תורה מתחילים להזכיר את הגשם בברכת "מחיה המתים", הברכה השנייה של תפילת העמידה. מעכשיו נאמר "משיב הרוח ומוריד הגשם" במקום "מוריד הטל". החורף כבר בפתח, אך עדיין איננו מבקשים על הגשמים בברכת "מברך השנים" – זאת כדי שכל החוגגים, עולי הרגל ואחרים, יספיקו להתארגן לאחר החגים ויגיעו בשלום לבתיהם. נבקש על הגשם רק שבועיים מאוחר יותר, בז' בחשוון.

חנוכה

מה?

חנוכה, חנוכה, חג יפה כל כך. יפה, ומלא פרדוקסים: חג אותו כולם אוהבים לחגוג אך לא תמיד יודעים על מה. חג שנולד מתוך קנאות דתית אבל גם המתנגדים הגדולים לדת מקיימים אותו בהידור. חג שלא נזכר בתורה אך אומרים בו הלל שמונה ימים, יותר מכל חג אחר.

קצת רקע: חנוכה, או בשמו העתיק "חג האורים", מציין את ניצחונם של החשמונאים על היוונים, אי־אז במאה השנייה לפני הספירה. כחלק ממלחמותיו לכיבוש העולם העתיק כבש אלכסנדר מוקדון, מנהיג האימפריה היוונית, גם את ארץ ישראל. בניסיונם לאחד את האימפריה שלהם, שהיו בה עמים בעלי תרבויות שונות מאוד זו מזו, ניסו היוונים ליצור תרבות אחידה – הלניסטית. הם הביאו לאזור אמנות, פילוסופיה, תחרויות ספורט ודת פגאנית, ופיתו רבים להצטרף לחזון הקוסמופוליטי החדש ולזנוח את דתם.

כדי לעודד את היהודים להצטרף לתרבות החדשה הם מנעו מהם לשמור על דתם, ובייחוד אסרו על שמירת שבת, קידוש החודש וברית המילה. מצד שני, היוונים העריכו חוכמה ולא ראו בעיה מיוחדת בלימוד התורה. היא הייתה בעיניהם מעניינת ומחכימה, אבל עם היישום המעשי שלה הייתה להם בעיה. היהודים, שמאז ומעולם היו גאים בדתם, סירבו לציית לגזרות.

משפחת החשמונאים, בהובלת מתתיהו וחמשת בניו הכוהנים, נתנה את האות לפתיחת המרד. הוא פרץ בתנופה אדירה: צבא קטן ובקושי חמוש נלחם מול הצבא החזק בעולם. בזכות תחכום, היכרות טובה עם תוואי השטח והרבה ניסים ניצחו החשמונאים בסדרה של קרבות, וסילקו את השלטון היווני מהארץ.

השיא היה כאשר החשמונאים כבשו את ירושלים וטיהרו את בית המקדש מפסלי האלילים שהוצבו בו. כשביקשו להדליק את מנורת הזהב שבמקדש,

הם מצאו רק פך אחד קטן של שמן טהור. הוא היה אמור להספיק ליום אחד, אך בדרך נס הספיק לשמונה ימים. לזכר ניצחון המכבים ונס פך השמן אנו מציינים את חנוכה בהדלקת החנוכייה (ובאכילת סופגניות ולביבות ספוגות שמן...).

חנוכה הוא החג היחיד שחל בסוף החודש, זמן שבו הירח מכוסה והחושך בעולם גובר. דווקא אז מברכים "אשר קידשנו במצוותיו וציוונו להדליק...", ומרבים אור ושמחה בלבבות. זהו זמן של שבח והודאה, שירה ושמחה, שבו מודים לקב"ה על הניסים הגדולים והקטנים שהוא עורך עימנו בכל יום ויום.

איך?

הדלקת חנוכייה (538|459|449). מדליקים את החנוכייה למטרת פרסום הנס, ולכן משתדלים להדליקה במקום בולט ומרכזי. יש בכך מנהגים שונים: יש המדליקים בפתח הבית הפונה לרחוב שבו עוברים אנשים, ויש המדליקים על אדן החלון, בפתח דלת הבית מול המזוזה, או על שולחן במרכז הבית. טוב להתייעץ עם רב היכן הוא המקום הטוב ביותר להדליק בביתכם.

רבים מדליקים את החנוכייה בשמן זית – זכר לנס פך השמן, אבל למעשה אפשר להדליק בכל סוגי הנרות. בהלכה יש דעות שונות מי מחויב בהדלקה, באיזו שעה מדליקים, האם מותר להדליק גם במקומות שאינם משמשים למגורים (כמו חנות או אולם חתונות) ובעוד שאלות רבות. רצוי להתייעץ עם תלמידי חכמים בכל מקרה לגופו. מנהג יפה (לא חובה) הוא להביט בנרות חצי שעה לאחר ההדלקה, ויש שיושבים לידם ומזמרים שירים ופיוטים מיוחדים לחנוכה.

בלילה הראשון מברכים לפני הדלקת החנוכייה שלוש ברכות: "להדליק נר חנוכה", "שעשה ניסים לאבותינו" ו"שהחיינו". את ברכת שהחיינו מברכים רק בלילה הראשון שבו מדליקים נרות, אפילו אם מסיבות שונות זה לא קרה ביום הראשון של חנוכה.

בכל ימי החנוכה מוסיפים בתפילה ובברכת המזון את תפילת "על הניסים", ולאחר תפילת שחרית אומרים הלל שלם. אין חיוב לערוך סעודות מצווה, אך נוהגים לקיים סעודות חגיגיות מול החנוכייה ולומר בהן דברי שבח והודאה.

מי?

הדלקת נרות חנוכה מוגדרת כ"מצוות נר איש וביתו", וקיומה מוטל על בעלי הבית. אף שזו מצוות עשה שהזמן גרמא, גם הנשים חייבות בהדלקת נרות, שהרי גם הן ניצלו מידי היוונים.

קיים הבדל גדול בין העדות באופן ההדלקה: אצל הספרדים מדליקים חנוכייה אחת מרכזית, ואילו אצל האשכנזים כל אחד מהילדים מדליק חנוכייה לעצמו בברכה.

בדרך כלל מקובל שאבי המשפחה מדליק את החנוכייה הראשית ומוציא ידי חובה את אשתו, אך בהיעדרו תדליק היא (וכדאי לתאם זאת מראש).

מתי?

זמן ההדלקה צריך להיות סמוך ככל האפשר לשקיעת החמה. בשעת הצורך אפשר להדליק עד השעה 21:00 בערב. אם גם זה לא מתאפשר, ניתן להדליק מאוחר יותר ובלבד שיהיו אנשים בבית כדי שיהיה בכך "פרסום הנס".

התחלה מהירה

לפני החג כדאי לוודא שכל הציוד נמצא ברשותנו: חנוכייה ונרות. מי שמדליק בשמן זית זקוק לחנוכייה מתאימה, שמן זית למאור, פתילות וכוסיות. אפשר למצוא גם כוסיות שמן מוכנות עם פתילות בעלות לא גבוהה. מי שמניח את החנוכייה על אדן החלון יזדקק גם ל"אקווריום", מעין בית־זכוכית שימנע מרוחות וגשמים לכבות את הנרות. וזהו, כל מה שנשאר כעת הוא – להדליק!

ט"ו בשבט

מה?

ט"ו בשבט אינו בדיוק חג, אבל רבים מציינים אותו בדרך כלשהי. המשנה בתחילת מסכת ראש השנה מפרטת ארבעה ראשי שנים, ואחד מהם הוא "ראש השנה לאילנות" שלפי בית הלל חל בט"ו בשבט. ליום זה משמעות הלכתית חשובה בכל הנוגע ל"מצוות התלויות בארץ", הנוגעות לגידולי הקרקע בארץ ישראל (עמ' 54). הפירות שנמצאים על העץ עד ט"ו בשבט שייכים לשנה הקודמת, והפירות שעדיין לא צמחו ייחשבו כפירות של השנה הבאה. לחישוב יש השפעה גדולה על מצוות כמו הפרשת תרומות ומעשרות, חישוב שנות ערלה ודינים אחרים, הנוגעים יותר לחקלאים ולמי שמגדלים עצי פרי.

עם השיבה לארץ ישראל הפך ט"ו בשבט ליום חגה של הארץ, שבו יוצאים לנטיעות ואוכלים מפירות ארצנו. בשנים האחרונות הוא הפך בין היתר לחג אקולוגי, המציין את הקשר שלנו לסביבה ולשמירה עליה. בשני המקרים זוהי תפנית משמעותית מהמקורות, אך אין בכך פסול.

איך?

מבחינה הלכתית אין לט"ו בשבט הלכות מחייבות. נהוג בכל קהילות ישראל שלא לומר בו "תחנון" בתפילה, כמו בימים שמחים אחרים.

במהלך השנים התקבעו בו מנהגים שונים, בעיקר אכילת פירות (והמנהג המשובח הוא לאכול מפירות ארצנו). המקובלים תיקנו "סדר ט"ו בשבט" מיוחד שבו מרבים בברכות, בכוונות פנימיות ובאכילת פירות כדי לזרז את הגאולה.

״לפני שנים השתתפתי בהרצאה של יוצא האצ״ל, אדם דתי למראה. לאחר ההרצאה ניגשתי לשוחח איתו, והוא אמר שהוא בא מבולגריה. התפלאתי, מכיוון שבבולגריה לא נשארו הרבה יהודים דתיים. לשאלתי הוא ענה שאכן, הוא הגיע מבית שכמעט לא ידע דבר על יהדות: לא פסח, לא שבת ולא חנוכה. ׳רק פעם בשנה, באמצע החורף׳, סיפר, ׳היה אירוע מיוחד: סבתא הייתה מזמינה את כל המשפחה לארוחת ערב חגיגית שבה אכלו הרבה פירות. בארוחות האלה היא סיפרה שהלילה הוא יום ההולדת של העצים, ולכבוד היום החגיגי, בחצות הלילה העצים מנשקים זה את זה. הייתי אז ילד קטן, והשתוקקתי לראות את הנשיקות.

׳התאמצתי מאוד והמתנתי ער עד חצות הלילה. ברגע המיוחל יצאתי החוצה בציפייה, אך לאכזבתי לא ראיתי דבר. כל העצים נשארו במקומם. סיפרתי לסבתא שלא ראיתי שום דבר, והיא אמרה: ׳טיפשון שלי, בטח שלא. דע לך, רק העצים בארץ ישראל מתנשקים בלילה הזה...׳. מאותו יום גמלה בלבי החלטה לעלות לארץ, ובסופו של דבר אכן עליתי, והנה אני פה׳.

מסתבר שיש יהודים שלא חנוכה או פסח שמרו עליהם, אפילו לא יום כיפור. רק ט״ו בשבט!״.[9]

פורים

תשכחו כל מה שידעתם על פורים.

בתרבות הישראלית הוא נחשב לחג של הילדים: תחפושות, רעשנים, ממתקים, תהלוכות, פסטיבלים. המבוגרים עורכים בו מסיבות עם תחפושות מושקעות ושותים הרבה, אבל המהות האמיתית שלו שונה לחלוטין.

בפורים בעצם לא קרה כלום. זאת אומרת, קרה הרבה מאוד, אבל מי שמסתכל מהצד יכול לפספס זאת בקלות. אף על פי שנגזרה גזרת שמד על העם כולו, בעקבות שרשרת של "צירופי מקרים" האבל התהפך לחג, והיום של גזרת המוות נעשה יום טוב.

מה?

המקום: האימפריה הפרסית, שושן הבירה. התקופה: המאה החמישית לפנה"ס, תקופת שלטונו של הוד מעלתו המלך אחשוורוש. על פי המסופר ב**מגילת אסתר**, האימפריה הפרסית שלטה על שטחים נרחבים, והיהודים, שהוגלו לבבל כמה עשרות שנים קודם לכן, התפזרו ברחבי הממלכה.

המן, המשנה למלך, שנא את מנהיג היהודים, מרדכי היהודי, שסירב לקבל את מרותו ולא השתחווה לו כמו כולם. בעקבות זאת החליט המן להטיל גזרה קשה ואכזרית – השמדת כל היהודים במלכות פרס, והצליח לשכנע את המלך אחשוורוש להוציא אותה לפועל. התאריך נקבע באמצעות הטלת פור (גורל), הצווים נשלחו ועץ גבוה הוכן כדי לתלות עליו את מרדכי. אך בסופו של דבר, לאחר שרשרת אירועים מפתיעים ובלתי מתוכננים, התהפכו היוצרות: גזרת ההשמדה בוטלה, על העץ נתלו המן ועשרת בניו, ומרדכי עצמו הפך למשנה למלך.

ההתהפכות החוזרת לאורך המגילה הביאה לכך שהנושא המרכזי של פורים הוא "ונהפוך הוא". גם כשהכול נראה כהולך לאבדון, לא אבדה התקווה. שמה של המגילה ושל הגיבורה הראשית שלה, אסתר, מרמז על ההסתרה האלוקית שמאפיינת אותה: אף על פי ששם ה' לא נזכר ולו פעם אחת לאורך כל המגילה, מסתבר שהוא תמיד שם, משגיח ושומר על עם ישראל גם מבלי שאנו מרגישים.

במגילה מסופר שלאחר הניצחון חגגו היהודים את היום שבו נהפכה הגזרה, וזהו המקור לחג ולמצוות היום: "וְהַחֹדֶשׁ אֲשֶׁר נֶהְפַּךְ לָהֶם מִיָּגוֹן לְשִׂמְחָה וּמֵאֵבֶל לְיוֹם טוֹב, לַעֲשׂוֹת אוֹתָם יְמֵי **מִשְׁתֶּה וְשִׂמְחָה וּמִשְׁלֹחַ מָנוֹת** אִישׁ לְרֵעֵהוּ **וּמַתָּנוֹת לָאֶבְיֹנִים**" (אסתר ט).

איך?

קריאת מגילה (653|663|549). המצווה המרכזית בפורים היא לשמוע את קריאת המגילה פעמיים: בלילה וביום. את המגילה מקריא "בעל קורא" מתוך קלף כשר. בבית הכנסת קוראים פעם אחת בסיום תפילת ערבית ופעם נוספת בבוקר לאחר תפילת שחרית, אבל למעשה אפשר לשמוע את המגילה לאורך כל היום, ובמקומות רבים מתקיימות קריאות מסביב לשעון. קריאת המגילה אורכת בין חצי שעה לשעה, תלוי בבעל הקורא ובסבלנות של הקהל.

בכל פעם שמגיעים במהלך הקריאה לשם "המן", נוהגים להרעיש בקול כדי למחות את שמו וזכרו מהעולם. חשוב לשמוע את **כל** המגילה ברצף, מילה במילה, ולכן מי שמביאים את ילדיהם לבית הכנסת צריכים לשמור עליהם שלא יפריעו (בדרך כלל אחרי זמן קצר הם יחפשו לעצמם תעסוקה אחרת...).

משלוח מנות. כל אחד מביא לאדם אחר משלוח אחד ובו שתי מנות של אוכל (לא חייבים דווקא ממתקים – פגשתי כבר משלוחים מקוריים של לחמניות, גרנולה ואפילו קוסקוס עם ירקות). מכיוון שמשלוח המנות נועד להרבות אהבה ושמחה בעם ישראל, יש שמכינים הרבה משלוחים קטנים ולחלק אותם למכרים וחברים שנשכחו מלב. זו גם הזדמנות להודות לקרובים וחברים שמגיעה להם הכרת הטוב, לשמח את מי שזקוקים לכך או ליישר את

ההדורים עם מי שאנו נמצאים איתם ביחסים מתוחים. מניסיון אישי, כדאי לחלק משלוחי מנות גם לאנשים שאינכם מכירים כלל (נסו ותראו).

מתנות לאביונים. כמו בשאר החגים, גם בפורים לא שוכחים את אלה שאין להם. יש לתת לפחות שתי מתנות לשני אביונים (אחת לכל אחד), בדרך כלל סכום כסף שיוכלו לרכוש בו את צורכי החג.

את המתנות צריך לתת דווקא ביום הפורים, ולכן נוהגים לתת את הכסף לשליח (רב או מוסד צדקה) מבעוד מועד, והם יעבירו אותו לאביונים בו ביום. סכום המתנות צריך להיות בערך כדמי סעודה אחת (יש המציינים עלות של מנת פלאפל עם שתייה). וכבר כתב הרמב"ם: "מוטב לאדם להרבות במתנות אביונים מלהרבות בסעודתו ובשלוח מנות לרעיו. שאין שם שמחה גדולה ומפוארה אלא לשמח לב עניים ויתומים ואלמנות וגרים..." (הלכות מגילה וחנוכה ב).

סעודה ומשתה. סעודת פורים היא אחד משיאי החג, ורבים מחכים לה כל השנה. עורכים אותה ביום, בדרך כלל בשעות הצהריים. זוהי סעודת מצווה חגיגית עם אוכל טוב, שירים וניגונים, שמשתלבת עם המצווה להתבסם, כלומר להשתכר, "עד דלא ידע בין ארור המן לברוך מרדכי". כמה צריך לשתות לשם כך? יש מי שאומר שדי לשתות מעט יותר מהשיעור שכל אחד רגיל בו; יש מי שאומר שצריך לשתות עד שנרדמים, שאז בוודאי אי אפשר להבדיל בין ארור המן לברוך מרדכי... וה"מהדרים" אומרים שצריך לשתות עד שמאבדים את צלילות הדעת.

עם זאת, פורים אינו מיועד לפריקת עול, אלא להכניס את הקדושה גם לשכרות. בדרך כלל שתייה לשוכרה אינה רצויה ביהדות, ואינה נחשבת דבר רוחני כל כך. היא מבטאת בעיקר בריחה מהמציאות, ניתוק ושקיעה מתוקה לאשליה כאילו אין צרות, רק כדי להתעורר למחרת בדיוק עם אותן הבעיות, רק שעכשיו נוספה להם עוד אחת – חמרמורת (הנגאובר). זו כנראה הסיבה שדתות רבות אוסרות לחלוטין על שתיית אלכוהול. רק מעטים מסוגלים להפוך את השכרות להתעלות אמיתית שבה הגוף והשכל אינם מפריעים לנשמה להידבק במקורה.

מעבר לכך שפורים מחלץ מהמשקה את ניצוץ הקדושה שבו, יש משהו מיוחד בכך שיהודים מכניסים גם אותו למסגרת ההלכתית – כמה לשתות,

איך, מתי ולשם מה. זה אמור להיות יום של שמחה ופתיחת לבבות, ומי שיודע ששתייה מרובה תיצור אצלו את ההפך – ישתה רק מעט.

ועוד דבר שמיוחד בסעודת פורים: זוהי סעודת חג לכל דבר שמתקיימת בעיצומו של יום חול, דבר שמבטא את היכולת שלנו לקדש את החול אפילו בלי אלמנט השבתון.

מנהגים נוספים:

- **התחפשות**, שהפכו לסמל של פורים, דווקא אינן נחשבות לאחת ממצוות החג. ובכל זאת נוהגים בעם ישראל, גדולים וקטנים, להתחפש בחג. בהחלפת התלבושות והתחפשות למישהו אחר יש צד של "ונהפוך הוא". כמובן, תחפושות צנועות שהולמות את רוח החג.
- **תענית אסתר**. ביום שלפני פורים מקיימים תענית לזכר הצום שגזרה אסתר על עם ישראל כדי לבטל את הגזרה. אם פורים חל ביום ראשון, מקדימים את התענית ליום חמישי.
- **פרשת זכור**. בשבת שלפני פורים קוראים בתורה את פרשת "זכור אשר עשה לך עמלק". עמלק היה עם מרושע אשר פגע בבני ישראל, ודווקא בחלשים ובזקנים, מיד כשיצאנו ממצרים. גם לאחר שנכנסנו לארץ הם המשיכו להציק, וגדולי הצוררים של עם ישראל היו מבני עמלק – אחד מהם הוא המן הרשע. לדעת רוב הפוסקים שמיעת הקריאה בתורה היא מצווה מדאורייתא, וכדאי שגם נשים ישמעו אותה.

מי?

אף על פי שפורים הוא מצוות עשה מתקנת חכמים, גם הנשים חייבות בכל מצוות החג, משום ש"אף הן היו באותו הנס", כלומר ניצלו מגזרת ההשמדה. עליהן לשמוע את קריאת המגילה בלילה וביום, לתת משלוח מנות ומתנות לאביונים, ולסעוד סעודת מצווה (אך אין חובה להשתכר...). לרוב הדעות, נשים גם יכולות לקרוא לעצמן את המגילה בקריאה מתוך מגילת קלף.

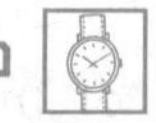

מתי?

במגילה נאמר שהיהודים עשו יום משתה ושמחה כשהסתיימה המלחמה באויביהם. בכל המדינות המלחמה הייתה בי״ג באדר והחגיגות בי״ד, אולם בשושן, עיר הבירה, נמשכה הלחימה עוד יום אחד ורק בט״ו באדר נחגג הניצחון.

וכך נקבע תאריך החג: בכל העולם חוגגים את פורים **בי״ד באדר**. רק בשושן הבירה, ובכל הערים הדומות לה במאפיין מסוים (ערים שהיו מוקפות חומה בימי יהושע בן נון) חוגגים אותו **בט״ו באדר**. כיום למעשה ירושלים היא העיר היחידה שבה מציינים את פורים בט״ו באדר, ויום זה מכונה ״שושן פורים״.[10] בערים אחרות שיש לגביהן ספק אם הן עומדות בקריטריון או לא, כמו חברון, טבריה, יפו, צפת ועוד, חוגגים את פורים בי״ד באדר, ויש מקומות שקוראים בהם את המגילה גם למחרת. בשנה מעוברת שיש בה שני חודשי אדר, חוגגים את פורים רק באדר שני.

התחלה מהירה

חלק גדול מההכנות לפורים מתרכז **במשלוחי המנות**. כדאי להכין מראש רשימה של כל האנשים שתרצו לתת להם משלוח ולתכנן את הקניות בהתאם. קחו בחשבון שרוב משלוחי המנות שאנשים מחלקים מבוססים על ממתקים, ואולי תרצו להיות מקוריים ולאפות פשטידות, לחמים ושאר מאכלים טעימים שישמחו ויפתיעו את מכריכם. מומלץ מאוד להכין או לקנות גם משלוחי מנות קטנים, אותם תחלקו לאנשים קרובים פחות: לדוור, למוכרים בחנויות, לנהג האוטובוס ולסתם יהודים שתפגשו. מובטח לכם שתעוררו אצלם שמחה רבה, וגם אצלכם.

מתנות לאביונים. בררו עם הרב מהו שיעור המתנות לאביונים המקובל באותו מקום. אם מעניקים אותן דרך שליח, כדאי להעביר את הכסף מבעוד יום כדי שהוא יחולק לנזקקים בחג עצמו.

סעודה. עורכים שולחן חג וסועדים סעודה חגיגית, מלווה ביין ומשקאות חריפים.

פסח

פסח הוא בלי ספק החג המיוחד והמלכותי ביותר, ולא במקרה. בפסח אנו מציינים את האירוע המשמעותי ביותר בחיי האומה הישראלית, והוא גם החג שמצריך את ההכנות המרובות ביותר...

בשורתו הגדולה של פסח, חג החירות, היא ניפוץ הדטרמיניזם – המחשבה שהכול קבוע מראש. האומה המצרית התבססה על קיבעון ועל היררכיה משעבדת, כאשר כל אחד הוא אדון למי שתחתיו ועבד לזה שמעליו, בלי שום בחירה חופשית וללא אפשרות לשינוי. ואילו פסח בא מהמילה לפסוח, לדלג. זהו דילוג מעל ההיסטוריה, מעל התהליכים הרגילים והטבעיים, מעל כל המוסכמות. בחג החירות בני ישראל משתחררים לחופשי מדי שנה מחדש, אך לא כדי להפוך לאדונים חדשים – אלא כדי להיעשות עבדי ה'. וכמו שאמר מישהו: את המשפט "שלח את עמי", Let my people go, אימצו עמים רבים; את "שַׁלַּח אֶת עַמִּי וְיַעַבְדֻנִי" אימץ רק עם אחד.

מה?

התורה מספרת כי בליל פסח, בחצות הלילה, ספגו המצרים את מכת בכורות, האחרונה והקשה מבין עשר המכות. היא אילצה את פרעה להתגמש, וכך יצאו בני ישראל לחופשי לאחר שעבוד של מאות שנים. באותו זמן ישבו בני ישראל בבתיהם ואכלו את קורבן הפסח שאת דמו מרחו על המשקוף ועל מזוזות הבית, וסימנו את בתיהם כדי שהמשחית לא ייכנס גם אליהם.

חג הפסח המקורי נועד להיחגג בבית המקדש. תארו לעצמכם: כל ישראל, גברים נשים וטף, מגיעים לירושלים, יושבים לסעודת ליל הסדר ואוכלים את הפסח בחבורות־חבורות. אף שקורבן הפסח הוא אחת המצוות החשובות, לעת עתה לא נמצאה בימינו דרך להקריב אותו. מאז חורבן הבית נקבע ליל הסדר כתחליף זמני, עד שייבנה בית המקדש במהרה בימינו.

עד כאן הכול היה יכול להיות טוב ויפה, אלמלא הוסיפה התורה עוד פרט "קטן" וחשוב – שבפסח אסור לאכול חמץ. ולא רק לאכול, אלא אסור גם ששום חמץ יהיה ברשותנו בבעלותנו – "בל יֵראה ובל יימצא". הפרט הזה מסבך קצת את העניינים, והופך את פסח לחג שדורש עבודת הכנה לא מעטה. אך אל דאגה, בהתנהלות נכונה גם את הניקיונות לפסח נעבור בשלום. עברנו את פרעה, אז מה זה כבר תנור עם כמה פירורים?

איך?

איסור חמץ. כל תערובת של קמח (חיטה, שעורה, כוסמת, שיפון או שיבולת שועל) ומים ששהו יחד מעל 18 דקות נקראת "חמץ". בקטגוריה זו נכללים בין היתר לחם, עוגות, ביסקוויטים, קרקרים, עוגיות, פסטות, פתיתים, קוסקוס ושאר מאפים, שנחשבים **"חמץ גמור"**. בנוסף, יש מוצרים שהם **"תערובת חמץ"** – מוצרים המכילים מרכיבי חמץ שאינם מהווים את עיקר המאכל כגון אבקות מרק, רוטב סויה או מזון לבעלי חיים. הכלל שאנו נוקטים הוא שכל מה שלא כתוב עליו **"כשר לפסח"**, אינו נחשב כשר לפסח.

החמץ שעלינו לבער מהבית הוא בגודל "כזית" – שיעור הלכתי, בגודל של ביסקוויט בערך. בפחות מזה לא עוברים על איסור תורה, אבל חכמינו קבעו שיש לבער את כל החמץ מהבית כדי שלא לאכול חמץ בטעות. מבערים את החמץ מכל מקום ששייך לנו – בית, מכונית, משרד, עסק וכדומה (אם איננו משתמשים במקום בכלל במהלך הפסח, אפשר לנקות אותו באופן כללי, לנעול אותו למשך כל חג הפסח ולצרף אותו למכירת חמץ, להלן). אם מתארחים בחג, צריך לוודא שהחדר אכן נוקה לפסח.

כך הפך פסח לחג הניקיונות: כל מקום שיש סיבה לחשוב שאולי הגיע אליו חמץ צריך בדיקה. טוב להכין רשימה מסודרת שתסייע לנו לוודא שלא שכחנו שום מקום. **המטבח** הוא מקום רגיש במיוחד משום שבאכילה החמץ אסור ב"משהו", כלומר אפילו פירור קטן.

הכנת המטבח לפסח היא מורכבת מעט, אך באופן כללי ניתן לומר שיש לנקות ולהכשיר היטב את כל הסירים שמתכוונים להשתמש בהם ("הגעלת כלים"), תנורים, כיריים, משטחי עבודה, כלי האוכל והבישול. כלים מסוימים, כגון קרמיקה ופורצלן, אי אפשר להכשיר.

כדי לחסוך בעבודה, רבים נוהגים לרכוש כלים מיוחדים לפסח – צלחות, סירים, סכו"ם ואפילו כיריים ותנורי אפייה או טוסטר אובן (בשאר השנה מאפסנים אותם בבוידעם או בארונות גבוהים). כך אפשר להסתפק בניקיון פשוט של המטבח לפני החג. אם תוסיפו בכל שנה פריטים לאוסף שלכם, תוך כמה שנים תהיו מצוידים כהוגן.

בעיקרון עדיף להימנע מלהתארח במהלך החג בבית שאוכלים בו חמץ, ועדיף למצוא מקום שאפשר לשמור בו את הפסח כהלכתו. אם אין ברירה, צריך להיזהר שלא לאכול מכלי החמץ ולא לגעת במוצרי חמץ.

קטניות. אף שהן אינן כחמץ, בני אשכנז וחלק מהספרדים נוהגים שלא לאכול קטניות בפסח. למשפחת הקטניות שייכים בין היתר אורז, חומוס, שומשום (טחינה), בוטנים, תירס, שעועית, סויה ועוד. לא אוכלים אותן, אבל אפשר לשמור מוצרים אלה בבית בארון סגור. המנהג שלא לאכול קטניות בפסח החל באירופה לפני כמה מאות שנים, והתפשט ברבות מקהילות ישראל. החשש הוא בעיקר שמא יתערבו גרעיני חמץ בין הקטניות (מצב נפוץ למדי גם בימינו). רבים מקילים לצרוך שמן קטניות (כמו קנולה – "לפתית", סויה, חמניות). מי שבמשפחתו קיים מנהג אחר – שימשיך לנהוג לפיו.

מכירת חמץ. לעיתים קשה או בלתי אפשרי לבער את כל החמץ, בייחוד אם יש בכך הפסד משמעותי (כמו בסופרמרקט ובמפעלי מזון). במקרה כזה הפתרון ההלכתי הוא "מכירת חמץ" – העברת הבעלות על כל החמץ שלנו ללא־יהודי.

כדי למכור את החמץ נרשמים אצל הרב המקומי או בבית הכנסת בימים שלפני החג. אפשר (ורצוי!) לעשות זאת עוד לפני שהבית כשר לפסח, שכן המכירה נכנסת לתוקף רק בערב חג הפסח, כשהבית כבר יהיה כשר.

בימים שלפני החג מכניסים את דברי החמץ לארונות ונועלים אותם לאורך כל ימי החג, משום שבזמן זה הם בעצם לא שייכים לנו. המכירה היא פעולה משפטית לכל דבר – אם הקונה יבוא וידרוש את החמץ שלו, ניאלץ לאפשר לו לקחת לעצמו מה שהוא רוצה... מיד בצאת שביעי של פסח קונה הרבנות המקומית את החמץ חזרה, ואז אפשר להשתמש בו שוב.

חמץ שעבר עליו הפסח. אם חמץ היה בבעלות של יהודי ולא נמכר במכירת חמץ, אסור לאכול ממנו לאחר החג. לכן אין לאכול מאכלי חמץ שלא

נמכרו בפסח, ואין לרכוש מוצרי חמץ בחנויות שאין להן "אישור מכירת חמץ", המעיד שהן מכרו את החמץ כהלכה. מי שירצה לאכול אחרי החג אצל קרובים שאינם מקפידים על מכירת חמץ, יכול לבצע – באישורם כמובן – את מכירת החמץ עבורם. הדבר רלוונטי מאוד למתחזקים שרוצים לאכול אצל משפחותיהם (נוהגים להקפיד על כך עד ל"ג בעומר, ולאחר מכן אפשר לקנות גם בחנויות שאין להן אישור).

בדיקת חמץ (840|381|373). בליל י"ד בניסן, הלילה שלפני ליל הסדר, עורכים "בדיקת חמץ". לאחר צאת הכוכבים עוברים עם נר (או פנס) על כל ארון, מגירה או ספה ומוודאים שלא נשאר חמץ בבית. בדרך כלל אבי המשפחה עורך את הבדיקה, אך בעיקרון היא חלה על כל בני הבית. נוהגים להחביא לפני בדיקת החמץ עשרה פתיתי חמץ עטופים בנייר במקומות שונים בבית, כדי לוודא שהבדיקה אכן קפדנית (אבל אפשר לקיים את הבדיקה גם בלי זה). אל תשכחו לכתוב לעצמכם איפה החבאתם אותם! איך תרגישו אם תצטרכו לחפש כל הלילה חתיכת פיתה עטופה?...

ביעור חמץ. בבוקר לוקחים את כל החמץ שנשאר ומבערים אותו. נוהגים לשרוף את החמץ, אך אפשר גם לפורר אותו בשירותים או לשפוך עליו אקונומיקה כדי שייפסל. אומרים תפילה מיוחדת המודפסת בסידורים ("כשם שביערנו את החמץ, כך נבער את היצר הרע מקרבנו"...). יש לבער את החמץ עד לזמן ביעור חמץ המופיע בפרסומים, משום שלאחר השעה הזו (בדרך כלל סביב 10:30 בבוקר) אסור שיהיה ברשותנו שום פירור!

ליל הסדר. אם פסח הוא החג המלכותי מכולם, ליל הסדר הוא הקרם־דה־לה־קרם. האר"י הקדוש, המקובל הגדול מצפת, אמר שבלילה זה יורדת לעולם הארה רוחנית גדולה כל כך, שרק מעטים יכולים להכיל אותה בקרבם. כדי שכל יהודי יוכל לקלוט את האור הזה קבעה לנו התורה מספר "אמצעי קליטה" מיוחדים – מצוות החג. ואכן ליל הסדר משופע במצוות: אכילת מצה, שתיית ארבע כוסות, אמירת ההגדה, מרור, אמירת הלל. לא נוכל להרחיב על כולן במסגרת מצומצמת זו, אף על פי שהן ראויות לכך. מאריכים ומספרים ביציאת מצרים – סיפורים, מדרשים ודברי הלכה, ואפילו סיפורים משפחתיים ואישיים הקשורים לרוח החירות וליציאה מהגלות (כדאי להכין מראש). בבתים שמקיימים בהם את הסדר כהלכתו, הוא מסתיים בשעות הקטנות של הלילה.

על פי סקרים שנעשים מדי כמה שנים, רוב היהודים בישראל עורכים את ליל הסדר וקוראים את ההגדה. נתון מדהים, בהתחשב בעובדה שלא כולם מבינים מה הם קוראים... ובכל זאת, מסורת היא מסורת.

יש מעלה גדולה לערוך את ליל הסדר בחיק המשפחה, אבל לפעמים נדמה שהפער בין הגישה החילונית לחג לעומת זו הדתית מקשה על קיומו במשותף. די אם נאמר שברוב המשפחות החילוניות ליל הסדר נמשך רק עד "שולחן עורך" (הסעודה), למרות שחלקים חשובים של ההגדה נאמרים גם לאחר מכן. מי שיכול לערוך את הסדר בחיק המשפחה המורחבת, תוך שמירה על מסגרת ההלכה, תבוא עליו ברכה; מי שלא, יעדיף אולי לעשות אותו בנפרד. במקרה כזה כדאי להקדיש זמן מיוחד למפגש עם בני המשפחה לפני, במהלך או אחרי החג, כדי להשלים את החוויה המשותפת. פתרון למשפחות שאינן מכשירות את המטבח לפסח הוא לערוך בחול המועד "מנגל" שבו משתמשים רק במוצרי מזון כשרים לפסח (כולל המנגל והרשת) ובכלים חד־פעמיים.

מצות. המצות עשויות מקמח ומים בלבד, ומה שמבדיל אותן מחמץ הוא הקפדה על שני דברים: ראשית, העיסה נאפית תוך 18 דקות ("ח"י דקות") מרגע שעורבבו המים והקמח, מה שמבטיח שהתערובת לא תחמיץ. שנית, הקמח שממנו מכינים את המצות הוא קמח מיוחד שנשמר שמירה קפדנית ממים.

מצות רגילות עשויות מקמח שנשמר משעת **טחינת** החיטים לקמח, ואילו "מצה שמורה" עשויה מקמח מיוחד שנשמר כבר משעת **קצירת** החיטה. מצות כאלה הן יקרות (ובדרך כלל גם טעימות) יותר; חלוקה נוספת היא בין מצות עגולות שנעשות בעבודת יד למצות מרובעות שנעשות במכונה, והדעות חלוקות איזה סוג מהודר יותר. בליל הסדר יש להקפיד לאכול דווקא מצות שמורות, ויש שמשתדלים לאכול אותן במשך כל החג, הגם שאם אינכם מחובבי המצות, דעו שבשאר החג אין מצווה לאכול אותן דווקא. כמו כן, לא אוכלים מצות בימים שלפני ליל הסדר, כדי שטעם המצה יהיה חדש בפינו.

יש שנוהגים לא לאכול ***"מצה שרויה"***, כלומר מצות (או קמח מצות) שבאו במגע עם מים או עם נוזל אחר. החשש הוא שהמצות לא נאפו כראוי ונדבק

בהן מעט קמח שעלול לתפוח במגע עם מים, אך זוהי מידת חסידות ולא הלכה מחייבת.

ספירת העומר. במוצאי החג הראשון מתחילים לספור ספירת העומר (להלן).

מי?

אף על פי שפסח הוא מצוות עשה שהזמן גרמא, היות שכל ישראל יצאו ממצרים, גברים נשים וטף, גם נשים חייבות במצוות חג הפסח וליל הסדר.

תענית בכורות. בערב פסח נוהגים הבנים הבכורים לצום, זכר לנס הצלתם ממכת הבכורות שפגעה רק במצרִים. כדי לא להגיע עייפים ורעבים לסדר, רבים משתתפים במהלך היום ב"סיום מסכת" שנחשב לסעודת מצווה, ואז גם להם מותר לאכול.

ילדים. ליל הסדר מבוסס על מצוות "והגדת לבנך", המטילה על ההורים להעביר לילדיהם את המורשת הלאומית, ההיסטורית והדתית של עמנו. לכן ליל הסדר הוא החג של הילדים, ומנהגים רבים נוצרו רק כדי להשאיר אותם ערים עד לאפיקומן: שאלת "מה נשתנה" וכל מיני שינויים מסעודות שבת ויום טוב "רגילות", נועדו לעורר את הילדים לשאול שאלות ולהתעניין. נוהגים לחלק לילדים בתחילת הסדר ממתקים וחטיפים, מכינים סיפורים ושירים ומאפשרים לילדים לספר בעצמם. יש משפחות שאפילו עורכות הצגה או מערכונים כדי להשאיר אותם ערים.

מתי?

ליל הסדר חל בט"ו ניסן, ושביעי של פסח – בכ"א ניסן. ביניהם משתרע חול המועד (עמ' 327).

ראש חודש ניסן עד י"ג ניסן	י"ד ניסן בערב	י"ד ניסן (ערב פסח) בבוקר	ט"ו ניסן	ט"ז ניסן – כ"א ניסן
ניקוי הכשרת כלים קניות לחג	בדיקת חמץ	סיום אכילת חמץ (בד"כ סביב 9:30) שריפת חמץ (בד"כ סביב 10:30)	ליל הסדר	חול המועד

כדאי להתחיל בהכנות לחג לפחות שבועיים מראש. הניקיונות, הכשרת המטבח, הקניות והבישולים, לימוד הלכות החג ועוד – דורשים זמן.

בליל י״ד בניסן, מיד לאחר תפילת ערבית, עורכים בדיקת חמץ.

בבוקר שלמחרת, י״ד ניסן, מותר לאכול חמץ רק עד ״סוף זמן אכילת חמץ״. לאחר שעה בערך מגיע ״סוף זמן ביעור חמץ״, שבו כבר אסור שיהיה חמץ ברשותנו. שני הזמנים מתפרסמים בלוחות השנה.

את האפיקומן צריך לאכול עד חצות הלילה (בשעות זמניות) – בשעון קיץ סביב השעה 24:30 בלילה.

התחלה מהירה

בנוסף למחברת התחקירים הרגילה שלנו (עמ׳ 327), יש לנו מחברת מיוחדת לפסח. בסוף החג היא הדבר האחרון שעולה לבוידעם, וכך בשנה הבאה שולפים אותה בקלות כמה שבועות לפני החג. במחברת זו אנחנו כותבים רשימות בנושאים הבאים:

ניקיונות. במחברת מפורטות המשימות שעומדות לפנינו. אנחנו מתחילים בחג עצמו וגוזרים לאחור (קצינים, אמרנו). כך אנחנו יודעים בדיוק מה נשאר לעשות בכל יום: מתי מבשלים לחג, וממילא מתי המטבח אמור להיות כשר לפסח, וממילא מתי אמורים לנקות את המקרר והכיריים, וממילא מתי להוריד כלי פסח מהבוידעם. לכל אחד יש משימות משלו – אפילו לילדים.

קניות. איזה ציוד או מצרכים היו חסרים לנו השנה? מה נשאר לנו לשנה הבאה (בעיקר כלים חד־פעמיים וכדומה)? המחברת תכלול גם רשימת קניות כללית עם כל הדברים שצריך לקנות ״כשר לפסח״, ונצמיד לה גם את המתכונים שכולם אהבו.

הכשרת המטבח. מומלץ להתחיל בין חמישה לשלושה ימים לפני החג. קחו בחשבון שלאחר מכן לא תוכלו להכניס חמץ למטבח, וכל הבישולים ייעשו בכלי פסח. בימים שלפני החג אוכלים מאכלים כשרים לפסח בכלי פסח או בכלים חד־פעמיים. זו הזדמנות טובה לפיקניק על הספסל השכונתי או לפיצה בחדר המדרגות (מסורת משפחתית).

הרשמה למכירת חמץ. אפשר להציע לבני המשפחה שימנו אתכם שליחים בעבורם למכור את החמץ שלהם אם הם מעוניינים בכך, ולשמור אותו נעול בארון אם הצלחתם לשכנע אותם.

לבדיקת חמץ תצטרכו נר שעווה שאיתו מבצעים את הבדיקה (ויש שבודקים גם עם נוצה).

ליל הסדר. אם אתם עורכים את החג אצלכם או עם המשפחה, שימו לב שיש לכם כל המצרכים הדרושים: מצות שמורות; יין או מיץ ענבים בכמות שתספיק לארבע כוסות **לכל משתתף**; מצרכים לצלחת הסדר – מרור (חסה), חרוסת (תערובת של תפוחי עץ, תמרים וצימוקים), ביצים קשות, זרוע (כנף עוף או בשר כבש), כרפס (סלרי אמריקאי או תפוחי אדמה).

ערב פסח. אחרי שסיימתם לבער את החמץ, זה הזמן לנוח כדי לצבור כוחות לערב. מכיוון שאוכלים בשעה מאוחרת, כדאי להכין ארוחת צהריים משביעה ולאכול אותה בשעה מאוחרת יחסית. שימו לב – לפני ליל הסדר לא אוכלים מצות. אפשר להסתפק בתפוחי אדמה, בשר, סלטים או קטניות (לנוהגים לאכול).

ספירת העומר ומועדי אייר

התקופה שבין פסח לשבועות מכונה "ימי ספירת העומר", ובמהלכה מציינים בחברה הישראלית כמה ימים בעלי משמעות: יום הזיכרון לחללי מערכות ישראל (ד' באייר), יום העצמאות (ה' באייר), ל"ג בעומר (י"ח באייר) ויום שחרור ירושלים (כ"ח באייר).[11] יום הזיכרון לשואה ולגבורה חל אמנם בכ"ז ניסן, אך גם הוא שייך לקבוצה זו.

מועדי אייר, למעט ל"ג בעומר, הם ימים לאומיים שהתחדשו בדור האחרון ונקבעו בחוקי מדינת ישראל. היחס אליהם בעולם החרדי והדתי, במיוחד ליום העצמאות, שנוי במחלוקת וקשור בין היתר להשקפה הכללית בנוגע לציונות ומדינת ישראל. אנסה "ללכת בין הטיפות" ולהציג את ההשקפות השונות באופן אובייקטיבי ככל האפשר, ולהתייחס לכל הצדדים בכבוד.

ספירת העומר

במוצאי החג הראשון של פסח מתחילים לספור את ספירת העומר (179|151|138). זוהי מצווה מיוחדת במינה, שבמהלכה סופרים כל יום במשך שבעה שבועות, ארבעים ותשעה יום, וביום החמישים חוגגים את חג השבועות. ספירת העומר מציינת את תקופת ההמתנה שבין יציאת מצרים לקבלת התורה. הספירה היא מצווה מהתורה, שבעבר ליוותה את טקס הקרבת העומר בבית המקדש, אך בזמן החורבן לרוב הדעות זו מצווה מדרבנן.

סופרים בלילה לאחר תפילת ערבית, אך מי שלא ספר יכול לספור ביום בלי ברכה. לרוב הדעות, מי ששכח לספור את הספירה אפילו יום אחד – אינו יכול עוד לברך על הספירה. גם נשים נוהגות לספור את ימי העומר, אך הן אינן חייבות.

בתקופת הספירה ישנם מנהגי אבלות מסוימים, כביטוי להזדהות עם מותם של עשרים וארבעה אלף מתלמידי רבי עקיבא במגיפה נוראה שפרצה בדיוק בתקופה זו. הגמרא מציינת כי מותם נבע משום שלא כיבדו זה את זה, וזו אחת הסיבות שנהגו לייחד זמן במהלך הספירה לעבודה על תיקון המידות. על פי המקובלים, בכל יום יש מידה אחרת בנפש שאותה אמורים לתקן. מנהגי האבלות כוללים איסור על עריכת חתונות, שמיעת מוזיקה משמחת ותספורת, אך הם קלים יותר מאלה של ימי "בין המצרים".

יום הזיכרון לשואה ולגבורה

כ"ז ניסן נקבע על ידי הכנסת כיום לאומי להתייחדות עם זכר השואה. קביעתו במועד זה עוררה בעיה הלכתית, שכן חודש ניסן נחשב לחודש חגיגי ואסור לקיים בו מנהגי אבלות או טקסי זיכרון ולא לפקוד את בתי העלמין.

כאלטרנטיבה, קבעה הרבנות הראשית עוד לפני הקמת המדינה את **צום עשרה בטבת** כ"יום הקדיש הכללי" לזכר נרצחי השואה. בדרך כלל אומרים קרובי המשפחה קדיש על הנפטרים ביום פטירתם, ואולם על רבים מקדושי השואה לא ידוע מתי נרצחו וקיפחו את חייהם. על פי תקנת הרבנות הראשית, ביום הקדיש הכללי יכול כל מי שחפץ בכך לומר קדיש לעילוי נשמת קורבנות השואה מבני משפחתו.

יום הזיכרון לחללי מערכות ישראל

בעם ישראל מקובל לציין ימי פטירה של אנשים באזכרה שנתית, שבה אומרים לזכרם קדיש ותפילת "אל מלא רחמים", נותנים צדקה ולומדים תורה לעילוי נשמתם. לא מצאנו שערכו יום זיכרון כללי לנפטרים, ואפילו כאלה שמתו על קידוש השם.

מדינת ישראל בחרה לציין את ד' באייר כיום הזיכרון הלאומי לחללי מערכות ישראל. גם בציבור הדתי־לאומי, שרבים מבניו נפלו במלחמות ישראל, נוהגים לציין אותו בטקסים, אזכרות ועמידה בצפירה.

לעומת זאת, בציבור החרדי השמרן דוחים את הרצון לקבוע ימים לאומיים שאינם מופיעים במסורת. לשיטתם, את האבל והצער הפרטיים ראוי לציין

כפי שציינו מאז ומעולם, בימי האזכרה של כל חלל, ואת הצער הכללי בימי התענית הלאומיים, כמו תשעה באב.[12] ואף על פי שכל יהודי מצטער על כל חייל יהודי שנפל, הציווי "לזכור ולא לשכוח" מתקיים בעיניהם דווקא בהמשך החיים היהודיים – לימוד תורה, הגדלת הילודה בעם ישראל והוספת עוד מצוות ומעשים טובים. לשיטתם, זוהי הנקמה הטובה ביותר באויבים הקמים עלינו לכלותנו.

על היחס הראוי ליום הזיכרון לחללי צה"ל, מתוך הספר **"פניני הלכה"**:

רבים טועים וחושבים, שככל שירכינו יותר את ראשם בעצבות ויתארו בצבעים קודרים את הכאב על נפילת החיילים, כך יכבדו יותר את זכרם. אבל האמת הפוכה, היחס הנכון לנופלים – שהם קדושים. שכל חייהם נצרפו ונתקדשו במסירות הנפש למען העם והארץ. עליהם אמרו חז"ל: "הרוגי מלכות – אין אדם יכול לעמוד במחיצתם בגן עדן" (פסחים נ, א). מי שאינו מאמין – חושב שהם יותר מתים, אבל יהודי מאמין יודע שבאמת הם יותר חיים מכל השאר. הם מתו בקיצור ימים בעולם הזה, אבל הם חיים מאוד בעולם שכולו ארוך – בעולם הבא. הם הרבה יותר חיים מאתנו. הם קדושים, ואמרו חכמים (סנהדרין צב, א): "קדוש לעולם קיים".

במותם על קידוש ה' הם התעלו מן המציאות הפרטית שבה שרוי כל יהודי אל המדרגה הכללית של קדושת כלל ישראל. בזה שמסרו את כל חייהם למען כלל ישראל, התרוממו להיות במדרגתו והם קשורים יותר אל הקב"ה, אל מקור החיים. ולכן במיתתם הוסיפו הרבה חיים בעולם האמת ובעולם הזה, ובזכותם אנחנו חיים כאן, וכל מה שאנו עושים משלהם הוא...

אם כבר מקיימים יום זיכרון, צריך להעלות בו על נס את מסירות נפשם על קידוש ה'. להדגיש כי הם גילו לנו שחזון קיבוץ הגליות ובניית העם בארצו גדול כל כך עד ששווה לתת את החיים בעולם הזה למענו. ומכוח זה אנחנו מגבירים את כוחנו ולאורם אנחנו ממשיכים. הילדים שאנחנו מולידים ומגדלים – מכוחם. היישובים שאנחנו מקימים – מכוחם. לימוד התורה שאנחנו לומדים – שלהם הוא. החברה

היהודית המוסרית שאנחנו רוצים לבנות כאן כחזון הנביאים – שלהם. ומתוך זיכרון כזה נוכל ברוב מרץ להמשיך בדרכם, דרך של מסירות נפש למען כלל ישראל. ובזה נכבד אותם באמת, כקדושים וטהורים, כזוהר הרקיע מאירים ומזהירים.[13]

יום העצמאות

התאריך המקורי של יום השנה להכרזה על הקמת מדינת ישראל הוא ה׳ באייר, אך בפועל כמעט תמיד הוא נדחה או מוקדם ביום כדי שלא לגרום חילול שבת. היחס אל יום העצמאות בתוך החברה הדתית והחרדית תלוי מאוד בשאלת היחס אל המדינה באופן כללי. סוגיה זו תבואר יותר בפרק יח העוסק בחברה הדתית, וכאן נביא תקציר הנוגע לענייננו.

באופן כללי אפשר לחלק את היחס למדינת ישראל לשניים:

הציבור הדתי-לאומי (הציונות הדתית, ״הכיפות הסרוגות״) רואה בהקמת המדינה את אחד השלבים בתהליך הגאולה. יום העצמאות, שמסמל את הקמתה, נחגג ברוב עם והדר. אופי החגיגות אמנם שונה מהמקובל בחברה החילונית, אולם הניסיון להקנות לו משמעות מעבר למנגל בפארק זוכה להצלחה חלקית. רבים בציבור זה לובשים ביום העצמאות בגדי חג, מתפללים תפילה חגיגית ואומרים הלל, קובעים סעודה מיוחדת, ויש שיוצאים לטייל באזורים שטרם ביקרו בהם בארץ ישראל.

בציבור החרדי רואים את הדברים בעיניים שונות, לפחות מבחינה רשמית. מכיוון שהמדינה היהודית אינה מתנהלת על פי חוקי התורה היא חסרת לגיטימציה אלוקית, ולמעשה אין לה ערך דתי. אף שרוב החרדים אינם מחרימים את המדינה, הם נמנעים מהשתתפות בחגיגות יום העצמאות כדי שלא להיתפס כאילו הם תומכים בה. בערים החרדיות לא תמצאו את דגלי המדינה פזורים ברחובות, וביום עצמו – עולם כמנהגו נוהג. בחלק מהמקומות מנצלים את יום החופשה ומקיימים ״יום שכולו תורה״, שבו נמסרים שיעורים מהבוקר עד הערב. אמנם בשנים האחרונות חל שינוי מגמה מסוים, ואפשר לראות יותר ויותר צעירים חרדים היוצאים לחגוג בפארקים, אך בזרם המרכזי הדבר עדיין אינו מקובל.

ל"ג בעומר

ל"ג בעומר חל תמיד בי"ח באייר, והוא היום ה־33 (בגימטריה ל"ג) של ספירת העומר. במסורת היהודית מיוחסים לו שני אירועים: זהו היום שבו פסקו תלמידי רבי עקיבא למות, וכן הוא יום פטירתו ("הילולה") של רבי שמעון בר יוחאי. רשב"י היה תנא חשוב שמופיע הרבה במשנה ובגמרא, אך מעבר לכך הוא נחשב לראשון שלימד את סודות הקבלה, והוא ותלמידיו חיברו את ספר "הזוהר" הקדוש.

ל"ג בעומר הוא יום חגיגי שנוהגים להדליק בו מדורות ולרקוד סביבן, ובמיוחד בקברו של רבי שמעון בר יוחאי במירון. כיצד הפך יום פטירה של צדיק ליום שמח? בספר הזוהר נאמר שביום זה התגלתה נשמתו של רבי שמעון בדרגה גבוהה יותר מאשר בכל ימי חייו, ובשעותיו האחרונות הוא אמר דברי תורה עמוקים יותר מאי־פעם. ההילולה במירון היא האירוע היהודי הגדול ביותר בעולם כיום – למעלה מחצי מיליון יהודים מגיעים אליו מכל רחבי העולם!

לאורך כל היממה, אדמו"רים חסידיים וצדיקים אחרים מדליקים את המדורות המסורתיות. סביב המדורות רוקד קהל גדול של חסידים, חילונים, ליטאים, דתיים, וכל השאר – בחגיגה מרהיבה, כולם יחד.

יום ירושלים

בכ"ח אייר תשכ"ז (7 ביוני 1967), בעיצומה של מלחמת ששת הימים, שחרר צה"ל את ירושלים מהכיבוש הירדני. מאז מלחמת העצמאות בשנת 1948, ולמשך תשע־עשרה שנה, הייתה ירושלים העתיקה תחת שלטון זר אשר מנע מיהודים את הגישה לאתרים הקדושים: הר הבית, הכותל המערבי, קבר דוד. עם כיבוש העיר על ידי כוחות הצנחנים נסללה מחדש הגישה אל העיר ואתריה. הייתה זו הפעם הראשונה מאז חורבן בית המקדש השני שירושלים שבה לשליטה יהודית! ההתרגשות שאחזה את עם ישראל בכל העולם הייתה רבה, והמונים נהרו לכותל. הרב שלמה גורן, אז הרב הראשי לצה"ל, תקע בשופר ובירך "שהחיינו". בנוסף נכבשו חבלי ארץ ביהודה, שומרון ועזה, עיר הקודש חברון ומערת המכפלה, ושאר מקומות שבהם צעדו אבותינו.

בציבור הדתי־לאומי, הרואה במדינת ישראל את "ראשית צמיחת גאולתנו", הייתה זו הוכחה ניסית לכך שהגאולה קרובה מאי־פעם, ומאז הם תומכים

בחגיגות יום שחרור ירושלים ומציינים אותו כיום שמח במיוחד. בדומה ליום העצמאות, גם ביום ירושלים רבים לובשים בגדי חג ואומרים תפילה חגיגית עם הלל ועולים לבקר בירושלים ובכותל המערבי.

בציבור החרדי זוכה יום ירושלים להתייחסות מועטה יותר, אך הוא נחשב לפחות "ציוני" מאשר יום העצמאות. לכן יותר אנשים מרגישים בו נוח לנהוג בו מנהגי שמחה על החיבור מחדש לעיר הקודש, ויש שאומרים דווקא בו הלל (ולא ביום העצמאות).

העיתונאית סיון רהב־מאיר, חוזרת בתשובה בעצמה, כתבה קטע חשוב על תפקידם של ה"מתחזקים" והחוזרים בתשובה בהקשר של ה"ימים הלאומיים" הללו, שאולי יקרב בין הזרמים השונים בחברה הישראלית:

"אולי זהו הזמן שלנו, של החוזרים בתשובה? דווקא בימים הטעונים האלה – יום השואה, יום הזיכרון ויום העצמאות – נדמה שאלה שמכירים את כל העולמות יכולים להועיל. השמאלנים, הימנים, החילונים, הציונים הדתיים והחרדים חיים בתקופה הזו ביקומים מקבילים, שלא לדבר על האזרחים הערבים...

מי שלא רוצה רק להתבצר, צריך לחשוב איך לתרגם את השפות זו לזו. וכאן נכנסים לתמונה החוזרים בתשובה: יש פה ציבור גדול שמעריך חייל במדים אבל גם בחור ישיבה, שאוהב את הרב קוק ובוכה על הרב שטיינמן, ושיר ישן של אריק איינשטיין מעביר בו צמרמורת. במקום שייקרעו בין העולמות, הם יכולים להיות גשר. הם מבינים היטב את רגשות הוריהם ובני משפחתם החילונים. הם לא רק מבינים, זהו חלק אינטגרלי מהזהות שלהם עצמם. עבור חלקם – הפעם הראשונה שבה חשו מהי קדושה, כחילונים, הייתה דווקא בימים המיוחדים האלה. בהרכנת הראש, בשתיקה, בהצדעה למסירות הנפש. אבל הם גם מבינים היטב את הדתיים ואת החרדים ואת השקפותיהם. מבינים כמה הקודש רוצה לשמור על עצמו מפני החול. כמה שומרי המצוות רוצים להיות חלק משיבת ציון, אבל לא חלק מהתרבות הישראלית השלטת...

המטרה כמובן אינה רק להבין אחד את השני, אלא להמשיך את הסיפור ההיסטורי היהודי הגדול ולהתקדם יחד אל עבר הייעוד שלנו. אבל בשלב ראשון, אפשר לפחות להבין".[14]

חג השבועות

מה?

חמישים יום בדיוק לאחר פסח מציינים את חג השבועות. יום זה הוא סיומה של תקופת ספירת העומר, ובו לפי המסורת קיבלנו את התורה במעמד הר סיני. אמנם בתרבות הישראלית הוא הפך ל"חג הגבינות", אבל המנהג המקורי לאכול מאכלי חלב (או לשפוך מים) תופס רק נפח קטן לעומת המשמעות המלאה והעמוקה שלו.

שבועות הוא יום פטירתו של דוד המלך, ורבים נוהגים לקרוא בו תהילים, הספר שחיבר. הוא נקרא גם חג הביכורים, שכן בו התחילה הבאת הביכורים, הפירות הראשונים, לבית המקדש.

איך?

תיקון ליל שבועות. המדרש מספר שבבוקר מעמד הר סיני הגיע ה' לתת את התורה, אך בני ישראל היו שקועים בשנתם ואיש לא הופיע. מקובלי צפת נהגו להישאר ערים כל הלילה ולעסוק בתורה, כדי לתקן כביכול את טעותם של בני ישראל. המנהג התפשט, וכיום כמעט בכל קהילה נוהגים להישאר ערים ל"תיקון ליל שבועות". התיקון המקורי כולל קריאה של הפסוקים הראשונים והאחרונים של כל פרשיות התורה וספרי הנ"ך, עליהם מוסיפים גם קטעים מהמשנה ומהזוהר, רשימה של תרי"ג המצוות ועוד. קריאת התיקון היא מנהג טוב ויפה אך אינה חובה; במקומות שונים לא קוראים את התיקון אלא כל אחד לומד במקום שליבו חפץ – גמרא, הלכה ושאר ספרים. על פי מנהג המקובלים, הגברים טובלים במקווה לפנות בוקר, להיטהר לקראת החתונה עם התורה...

בסיום הלימוד נוהגים להתפלל תפילת "ותיקין" עם הנץ החמה. יש מקומות שבהם מעדיפים לישון כמה שעות לקראת הבוקר, כדי להיות ערניים בתפילת שחרית.

מאכלי חלב. למנהג אכילת מאכלי חלב בשבועות יש כמה טעמים: אחד מהם הוא שהתורה נמשלה לחלב ודבש. טעם נוסף הוא שבחג זה קיבלנו את התורה ואת מצוות הכשרות. לאחר מתן תורה היו בני ישראל צריכים להכשיר את כליהם, ועד אז יכלו לאכול רק מאכלי חלב; וישנן סיבות נוספות.

ובכל זאת, שבועות הוא גם יום טוב, שמצווה לאכול בו בשר. כיצד מתקיימים שני הדברים יחד? יש כאלה שאוכלים סעודה חלבית בערב ובשרית בבוקר; ויש מי שאוכלים עוגת גבינה או מאכלי חלב קלים בתחילת הסעודה, ולאחר מכן מחליפים את המפה ואת כלי האוכל, מנקים את הפה ועוברים לאכילת בשר.

קריאת התורה ומגילת רות. קוראים בתורה את פרשת מתן תורה ועשרת הדיברות. לאחרונה מתפשט המנהג שגם נשים וילדים באים לשמוע את הקריאה, ובמקומות רבים עורכים קריאה נוספת אחר הצהריים לכל המעוניין. נוהגים לקרוא בשבועות את מגילת רות, המגוללת את סיפורה של רות המואבייה שהתגיירה וממנה יצא דוד המלך, שכאמור שבועות הוא יום פטירתו. הסיפור מתרחש בימי קציר חיטים, ומתאים מאוד ל"חג הקציר".

תעניות החורבן וימי בין המצרים

מה?

לצד החגים והימים הטובים, הלוח היהודי מכיל גם ימים פחות שמחים. האירוע הטראומטי ביותר שנצרב בתודעת האומה הוא חורבן בית המקדש, ואנו מציינים אותו בשלושה ימי צום שונים: עשרה בטבת, י"ז בתמוז ותשעה באב. גם צום גדליה קשור קשר עמוק לחורבן הארץ.

האגדה מספרת שכאשר נפוליאון פלש לרוסיה, דיווח לו אחד הקצינים כי היהודים מתקבצים בבית הכנסת ובוכים. נפוליאון חשב שהם מצטערים על ניצחונו במלחמה, וניגש מחופש לאחד מבתי הכנסת כדי לברר את העניין. הוא ראה את כל היהודים יושבים על הרצפה בבגדי שק, בוכים ומקוננים. "מה קרה?", שאל את אחד מהם. "אינך יודע? בית המקדש חרב!", הייתה התשובה. נפוליאון נחרד: "אני, קיסר צרפת, המצביא החזק בעולם, לא שמעתי על כך?! מתי זה קרה?". "לפני יותר מ־1,700 שנה", השיב היהודי, ונפוליאון נדהם: "כל כך הרבה שנים והיהודים עדיין בוכים על חורבן בית המקדש? אם כך, מובטחני שעוד יזכו לראות בבניינו".

ובכל זאת, אי אפשר להכחיש שקשה לנו להזדהות עם החורבן שנים רבות כל כך אחרי שאירע. הדור שלנו התרגל לריבונות יהודית, לממשלה יהודית, לצבא יהודי ולמשטרה יהודית. עולם התורה פורח, ומספר הלומדים והלומדות עולה על כל דמיון. תרבות יהודית, מוזיקה יהודית, רכבת יהודית. מה כבר חסר לנו?

מה שחסר לנו הוא הלב. והוא כל כך חסר, עד שאיננו מרגישים בחסרונו:

> דווקא תקומתנו המדינית מאפשרת לנו לגשת אל תשעה באב בצורה נקייה ואמיתית יותר. דווקא כל מה שיש לנו עוזר לנו להבין מה עדיין אין לנו. אנו נפטרים מן החשבונות החיצוניים ועומדים מול סוגיית הליבה.

נתאבל על החומרנות וגסות הרוח, על האלימות הפיזית והנפשית. נתאבל על קטנות שאיפותינו הרוחניות ועל נפשנו הנבובה. נתאבל על הנתק בין הבורא לבין הבריאה, ועל מעילתנו בתפקידנו להיות ממלכת כוהנים וגוי קדוש בפועל. נתאבל על כך שכל זה לא מספיק מפריע לנו, נתאבל על העיוורון ועל קהות החושים. נתאבל, ובכך ניפתח. נחוש את הריחוק, ודווקא בכך נתקרב, ובקירבה הזאת נמצא פתח של נחמה ונתיב של תיקון.[15]

אולי כשאתם תקראו את הפרק הזה הוא כבר לא יהיה רלוונטי עוד, אלא רק שריד היסטורי לימים שבהם טרם עמד הבית שלם.

היסטוריה של חורבן. בית המקדש הראשון נבנה בימי שלמה המלך, ונחרב על ידי נבוכדנצר מלך בבל בשנת 586 לפני הספירה. נבוכדנצר הגלה את כל יושבי הארץ לבבל. שבעים שנה מאוחר יותר חזר מבבל חלק קטן מהעם בהנהגתם של עזרא ונחמיה. עולי בבל בנו את בית המקדש השני. הוא עמד על תילו כמעט שש־מאות שנה, עד שנת 70 לספירה.

באותה תקופה שלטו בארץ הרומאים, אך היהודים לא קיבלו את שלטונם ומרדו בהם. היה זה המרד המאורגן הגדול ביותר בכל רחבי האימפריה הרומית, והוא הכריח את הרומאים לרכז את רוב הצבא שלהם בארץ ישראל כדי לדכא אותו. צבאו של טיטוס הצליח לפרוץ את חומותיה הבצורות של ירושלים ולהכניע את לוחמיה, ובסופו של דבר לשרוף את בית המקדש.

על פי המשנה, בית המקדש הראשון והשני חרבו שניהם בתשעה באב.[16] זה היה לא רק קיצו של מרכז הפולחן, אלא של כל החיים היהודיים כפי שהוכרו עד אז. חורבן הבית השני, שאירע תוך מלחמה אכזרית ועקובה מדם, היווה את ראשיתה של הגלות שממנה לא התאושש עם ישראל במשך אלפיים שנים.

היכולת של עם ישראל לזכור את חורבנו היא ללא ספק אחד הגורמים החזקים ביכולת השימור וההישרדות שלו בגלות. מבין העמים שהוגלו ונרדפו לפני אלפיים שנה, מי נשאר היום? רק זה שהצליח לשמור על זהותו ועל זיכרונותיו. אבל לעתיד לבוא יתבטלו התעניות ויהפכו לימים של ששון ושמחה.

 איך?

תעניות קלות. בלוח השנה מופיעות שלוש תעניות "קלות" הקשורות לחורבן – עשרה בטבת, י"ז בתמוז וצום גדליה (שחל בג' תשרי, למחרת ראש השנה).[17] **עשרה בטבת** הוא היום שבו הטיל נבוכדנצר מלך בבל את המצור על חומות ירושלים; בי"ז **בתמוז** נפרצו חומות העיר שהגנו עליה מפני הכובש.[18] **בצום גדליה** אירע הרצח של גדליה בן אחיקם, מנהיגם של ישראל לאחר חורבן בית ראשון, בידי פורעים יהודים, רצח שבעקבותיו הוגלו כל יהודי הארץ.

ב"תעניות הקלות" הצום נמשך רק מעלות השחר ועד השקיעה, ולא יממה שלמה כמו ביום כיפור ותשעה באב. תענית זו כוללת רק איסור אכילה ושתייה (צום), ללא איסורים נוספים. שלא כמו ביום כיפור מותר לעשן, להתרחץ, לבשל ולעשות כל מלאכה אחרת. בבית הכנסת נוהגים לקרוא בתורה קריאה מיוחדת לתענית, ובסיום תפילת העמידה אומרים סליחות מיוחדות, המורכבות מפיוטים המזכירים את עניינו של היום.

בין המצרים. שלושת השבועות שבין י"ז בתמוז ותשעה באב מכונים "בין המצרים". אלה הם ימים של צער על החורבן והגלות, שעליהם נאמר במגילת איכה "כָּל רֹדְפֶיהָ הִשִּׂיגוּהָ בֵּין הַמְּצָרִים" (איכה א). שלושת השבועות מהווים הקדמה לצום תשעה באב, ויש בהם מנהגים המשתנים מעדה לעדה.

בתקופה זו לא עורכים חתונות, לא מברכים "שהחיינו" על פירות ועל בגדים חדשים, ובאופן כללי נמנעים מאירועי זמר, ריקודים ושמחות. לפי חלק מהמנהגים מקפידים על כל אלה כבר מי"ז בתמוז.

ראש חודש אב. המשנה קובעת ש"משנכנס אב ממעטים בשמחה" (תענית ד). מראש חודש אב ועד עשרה בו נוספים עוד מנהגים (בחלק מהעדות רק בשבוע שחל בו תשעה באב עצמו): נמנעים מאכילת בשר ומשתיית יין, לא מכבסים בגדים ולא לובשים בגדים מכובסים, ולא מתרחצים במים חמים.

תשעה באב. בערב תשעה באב לפני השקיעה עורכים סעודה מפסקת כמו ביום הכיפורים, אך בעלת אופי שונה לחלוטין. הסעודה המפסקת ביום הכיפורים היא חגיגית, ואילו כאן מדובר בסעודת עניים שסועד כל אחד לעצמו, על הרצפה או על כיסאות נמוכים, בבגדי אבלות. בתשעה באב עצמו חלים חמישה איסורים, בדומה ליום הכיפורים: אכילה, שתייה, סיכה,

נעילת הסנדל ותשמיש המיטה. התענית מתחילה כבר בערב, ונמשכת עד צאת הכוכבים שלמחרת.

בליל תשעה באב קוראים בבית הכנסת לאור נרות את מגילת איכה, שחיבר הנביא ירמיהו לאחר חורבן בית ראשון. למחרת היום, בסיום תפילת שחרית אומרים קינות – פיוטים וקטעי תפילה בנושא החורבן – עד שעות הבוקר המאוחרות. ממנהגי היום: לא עושים מלאכה (ומי שיכול, עדיף שלא ילך לעבודה), לא אומרים שלום זה לזה, יושבים על הרצפה או על כיסאות נמוכים עד הצהריים, לא מניחים תפילין בתפילת שחרית אלא רק בתפילת מנחה, וכן לא לומדים תורה, משום שהתורה משמחת את הנפש. עם זאת, מותר ללמוד עניינים וסוגיות הנוגעים לאבלות כגון פרקי תנ״ך בנושא החורבן, דפים מסוימים בגמרא העוסקים באבלות ובאגדות החורבן, הלכות אבלות וכדומה.

מי?

דיני התענית וזיכרון החורבן חלים על גברים ונשים כאחד. בתעניות הקלות נוטים יותר להקל, ונשים מעוברות ומניקות אינן צריכות לצום.

תשעה באב הוא צום חמור יותר וגם הנשים שפירטנו לעיל צריכות לצום בו. יש הקלות מסוימות, למשל לחולים, ורצוי להתייעץ מראש עם פוסק הלכה.

מתי?

בשבתות שלאורך שלושת השבועות לא נוהגים כלל מנהגי אבלות, אולם רבים נוהגים לפי שיטת המקובלים ולא מברכים ״שהחיינו״ גם בשבת. כאשר י״ז בתמוז ותשעה באב חלים בשבת, הם נדחים ליום ראשון.

בשלוש השבתות שלפני תשעה באב קוראים בבית הכנסת הפטרות העוסקות בפורענות, ולכן הן נקראות גם ״תלתא דפורענותא״ [שלוש של הפורענות]. בשבעת השבועות הבאים קוראים את ״שבעתא דנחמתא״, שבע הפטרות הנחמה, ואילו בשתי השבתות שנותרו עד יום הכיפורים קוראים את ״תרתי דתיובתא״, שתיים של תשובה.

שער שלישי

פתרון בעיות

הספקנו הרבה: הכרנו את המערכת ולמדנו איך "לתפעל" את מרכיביה החשובים. אבל איך ממשיכים מכאן? איך עושים את השינוי, שלעיתים מרגיש כל כך גדול ובלתי אפשרי?

בשער הבא נעסוק בשני נושאים חשובים: האחד, בתהליך עצמו. אני מרשה לעצמי להניח שאם קראתם עד כאן אתם חווים עכשיו רצון כלשהו להכניס שינויים מסוימים לחייכם, שאולי מכניס אתכם ואת הסביבה שלכם ללחץ. לאן זה יגיע? חשוב שנכיר את השלבים השונים שלו ונספק כמה עצות וטיפים חשובים שיעזרו לכם בדרך, יקלו עליכם ויחסכו לכם ולסובבים עוגמת נפש רבה.

הנושא השני הוא ההיכרות עם חברת שומרי המצוות. חלק מהתהליך שתעברו יכלול קשר כזה או אחר עם דתיים, חרדים ושאר גווני הקשת. ייתכן שאתם כבר מחוברים לקבוצה מסוימת וייתכן שלא, אך חשוב שתכירו את הקבוצות השונות כדי למצוא את הגוון שמתאים לכם ובו אתם מרגישים שתוכלו לעבוד את ה' בצורה הטובה ביותר.

פרק יז: מעבר בין עולמות

זה כמו לקפוץ מצוק,
ולהתחיל לעוף
בכוח האמונה.
לקחת נשימה גדולה,
לרוץ...
וליפול אל זרועותיו
המושטות
של אב הרחמן

(**אב הרחמן**, אביתר בנאי)

ההתקרבות אל היהדות היא תהליך מרגש. נפגשתם עם חוכמה מופלאה, ערכים בני יותר משלושת אלפים שנה, תפיסת עולם שרוצה לקדם את הטוב, ואתם מרגישים קִרבה אל הבורא. אבל להתרגשות הגדולה מתלווים גם חששות. מה מצפה לי בדרך? האם אשתנה? כיצד יגיבו החברים והקרובים לתהליך שאני עובר? האם אמצא את מקומי בחברה חדשה, שכרגע נראית רחוקה ממני שנות דור?

המפתח לתהליך בריא ומאוזן הוא כנות ותיאום ציפיות. כנות – כדי שלא תרמו את עצמכם ותנסו להיות כמו כולם, בזמן שאתם לא כאלה. תיאום ציפיות – כדי שתדעו מה אפשרי ומה לא. אבל מה שבטוח הוא, שבלי ליווי והדרכה מתאימה הסיכוי שתעשו טעויות שאפשר למנוע – גבוה יותר. גם אם הכול נעשה בתום לב ומתוך רצון טוב, בהתנהלות לא נכונה אתם עלולים להישאר עם טעם מר וכאב. בפרק זה ננסה לעקוב אחר הדילמות המרכזיות שמלוות אתכם המתקרבים, המתחזקים ובעלי התשובה, ולהפיק מהן תובנות ודרכי פעולה.

הערה חשובה: התשובות והעצות הניתנות כאן אינן "תורה מסיני" אלא אבני דרך, עצות טובות המבוססות על הניסיון שלי ושל אחרים שעברו תהליכים דומים. עם זאת, כל אדם הוא אינדיבידואל בפני עצמו ונסיבות החיים, הרקע והמצב המשפחתי שלו שונים משל אחרים. כדי לוודא שאתם בכיוון הנכון, הדבר המומלץ ביותר הוא להתחבר **לדמות מנוסה, אדם בעל רקע של הענקת ליווי ותמיכה במתקרבים שנמצאים בשלב שלכם**, שיוכל להעניק הכוונה ועצות לדרך (תוכלו למצוא מקומות כאלה באתר שלי). לעיתים כל תפקידו יהיה להיות עבורכם אוזן קשבת – ואתם תגלו במהרה עד כמה זוהי מתנה יקרה מפז.

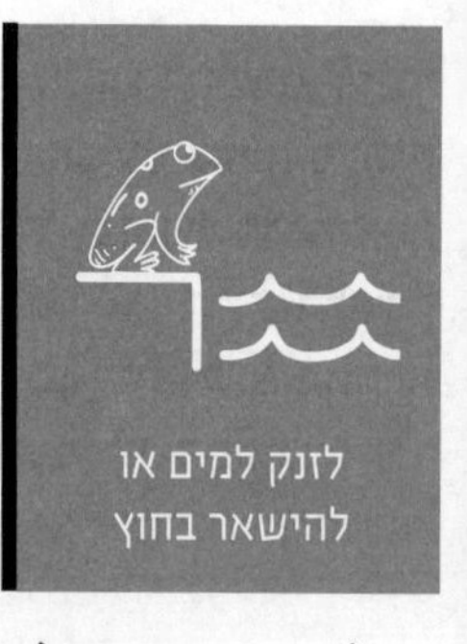

לזנק למים או להישאר בחוץ?

הדילמה הראשונה שלכם עוסקת כנראה בתהליך ההתחזקות בכלל. עד כמה אתם באמת רוצים ומוכנים להתקדם איתו הלאה?

לצורך העניין אשתמש במשל: בראשית ימיה של הרכבת, ולמעשה עד לפני שנים לא רבות, בכל תחנה היה פועל שתפקידו לכוון את הרכבות שנכנסות לתחנה אל המסילות המתאימות. בתוך שניות ספורות הוא היה אמור להבין איזו רכבת נכנסה לרציף, מהיכן היא מגיעה, וחשוב מכול – לאן היא אמורה להמשיך. ברגע המתאים הוא היה מושך בידית ומסיט את הפסים לכיוון הרצוי. בדרך כלל הוא הצליח, אבל אם טעה – הרכבת המשיכה דרך ארוכה במסלול שהרחיק אותה מיעדה, ועד שהיה ביכולתה להסתובב חזרה חלף זמן רב.

ההחלטה אם לאמץ אורח חיים של תורה ומצוות היא החלטה אמיצה; בלחיצת ידית אחת אנחנו יכולים להסיט את חיינו אל מסלול אחר. עד עכשיו החיים זרמו בשטף ובמסלול שהוא יחסית ידוע מראש – בית ספר, צבא, טיול, לימודים, קריירה, חתונה, ילדים... והנה הם עולים לפתע על דרך חדשה ולא מוכרת. לאן תביא אותנו הרכבת הזו? הדרך מובילה אמנם לעבר יעד מסקרן ומושך, אבל גם מעוררת פחדים מסוימים, ואפילו התנגדות פנימית.

השלבים הראשונים של "גילוי היהדות" יכולים להימשך שבועות, חודשים ואפילו שנים. עבור רוב האנשים, שלבים אלה מורכבים מלימוד מפוזר במגוון נושאים, תוך איסוף ידע וחוויות רוחניות מכל מיני מקורות: שיעורים בבית כנסת ובאינטרנט, ספרים מזדמנים, שיחות עם אנשים, חוויות רוחניות. בשלב מסוים הם מצטברים למסה קריטית, ומגיע רגע שבו האדם שואל את עצמו: "מה עושים עם כל זה?".

זהו הרגע המכונן של נקודת התשובה. בנקודה הזו אנחנו נדרשים לענות לעצמנו: האם אני "בתוך המשחק" או צופה מן הצד? האם אני באמת מעוניין בחיים האלה ויכול לחיות אותם? זהו רגע עדין למדי, שדורש הרבה אמת ואומץ לב. רבים מהתלמידים שאני מלווה תיארו בפני את הרגע הראשון שבו החליטו שהם לא מדליקים יותר חשמל בשבת; היום שבו התחילו להקפיד על כשרות; הפעם הראשונה שבה פתחו את סידור התפילה. אלה הם רגעים מכוננים ומרגשים מאוד, וכך תיאר אותו הרב עדין אבן־ישראל (שטיינזלץ), בעצמו חוזר בתשובה:

> המעבר מסוג אחד של סביבה לסוג שונה, אף על פי שהוא נעשה במאות או אלפי פסיעות קטנות - מכל מקום יש בו רגע אחד של שינוי דרסטי, שאינו דומה במהותו למה שהיה קודם לכן או למה שיבוא אחריו. אפשר להתנסות בשחייה אך ורק כאשר מוכנים לוותר על הביטחון הטמון בדריכה על קרקע מוצקה, ולהמירה ברגע של מעבר בין העולמות.
>
> המעבר אל עולמה של היהדות אף הוא בגדר יציאה אל מדיום שונה, שהמבקש להתנסות בו נדרש להחלטה כי אכן הגיעה העת לעשות שינוי.[1]

יש אנשים שאצלם רגע ההחלטה הוא פתאומי ובלתי מתוכנן. בעלי תשובה שחוו זאת מתארים אותו כמיוחד במינו, רווי פחדים מהבלתי נודע; ועם זאת גם מלא שלווה מתוקה, תחושת שלמות ונחמה שעוטפת אותך מכל עבר, כזו שאומרת לך: "הכול בסדר, אתה בדרך הנכונה".

בספרה "מקימי" תיארה נועה ירון־דיין את חוויותיה של עלמה, מגישת תוכניות נוער ידועה שעתידה הלך לפניה. החיים הבוהמיינים המוצלחים שניהלה גרמו לה לתחושת ריקנות, וכשבן הזוג שלה החל לשמוע שיעורי תורה היא הצטרפה אליו, וקלטה שזה בדיוק מה שחיפשה כל חייה. בדרך הם עוברים עליות ומורדות, עד שיום אחד מגיעה לדירתם חברה ומתווכחת איתם על אורח החיים החדש שלהם. עלמה ניגשת למטבח להכין קפה:

> ואז, בצהריים של יום שלישי, בלי ברקים ורעמים ומרכבות אש, סתם ככה באמצע המטבח, בקול דממה דקה, השם בחר לגעת בי בפעם הראשונה. קראתי על זה בספר של ברסלב. קוראים לרגע הזה "הארת הרצון".

פתאום אני מרגישה אותו. קרוב לידי, הבזק של מחשבה ילדותית בראש שלי. אני חווה התגלות. העיניים שלי נעצמות מעצמן. מטפס ועולה בי גל. ממלא אותי עד שאני מרגישה שאני עומדת להתפוצץ... אהבה, דליים של אהבה שופך עלי. שופך ושופך ואני מתמלאת. מרגישה אהובה כמו שאף פעם לא הרגשתי. ממלא אותי ביטחון ואמונה ושמחה וקירבה. ממלא את כל החסרונות כולם, ואני לרגע שלמה. בפעם הראשונה בחיי אני יודעת בידיעה ברורה בתוכי, בעומק הנשמה, שיהיה בסדר. יהיה טוב, ואין פחד. השם איתי בצרה שלי. הוא שומר עלי ואוהב אותי. והוא יעזור לי להתקלף מכל הקליפות, ולשבור את כל החומות. לרגע אחד של גילוי, אני יודעת.[2]

יפה, נכון?

למרבה הצער, לא כולם חווים רגעי הארה כאלו. לא תמיד יש פרפרים, לא כולם מתרגשים כל כך. יש לא מעט אנשים שבשבילם הבחירה בדרך היהודית היא תוצאה של תהליך שכלי, ארוך ואפילו מתוכנן. יש מי שבחר בדרך הזו כדי לחיות חיים יותר ערכיים; להתחבר לחוכמה האינסופית של התורה; להעמיק את הקשר לעם ישראל. יש אינספור סיבות מדוע לבחור בחיים היהודיים, ולא כולן קשורות לחוויה רוחנית או נבואית. אין בכך שום פסול, ואולי אפילו יש בכך מעלה גדולה.

בזמן מלחמת לבנון השנייה, בקיץ 2006, הייתי קצין בצה"ל. נשלחתי על ידי יחידתי לבסיס צבאי שעקב אחרי תמונת הלחימה. חדרי העבודה היו מלאים חיילים סדירים ואנשי מילואים, היה חם מאוד, ובכל רגע הגיעו ידיעות חדשות על המצב בחזית. מעלינו התעופפו טילים ורקטות בדרכם לתוככי ישראל, ורק בנס אף אחת מהן לא פגעה גם בנו. לאחר שעות של עבודה מאומצת, המקום היחיד שבו אפשר היה לצאת להפסקה שקטה היה... בית הכנסת.

הייתי אז בתהליך "התחזקות" בצורה לא מחייבת. למדתי קצת, קיימתי כבר כמה מצוות, למדתי להתפלל ומאוד נהניתי משיחות עם דתיים, אבל בשום אופן לא ראיתי את עצמי מאמץ אורח חיים דתי. וכשישבתי שם בבית הכנסת, לבדי, מתאושש מעמל היום בדרך לעוד משמרת מפרכת, התנהל בראשי דיאלוג בין שני קולות פנימיים. כך הוא נשמע:

א: נורא מה שקורה! המחבלים המנוולים שנלחמים בנו ימח שמם, למה בכלל הם עושים את זה?

ב: מה אתה מיתמם? שם הארגון שלהם הוא "צבא האל". הם עושים את זה כי הם מאמינים שארץ ישראל שייכת להם.

א: חחח! מצחיק מאוד. כולם יודעים שארץ ישראל שייכת ליהודים.

ב: באמת? מי אמר?

א: מה זאת אומרת? זה כתוב בתנ"ך. אפילו בן־גוריון אמר את זה לבריטים לפני הקמת המדינה.

ב: אה, זה כתוב בתנ"ך? איזה יופי. הרבה דברים כתובים בתנ"ך. ממתי אכפת לך מה כתוב בתנ"ך? למה אתה עושה רק מה שנוח לך?

באתי מבית ציוני, פטריוטי, עם זהות יהודית חזקה, גם אם לא דתית. שירַתי כקצין וראיתי בכך מקור לגאווה. אבל פתאום הבנתי, בהבזק של רגע, שכל החיים שלי מבוססים על ידיעות ואמונות חלקיות. התורה הייתה ה"הוכחה" שלי, אבל אף פעם לא התייחסתי אליה ברצינות. כעת התברר לי שעלי לבחון אותה באמת: אם יתברר שאין בה ממש, אני חופשי – אני יכול לעזוב ברגע זה את המחויבות הזו שבגללה אני מסכן את חיי ולא לחזור אליה לעולם; אבל אם יתברר אחרת... שיש בה אמת, אהיה חייב לאמץ אותה ברצינות. דווקא החיבור שכבר היה לי לארץ ולמדינה היה הזרז שהביא אותי לבחון לראשונה את היהדות כדרך חיים מעשית.

התחנה הראשונה במסע שלכם היא עצם הנכונות לצאת אליו. דעו: המסע הזה איננו מתכון פלא שיפתור לכם את כל הבעיות. אבל אם תיקחו אותו ברצינות, הוא ייתן לכם משמעות בכל רגע ורגע מחייכם, ויחבר אתכם אל דבר גדול הרבה יותר מאשר עצמכם – אל ה', אל עם ישראל, אל שורש החיים.

בינתיים, בשלב הזה, ההחלטה האמיצה שלכם איננה חייבת לבוא לביטוי מעשי. לעת עתה קיבלתם הכרעה עקרונית, ויכול להיות שעדיין אינכם בשלים לקיים אותה **בפועל**. אתם לא נדרשים לאמץ אורח חיים מסוים, וגם לא לשנות את המראה החיצוני שלכם – למען האמת, אפילו עדיף שלא, כדי שהתהליכים יבשילו אצלכם באופן מלא.

לאט־לאט או מהר־מהר?

קפצתם למים. עכשיו מתחילים לשחות, אבל באיזה קצב?

דמיינו שאתם שחיינים מתחילים. בשיעורים הראשונים למדתם לעשות כמה תנועות ואפילו הצלחתם לשחות בריכה שלמה מקצה לקצה, אבל זהו בערך. יום אחד אתם מגיעים לבריכה ומגלים שהיום מתקיימת בה אליפות הארץ! קהל רב ממלא את היציעים, העיתונאים יושבים בשולחן שלהם. לפתע אתם רואים מסלול ריק בבריכה ומחליטים בהחלטה של רגע להשתתף גם. אולי לא תגיעו ראשונים, אבל אתם כבר שחיתם בריכה אחת שלמה, נכון?

אף אחד לא מכיר אתכם אבל אם אתם שם כנראה שיש סיבה טובה. נותנים לכם משקפת מיוחדת, כובע ים עם מספר ואתם מוכנים לזינוק. ברגעים הראשונים זה מרגש – אתם באופוריה כמו נער מאוהב, חלק מתחרות ענקית ונחשבת. כשמזניקים אתכם למים, אתם מתחילים לשחות בשיא הקצב. במטרים הראשונים אתם מחזיקים מעמד בכבוד, אבל תוך כמה רגעים השחיינים המקצועיים פותחים פער ואתם נשארים מאחור, עייפים וממורמרים בלב הבריכה, בכלל לא בטוחים שיש לכם כוח לשחות חזרה. השרירים שורפים, הרגליים כואבות. במחשבה שנייה, אולי היה כדאי להתחיל במים הרדודים?

רבים מה"מתחזקים" משתוקקים לשחות מרחקים כבר בהתחלה, כדי להשלים את מה שנדמה להם שהפסידו במשך שנים ארוכות. זוהי תשוקה נפלאה ומבורכת, אבל האם היא באמת אפשרית?

אתם רואים לנגד עיניכם אדם דתי שלומד תורה, מקיים את כל המצוות, בקיא בפרטי ההלכות, יודע המון ובעיקר נינוח. אתם מבקרים אצל משפחות והכול שם חם, מתחשב, נעים כל כך. דעו לכם שזה לא קרה ביום אחד. זו

עבודה של שנים! אינכם יודעים איך הדברים נראו בהתחלה; זה לא הוגן להסתכל ישר על התוצאה הסופית...

סופר מפורסם תיאר את הייסורים שלו בעת כתיבת הספרים: רק חלק קטן מהיום הוא מקדיש לכתיבה עצמה, ואת רוב הזמן הוא מקדיש לעריכה, שכתוב ומחיקה. האם נדמה לכם שספר טוב או שיר מרגש נוצרו ב"שוט" אחד? כמה עבודה, זיעה ודמעות נשפכים על כל יצירה איכותית? אף יצירה לא נולדת מושלמת ומוצלחת, והדברים נכונים גם לגבי החיים ובנוגע לעבודה רוחנית בכלל. אל תתבלבלו.

ההנאה שבאיטיות

אז מהי השקפת היהדות על קצב הכניסה הנכון לחיי תורה ומצוות? אנחנו מכירים סוג נוסף של אדם שהצטרף לחיים היהודיים ללא ידע מוקדם: הגֵר. גם הוא התאהב יום אחד ביהדות ובחר בה כדרך חיים. ההלכה קובעת כי אחרי שהמועמד לגיור מוכיח את רצונו העז להיות יהודי למרות הקשיים הצפויים לו, "מוֹדִיעִין אוֹתוֹ עִקְּרֵי הַדָּת – שֶׁהוּא יִחוּד הַשֵּׁם וְאִסּוּר עַכּוּ"ם [עבודת כוכבים ומזלות, כלומר עבודה זרה], וּמַאֲרִיכִין בַּדָּבָר הַזֶּה. וּמוֹדִיעִין אוֹתוֹ **מִקְצָת מִצְוֹת קַלּוֹת וּמִקְצָת מִצְוֹת חֲמוּרוֹת... וְאֵין מַרְבִּין עָלָיו, וְאֵין מְדַקְדְּקִין עָלָיו**" (רמב"ם הלכות איסורי ביאה יד).

מדברי הרמב"ם עולה שההשקעה הראשונית צריכה להיות בלימוד אמונה ("מאריכים בדבר זה") ובלימוד ההלכות הנצרכות והיסודיות, אבל לא מדקדקים ולא מקשים יותר מדי בשלב הראשון. הכניסה לעולם המצוות חייבת להיות **איטית והדרגתית**. ילדים דתיים שמקיימים מצוות ולומדים תורה מגיל אפס לא עשו זאת ביום אחד. המפתח הוא השתלמות והתקדמות מתמדת. למען האמת, חכמינו מסבירים שגם עם ישראל לא קיבל את כל המצוות בבת אחת אלא בחלקים, צעד אחר צעד. זה התחיל בכמה מצוות שקיבלנו במצרים, אחר כך במקום ושמו מרה, ועד למעמד הר סיני שבו קיבלנו את התורה בשלמותה.[3]

משום מה, אצל המתקרבים המצב שונה לחלוטין. יש מי שחושב שצריך לקיים את כל המצוות תיכף ומיד, או שכדי להיכנס לעולם הדתי באמת

צריך להיראות כזה כמה שיותר מהר. ״אם אתלבש כמו דתי, אדבר כמו דתי ואתנדנד כמו דתי בתפילה, אהיה יהודי כשר ונאמן״. זו אשליה, כמובן.

כפי שראינו בפרק על מידת הצניעות, החיצוניות רק **מבטאת** את עולם הערכים הפנימי. אם הערכים אינם מפותחים דיים, לא יעזרו כל החליפות, הכיפות והשביסים, גם לא המבטאים ביידיש או בתימנית. ייקח לכם שנים עד שתעברו את התהליך הפנימי השלם ותפַתחו עולם עשיר וגדוש, עד שהוא יתבטא גם בהתנהגות החיצונית. שינויים מהירים מדי בהתנהגות ובלבוש מעידים פעמים רבות דווקא על חוסר בשלות. זוהי ״להבה של קש״: הקש אמנם נדלק מהר, אך גם נכבה מהר. כדי להדליק מדורה יציבה יש צורך בגזעים עבים; עד שהאש תאחז בהם יעבור זמן רב, אבל בסוף הם יבערו לאורך זמן. באופן דומה, מי שמתקדם בצעדים מדודים ועקביים, מרגיש מאוזן מבלי שהוא צריך למחוק את האישיות שלו.

תהליך תשובה אמיתי נמשך זמן רב – לא חודשים ולא שנים, אלא חיים שלמים. רק כך אפשר לבנות יסודות יציבים, שיאפשרו לנו להתמיד גם כאשר רוחות עזות ינשבו סביב. בגמרא מובא מעשה בארבעה תנאים שנכנסו ל״פרדס״, כינוי למדרגה רוחנית גבוהה שלא כל אדם מסוגל לעמוד בה. מבין ארבעתם, רק רבי עקיבא נכנס ויצא בשלום. מדוע?

> אי אפשר להתקרב לה׳ יתברך בלי שום מניעות ובלי מסכים, בגלל האור העצום והאינסופי של ה׳ יתברך. [דווקא] על ידי המניעות והמסכים האדם יכול לקבל את האור בהדרגה, בדרך של רצוא ושוב, בלי שיגרם לו שום נזק.
>
> **רבי עקיבא נכנס בהדרגה מעט מעט**. הוא עבר מניעות וקשיים עצומים, היה עם הארץ עד גיל ארבעים והיה גם בן גרים. אותן מניעות הן שגרמו לו להתגבר ברצונות, בכיסופים, בבכיות, בתפילות ובתחנונים. על ידי אלה הוא בנה כלים שעל ידם קיבל את האור של ההיכלות העליונים, מבלי שזה יזיק לו. שלושת חבריו נפגעו מחמת שנכנסו בבת אחת, וקיבלו אור גדול מעל היכולת של הכלים שהכינו. זה הזיק להם, כל אחד כפי בחינתו.[4]

הכול בסדר

בקהילת בעלי התשובה שבה אני מתגורר הפכה מילה אחת לסיסמה שמלווה את חיינו: "בנחת". המילה הזו, ובעיקר הגישה שהיא מייצגת, הצילה נפשות ומשפחות רבות מספור.

תהליכי התקרבות בדורנו צריכים להתרחש מתוך שמחה, ולא כתוצאה של פחד מייסורים. יש לא מעט מקרים של מתחזקים שהזדרזו לשנות את חייהם מן הקצה אל הקצה בזמן קצר, והתוצאה, לדאבוננו, הייתה פגיעה שגרמה להתרחקות, ואף לעזיבת היהדות בכלל. מי שאינו בשל להתקדם עלול להזיק לעצמו, ממש כמו שלושת חבריו של רבי עקיבא שנכנסו לפרדס מבלי שהיו להם הכלים המתאימים. התוצאות הבעייתיות לא נראות מיד; לעיתים חולפות שנים עד שחוסר האיזון של השלבים הראשונים יחלחל למערכת.

אני רוצה להרגיע אתכם, אתם שנלחצים משום שאינכם מקיימים עדיין מספיק מצוות או אינכם יודעים את כל ההלכות: **הכול בסדר.** עצם הרצון שלכם להתקרב לקדושה הוא מבורך, ועושה "נחת רוח" עצומה. אל תתקדמו בקצב שאינכם יכולים להתמיד בו, אל תשברו את הכלים. במקום זאת, נסו להסתכל בפרספקטיבה של זמן – לפחות עשר שנים קדימה. זהו היעד האמיתי והנכון שאליו כדאי לכוון, **גם אתם כבר מרגישים מבוגרים מדי.** כשאדם נמצא במרוץ "להספיק" הוא נלחץ ומאבד את יישוב הדעת. הוא מפסיק לעשות דברים בשמחה ומתמקד רק במטרה להיות מישהו אחר – במקום **בתהליך** שהוא אמור לעבור, שהוא לב ליבה של התשובה. גישה רגועה, ללא תחושת כפייה ודחיפות, מסייעת לאדם להתקדם בקצב המתאים, והאמת היא שדווקא הנינוחות מאפשרת לתהליכים לקרות מהר יותר.

נעשה ונשמע

ומצד שני – אם תחכו עד שתבשילו לגמרי ותרגישו חיבור ו"זרימה" מושלמים לפני שתעשו צעד, מי יודע אם לא תחכו לנצח? אתם עלולים להיתקע. מחכים ומחכים ו... כלום לא קורה.

בדרך כלל כשמציעים לאדם עסקה, הוא קודם כול שומע את הפרטים ורק אז מחליט. אבל כשעם ישראל קיבל את התורה, הם אמרו משפט שמצוטט

עד היום: "נַעֲשֶׂה וְנִשְׁמָע" (שמות כד). קודם נעשה, אחר כך נשמע. הם הבינו שכשעוסקים בדברי אלוהים חיים, עצם ההסכמה לקבל את דבריו היא השלב הראשון. בספר תהילים מופיע הפסוק: "טַעֲמוּ וּרְאוּ כִּי טוֹב ה׳, אַשְׁרֵי הַגֶּבֶר יֶחֱסֶה בּוֹ" (תהילים לד). בואו תטעמו, אולי בהתחלה הטעם ירגיש לכם מוזר, אבל מהר מאוד תתרגלו ותראו ש"טוב ה׳".

לשמור בפנים או להוציא החוצה?

עם כל התהליכים הפנימיים, בכל זאת אי אפשר להתעלם מכך שלתהליך ההתקרבות יש גם צד חיצוני: לבוש צנוע, כיפה, כיסוי ראש. יש מעשים די בולטים שאנחנו עושים שוודאי מושכים תשומת לב, כמו להפסיק לנסוע בשבת ("לא שמעת שיש מלא מדרוזות עכשיו?"), למלמל לפני האוכל ("אני רק משננת לעצמי 'האוכל הזה לא משמין'") ותפילה זריזה לפני שיוצאים לעבודה ("מה פתאום תפילין, אני מודד לחץ דם"). בשלב מסוים תתחילו אולי להתעמק בתוויות של כל מאכל כדי לברר את הכשרות ("רק בודק אם זה באמת קמח מלא. אגב, ידעת שיש רבנות בפינלנד?") ואולי גם להפסיק לצאת עם החבר'ה לכל מיני מקומות שכבר פחות מתאימים לנו ("אני יותר בקטע של מוזיקה קלאסית עכשיו"). כמה שננסה לשדר לסביבה "עסקים כרגיל", אי אפשר להכחיש שמשהו עובר עלינו.

לצופה מן הצד, השינויים האלה נראים מוזרים. "מה, נהיית דוסית?". זה שלב מורכב: הרי אתם עצמכם מרגישים מבולבלים, ועדיין לא יודעים עד כמה תהיו מוכנים לקחת ברצינות את היהדות ("לאן זה יגיע?!"). באופן טבעי, המתקרבים חוששים מתגובת הסביבה לצעדיהם, ולא פחות מזה – מהתגובה שלהם עצמם. צורת החינוך שגדלנו עליה, שרואה את החיים הדתיים בצורה שלילית, היא חלק מ"מערכת ההפעלה" שלנו; "שאני אהיה דוס? בחיים לא!". זו צביעות, כי התפיסה הליברלית שספגנו מילדות תקבל בברכה כל צורת חיים חוץ מחיים דתיים.

מכיוון שכך, מתקרבים רבים מתחילים את צעדיהם הראשונים בהיחבא, הרחק מעיני הסביבה. שחקן מפורסם סיפר שלאחר שהתחיל לשמור מצוות, השתתף ביום צילומים והביא איתו כריך מהבית. ליטול ידיים ולברך בשקט "המוציא" היה החלק הפשוט, אבל איך יברך ברכת המזון? הוא הרגיש חוסר נוחות לשלוף את הברכון כשכל חבריו נועצים בו מבטים. רק שלא יגידו

עליו שהוא חוזר בתשובה ויוציאו עליו סטיגמה. ואז עלה לו רעיון: איפה אפשר לברך בשקט, בלי שאף אחד לא יפריע? הוא נכנס לשירותים ובירך בשמחה... אז עוד לא ידע שעל פי ההלכה אסור לברך בשירותים, אך "שומר פתאים ה'" – האם לא הייתה מכך נחת גדולה בשמיים?

סיטואציה זו ודומות לה מוכרות למתקרבים רבים, שנוהגים בתחילת הדרך כמו האנוסים בספרד.[5] שמעתי על קצין בכיר בצה"ל, חילוני מלידה, שבמשך שנים דרש מהמזכירה שלו שבמשך חצי שעה ביום לא תעביר לו שיחות ולא תקבע פגישות. היא הייתה בטוחה שבזמן הזה הוא נח, אבל רק לאחר שהשתחרר מהצבא הסכים לגלות שבזמן הזה הוא היה מתפלל מנחה, אבל פחד שאם ייוודע שהוא הפך ל"דתי", קידומו בצבא ייפגע (!)

למרות הקושי שבדבר, **שלב ההסתרה הוא חשוב ונצרך מאין כמוהו.** הוא מאפשר לכם לגבש זהות כאשר עדיין אינכם נדרשים לספק תשובות לאף אחד חוץ מלעצמכם. ברגע שאדם נחשף כחוזר בתשובה, הוא עומד תחת מתקפה ציבורית שדורשת ממנו תשובות – "למה אתה כזה מחמיר? השכנים של בעלה של גיסתי הם חרדים, והם אכלו אצלי לפני שבע שנים בלי בעיה" (רק את מה שהם הביאו איתם מהבית...), או "תראי את המגישה בטלוויזיה – היא דתייה והולכת רק עם סרט!" (נכון, כי היא חובשת פאה...).

לעת עתה חסר לכם ידע בסיסי כדי להתמודד עם ההתקפות הללו. אתם עוד לא מכירים מספיק את ההלכה ואת האפשרויות השונות העומדות לפניכם – מתי ראוי להקל ומתי יש להחמיר, אילו שאלות צריך לברר ומה פחות חשוב. בדרך כלל הנטייה הטבעית שלנו היא להחמיר בכל דבר כדי לא לטעות. עם השנים, כשתלמדו עוד (וזה יקרה, אל תדאגו!), כבר תדעו לבד כיצד להתנהג במצבים שונים תוך פגיעה מינימלית באנשים סביבכם. אבל עד אז, טוב להישאר בצל.

ההמלצה שלי בשלב זה היא לשתף רק בדברים שאתם מרגישים בנוח איתם, בלי להיכנס לוויכוחים או שכנועים מדוע הדרך שבחרתם מתאימה לכולם בלי יוצא מן הכלל. אני גם ממליץ מאוד לנהל יומן ולהעלות על הכתב רשימות, מחשבות והגיגים שעולים אצלכם. יבוא יום ותרצו מאוד לקרוא מה עבר עליכם (תוכלו להשתמש בדפי הרשימות בסוף הספר).

יוצאים לאור

ככל שתהליך ה"התחזקות" יתקדם, יגיע שלב שבו כבר יהיה קשה להסתיר אותו כלפי חוץ. אם תלכו בהדרגה, תרצו לקיים עוד ועוד מצוות עד שתגיעו לנקודת האל־חזור. מהרגע הזה כנראה יתייחסו אליכם כ"חוזרים בתשובה", או לפחות יֵצא לכם שם של "מתחזקים". שלב זה נחשב אצל חלק מהאנשים כנקודה קשה, שבה הם למעשה "מחליפים צד" ועוברים להזדהות כדתיים. בדרך כלל הוא מתבטא באירוע חיצוני סמלי, כמו לצאת לרחוב בפעם הראשונה עם כיפה או ללכת עם שרוולים ארוכים באמצע הקיץ. השלב הזה מבטא שאתם כבר מוכנים נפשית להתמודד עם שינויי הזהות – יישר כוח וכל הכבוד!

יום אחד ניגש אלי סטודנט בסוף שנות העשרים לחייו. הוא גדל בקיבוץ חילוני, נמצא בהתקרבות "על אש קטנה" כבר כמה שנים, וביקש להתייעץ בנושא שהציק לו מאוד: בזמן התפילות ולימוד התורה הוא חובש כיפה, וגם ברחוב הוא מרגיש נוח איתה. אבל בכל פעם שהוא נוסע ללימודים באוניברסיטה או נפגש עם חברים מהעבר, הוא מרגיש לא נוח עם הכיפה ואיכשהו היא מוצאת את עצמה בכיס. קשה לו, והוא מתייסר על כך שהוא משקר לעצמו. מה לעשות? האם לשים אותה בכוח או להמשיך כמו עכשיו?

אמרתי לו שיש שתי דרכים להתמודד עם העניין: בדרך ההדרגתית חובשים בהתחלה כובע בייסבול או ברט אופנתי. לאט־לאט מרגילים את הסביבה שיש לנו משהו על הראש. אנשים מתחילים להבין שמשהו קורה, עד שיום אחד, כשנרגיש מספיק בשלים, מורידים אותו וחושפים את הכיפה שמתחתיו. הדרך השנייה היא פשוט להופיע איתה יום אחד על הראש ולספוג את כל ההערות מכולם למשך שבועיים, עד שזה עובר ואף אחד כבר לא שם לב.

למחרת הוא ביקש לדבר איתי, נרגש. "החלטתי ללכת על זה. היום הייתה הפעם הראשונה שהגעתי ללימודים עם כיפה על הראש". "נו, וירדו עליך?". "להפך. אף אחד לא שאל שום דבר! זה לא שינה להם בכלל...". האירוע הזה דווקא עורר אותו לחשוב על תפיסת המציאות שלו. בעיניו הוא מרכז העולם – כמו אצל רובנו, אגב – וכולם רק מחפשים אותו ומסתכלים עליו. והנה, כאשר הוא עשה את הצעד שכל כך חשש ממנו, זה לא שינה לאף אחד. הוא למד שיעור גדול בענווה, ובעיקר – לא לחשוש כל כך מ"מה יגידו".

מצד שני, לא תמיד זה עובר כל כך בקלות. בוהמיין תל־אביבי סיפר על הפעם הראשונה שבה הגיע לבית הקפה האופנתי והקבוע שלו עם כיפה שחורה לראשו:

> בית הקפה, כמו בכל יום שישי בצהריים, המה מיושבים. מחויך מאוזן לאוזן, שופע בישחון עצמי, עשיתי את דרכי בין השולחנות, מנפנף "היי" לפה ו"היי" לשם, ופניי לשולחן הקבוע. אך בשולחני שלי איש לא קידם אותי בברכה ואיש לא שש לקראתי.
>
> הזזתי כיסא, מבקש להתיישב, אבל אחד מהחבורה, גיבור תרבות בעל שם ועד אז חבר קרוב שלי, התרומם מכיסאו ובמשך רגעים ארוכים ובקולי קולות חירף וגידף אותי, שטף אותי בנאצות... פחד! לא ידעתי את נפשי: מה קרה, מה ההתנפלות הזו? שאלתי המום, ומה הוא השיב? "חפש את החברים שלך במאה שערים".[6]

רק אחרי כמה עימותים דומים הוא הבין את פשר התוקפנות. המחרף מבית הקפה חש נבגד. הוא כעס על הנטישה של חברו את עולמם התרבותי המשותף. אך במקום לומר זאת, הוא קרא לו בכמה כינויים אחרים, פחות נעימים.

נראה שיש יותר מדרך נכונה אחת לעשות את המעבר. ספר ההלכה היסודי "שולחן ערוך" נפתח במילים "יתגבר כארי לעבודת הבורא... ואל יבוש מן המלעיגים". צריך להתחזק ולפתח עמידות, אבל כל אחד יעשה זאת בהתאם למוכנות שלו, בזמן ובמקום הנכון. ואפשר גם לנצל לטובתנו את האינדיבידואליות של העולם החילוני. אם יש כל כך הרבה אופנות שהמציאו בשביל למשוך תשומת לב, למה לא יכולה להיות גם אופנה של חצאיות ושרוולים ארוכים או ציצית של ארבע כנפות? תגידו שזו מסורת אינדיאנית וכולם יניחו לכם...

מראה חלקי

כיום אפשר לראות בינינו מתחזקים ומתחזקות בשלל שלבי ביניים – נשים שהולכות בכיסוי ראש וגופייה, או גברים עם ציציות ופאות שבקושי יודעים לקרוא בחומש. בעולם של היום הכול יכול להיות, אבל קחו בחשבון שהתהליך ההדרגתי נושא בחובו גם אחריות מסוימת.

ההלכה מתייחסת ברצינות לאופן שבו אנשים אחרים רואים את מעשינו. לא די שנתנהג כמו שצריך, עלינו לוודא שגם בעיני הסביבה זה נראה כך: "וִהְיִיתֶם נְקִיִּם מֵה' וּמִיִּשְׂרָאֵל" (במדבר לב). כשאדם נראה כלפי חוץ כדתי, יש ממנו ציפייה חברתית מסוימת. מי שכבר חובש כיפה אבל עדיין לא הפסיק לעשן בשבת אולי מרגיש טוב בשלב שבו הוא נמצא, אבל עליו להיות מודע לכך שהדבר עלול להיראות בעייתי כלפי חוץ – "ראית אותו? בושה וחרפה, קורא לעצמו דתי ומעשן בשבת...".

מה עושים? בשלב הזה כדאי לפחות להימנע מעבירות בולטות בפרהסיה. בכלל צריך לדעת שרבים אומרים שברגע שהחלו להזדהות כדתיים, הם הרגישו שיש מהם ציפייה מוסרית גבוהה יותר. אפשר לראות בכך מחמאה – גם העולם החילוני מכיר בכך שמערכת הערכים היהודית מוסרית יותר מזו של העולם ה"חופשי".

לתפוס מרחק או להישאר?

כשהבמאי והשחקן אורי זוהר חזר בתשובה בסוף שנות השבעים, היה ברור לו שלא יוכל להישאר לאורך זמן בתל־אביב. חיים דתיים בלב העיר החילונית, קרוב כל כך אל ה"בוהמה", היו דבר בלתי אפשרי. הפתרון היה פשוט: הוא עקר יחד עם משפחתו אל לב העולם החרדי בשכונת מאה שערים בירושלים, והתנתק כמעט לחלוטין מהעולם שבו חי והתפרסם במשך ארבעים שנה.

באותן שנים היו אלפי בעלי ובעלות תשובה שנהגו כמוהו, ועברו לשכונות וליישובים סגורים של שומרי מצוות. גם אם לא התנתקו לחלוטין מהעולם הקודם שלהם, ואולי שמרו על קשר כלשהו עם בני משפחתם וכמה ידידים מן העבר, הם ביטאו בכל הווייתם מעבר קיצוני, שינוי זהות מוחלט וניתוק מהסביבה הישנה. אורי זוהר עצמו הכריז לפני כמה שנים, כשהגיע לגיל שמונים, שבעצם הוא חוגג רק ארבעים. ארבעים השנים הראשונות עד שחזר בתשובה נראות לו חסרות משמעות.

הרבה דברים השתנו מאז. מספר הדתיים, המתקרבים ובעלי התשובה בישראל גדל משמעותית, וגם האפשרות לקיים חיים כשרים למהדרין בכל מקום השתפרה פלאים. באותם ימים השאלה הבאה הייתה לא רלוונטית, אך כעת אפשר לשאול אותה: **האם נכון להתרחק ולהתנתק** מסביבת החיים הקודמת, או שאפשר, ואולי אפילו כדאי, להישאר בה?

גם לדילמה הזו אין תשובה חד־משמעית. יש מי שזקוקים למרחק ולניתוק מן הסביבה המוכרת כדי לעבור תהליכים נפשיים עמוקים, שאותם לא יוכלו לעבור בחוג המשפחה והחברה שבה גדלו. הדבר נכון בעיקר אצל צעירים וצעירות, שרבים מהם יוצאים לתקופת לימודים בישיבה או במדרשה כדי לעצב מחדש את הערכים והאמונות שלהם. קשה לעבור תהליך כזה תוך

דיאלוג מתמיד עם הסביבה, בטח לא עם סביבה שלא בהכרח רואה את מהלך ההתחזקות בעין יפה ולעיתים גם מקשה עליו.

לעומתם המבוגרים יותר, שחייהם כבר יציבים פחות או יותר – משפחה, עבודה, חוג ידידים – אינם יכולים ואולי גם אינם רוצים לעזוב את חייהם הנוכחיים. השינוי אצלם מתרחש באופן הדרגתי יותר, תוך כדי לימוד והפנמה איטיים, והדבר משפיע על הישארותם בסביבה הקיימת.

רק לאחר שלב גיבוש הזהות הדתית מגיע השלב הבא – בחירת החברה או הקהילה שאליה רוצים להצטרף, נושא שיוקדש לו הפרק הבא. מי שמצטרף לקהילות סגורות יותר, סביר להניח שיתנתק יותר מהחברה הקודמת שלו (והדברים תלויים זה בזה – הרצון להתנתק יביא מן הסתם לבחירה בקהילה מסוגרת יותר). יש לקחת בחשבון שהאנשים המקיפים אתכם עלולים להיפגע אם תבחרו לנתק מגע, אבל הקשר הרגיש מכול, שאליו צריך להקדיש את תשומת הלב המרובה ביותר, הוא עם בני המשפחה, ובפרט עם ההורים.

בחיק המשפחה

אחת הטענות הנפוצות שמושמעות נגד החוזרים בתשובה היא שהם מתנתקים מהמשפחה. זהו נושא סבוך ומורכב. מתברר שאצל רוב האנשים, תהליך ההתקרבות רק מעמיק ומחדד את מצב היחסים ששרר בין בני המשפחה עוד לפני כן: במשפחות שבהן שוררים יחסים טובים, פחות סביר שתהליך ההתקרבות ליהדות יגרום לניתוק. במקרים רבים, עד כמה שהדבר יישמע מוזר, הוא אפילו **יתרום** להעצמת הקשר. במשפחות שבהן היחסים היו מעורערים גם קודם, תהליך התשובה יחשוף את הסדקים והבקיעים המשפחתיים עוד יותר.

המזל הוא שאצל רוב המתקרבים, ההתמודדויות עם בני המשפחה דומות פחות או יותר. אם נכיר אותן, נוכל להימנע מנפילה לבורות מוכרים ולעקוף אותם בעדינות. במקום ניתוק, אפשר לראות בתהליך התשובה הזדמנות לפתוח את ערוצי התקשורת ולשפר את מערכות היחסים.

העיקרון הראשון והחשוב ביותר הוא לדעת ששני הצדדים משחקים תפקיד בתהליך הזה. נתחיל מהצד של המתקרבים: אתם חייבים להיות מודעים להשפעות של התהליך שאתם עוברים על בני משפחתכם, ובייחוד על

ההורים. הרי כל הורה רוצה שילדיו ימשיכו בדרכו. כל הורה רוצה שלילדיו יהיה טוב בחיים – בהתאם ל"טוב" שהוא מאמין בו. כאשר ילד בוחר בדרך חיים אחרת מזו שגדל בה, ההורים חווים התמודדות רגשית וקשיים לא פשוטים. וכאשר הוא מחליט לחזור בתשובה, מצטרפת לכך גם תחושת נבגדות מסוימת: "אחרי כל מה שעשינו בשבילך, אתה מוותר על הכול והולך בדרך הפוכה לגמרי?!".

הוסיפו לכך את תחושת הריחוק שנוצרת אצל ההורים כאשר ילדם מתחיל לבלות בחוג ידידים ומכרים חדשים, שדרך חייהם לא תמיד מקובלת עליהם; את חוסר האונים על כך שהם לא יודעים לייעץ לו בדרך החדשה שבחר ומרגישים שאיבדו מיכולתם ההורית. הם חשים תחרות מול הרב על זמן האיכות עם ילדם; נפגעים כשהבת או הבן עוזבים את הבית כדי ללמוד במוסד דתי; נדרשים להתמודד עם התנהגות שונה ולא מוכרת, ועם מנהגים ודרישות מיוחדות שלא דרכו מעולם על מפתן הבית; ולא פחות חשוב – הם צריכים גם להתמודד עם ההערות של הסובבים אותם ועם הסטיגמות של החברה. התחלתם להבין?

עשרת הדיברות למתקרב

א. **"כבד את אביך ואת אמך"**. יש לנו נטייה לחשוב שאם בחרנו בדרך התורה וההורים שלנו לא, אנחנו פטורים מכיבוד הורים. בדיוק להפך. דווקא מכם נדרש להשקיע יותר, והעובדה שההורים אינם שומרים מצוות אינה גורעת כהוא זה מדרגת הכבוד והיראה שאתם חייבים כלפיהם על פי ההלכה (עמ' 260). זו גם הזדמנות בשבילכם לקדש שם שמיים. הורים רבים לחוזרים בתשובה ציינו את הערכתם הרבה לדרך החדשה של ילדם, כשראו איך הוא מכבד אותם ונוהג כלפיהם בכבוד הרבה יותר מאשר בעבר.

ב. **לא תטיף**. אתם חווים הצפה רגשית והתעוררות רוחנית ("אורות"), אבל מי שנמצא סביבכם לא בהכרח מרגיש כך, ועלול לפתח סלידה כלפי ניסיונותיכם לשנות את דעתו. במקום זה, עדיף להתמקד בתהליך שאתם עוברים מבלי להעמיס על סביבתכם. למרות הקושי הרב שהדבר בוודאי יהווה עבורכם, אל תציעו להם לשמור שבת כדי להציל את נשמתם, ונסו למצוא עוד נושאי שיחה חוץ ממה שלמדתם על פרשת השבוע או

פלפולים בהלכה חדשה. גם אם זה קשה לכם, תנו להם תחושה שלא התנתקתם ושאתם עדיין דוברים את השפה שלהם.

מה כן אפשר לעשות בינתיים? להתפלל שכשם שאורו של הקב"ה זרח עליכם, כך גם הם יזכו להרגיש מה שאתם חשים, ואולי יתקרבו קצת לדרך חייכם החדשה. אבל זִכרו שה"אחריות" להחזיר אותם בתשובה אינה מוטלת עליכם, אלא על ה'... הַמשיכו ללמוד ולצמוח, ויום יבוא ותמצאו את דרככם הייחודית להשפיע. אנחנו מתחילים להאיר לאחרים רק כשאנחנו מפסיקים לנסות לשנות אותם, ופשוט חיים את חיינו הכי טוב שאנו יכולים. וכמו שאבא שלי מסביר, "אנחנו משפחה **הדוקה**..." (על משקל אדוקה = דתית מאוד).

ג. **לא תחמיר (על אחרים).** אם קיבלתם חומרות הלכתיות מסוימות, שִמרו אותן לעצמכם. אם הם לא זורמים איתכם, נסו להקל על בני משפחתכם במסגרת גבולות ההלכה. התייעצו עם הרב ואל תפסקו לעצמכם (ולהם) – אולי תגלו שמה שחשבתם כחובה הלכתית הוא רק הידור או מידת חסידות. פעם השתתפתי בשיעור בהלכות פסח בחברת כמה עשרות מתקרבים טריים, שהקפידו על כשרות מהודרת מבלי להבין מה זה אומר. הם ציפו לשמוע מהרב את כל החומרות, אבל הוא הפתיע את כולם: "אם על המוצר כתוב "כשר לפסח" – בשבילכם זה מספיק. הדמעות של אימא לא שוות שתחמירו על חשבונה". ראוי לאמץ את המשפט הזה בכל ימות השנה.

ד. **שִמרו על קשר.** באופן טבעי, אורח החיים שאתם מאמצים משפיע על הקִרבה הטבעית ועל הנוחות שלכם לשהות בקרבת הוריכם כתוצאה מאי שמירת שבת, כשרות וצניעות. עם הזמן אולי גם תבואו לבקר פחות, וזה הדבר שממנו בני משפחתכם חוששים יותר מכול. אמנם "צריך שניים לטנגו", ולשני הצדדים יש אחריות על הקשר, אך עליכם להבין ששמירתו האקטיבית הופכת למשימה שמוטלת בעיקר עליכם. אתם נדרשים להתאמץ יותר – לארגן מפגשים משפחתיים, להתעניין, לשתף ובעיקר לא להיעלם כדי להוכיח להם שלא התנתקתם. זה יהיה מאתגר.

ה. **קחו אחריות.** בהמשך לסעיף הקודם, הנחת היסוד שלכם צריכה להיות שגם ההשלכות **ההלכתיות** של דרך החיים שלכם מוטלות עליכם. הוריכם לא בחרו בכך (עדיין), ועליכם לראות בכל מה שעשו ויעשו עבורכם חסד גמור מצידם. אם צריך לקנות מוצרי מזון בכשרות

מסוימת, הַציעו לרכוש אותם בעצמכם כדי לחסוך להם את הטירחה בחיפוש סימני כשרות (ואת עוגמת הנפש כשהם יגלו שהם קנו את המוצר הלא־נכון); אם אתם מגיעים להתארח בשבת, הַגיעו מוקדם ועִזרו בקניות ובהכנות. אם אתם יוצאים לחגיגה משפחתית במסעדה, מִצאו **אתם** מקום שמתאים לכם ומקובל על כל בני המשפחה. גישה כזו מכבדת קודם כול אתכם; אך לא פחות מכך, הורים רבים מכבדים את הדרך של ילדיהם כשהם רואים עד כמה הם לוקחים אותה ברצינות ומוכנים להשקיע בה. שנית, כך תורידו מהם את העול להבין לבד לְמה אתם זקוקים. עם הזמן, וככל שתפגינו יותר אחריות, מובטח לכם שהם ילמדו זאת ויהיו מוכנים יותר להתחשב בכל מיני תחומים. תנו להם את הזמן הדרוש להפנמת העניין.

ו. **הֱיו גלויים, אבל בתבונה.** התקרבות הדרגתית פירושה שינויים מתמידים. מה שנחשב עבורכם עד אתמול כשמירת שבת מלאה, עלול להשתנות כשתגלו כמה הלכות חדשות שלא הייתם מודעים לקיומן; מה שנחשב קודם ככשרות טובה, אולי ייראה בעיניכם יום אחד כבלתי מספיק. בעוד לכם זה נראה מובן מאליו שכל הזמן לומדים דברים חדשים, לבני המשפחה זה ייראה כתעלומה. עד שהם מתרגלים לסטטוס־קוו מסוים, פתאום אתם באים עם הוראות חדשות שטורפות את הקלפים.

מה אפשר לעשות? אתם אולי לא יכולים לצפות זאת מראש, אבל אתם כן יכולים להסביר להם את המצב כשהוא קורה. אפשר גם להתנצל על עוגמת הנפש שנגרמת להורים. ההורים לא תמיד זקוקים לכל המידע שיש לכם ("הנה אמא, זה כתוב במפורש בילקוט יוסף בהערה קטנה למטה, רוצה לראות?"), ובדרך כלל נכון יותר לחסוך מהם את הפרטים ולהסתפק בתשובה קלילה וחד־משמעית. בשעת הצורך השתמשו בחוכמה במה שאמרו חכמינו, שמותר לשנות קצת מן האמת המוחלטת (אך לא לשקר) כדי להגביר את מידת השלום. מעתה אל תזעקו "השתגעת? איך קנית את הבשר הזה?! לא אוכל את הכשרות הזו לעולם!", אלא אימרו בנועם "היום לא מתחשק לי קציצות".

ז. **זכור מאין באת.** "אתה רוצה לשכוח, להתחיל מהתחלה", שר אהוד בנאי. מבחינתכם אולי תרצו מתישהו להמציא את עצמכם מחדש, בלי עבר ובלי היסטוריה. אפילו אם זה היה אפשרי, מבחינת הוריכם תמיד תישארו הילד או הילדה שלהם. עם זקן, בלי זקן, מה זה משנה – אנחנו

יודעים מי אתה. במובן מסוים הם צודקים. תהליך ההתקרבות ימצה מכם את הטוב, אבל תכונות האופי הבסיסיות, בעיקר הטובות שבהן, אינן אמורות להיעלם.

סיטואציה שיכולה להיות מורכבת בהקשר זה היא המפגש הבין־דורי של הוריכם עם ילדיכם – סבא וסבתא עם הנכדים. יש חוזרים בתשובה שמנסים להסתיר מילדיהם את זהותם החילונית של הוריהם, ודורשים מהסבא והסבתא לחבוש כיפה ושביס כשהם נפגשים. בעיניי זו גישה שגויה. ילדיכם מרגישים בהבדלים התרבותיים שבין המשפחות גם עם התחפושות. הגישה הנכונה היא להכיר במצב הקיים – סבא וסבתא הם מה שהם, יש להם בחירה חופשית איך לחיות את חייהם, ואנחנו בחרנו בדרך החיים של התורה. ובכל זאת, זה לא צריך להפריע לנו לאהוב אותם ולשמור על קשר, וכך גם מצווה אותנו התורה.

ח. **מִצאו תמיכה.** ההורים, החברים והקרובים כנראה לא יוכלו ללוות ולתמוך בתחילת הדרך. אתם זקוקים לאוזן קשבת – חבר, חבורה או רב – שתוכלו לשתף בקשיים ולשחרר לחץ. הם גם יוכלו לתת לכם זוויות הסתכלות שאולי לא חשבתם עליהם, ולעזור לכם להישאר מאוזנים.

ט. **התחברו למסורת המשפחתית.** בהמשך לסעיף הקודם: בין אם יכירו בכך ובין אם לא, גם למשפחתכם יש חלק במסורת היהודית. תופעת החילון היא מודרנית למדי, ומספיק לטפס כמה דורות למעלה עד שפוגשים בתמונות של בעלי זקנים, כיפות ושביסים. הרי עד לא מזמן כל היהודים היו דתיים, או לפחות מסורתיים. החיבור אל המורשת המשפחתית עשוי להיות אוצר גדול עבורכם. הוא ההוכחה שלא המצאתם את הדרך הזו, אלא אתם רק ממשיכים מסורת משפחתית יהודית שאולי דילגה על כמה דורות אבל הייתה שם מאז ומעולם. במובן מסוים אתם נבחרתם להחיות אותה מחדש, ומי יודע אם ההתקרבות שלכם איננה תוצאה של תפילות הסבתות שלכם בעת הדלקת נרות: "וְזַכֵּנִי לְגַדֵּל בָּנִים וּבְנֵי בָנִים חֲכָמִים וּנְבוֹנִים, אוֹהֲבֵי ה' יִרְאֵי אֱ־לֹהִים..."; או מתפילות הסבים בברכת התורה מדי בוקר: "וְנִהְיֶה אֲנַחְנוּ וְצֶאֱצָאֵינוּ וְצֶאֱצָאֵי צֶאֱצָאֵינוּ וְצֶאֱצָאֵי עַמְּךָ בֵּית יִשְׂרָאֵל, כֻּלָּנוּ יוֹדְעֵי שְׁמֶךָ וְלוֹמְדֵי תוֹרָתְךָ לִשְׁמָהּ...". זו גם הזדמנות עבורכם לחקור ולהכיר את תולדות המשפחה ולחשוף את שורשיה העמוקים, שיוכיחו לכולם שאתם בעצם די נורמלים.

י. **היו אמפתיים.** אינכם צריכים להסכים איתם, אבל נסו לפחות להרגיש

מה הם חווים. אם אתם נמצאים פחות בבית, מרוחקים ועסוקים יותר, לא מגיעים לחגים – כַּאֲבוּ את כאבם, הבינו לצערם. אינכם צריכים לשנות את הדרך שבחרתם בה, ואולי יבוא יום וגם הוריכם יראו את הטוב שבה. אבל עכשיו קשה להם, וזה מובן. היו רגישים!

כמה מילים להורים

סביר להניח שלא כך דמיינתם ותיארתם את החיים. חשבתם שהילדים ימשיכו בדרך שלכם, והנה החיים שלהם שונים למדי ומצריכים היערכות מיוחדת. מה תעשו? תוותרו עליהם? אתם לא כאלה.

אגי באואר, אם מאוסטרליה שבתה חזרה בתשובה ועלתה לישראל, חיברה ספר (קריאת חובה להורים ולילדים כאחד!) בשם "משחור לצבעי הקשת", המתאר את חוויותיה מהצד שלה. וכך הסבירה את מצבם של ההורים:

> עמדה בפנינו הברירה: לקבל את אורח החיים החדש של נטלי או לא לקבל; להניח לה לחיות בדרך שבחרה כשאנו מקבלים אותה, אוהבים אותה ותומכים בה, או ללא כל אלה. בחרנו בדרך הקלה יותר – ואני משוכנעת שאכן הייתה זו הדרך **הקלה** – והחלטנו לקבל את אורח חייה, ולא חשוב עד כמה קשה יהיה הדבר עבורנו, ולא חשוב עד כמה ייראה הדבר מוזר בעינינו.
>
> בשנים שחלפו בינתיים היו מקרים בהם היה עלינו לשקול מחדש את החלטתנו, אך תמיד הגענו לאותה דילמה – האם ברצוננו לאבד את ילדתנו, או לזכות בה בתנאיה שלה? לעולם לא היינו מוכנים לאבד את בתנו.
>
> אתם עלולים לעמוד בפני אותה ברירה, אך ככל שתמשיכו לקרוא תיווכחו לדעת שבכלות הכול זה לא כל כך קשה, או שזה לא יהיה כך אם תלמדו משגיאותיי. למעשה, תגלו כמוני שהפסדכם יצא בשכרכם.[7]

אם נניח לרגע את הסטיגמות והדעות הקדומות בצד, זה יכול היה להיות יותר גרוע. ילדיכם לא רצחו, לא גנבו, לא ברחו לצד השני של כדור הארץ והשאירו אחריהם חובות כבדים. הם פה, בוגרים יותר, אחראים יותר, לומדים ומתעניינים יותר, מתחברים להיסטוריה היהודית שהיא גם ההיסטוריה שלכם, משתדלים להתחזק בהתמדה ועקביות, מתמודדים עם

אתגרים, מנסים להיות מסודרים, ובעיקר – רוצים לחיות חיים עם ערכים טובים כמו אלה שהם ספגו, בסבירות גבוהה, אצלכם בבית.

הפחד מניתוק הוא כנראה הדבר שהכי מפחיד אתכם בתהליך שבנכם או בתכם עוברים. דעו שהיהדות מעודדת מאוד קשרים משפחתיים חזקים ודורשת כיבוד הורים, סבים וסבתות, גם אם אינם דתיים. התא המשפחתי הוא בעל חשיבות עליונה, ולכן ניתוק של קשרי משפחה איננו תוצאה טבעית של ההתקרבות ליהדות אלא בעיקר של קושי מעשי לחיות יחד מתוך השקפות והתנהגויות שונות. כדי שזה לא יקרה, עליכם **לבחור** לחיות יחד ולהתגבר על המכשולים שעשויים לעמוד בדרך.

עד כמה שהדבר יישמע מוזר, גם לכם יש אחריות. נכון, לא בחרתם ולא רציתם שילדכם יחזור בתשובה, ואולי יש בכם התנגדות לדרך שהוא בחר בה. אתם ודאי כועסים ומרגישים פגועים ועזובים, אך אם לא תחליפו את תחושות הכישלון והכעס שלכם בצעדים מעשיים ואמפתיים, רק תוכיחו לילדכם שהניתוק באמת בלתי נמנע – רעיון שגוי מכל הבחינות. אתם לא רוצים לוותר עליו, ולא על הדורות הבאים.

עליכם להבין את המצב: ילדכם, ולא משנה מה גילו, נמצא בשלב לא פשוט בחייו. עד עכשיו תמיד היה לו על מי להישען – עליכם ההורים, או על בני משפחה קרובה ומורחבת, מורים וחברים. כעת הוא עובר שינוי גדול שגורם לו להיות, לעת עתה, עסוק מאוד בעצמו ובפנימיותו, תוך שהוא בוחן מחדש את כל הדברים שהתחנך עליהם – אך הפעם לבד, מבלי לערב אתכם. התהליך הזה שואב את כל כוחות נפשו, ובדרך כלל קשה לו להתחשב באחרים ולהסתכל על עניינים ארוכי טווח, שהקשר המשפחתי הוא אחד מהם. הנה עוד מדבריה של אגי באואר:

> כתוצאה מתחושות התרעומת והכעס של ההורים החילונים על שינויים אלה, כמעט כל מילה היוצאת מפיו של הבן הבעל-תשובה נשמעת כ"הצהרת דחייה", שכן במעשיו הוא דחה בהפגנתיות את כל סולם הערכים של הוריו. בנימת קולו נשמע, אולי שלא במתכוון, צליל עליונות. לכן עלולים רבים מביטויו להישמע הצהרות השמצה וזלזול, ובכך הם מחריפים את רגשות האיבה של ההורים כלפיו, כלפי דרך החיים החדשה וכלפי האחראים לכך ש"פנה להם עורף".

בו זמנית, הרי בעל התשובה הטרי, על אף לימודיו, עדיין בור וחסר ודאות לגבי פירושם של הדברים שהוא עושה ואולי אין לו עדיין את היכולת להסביר את עצמו, וקרוב לוודאי שהדבר יביא לידי עימות עם הוריו החילוניים. אך אין הוא מוכן להכיר בבורותו, וכתוצאה מכך ישתמש לעתים בסגנון דיבור תקיף ודיקטטורי שאינו סובל ויכוח.[8]

סביר להניח שילדכם לא ירצה להקשיב לכם, אבל בכך שתראו לו שאתם לא מוכנים לוותר על הקשר, ואולי אף תדרשו זאת ממנו, תסייעו לו להבין שהקשר המשפחתי חשוב עבורכם מאין כמוהו.

אם תכלכלו את צעדיכם בתבונה, אני מאמין שגם אתם תוכלו לומר את הדברים הבאים:

> בכתיבת ספר זה התפתיתי לרכך אירועים כואבים תוך כדי שיחזורם, שכן הם אינם מציגים אותי ואת בתי באור חיובי. לאחר מחשבה נוספת הבנתי שאם אשווה לאירועים אלה צבע ורוד, הרי שאתם, שסביר להניח עוברים זמנים קשים בדומה לי, לא תוכלו להזדהות איתי וכתוצאה מכך לא תלמדו את מה שלמדתי אני: שכל האירועים המכאיבים הופכים להיסטוריה, ושההווה הינו שמחה רצופה חוויות חדשות.
>
> כמה חוסר ידע, כמה איבה הפגנתי באותן שנים ראשונות. רק עתה, אחרי עשר שנות לימוד, הסתגלות והפקת מלא ההנאה מבת בעלת-תשובה, אני יודעת באמת כיצד יכול הטוב למחוק את הרע.[9]

כללים לבני המשפחה

א. **הַכירו במה שקורה.** אל תתעלמו מהשינויים שמתרחשים בחייו של ילדכם. הוא חש שגילה את האור, ואין לו עם מי לדבר על זה. לא משנה כמה אתם רחוקים מהעניין, אם תצליחו לחלץ מעצמכם התעניינות, אפילו טכנית, במה שעובר עליו, איפה הוא לומד ועם מי הוא מבלה, תשיגו רווח כפול: הוא יודה לכם, ואתם תוכלו לדעת איפה הוא עומד. אולי הוא חושש מתגובתכם, אך מניסיוני, אם תהיו קשובים באמת הוא

ישמח לשתף אתכם. ילד זקוק תמיד לעצה טובה מהוריו, ואם תהיו שם בשבילו אולי תוכלו לסייע לו לקבל כמה החלטות נכונות.

ב. **תנו להם מקום.** בין אם ילדכם חי איתכם בבית ובין אם לא, כדי שיוכל לשהות במחיצתכם ולהרגיש בנוח הוא זקוק להתחשבות. לצערכם, בשלב זה דרישותיו גדולות יותר מכפי שהוא יכול להעניק חזרה. כדי שירגיש נוח הוא זקוק למזון ולכלי אוכל כשרים בהתאם לרמת הכשרות שהוא מקפיד עליה (שַׁאֲלו אותו על כך, והוא יהיה בעננים); פינה שקטה, במיוחד בשבת; אווירת שבת בחלקים המרכזיים של הבית (בלי מכשירים חשמליים ואור שדולק ברציפות). ובעיקר, אל תעירו – על הלבוש הצנוע, על המלמולים ועל כל השאר. נכון, זה לא קל; אבל הצעדים בוני האמון הללו הם המפתח לקשר טוב וחזק לאורך זמן.

ג. **אל תזלזלו.** ילדכם מתנהג אולי בצורה מוזרה במקצת, כזו שאינכם רגילים אליה. הוא יתעקש על דברים מסוימים, יגיד "זה אסור" על דברים שבעיניכם אין בהם שום היגיון, ובאופן כללי יפעל אחרת. גם אם המנהגים שלו נראים לכם משונים, אל תאמרו זאת. ייתכן שהוא עצמו עוד לא יודע להסביר אותם לעצמו, קל וחומר שלא לכם, אך דעו שאם הוא אכן נשמע להוראות התורה, מאחורי כל פרט בהתנהגות שלו יש עיקרון רב־תבונה. יבוא יום והוא גם יֵדע להסביר לכם אותו.

ד. **התייעצו עם הרב.** עד כמה שהרעיון יישמע מטורף, כאשר תיתקלו בבעיות וקשיים כדאי לכם לשקול להתייעץ עם הרב שמלווה את ילדכם. ברוב המקרים גם הוא ישמח לקשר עם ההורים, ויוכל להרגיע אתכם. כשישמע מכם על הבעיות שמפריעות לכם, הוא יוכל להדריך את ילדכם כיצד להתנהל בצורה מתחשבת יותר מבלי לוותר על ההלכה.

ה. **אל תעשו דווקא.** במקום לנסות לשכנע אותו שהוא טועה כי הבן־דוד הדתי של השכנים אמר לכם שזה בסדר, פשוט תניחו לו לעשות מה שהוא מבין. כמובן, כל זמן שהדבר אינו מצריך ויתורים מרחיקי לכת מדי מבחינתכם. במקרים מסוימים כדאי לשקול "הפרדת כוחות" לתקופה מסוימת.

ו. **הָגֵנו על כבודם.** הסביבה החברתית שלכם אינה מקבלת את השינוי שחל אצלכם בשתיקה. בדיוק כמוכם. אתם עומדים לשמוע, ואולי כבר שומעים, הערות מציקות וביקורתיות על ההחלטה של ילדכם להתקרב ליהדות, ולעיתים אף מזהים אתכם כשותפים לדבר. הניסיון מלמד שחזרה בתשובה גוררת תגובות ארסיות הרבה יותר מתופעות אחרות

כמו, להבדיל, חתונה עם בן זוג לא־יהודי או יציאה מהארון. גם אם אינכם מזדהים עם הדרך שילדכם בחר בה, אל תיגררו אחרי ההערות הללו; הוא הילד שלכם, וזקוק לכל התמיכה שתוכלו לתת לו.

ז. **הֱיו אמינים.** אם הגעתם להסכמה עם ילדכם על עניין הלכתי מסוים, כבדו זאת גם כשהוא לא נמצא, ותמיד תמיד אִמרו לו את האמת. המשפט "מה שהוא לא יודע לא יכאב" שגוי בעליל, כי זהו פתח רע מאוד לחוסר אמון. אם צריך לשטוף את החסה שלוש פעמים לפי ההנחיות על השקית ואין לכם סבלנות, אִמרו זאת; אל תחליקו את העניין רק משום שאינכם מבינים מדוע. אולי יהיו כמה חיכוכים סביב העניין, אבל בטווח הארוך תיווכחו שהאמון של ילדכם הוא המתנה הגדולה ביותר שתקבלו כדי לשמור על היחסים.

ולבסוף, הורים יקרים – הרשו לי לברך אתכם שתרוו נחת מילדכם. שתשמחו בהם והם בכם, שתיהנו מהמשפחה שבעזרת השם יקימו (או כבר הקימו), שתשרור ביניכם גילה ורינה, דיצה וחדווה, אהבה ואחווה ושלום ורעות, ושהמשפחה האדוקה שלכם תישאר גם הדוקה.

עשה לך רב

החיים היהודיים מבוססים על העברת מסורת מדור לדור: "מֹשֶׁה קִבֵּל תּוֹרָה מִסִּינַי וּמְסָרָהּ לִיהוֹשֻׁעַ, וִיהוֹשֻׁעַ לִזְקֵנִים, וּזְקֵנִים לִנְבִיאִים, וּנְבִיאִים מְסָרוּהָ לְאַנְשֵׁי כְנֶסֶת הַגְּדוֹלָה" (אבות א). מסירת הידע והערכים מדור לדור עומדת ביסוד היהדות כולה.

העברת המסורת מתחילה בדרך כלל מאב לבן. כאשר אנו עורכים את ליל הסדר, אנו בדרך כלל מחקים מה שראינו בסדרים המשפחתיים אצל סבא וסבתא, שגם הם קיבלו זאת מהסבא והסבתא שלהם, וכן הלאה. צינור לא פחות חשוב להעברת המסורת הוא בלימוד אצל רב – אדם בעל ידע תורני רחב והבנה כיצד ליישם אותו בחיים. הנקודה האחרונה היא בעלת חשיבות עצומה, משום שלעיתים דרך היישום של התורה בחיים שונה מאדם לאדם. ייתכנו מצבים שבהם שני אנשים ישאלו את הרב שאלה זהה וכל אחד יקבל תשובה אחרת; לא משום שהתורה אינה אחידה, אלא משום שבנסיבות שנוצרו אצל כל אחד מהם, הדרך הנכונה **למימוש התורה בחיים שלהם משתנה.**

הדוגמה הבאה ממחישה זאת: הרב שלמה קרליבך הוזמן פעם להופיע במחנה קיץ בארצות הברית של תנועת השומר הצעיר, הרחוקה מתורה ומצוות. רק לאחר זמן התברר לו שתאריך ההופעה נקבע ליום שלפני תשעה באב, זמן שבו ההלכה אוסרת על הופעות מוזיקליות, כאות אבל על חורבן בית המקדש. הרב קרליבך היה נבוך מכיוון שכבר אישר את הופעתו ולא רצה לבטל. הוא התייעץ עם הרב משה פיינשטיין, מגדולי הפוסקים באמריקה. הרב השיב לו: "אם לא תופיע אצלם, מה ישתנה? שום דבר. אם תופיע, אולי יהיה אחד שבזכות זאת יֵדע שפעם היה בית המקדש. אתה מוכרח ללכת ולהופיע בפניהם..."[10] (מובן שמבחינה הלכתית יש לדון בכל מקרה לגופו, וזה כשלעצמו מחדד את החשיבות של "עשה לך רב").

לצערנו, המתקרב ליהדות הוא אדם תלוש ממסורת: במקום לקבל אותה באופן טבעי מבית אבא, הוא קולט אותה מבחוץ – דרך רבנים, ספרים, שיעורים ואפילו חברים. אולם בזמן שהמסורת הטבעית היא אותנטית ומחוברת לחיים, המסורת שנספגת דרך ספרים בלבד היא ברוב המקרים מאובנת. לא בכדי נאסרה כתיבת התורה שבעל פה במשך שנים רבות כל כך (ראו בפרק ד), משום שביהדות יש עולם שלם של דעות והשקפות בנושאים עקרוניים שעובר מהורה לילד, מרב לתלמיד ומקהילה לקהילה – ורק מעטות מהן נכתבות במפורש.[11]

המתקרבים ליהדות מתחלקים בדרך כלל לשני סוגים: סוג אחד הוא אלה שמחפשים לעצמם דמות רבנית טוטאלית. אנשים מהסוג הזה לרוב נוטים גם לאמץ את הרב הראשון שהם פוגשים ומשתתפים בשיעוריו, במיוחד אם הוא אדם מרשים בחוכמתו או בכריזמה שלו. המפגש עם חוכמת היהדות הנשמעת מפי הרב ממלא את הנפש, והתלמיד רוצה לדבוק בו ולהיות כמוהו. אך לעיתים הדבר מגיע עד כדי התבטלות מוחלטת לדרכו של הרב, גם כאשר היא אינה מתאימה לאישיותו של התלמיד.

סוג שני הוא אלה שמתרחקים מכל סמכות רבנית ורוצים לעשות הכול לבד. הם לומדים לבד, מבינים לבד ופוסקים לעצמם לבד. מעבר לכך שאין זו דרכה של תורה, הם מפספסים את העובדה שחיים על פי הספר לעולם אינם מתכון נכון לחיים. החיים עשירים ומגוונים, והיצמדות רק לאות הכתובה גורמת לנוקשות וחוסר דינמיות שעלולות לסלף את התורה, ובמקום שהתורה תהיה סם חיים – היא הופכת לסם המוות.

לדעתי, שתי הדרכים אינן אידיאליות. אדם מוכרח שיהיה לו רב, אבל הרב אינו מהווה תחליף לקבלת אחריות אישית. כשבונים בניין נעזרים בפיגומים, אבל הפיגומים אינם אמורים להחזיק את הבניין לאורך שנים; צריך לבנות אותו חזק כך שיוכל לשאת את עצמו. אפשר לראות ברב מעין פיגום רוחני, שדוחף ומכוון את האדם לבנות בניין יציב וחזק, אך איננו מחליף את העבודה שהאדם עצמו נדרש לבצע. כפי שכתב הרב ארז משה דורון:

מה טבעי יותר לתלמיד מליפול לבור של "כמו"? - הוא רוצה להיות מואר כמו הרב, להתבודד כמו המורה, לחוש בהירות כמו כותב הספר. הוא רוצה לבכות "כמו", לשיר "כמו", לשתוק "כמו" או לרעוד "כמו". הוא רוצה להגיע לשיא הדבקות כמו מי שבישר לו על קיומם של

> שיאי דבקות בעולם. כמה הגיוני, וכמה בלתי אפשרי. כי אין אדם בעולם שנברא לעבוד את השם כמו אדם אחר. כל נשמה היא ייחודית לחלוטין, וגם המציאות שהיא פועלת בה שונה ונבדלת. למעשה, בורא העולם ממתין לשמוע מכל אחד מאיתנו את השיר הפרטי שלו, שונה לחלוטין מכל ניגון שאי־פעם נשמע בעולם.[12]

הדבר אינו סותר את העבודה שכל אדם, ובמיוחד מתקרב שזקוק להדרכה ולהכוונה מיוחדת, צריך שיהיה לו רב. ההלכה רואה בכך עניין עקרוני – רק ככה מקבלים תורה.

איך מוצאים רב?

ראשית, צריך להבחין בין שני סוגים של רבנים: רב פוסק ורב מייעץ / תומך. רב פוסק הוא רב שתפקידו לפסוק הלכה ולהורות מה מותר ומה אסור, וחשוב למצוא רב **שמכיר את צורת חייהם של מתקרבים ובעלי־תשובה ואת הדילמות שמלוות אותם.** הניסיון להחיל על בעלי תשובה את הנורמה הדתית הרגילה איננו מתכון לחיים דתיים בריאים. יש לאפשר להם להתקדם בקצב שלהם, תוך שימת לב שהם אינם נתקעים במקום.

רב מייעץ / תומך הוא לרוב האדם המשפיע ביותר על המתחזק. הוא מלווה אותו, מתעניין בו, דואג לצרכיו, מלמד אותו, מחזק אותו בדרכו, משיא לו עצות שמתאימות **לו** בתהליך שהוא עובר. מובן שכדאי שהרב המלווה יהיה דמות מעוררת השראה, שגורמת לאדם לרצות להשתפר ולהתקדם. לעיתים הרב הפוסק והרב המלווה יהיו אותו אדם, אך אין זו חובה. לעיתים אדם מוצא רב מלווה שהוא גם אישיות ציבורית גדולה וחשובה, והוא אינו יכול להקדיש לו זמן רב. במקרים כאלה כדאי למצוא עוד אדם או חברותא מתקדמת, שאפשר להיות איתו בקשר יומיומי.

התהליך של חיפוש ומציאת רב עשוי לארוך זמן. הוא אינו מתגלה בין־לילה, ולא תמיד זהו הרב הראשון שפוגשים בו. יש סגנונות שונים של רבנים: עממיים או אינטלקטואליים, למדנים־שכליים או נפשיים, רחבי אופקים או צרים, מומחים לגמרא או לתורת הסוד. כל אדם צריך למצוא את מי שמתאים לו, אולם בשורה התחתונה אדם צריך שיהיה לו רב.

היחס הנכון אל הרב צריך להיות כאל דמות משפיעה. הוא אמור לחזק אותך

במקום שבו אתה נמצא, אך גם לעודד אותך להתקדם ולהוציא מעצמך יותר. הרב שלמדתי אצלו בשנותיי הראשונות הציב בפניי אתגר: להקדיש עוד שעות ביום ללימוד תורה. מצד עצמי לא הייתי מחליט החלטה כזו, אך כשהוא הסביר לי עד כמה זה חשוב להתפתחות הרוחנית שלי, השתכנעתי. התאמצתי, השקעתי ושיניתי חלק מחיי כדי לעשות זאת, ואכן, רק אחר כך התברר לי עד כמה זה היה חשוב להתפתחות שלי.

ואיך לא מוצאים רב

לא כל אדם שנראה כמו רב ומכונה 'רב' הוא באמת רב. אתם עשויים לפגוש אנשים חכמים, כריזמטים עם כוחות מופלאים, שאינם מתנהגים כלל כרבנים. רב הוא מי שממשיך מסורת שאותה קיבל מרבותיו, מעביר אותה הלאה ושומר על כל כללי ההלכה, גם הכתובים וגם אלה שאינם כתובים. לצערנו, בשנים האחרונות אנו שומעים על אנשים שמכונים רבנים ומנהיגים קבוצות אשר למרות החזות שלהן, אינן הולכות בדרך התורה. ואף שמדובר בבודדים מבין אלפי הרבנים הטובים והלגיטימיים, מאנשים כאלה רצוי להתרחק.

איך תזהו אותם? קודם כל, תקשיבו ללב שלכם. אם משהו מרגיש לכם לא נכון, לכו להתייעץ עם רב מוכר מחוג אחר ומקבוצה אחרת, שייתן לכם את חוות דעתו על ההתנהלות בקבוצה שהגעתם אליה. ייתכן שהכול בסדר גמור ואתם פשוט עוד לא התרגלתם לקצב החיים השונה של העולם היהודי.

כמה כללי אצבע שיעזרו לכם: רב לא אמור לפגוע פיזית, נפשית או כלכלית בתלמידים שלו, לא אמור לעשות מעשים לא מוסריים, לא אמור לדרוש כבוד מוגזם (עם זאת, דרישה בסיסית לכבוד היא לגיטימית לחלוטין), לא אמור להרחיק אתכם מבני המשפחה שלכם אם אינכם מעוניינים בכך. מצופה ממנו לשמור על ההלכה ברמה הגבוהה ביותר, להיות ישר, לשמור על כבודם של תלמידי חכמים אחרים גם אם הוא לא מסכים לדעתם, וחשוב מאוד – שלו בעצמו יהיה רב. אדם שאין מעליו דמות סמכותית שאת דעתה הוא מכבד עלול לעשות מעשים לא כשרים, מבלי לתת דין וחשבון לאיש.

וחשוב לציין שלמרות הדברים הנוקבים הללו, רוב רובם של הרבנים הם אנשים טובים, שחפצים לעזור ולהגדיל את הטוב והקדושה בעולם, ולא יעלו בדעתם להפר את חוקי התורה או לפגוע באיש. ובכל זאת, חשוב להכיר שיש גם תופעות אחרות.

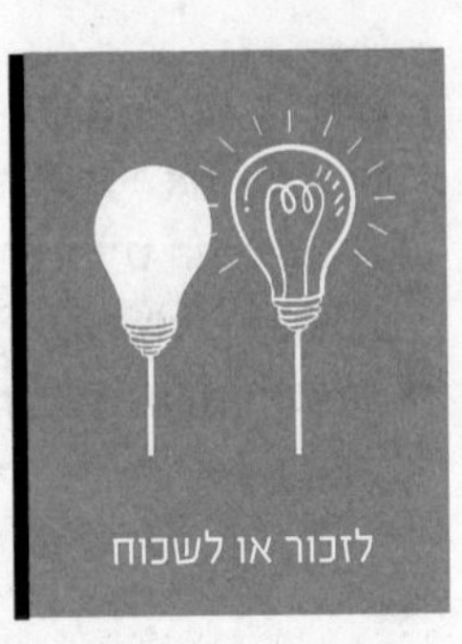

לזכור או לשכוח?

היחס אל העבר

ההלכה רואה בבעל תשובה אדם שנולד מחדש: "מְשַׁנֶּה שְׁמוֹ, כְּלוֹמַר אֲנִי אַחֵר וְאֵינִי אוֹתוֹ הָאִישׁ שֶׁעָשָׂה אוֹתָן הַמַּעֲשִׂים; וּמְשַׁנֶּה מַעֲשָׂיו כֻּלָּן לְטוֹבָה וּלְדֶרֶךְ יְשָׁרָה וְגוֹלֶה מִמְּקוֹמוֹ" (רמב"ם הלכות תשובה ב). כך חשים מתקרבים רבים שרוצים לנעול את עולמם הקודם בתיבה, ולהתחיל כביכול חיים חדשים מאפס. אבל מה לעשות שמחשבות וזיכרונות מהעבר מתעוררים בראשנו, ואנשים מהעבר נקרים בדרכנו. להגיב כאילו כלום לא השתנה? להתרחק? להתעלם? גם אם אפשר היה לשכוח אותם לחלוטין, האם אנו אמורים לעשות זאת?

בתהליך מאוזן, האדם אכן בורא את עצמו מחדש. כלומר, הוא כל כך משתנה מבפנים עד שהוא נעשה אדם אחר לחלוטין. ישנם אנשים שכאשר מזכירים להם אירוע מסוים מהעבר, לפני שחזרו בתשובה, הם מתקשים להאמין שכך התנהגו, כאילו מדובר באדם זר. הם מעדיפים לשכוח את השנים שבהן השקיעו את זמנם בדברים שנראים להם עכשיו חסרי חשיבות.

אבל האמונה היהודית אומרת שאצל ה' אין "בדיעבד". הכול קורה "לכתחילה", והכול מכוון מלמעלה. זהו רצון אלוקי שתגדל במשפחה מסוימת עם כל מה שיש לה להציע. יעברו שנים עד שתבין מה הייתה התועלת בכך, ואיך אתה אמור לממש את הניסיון ואת העבר שלך גם בצד הקדושה.

אחד התפקידים החשובים של המתקרבים הוא להשתמש בכישורים שלהם מעולם החול גם בעולם הקודש. יצירתיות, כישורי ניהול, ירידה לפרטים, רגישות לאסתטיקה ותכונות נוספות, יכולות וצריכות לקחת חלק בעולם הקודש. וכמו שאנו רואים למשל בשנים האחרונות שמוזיקאים, במאים,

שחקנים ואחרים שהתקרבו ליהדות הביאו איתם רוח חדשה של יצירה ייחודית שלא הייתה מעולם.

במובן מסוים, ללא אותם חיים חילוניים רחוקים, בכלל לא בטוח שהייתם מתעוררים לתשובה וקִרבת אלוהים. הרי אותו ה' שגיליתם עכשיו היה שם כל הזמן, גם כשעוד לא הכרתם אותו. הוא גלגל אתכם לחיים מסוימים כי כנראה דווקא משם תוכלו לעלות הרבה יותר גבוה.[13]

היחס הרצוי אל העבר הוא הבנה שאמנם אי אפשר לשנות אותו, אבל אפשר לשנות איתו את העתיד. זוהי תמציתה של התשובה: "אֵי זוֹ הִיא תְּשׁוּבָה גְמוּרָה? **זֶה שֶׁבָּא לְיָדוֹ דָּבָר שֶׁעָבַר בּוֹ וְאֶפְשָׁר בְּיָדוֹ לַעֲשׂוֹתוֹ וּפֵרַשׁ** וְלֹא עָשָׂה – מִפְּנֵי הַתְּשׁוּבָה, לֹא מִיִּרְאָה וְלֹא מִכִּשְׁלוֹן כֹּחַ" (רמב"ם הלכות תשובה ב). כלומר, אדם שעבר עבירה וכעת מגיע לסיטואציה דומה ונמנע ממנה – זוהי תשובה שלמה. פעמים רבות הדרך הטובה ביותר לתקן את חטאי העבר היא כאשר נקלעים למצב שכבר היינו בו בעבר, והפעם בוחרים אחרת – באפשרות שמקרבת אותנו אל ה'. וכמובן, הדברים צריכים שיקול דעת גדול.

קמח או תורה?

השאלה כיצד לימוד תורה ופרנסה הולכים יחד היא בהחלט אחת הסוגיות כבדות המשקל ביותר, לא רק עבור חוזרים בתשובה.

מצד אחד, העולם היהודי מעמיד את התורה בראש מעייניו. מגיל צעיר מחנכים גם את הילדים על ברכי התורה, מלמדים אותם ונוטעים בהם אהבת תורה. המתקרבים עלולים לחוות משבר כשמתברר להם עד כמה גדולים פערי הידע שלהם, גם אם אין מהם ציפייה שישלימו הכול. מצד שני, "אם אין קמח אין תורה" (אבות ג), וכדי ללמוד ביישוב הדעת צריך פרנסה. היות שלרובנו אין דוד עשיר שמממן אותנו, הדילמה קשה – האם להתמסר לחיי תורה גם אם הדבר כרוך בדוחק כלכלי, או לשלב בלימוד גם עמל ופרנסה תוך כדי ויתור על החלום להיות גדול בתורה?

ברור שהקב"ה רוצה שנלמד תורה, שנגדל בה ונתמסר אליה, שנהיה צדיקים וחכמים כפי יכולתנו. המוטיבציה והרצון הפנימי ללמוד הם דבר מבורך, והם באים מתוך נקודה אמיתית של קדושה וחיבור לה'. עם זאת, האידיאל של תלמיד חכם שמקדיש את כל ימיו ושעותיו לתורה לא מתאים לכולם, קל וחומר למי שלא גדל בתרבות כזו. לא לכל האנשים נכון לעזוב הכול ולהתמסר רק ללימוד.

גם אם נוציא מהמשוואה את הצורך להתפרנס, רבים פשוט אינם מתאימים ללימוד אינטנסיבי של יום שלם. פגשתי כבר כמה מתחזקים שהתפטרו מעבודתם כדי ללמוד יום שלם בישיבה, אבל מהר מאוד גילו שהם בכלל לא בשלים לכך. עלינו לשים לב מהרגע הראשון שהלימוד יהיה באיזון נכון עם שאר הפעילויות בחיים. מי שמסוגל ללמוד יום שלם – אשריו ואשרי חלקו. ומי שלא, טוב שתהיה לו עבודה מסודרת ומכניסה (מה שמכונה "השתדלות"), בריאה נפשית וכשרה הלכתית לצד הלימוד הקבוע.

סוגיה נוספת בהקשר זה היא היחס לחומריות. העולם הקפיטליסטי שאנו חיים בו רואה בחומריות דבר מקודש. העיקרון החשוב ביותר נעשה הנוחות והיכולת להנעים את החיים כמה שיותר. החברה המערבית מעודדת אותנו לקנות מוצרים שאנחנו לא זקוקים להם רק כי הם ישנם, אבל מי שרוצה לחיות חיים ערכיים ואידיאליסטיים מוכרח לצאת מדפוסי החשיבה הללו. האם אני באמת "חייב את זה", או שפשוט יש לי תאווה לשופינג? אם הרכישות באות על חשבון לימוד ועשיית חסד – האם זה באמת שווה?

עם זאת, היזהרו מלהגיע לקיצוניות השנייה. מתחזקים שמגיעים לבתיהם של אנשים שמתמסרים ללימוד תורה מתפעלים מהצמצום שהם חיים בו. "אם אפשר לגדל שבעה ילדים בבית כזה, אולי אני חי בעשירות רבה מדי? אולי עלי לעזוב הכול, לחיות על קצבה קטנה מביטוח לאומי וה' כבר יעזור?". עלינו לזכור שבין אם נרצה ובין אם לא, התחנכנו בסביבה ובתרבות אחרת. לא תמיד מה שמתאים לאדם חרדי או דתי מבית מתאים גם למתקרב. עלינו למצוא את האיזון בין חסכנות, הסתפקות במועט ו"איזהו עשיר, השמח בחלקו", ובין רמת חיים מסוימת שהתרגלנו אליה, ושמתחת לה נרגיש דלות ונתקשה להיות בשמחה.

הרב דן טיומקין כתב ספר שלם על סוגיית הפרנסה בקרב בעלי תשובה, והביא בו כמה תובנות חשובות: ראשית, הפרנסה היא יסוד גדול בחיים, ואדם צריך למצוא לעצמו עבודה ומלאכה שיוכל לממש בה את כישוריו.[14] שנית, גדולי הרבנים ממליצים למתקרבים **לא לעזוב** את מקום עבודתם ואת לימודיהם האקדמיים.

חשוב מאוד להכיר את הנפש ולראות שאיננו מעמיסים עליה צורת חיים שהיא לא תוכל לעמוד בה. בעיית הפרנסה היא נושא טעון אצל כולם, ובמיוחד אצל בעלי תשובה. אפשר להתנחם בכך שהמוטיבציה הגדולה שלהם להתמסר ללימוד מאפשרת להם בברכת ה' להספיק הרבה בזמן קצר:

באנו מעולם בו מדורגים האנשים על פי הישגיהם החיצוניים. השקפה זו הוטמעה בנו, ואנו חוטאים בנסותנו ללא הרף להכניס רוח זרה זו לתוך עולמנו התורני. אנו ממאנים להסתפק במועט ולהיות "רק" עובדי ה', ומסרבים להכיר בכך שהקב"ה לא מצפה להישגים חיצוניים כדי שניחשב אהובים לפני המקום, ולכן אנחנו מחפשים כל הזמן הישגים מדידים ומרשימים. אבל האמת היא שהקב"ה בוחן כליות ולב, אוהב כל אחד עד אין קץ, לא שוכח לרגע את נקודת המוצא שממנה התחלנו

ומעריך עד מאוד את ההתמודדויות הבלתי פוסקות שלנו, שהצלחתנו בהן לא נובעת ממניעים חיצוניים (הערכת החברה, נחת להורים, הליכה בתלם של הרגלי ילדות) אלא הרצון לעשות נחת רוח לפניו.[15]

אז איך משלבים את התורה בחיים?

לימוד בישיבה / מדרשה. אם מתאפשר, רצוי מאוד להקדיש תקופה ללימוד תורה מלא בבית מדרש. אני מודע לכך שאצל חלק מהאנשים רק המחשבה על המילה "ישיבה" מעוררת חששות כבדים. עלינו לשבור לא מעט סטיגמות ודעות קדומות כדי להשתחרר מתפיסות חשדניות שמעכבות צעד כזה, אך זהו צעד קריטי למי שרוצה ללכת בדרך התורה. הלימוד בישיבה יביא אתכם לשיא חדש של חיים, ותוכלו לפגוש מקרוב ולאורך זמן מודלים של תלמידי חכמים שחיים עם התורה באמת.

אני סבור ש"צריבה" רצינית של ה־DNA הרוחני נמשכת לפחות **שנה שלמה**, ומי שיכול ללמוד למשך תקופה כזו יזכה לחוויה משמעותית ומעצבת. אך כמובן שכל תקופת לימוד היא בעלת ערך רב גם אם היא נמשכת זמן קצר יותר.

רצוי לבחון כמה ישיבות לפני שמחליטים להיכנס לאחת, ועדיף למצוא בית מדרש המיועד למתקרבים ובעלי תשובה בסגנון שאתם מתחברים אליו. זה צריך להיות מקום ששוררת בו אווירה רגועה ובלי לחץ, אך כזו שתעודד אתכם להיכנס פנימה. פרק הזמן שלכם בישיבה מיועד לרכוש את יסודות התורה, לבניית אמונה ולפיתוח האישיות והמידות. זו גם הזדמנות להידבק בתלמידי חכמים שילוו אתכם אחר כך, כאשר תצאו לחיים.

קביעת עיתים לתורה. מי שאינו יכול להקדיש תקופה ארוכה ללימוד, או מי שכבר סיים את תקופת הלימודים המרוכזת והחליט לעבור לשלב הבא – צריך גם הוא לקבוע זמן כלשהו ללימוד. חז"ל אמרו שאדם חייב לקבוע עיתים לתורה, ושזהו אחד הדברים הראשונים שנישאל עליהם בעולם הבא – "קבעת עיתים לתורה?". קביעת עיתים היא ייחוד מסגרת זמן ללימוד קבוע, עדיף יומיומית, שבה האדם לומד ככל שידו משגת. אם אין אפשרות לכך, יקבע כמה שעות בשבוע שבהן יתמקד רק בלימוד (עיינו עוד בפרק יא).

הדילמה האחרונה שאבקש להציג היא כל כך חשובה, עד שייחדתי לה את כל הפרק הבא – לאיזו חברה אני נכנס?

פרק יח: החֶברה הדתית

באה יונה [...]
באים אליה כל השכנים,
עומדים מסביבה,
מסבירים לה פנים:

הנאים החדרים בעינייך?
החדרים צרים.
הנאה המטבח בעינייך?
נאה המטבח, אך אינו מרווח.
הנאה המסדרון בעינייך?
מרובה בו הצל, המסדרון אפל.
ובכן לא תשבי איתנו?
אשב ואשב בחפץ לב, כי השכנים טובים בעיניי!

(**דירה להשכיר**, לאה גולדברג)

חלק גדול מקוראי הספר הזה אולי מרגישים שהם כבר "לא חילונים ולא דתיים" אלא איפשהו באמצע, במקום בלתי מוגדר ובלי שם. בפרק זה ארצה לעסוק בנושא חשוב ורגיש, שאינו זוכה בעיניי למענה הראוי – ההתחברות אל שומרי המצוות.

החיים היהודיים מבוססים על קהילתיות ושיתוף. אי אפשר להיות יהודי שלם בלי להיות חלק מציבור – צריך מניין לתפילה, רב, בית כנסת, גבאי צדקה, בית ספר, שוחט, מוהל, קורא בתורה, חזן, מקווה טהרה. ממילא, ההתקרבות אל היהדות היא גם התקרבות אל קהילה וציבור שהדברים הללו חשובים להם. ויחד עם זאת, בכל קהילה ובכל ציבור יש תרבות ונורמות התנהגות שאולי ייראו לי שונות ואפילו זרות.

התעלמות מכך שתהליך ההתחזקות והתשובה כולל גם תהליך של "הגירה חברתית" מסוימת עלולה לגרום עוגמת נפש. "ההכרה בקיומו של 'תהליך מעבר' זה חיונית לצורך הגדרתנו האישית והחברתית", כותב ד"ר עוז מרטין, פסיכולוג בעל שם ומומחה לעולם התשובה. "[הבנה זו] מאפשרת לנו להבחין בין השלכות הנובעות מן **הבחירה הרוחנית**, לבין התמודדויות שהינן פרי **החלטותינו החברתיות**".[1]

במילים אחרות, ההכרה בכך שלתהליך תשובה יש גם צדדים חברתיים מאפשרת להבין אילו שינויים עליי לאמץ מתוקף היותי **יהודי** מאמין ושומר מצוות, ומתי מדובר בנורמות **חברתיות** שאולי אינן מחויבות על פי ההלכה בכל מקום ובכל זמן.

מספר הקהילות והזרמים ביהדות משתווה כמעט למספר היהודים. לכל קהילה סגנון, השקפות עולם, עקרונות והעדפות שונות. בדיחה ידועה מספרת על אדם שנקלע לאי בודד ומצא יהודי אחר שחי שם לבדו. להפתעתו הוא רואה שהיהודי בנה לו שני בתי כנסת. "למה שניים?", והתשובה הייתה: "בית כנסת אחד כדי להתפלל בו, ובית כנסת נוסף שלעולם לא אכנס אליו..."

אי אפשר להכיר את היהדות באמת אם לא מכירים את הקבוצות שמרכיבות אותה, כי למען האמת מי שעושה את היהדות למה שהיא הם בעיקר היהודים שחיים אותה.

חשיבות הקהילה

"דֶּרֶךְ בְּרִיָּתוֹ שֶׁל אָדָם לִהְיוֹת נִמְשָׁךְ בְּדֵעוֹתָיו וּבְמַעֲשָׂיו אַחַר רֵעָיו וַחֲבֵרָיו, וְנוֹהֵג כְּמִנְהַג אַנְשֵׁי מְדִינָתוֹ" (הלכות דעות ו), אומר הרמב"ם. הוא מגלה לנו סוד ידוע: בני אדם מושפעים מהחברה שהם חיים בה ונגררים אחרי אנשים אחרים בסביבתם. הרב יהודה אשלג, "בעל הסולם", הסביר כי האדם משול לגרגר חיטה שזורעים אותו בקרקע וצמיחתו תלויה במספר גורמים, שהחשוב בהם הוא טיב הקרקע. אם תזרע אותו בקרקע עשירה וטובה הוא יצמח ויגדל, ואם לא...

לפיכך, אחת הבחירות החשובות ביותר של האדם היא באיזו סביבה לחיות, "ולכן המתאמץ בימי חייו ובוחר בכל פעם בסביבה טובה יותר – הרי הוא ראוי לשבח ולשכר".[2] קהילה היא לא רק מקום שמתפללים ולומדים בו אלא בית רוחני וגשמי, ובית אמיתי כידוע יש רק אחד. דילוג בין קהילות וקהלים שונים הוא דבר חיובי ומבורך כחלק מתהליך בחירת הסביבה שתרצו לחיות בה, אבל כפרקטיקה ארוכת טווח התנהלות כזו אינה מומלצת – אחרת לא תהיו בני בית בשום מקום.

יצא לי לפגוש הרבה מתחזקים ובעלי תשובה שלא רוצים להשתייך לקהילה מסוימת. "הרי אני רק רוצה לעבוד את ה', אז למה אני חייב לבחור? בסופו של דבר כולנו יהודים". זה נשמע יפה על הנייר, אבל לא כל כך מציאותי. מעבר לתחושת השייכות הבסיסית, כשתרצו לבחור בית ספר לילדים או לקשור קשרים חברתיים עם אנשים שאתם מתחברים אליהם, בסופו של דבר תיאלצו להחליט עם איזה חוג אתם מזדהים.

בחירת קהילה וציבור שתשתייכו אליהם היא אפוא בחירה שתצטרכו לעשות מתי שהוא (גם אי־החלטה היא החלטה, ובדרך כלל היא ההחלטה הגרועה ביותר). המזל שלנו הוא שקיימות אפשרויות בחירה רבות, וחדשות לבקרים נוסדות קהילות בגוונים שונים. בפרק זה אנסה להציג את הקבוצות המרכזיות בעולמם של שומרי המצוות בישראל. כפי שציינתי, זהו פרק רגיש מכיוון שהוא לא מדבר על רעיונות תיאורטיים אלא על צורות חיים. השתדלתי להיות מאוזן ואובייקטיבי עד כמה שאפשר ולייצג את כל הקבוצות בכבוד, אך בסופו של דבר הדברים מוגשים מבעד לעיני. עם זאת, מכיוון שהספר מוגש כשירות לכם, הקוראים, הייתי מוכרח לציין גם

דברים שאולי לא תמיד מדברים עליהם בראש חוצות. ודעו שהכול נאמר מתוך אהבה וכבוד וברוח טובה, ואם מישהו נפגע – אני מתנצל מעומק לבי וודאי שלא הייתה לי כוונה כזו, שהרי "כֻּלָּם אֲהוּבִים, כֻּלָּם בְּרוּרִים, כֻּלָּם גִּבּוֹרִים, כֻּלָּם קְדוֹשִׁים, וְכֻלָּם עֹשִׂים בְּאֵימָה וּבְיִרְאָה רְצוֹן קוֹנָם" (מתוך תפילת שחרית).

המפגש עם שומרי המצוות

כשם שלאדם המערבי כל הסינים נראים דומים, גם למי שמסתכל מבחוץ כל החרדים והדתיים עלולים להיראות אותו דבר. אבל כשצוללים לעומק, מתגלה שהחברה היהודית מכילה עולם עשיר ומגוון של רבדים, דקויות והבדלים. הם מתבטאים גם בממדים שטחיים וחיצוניים כמו לבוש ומנהגים, גם במישורים חשובים יותר כמו צורת חיים ושיטות חינוך, וגם בעניינים העמוקים ביותר כמו אמונה והשקפת עולם. ההבדלים יכולים להיות מהותיים כל כך, עד שלעיתים הפער בין קבוצות דתיות עמוק יותר מאשר בינן ובין החילוניים...

הרב דן טיומקין (שהזכרנו בפרק הקודם) עוסק כבר שנים בליווי בעלי תשובה במסגרת ארגון **מענה**, שאותו הקים יחד עם הרב עופר גיסין. הוא הראה כיצד חמישה שלבים שחווים מהגרים תקפים גם אצל בעלי תשובה:

א. בשלב הכניסה לחברה החדשה, כולם נראים מלאכים. לומדים תורה כל היום, עסוקים בחסד וסיוע לזולת, לא מדברים לשון הרע ותמיד ממהרים לעוד מצווה חשובה. כשנתקלים בדברים שנראים לנו פחות חיוביים, לרוב פוטרים אותם כטפלים לעיקר. שלב זה מכונה **קונפורמיות** – נטייה לאידיאליזציה של החברה החדשה, ומצד שני זניחה של התרבות שממנה באנו, העשויה להתבטא בניכור ואף סלידה מהתרבות החילונית. בשלב זה אנחנו רצים לאמץ כל סממן דתי וחרדי שאנחנו פוגשים – מוכנים לשנות את השם, את סגנון הדיבור, את התחביבים, ובלבד שניטמע ונהפוך לחלק מהם. ואם אני אוהב לנגן מוזיקת ג'אז או לאלף כלבים, שאינם מקובלים כל כך בחברה החדשה (אך אינם אסורים על פי התורה)? כנראה שעליי לעזוב אותם.

ב. כעבור זמן – חודשים ולעיתים שנים – הערפל נגוז מעל העיניים ומגיעה **התפכחות**. מתברר שאף אחד לא מושלם, גם אם הוא חובש

מגבעת והיא עוטה שביס למופת. ואז מתעוררת התמיהה: הלא התורה היא דבר ה', ואיך ייתכן שאנשים שחיים חיי תורה ומצוות אינם מתנהגים כמלאכים? כעת נוצר דיסוננס פנימי, פער בין הרצוי למצוי, ואנו חשים מבוכה ותסכול מהחברה החדשה.

ג. כתוצאה מכך נוצרת **התנגדות** לחברה החדשה, ויש חזרה מסוימת ל"תרבות האם". אל דאגה, זה חלק טבעי מהתהליך.

ד. כעת מגיע שלב של **התבוננות פנימית** וחשבון נפש, שבו בוחנים בצורה שקולה את הטוב והרע שבשתי התרבויות.

ה. בשלב החמישי – **סינרגיה.** לוקחים את הטוב והרצוי מכל העולמות ובונים זהות מאוזנת ושקולה. כעת אפשר לומר שתהליך שינוי הזהות הושלם בהצלחה.

שלבים אלה הם כמעט בלתי נמנעים, ורוב האנשים עוברים אותם בעל כורחם (אף שלא כולם עוברים את **כל** השלבים, ובמקרה כזה האדם נמצא בחוסר איזון). המודעות לתהליך היא אמצעי חשוב ביותר להתמודדות עם המשברים השונים בכל שלב.

עלינו לזכור שהתורה איננה מתכון לייצור **מלאכים**, אבל היא כן מדריכה אותנו איך להיות **בני אדם** טובים יותר. הגמרא מספרת (שבת פח) שכאשר משה רבנו עלה לקבל את התורה, המלאכים בשמיים התנגדו. "מה לילוד אישה בינינו?", טענו. "מדוע שהתורה הנפלאה תעזוב את מקומה בשמיים ותרד אל בני אדם, עשויים בשר ודם?". לפי המדרש, ה' נמנע מלהתערב וביקש ממשה לענות בעצמו. משה גייס את כל כוחותיו וענה: האם למצרים ירדתם, לפרעה השתעבדתם? האם יש לכם אב ואם שאותם עליכם לכבד? האם יש לכם יצר הרע שמפניו עליכם להישמר? משה אומר למלאכים שהתורה באה לתקן את המציאות, ולכן היא לא שייכת להם אלא דווקא לבני האדם על חולשותיהם וכישרונותיהם, הצלחותיהם וכישלונותיהם.

שומרי המצוות, כמו כל בני האדם, אינם חסינים מפני חוסר נימוס, וולגריות או התנהגות בלתי הולמת. היצר הרע שוכן בכולנו, אך השאלה היא האם אנו מקבלים את המצב כמו שהוא או מנסים להתגבר עליו ולשנות את טבענו.

לאחר ההקדמה החשובה הזו, נוכל לצלול פנימה.

החברה החרדית

מסיבות שונות, העולם החרדי נתפס אצל רבים כ"יהדות האמיתית" והאותנטית. גם החרדים תופסים את עצמם כמשמרי המסורת של עם ישראל כפי שהייתה מאז ומעולם, וכמי שחיים עד היום לפי המנהגים מ"בית אבא" ומהעיירה היהודית (ה"שטעטל") בפולין או ברוסיה. זו אולי הסיבה שקרוב לשבעים אחוז מהחוזרים בתשובה הופכים לחרדים.[3]

קצת היסטוריה: העולם החרדי כפי שאנו מכירים אותו עוצב במזרח אירופה לפני כ־250 שנה. באותה תקופה החלה להתפשט באירופה תנועת ההשכלה, שראתה בדת – כל דת – עיכוב להתפתחות המדעית והתרבותית. יהודים רבים נסחפו אחרי ההשכלה ועזבו את הדת כדי להשתלב בחברה החילונית; לא מעטים מהם אף המירו את דתם. תנועת ההשכלה השפיעה על הופעתו של הזרם הרפורמי, ששינה את היחס המסורתי לתורה ומצוות וביקש לחולל שינויים רבים במנהגים הדתיים, בהשפעת הנצרות.

בתגובה לאיום שהציבו ההשכלה והרפורמה על המסורת היהודית, הקימו מתנגדי הרפורמה חומות תרבותיות במטרה לעצור את הסחף, וקיוו שבאמצעותן יוכלו להגן על קודשי ישראל ולהשאיר בחוץ כל דבר שריח לא־יהודי נודף ממנו.

נסיבות אלה הובילו לכך שהעולם החרדי שמרן מאוד במהותו, ורואה בעצם השמרנות ערך מקודש – "העולם לא השתנה, הכול נשאר אותו דבר!". זהו המוטו של העולם החרדי, שנקבע על ידי מנהיג הזרם האורתודוקסי בהונגריה הרב משה סופר, "החת"ם סופר": "חדש אסור מן התורה".[4] אפילו שמם מבטא את חששם, והם רואים בעצמם "חרדים לדבר ה'".[5]

החברה החרדית מבוססת על שלילת הפתיחות כלפי העולם שבחוץ, ובייחוד מתנגדת להשפעות רעיוניות ותרבותיות שמקורן אינו בקודש. אפילו שינוי

של מנהגים חברתיים, שלכאורה אין להם שום קשר לדת, נתפס כמסוכן משום שהוא מערער את תמונת העולם המסורתית. הלבוש, השפה (יידיש ברוב הקהילות החסידיות), סדרי הלימוד, המאכלים המסורתיים ואפילו צורת הדף בספרי הלימוד – הכול נשאר כשהיה.

אמנם בשנים האחרונות העולם החרדי עובר שינויים ותמורות רבות, ותופעות שמקורן בעולם החילוני מחלחלות במידה כזו או אחרת גם אליו – הטכנולוגיה והאינטרנט, אמצעי התקשורת, לימודים אקדמיים ואפילו שירות בצה"ל. בפרק זה אתאר את הקווים הכלליים "הקלאסיים" של החברה החרדית.

בתוך העולם החרדי התפתחו שלוש קבוצות מרכזיות: ליטאים, חסידים וספרדים (בישראל הן שוות פחות או יותר בגודלן).[6]

ליטאים

מוטו. "אין לנו שיור אלא התורה הזאת".[7]

מקור השם. ארץ המוצא של ראשוני הקבוצה (ליטא).

רקע. "דמות האב" של הליטאים היא רבי אליהו בן שלמה זלמן זצ"ל – הגאון מווילנה (הגר"א, הגאון רבי אליהו). הגר"א היה דמות יוצאת דופן של תלמיד חכם, פוסק ומקובל בקנה מידה עצום, שזכה למעמד־על בדורו ובדורות שאחריו. הוא למד תורה ללא הרף ואף שלא כיהן במשרה רשמית מיוחדת, זכה להערצה עצומה. ממשיכי דרכו הפיצו את תפיסת עולמו. הבולט שבהם, ר' חיים מוולוז'ין, הקים את הישיבה החשובה ביותר באותם ימים – ישיבת וולוז'ין, "אם הישיבות", שעיצבה את עולם התורה מאז. בישיבה זו נקבעו צורת וסדרי הלימוד – ההתמקדות בגמרא ובחלק העיוני שלה, ומאפיינים נוספים שנמשכים עד ימינו (!).

כדי לעמוד על תפיסת עולמם של הליטאים, אביא את הסיפור הבא: הרב יוסף שלום אלישיב זצ"ל היה מנהיג הזרם הליטאי בישראל. אף שלא למד בישיבה באופן מסודר התבלט מצעירותו כלמדן מופלא. הוא שימש כדיין ונחשב שנים רבות ל"גדול הדור". אלפים שיחרו לפתחו, ביקשו להתייעץ, לשאול שאלות ולקבל הנחיות רוחניות. עד סוף ימיו התגורר בדירה קטנה

בירושלים (שמעדות אישית מביקורי בה, ללא ספק נזקקה לשיפוץ רציני), אף שיכול היה לעבור לבית מפואר אם רק היה חפץ בכך. בהלווייתו, שנערכה בשעת לילה מאוחרת, השתתפו כרבע מיליון איש.

בקיץ 2012, ימים ספורים לאחר פטירתו של הרב בגיל 102, התפרסם סרטון וידאו שצולם בביתו תקופה קצרה קודם לכן (חפשו בגוגל "הרב אלישיב לומד תורה בבית"). הסרטון צולם ממצלמה שהותקנה בתקרת חדרו ולמעשה לא קורה בו כלום: רואים את הרב לומד לבדו באישון לילה, מוקף ספרים, מתעמק בהבנת סוגיה שככל הנראה למד כבר מאות פעמים בעבר. ובכל זאת, אי אפשר שלא להתפעל מהאנרגיה האדירה שזורמת בו גם בגילו המבוגר. ניכרת בו התלהבות מופנמת יחד עם ריכוז חד שאי אפשר להפריע לו. זוהי דמותו של גדול הדור – אדם שהשקיע את כל מרצו וכוחותיו בלימוד התורה. ועוד נראים בפניו טוהר וזוך של מי שכל הווייתו נמצאת בעולם רוחני עליון.

ואכן, החברה הליטאית מציבה את לימוד התורה וקיומה במרכז החיים. היא חיה, מדברת ונושמת תורה, והלימוד הוא האידיאל המרכזי שלה. הגברים מתחילים ללמוד ברצינות כבר בגיל צעיר, ונשארים בעולם הישיבות והכוללים כמה שיותר שנים.

החברה הליטאית מעודדת מצוינות לימודית ושכלית, ומקדמת מאוד את שכבת לומדי התורה. השאיפה להיות "גדול", תלמיד חכם בכיר, היא משאת נפשו של כל בחור (וכל בחורה חולמת להתחתן עם בחור כזה). אבל הדרישות גבוהות: ללמוד כל הזמן, ביום ובלילה, ולהתמסר לתורה. הדמויות לחיקוי הן גדולי הדור וראשי הישיבות, ומי שעוזב את הישיבה או מפסיק ללמוד יורד ממעמדו.

סגנון חיים. סדר יומו של גבר ליטאי גדוש תורה, תורה ותורה. בהתאם לדברי חז"ל על כך ש"תלמוד תורה כנגד כולם", עצם לימוד התורה הוא התכלית, לא רק ידיעתה. בכל רגע שאדם עוסק בתורה הוא זוכה לקיים את תכלית הבריאה, ועל כן זהו לימוד ללא תאריך יעד, ללא מבחן מסכם וללא תעודה – פשוט לימוד לשמה. גם אם יש לאדם כישרון בתחום מסוים, כמו חוש מוזיקלי מפותח או יכולת בין־אישית גבוהה, הוא אמור להתבטל בפני לימוד התורה.

החברה הליטאית מדגישה את תפקידו של השכל בעבודת הבורא; הכול מקושר לתורה והיא שעומדת במרכז, ולא נטייה אישית או חוויה רגשית כזו או אחרת. בנוסף, היא מציבה במרכז את הדקדוק בקיום מצוות לפרטי פרטים, ומדגישה פחות את החוויה הרגשית של המצווה וההכנה אליה.

בעולם הליטאי העיסוק בגמרא, ובעיקר לימודה בעיון, הוא פסגת העיסוק התורני שאדם יכול להגיע אליו. תחומים אחרים, כגון פרשנות התנ"ך, תורת הסוד או הגות יהודית, אינם זוכים ליחס דומה, אם בכלל. בדיחה בעולם הליטאי מספרת על בחור ישיבה שמצא יום אחד ספר תנ"ך. הוא פתח את הספר ואמר בהפתעה: "כמה יפה סידרו ברצף את הפסוקים מהגמרא...".

חברה ותרבות. הציבור הליטאי נחשב למאוחד תחת הנהגת "גדולי הדור", ראשי הישיבות והפוסקים הבכירים שמנווטים אותו ומכריעים בסוגיות כבדות משקל.

שפה. מדברים בעיקר עברית, ומעט יידיש.

לבוש. הגברים לובשים חליפה ומגבעת, הנשים לרוב מחויטות וחובשות פאות.

יחס לנשים. לימוד התורה מיועד לגברים, לא לנשים. לפני כמאה שנה, כאשר רוחות המודרנה החלו לנשב בעולם החרדי, החלו בנות יהודיות רבות ללמוד בגימנסיות ובאוניברסיטאות לא יהודיות. שרה שנירר זיהתה את הבעיה והקימה את מוסדות "בית יעקב", שהפכו לרשת עצומה של בתי חינוך (ראו גם עמ' 235 "לימוד לנשים"). עליה מבוסס עד היום עיקר החינוך לבנות בעולם החרדי – בתי ספר יסודיים ו"סמינרים" על־יסודיים. ב"בית יעקב" לומדות הבנות לימודי קודש הכוללים מקצועות כמו חומש ודינים, אך לא גמרא. בשונה מהבנים הן לומדות גם לימודי חול בהיקף רחב, כדי שתוכלנה לעבוד ולפרנס את המשפחה שיקימו. זאת מכיוון שהנשים הליטאיות מנהלות את הבית, אחראיות על כלכלתו ופרנסתו ועל גידול הילדים, כמעט בלי עזרה מבעליהן. מעמדן הרם כמשמרות את העולם הליטאי – בלעדיהן לא יוכל להתקיים לימוד תורה בהיקף כזה – מעניק להן תחושת משמעות ונחיצות. המציאות שבה עשרות אלפי אברכים לומדים בכוללים גם לאחר הנישואין, מצב שכנראה לא היה מאז ומעולם

בהיקף כזה בתולדות עם ישראל, נזקף בעיקר לזכות אותן נשים צדקניות שמוכנות למסור את נפשן עבור ערך לימוד התורה.

דמויות עבר ידועות. הגאון מווילנה (הגר"א); הרב חיים מוולוז'ין; ה"חפץ חיים" (רבי ישראל מאיר הכהן מראדין); החזון אי"ש (הרב אברהם ישעיהו קרליץ); הרב אלעזר מנחם שך; הרב יוסף שלום אלישיב; הרב אהרן יהודה לייב שטיינמן – זכר צדיקים לברכה.

מושגים מרכזיים. הנה כמה מונחים בולטים בהווייתו של הציבור הליטאי, שמבטאים את אופיו והשקפת עולמו (יש לקרוא במלעיל, בהברה יידישאית):

- **מתמיד** – כינוי למי שנמצא שעות רבות בבית המדרש וראשו מונח תמיד בסוגיה הנלמדת.
- **שטיגען** – ("גדילה" ביידיש) התלהבות והתעלות בלימוד.
- מוסר – תחום לימוד מרכזי שעוסק בתיקון המידות: קנאה, גאווה וכו'.
- **"גדולים"** (גדולי הדור) – בכירי הרבנים, שלדעתם ולפסיקותיהם נשמע הציבור הליטאי.
- **ראש הישיבה** – תלמיד חכם שהגיע לפסגת השאיפות: לעמוד בראש ישיבה.
- **דעת תורה** – הישמעות מוחלטת לגדולי הדור גם בעניינים שאינם הלכתיים, כגון לאיזו מפלגה להצביע בבחירות, היחס לשירות בצה"ל ואפילו עניינים מקומיים.

חסידים

מוטו. "בכל דרכיך דעהו".

מקור השם. המושג "חסידים" הוצמד בדרך כלל לקבוצות ואישים שצעדו בדרך דתית ייחודית ולא ב"מיינסטרים".

רקע. את תנועת החסידות ייסד רבי ישראל בעל שם טוב במזרח אירופה לפני כ־250 שנה. באותם ימים עם ישראל התחלק לשתי שכבות מרכזיות: שכבת תלמידי החכמים, שהייתה קטנה ואליטיסטית למדי, משום שכדי ללמוד ברציפות ולהגיע למשרה רבנית היה צריך מימון של ההורים, החותן

או הקהילה; ופשוטי העם, שאמנם שמרו מצוות ולמדו מעט, אך לא יכלו להתפנות ללימוד שיטתי כזה.[8]

החסידות מאמינה שעבודת הבורא נקנית לא **רק** על ידי לימוד תורה שכלי, אלא בכל דרכי החיים. אפשר לעבוד את הבורא גם על ידי ריקוד, התוועדות חברים ואפילו על ידי לגימת משקה ואמירת "לחיים". את לימוד התורה כערך המרכזי בעבודת הבורא החליפה הדבקות, ואותה אפשר להשיג גם באמצעים אחרים – תפילה מעומק הלב, למשל. החסידים היו אומרים שלעיתים מרוב לימוד תורה ועיסוק בחוכמה העמוקה שבה, עלולים לשכוח את נותן התורה, כלומר את מקורה האלוקי.

הבעל שם טוב ביקש לבטל את ההיררכיה שבין תלמידי החכמים לפשוטי העם, ולימד שלכל יהודי יש קשר פנימי ועמוק עם הקב"ה. הוא הנהיג חבורה מצומצמת של תלמידים, והם המשיכו את דרכו והפיצו את תנועת החסידות בכל רחבי מזרח אירופה. התנועה התפשטה במהירות, ומאות אלפי יהודים הצטרפו אליה.

אחד היסודות החשובים שהופיעו בחסידות היה הדבקות ב"צדיק", הרועה הרוחני, האדמו"ר (ראשי תיבות של אדוננו, מורנו ורבנו) או "הרבי" – שמות שונים למנהיג החסידי. האדמו"רים הקימו לעצמם חצר, שבדרך כלל נקראו על שם העיר או האזור שבו חיו.

בשנותיה הראשונות הייתה החסידות תנועה חדשנית ופורצת דרך, ומנהיגי הציבור שאינו חסידי חששו שהיא תפרוק עול בדומה לקבוצות אחרות שקדמו לה. החסידים הכניסו שינויים קלים בתפילה ובהלכה על פי תורת הקבלה, הוסיפו מנהגים חדשים, ובכלל שינו את סגנון החיים המוכר. הצלחתה הגדולה של החסידות הביאה להתנגדות קשה בחלק מהמקומות שאליהם חדרה, וכך התפלגו קהילות רבות ל**חסידים ומתנגדים** (הם **הליטאים**, המכונים כך בשל ריכוזם הגדול באזור ליטא). כיום תנועת החסידות כבר פחות חדשנית מבעבר, ולעיתים אף הפכה למוקד של שמרנות גדולה.

סגנון חיים. החסידים רואים משמעות בכל פרט של העולם הזה, ומאמינים שאפשר להאיר אותו באור התורה והאלוקות. כפי שכתב רבי נחום מצ'רנוביל, מגדולי החסידות: "אדם שלומד במשנה 'המחליף פרה בחמור'

[במסכת בבא־מציעא] הריהו חשוב מאוד בעיני המקום... כל שכן אדם שהוא **מחליף ממש פרה בחמור** ונזהר אגב כך בכל דיני התורה, בודאי ובודאי שזוהי עבודה גדולה וחשובה לפני המקום".[9] אצל החסידים מקובל לצאת לעבוד יותר מאשר אצל הליטאים, ובדרך כלל לאחר מספר שנות לימודים בישיבה ובכולל, רבים מהם יוצאים לחיי המעשה. בחוץ לארץ הדבר מקובל עוד יותר.

אחד הדברים המעניינים בחסידות הוא היחס לתורת הנפש. גדולי החסידות ראו בתורת הקבלה משל לנפש האדם, ותרגמו את הרעיונות הקבליים, הקשים להבנה מצד עצמם והמצריכים לימוד מעמיק, לשפה נפשית שנגישה לכל אדם.

הדגש אצל החסידים בקיום המצוות איננו רק על ההלכה כפשוטה אלא גם על הכוונות הפנימיות של האדם בעת קיום המצווה. למשל, שבת היא לא רק יום שיש בו איסורי מלאכה שונים אלא מהות שלמה בפני עצמה; נטילת הלולב בסוכות היא טקס עמוק. בעקבות תורת הקבלה, החסידים מעניקים לעיתים משמעות רוחנית לימים שאין להם משמעות הלכתית רבה, אם בכלל – כגון היום השמיני של חנוכה ("זאת חנוכה"), ימי השובבי"ם (שש השבועות שמפרשת שמות ועד פרשת משפטים; מתחילים כשבוע לאחר סיום חג החנוכה), ו"הושענא רבה" (היום האחרון של חול המועד סוכות).

כאמור, בראש כל חצר חסידית עומד אדמו"ר. הוא הסמכות הרוחנית והגשמית ועל פיו יישק דבר, והחסידים רואים בו צינור שדרכו הם מתקרבים יותר לה'. לאדמו"רים שונים סגנונות שונים: יש כאלה שבעיקר מעניקים ברכות ושומרים על קשר אישי עם החסידים, יש שמתמקדים באמירת דברי תורה, יש שמעודדים עשיית חסד בתוך החסידות ומחוצה לה – כל אדמו"ר בהתאם למסורת שקיבל מקודמיו ולאופיו האישי. בעבר הרחוק בחרו החסידים את הרבי הבא, אולם כבר שנים רבות שהתפקיד עובר מאב לבן, ואם אין בן – לאחד החתנים או לבן משפחה אחר.

חברה ותרבות. כמעט כולם מסכימים שהפילוג בין החסידים למתנגדים פחות רלוונטי לתקופתנו. כיום רוב החסידים לומדים כמו ליטאים, וליטאים רבים נוסעים לקברי צדיקים חסידיים.

שפה. ברוב החסידויות מדברים יידיש בתוך החסידות, ולפעמים עברית בחוץ.

לבוש. החסידים מאופיינים בזקן ארוך ובפאות ארוכות. לבוש חסידי מסורתי יכלול פריטים כמו חליפות ארוכות, גרביים מעל המכנסיים וגולת הכותרת – שטריימל (להלן). הנשים חובשות פאות שמרניות, ולעיתים מוסיפות עליהן כיסוי חלקי.

יחס לנשים. משתנה מאוד בין החצרות החסידיות. מצד אחד, כפועל יוצא מהגישה השמרנית, הנשים נשארות מאחורי הקלעים. בחצרות מסוימות נהוגים קודים מחמירים של צניעות, והנשים כמעט אינן נוכחות באירועים ציבוריים. בקצה השני ישנן חצרות שבהן הנשים זוכות ליחס מיוחד, ולעיתים מתקיימים שיעורים ושיחות מיוחדות של האדמו״ר לנשים. לשיא הגיעה חסידות חב״ד: הרבי מלובביץ׳ היה מקיים מפגשים ציבוריים מיוחדים לנשים, ובהם השמיע דברי תורה על מעלת הכוח הנשי ביהדות.[10] הוא אף הכריז כי נשים בדורנו רשאיות ללמוד תורה ואפילו גמרא, ופתח בכך פתח גדול להעצמה נשית, עד שהיו שכינו אותו ״האדמו״ר הפמיניסט״. נשים בחסידות חב״ד יוצאות לשליחות סביב העולם, משתתפות ב׳מבצעים׳, מקיימות התוועדויות ועוסקות בקירוב לא פחות מאשר הגברים.

חצרות חסידיות קלאסיות וגדולות הן גור, ויז׳ניץ, סאטמר, בעלז(א), קרלין, צאנז, אלכסנדר, בובוב.

שתיים מהחסידויות שבוודאי כבר נתקלתם בהן, לא בהכרח מפני גודלן אלא משום שהן מרבות לעסוק בהפצת היהדות והחסידות גם בקרב קהל לא־דתי, הן חב״ד וברסלב, ועל כן נרחיב עליהן מעט יותר.

חב״ד. חסידות חב״ד (ראשי תיבות של חוכמה, בינה ודעת) היא תופעה מיוחדת מבין החצרות החסידיות, מכמה סיבות. ברמה ההשקפתית, היא הדגישה כבר מראשיתה את המחשבה בעניינים מופשטים יותר מחסידויות אחרות. גם כיום, כמות הספרים היוצאים לאור בחב״ד בנושאים אלה היא בלתי נתפסת. אדמו״רי חב״ד הדגישו את חשיבות ה״התבוננות״ – מחשבה עמוקה על אלוקות.

ברמה המעשית, חב״ד יוצאת דופן מפני שהחב״דניקים, למרות העיון בנושאים רוחניים וגבוהים, הפכו בדורות האחרונים ל״שלוחים״ והקימו אלפי בתי חב״ד מסביב לעולם.

רבי מנחם מנדל שניאורסון, **הרבי מלובביץ׳** או פשוט ״הרבי״, היה האדמו״ר השביעי בשושלת ונחשב לדמות מיוחדת במינה גם בקרב מי שאינם חסידי חב״ד. הוא היה גאון עצום בתורה, צדיק נשגב ומנהיג בחסד. תפיסתו הייתה שמכיוון שאנו נמצאים בדור הגאולה, יש להתאמץ ולהפיץ את היהדות ואת תורת החסידות בכל העולם. הוא התייחס לבעיות העם היהודי כאל בעיותיו שלו, ועשה כל שביכולתו כדי לחזק את שמירת התורה והמצוות. לשם כך הוא שיגר יותר מ־4,000 (!) שליחים כמעט לכל נקודה בגלובוס כדי שיהוו ״כתובת״ יהודית, ורבים מהמתקרבים (אולי גם אתם ביניהם) עשו זאת דרך בתי חב״ד במקומות שונים. הרבי גם האמין בכוחה של כל מצווה לעורר את היהודים לעבודת הבורא, ולכן עודד את חסידיו לצאת ל״מבצעים״ – הפצת יהדות בדוכני תפילין, חלוקת נרות שבת, הדלקת נרות חנוכה ועוד.

החב״דניקים משלבים שמרנות חרדית עם פתיחות לעולם, שמתבטאת בקשר עם אנשים רחוקים מעולמם ושימוש בטכנולוגיה כדי לקדם את תורת החסידות. הם מאופיינים חיצונית בזקן ארוך, ללא פאות, ובמגבעת עם ״קנייטש״, קמט קדמי.

ברסלב. חסידות זו נחשבה למיוחדת עוד בזמנו של מייסדה, רבי נחמן מברסלב (המכונה ״רַבֵּנוּ״). רבי נחמן, נינו של הבעל שם טוב, נודע כעילוי מיוחד מגיל צעיר והרבה ללמוד, להתפלל ולהתבודד ביערות. הוא כינס סביבו תלמידים ורוב תורתו מכונסת בספר ״ליקוטי מוהר״ן״, שערך תלמידו הקרוב ר׳ נתן. אף שהיה צדיק גדול, רבי נחמן פונה בכתביו למי שעוברים צרות, קשיים ובלבולים נפשיים, ומציע להם דרכים להתקרב לבורא דרך התחזקות והרמת מצבו הנפשי של האדם.

בשלב מסוים בחייו התחיל רבי נחמן גם לספר סיפורים – אירוע יוצא דופן עבור רב גדול. סיפוריו שילבו חלקים מסיפורים עממיים מאותם ימים יחד עם סיפורים מקוריים שלו, ופורסמו בספר ״סיפורי מעשיות״. רבי נחמן העיד כי הם כוללים מסר מיוחד שעלינו לפענח, אולם הדגיש שקשה, וגם לא בהכרח נחוץ, לדעת מה הייתה כוונתו המקורית בסיפורים. כל אחד מוזמן ללמוד ולמצוא בעצמו מסרים.

ישנם כמה יסודות חשובים בתורת ברסלב. אחד מהם הוא ההתבודדות (עמ' 151 – פרק זמן שבו פורש האדם למקום שקט, בדרך כלל בטבע, ומשוחח עם ה' באופן טבעי ואותנטי וללא טקסט קבוע מראש. רבי נחמן העיד על עצמו שכל מעלתו הרוחנית באה לו בזכות הזמנים הארוכים שהשקיע בהתבודדות.

עניין בולט אצל הברסלבים הוא חובת הביקור ב"ציון", קברו של רבי נחמן בעיר אומן שבאוקראינה. השיא מתרחש בראש השנה, אז מגיעים לאומן עשרות אלפי יהודים מכל רחבי העולם. בנוסף נוהגים חסידי ברסלב לומר בהזדמנויות שונות את "התיקון הכללי", אוסף פרקי תהילים שקבע רבי נחמן כתיקון לכל צרה שלא תבוא, ובפרט לענייני שמירת הברית.

חסידי ברסלב הוותיקים נחשבים למתונים ומיושבים בדעתם. הם נוהגים לקום בחצות הליל, להתבודד בשדה, ללמוד תורה ואז להתפלל במניין ותיקין מוקדם. בעשורים האחרונים התפשטה תורת ברסלב לקהלים רחבים, וחוזרים בתשובה רבים נכנסו לחסידות ושינו מעט את אופייה. היות שזוהי חסידות ללא ממסד מאורגן, רבו בה גווני הקהילות והשיטות של אנשים שמגדירים עצמם כ"ברסלבים". אחת הקבוצות המוכרות יותר היא ה"נ־נחים", חסידי ר' ישראל אודסר, המקפצים על רכבי ואן בצמתים ומרססים את הכתובת "נ־נח־נחמ־נחמן מאומן" בכל פינה ברחבי הארץ, אך הם קבוצה שולית יחסית.

דמויות עבר ידועות בחסידות. רבי ישראל בעל שם טוב – מייסד תנועת החסידות; תלמידו וממלא מקומו "המגיד ממזריטש", רבי דב בער; רבי לוי יצחק מברדיצ'ב; רבי אלימלך מליז'נסק; רבי שניאור זלמן מלאדי ("בעל התניא", מייסד חסידות חב"ד); רבי מנחם מנדל מוויטבסק; רבי נחמן מברסלב; תלמידו רבי נתן מנמירוב; ה"שפת אמת" מגור, הרבי מלובביץ' – זכר צדיקים לברכה.

מושגים מרכזיים. הנה כמה מונחים בולטים בעולם החסידי, שמבטאים את אופיו:

- **צדיק** – אדמו"ר (אדוננו, מורנו ורבנו), רבי.
- **ניגון חסידי** – תנועת החסידות הדגישה את השפעתה של השירה

על הנפש, ולכן שרים ומנגנים הרבה. לכל חצר חסידית ניגונים מיוחדים משלה. כמו שירה בציבור, רק בקדושה.

- **טיש** – אירוע שבו החסידים מתכנסים באולם רחב ידיים, שרים מניגוני החסידות, והאדמו"ר משמיע דברי תורה. טיש טוב יכול לסחוף כל אחד...
- **התוועדות** / **"פַארְבְּרֶענגֶען"** (בחסידות חב"ד) – כינוי למפגש חברים שבו מדברים על עניינים בעבודת ה' מתוך שמחה וניגונים. לעיתים קרובות משתתף גם "משפיע" רוחני, המשמיע דברי חיזוק.
- **שטריימל** – כובע פרווה לשבתות, חגים ואירועים מיוחדים. פריט לבוש חיוני אצל רוב החסידים הנשואים. בחסידויות מסוימות נוהגים לחבוש "ספודיק", כובע צר וגבוה יותר. אם תראו חסיד סתם כך עם שטריימל באמצע השבוע, הוא כנראה בדרך לחתונה.
- **"משקה" (במלעיל)** – החסידים נוהגים לומר "לחיים" על משקאות אלכוהוליים כגון ויסקי, ברנדי או ליקר בננה (שכנראה מיוצר במיוחד בשביל חסידים...).

ספרדים / עדות המזרח

מוטו. "להחזיר עטרה ליושנה".

מקור השם. משמרים את זהותם כצאצאיהם של מגורשי ספרד.

רקע. עד כה תיארנו את העולם החרדי האשכנזי שהתפתח במזרח אירופה. מה קרה באזורים אחרים של העולם שיהודים הגיעו אליהם וחיו בהם? לארצות האסלאם – מרוקו, תוניס, אלג'יר, עיראק, סוריה, מצרים ועוד – לא הגיעה החסידות וממילא גם לא ההתנגדות לה, וגם החילון הגיע בשלב מאוחר יחסית. בכלל, הגישה הכללית בקרב הספרדים היא יותר של אחדות ופחות של מחלוקת.[11] הקהילות הספרדיות הצליחו להכיל את מגוון סוגי היהודים שחיו בקִרבן, והצמיחו שכבה של תלמידי חכמים ידועים לצד יהודים פשוטים שומרי תורה ומצוות.

במאה העשרים חדרו ההשכלה והחילון גם אל הקהילות היהודית בצפון אפריקה, אך הקהילות בארצות האסלאם עדיין נחשבו למסורתיות מאוד: לפי

תיאורו של הרב סלמן אליהו, שחי בבגדד בתחילת המאה העשרים – גם החילונים לא העזו לחלל את השבת בפרהסיה.[12]

לאחר הקמת המדינה היגרו רוב היהודים מארצות המזרח, חלקם מרצון וחלקם גורשו בכוח. אלה שעלו לארץ מצאו חיבור מסוים עם העולם החרדי האשכנזי, אך הוא לא קיבל את כל הספרדים שרצו ללמוד בישיבות הנחשבות. הרב עובדיה יוסף זצ״ל, מגדולי הפוסקים בדורות האחרונים ומנהיגם הבלתי מעורער של הספרדים, יצא נגד התופעה וקרא להם להיאחז במסורת המפוארת שלהם. הוא טבע את הסיסמה ״להחזיר עטרה ליושנה״, הקים מוסדות חינוך ברוח יהדות ספרד ואף הקים תנועה פוליטית שתייצג אותם – מפלגת ש״ס.

יהודי תימן. ליהודי תימן מסורת מפוארת משל עצמם ומנהגים רבים בהם הם דבקים כבר מאות בשנים. עם זאת, רבים מהם דומים במידה מסוימת למנהגי הספרדים. חלקם אף אימצו זאת בנוסח התפילה (״נוסח שאמי״), ובפסיקת ההלכה. יחד עם זאת, רבים מבני תימן ממשיכים את מסורת אבותיהם ומעבירים אותה לילדיהם, והסיבה שלא התייחסנו אליהם בספר היא מכיוון שזוהי מסורת שעוברת במשפחה, ופחות נוגעת לציבור הרחב.

סגנון חיים. אצל הספרדים נראה כאילו השילוב בין עולם החול והקודש פשוט יותר. הדיסוננס פחות קיצוני, והמושג של יהודי ״מסורתי״, המרגיש בן־בית בבית הכנסת ושומר חלק מהמצוות אך לא מדקדק בקלה כבחמורה, קיים בעיקר שם.

שיטת הלימוד הספרדית נוטה ללימוד ״אליבא דהלכתא״ (״לפי ההלכה״) – לימוד תורה המכוון לשם פסיקת הלכה ולא לשם פלפול. תורת הסוד, בייחוד ספר הזוהר וקבלת האר״י, זוכה למקום בתוכנית הלימודים בישיבות ספרדיות מסוימות. בתיהם של ה״צדיקים״ הספרדים, כגון בני משפחת אבוחצירא, הרב מרדכי אליהו זצ״ל ואחרים, היו מוקד עלייה לרגל לקבלת ברכות וישועות.

הספרדים ״האורתודוקסים״, המקפידים יותר על קלה כבחמורה, הלכו במידה רבה בעקבות החרדים הליטאים ואף אימצו את קוד הלבוש שלהם (חליפה ומגבעת). גם כיום רבים מהספרדים לומדים במוסדות אשכנזיים,

שנחשבים משום מה לאיכותיים יותר. ויש כאלה שמשנים את שם משפחתם ומאמצים את ההלכות והמנהגים של האשכנזים...

חברה ותרבות. ברוב הפרמטרים, החרדים הספרדים צועדים בעקבות הליטאים ודומים להם בהשקפותיהם.

שפה. מדברים עברית.

לבוש. גברים בדרך כלל בחליפות, כמו ליטאים. חלק מהנשים מכסות את ראשן במטפחת ולא בפאה, בהתאם לפסיקתו של הרב עובדיה יוסף.

יחס לנשים. כמו אצל הליטאים.

מושגים מרכזיים.

- **מרן** – מורנו בארמית, כינוי לרבי יוסף קארו שהוצמד גם לרב עובדיה יוסף.
- **הראשון לציון** – הרב הספרדי הראשי לארץ ישראל.
- **"פתח אליהו"** – קטע מספר הזוהר שנאמר לפני תפילת שחרית ומנחה בקהילות הספרדים.
- **ס"ט** – בניגוד למה שרגילים לחשוב, פירוש הביטוי אינו "ספרדי טהור". יש לו שלושה הסברים שונים: "סין [ו]טין" (עפר ואפר – ביטוי לענווה והתבטלות בפני הבורא); "סופו טוב" או "סימנא טבא".
- **פורת יוסף** – ישיבת הדגל של היהדות הספרדית בירושלים.

דמויות עבר ידועות. רבי יוסף קארו (מרן ה"בית יוסף"); החיד"א – רבי חיים יוסף דוד אזולאי; רבי חיים פלאג'י; ה"בן איש חי" (רבי יוסף חיים מבגדד); הרב בן־ציון מאיר חי עוזיאל; רבי ישראל אבוחצירא (ה"בבא סאלי"); המקובל רבי יצחק כדורי; הרב עובדיה יוסף; הרב מרדכי אליהו; הרב בן־ציון אבא־שאול – זכר צדיקים לברכה.

היחס למדינת ישראל בעולם החרדי. בזמן שבעולם הרחב נראה שמדינת ישראל היא עובדה מוגמרת, לא כך הם פני הדברים בעולם החרדי – שם שאלת קיומה וטיבה עדיין נתונים במחלוקת עזה. היחס אל המדינה נגזר משילוב של עבר והווה, אידיאולוגיה וצורכי החיים, והוא בעל השפעה רבה על מידת המעורבות בה.

רשמית, העולם החרדי תופס את המהלך הציוני שביקש לסיים את הגלות, ככפירה בעיקר. לשיטתו, התנועה הציונית הייתה ברובה חילונית ומנותקת מהדת, ולהלכה ולצביון היהודי המסורתי לא היו בה מקום של ממש. מנהיגיה היו בעיקר משכילים שרצו להחליף את הזהות היהודית המסורתית בזהות חדשה המנוכרת לדת (הצבר). נוסף על כך, הציונות רצתה לעצב את המציאות באופן אקטיבי, בניגוד ל"שלוש השבועות" שהשביע הקב"ה, על פי המדרש, את עם ישראל עם יציאתם לגלות. אחת השבועות הייתה "שלא יעלו בחומה", כלומר שלא ינסו למרוד בגויים ולחזור לארץ ישראל בכוח (על פי אחד הפירושים); כשיגיע הזמן – ניגאל, ועד אז עלינו לקבל את עונש הגלות ולא לנסות למרוד בו. קבוצות אחרות מדברות על כך שהגאולה השלמה איננה חזרה לפוליטיקה ארצית אלא משהו עמוק הרבה יותר, הכולל את הופעת השכינה בעולם.

זהו הבסיס ההיסטורי של תפיסת החרדים את מדינת ישראל. אך החיים עושים את שלהם, וגם אם כיום היחס כלפי המדינה מתון מבעבר, הם עדיין אינם מוכנים לקחת חלק פעיל בהנהגת המדינה, למעט במקומות הכרחיים. השירות הצבאי נתפס כחובה שמיועדת לציבורים אחרים, בעוד שהם אמורים לדאוג לצביון התורני של עם ישראל וללמוד תורה יומם ולילה. באופן מעשי, גם אם בחורים רבים היו מעוניינים לשרת בצבא, הלחץ החברתי שלא לעשות כן הוא חזק למדי ועלול לפגוע במעמד המשפחה (וכמובן, גם נכונות הצבא לקלוט את החרדים אינה גבוהה).

קבוצות קיצוניות כגון "העדה החרדית" ו"נטורי קרתא" שמות בראש מעייניהן את ההתנגדות לשלטון הציוני ה"כופר". הן שוליות מבחינה מספרית, אך בעלות השפעה על סדר היום של הציבור החרדי.

דתיים־לאומיים

מוטו. אתחלתא דגאולה; "תורת ישראל לעם ישראל בארץ ישראל".

שמות נוספים. הציונות הדתית, הכיפות הסרוגות.

רקע. התפיסה היהודית במשך כמעט אלפיים שנה טענה שהגלות תסתיים כשה' ישלח לנו את המשיח ויקבץ אותנו לארץ ישראל. עד אז עלינו להישאר בין הגויים, לסבול כשהם מתנכלים לנו ולהמשיך לחלום ולהתפלל על שיבתנו לארץ. כל זה השתנה לפני כמאה וחמישים שנה, כאשר קבוצת יהודים קמה וקראה לבני עמה לקחת את גורלם בידם ולעלות לארץ ישראל. ראשוני ה"ציונים", כפי שכינו את עצמם, היו ברובם משכילים הרחוקים מחיי תורה. הם מאסו באנטישמיות, בפוגרומים ובהווי הגלותי וביקשו ליצור חברה חדשה, עם חדש ויהודי חדש בארץ אבותיהם.

רבים מהרבנים במזרח אירופה התנגדו לציונות. ראשית, מפני שהיא ביקשה "לקרב את הקץ", כלומר להחליף את חזון הגאולה המשיחי בגאולת בשר ודם. שנית, היא הייתה תנועה חילונית, ורבים מאנשיה היו בעלי אידיאולוגיה אנטי־דתית.[13]

אך היו רבנים ומנהיגים שחשבו שהצלת היהודים ויישוב ארץ ישראל הם מטרה ראויה, גם במחיר של שיתוף פעולה עם אותם ציונים. רבנים כמו שמואל מוהליבר, יצחק יעקב ריינס וצבי הירש קלישר ז"ל היו הזרז להקמת תנועת "המזרחי", האגף הדתי של התנועה הציונית. למרות מחלוקות בנושאים מסוימים, הם ראו במעשי החלוצים בארץ, כמו הקמת יישובים, חידוש השפה העברית ופיתוח תרבות ארץ־ישראלית, עניין חיובי.

אחד הרבנים שהשפיעו ביותר על הציונות הדתית עד ימינו הוא הרב אברהם יצחק הכהן קוק זצ"ל (הראי"ה, 1865–1935), שכיהן כרב הראשי האשכנזי

הראשון של ארץ ישראל. כשהרב קוק עלה לארץ הוא זיהה בחלוצים ניצוץ קדוש של אידיאליסטים המבקשים את אלוהים בדרכם המיוחדת. בעיניו, הכפירה שלהם לא נבעה מרדיפה אחרי תאוות אלא מחיפוש משמעות שלא הצליחו למצוא ביהדות כפי שהופיעה באותה עת. היהדות הגלותית לא נתנה מענה לכיסופי נשמתם הגדולה, ומשלא מצאו- פנו לחפש אותו בדרכים אחרות. הראי"ה הפנה את האשמה בחילון לכך שהעיסוק המוגבר בהלכה ובמשפט לא חשף את הרבדים העמוקים של היהדות, וגרם לה להיראות כמו אוסף של חוקים יבשים. הוא לא קרא חלילה להתעלם מהם, אלא לתת מקום גם למגמות הרוחניות של פנימיות התורה והמדרשים, כך שיתנו מענה לנפש הרחבה של הדור. רוחה של ארץ ישראל תעשה זאת טוב מכולם.

הראי"ה הקים ישיבה בירושלים – "מרכז הרב" – וממנה צמחו בהמשך כמעט כל מנהיגי ורבני הציונות הדתית. בנו של הרב קוק, הרב צבי יהודה קוק זצ"ל (הרצי"ה), המשיך את דרכו והנהיג את הציונות הדתית עד פטירתו בשנת 1982. לאחר מלחמת ששת הימים הוא עודד את ההתיישבות בשטחי יהודה, שומרון וחבל עזה, וכך נעשה הציבור הדתי־לאומי שנענה לקריאתו לגורם המשמעותי ביישובים.

קבוצה בולטת אחרת בציונות הדתית היא של תלמידי הרב יוסף דב סולובייצ'יק זצ"ל, רב אמריקני בולט שתמך בציונות. הרב סולובייצ'יק עודד מאוד את שילוב לימודי הקודש עם לימודי חול, ורבים מתלמידיו למדו גם באקדמיה. הגותו החלה לצבור תאוצה בארץ רק בשנים האחרונות, והיא מספקת רוחב דעת המשולב בגאונות תורנית מרשימה. המוסד המרכזי של תלמידיו בארץ הוא ישיבת "הר עציון" (מכונה גם "ישיבת הגוש").

סגנון חיים. הציבור הדתי־לאומי רואה בשיבה אל הארץ את התגשמות חזון הנביאים; קיבוץ גלויות, הפרחת השממה, קץ הגלות – כולם הוזכרו כבר בנבואות התנ"ך. הנביא זכריה תיאר את ימי הגאולה כך: "כֹּה אָמַר ה' צְבָאוֹת, עֹד יֵשְׁבוּ זְקֵנִים וּזְקֵנוֹת בִּרְחֹבוֹת יְרוּשָׁלָ‍ִם וְאִישׁ מִשְׁעַנְתּוֹ בְּיָדוֹ מֵרֹב יָמִים. וּרְחֹבוֹת הָעִיר יִמָּלְאוּ יְלָדִים וִילָדוֹת מְשַׂחֲקִים בִּרְחֹבֹתֶיהָ" (זכריה ח), וישעיהו ראה בהפרחת המדבר חלק מאחרית הימים: "כִּי נִחַם ה' צִיּוֹן, נִחַם כָּל חָרְבֹתֶיהָ. וַיָּשֶׂם מִדְבָּרָהּ כְּעֵדֶן וְעַרְבָתָהּ כְּגַן ה'" (ישעיה נא). האם יש קץ מגולה מזה?

החברה הדתית־לאומית מדברת על חזרה לחיים טבעיים ונורמליים של עם בארצו על פי הדרכת התורה. לאור תפיסתם זו, יש ערך בהשתלבות בחיי

החברה הישראלית. האידיאל הוא שילוב של חיי קודש וחול, של החייאת חיי החול על פי הקודש. יש משמעות דתית לבניית בית על אדמת ארץ ישראל, לפיתוח מדעי ואפילו לכתיבת ספרות יפה. לפיכך הדתיים־לאומיים משתלבים בכל תחומי העשייה במדינת ישראל: צבא, משפט, אמנות, אקדמיה, מדע, תקשורת, תרבות, ספורט ועוד.

שלא כמו העולם החרדי המסתגר, הדתיים־לאומיים נמצאים בקשר הדוק עם העולם החילוני. הם צורכים תרבות חילונית; מבלים במרכזי בילוי; עובדים במקומות מעורבים וכמובן משרתים בצבא. מעורבות זו נולדה מתוך מגמה להשפיע ולקדש את החול, ואכן לציבור הדתי־לאומי הישגים יפים ומרשימים בתחום זה. עם זאת, למרות שהדבר נעשה ממניעים אידיאליסטיים, קיימת גם השפעה הדדית לא מעטה של העולם החילוני על החברה הדתית־לאומית. החשיפה לפיתויי החיים גורמת לא אחת לטשטוש ההבדל שבין "קידוש החול" ל"חילון הקודש", בעיקר בקרב בני הנוער, שאחוז הנשירה שלהם מדרך התורה והמצוות נחשב גבוה יחסית.

קשת הקבוצות המתכנסות תחת כנפי הציונות הדתית היא רחבה מאוד. מסובך לפרט את כל הזרמים ותתי־הזרמים שמרכיבים אותה, אבל באופן סכמטי אפשר לצייר אותה כך: מבחינה דתית, בקצה אחד של הסקאלה עומדים ה"חרד"לים" (חרדים־לאומיים) – ביטוי חדש יחסית שנועד לתאר מגמה של התחזקות דתית, הקפדה על קיום מצוות ונאמנות להלכה. בקצה השני מצויים הדתיים הליברלים, שאורח חייהם מושפע יותר מהתרבות החילונית, ובדרך כלל רמת המחויבות שלהם לכל פרטי ההלכה נמוכה יחסית. בין שני הקצוות קיים מנעד רחב של גישות וזרמים.

קבוצות נוספות נעות על מגוון צירים: בורגנים לצד מתנחלים, אקדמאים לצד נוער גבעות, בני תורה לצד מנהלים בכירים, חברי גרעינים תורניים לצד תושבי יישובים מבודדים ועוד. כל אלה יוצרים ציבור מגוון מאוד ומורכב, שאחרי הכל מוצא מכנה משותף סביב הרעיון של מחויבות לחיים יהודיים בארץ ישראל כחלק משיבת ציון.

חברה ותרבות. הציונות הדתית רואה במדינת ישראל את "ראשית צמיחת גאולתנו", כלומר תחילתה של גאולת ישראל המובטחת לנו בדברי הנביאים. בבתי הכנסת מברכים מדי שבת את המדינה ואת "ראשיה, שריה ויועציה" ואת חיילי צה"ל "העומדים על משמר ארצנו". לאחר פינוי גוש קטיף בקיץ

2005 ועקירת היישובים, החלו להישמע קולות המפקפקים בצורך להישאר נאמנים למדינה, אולם בפועל נראה כי המגמה נמשכת, ובני הציונות הדתית ממשיכים לראות במדינת ישראל אירוע היסטורי מבורך וחיובי.

שפה. רק עברית.

לבוש. אצל הגברים, לרוב מערבי מודרני. באגפים ה"חרד"ליים" יותר ניתן למצוא לבוש שמרני יותר. סוגיית כיסוי הראש לנשים היא במידה רבה מאפיין המבחין בין זרמים שונים בציונות הדתית.

צבא. בני הציונות הדתית משרתים בצבא באחוזים גבוהים מאוד. רבים מהם לומדים לפני הצבא בישיבות הסדר ובמכינות, ומשרתים בתפקידי פיקוד וקצונה.

יחס לנשים. תלוי בקשת החברתית. בקצה החרד"לי נוהגים לשמור על צניעות והפרדה בין המינים באופן מלא, ואילו בקצה הליברלי כללי הצניעות רופפים יותר. נשים בציבור הדתי־לאומי לומדות תורה בהיקף רחב וישנם מוסדות לימוד מכובדים ביותר המיועדים להן, כולל הכשרת רבניות. בשנים האחרונות מתפתח "פמיניזם דתי", אולם לצד תמיכה הוא זוכה גם לביקורת.

דמויות עבר ידועות. הרב ריינס, הרב קלישר, הרב אברהם יצחק הכהן קוק ותלמידיו, הרב חרל"פ והרב דוד כהן ("הרב הנזיר"); בנו, הרב צבי יהודה הכהן קוק; הרב שלמה גורן, הרב חיים דוד הלוי, הרב אברהם שפירא – זכר צדיקים לברכה.

בעלי תשובה

על פי סקר הלשכה המרכזית לסטטיסטיקה, בשנת 2014 היו בישראל מעל 200,000 בעלי תשובה. חלקם הגדול משייך את עצמו לעולם החרדי, והיתר לעולם הדתי־לאומי. כיצד רואים בציבור של שומרי המצוות את בעלי התשובה שמצטרפים אליהם פתאום ביום בהיר אחד?

היחס לבעלי התשובה בעולם החרדי

העולם החרדי משקיע משאבים רבים בקירוב והפצת היהדות בקרב הציבור החילוני. הם היו הראשונים שזיהו את הכמיהה למשמעות כבר בשנות השבעים והקימו ישיבות לחוזרים בתשובה וארגונים שעוררו את הציבור החילוני לבחון מחדש את הנחות היסוד שלו בנוגע ליהדות. עבור המתחזקים, העולם החרדי מצטייר בדרך כלל כעולם אידיאלי של חזרה למסורת ישראל סבא ושל חיים ערכיים מלאי אמונה תמימה.

אלא שברמה המעשית, אף שהעולם החרדי מציג עצמו כספינת הדגל של היהדות (ובנקודות מסוימות הוא אכן כזה) – לא תמיד בעלי תשובה יכולים להרגיש זאת על בשרם. הם אמנם זוכים לכבוד רב על הצעד הנועז שעשו כש"חצו את הקווים" וויתרו על הנאות העולם הזה (לא נדיר לשמוע חרדי מבית אומר לבעל תשובה: "אני לעולם לא הייתי יכול לעשות את הצעד שעשית"), אך עברם אינו מתקבל בכל מקום בברכה.

קיים שוני מנטלי גדול בין מי שגדל בחברה חילונית ובין מי שגדל כדתי מבית. בעל התשובה נחשב לטיפוס סקרן, ששואל שאלות שבבית המדרש המסורתי לא רגילים לשאול ונכנס לשאלות אמוניות במקום לשמור אותן לעצמו. הוא ישיר, מדבר "דוגרי", עצמאי וחושב אחרת. ברמה מסוימת, כל

אלה הם ברכה בבית המדרש, כפי ששמעתי מכמה חרדים מבית שנהנים מאוד ללמוד עם בעלי תשובה בזכות נקודת המבט הרעננה שלהם. הכול חדש בעיניהם והם מלאי שאלות ומוכנים לאתגר כל הנחת יסוד, מה שמוסיף עניין רב ללומד הוותיק. אלא שמחוץ לבית המדרש, היחס שהם ייתקלו בו יהיה אחר.

חוסר ההיכרות של בעלי התשובה עם המנטליות החרדית ועם המנהגים והמניירות הקטנות בולט עד כאב. בעולם החרדי קיימות נורמות התנהגות ברורות למדי, ומי שמגיע מבחוץ נתפס מיד כנטע זר. מעשה שהיה: בן קיבוץ שחזר בתשובה עבר לעיר חרדית גדולה. הוא נהג ללכת לישיבה כשהוא נושא תיק גב ולובש את שתי הכתפיות. יום אחד העירו לו שהדבר אינו מקובל. כששאל מדוע, האם זו הלכה? נענה בהלצה על בסיס פסוק מתהילים: "למה – יאמרו הגויים". יהודי לא צריך לשאול למה, כמו שעם ישראל לא שאל למה אלא צעק "נעשה ונשמע". קודם עושים, אחר כך שומעים, ובשום מקרה לא שואלים. מסורת היא מסורת!

אמנם לתפיסה של "נעשה ונשמע" יש יסודות חזקים למדי בהשקפה היהודית, אבל אותו בעל תשובה לא הרגיש נוח עם התשובה הזו. בעניינים הלכתיים בעלי תשובה מוכנים לקבל את התשובה "כי ככה", משום שהם כבר רגילים לכך שלא כל דבר בתורה מובן להם, ובלא מעט פעמים צריך לעשות ורק אחר כך לשמוע. אבל קשה להם יותר להסכים לקביעות חברתיות שאינן בהכרח הלכה פסוקה, כגון איך לשאת את התיק ברחוב. הסביבה האינדיבידואליסטית שהם גדלו בה, שעודדה חקירה ושאילת שאלות, צרובה בתודעתם מגיל צעיר. צריך לעבור תהליך חִברוּת ארוך, תוך ויתור על תפיסות חיים שלמות, כדי להגיע למצב של קבלת ה"ככה" בשלוות נפש.

ברמה החברתית, לבעלי תשובה יוצעו בדרך כלל שידוכים פחות טובים או ממשפחות של בעלי תשובה אחרים, וילדיהם צפויים להיתקל בקשיים כשירצו להתקבל במוסדות החינוך האיכותיים יותר. אפשר להבין את הרתיעה של העולם החרדי מ"העופות המוזרים" שצנחו להם שם, אבל השאלה שאנו צריכים לשאול את עצמנו היא האם צריך לנסות ולהיטמע שם בכל מחיר?

היחס לבעלי התשובה בעולם הדתי־לאומי

בציבור הדתי־לאומי קל יותר לחוזרים בתשובה להשתלב. מכיוון שהוא פתוח יותר באופיו, הם יכולים למצוא לעצמם מקום משלהם ולא רק להתאים את עצמם לחברה הקיימת. הדיכוטומיה החברתית פחות מורגשת שם וקל יותר לפתוח דף חדש. עם זאת, בעלי תשובה מתאפיינים לרוב בקיצוניות וברצון "ללכת עד הסוף" – "אם כבר חזרתי בתשובה, אני רוצה להיות הכי דתי שאפשר", ובדימוי שלהם מדובר בעולם החרדי. בנוסף, הפשרנות ההלכתית בחלקים של העולם הדתי־לאומי נראית לפעמים לא מספיק רצינית למי שנמשך ליהדות בגלל התורה והמצוות, וסביר שהחוזרים בתשובה שיצטרפו לציבור הדתי־לאומי יחפשו דווקא את הקהילות החזקות יותר מבחינה דתית – וגם כאלה נמצאות לרוב!

קהילות לבעלי תשובה

בשנים האחרונות החלה תופעה מבורכת של הקמת קהילות לבעלי תשובה. קהילות אלה נוסדות על ידי משפחות ויחידים שהבינו כי את החוזרים בתשובה אי אפשר להכניס ל"מגירות" הקיימות. הם בעלי תפיסת עולם שונה ובעלי צרכים אחרים מאלה של הדתיים מבית, שלא תמיד מקבלים מענה בציבורים הקיימים. קהילות כאלה מוקמות בכל רחבי הארץ – בפריפריה ובערים הגדולות, בכפרים ובמושבים. יתרונן הוא שהן מאפשרות לבעלי תשובה לחיות חיים יהודיים מלאים מבלי להתבייש בעברם, ולמצוא אוזן קשבת אצל חברים וחברות שחולקים את אותם קשיים, התמודדויות ועבר תרבותי. בדרך כלל בראש הקהילה עומדת אישיות תורנית – לרוב בעל תשובה בעצמו – שמנהיג אותה, תומך ומייעץ.

גם בתוך הקהילות לבעלי התשובה ישנן כאלה שהן סגורות יותר ודורשות מהמצטרפים אליהן עמידה בכללים מסוימים, לעומת קהילות פתוחות ו"מאווררות" שמאפשרות לכל אדם לקחת בהן חלק. היתרון של הסוג הראשון הוא באחידות קהילתית ותחושת "ביחד" חזקה יותר. היתרון בקהילות מן הסוג השני הוא שחבריהן, שעדיין נמצאים בעיצומו של תהליך התשובה, יכולים להתחזק בהדרגה ולהסתייע בניסיונם של אלה שכבר חוו את מה שהם עוברים עתה. זוהי סביבה תומכת ומאפשרת, שהלחץ המופעל בה להשתנות מבחינה חיצונית וחברתית קטן מאוד.

חברות בקהילות לבעלי תשובה הן הזדמנות נהדרת לברר שאלות שונות של האדם עם עצמו. מה היחס שלי כלפי חומרות הלכתיות? האם חשוב לי להיות ציוני? באיזו סביבה אני רוצה לגדל את ילדיי, ואיזה חינוך אני רוצה שהם יספגו? אילו ערכים חשוב לי להגשים? מהן תכונותיי החזקות שהן חלק מהותי ממני ושאינני מוכן לוותר עליהן? לעיתים המסגרת הקהילתית תספק מענה, ולעיתים נבין כי היא אינה מתאימה לנו וצריך להמשיך הלאה בחיפוש אחר רב או קהילה אחרת.

המבקרים את הקהילות הללו טוענים שבעלי תשובה אינם בעלי ידע והבנה רחבה דיה של העולם היהודי כדי להוביל קהילות ולהכריע בסוגיות כבדות משקל. גם אם יש בכך מעט אמת, המציאות היא שהחוזרים בתשובה לרוב אינם מוצאים את מקומם בקבוצות הקיימות ומוכרחים לצמצם מאוד את האישיות הפתוחה והרחבה שלהם. בעיניי, צמצום האישיות באופן גורף אינו ערך הלכתי, וכדאי לברר אותו לעומק. באופן אישי, אני חושב שקהילות כאלה הן הדבר הטוב והמומלץ ביותר למי שרוצה לאמץ לעצמו אורח חיים המבוסס על שמירת תורה ומצוות. אתם מוזמנים להמשיך את הדיון בבלוג של הספר, שם תמצאו הפניות למאמרים ודיונים בנושא.

ואם לסכם את הפרק במשפט אחד: מציאת קהילה, בית רוחני וחוג דתי היא תהליך ארוך, שמצריך חיפוש רציני, התנסות והתחברות עם קהלים ורבנים מסוגים שונים, ובעיקר האזנה פנימית לקול הפנימי שלכם, עד שתשמעו אותו אומר: "כאן ביתי".

שער רביעי

שאלות נפוצות

כל המקומות שבהם היית
עולמות שראית וגילית
כל השאלות שבדרך שאלת
לפעמים לא העזת לגלות

אורות מהבהבים
בשתי שניות
חולפים חיי אל מול עיני
קולות מזמן אחר
הלב אומר להתעורר מהר

כל הדרכים נפתחות לפניך
מתגלות מול עיניך בחייך
כל התהיות נעלמות ברגע
ועכשיו ברור מה חשוב ומה פחות

(**אורות**, אברהם טל)

אמונה

? העולם כל כך התקדם מאז שקיבלנו את התורה. איך אפשר לחיות חיים שמבוססים על תפיסת עולם כל כך לא מודרנית?

אחד משלושה־עשר עיקרי האמונה של הרמב"ם, הוא ש"זאת התורה לא תהיה מוחלפת ולא תהיה תורה אחרת מאת הבורא". משה רבנו קיבל בהר סיני את התורה שבכתב ואת התורה שבעל פה, ויחד איתן גם את הסמכות והאחריות על פסיקת ההלכה. מאז חכמינו ז"ל מעבירים את התורה מדור לדור, ומתאימים ומעצבים אותה בכל תקופה בהתאם לכללים שקיבלנו.

העולם אכן משתנה, האנושות התפתחה מאוד, והתרבות, המדע והטכנולוגיה השתכללו ללא הכר. אבל מהות האדם – לא השתנתה. בענייני החוכמה האלוקית לא בטוח שהתקדמנו, ואולי אף הידרדרנו: הנבואה, דבר ה' לאדם, שהייתה קיימת בדורות עברו, כבר לא מופיעה בימינו בגלוי. הטכנולוגיה איננה קובעת ערכים, מה נכון ומה לא, ולכן דבר ה' אל האדם הוא זה שהטכנולוגיה אמורה להתעצב לאורו, ולא להפך.

? חז"ל קבעו הרבה הלכות מעצמם, איך אפשר לסמוך עליהם שהכול אמת?

ראשית, ודאות מוחלטת אינה קיימת בעולם הזה. האמת שייכת רק לאלוקים, וכמו שאומרים בסיום קריאת שמע: "ה' אלוקיכם – אמת". רק ה' הוא אמת, ואנו יכולים רק להתקרב אליה.

עם זאת, ההגדרה העצמית של עם ישראל ב־1500 השנים האחרונות היא קבלת התלמוד כסיכום התורה שבעל פה, והוא מקור הסמכות של היהדות. כשלומדים תורה ברצינות, רואים את חוכמתם העצומה של חכמינו זכרונם לברכה, שכל מגמתם הייתה ללמד את העם להגיע לאמונה שלמה ולקיים את התורה. הם הקדישו את כל חייהם ללימודה, ובמקרים לא מעטים אף היו מוכנים להיהרג עליה (למשל, עשרת הרוגי מלכות). אדם מן השורה אינו מוכן למסור את הנפש על המצאה שהוא בדה מליבו, מתוחכמת ככל שתהיה.

ובכלל, מי שלומד תורה מיד מרגיש את אלוקיותה וחוכמתה שאינה מגדרי

העולם הזה, ויודע שרק היא יכולה לקשר אותנו לאור העליון של ה׳. וכמאמר הכתוב: ״טַעֲמוּ וּרְאוּ כִּי טוֹב ה׳״ (תהילים לד).

? מה עושים כשהאמונה שלי מתערערת?

יש שתי דרכים אפשריות להסתכל על זה: האחת – אמונתך מתערערת משום שהיא חלשה; השנייה – שאת בשלה להתקדם ולעלות לדרגה גבוהה יותר, ולכן האמונה שלך מרגישה לך עכשיו נמוכה ולא שלמה.

אם האפשרות הראשונה נכונה, פירוש הדבר שכנראה יש שאלות ונושאים בלתי פתורים אצלך, וכדאי שתעמיקי בלימוד הנושאים המטרידים אותך ותתייעצי עם רב שייתן לך מענה על שאלותייך הבוערות. אם האפשרות השנייה נכונה, עלייך לשקול ללמוד לימודי אמונה מעמיקים וגבוהים יותר מאלה שלמדת עד כה. ייתכן שתמצאי את מבוקשך בתחומים הנוגעים לחלקים הפנימיים יותר של התורה, וכמובן כדאי להיכנס לתחום זה בהדרכה נכונה ומתאימה.

? איזה ערך יש למצוות שאני עושה, אם אחר כך אני חוטא?

מצווה היא מלשון צוותא וחיבור. כל מצווה שאתה עושה מקשרת אותך עם בורא העולם, בלי קשר למה שעשית קודם או למה שתעשה אחר כך. יש לה ערך עצום בפני עצמה, וחבל מאוד להפסיד אותה בגלל המחשבה על מה יקרה אחר כך. ובכלל, מכיוון שהמצווה באה ממקור כל כך גבוה ועליון, היא נותנת לך כוח־על שלא מהעולם הזה, ובוודאי תשפיע עליך בעוד דרכים שאתה כלל לא יכול להעלות בדעתך עכשיו.

? האם צריך לפחד מה׳?

היראה, או הפחד מה׳ כמו שכינית אותו, מתחלקת לשני סוגים עיקריים: יראת העונש ויראת הרוממות. אפשר לפחד מה׳ כי הוא יכול להעניש אותי בעונש מהגיהנום, ואפשר גם להגיע ליראה מפניו כי הוא כל כך גדול, אינסופי ובלתי מוגבל עד שאני מרגיש בטל ומבוטל כלפיו.

ייתכן שתהליך התקרבות שלך אל ה׳ יכלול תקופה מסוימת של יראת העונש, אך אם הוא נשאר כך לאורך זמן, זו נחשבת מדרגה נמוכה של אמונה. אמונה

שלמה אמורה להתבסס על יראת הרוממות, אך יותר מכך על אהבת ה׳, שנולדת מתוך הבנת אינסופיותו של ה׳ וגודל אהבתו אלינו, עם ישראל.

? האם כשאני מתחזק עלי לשנות את השם הפרטי?

בגמרא מוזכרים ארבעה דברים ש״מקרעין גזר דינו של אדם״, ושינוי השם הוא אחד מהם (ראש השנה טז). לכן כתב הרמב״ם ש״מדרכי התשובה״ הוא שבעל התשובה משנה את שמו (הלכות תשובה ב).

עם זאת, אין בכך חובה הלכתית. נראה שבימינו הכוונה בשינוי שם היא שאדם שאימץ אורח חיים יהודי – הרי הוא משתנה, מתעדן ופורח, עד שמי שהכיר אותו לפני כמה שנים בקושי יכול לזהות בו את האישיות שהכיר, כאילו אתה אומר ״כבר איני אותו אדם״, ויש בכך מן המעלה של שינוי השם.

התקדמות

? איך עושים תשובה?

הרב קוק כתב ש״עיקר הנפילות באות משום שאינו מאמין בקלותה של תשובה״ (אורות התשובה). איך זה ייתכן? מצד עצמה, התשובה היא קלה מאוד – כל מה שצריך לעשות זה לעזוב את הרע ולדבוק בטוב. מצד שני, כדי להגיע להכרה הזו ולהחזיק בה צריך לעבור מסע מפרך. תשובה אמיתית היא תהליך מתמיד, בלתי נגמר, שמקדם את האדם אל מעלתו האמיתית, אותה נשמה אינסופית הגנוזה בקרבו, ועוזר לו להוציא אותה מן הכוח אל הפועל.

לפי ההלכה, התשובה נעשית בכמה שלבים: א) וידוי; ב) חרטה; ג) קבלה לעתיד. הווידוי הוא הכרה בכך שחטאתי – עליי לומר מה בדיוק עשיתי שלא היה טוב. לאחר מכן עליי להביע חרטה על כך, משום שלפעמים יש מעשים לא טובים שאני שמח מהם... ולבסוף יש לקבל החלטה לעתיד – מה עליי לעשות כדי להימנע מלעבור את העבירה בפעם הבאה. את השלבים הללו אומרים לפני ה׳, וזוהי עיקרה של תשובה.

? הייתה לי תקופה טובה של התחזקות ועכשיו אני בנפילה. זה נורמלי?

לא רק שזה נורמלי, זה אפילו צפוי מראש: "כִּי אָדָם אֵין צַדִּיק בָּאָרֶץ אֲשֶׁר יַעֲשֶׂה טּוֹב וְלֹא יֶחֱטָא" (קהלת ז). תהליכים נפשיים ורוחניים הם ארוכי טווח, וכוללים אלפי עליות קטנות ולצידן גם ירידות. לא צריך להתרגש מדי מהנפילות, אך גם לא לקבל אותן בשלוות נפש. צריך פשוט להתחזק בחזרה ולמצוא דרך שתסייע לנו לעלות שוב על דרך המלך – בלימוד תורה מחזק, במפגש עם חברים תומכים, בהתייעצות עם רב או תלמיד חכם שמכיר את תהליכי הנפש העדינים וכמובן, בתשובה מול ה'. ומעבר להכל – תתפללו על זה!

? אני רוצה להתחיל לקיים מצוות ולא יודע מאיפה. ממה כדאי?

אין תשובה אחת נכונה. כל אחד צריך למצוא את הנקודה שאליה הוא או היא מרגישים קרובים ומחוברים יותר. רבים מדווחים שהתחילו במצוות של תפילה וכשרות, שהן אישיות יותר ודורשות פחות חשיפה חברתית. יש מי שמרגישים שהם רוצים להתחיל במצוות עשה (להניח תפילין, לברך), ויש מי שמרגישים נוח יותר להימנע מאיסורים (לא לנסוע בשבת, לא לאכול מאכלים אסורים), אך אין תשובה נכונה אחת. העיקר להיות במגמת התקדמות.

כדאי להתחיל עם פעולות קטנות "מתחת לרדאר", שאינן מושכות תשומת לב אך פשוטות יחסית ליישום. לאורך הספר תמצאו הרבה רעיונות, וכשתרגישו נוח איתם תוכלו להתקדם הלאה, ומשם – השמיים הם הגבול.

הופעה חיצונית

? האם אני חייבת לוותר על הג'ינסים?

כפי שהסברנו בפרק בנושא הצניעות, המראה החיצוני מבטא את התכונות הפנימיות שלנו. לא נכון לבצע שינויים בחיצוניות שלנו לפני שאנחנו מרגישים בשלים לכך. קיימים אינספור סיפורים על בחורים ובחורות

שהתחזקו בן־לילה, קיבלו על עצמם מצוות ועטו על עצמם כיפות וכיסויי ראש, אך תוך זמן קצר נחלשו חזרה באותה מהירות וחזרו לאורח החיים הקודם שלהם. השינוי החיצוני צריך להיות מלווה בשינוי פנימי.

מכנסי ג'ינס הם אכן לבוש לא מקובל אצל בנות דתיות, ואת כנראה שוקלת להחליף אותם בבגד כמו חצאית וכדומה. יישר כוח על ההתחזקות, אבל דעי שהדרך הנכונה היא להתקדם בהדרגה כאשר תרגישי שאת שלמה עם המהלך. וכמובן, בכל שלב מומלץ להתייעץ עם הרב או התומכת שמלווה אותך, מפני שאולי את כבר בשלה ורק מפחדת לעשות את הצעד הבא.

? מחזק אותי ללכת עם כיפה למרות שאני עדיין לא שומר שבת. זה בסדר?

זה נפלא, רק קח בחשבון שללבוש שלך יש גם השפעה על הסביבה. כשאנחנו חובשים כיפה, אנשים סביבנו מזהים אותנו כדתיים ורואים בנו מייצגים נאמנים של דרך היהדות ועובדי ה'. איך נראה אדם עם כיפה על הראש שעולה על אופנוע או מדליק סיגריה באמצע השבת? מי שרואה אותו לא יודע שהוא רק בתחילת הדרך. לכן כדאי שתחבוש כיפה כשתרגיש שלם עם כך שאתה מייצג את היהדות ותתקדם קצת בשמירת מצוות, לפחות בפרהסיה.

לימוד תורה

? משעמם לי ללמוד גמרא...

קשה לענות לך מבלי להכיר את הרקע שלך, הגיל, התהליך שעברת והמקום שבו אתה לומד. הגמרא היא לב ליבו של לימוד התורה, ועם זאת לימוד הגמרא אינו קל בשלבים הראשונים משום שהיא כתובה ברובה בשפה אחרת (ארמית) ובנויה על היגיון שונה מזה שאנו רגילים אליו.

חכמינו הדריכו ש"אין אדם לומד אלא ממקום שליבו חפץ". כוונת הדברים היא שכדי שהלימוד ייעשה משמעותי ועמוק, עליך למצוא את הדרך שלך בלימוד התורה. אני חושב שלימוד גמרא בלבד אינו מומלץ למתחילים,

אלא יש לשלב אותו עם לימוד של יסודות האמונה וההלכה, ורק לאחר מכן להתקדם ללימודים עמוקים ומאתגרים יותר.

? כמה זמן צריך ללמוד ביום?

חז״ל עונים על כך שתי תשובות סותרות: מצד אחד הם מצטטים את הפסוק ״לֹא יָמוּשׁ סֵפֶר הַתּוֹרָה הַזֶּה מִפִּיךָ״ (יהושע א), כלומר – כל היום. מצד שני, הם קובעים ש״אפילו לא קרא אדם אלא קריאת שמע שחרית וערבית, קִיֵּם ׳לא ימוש׳״ (מנחות צט). איך שני הדברים מסתדרים יחד? תלוי באדם. באמת כל אחד צריך לחתור ללמוד בכל זמן פנוי שיש לו, ועם זאת, צריך גם להתפרנס, לשוחח עם האישה, לחנך את הילדים, לזרוק את האשפה, לנוח...

בכל זמן שאדם קובע עיתים לתורה, הוא מקיים את הציווי ״לא ימוש״. הדבר כמובן תלוי גם ביכולת הריכוז של כל אחד, בפנאי העומד לרשותו ובקצב ההתקדמות. לגבי מי שרק מתחיל ללמוד, אפשר להשתמש במשל מתחום האימון הגופני: כדי לפתח שרירים צריך להרים משקולות במשקל קצת יותר גבוה מיכולת הסיבולת של השריר. אם המשקל כבד מכך, השריר עלול להיקרע; אם הוא נמוך מדי, השריר לא יתאמץ מספיק. לכן כדאי שכל אחד ילמד כפי יכולתו, ויתאמץ גם קצת מֵעֵבר.

שומרים על קשר

? איך מתמודדים עם הערות פוגעות ופרצופים חמוצים מההורים?

מצוות כיבוד הורים מחייבת אותנו לכבד את ההורים בעניינים גשמיים (לדאוג לכל צורכיהם, לדבר אליהם בכבוד, לא לפגוע בהם), אך היא לא נועדה לשעבד את חיי הילד אל ההורים. התורה אף מציינת בהקשר הזוגי: ״עַל כֵּן יַעֲזָב אִישׁ אֶת אָבִיו וְאֶת אִמּוֹ וְדָבַק בְּאִשְׁתּוֹ וְהָיוּ לְבָשָׂר אֶחָד״ (בראשית ב). כשאדם פוגש בת זוג מתאימה, מותר לו להתחתן איתה גם אם היא לא מוצאת חן בעיני הוריו. כך הדבר גם בבחירת תחום לימודים, מקום מגורים

וכדומה (אלא אם כן ההורים זקוקים לעזרתו היומיומית של הבן, שאז יש מצווה לגור לידם), וכך הוא גם בתחום החזרה בתשובה.

ההורים אינם אחראים על הבחירה של ילדיהם לחזור בתשובה. לילדים יש בחירה חופשית על חייהם לטוב ולמוטב, וההורים צריכים לכבד זאת. כמובן עלינו להיות רגישים ככל האפשר, להיזהר מלפגוע ולדבר בכבוד, אבל ההורים אינם יכולים להגביל את לימודי הבן או את רצונו לשמור מצוות, שהרי בסופו של דבר גם הם חייבים, על פי דין תורה, בקיום מצוות.

? איך אפשר לשמור על זוגיות כשצד אחד דתי והשני חילוני?

זה באמת לא קל. זוגות שעדיין לא התחתנו צריכים עיון גדול בדבר אם כדאי בכלל לשקול לנסות זוגיות כזו, בהתחשב באורח החיים השונה כל כך של שניהם. כשכל אחד מהם עלול להיות מתוסכל על שהוא נדרש לוותר על ערכים שחשובים לו, האם אפשר להמליץ על זוגיות כזו לכל אחד? לעומת זאת, זוגות שכבר נשואים, ובוודאי כאשר יש להם ילדים, צריכים לעשות מאמץ עילאי לשמור על שלום בית. החשוב מכול הוא להרבות אהבה וכבוד הדדי, ולהבין שכל אחד נדרש לעשות ויתורים מצידו. בשנים האחרונות קמו ארגונים המיועדים לתמוך בזוגות כאלו, וכדאי להתייעץ עם מטפלים המומחים בתחום.

? איך להתנהל בוויכוחים בנושאי דת עם משפחה וחברים?

מלכתחילה לא בטוח שכדאי להיכנס לוויכוחים כאלה, כי אינכם יודעים איך תצאו מהם... ראשית, הקשר עם בני המשפחה הוא ממילא רגיש למדי, ולפעמים דברים שנאמרים בלהט הרגע עלולים לפגוע בהם ובכם. בנוסף, לא בטוח שכבר יש לכם מספיק ידע כדי להשתתף בוויכוחים כאלה, ואתם גם עלולים לספוג בעצמכם חלק מהטיעונים שיערערו את האמונה הרכה שלכם שטרם הספקתם לעצב ולייצב די הצורך. ושלישית, הגישה הכללית בעם ישראל רואה באמונה דבר גבוה יותר מהשכל, ואם כן, איך אפשר להוכיח אמונה בוויכוח שכלי?

אם הם מוכנים להקשיב לכם, אתם במצב טוב. אבל אם אין אפשרות להימנע מוויכוח כזה, נסו להיכנס לראש של המתווכח איתכם ולענות תשובה

שתדבר גם אל עולמו. השתדלו לספק תשובות קונקרטיות ומדויקות ככל האפשר. לצד השני אין תמיד כלים להבין את הטיעונים התורניים, לכן אל תשתמשו בציטוטים מסובכים אלא הסבירו אותם במילים שלכם. אל תהיו שיפוטיים או ביקורתיים ("מחלל שבת הוא כמו גוי"), אלא נסו לייצג את עמדתה של היהדות בכבוד, באופן שאולי אפילו יעורר עניין בצד השני. אם אתם רוצים להשפיע עליהם, פשוט תהיו יהודים טובים יותר. זה ודאי יפעל עליהם יותר מאשר ויכוח חסר תוחלת.

? כבר הגעתי לגיל מבוגר יחסית, אחרי שנים רבות כחילוני. אני מבין שהתורה היא אמת, אבל קשה לי לשנות את החיים שלי עכשיו.

חכמינו אומרים "שוב יום אחד [בתשובה] לפני מיתתך" (אבות ב). וכי אדם יודע מתי ימות? אלא נמצא שכל ימיו יהיו בתשובה. אפשר ללמוד מכך שתשובה, כלומר שינוי הדרך והבחירה בטוב, היא כל כך חזקה עד שהיא מועילה אפילו אם עושים אותה יום אחד לפני שהאדם הולך לעולמו. גם אם הוא חי 119 שנה, 11 חודשים ו־29 ימים בחטא, התשובה שהוא עושה ביום האחרון מועילה. אלא שאיננו יודעים מתי יבוא יום זה...

נכון שקשה לשנות את החיים בגיל מבוגר. יש לנו הרגלים וצורת חיים שכבר התרגלנו אליהם, אבל ייחודו של האדם לעומת המלאכים הוא שהאדם נמצא תמיד בתנועה, ויכול להשתנות בכל רגע נתון. אפילו אם השינוי יהיה קטן, הדרגתי ואף נראה שולי, הוא יכול להיות פתח לשינוי משמעותי הרבה יותר. כדאי פשוט להתחיל.

היחס לעולם

? אני מרגיש שהתרבות החילונית משפיעה עלי וסוחפת אותי, האם עדיף להתרחק ממנה?

לתרבות שסביבנו יש השפעה עצומה עלינו, גם כאשר איננו מרגישים זאת. כאשר אנחנו נמצאים בסביבה שמציבה בראש סדר העדיפויות שלה את החופש, סיפוק המאוויים וההנאה האישית, היא הופכת אותנו מבלי משים

לכאלה, וכאשר אנחנו נמצאים בחברה ששמה בראש סדר העדיפויות את החסד והקדושה, היא משפיעה עלינו גם אם איננו מבינים הכול.

רוב האנשים אינם מצליחים להשתחרר מהלפיתה התרבותית, ולכן טוב להם להיות בסביבה שמעודדת את הערכים שהם מעוניינים לחיות לפיהם. מי שרוצה לעורר את הנשמה האלוקית יתרחק מן הסתם מצריכת תרבות שמשפיעה לרעה, ויעדיף לצרוך תרבות שמקורה על טהרת הקודש. עם זאת, יש אנשים שחסינים מספיק כדי להתמודד עם התרבות החילונית, ופעמים רבות הם אפילו יכולים "לתרגם" בין השפות והעולמות וליצור קירוב בעם. בדרך כלל, מתקרבים שגדלו על ברכי התרבות החילונית ועברו לעולם הדתי מתאימים מאוד לקטגוריה הזו, אבל לא לכל אחד זה מתאים.

? מה היהדות חושבת על לימודים אקדמיים?

החוכמה שיש בלימודי חול, ולא משנה עד כמה הם חשובים כדוגמת רפואה ומקצועות אחרים, היא אנושית, ואילו חוכמת התורה היא אלוקית ואינסופית. לכן ברוב המקרים אין בכלל קרקע להשוואה: עדיף ללמוד לימודי קודש, ורק לאחר מכן לימודי חול.

בנוסף, לימודים אקדמיים, בייחוד במדעי הרוח והחברה, מושפעים מאוד מהתרבות המערבית, ופעמים רבות מבטאים תפיסת עולם הכופרת לחלוטין בתפיסות יסוד וערכים יהודיים מסורתיים (כגון קדושתה של התורה, ערך המשפחה, קבלת עול מצוות וכדומה), כמו כן, רוב המוסדות האקדמיים אינם מעודדים שמירה על כללי הצניעות. מסיבות אלה, פוסקים רבים מזהירים מלימודי חול בתחומים כאלה, ויש פוסקים שאסרו להתחיל לימודים חדשים אך התירו למי שכבר לומד לסיים את התואר.

יחד עם זאת, בימינו הלימודים האקדמיים נדרשים מאוד לצורכי פרנסה ורכישת מקצוע. ולכן, מי שהולך ללמוד, כדאי שיעשה זאת במוסדות לימוד שמאפשרים שמירה על אורח חיים דתי (לצערנו, לא כל מוסד באמת מציע זאת!), אחרת אתם עלולים לשלם מחיר רוחני כבד. בכל מקרה כדאי מאוד לשמור בתקופת הלימודים על קשר הדוק עם בית מדרש או מרכז תורני אחר, המאזן את תפיסות העולם הנלמדות באקדמיה.

? האם לפי היהדות מותר לעסוק בספורט ותחביבים בשעות הפנאי?

מבחינה הלכתית, כל פעילות שאינה כוללת איסורים הלכתיים (תכנים לא ראויים, חוסר צניעות, לשון הרע, השחתת הנפש וכדומה) מותרת. לכן מותר לעסוק בספורט ובתחביבים כמו חוגים, חדר כושר, שחייה בבריכה וכדומה באופן המתאים (שעות נפרדות לגברים ונשים וכו').

עם זאת, כדאי לברר מה המטרה האישית שלנו בעיסוק הזה. מכיוון שהאדם נברא בשביל תכלית מסוימת – לעשות לה' דירה בתחתונים (עמ' 26), עלינו לשאול את עצמנו: האם התחביב שלי מתאים לתכלית הזו? האם הוא מקדם אותי כאדם גם ברמה הרוחנית, או שהוא רק דרך מתוחכמת לבזבוז זמן? הרמב"ם למשל ראה בפעילות גופנית חלק מעבודת הבורא, מכיוון שהיא שומרת על בריאות הגוף. באופן דומה אפשר להסתכל גם על פעילויות אחרות שנועדו לאפשר לאדם לנוח ולאגור כוחות, כמו נגינה, טיול, אמנות וכדומה. צריך רק לחשוב האם במעשינו אנו מקיימים את הרעיון של "בכל דרכיך דעהו". בכל מקרה כדאי להתייעץ עם הרב המלווה שלך.

? האם מותר לי לגדל כלב?

כן, מבחינה הלכתית מותר לגדל כלב, ובלבד שזה לא יהיה כלב רע ומפחיד, כלומר כלב מסוכן ומאיים שעלול להזיק או לעורר פחד (החשש הוא בעיקר שנשים בהריון תיבהלנה ותפלנה חלילה את העובר).[1]

עם זאת, גידול כלב אינו דבר מקובל כל כך בחברה הדתית והחרדית (גידול בעלי חיים כמו שפן, אוגר וכדומה מצויים יותר). מי שבכל זאת מגדל בעלי חיים בבית צריך להכיר את ההלכות הנוגעות לכך, ובייחוד איסור צער בעלי חיים והלכות מוקצה בשבת.

החברה הדתית

? לאיזו חברה כדאי להשתייך?

זהו עניין אינדיבידואלי. דתיים מבית נולדו לתוך חברה מוגדרת והתרגלו לתרבות ולמסגרת שלה. מתחזקים וחוזרים בתשובה, לעומת זאת, לא בהכרח מזדהים בקלות עם המסגרת החברתית, ופעמים רבות הם צריכים לעשות התאמות ושינויים בעצמם כדי שיוכלו להשתלב בה.

לדעתי, יש כמה שיקולים בבחירת החברה שאליה רוצים להשתייך. הראשון הוא העולם הערכי שלי: עם איזו חברה אני מרגיש הזדהות נפשית? האם יש לחברה הזו אידיאלים ששווה לי להתאמץ ולהשתנות כדי שהם יהיו חלק מחיי? המרכיב השני הוא "אפשרות הקידום". מטבענו אנחנו נוטים לחיות בחברה שהכי נוח לנו בה, אבל כאן עלינו לשאול את עצמנו שאלה אחרת: איזו חברה תקדם אותי הכי הרבה למיצוי הפוטנציאל הרוחני הטמון בי? האם החברה שאני חי בה מעודדת אותי להשתפר ומוציאה ממני את החלקים הטובים הרדומים שבי, או שהיא מרדימה אותי והופכת אותי להיות כמו כולם? ויחד עם זאת, צריך לזכור שחברה שמציבה אידיאלים גבוהים מדי עבורי אינה בהכרח זו שמתאימה לי.

? איך יכול להיות שאני רואה דתיים שמתנהגים בצורה לא מוסרית ולא מנומסת?

צריך לעשות הבחנה ברורה בין ה"יהדות" ל"יהודים". לא כל היהודים מתנהגים בצורה שעולה בקנה אחד עם היהדות, אבל הפגם פה הוא בהתנהגות ולא ביהדות עצמה. להמחשה: האם בגלל חייל שמתנהג בצורה לא הולמת צריך לסגור את כל הצבא? לכולנו יש יצר הרע ומידות שצריך לתקן, ורבים גם נופלים מדי פעם. הכלל הזה חל גם על אנשים דתיים. התורה עצמה קבעה ש"דרך ארץ קדמה לתורה", אך גם דתיים צריכים להזכיר לעצמם את הכלל הזה כל הזמן.

ובכל זאת, צריך לדון אותם לכף זכות משני טעמים: ראשית, כללי הנימוס של העולם הדתי, ובעיקר החרדי, עשויים להיות שונים למדי מדרך

ההתנהגות המקובלת בעולם החילוני. לא בטוח שמה שאתה חווה כחוסר נימוס נתפס כך גם אצל אדם דתי או חרדי מבית. שנית, מכיוון ששמירה על דרך ארץ איננה מצווה מפורשת וקונקרטית כמו מצוות שבת או תפילין, לעיתים שוכחים שאף שאין זו מצווה שפרטיה קבועים, בכל זאת זהו רצונו של ה׳ מאיתנו.

? למה דתיים אומרים כל הזמן "בלי נדר", "בעזרת השם" ו"ברוך השם"?

כשאדם מוציא מפיו התחייבות לדבר מסוים ("מחר אלך לבקר בכותל") הדבר עלול להיחשב כנדר שהוא חייב למלא. לכן כשדתיים מציינים דברים שהם עומדים לעשות, הם נוהגים להוסיף "בלי נדר". אדם מאמין יודע שגם אם הוא יתכנן כל היום, הדבר לא יֵצא לפועל אלא ברצון ה׳. לכן הוא אומר תמיד "בעזרת השם". כך גם לגבי הביטוי "ברוך השם", שמבטא את ההבנה שכל דבר שיש לנו הוא מתנה מה׳.

מסופר על הבעל שם טוב הקדוש שהיה מסתובב בכפרים ושואל את האנשים הפשוטים מה שלומם, כדי שיענו לו "ברוך השם". פעם אחת ענה לו אדם אחד "בסדר גמור", והבעל שם טוב גער בו על כך שהוא גוזל מה׳ את השבחים והתהילות שבני ישראל נותנים לו, שמסבים לו הנאה ושמחה עצומה.

? איך צריך להתייחס לרבנים?

ההלכה קובעת שיש לכבד רבנים ותלמידי חכמים. בגלל התורה שהם אוצרים בקרבם נוהגים לקום לכבודם כמו שקמים לכבוד ספר תורה, מדברים אליהם בצורה נעימה (רבים פונים לרבנים גדולים בגוף שלישי, "מה הרב אומר?") ושומרים על כבודם. אחרי הכול, הם השקיעו שנים ארוכות מחייהם כדי להתעמק בחוכמת התורה, ומעבירים לנו את המסורת שהחלה בהר סיני.

עם זאת, גם הרבנים כפופים להלכה. לפני שנים מינתה הכנסת ועדת חקירה כדי לברר האם הישיבות לחוזרים בתשובה הן כת. מסקנת המחקר הייתה כי כל מקום שבו גם המנהיגים וגם האנשים הפשוטים כפופים לאותו חוק, ואין אפשרות להחריג מישהו ממנו – אינו יכול להיות כת, וזה בדיוק המקרה שלנו. הגמרא אומרת שנביא שמציע לבטל ולו מצווה אחת הוא נביא

שקר (למעט במקרים מסוימים מאוד שבהם הותר הדבר). מכאן אתה למד שרב שעושה דברים בניגוד להלכה עובר עבירה בדיוק כמו כל אדם אחר שיעשה זאת וגם ייענש על כך. הדבר נכון בין בדברים שבין אדם למקום ובין בעניינים שבין אדם לחברו, ומרב כזה ראוי להתרחק!

שבת

? איך יוצרים אווירת שבת בבית?

שמעתי פעם משל יפה בעניין: גבר שהזניח את אשתו במשך שנים ארוכות ובגד בה עם אחרות מחליט לשוב מדרכו הרעה. הוא מתייצב בפניה וכורע על ברכיו: "סלחי לי, אני רוצה להתחיל מחדש!". האישה זוכרת לו חסד נעורים, עדיין אוהבת אותו ומוכנה לסלוח, אבל שיקום הקשר הוא תהליך ארוך. לא בן־לילה הם יוכלו לגשר על הפערים, על הכאב והנתק הרגשי שנוצר ביניהם. כך גם בנוגע לשבת. אחרי שנים שבהן עזבנו והזנחנו אותה, האם נוכל לצפות שהיא תתמסר אלינו חזרה? היא מוכנה לסלוח לנו על שעזבנו אותה שנים רבות, אבל זה יצריך זמן והשקעה ובסופו של דבר זה יבוא.

כדי ליצור אווירת שבת מתאימה צריך להתכונן מראש. לא רק לסדר, לנקות את הבית ולבשל אלא גם ללמוד שירים ומזמורים כפיים, להכין סיפורים ודברי תורה לשולחן שבת, לפנות זמן ללימוד וכדומה. כדאי מאוד להתארח אצל משפחות שומרות שבת וללמוד מהן איך הן הופכות את השבת שלהן לטובה ומיוחדת.

אם אתם נמצאים בסביבה שאינה מפרגנת לכם לשמור שבת, נסו להגיע להסכמות, ובכל מקרה שִמרו על אווירת שבת משלכם. אולי כשהם יראו עד כמה השבת מיוחדת, גם הם ירצו להצטרף אליכם.

? קורה לפעמים: מה עושים אם שכחתי לכבות את הנורה של המקרר לפני שבת?

אם יש לכם ספק אם כיביתם אותה או לא, מותר לכם לפתוח את המקרר.

קחו בחשבון שאם בסוף יתברר שאכן לא כיביתם, לא תוכלו לסגור את המקרר עד הסוף באופן שהנורה תכבה שוב. אם אתם בטוחים שלא כיביתם אותה, אי אפשר לפתוח את המקרר בעצמכם, וכדאי להתייעץ עם רב פוסק.

? האם אפשר להזמין אורחים לשבת אם הם לא שומרים שבת?

אפשר ואפילו רצוי, אבל עדיף שיבואו לכל השבת. אם אתם רוצים להציע להם לבוא רק לסעודה אחת, אַרגנו להם מקום לישון אצלכם, הַסבירו להם שהכנתם עבורם אפשרות לינה אצלכם לכל השבת, ואם בסופו של דבר הם יחליטו ללכת, אינכם אחראים על כך. ויש פוסקים שאומרים שלמטרות קירוב אפשר להזמין אורחים גם אם ידוע שהם יחללו שבת בנסיעה בהלוך וחזור.

באופן כללי מומלץ לוודא שאתם מזמינים אורחים רק לאחר השלב שבו כבר "הבשלתם" את השבת שלכם, כדי שתרגישו בנוח ולא תיכנסו ללחץ.

? האם מותר לי ליהנות ממזגן שמישהו הדליק בשבת?

אם מדובר בלא יהודי שהדליק, בדרך כלל אין בעיה. אבל אם יהודי ביצע עבורכם פעולה שאסור לעשות בשבת, אי אפשר ליהנות ממנה. לכן, אם יש לכם אפשרות לעבור לחדר אחר, מן הראוי שתעשו זאת. עם זאת, אם אין לכם אפשרות כזו, מדין "אנוס" אתם יכולים להישאר שם. הדבר נכון כמובן גם בהקשר של הדלקת וכיבוי אור או פעולות דומות אחרות. אך אם בישלו עבורכם בשבת, אין לאכול מן התבשיל.

? אני נוסע בשבת ולכן בעיני אין היגיון בכך שאנסה לשמור חלק מהשבת, לעשות קידוש וכדומה.

הגישה של "הכול או לא כלום" היא המצאה של היצר הרע, שרוצה להחליש אותך משמירת מצוות. רוב החוזרים בתשובה אינם מתחילים לשמור שבת מלאה (ולא שום מצווה אחרת), אלא מתקדמים בכל פעם קצת. לכן יש היגיון רב בכך שתחליטו לשמור בהתחלה רק חלק מהלכות שבת, ואין בכך צביעות. יש ערך לכל פעולה קטנה שאנחנו מקיימים. שמעתי למשל על אדם שקיבל על עצמו לא לפתוח את השער החשמלי של ביתו בשבת

אלא להשתמש בידית, ולאחר מכן קיבל על עצמו בהדרגה לשמור על עוד איסורי שבת, עד שהצליח לשמור שבת מלאה.

? יש משחק כדורסל ממש חשוב ביום שישי בערב. האם אפשר לצפות בטלוויזיה באמצעות שעון שבת שהופעל מראש?

"שעון שבת" הוא המצאה נהדרת שמאפשרת לנו להעצים את ההנאה בשבת (אוכל חם, מזגן וכדומה). עם זאת, פוסקים חשובים התנגדו לו מכיוון שיש בכך זילות מסוימת של השבת – למה שבעצם לא נכוון אותו גם לכיריים חשמליים שיבשלו מעצמם בשבת, מכונית אוטונומית שתיקח אותנו לים – והשבת תיהפך ליום חול?!

לכן מן הראוי להימנע משימוש בשעון שבת לפעילויות שאינן מתאימות לרוח השבת ("מעשה חול"). ובעזרת ה', ההתגברות שלך על הרצון לצפות במשחק תעמוד לזכותך ותקדם אותך במדרגה הרוחנית.

צניעות

? התחלתי לשמור נגיעה מבנים, אבל יש לי כמה ידידים שמתעקשים לחבק אותי בצורה חברית כשאנחנו נפגשים. מה לעשות?

ראשית, "החכם עיניו בראשו". אם את יודעת שתגיעי למקומות שיש בהם חשש לצניעותך, כדאי לחשוב האם את באמת רוצה ללכת לשם. אם אין לך ברירה, כדאי להקדים תרופה למכה ולהעביר דרך צד שלישי מסר שאת שומרת נגיעה ומבקשת שלא יחבקו אותך. אפשר גם לומר להם בצורה עדינה שהחלטת שאת מוכנה לגעת רק בבעלך... במקרה שמחבקים אותך בלי רצונך, יש לך גדר של "אנוסה" (תרתי משמע).

? אני אוהבת להתאפר ולשים בושם, האם יש בכך בעיה?

אין בעיה, ובלבד שהדבר ייעשה בצורה מכובדת, צנועה וכזו שאינה מנקרת ומעוררת תשומת לב רבה מדי.

? איך מתחזקים בשמירת העיניים?

חכמינו אמרו: "העין רואה והלב חומד". הסתכלות בעולם ללא הגבלה גורמת לנו לרצות דברים שאולי אינם בהישג ידנו, ולעיתים אף דברים שאינם טובים לנו וגורמים לנו תאווה מיותרת, צער וייאוש.

הדרך להתחזק בשמירת העיניים היא להימנע, עד כמה שאפשר, מללכת במקומות שגורמים לנו לנפילות. חז"ל אמרו שאם אדם יכול ללכת בשתי דרכים, ובאחת מהן יש מראות לא צנועים, חובה עליו לבחור בדרך השנייה. שנית, צריך להתרגל לא להסתכל על מה שלא צריך. ושלישית, להתחזק מכך שבכל רגע שאנו נזהרים לא להסתכל היכן שלא חייבים אנחנו מקיימים מצווה מהתורה: "וְלֹא תָתֻרוּ אַחֲרֵי לְבַבְכֶם וְאַחֲרֵי עֵינֵיכֶם" (במדבר טו).

? למה באירועים חברתיים של דתיים, כמו חתונות, גברים ונשים לא רוקדים או יושבים יחד?

ההלכה קובעת שגברים ונשים לא ירקדו יחד מנימוקים של חוסר צניעות. לכן בכל אירוע של שומרי מצוות תראו מחיצה המפרידה בין ריקודי הגברים לריקודי הנשים.

יש מחלוקת האם ההפרדה צריכה להיות גם בישיבה בשולחנות, ובכלל במרחב הציבורי. בחברה החרדית מקפידים שלא לשבת יחד באירועים חברתיים, ואצל חלק מהחסידים מחמירים בזה עוד יותר. בציבור הדתי־לאומי הדבר תלוי באופי המשפחות; יש חתונות שבהן יושבים יחד ויש שבנפרד.

? יש לי נפילות באינטרנט. איך מתגברים?

האינטרנט הוא אחד המכשולים הגדולים בשמירת העיניים, ועם כל התועלת שהוא הביא יש בו גם תעשייה עצומה שכל מטרתה להפעיל את התאוות המגונות והנמוכות ביותר של האדם. כדי להתגונן מפני הנזקים שלו צריך לפעול בשני מישורים, גם "סור מרע" וגם "עשה טוב".

האמצעי החשוב ביותר של "סור מרע" הוא להפעיל אינטרנט מסונן ברמה גבוהה וטובה בכל המכשירים, ולשמור את הסיסמה אצל אדם אחר. כמו כן,

מי שרגיש במיוחד לעניין, נכון שיימנע מלשהות בחדר אחד עם מכשירים לא מסוננים, אלא יהיה תמיד עם עוד מישהו בחדר ובכך יימנע מלעבור עבירה. מצד "עשה טוב" יש להתחזק בלימוד תורה, שכמו שאמרו חכמינו, "המאור שבה מחזירו למוטב".

לימוד תורה

? האם אפשר להתחיל ללמוד תורה לבד בבית?

אפשר, אך לא מומלץ לכל אחד. את רכישת יסודות הלימוד חשוב לעשות בשיעור או בחברותא עם אדם בקיא, שיוכל להעביר לכם לא רק את חומר הלימוד אלא גם את כל הניואנסים הדקים שאי אפשר לקבל מספר. על כך אמרו חכמינו, "גדול שימושה של תורה יותר מלימודה" (ברכות ז). כלומר, כשרואים אנשים שחיים את התורה, אפשר ללמוד מהם אפילו יותר ממה שלומדים בדרך הרגילה. אמנם יש שלבים שונים שבהם האדם זקוק ללימוד אישי בבית, בקצב שלו, ואין בכך בעיה.

מי שכבר הפנים את יסודות הלימוד ויכול ללמוד לבד בלי שגיאות, יכול כמובן ללמוד גם בבית וגם בבית המדרש.

? האם יש טעם להתחיל ללמוד בישיבה בגיל מבוגר?

תלוי מאוד מי האדם ובאיזו ישיבה מדובר. באופן כללי, ישיבות ומדרשות נועדו לאנשים צעירים שמטבע הדברים פנויים יותר ללימוד, ובדרך כלל מאופיינים בהסתכלות תמימה ופשוטה יותר על החיים (במובן החיובי!). בגיל מבוגר מתווספים צורכי הפרנסה וגם ניסיון החיים, שלעיתים עלולים להקשות על הלימוד באופן המקובל בישיבות.

ועם זאת, אם מצאת מקום לימוד שפונה גם לקהל מבוגר יותר, אדרבה – אין בכך פסול אלא להפך, זהו דבר מבורך ביותר.

? **קשה לי עם העולם הדתי. אני מרגישה זרה ומנוכרת – לא חילונית ולא דתייה.**

כל אדם רגיל למה שהוא מכיר מביתו, מסביבתו ומהתרבות שבה גדל. אולי כעת את יכולה להבין את גודל הניסיון של אברהם אבינו, שנאמר לו "לֶךְ לְךָ מֵאַרְצְךָ וּמִמּוֹלַדְתְּךָ וּמִבֵּית אָבִיךָ" (בראשית יב) ונדרש להשאיר הכול מאחוריו וללכת אל הלא נודע.

את, לעומת זאת, אינך נדרשת לעשות זאת. את לא חייבת לעזוב את כל העולם שלך. יש בו דברים טובים שתוכלי לקחת איתך אל העולם שאת נכנסת אליו. החברה הדתית יכולה להעניק לך הרבה, לקדם אותך הלאה בעבודת השם ולסייע לך לחיות במסגרת שמעודדת לחיי תורה ומצוות.

הרבה מתחזקים שומרים לעצמם "איים" של חייהם הקודמים (מוזיקה, חברים וכדומה), וכל זמן שאין בכך בעיה הלכתית וזה לא מחליש אותך בעבודת השם, אין בזה רע.

סיכום

קול גלגל המתגלגל ממטה למעלה,
מרכבות סתומות הולכות ומתגלגלות.
קול נעימות עולה ויורד,
הולך ומשוטט בעולם.
קול שופר נמשך בעומקי המדרגות,
ומסובב הגלגל סביב.

(**ספר הזוהר**, פרשת ויחי רלג – תרגום מארמית)

בשלבי העריכה של הספר, ככל שעברתי עליו שוב ושוב הבנתי בעצם כמה לא כתבתי. בכל פעם גיליתי עוד רעיון, עוד מסר חשוב שנשאר בחוץ. ברגע מסוים הבנתי שעליי לוותר – באמת אי אפשר להכניס הכל לספר אחד...

אני מקווה שפתחתי צוהר, חלון קטן, לעולם שלא הכרתם. מכאן ואילך העבודה מוטלת עליכם. אתם מוזמנים להצטרף אלינו ולעשות זאת יחד: לבקר בבלוג שלי – **פשוט יהדות**, לקבל עדכונים ולהצטרף לקהילה המתחזקת של אנשי "רק מתעניין". רגע לפני שנצא להפסקה, אבקש להתבונן יחד אתכם במבט ממעוף הלוויין על התקופה המיוחדת שאנו נמצאים בה.

עם ישראל עבר בדורות האחרונים שלוש מהפכות גדולות.

המהפכה הראשונה הייתה **החילוניות**. מעם שרובו שומר מסורת ויודע ספר, מתפלל, שומר על כשרות ומקפיד על המנהגים – הפכנו לעם שרובו מנוכר למסורת וכמעט אינו יודע עליה דבר.

המהפכה השנייה הייתה **הציונות**. מעם שחי מפוזר מאות שנים בגלויות אין־ספור, חזרנו שוב לארץ האבות והנביאים, באופן בלתי נתפס לחלוטין, ממש כמו שכתוב בתורה: "וָאֶשָּׂא אֶתְכֶם עַל כַּנְפֵי נְשָׁרִים וָאָבִא אֶתְכֶם אֵלָי" (שמות יט).

המהפכה השלישית הייתה הקמת **מדינת ישראל**. מעם שהתרגל לחיות תחת שלטון הפריץ או הפחה, כנוע לכל גחמות השליטים המקומיים שיכולים לגרש אותנו מתי שמתחשק להם – הקמנו ישות ריבונית עם צבא, משרד חינוך ורכבת קלה רק שנים ספורות אחרי השואה. אפשר להתווכח אם כך אמורה להיראות מדינת היהודים, אבל ברוך השם, בארץ הזו משגשגים הרבה מאוד יהודים באופן שאבותינו כלל לא יכלו לדמיין.

שלוש המהפכות הללו קשורות ותלויות זו בזו. כעם של "מאמינים בני מאמינים", אנחנו זוכרים שכל התהליכים הללו נובעים בסופו של דבר רק מרצון הבורא. אין מנוס מלהודות שהחילון, הציונות, השואה והקמת מדינת ישראל – כולם קרו בהשגחה פרטית של ה' על עמו. מה הוא רוצה ללמד אותנו ומדוע עשה זאת? איש לא יודע, שהרי מי יכול לכוון לדעתו? אבל אשתף במחשבות שלי.

שנים ארוכות היו יחידים מעם ישראל שקיימו את התורה והמצוות משום שלא הייתה להם ברירה – הם עשו זאת מתוך כורח היסטורי, דתי או חברתי. למה עושים ברית מילה? למה אוכלים כשר? 'כי ככה'. ליהודי במאה ה־18 בברלין או במרוקו לא הייתה בחירה אם להיות יהודי או לא, כי בכל מקום שאליו הלך הזכירו לו יפה־יפה את מוצאו. אבל כשהופיעה פתאום הברירה, רבים נכנעו לפיתויי החברה, ויתרו על זהותם היהודית והתבוללו. והדבר נמשך לצערנו גם היום.

נראה שאנחנו מוכנים עכשיו למהפכה רביעית: **היהדות הטבעית**. היא התחילה בזרם דק שהולך וגדֵל שהגיע כבר למאות אלפים, אבל המסה הגדולה של עם ישראל עדיין רחוקה מכך. הגיעה העת שבה עלינו לבחור ביהדותנו מחדש, אלא שהפעם זה יהיה מתוך בחירה והתקשרות פנימית חזקה יותר מאי־פעם.

היהדות שאליה אנו שואפים היא טבעית – שמחה, דינמית, תוססת ומעוררת השראה, לא רק עבור היהודים אלא גם עבור עמים אחרים. היא מתחילה

בלימוד תורה ובשמירת מצוות, ומגיעה גם למוזיקה, לתעשייה, לקולנוע, למחקר אקדמי, ליזמות, להיי טק. היא מכניסה את הבורא, האינסוף, לכל פרט בחיים, יודעת לשלב קודש וחול, רוח וחומר, ישן וחדש, באופן שאין כדוגמתו (איפה עוד אפשר למצוא רוקיסטים שמלחינים פיוטים של רבי יהודה הלוי?...).

התפקיד שלנו, 'מתקרבים', 'מתחזקים', 'חוזרים בתשובה' או איך שלא תקראו לזה, הוא מרכזי מאוד בתהליך. אנחנו יכולים להיות הגשר בין הקבוצות השונות בחברה המקוטבת שלנו. ההיכרות שלנו עם שני העולמות, החילוני והדתי, ועם שתי השפות שלהם, מאפשרת לנו למצוא דרכים חדשות להכניס את הקודש לחול, את המסורת למודרניות; ומצד שני, אנחנו יכולים לתת ל"עולם הישן" טעימה מרוח חדשנית וחופשית מבלי לפרק את הערכים הוותיקים שעליהם הוא נשען. יש לנו הזדמנות לחבר עבר, הווה ועתיד, ולהיות אלה שיביאו את העולם היהודי אל השלב הבא שלו.

וזו, גבירותיי ורבותיי, שליחות גדולה מאין כמותה.

לקריאה נוספת

זהו מקבץ בסיסי בלבד, והרשימה המלאה מתעדכנת מדי פעם בבלוג שלי. תוכלו למצוא את הספרים הבאים בחנויות לספרי קודש ובחנויות מקוונות.

אמונה, בריאה ואדם, גאולה

הרב שלום ארוש, **בגן האמונה המבואר**. רב־מכר עולמי וספר מבוא נפלא על אמונה פשוטה ותמימה.
הרב ראובן פיירמן, **אמונה ברורה**. ספר מבוא על יסודות האמונה על פי גישת הרב קוק.
הרב יחזקאל סופר, **לדעת להאמין**. מבוא מתקדם ליסודות האמונה בגישה חסידית.
הרב מנחם ברוד, **ימות המשיח**. תפיסת היהדות את ימי המשיח והגאולה.

תלמוד תורה

תנ״ך. עם פירוש הרב עדין אבן־ישראל (שטיינזלץ). ביאור מופלא ונאמן למסורת בשפה ישראלית.
משניות מבוארות. עם פירוש ר׳ פנחס קהתי. ניתן להשיג גם ביישומון חינמי.
גמרא. עם פירוש הרב שטיינזלץ / מהדורת שוטנשטיין.
הלכה. הרב אליעזר מלמד, **״פניני הלכה״** (הסדרה זמינה גם ברשת וביישומון חינמי); **קיצור שולחן ערוך** (לשיטת האשכנזים); **קיצור שולחן ערוך – ילקוט יוסף** (לשיטת הספרדים).

שבת

פניני הלכה – שבת (שני כרכים), הרב אליעזר מלמד. הלכות שבת בשפה ברורה, מתאים לבני כל העדות, כולל מבוא רעיוני חשוב.

שמירת שבת כהלכתה (שני כרכים), הרב יהושע נויבירט, מהדורה חדשה. הלכות שבת מפורטות לשיטת האשכנזים, עם מפתח מצוין בסוף שמאפשר למצוא כל שאלה בקלות.

הלכה ממקורה – שבת, הרב יוסף צבי רימון.

חסידות מבוארת – שבת. מבט מעמיק על פנימיות השבת.

כשרות ואכילה

ואכלת ושבעת, הרב אלישיב קנוהל. מדריך הלכתי בהיר לשמירת כשרות בכל המצבים.

שולחנו של מקום, הרב ארל'ה הראל. תיקון האכילה כחוויה משמעותית.

הכשרות, הרב יצחק פוקס. אוסף דינים והנהגות בענייני כשרות המטבח והאכילה.

תפילה וברכות

פניני הלכה – תפילה, תפילת נשים, ברכות.

יהדות הלכה למעשה, הרב ישראל מאיר לאו. כולל בין היתר הסבר טוב על סדר התפילה.

הסידור והתפילה, הרב עדין אבן־ישראל (שטיינזלץ). ספר מקיף על כל מושגי התפילה, תולדות הנוסחים והשינויים בין העדות. מתאים למי שרוצה להעמיק את הידע על עולם התפילות היהודי.

סידורים מבוארים – יסוד מלכות, כוונת הלב.

חסידות בפשיטות – תפילה, תשובה, תורה. קטעי לימוד מקוריים מגדולי החסידות, מבוארים ומסודרים לפי נושאים (זמין בחינם גם באינטרנט).

התבודדות ותפילה אישית

בשדי יער, הרב שלום ארוש. מדריך לעבודת ההתבודדות בדרכו של רבי נחמן מברסלב.

לב העולם אתה, הרב ארז משה דורון. סיפורים אישיים על כוחה של תפילה אישית.

מצוות בין אדם לחברו, תיקון המידות

הליכות בין אדם לחברו, הרב יצחק פוקס. מדריך הלכתי מקיף.
פניני הלכה – ליקוטים ב. מצוות שבין אדם לחברו, אמירת אמת, צדקה, גנבת דעת ועוד.
מכתב מאליהו (5 כרכים), הרב אליהו דסלר. ספר מעמיק בנושאים רבים, שעוסק גם במצוות שבין אדם לחברו ותיקון האדם.
אורחות צדיקים, מחבר לא ידוע. ספר מוסר קלאסי לתיקון המידות.
מסילת ישרים, רבי משה חיים לוצאטו (רמח"ל). ספר היסוד של תנועת המוסר.
תיקון המידות, הרב זלמן גופין. עבודת הנפש על פי החסידות.
סיפורי צדיקים מחזקים:
אביהם של ישראל, על הרב מרדכי אליהו.
סדרת גדולי ישראל, מאת הרב אברהם אוחיון.

זוגיות, משפחה יהודית וצניעות

איש ואישה, הרב אלישיב קנוהל. מדריך מצוין בנושא זוגיות, טהרת המשפחה, חופה וקידושין. לספר מצורפת חוברת "עת דודים" על ענייני אישות, המומלצת גם לזוגות ותיקים.
המדריך המלא לנישואין מאושרים, הרב זמיר כהן (2 כרכים, לגבר ולאישה בנפרד).
שמחת הבית וברכתו, הרב אליעזר מלמד. ספר הלכה על מצוות עונה ועל גישת היהדות ליחסי אישות.
מרחק, נגיעה, נעמי וולפסון. סוד האינטימיות היהודית.
קדושים תהיו, הרב שמואל כץ. הלכות והליכות צניעות האיש והאישה.

מועדים

פניני הלכה – ימים נוראים (ראש השנה ויום הכיפורים), **סוכות**, **פסח**,

זמנים (חנוכה ופורים, תעניות וימי בין המצרים, ימים לאומיים במדינת ישראל).

חיי שנה, הרב עדין אבן־ישראל (שטיינזלץ). אוסף מאמרים בנושא המועדים בלוח השנה העברי.

תהליכי התחזקות ותשובה

תשובה, הרב עדין אבן־ישראל (שטיינזלץ). עצה והדרכה בדרכי התשובה.
מקום שבעלי תשובה עומדים (שני חלקים), הרב דן טיומקין. סוגיות מיוחדות לבעלי תשובה שרוצים להצליח בעבודת ה׳, בשלום בית ובפרנסה.
תשובה שלמה: דרכים לתשובה מאוזנת, רן ובר.

תודות

כשיצאתי למסע הכתיבה לא תיארתי לעצמי עד כמה המשימה תהיה תובענית ומפרכת. תודה גדולה מקרב לב לרבים שליוו אותי בדרך:

למאות הרבנים, תלמידי החכמים, המורים והמורות שמהם למדתי חוכמה. את חלקם זכיתי להכיר רק הודות לטכנולוגיה שהביאה את קולם ודמותם אל סלון ביתי, ולמרות שלא נפגשנו, תורתם הלכה איתי.

לכל חברי וחברות קהילת "נהורא" ברמת גן, על הבית החם והעוטף שאתם מהווים עבורי ועבור משפחתי. על פתיחת הלב ועל שיתוף הסיפורים וההתמודדויות שעברתם. אני מקווה שנתתי לכם פה.

לשלמה ארדינסט, על התמיכה שנתן לעילוי נשמת הוריו, צבי אריה בן שלמה וגיטה גניה בת מאיר, זכרונם לברכה.

לשגיא בן־יהודה, ליאורה יעקובי (גורגה), יוני שדמי, אורי וילכפורט, אהרוני ברנשטיין, עדן אלבר, אלעד והלן בן־דוד על העזרה והזמן שהקדשתם לי. לרב עמיחי אייל, לרב שלמה קליין ולרב אלדד גרינהוט שסייעו במלאכה המורכבת של כתיבת הפרק על החברה הדתית.

לרב עופר גיסין, על עצות טובות, הערות מאלפות והנכונות להירתם בלוח זמנים קצר כל כך.

לרב יובל בר־נתן, על תמיכה והשראה בלתי פוסקת, ועל כך שאתה מקפיד להוציא ממני יותר ממה שנדמה לי שיש בתוכי.

לרב אור טאוב, על ליווי ותמיכה אישית ומשפחתית לאורך שנים, ועל שעות רבות מספור שפינית בסדר יומך העמוס כדי לעבור איתי על כל מילה ומילה בכתב היד. למותר לציין שכל טעות ושגיאה – שלי היא.

לאנשי הוצאת מגיד: ידידי היקר יהושע מילר והעורכות גילה פיין ואפרת גרוס, על היוזמה, האמון והליווי לאורך הדרך הארוכה. אברהם שפירא העורך הלשוני, ינון חן על ההגהה, אליהו משגב על העיצוב הנאה ורינה בן גל על העימוד המושקע. לכולכם אני מודה גם על הסבלנות שבה קיבלתם את אינספור התיקונים, ההגהות והשינויים שהכנסתי שוב ושוב ושוב.

לעמיקם ורחלי, חמי וחמותי, על התמיכה, העידוד והאהבה שאתם מרעיפים עלינו. תודה על השעות הרבות שבהן אפשרתם לי לכתוב בשקט בחדר, בזמן שתפסתם פיקוד על הבית.

לענתי ומיכלי, אחיותיי היקרות, על החברות והאמונה לאורך השנים.

לאימא ואבא האהובים, על אהבה אינסופית שאינה תלויה בדבר, ועל כך שהתעקשתם להוכיח שהיא תמיד שם אם רק בוחרים בה. אני מברך אתכם שתרוו רוב נחת מדורות ההמשך שלכם, מתוך בריאות ושמחה לאורך שנים.

לילדיי המתוקים – אביגיל, איתמר מרדכי, אילת השחר ואורה. אתם מקור השראה בסקרנות האינסופית שלכם. תודה על עזרתכם בהוצאת הספר הזה – "האח הקטן" שלכם.

לאשתי שרון, היקרה בנשים. שהסכמת לצאת איתי לפני שנים למסע אל הלא נודע. "זכרתי לך חסד נעורייך, אהבת כלולותייך, לכתך אחרי במדבר בארץ לא זרועה". על התמיכה, הרעיונות, ההקשבה, העצות החכמות, הסבלנות, החיזוקים, הנשיאה בעול, האהבה והעידוד. בלעדייך, שום דבר מכל זה לא היה מתרחש.

ואחרון־ראשון, לה' יתברך. "קטונתי מכל החסדים ומכל האמת אשר עשית את עבדך". לימדת אותי במהלך העבודה על הספר הזה שיעור גדול בסבלנות, הקשבה, אמונה וכוחה של תפילה. תודה על אינספור המתנות שנתת לי בדרך, ועל כך שלא עזבת אפילו לרגע.

רשימות

רשימות

הערות

פרק א: אלוהים

1. אבי שילון, בן־גוריון, אפילוג, עם עובד, 2013, עמ' 195.
2. מתוך הפיוט "יגדל אלוהים חי" הנאמר בקהילות ישראל, ומבוסס על שלושה־עשר עיקרי האמונה הידועים של הרמב"ם.
3. בדברים אלה פתח הרמב"ם, רבי משה בן מימון, את ספרו ההלכתי "משנה תורה":

   יְסוֹד הַיְסוֹדוֹת וְעַמּוּד הַחָכְמוֹת – לֵידַע [=לדעת] שֶׁיֵּשׁ שָׁם מָצוּי רִאשׁוֹן, וְהוּא מַמְצִיא כָּל נִמְצָא.

   וְכָל הַנִּמְצָאִים מִשָּׁמַיִם וָאָרֶץ וּמַה שֶּׁבֵּינֵיהֶם, לֹא נִמְצְאוּ אֶלָּא מֵאֲמִתַּת הִמָּצְאוֹ.

   וְאִם יַעֲלֶה עַל הַדַּעַת שֶׁהוּא אֵינוֹ מָצוּי, אֵין דָּבָר אַחֵר יָכוֹל לְהִמָּצְאוֹת.

   וְאִם יַעֲלֶה עַל הַדַּעַת שֶׁאֵין כָּל הַנִּמְצָאִים מִלְּבַדּוֹ מְצוּיִים – הוּא לְבַדּוֹ יִהְיֶה מָצוּי, וְלֹא יִבָּטֵל הוּא לְבִטּוּלָם.

   שֶׁכָּל הַנִּמְצָאִים צְרִיכִין לוֹ. וְהוּא, [הקדוש] בָּרוּךְ הוּא, אֵינוֹ צָרִיךְ לָהֶם וְלֹא לְאֶחָד מֵהֶם (הלכות יסודי התורה א, א).
4. על פי ברכות ז, א
5. "דע כי אדון החכמים, משה רבנו עליו השלום, ביקש [מהאל] שתי בקשות... [והאל] הציג לפניו את כל הנמצאים כולם... כך שהוא ידע את הנהגתו של האל אותם" (מורה נבוכים, חלק א פרק נד).
6. שמות רבה ג, ה.
7. על היחס שבין ידיעה לבין אינטואיציה, ראו בהרחבה: מיכאל אברהם, אמת ולא יציב: על פונדמנטליזם, ספקנות והתבגרות פילוסופית, ידיעות ספרים, 2016.
8. הפיזיקה המודרנית קובעת שכל אטום בנוי מגרעין שסביבו נעים אלקטרונים במהירות עצומה ביותר בתוך מרחב ריק. הגרעין מהווה את רוב מסת האטום – בערך פי

100,000 יותר מגודל האלקטרונים שחגים סביבו. אם רוצים להבין את סדרי הגודל של האטום והאוויר הכלול בו, אפשר לחשוב על נמלה בתוך מגרש כדורגל. ראו גם: יורם קירש, יסודות הפיסיקה ב, יחידה 4, האוניברסיטה הפתוחה, 1998, עמ' 123-122.

9. לאור הנתונים הללו, מתברר שעצם קיומו של החומר הוא אשליה. חִשבו על מאוורר בפעולה: כאשר הוא פועל במהירות, לא ניתן לראות את הלהבים נעים, ונוצרת אשליה כאילו יש עיגול שמסתובב באופן רציף.

10. Prof. Fred Hoyle on evolution, *Nature*, Vol. 294, No. 5837 (November 12, 1981), p. 105

11. "אמר רבי יצחק, משל לאחד שהיה עובר ממקום למקום, וראה בירה אחת דולקת [=ארמון מואר]. אמר: 'תאמר שהבירה הזו בלא מנהיג?!', הציץ עליו בעל הבירה, אמר לו: 'אני הוא בעל הבירה'. כך לפי שהיה אבינו אברהם אומר: 'תאמר שהעולם הזה בלא מנהיג?!', הציץ עליו הקב"ה ואמר לו: 'אני הוא בעל העולם'" (בראשית רבה, לך־לך א). לפי פירוש אחד, היה זה ארמון מואר. לפירוש אחר, מדובר בארמון עולה בלהבות. ראו גם: הרב יונתן זקס, רדיקלית אז, רדיקלית עכשיו, הוצאת קורן

12. יאירה אמית, "כבוד האדם במקרא", על הפרק: כתב עת למורים לתנ"ך בבתי־הספר הכלליים, 16, ספטמבר 1999.

13. עידו הרטוגזון, "איך התחלתי להאמין באלוהים?": https://hartogsohn.com/2008/12/26/how-i-started-to-believe-in-god/ אוחזר 28.1.2019.

פרק ב: האדם

1. כלשונו של ספר התניא, חלק א פרק ב.
2. בספר "טללי חיים" על ספר בראשית, מאת הרב ראובן ששון (רמת השרון, תשע"ב) מובאים שישה־עשר הסברים שונים מדוע נברא העולם.
3. טעם דומה לזה הוא "בגין דישתמודעון ליה" ("כדי שיידעו אותו"; מופיע בספר הזוהר, פרשת בא, דף מב ע"ב), כלומר כדי שיתגלו כוחותיו בשלמותם. גם כאן נראה כאילו מדובר בצורך המצביע על חיסרון – וקשה להבין.
4. בתורת הקבלה מתוארים ארבעה עולמות עיקריים: עולם האצילות הוא העליון ביותר, ולאחריו עולם הבריאה, עולם היצירה ועולם העשייה. ובראשי תיבות, אבי"ע.
5. חשוב לציין שיש הבדל בין ליצנות (ציניות), שנחשבת לדבר פסול, לבין שמחה מתוך בדחנות.
6. על הפסוק "וְהָיִיתִי אֲנִי וּבְנִי שְׁלֹמֹה חַטָּאִים" (מלכים־א א, כא) מפרש רש"י: "חסרים ומנועין מן הגדולה". וכן מצאנו אצל יעקב אבינו, כשביקש לסיים את תפקידו אצל לבן כרועה צאן, תיאר בפניו את מסירות הנפש שהפגין בעבודתו: "טְרֵפָה לֹא הֵבֵאתִי אֵלֶיךָ, אָנֹכִי אֲחַטֶּנָּה מִיָּדִי תְּבַקְשֶׁנָּה" (בראשית לא, לט). יעקב טוען באוזני לבן שהגן בגופו על הצאן מפני זאבים וחיות רעות, ולכן אף חיה לא נטרפה; אם היה איזשהו

חיסרון בעדר, הוא אומר ללבן, הרי אתה מוזמן לבקש פיצוי. משמעות הביטוי "אנכי אחטנה" הוא "אני חיסרתי".

7. בספרו "דרך חיים" על מסכת אבות, פרק ג משנה טו.

פרק ג: עם ישראל

1. בין החוקרים ישנן כמה דעות מתי התרחשה יציאת מצרים, וזה התיארוך המתאים גם לתיאורי המסורת היהודית. עיינו עוד: יהודה אליצור, "יציאת מצרים לאור ההיסטוריה", פנים אל פנים, שבט תש"ל (המאמר זמין ברשת, באתר "דעת"); יצחק מייטליס, "לשאלת תיארוך יציאת מצרים", בתוך: הרב אמנון בזק (עורך), בחג המצות: קובץ מאמרים על חג הפסח, הוצאת תבונות, תשע"ה, עמ' 11-24.
2. כתבה על סגדי וריאיון עימו פורסמו בתוכנית "עובדה" בינואר 2014.
3. שניים מהמחקרים הרלוונטיים: G. Cochran, J. Hardy, H. Harpending. "Natural History of Ashkenazi Intelligence", *Journal of Biosocial Science* 38(5), 2006, pp. 659–693; Entine, Jon (2007). Abraham's Children: Race, Identity, and the DNA of the Chosen People.
4. Gregory Cochran; Henry Harpending (2009), The 10,000 Year Explosion: How Civilization Accelerated Human Evolution, Chapter 7 – "Medieval Evolution: How the Askenazi Jews got their Smarts".
5. צבי אקשטיין ומריסטלה בוטיצ'יני, המיעוט הנבחר: כיצד עיצב הלימוד את ההיסטוריה הכלכלית של היהודים 70-1492, הוצאת אוניברסיטת תל־אביב, 2013.
6. "What is a Jew? Tolstoy's Panegyric on the Jewish People", *The American Hebrew & Jewish Messenger* (1903-1922); Jul 31, 1914.
7. "שִׁשָּׁה דְבָרִים קָדְמוּ לִבְרִיאַת הָעוֹלָם, יֵשׁ מֵהֶן שֶׁנִּבְרְאוּ, וְיֵשׁ מֵהֶן שֶׁעָלוּ בַּמַּחֲשָׁבָה לְהִבָּרְאוֹת. הַתּוֹרָה וְכִסֵּא הַכָּבוֹד – נִבְרְאוּ... הָאָבוֹת וְיִשְׂרָאֵל וּבֵית הַמִּקְדָּשׁ וּשְׁמוֹ שֶׁל מָשִׁיחַ, עָלוּ בַּמַּחֲשָׁבָה לְהִבָּרְאוֹת" (בראשית רבה א, ד).
8. הרב אלחנן ניר, "ספרו בגוים כבודו", מוסף "שבת" של "מקור ראשון", י"ד בתשרי תשע"ב.
9. תיאוריה מעניינת על הנושא מהזווית הגנטית־תרבותית מביא פרופ' אריה ש' איסר בספרו "ממדבר העמים בחזרה למדבר הסלעים" (כרמל, תשע"ד; עמ' 151-170). לדעתו, עם ישראל מקדם תרבות אחדותית, אוניברסלית, המאיימת על קיומה של החברה הקיימת. "מלחמת העולם הראשונה, ובעקבותיה גם השנייה [ובמיוחד השואה; ד"י], היו סימפטומים למאבק אינסטינקטיבי של עמי אירופה כנגד המגמה הכללית של תרבות פאן־אירופית וכנגד עצמאותן הגנטית... יצר הקיום נעצר ברמה מסוימת כאומר: 'לא עוד, אינני מוכן להתקדם הלאה בסולם האבולוציוני לקראת חברה מורכבת יותר, משום שאני חושש לקיומי'".
10. רמב"ן על ויקרא יח, כה.
11. ספר מקבים א טו, מהדורת אברהם כהנא.

פרק ד: התורה

1. במקור בארמית: "אנא נפשי כתיבת יהבית" (שבת קה, א).
2. במסכת בבא בתרא (טו, א) מובאת מחלוקת בנוגע לשמונת הפסוקים האחרונים בספר דברים, המתארים את מותו של משה. דעה אחת אומרת שיהושע, ממשיך דרכו, השלים את כתיבתם; והדעה השנייה סבורה שמשה עצמו כתב אותם מפי הקב"ה בדמעות, לאחר שהתברר לו שחלומו להיכנס לארץ ישראל לא יתגשם.
3. לשונו של המהר"ל מפראג בספרו "תפארת ישראל", פרק סח.
4. להרחבה בנושא חשמל בשבת ראו: הרב אליעזר מלמד, פניני הלכה, כרך שבת ב, פרק יז (חשמל ומכשיריו), והמקורות המובאים שם. פוסקי ההלכה דנו מהו בעצם חשמל, ומה קורה בעת הפעלת מכשיר חשמלי. חלקם הסבירו שכאשר מדליקים מתג נסגר מעגל חשמלי, והדבר אסור בשבת משום מלאכת "בונה" – פעולה שסוגרת או מחברת בין שני מרכיבים. אחרים סבורים שהאיסור נובע ממלאכת "מבעיר", המתקיימת כאשר גוף תאורה או חימום מתלהט על ידי חשמל. דעה אחרת נוקטת ששימוש בחשמל דומה לאיסור "נולד" – שימוש בדבר חדש שלא היה קיים לפני השבת. ומכל מקום, לכל הדעות השימוש בחשמל אסור בשבת אלא אם הופעל מערב שבת (על ידי שעון שבת).
5. על פי ההלכה, ספר תורה שיש בו טעויות רבות צריך להיגנז; אך ספר תורה שנכתב בידי מי שאינו מאמין בתורה שבעל פה, אפילו אם עשה את מלאכתו במומחיות רבה וללא טעויות – פסול לחלוטין ויש לשרוף אותו, כפי שכותב הרמב"ם: "האומר שאין התורה מעם ה׳, אפילו פסוק אחד, אפילו תיבה אחת – אם אמר ׳משה אמרו מפי עצמו׳, הרי זה כופר בתורה; וכן הכופר בפרושה, והיא תורה שבעל פה... והאומר שהבורא החליף מצוה זו במצוה אחרת, וכבר בטלה תורה זו, אף על פי שהיא הייתה מעם ה׳... כל אחד משלשה אלו כופר בתורה" (רמב"ם הלכות תשובה ג, ח).
6. חז"ל לומדים זאת מהמילים "אֶל הַשֹּׁפֵט אֲשֶׁר יִהְיֶה בַּיָּמִים הָהֵם" (דברים יז, ט), הרומזות לכך שבכל דור יש שופט משלו, ו"יפתח בדורו – כשמואל בדורו" (ראש השנה כה, ב).
7. מבחינה זו, מינוי הרבנים הראשיים לישראל על ידי מוסדות המדינה הוא יוצא דופן. אמנם גם בעבר מונו רבנים ראשיים או רבני עיר על ידי השלטונות בחוץ לארץ, אך רבים מהם לא נהנו מיוקרה וממעמד בקרב הציבור היהודי.
8. בתלמוד הבבלי (בבא מציעא נט, ב) מסופר על מחלוקת חכמים חריפה בעניין "תנורו של עכנאי". הפרטים המדויקים אינם חשובים כעת, אך רבי אליעזר טען שתנור כזה אינו מקבל טומאה, ואילו שאר החכמים התנגדו לדעתו. הוויכוח הפך לוהט למדי, ורבי אליעזר הביא ראיות יוצאות דופן לשיטתו:

בְּאוֹתוֹ הַיּוֹם הֵשִׁיב רַ׳ אֱלִיעֶזֶר כָּל תְּשׁוּבוֹת שֶׁבָּעוֹלָם וְלֹא קִבְּלוּ הֵימֶנּוּ [=ממנו].
אָמַר לָהֶם: אִם הֲלָכָה כְּמוֹתִי – חָרוּב זֶה יוֹכִיחַ! נֶעֱקַר חָרוּב מִמְּקוֹמוֹ מֵאָה אַמָּה.
אָמְרוּ לוֹ: אֵין מְבִיאִין רְאָיָה מִן הֶחָרוּב.
חָזַר וְאָמַר לָהֶם: אִם הֲלָכָה כְּמוֹתִי – אַמַּת הַמַּיִם יוֹכִיחוּ! חָזְרוּ אַמַּת הַמַּיִם לַאֲחוֹרֵיהֶם.

אָמְרוּ לוֹ: אֵין מְבִיאִין רְאָיָה מֵאַמַּת הַמַּיִם.
חָזַר וְאָמַר לָהֶם: אִם הֲלָכָה כְּמוֹתִי – כָּתְלֵי בֵּית הַמִּדְרָשׁ יוֹכִיחוּ! הִטּוּ כָּתְלֵי בֵּית הַמִּדְרָשׁ לִפֹּל.

פעם אחר פעם מסרבים החכמים לקבל את הוכחותיו הניסיות של רבי אליעזר בתואנה שלא כך לומדים הלכה. ברגע מסוים יוצאת בת קול מהשמיים ומעידה שהלכה אכן כרבי אליעזר, אך גם זה לא עוזר. "לא בשמיים היא!", מכריז רבי יהושע.

9. המחלוקות המוקדמות ביותר, שמופיעות כבר במשנה, הן בין בית שמאי לבית הלל. בית שמאי נחשבים לצד המחמיר יותר, ובית הלל לצד המיקל. הרבי מלובביץ' הסביר כי המחלוקות נובעות בין היתר מנטייה נפשית שונה – בית שמאי שייכים יותר למידת הגבורה שנוטה להחמיר, ואילו בית הלל שייכים למידת החסד שנוטה להקל, ולכן הם מבטאים את ההלכה בצורה אחרת בעולם.

10. מצוטט בספר נעים זמירות ישראל (ראה אור בבני־ברק, 1952-1957), מאת הרב יצחק גרשטנקורן, שהיה גם ראש העיר הראשון של בני־ברק.

11. דן אריאלי, לא רציונלי ולא במקרה, מטר 2009, עמ' 174-175.

12. על האג'נדות הזרות השולטות בתחום הגישה הביקורתית נשמעים קולות־נגד גם בתוך האקדמיה. ראו לדוגמה: פרופ' יהושע ברמן, "קלקוליו של חקר המקרא", השילוח 7, ירושלים 2017 (זמין ברשת). וכן מאמרו של הרמן ווק מתוך הספר "זה אלי", בשם: "התורה: מסורת מול הכחשה" (זמין ברשת).

13. הרב זמיר כהן, ארכיאולוגיה תנ"כית, הוצאת הידברות, תשע"ו, כרכים א-ג. על הקשר בין פוליטיקה לממצאים ארכיאולוגיים עיינו: יואל אליצור, "על אפנות בחקר תולדות ישראל", על אתר ז, אלול תש"ס (זמין גם באתר "דעת").

14. לדוגמה, בחומש ויקרא מופיע הפסוק: "לֹא תְקַלֵּל חֵרֵשׁ וְלִפְנֵי עִוֵּר לֹא תִתֵּן מִכְשֹׁל, וְיָרֵאתָ מֵּאֱ־לֹהֶיךָ אֲנִי ה'" (ויקרא יט, יד). החרש והעיוור שניהם בעלי מום, והתורה מצווה שלא לפגוע בהם. ברור מדוע אסור להציב מכשול לפני העיוור, שאינו רואה את דרכו, ואיסור זה מביא לו רווחה ותועלת. אך מה מרוויח החירש מכך שלא יקללו אותו – הרי הוא ממילא לא שומע?! מכאן היו שרצו להסביר שהתורה מגינה לא רק על האדם שמקללים אותו אלא גם על המקלל עצמו, שלא ישחית את נפשו בפגיעה בזולת.

15. לדוגמה: בספר בראשית מסופר על מלחמה גדולה שבה נלקח בשבי לוט, אחיינו של אברהם אבינו. אברהם אוסף כוח מקומי ויוצא לחלצו: "וַיִּשְׁמַע אַבְרָם כִּי נִשְׁבָּה אָחִיו, וַיָּרֶק אֶת חֲנִיכָיו יְלִידֵי בֵיתוֹ, שְׁמֹנָה עָשָׂר וּשְׁלֹשׁ מֵאוֹת, וַיִּרְדֹּף עַד דָּן" (בראשית יד, יד). מי הם "ילידי ביתו"? ברובד הפשוט, מדובר על אותם מאמינים שהלכו אחרי אברהם וחסו בביתו. אך חז"ל מסבירים שהמספר 318 עולה בגימטריה בדיוק (!) כשמו של אליעזר, עבדו של אברהם ונאמן ביתו. מכאן למדו שאברהם ואליעזר יצאו לבדם למבצע הצבאי להשבת לוט – מה שמצביע על גבורה, מורל גבוה ואמונה חזקה בניסים. ומדוע רדף אותם אברהם רק עד דן? גם לכך מספק המדרש תשובה בדרך הרמז. שנים רבות לאחר מכן יתמנה על ממלכת ישראל מלך ושמו ירבעם בן נבט. ירבעם היה מלך חוטא שהסית את העם לעבודה זרה, וביקש להעביר את מרכז

הכובד הדתי מירושלים. הוא העמיד בעיר דן פסלי עבודה זרה, כדי שהעם יעבוד אותם ולא ילך למקדש בירושלים. כשאברהם ראה זאת בעיני רוחו, חלשה דעתו מאות שנים קודם לכן!

16. דוגמה למדרש אגדה: קורח היה בן לשבט לוי, שקרא תיגר על מנהיגותו של משה (במדבר טז). הוא גייס מאתיים וחמישים תומכים ויצא למאבק, לכאורה בשם "הצדק"; אחד מהם היה און בן פלת. בסופו של דבר הסתבכה תוכניתו של קורח, והוא ותומכיו מצאו את מותם בדרך אכזרית. אך און אינו נזכר בין המתים... ומדוע? דבר זה אינו כתוב בתורה, אך המדרש מסביר: "און בן פלת – אשתו הצילתו". אשתו החכמה של און הבינה כי בין כך ובין כך בעלה יישאר בורג קטן במערכת, בין אם משה ימשיך להנהיג ובין אם קורח יתפוס את מקומו, ואם כך למה לו להסתבך במאבק איתנים כזה? מה עשתה – השקתה אותו יין, שלחה אותו לישון בתוך האוהל וישבה בפתחו. לכל מי שבא לקרוא לבעלה אמרה שהוא ישן עכשיו, וכך ניצלו חייו והוא לא נבלע באדמה כמו קורח ועדתו; הלקח מהסיפור הזה עשוי להיות רלוונטי גם למחלוקות סוערות בימינו...

17. הראשון שעסק בה בגלוי היה רבי שמעון בר יוחאי, שעל פי המסורת חיבר את ספר הזוהר. במהלך הדורות היו המקובלים לומדים בקבוצות קטנות וחשאיות, עד לתקופת האר"י (צפת, המאה ה־16), גדול המקובלים במאות האחרונות. חידושיו הגדולים של האר"י בתורת הסוד התפשטו במהרה בכל רחבי העולם היהודי, ואז גם החלה תורת הקבלה להתפרסם בעולם באופן גלוי יותר.

18. דוגמה לרעיון מתורת הסוד: על פי הקבלה ישנן עשר ספירות, כוחות בסיסיים, המרכיבות את המציאות. לכל ספירה מאפיינים שונים. האבות מייצגים שלוש מהן – אברהם את ספירת החסד (נתינה), יצחק את ספירת הגבורה (דין, צמצום) ויעקב את ספירת התפארת (רחמים), שהיא הספירה הממוצעת בין חסד לגבורה. כאשר אברהם מצטווה לעקוד את בנו יצחק על הר המוריה, מתקיים למעשה תהליך של איחוד בין אברהם ליצחק – בין חסד לגבורה, שבסופו מאפשר את הולדת יעקב, ספירת התפארת.

פרק ה: מצוות

1. יוטא הלברשטאם־מנדלבאום, הרבי מקרן הרחוב, רשימו, תש"ע, עמ' 95.
2. "עבירות שבין אדם למקום, יום הכיפורים מכפר; שבינו לבין חברו – אין יום הכיפורים מכפר, עד שירצה את חברו" (משנה יומא ח, ט).
3. חז"ל אמרו על מצוות הקורבנות: "כל העוסק בתורת [קורבן מסוג] חַטָּאת, כאילו הקריב חטאת; וכל העוסק בתורת [קורבן מסוג] אָשָׁם, כאילו הקריב אשם" (מנחות קי, א).
4. כשחושבים על כך לעומק, בכל מצווה יש אלמנטים שאי אפשר להבין לגמרי,

ומבחינה זו כל התורה כולה היא "עדות". למה הגנב צריך לשלם פי שתיים? מדוע שבת חלה דווקא כל שבעה ימים? למה בפסח אוכלים מצות ולא קמח? וכן הלאה.

5. למעשה יש עוד סוג שנקרא "דברי קבלה", שמקורו בדברי הנביאים. פורים הוא דוגמה לחג כזה.

6. ישנם כמה הבדלים מעשיים בין מצוות דאורייתא ומצוות דרבנן. ראשית, עונשו של העובר על מצוות מהתורה הוא חמור יותר. שנית, כאשר יש ספק בדין, הכלל הוא שבמצוות דאורייתא יש להחמיר, אך במצוות מדרבנן אפשר להקל. יש עוד הבדלים שונים המתבטאים ברמות שונות ובפרטי הדינים.

7. אליעזר ברקוביץ, עמו אנכי בצרה: יהדות בגטאות ובמחנות ההשמדה, שלם ויד ושם, תשס"ו, עמ' 39. למען האמת התשובה היא שהדבר מותר, מכיוון שבעלי הרכוש בוודאי התייאשו מלקבלו חזרה, ועל הגרמנים חל דין "רודף" ורכושם הפקר.

8. במאורעות היסטוריים שבהם עמדו ישראל בפני השמדה המונית, ניצלו כמובן גם הנשים וגם הגברים, ולכן כולם חייבים בקיומם (במקרים מסוימים חלקן של הנשים בהצלה היה גדול יותר מזה של הגברים!) לגבי השבת, כפי שנראה בהמשך, היא כוללת מצוות עשה ("זכור"), ומצוות לא תעשה ("שמור"). הכלל בהקשר זה הוא "כל שישנו בשמירה, ישנו בזכירה" (ברכות כ, ב). מכיוון שהנשים התחייבו במצוות לא־תעשה של שמירת שבת ואי־חילולה בעשיית מלאכה, הן התחייבו גם במצוות המעשיות של השבת.

9. יוצאות מהכלל מצוות ציצית ותפילין, שבגלל זיקתן לחיצוניות ולטשטוש ההבדלים המגדריים בין גברים לנשים, דעתם של חכמים לא הייתה נוחה מכך שנשים יקיימו אותן. עם זאת, מעיקר הדין נשים שמקיימות את כל המצוות המוטלות עליהן ומשתוקקות לקיים גם את מצוות ציצית ותפילין, רשאיות לעשות זאת במקום פרטי. הפוסקים נחלקו האם אישה המקיימת מצוות עשה שהזמן גרמא מברכת על המצווה או לא. שיטת הפוסקים האשכנזים שרשאית לברך, שיטת רוב הפוסקים הספרדים שאינה יכולה לברך.

10. למשל, בגמרא (סנהדרין כא, ב) מסופר על שלמה המלך, החכם באדם, שחשב שיוכל לעבור על שתי מצוות בתורה שהובא להם טעם, מבלי להיכשל באיסורים שמהם חששה התורה. בסופו של דבר, למרות חוכמתו הוא אכן נכשל בשני האיסורים.

11. התורה מספרת על אירוע טרגי שהתרחש במדבר סיני. בני ישראל בנו את המשכן (מקדש נייד ששימש אותם בנדודיהם במדבר), וביום חנוכתו ביקשו שני בניו של אהרן הכהן, נדב ואביהוא, לקחת חלק פעיל באירועים. ברוב השתוקקותם הם הביאו קטורת, סוג של קורבן ריחני, אבל במקום שקורבנם יתקבל ברצון, התוצאה הייתה קשה: שניהם נשרפו חיים. התורה מדגישה שהיה זה משום שהם הביאו "אֵשׁ זָרָה אֲשֶׁר לֹא צִוָּה אֹתָם" (ויקרא י, א). הקטורת עצמה שימשה חלק מהעבודה היומיומית במשכן, אך היא הייתה רצויה רק כאשר נעשתה בהתאם לכללים.

12. רבי אליהו מקאליש (מתלמידי רבי חיים מוולוז'ין), שו"ת יד אליהו, חלק הפסקים, סימן כה.

פרק ו: גאולה

1. דמיין/Imagine, ג'ון לנון, תרגם מאנגלית: עודד פלד.
2. בספרו "כד הקמח", ערך "ביטחון", בשם רבינו יונה מגירונדי.
3. חז"ל מסבירים שלכל דור יש פוטנציאל להביא את המשיח, ואם הדור זוכה – הוא מתגלה בפני העולם. הגמרא מספרת על רבי עקיבא, גדול חכמי ישראל בדורו, שהיה מנושאי כליו של בר כוכבא ("בר כוזיבא" בלשון המקורות). בר כוכבא היה מנהיג צבאי מפורסם שנלחם באותם ימים בשלטון הרומאי. רבי עקיבא זיהה בו את תכונות המנהיג הראוי וראה בו משיח. בסופו של דבר נהרג בר כוכבא במלחמה, והתברר שהוא אינו המשיח. ראו גם רמב"ם, הלכות מלכים (יא, ג).
4. לאלו ואלו ראיות ומקורות התומכים בשיטתם. לעיתים הם אפילו מבינים את אותו מקור בצורה הפוכה, כמו בדוגמה הבאה: בתלמוד הירושלמי מסופר על שני חכמים שהלכו בחשיכה סמוך לכנרת. לפתע ראו את קרני האור הראשונות, שנראו להם כמו "איילת השחר שבקע אורה". אמר אחד החכמים לחברו: אתה רואה? כך היא גאולתן של ישראל, מתחילה קמעה קמעה, אך ככל שהיא מתקדמת היא מתרבה והולכת (ירושלמי ברכות א, א). לכאורה הדברים תומכים בגישתם של המאמינים בדרך הגאולה ההדרגתית; כשם שהיום אינו זורח פתאום אלא מופיע בשלבים, כך הגאולה תפציע "קמעה קמעה", לאט־לאט. עוד התקדמות, עוד שלב.

   לעומת זאת, הסבורים שהגאולה תגיע בבת אחת מפרשים כך את הסיפור: הגאולה אמנם תהיה הדרגתית, "חבלי משיח", אך השלבים השונים יקרו במהרה מבלי שנשים לב בכלל. תהליך זה יהיה קצר ביותר, כמו הרגע שבין לילה ליום, וכפי שהיה בגאולת אבותינו ממצרים, כאשר לאחר שנים ארוכות של גלות וייאוש יצאנו לחירות ברגע אחד.
5. על תורת הקוונטים ראו: יואב בן דב, תורת הקוונטים: מציאות ומסתורין, דביר, 1997; להרחבה על חידושי המדע בשפה קריאה ראו ספרו של פרופ' מיצ'יו קאקו (ממנסחי תיאוריית המיתרים), עולמות מקבילים, כתר, 2009.
6. אלי ויזל, כל הנחלים הולכים אל הים, ידיעות ספרים, 2000, עמ' 279.

פרק ז: תפילה

1. "אמונתו של בלתי מאמין", פתחים, כסלו תשכ"ח. מרדכי בר־און היה ראש לשכת הרמטכ"ל וקצין חינוך ראשי.
2. שני מקורות לדבר: רש"י מביא פירוש על הפסוק "נַפְתּוּלֵי אֱ־לֹהִים נִפְתַּלְתִּי" (בראשית ל, ח) שפירוש המילה "נפתולי" הוא כמו סליל שמתפתל וקצותיו מתחברים זה עם זה. בתורת החסידות מובא שמקור המילה הוא בביטוי "התופל כלי חרס", ביטוי במשנה שפירושו מדביק חזרה כלי שבור.
3. למעשה, תפילת ערבית נוספה רק בשלב מאוחר יותר ונחשבה רשות, אך במהלך השנים עם ישראל קיבל אותה כחובה.

4. סוף זמן קריאת שמע הוא סוף שלוש שעות (זמניות). ישנן שתי דעות כיצד לחשב זאת, וברוב הלוחות מופיע הזמן לחומרא (זמן מגן אברהם – מג"א). הזמן המאוחר יותר, בכ־40-50 דקות, הוא על פי שיטת הגאון מווילנה (הגר"א) ובעל התניא, ואפשר כמובן לסמוך עליו.
5. "ברכת המינים" התווספה רק בשלב מאוחר יותר, לאחר שהשם "שמונה־עשרה" כבר השתרש בפי כולם.
6. כך כותב הרב אליעזר מלמד בספרו פניני הלכה – תפילת נשים: "לכתחילה טוב שנשים יתפללו בכל יום תפילת עמידה של שחרית ושל מנחה, ואם יתפללו רק תפילה אחת ביום – יצאו ידי חובתן. ואף שלדעת רוב הפוסקים נשים חייבות להתפלל שחרית ומנחה, מכל מקום מכיוון שמדובר בדין שהוא מדברי חכמים, הרוצות להקל רשאיות לכתחילה לסמוך על דברי הסוברים שנשים חייבות בתפילה אחת ביום. וטוב שתפילה זו תהיה תפילת שחרית, כדי לפתוח את היום בתפילה. ומי שלא הספיקה להתפלל שחרית תתפלל מנחה, ובדיעבד, אם לא הספיקה להתפלל מנחה תתפלל ערבית. והנוהגות להסתפק בברכות השחר וברכות התורה – יש להן בדוחק על מה לסמוך, אבל אין ראוי לנהוג כן, מפני שלדעת רובם המכריע של הפוסקים חובה להתפלל עמידה לפחות פעם אחת ביום".
7. דוגמה לכך מופיעה במגילת אסתר. לאחר שנודע לאסתר על גזרת המן להשמיד את כל היהודים במלכות פרס, ציוותה אסתר המלכה על מרדכי היהודי: "לֵךְ כְּנוֹס אֶת כָּל הַיְּהוּדִים הַנִּמְצְאִים בְּשׁוּשָׁן" (אסתר ד, טז). אסתר הבינה שעצם ההתכנסות של יהודים במקום אחד תפעל גדולות ונצורות בשמיים ותעצור את הגזרה, כפי שאכן קרה.
8. כך הנחה אותי הרב יעקב אריאל, לשעבר רב העיר רמת־גן. וכך משתמע מספר ילקוט יוסף – קיצור שולחן ערוך חלק א', סימן צח – דיני כוונה בתפילה, סעיף טו.
9. כמו הנוסח הרפורמי: במאה ה־19 ניסו הרפורמים בגרמניה להתאים את היהדות ל"רוח התקופה". אחד השינויים שעשו היה בנוסח התפילה – הם השמיטו ממנו כל זכר לציון, לבית המקדש ולימות המשיח. לצערנו, רוב הרפורמים איבדו את זהותם היהודית והתבוללו.
10. "שחובת הציצית ביום ולא בלילה, שנאמר 'וראיתם אותו'" (רמב"ם, הלכות ציצית ג, ז).

פרק ח: אכילה וכשרות

1. אצל חז"ל מופיע קשר הדוק בין יחסי אישות לבין אכילה, כנראה משום שאלה הן התאוות החזקות באדם. לעיתים מושגים הקשורים לאכילה משמשים בלשון נקייה לתיאור יחסי אישות, למשל, בספר בראשית מסופר על פוטיפר, אחד משריו של פרעה, שקנה את יוסף כעבד: "וַיַּעֲזֹב כָּל אֲשֶׁר לוֹ בְּיַד יוֹסֵף וְלֹא יָדַע אִתּוֹ מְאוּמָה כִּי אִם הַלֶּחֶם אֲשֶׁר הוּא אוֹכֵל וַיְהִי יוֹסֵף יְפֵה תֹאַר וִיפֵה מַרְאֶה" (בראשית לט). חז"ל מסבירים ש"הלחם אשר הוא אוכל" אינו אלא לשון נקיה לאשת פוטיפר. פוטיפר מסר ביד יוסף את כל ענייני הבית חוץ מאשתו.

2. לדוגמה: ״למה לא כדאי לאכול בשר וחלב באותה ארוחה?״, מתוך אתר Mako.https://www.mako.co.il/health-wellness/healthy-nutrition/Article-53431fc38007d41006.htm.
3. Gary Wenk, *Your Brain on Food: How Chemicals Control Your Thoughts and Feelings* (2015).
4. פירוש הרמב״ן לויקרא יא, יג.
5. וולטר מישל, מבחן המרשמלו: מיומנות השליטה העצמית הבסיס להצלחה בחיים, מטר, 2016.
6. כמו בימינו, כמעט בכל אירוע חשוב בתנ״ך מעורבת סעודה. במפרשים נאמר שהדרך הגסה שבה סעדו נדב, אביהוא וזקני העם בסיום מעמד הר סיני גרמה להסתלקות השכינה (שמות כד, עיינו פירוש רש״י ואור החיים), וטעמים נוספים.
7. בעניין השיעורים רבו הדעות. אשכנזים מפרישים בלי ברכה אם יש 1.66-1.2 ק״ג קמח, ועם ברכה מעל שיעור זה. ספרדים שנוהגים לשיטת הרב עובדיה יוסף מפרישים בלי ברכה על כמות של 1.505-1.2 ק״ג קמח, ובברכה מעל שיעור זה. ספרדים שנוהגים לשיטת הרב מרדכי אליהו מפרישים חלה בלי ברכה על כמות של 2.486-1.66 ק״ג קמח, ועם ברכה מעל שיעור זה.
8. התורה כבר מציינת שבני ישראל התקשו ביותר בשמירת השמיטה, וזלזולם במצווה זו היה הסיבה לגלות בית ראשון. על פי הגדרת חז״ל, כל עוד רוב עם ישראל אינו יושב בארצו השמיטה היא רק מדרבנן, ולכן כיום ישנם כמה פתרונות הלכתיים להתמודדות עם שנת השמיטה. האחד הוא כמובן לקיים את המצווה כהלכתה, לשבות בשנת השמיטה ולא לגדל שום יבול. נוהגים להסתמך על פתרונות נקודתיים כמו ״אוצר בית דין״ – פתרון ראוי ומהודר שמקיים את מצוות השמיטה; או היתר מכירה. איסור נוסף שפחות מצוי בארץ הוא איסור ״חדש״ – חיטה או שעורה שנקצרו לפני ט״ז בניסן. בארץ ישראל כמעט אין בעיה כזו משום שהתבואה מבשילה רק לקראת הקיץ, אך בחוץ לארץ הדבר מצוי יותר. מי שרוכש מוצרי מזון המיוצרים בחו״ל, בייחוד חטיפים, ממתקים ושתייה חריפה, צריך לוודא שיש למוצר אישור כשרות תקף, כולל איסור ״חדש״. ויש עדות שנהגו להקל ב״חדש״ שמקורו בחוץ לארץ.
9. לאחר שחיטת הבהמה יש לוודא שאיננה טְרֵפה – בעלת מום או מחלה שפוסלת אותה מכשרותה. לשם כך בודקים חלק מהאיברים, ובייחוד את הריאה. אם יש לבהמה נקב בריאה, היא טרפה. לעיתים מוצאים בריאה חוטים דקים (״סירכות״) שמתחתיהם עשוי להיות נקב, אך ייתכן גם שהכול בסדר ואין שם כלום. אם מצאו בה סירכה, צריך לברר ולבדוק האם אין תחתיה נקב, ואם אין – הבהמה כשרה. בשר ״חלק״, גלאט ביידיש, הוא בשר שכלל לא התעוררה לגביו שאלה.
10. למשל, מניחים רשת בתחתיות הכיור ומכניסים שתי סלסלות – אחת שמיועדת לבשר ואחת לחלב, ומקפידים ששום כלי או מאכל לא ייגע בכיור עצמו, במיוחד כשיש בו מים חמים.
11. כאשר מבשלים מאכלי ״פרווה״ בכלי בשר או חלב, הם נקראים ״בחזקת חלבי״ או ״בחזקת בשרי״. הספרדים יכולים לאכול אותם גם עם המין השני (למשל, לחם

שנאפה בתנור בשרי עם גבינה לבנה), והאשכנזים מחמירים שלא לאכול אותם בארוחה עם המין השני (מותר באותה סעודה אך לא ישירות עם מוצרי חלב). וכן להפך, עם מאכל שהוא בחזקת חלבי עם מאכלים בשריים.

12. ראשית, אפשר לקנות מוצר מתוצרת הארץ שאינו חייב טבילה. שנית, אפשר לפרק חלק חשוב במכשיר ולהרכיב אותו מחדש. באופן זה הכלי נחשב כאילו נוצר על ידי הבעלים ואינו צריך טבילה. אפשרות נוספת היא להעניק את המכשיר במתנה ללא־יהודי, ולאחר מכן לבקש ממנו את המכשיר בהשאלה (לנצח). באופן זה הכלי פטור מטבילה.
13. ישנה בעייתיות מסוימת גם כאשר אדם שאינו שומר שבת נוגע ביין. אחת הדרכים להימנע מכך היא להשתמש ביין שעבר פִּסטור ("מבושל"), נתון שמצוין לרוב על הבקבוק.
14. "עד אחד נאמן באיסורים" (חולין י, ב).
15. מאמר מצוין בנושא כתב הרב יצחק דביר, "הצורך בהשגחת כשרות ונאמנותה", אמונת עתיך 111, הוצאת מכון התורה והארץ, ניסן תשע"ו.
16. כגון במיקרוגל, לעטוף את המזון בשתי עטיפות (קערות או קופסאות פלסטיק).

פרק י: שבת

1. מתוך: הרמן ווק, זה אלי, כתר, 1974.
2. נתן שרנסקי, לא אירא רע, ידיעות ספרים, 1989.
3. ד"ר גורדון ניופלד וד"ר גאבור מאטה, איחזו בילדיכם, לייף סנטר, 2011, עמ' 210–208 בדילוגים.
4. דוגמה מובהקת לכך בספרות ההלכתית היא מלאכת הוצאה, שלפיה אין להעביר חפצים מרשות הרבים (קטגוריה הלכתית של מקום שעוברים בו אנשים רבים) לרשות היחיד (מקום פרטי), ולהפך. בניגוד למלאכות אחרות כגון בונה או תופר, שבהן אנו משנים ממש את החפץ, כאן אין כל יצירה חדשה! האיסור הוא להעביר את החפץ למקום אחר משום שהוא מושלם כפי שהוא כעת, במקומו, וכשאנו משנים את מקומו אנו שוב שופטים את העולם.
5. ברכות מ, ב.
6. בהנחיית הרבי מלובביץ', חסידי חב"ד נוהגים שכל ילדה מגיל שלוש מדליקה נרות משל עצמה, אך המנהג לא התפשט בכל תפוצות ישראל. כאשר כמה נשים רוצות להדליק באותו חדר, יש כמה דעות כיצד לעשות זאת כדי להימנע מברכה לבטלה. ובכל מקרה רצוי לא להדליק את הנרות במקום שבו יהיה צורך להזיז את הפמוטים במהלך השבת, כגון שולחן אוכל וכדומה.
7. לפני שמשה מסר לבני ישראל את ההוראה על בניית המשכן – אותו מקדש נייד שבנו בני ישראל במדבר לאחר יציאת מצרים – הוא הזכיר את מצוות השבת, אף שכבר אמר זאת בעבר: "שֵׁשֶׁת יָמִים תֵּעָשֶׂה מְלָאכָה וּבַיּוֹם הַשְּׁבִיעִי יִהְיֶה לָכֶם קֹדֶשׁ

שַׁבַּת שַׁבָּתוֹן לַה'..." (שמות לה, ב) ורק לאחר מכן "וְכָל חֲכַם לֵב בָּכֶם יָבֹאוּ וְיַעֲשׂוּ אֵת כָּל אֲשֶׁר צִוָּה ה', אֶת הַמִּשְׁכָּן..." (שם י). מכאן למדו את הקשר שבין המשכן לשבת, שכל מלאכה שנעשתה במשכן נאסרה עשייתה בשבת.

8. לכן, ברמה המעשית היחס לאיסורי שבות מבחינתנו צריך להיות כאילו הם אסורים מהתורה, ורק במקרים חריגים ובעת צורך גדול ניתן להקל באיסורי שבות (למשל על ידי גוי או בשינוי צורת הפעולה).
9. קחו בחשבון שבשבת עצמה מותר לחמם מאכלים יבשים או עם מעט רוטב בלבד.
10. יש דרך הכנה מיוחדת לשתייה חמה בשבת.

פרק יא: תלמוד תורה

1. עמים רבים זיהו את הכישרון האינטלקטואלי הגדול של עם ישראל (כפי שראינו בפרק ג) עם ההתמדה בלימוד התורה. אחד הסיפורים המעניינים הנוגעים לכך הוא התפשטות לימוד התלמוד ב... קוריאה הדרומית. שגריר המדינה סיפר כי כאשר הקוריאנים ביקשו להבין את סוד חוכמתו של העם היהודי, הם הגיעו למסקנה כי הוא טמון בלימוד הגמרא, ותרגמו את התלמוד לקוריאנית. כיום ניתן למצוא כמעט בכל בית דרום־קוריאני עותק מתורגם של התלמוד (או לפחות חלקו) והוא אף נכנס לתוכנית הלימודים! צופיה הירשפלד, "שני קוריאנים אוחזים", אתר ynet, 24.3.2011, אוחזר 18.12.17.
2. ובהן שפתו הקשה, שיבושי הגרסאות הרבים שבו ועוד. אולם הרמב"ם, התוספות ואחרים פסקו על פיו הלכה.
3. ספר זה הוא כלי עזר נהדר להכרת עולמם של חז"ל. עם זאת, לעיתים המחברים איחדו מדרשים ממקורות שונים למדרש אחד ותרגמו באופן שאינו נאמן לחלוטין למקור. אפשר לראות בו ספר השראה המפנה למקורות, אך לא מומלץ להסתמך עליו לחלוטין.
4. קידושין ל, א.
5. שנקראות בלשון חז"ל "כתב אשורי".
6. אם נדמה כאילו הדבר אירע בשלב מאוחר למדי בהתפתחות זכויות הנשים בעולם המערבי, נציין כי בשנה זו ניתנה לראשונה זכות בחירה לנשים בבריטניה ובגרמניה. בצרפת היא ניתנה ב־1944, ובשווייץ, מדינה אירופית מתקדמת, החלו נשים להצביע בבחירות רק ב־1971.
7. חיים נבון, גשר בנות יעקב, ידיעות ספרים, 2011.

פרק יב: בין אדם לחברו

1. קן ספירו, עולם מושלם: השפעת היהדות על התרבות העולמית, אורים, 2012, עמ' 25–29.

2. התורה מכירה במציאות של עבדות, כפי שהיה מקובל בעולם העתיק, אולם אפילו חוקי העבדות שלה יוצאי דופן לתקופה זו ומחייבים את האדון להתייחס בכבוד לעבדיו. ראו למשל רמב"ם, הלכות עבדים (א, ו): "כל עבד עברי אסור לעבוד בו בפרך, ואיזו היא עבודת פרך? זו עבודה שאין לה קצבה ועבודה שאינו צריך לה, אלא תהיה מחשבתו להעבידו בלבד שלא יבטל". וכן (שם, ט): "כל עבד עברי או אמה עבריה, חייב האדון להשוותן אליו [=לדאוג לעבד כפי שהוא דואג לעצמו] במאכל ובמשקה, בכסות ובמדור... מכאן אמרו: 'כל הקונה עבד עברי – כקונה אדון לעצמו'. וחייב לנהוג בו מנהג אחוה, שנאמר 'ובאחיכם בני ישראל'".
3. רבי יהודה אשלג, הקדמות הסולם, מאמר "הקדמה לספר הזוהר".
4. לשונו של ספר התניא, פרק לב.
5. על פי שמחה רז, איש צדיק היה: מסכת חייו של רבי אריה לוין, ירושלים תשל"ג.
6. על פי עלון דין – תורה והוראה 264, שלח תשע"ה.
7. דן אריאלי, לא רציונלי ולא במקרה, מטר 2009, עמ' 181.
8. מתוך אתר "כיכר השבת", ז' בשבט תשע"ו, https:// www.kikar.co.il/190688. html (אוחזר 20.10.18).
9. יאיר וינשטוק, ר' אשר מפי תלמידיו, ירושלים תשס"ח.

פרק יד: צניעות

1. אורי אורבך, מבטיח, בלי נדר, ספרית בית אל, תשס"ז.
2. על הפסוק "לֹא תָלִין נִבְלָתוֹ עַל הָעֵץ כִּי קָבוֹר תִּקְבְּרֶנּוּ בַּיּוֹם הַהוּא, כִּי קִלְלַת אֱלֹהִים תָּלוּי. וְלֹא תְטַמֵּא אֶת אַדְמָתְךָ אֲשֶׁר ה' אֱלֹהֶיךָ נֹתֵן לְךָ נַחֲלָה" (דברים כא, כג), הביא רש"י משל יפה: "משל לשני אחים תאומים, שהיו דומין זה לזה. אחד נעשה מלך ואחד נתפס ללסטיות (=שוד, פשע) ונתלה – כל הרואה אותו אומר, המלך תלוי".
3. הרבנית דינה הורביץ, המן הסלע הזה: פרקי חינוך מתוך אמונה, קריית־ארבע תשס"ד.
4. ד"ר לואן בריזנדיין, המוח הנשי, מטר, 2008. הציטוטים מתוך ההקדמה.
5. למשל המצווה "ושמחת בחגך", שנהוגה בשלושת הרגלים, פסח, שבועות וסוכות, משתנה בין גברים לנשים; בעוד גברים מקיימים אותה בבשר ויין, הנשים שמחות בדרך כלל בתכשיט או בבגד חדש (והילדים, איך לא, בממתקים).
6. יש פוסקים שמתירים לחיצת יד בדיעבד, במקרים שעשויים להתפרש כפגיעה בכבוד הזולת וכדומה. ובכל מקרה שנמנעים מכך יש לעשות זאת בכבוד. מסופר על הרב מרדכי אליהו שהגיע כרב הראשי לישראל לביקור רשמי באנגליה, ונפגש עם המלכה. כשהמלכה הושיטה לו יד ללחיצה הוא נמנע מכך, והדבר נתפס כפגיעה בה. לאחר מספר שעות התקשר אליו האחראי על בית המלוכה ומסר לו את התנצלותו: התברר כי בקודים הרשמיים של בית המלוכה נאמר במפורש שכאשר המלכה פוגשת רב יהודי, אסור לה להושיט לו יד.
7. הריטב"א, מגדולי הראשונים, כתב על עניין הצניעות: "הכל כפי מה שהאדם מכיר בעצמו, אם ראוי לו לעשות הרחקה ליצרו – עושה, ואפילו להסתכל בבגדי צבעונין

של אישה אסור [לו]... ואם מכיר בעצמו שיצרו נכנע וכפוף לו ואין מעלה טינא כלל – מותר לו להסתכל ולדבר עם הערווה [אישה שאסורה עליו], ולשאול בשלום אשת איש. אלא שאין ראוי להקל בזה אלא לחסיד גדול שמכיר ביצרו, ולא כל תלמידי חכמים בוטחין ביצריהן" (חידושי הריטב"א, סוף מסכת קידושין).

פרק טו: זוגיות ומשפחה

1. הסיפור מופיע בכמה אתרים באינטרנט. מבוסס על כתבה ב"ניו יורק טיימס": http://www.nytimes.com/1989/09/26/nyregion/dalai-lama-meets-jews-from-4-major-branches.html. הדלאי לאמה עצמו, כשאר הנזירים הטיבטים, לא הקים משפחה.
2. הרב יעקב אריאל, "זוגיות ומשפחתיות", בתוך: הרב עזריאל אריאל (עורך), צהר לנישואין, חופה ומשפחה במבט רעיוני, דני ספרים, תשע"ב. אמנם ההולדה היא מתנה מבורכת, אך לא כל הזוגות זוכים לה (בימינו, בעקבות התפתחות הרפואה, יותר ויותר זוגות מסוגלים להביא צאצאים, תודה לאל). לעיתים העיכוב בהולדה נמשך תקופה מסוימת ולאחר מכן מסתיים. אולם גם זוגות שהועמדו בניסיון הקשה ואינם מצליחים להביא ילדים, אינם פחות טובים או אהובים לפני ה׳. מצאנו גדולי ישראל חשוכי ילדים. זוגות כאלה מוצאים לעצמם לפעמים שליחות כללית, המאמצת אליה רבים שמהווים מעין ילדים. וכבר אמרו חז"ל: "כל המלמד בן חבירו תורה, מעלה עליו הכתוב כאילו ילדו" (סנהדרין יט, ב).
3. הרב יוסף דב סולובייצ׳יק, אדם וביתו: על חיי המשפחה, ידיעות ספרים, 2009, עמ׳ 69.
4. אמנם יש לכך גם סיבה חברתית, שכן בחברה החרדית פחות מקובל להתגרש, אך אין די בה כדי להסביר את הפער העצום.
5. בעבר נהגו לסיים את הטקס כאן ולשוב כל אחד לביתו, כדי לאפשר לבני הזוג פרק זמן של כמה חודשים כדי להתכונן לחיים המשותפים. בגלל בעיות שונות שעלולות להתעורר באופן זה, כבר בתקופת חז"ל ערכו את שני הטקסים ברצף בזה אחר זה, כפי שנהוג היום.
6. שבוע הכלולות רלוונטי רק לזוגות שלפחות אחד מהם נישא בפעם הראשונה. במקרה ששני בני הזוג היו נשואים כבר, לא מקיימים שבוע כלולות אלא מסתפקים בפרק זמן קצר יותר.
7. אם נוכחים בסעודה יותר מעשרה גברים, ולפחות אחד מהם הוא אורח שלא נכח בחתונה (למנהגים שונים צריך לפחות שניים), מברכים בסיום הסעודה "שבע ברכות", ובכך מציינים כי השמחה עדיין נמשכת. הספרדים נוהגים לברך שבע ברכות רק בבית החתן והכלה.

פרק טז: מעגל השנה

1. המשנה (מגילה ב, א) אומרת ש"הקורא את המגילה למפרע, לא יצא". בפשט הדברים הכוונה היא שמי שקרא בפורים את מגילת אסתר שלא כסדרה, למשל קודם את פרק ב׳ ואז את פרק א׳, לא קיים את מצוות קריאת מגילת אסתר. הבעל שם טוב דרש את המשפט כך: מי שקרא את המגילה למפרע, כאילו מדובר באירוע ישן שהתרחש לפני אלפי שנים, לא קיים את מצוות החג, כי האור המיוחד של החגים מאיר מחדש כל שנה.
2. הסיבה לשילוב של שני לוחות שנה נעוצה במצַוַת הפסח, שאמור לחול תמיד באביב, בהתאם לפסוק "שָׁמוֹר אֶת חֹדֶשׁ הָאָבִיב" (דברים טז, א).
3. החודש הראשון הוא ניסן, שבו התרחשה יציאת מצרים, אבל השנה העברית מתחילה דווקא בחודש השביעי, תשרי, שאותו מציינים כראש השנה. להרחבה על סוד עיבור החודש וחוכמת החודשים, ראו בספרו של הרב זמיר כהן, המהפך.
4. על פי: הרב שלמה קרליבך, פתחו שערי הלב, שערי הזמן: שיחות סביב מעגל השנה (ערך: הרב יחד יוסף לב ויט הכהן), דברי שיר, עמ׳ 16.
5. דבר זה נכון רק בתפילת שחרית ומנחה, אך לא בתפילת ערבית ולא בברכת המזון.
6. למשל, "דבר האבד" – מונח הלכתי מצב שבו אדם עלול להפסיד סכום כסף או רכוש שכבר נמצא ברשותו, כמו להשקות שדה שעלול להתייבש, או לפקח על תקינות מערכת שמצריכה בקרה 24 שעות. זאת להבדיל מרווח פוטנציאלי או משכורת שהאדם לא יקבל אם יימנע מעבודה. במקרה כזה לרוב אין היתר לעבוד.
7. במקור ראש השנה נמשך רק יום אחד, אולם משום שהוא תלוי בקידוש החודש ובעדים שיבואו להעיד עליו (עיינו בתחילת הפרק), נקבע שיציינו אותו במשך יומיים כדי להימנע מספק באיזה יום בדיוק הוא חל. למרות הספק, הלכתית נקבע ששני הימים הם חג לכל דבר.
8. היות שיש איסור הכנה מיום טוב ראשון ליום טוב שני, כל ההכנות לקראת יום טוב שני – הדלקת נרות, חימום ובישול אוכל וכו׳ – נעשות רק לאחר צאת הכוכבים של היום הראשון.
9. סיפר הרב דוד אמיתי מפי הרב ישראל אריאל. הופיע בעלון קרוב אליך 109, שבט תשע"ו.
10. חכמינו קבעו שכל הערים שהיו מוקפות חומה בימי יהושע בן נון יחגגו את פורים כמו בשושן, וחלוקה זו נקבעה להלכה עד היום.
11. על פי החוק בישראל, ברוב השנים הימים הללו נדחים או מוקדמים ביום כדי למנוע חילול שבת.
12. השמרנים גם אינם מכירים בסמכות ההנהגה החילונית לקבוע מועדים חדשים בלוח השנה העברי. הם גם מציינים את העובדה שביום אחד בתקופת השואה נרצחו יותר

יהודים מכל חללי מערכות ישראל בשבעים שנות המדינה, ובכל זאת נספי השואה וחללי מערכות ישראל זוכים להנצחה זהה.

13. צפירת הדומייה שמושמעת ברחבי הארץ מעוררת שאלה הלכתית. מנהג הצפירה החל בעקבות מנהג דומה באירופה לאחר מלחמת העולם הראשונה, כדי לכבד את זכר החיילים שנספו בקרבות, ומשום כך יש פוסקים הרואים בה מנהג גויים. לשיטתם אין צורך להתייחס אליה, כדי שלא ייראה כאילו אנו מאמצים את מנהגי הגויים, וזאת על פי הפסוק "וּבְחֻקֹּתֵיהֶם לֹא תֵלֵכוּ" (ויקרא יח, ג). לעומת זאת, פוסקים אחרים לא רואים בכך מנהג גויים, במיוחד בשל העובדה שישראל היא אחת המדינות הבודדות כיום שמושמעת בה צפירה בימי זיכרון. לדעתם ראוי לכבד את הצפירה מצד אחדות העם והכבוד לנופלים. רבים אומרים בזמן הצפירה פרקי תהילים ומשניות לעילוי נשמת הנופלים. גם מי שנוקט כשיטה הראשונה ונמצא בסביבה שבה מכבדים את הצפירה, נכון שיעמוד עם הציבור כדי שלא לגרום לחילול השם ("לדתיים לא אכפת מהחיילים").

14. סיון רהב־מאיר, "ידיעות אחרונות", 13.4.2018.

15. נתנאל אלישיב, "הלב חסר אך איננו מרגישים", מוסף "שבת" של "מקור ראשון", ה' אב תשע"ד.

16. חכמינו מציינים כי יש פער מסוים של יומיים בין חורבן בית המקדש הראשון והשני, אך מסיבות שונות החליטו לאחד אותם יחד.

17. גם תענית אסתר נחשבת לתענית קלה, אבל היא לא קשורה לחורבן אלא לימי פורים.

18. "בְּשִׁבְעָה עָשָׂר בְּתַמּוּז נִשְׁתַּבְּרוּ הַלּוּחוֹת, וּבָטַל הַתָּמִיד, וְהֻבְקְעָה הָעִיר, וְשָׂרַף אַפּוֹסְטֹמוֹס אֶת הַתּוֹרָה, וְהֶעֱמִיד צֶלֶם בַּהֵיכָל" (משנה תענית ד, ו).

פרק יז: מעבר בין עולמות

1. עדין אבן־ישראל (שטיינזלץ), תשובה, הוצאת מגיד, עמ' 22.

2. נועה ירון־דיין, מקימי, עם עובד, 2007, עמ' 200.

3. "עשר מצות נצטוו ישראל במרה – שבע שקיבלו עליהן בני נח, והוסיפו עליהן דינין ושבת וכיבוד אב ואם" (סנהדרין נו, ב).

4. שלום ארוש, בגן האמונה, הוצאת המחבר (מהדורה רביעית), עמ' תכז.

5. האנוסים בספרד היו יהודים שחיו תחת שלטון האינקוויזיציה הקתולית, וכדי להימנע מרדיפות התנהגו כלפי חוץ כנוצרים אך בביתם נהגו מנהגים יהודיים.

6. אמנון אריאלי, תינוק שנשבה, עם עובד, תשנ"ו, עמ' 38.

7. אגי באואר, מ"שחור" לצבעי הקשת: סיפורה של אם לבעלת תשובה, פלדהיים, 1994, עמ' 26.

8. שם, עמ' 24.

9. שם, עמ' 202.

10. הרב שלמה קרליבך, פתחו שערי הלב, שערי הזמן: שיחות סביב מעגל השנה (ערך: הרב יחד יוסף לב ויט הכהן), דברי שיר, עמ' 319.
11. משה קופל, "יהדות ללא אידאולוגיה", אקדמות טו, בית מורשה, מרחשון תשס"ה.
12. ארז משה דורון, לב העולם אתה, לב הדברים, 2007, עמ' 20.
13. מובן שאין בכך הדרכה לחטוא, משום שחטא שנעשה במזיד, ואף בשוגג, דורש תיקון: "הָאוֹמֵר אֶחֱטָא וְאָשׁוּב אֶחֱטָא וְאָשׁוּב, אֵין מַסְפִּיקִין בְּיָדוֹ לַעֲשׂוֹת תְּשׁוּבָה" (משנה יומא ח, ט). אך יחד עם זאת, בתפיסת עולם שבה "אין עוד מלבדו", גם החטאים שנעשו מתוך פריקת עול וחוסר ידע יכולים להתברר ולבוא על תיקונם בתהליך התשובה.
14. בספר "חובות הלבבות" כותב רבנו בחיי כי ישנן שתי סיבות עיקריות מדוע ה' גזר על האדם לטרוח אחר פרנסתו: האחת, כדי לנסות אותו ולראות אם הוא נשאר נאמן לתורה גם בשעה של ניסיון גדול, כמו גזל והונאה; והשנייה, שלא יהיה לו זמן לחטוא. האדם צריך לבחור מקצוע שהוא נוח לו ומתאים לטבעו, ולזכור תמיד כי מי שמפרנס אותו הוא רק ה' לבדו. כשניגשים לפרנסה באופן כזה, לא רק שהיא אינה עומדת בסתירה לביטחון בה' אלא היא הופכת למצווה של ממש. ראה חובות הלבבות, שער הביטחון, פרק ג.
15. דן טיומקין, מקום שבעלי תשובה עומדים, פלדהיים, 2012, חלק ב פרק ג: סוגיית הפרנסה.

פרק יח: החברה הדתית

1. ד"ר עוז מרטין, חברת הבוחרים, ינואר 2014, מתוך אתר "מענה"; http://www.maane.info/pages/9
2. רבי יהודה אשלג, הקדמות הסולם, מאמר החירות.
3. אסף מלחי, תשובה ופרנסה: מאפייני תעסוקה בקרב בעלי תשובה חרדים, מחקרי מכון ירושלים לחקר ישראל מס' 455, 2016.
4. כך כתב החת"ם סופר, מנהיג האורתודוקסים בהונגריה. משפט זה לקוח מהמשנה ונאמר במקורו בהקשר הלכתי מסוים, אך הרב סופר השתמש בו כדי להבהיר את הגישה הנכונה בעיניו מול הרפורמה.
5. מקור הביטוי בפסוק "שִׁמְעוּ דְּבַר ה' הַחֲרֵדִים אֶל דְּבָרוֹ" (ישעיהו סו, ה).
6. חיים זיכרמן, שחור כחול לבן, ידיעות ספרים, 2014, עמ' 23.
7. מתוך הפיוט "זכור ברית אברהם", הנאמר בקהילות אשכנז בתפילת נעילה ביום הכיפורים ובזמנים נוספים.
8. המציאות ההיסטורית הזו מתוארת במחזה "כנר על הגג", שמספר את סיפורו של טוביה, יהודי כפרי ברוסיה של המאה ה־19. השיר הידוע "לו הייתי רוטשילד" מדגים את הנקודה, ובמיוחד השורות הבאות, המתארות את חלומותיו של טוביה אם היה מתעשר: "ואז אוכל סוף סוף בבית המדרש / לשבת, ללמוד כל הימים / לשבת סוף סוף על יד כותל המזרח / ולהתפלל, ולהתפלפל קצת על רש"י / עם כל תלמידי החכמים / וזה יהיה חלום נפלא כל כך..." (תרגם מאנגלית: דן אלמגור).

9. מאור עיניים, פרשת בהר.
10. לעיון נוסף ראו במענה למכתבה: מכתבי תשובה לנשים, דני ספרים, 2015; את עלית: אוצר שיחות לנשים ונערות, כפר חב"ד תשע"ד; על כולנה: אוצר מכתבים מהרבי לנשים ונערות, מעינותיך תשע"ו; הרבי שלי: נשים מספרות על הרבי מלובביץ', מעינותיך תשע"ו.
11. לדוגמה, הרב הראשי של מרוקו, הרב שלום משאש, שאחר כך עלה לישראל, ארגן למי שיצאו לעבודה בשבת מניין שחרית מוקדם כדי להשאיר אותם במסגרת הקהילה.
12. הרב סלמאן אליהו, כרם שלמה: ביאור על ספר עץ חיים, ירושלים תשס"ו, עמ' 27.
13. השיר "אנו נושאים לפידים", לדוגמה, שנכתב בשנות השלושים של המאה הקודמת ומושר עד היום בטקס יום העצמאות הממלכתי, מייצג רוח זו. הוא נוטל מוטיבים ידועים מחג החנוכה, שבמקורו הוא חג דתי במיוחד, ומעניק להם משמעות חדשה: "נֵס לֹא קָרָה לָנוּ, פַּךְ שֶׁמֶן לֹא מָצָאנוּ / בַּסֶּלַע חָצַבְנוּ עַד דָּם, וַיְּהִי אוֹר!". דם, יזע ודמעות החליפו את הנס האלוקי.

שאלות נפוצות

1. "מנין שלא יגדל אדם כלב רע בתוך ביתו, ואל יעמיד סולם רעוע בתוך ביתו? תלמוד לומר (דברים כב, ח): 'לֹא תָשִׂים דָּמִים בְּבֵיתֶךָ'" (בבא קמא טו, ב).

בספר מופיעים השירים הבאים:

עמ' 379 אב הרחמן / אביתר בנאי
© כל הזכויות שמורות למחבר ולאקו"ם

עמ' 57 אור החיים / ישי ריבו
© כל הזכויות שמורות למחבר ולאקו"ם

עמ' 269 אני אוהב אותך / ארקדי דוכין ומיכה שטרית
© כל הזכויות שמורות למחברים ולאקו"ם

עמ' 293 ואותך / שלמה גרוניך ומתי כספי
© כל הזכויות שמורות למחברים ולאקו"ם

עמ' 21 ויקיפדיה / קרן פלס וחנן בן ארי
© כל הזכויות שמורות למחברים ולאקו"ם

עמ' 277 חלומות שמורים / אהוד מנור ומתי כספי
© כל הזכויות שמורות למחברים ולאקו"ם

עמ' 251 ככלות הקול והתמונה / יעקב רוטבליט ויזהר אשדות
© כל הזכויות שמורות למחברים ולאקו"ם

עמ' 57 לא ארחף בחלל / זלדה מישקובסקי
© כל הזכויות שמורות למחברת ולאקו"ם

עמ' 21 מה חדש במדע / מאיר אריאל ועננה בע"מ
© כל הזכויות שמורות למחבר, למו"ל ולאקו"ם

עמ' 195 מתנות קטנות / רמי קליינשטיין, חורב נועם ואבי גואטה הפקות בע"מ
© כל הזכויות שמורות למחברים, למו"ל ולאקו"ם

עמ' 251 צל ומי באר / יורם טהרלב ולוי שער
© כל הזכויות שמורות למחברים ולאקו"ם

עמ' 319 תקופות השנה / דליה רביקוביץ'
© כל הזכויות שמורות למחברת ולאקו"ם

עמ' 415 דירה להשכיר / לאה גולדברג, הוצאת הקיבוץ המאוחד
© כל הזכויות שמורות למחברת ולהוצאת הקיבוץ המאוחד

עמ' 181 למדני אלוהי / לאה גולדברג, הוצאת הקיבוץ המאוחד
© כל הזכויות שמורות למחברת ולהוצאת הקיבוץ המאוחד

עמ' 99 עומד בשער / עמיר בניון
© כל הזכויות שמורות למחבר

אנו מודים לכל היוצרים שהביעו את הסכמתם לשימוש ביצירתם. המערכת עשתה ככל יכולתה על מנת לאתר את בעלי הזכויות של כל החומר שנלקח ממקורות חיצוניים. אנו מתנצלים על כל השמטה או טעות, ואם יובאו לידיעתנו, נפעל לתקן במהדורות הבאות.

מפתח

א

ב

ת

נספח תמונות

"לא תעשה לך פסל וכל תמונה". ההגשמה של אלוקים יוצרת מושגים מעוותים בתפיסה שלנו את האינסוף. הקפלה הסיסטינית בוותיקן, מיכלאנג'לו (עמ' 5).

חב"ד ברלין

שער ברנדנבורג בברלין, אז – והיום. עם ישראל חי! (עמ' 46).

מטה "שבע מצוות ל־70 אומות"

כרטיס ובו פירוט על אודות שבע מצוות בני נוח בערבית (עמ' 51).

כתר ארם צובא, התנ"ך העתיק בעולם.
הנחת היסוד היא ששום דבר לא מופיע בתורה "סתם" (עמ' 60).

Guy Lerner, Capetown

הלוויה שנערכה לספרי תורה שנשרפו. דרום אפריקה, 2019 (עמ' 77).

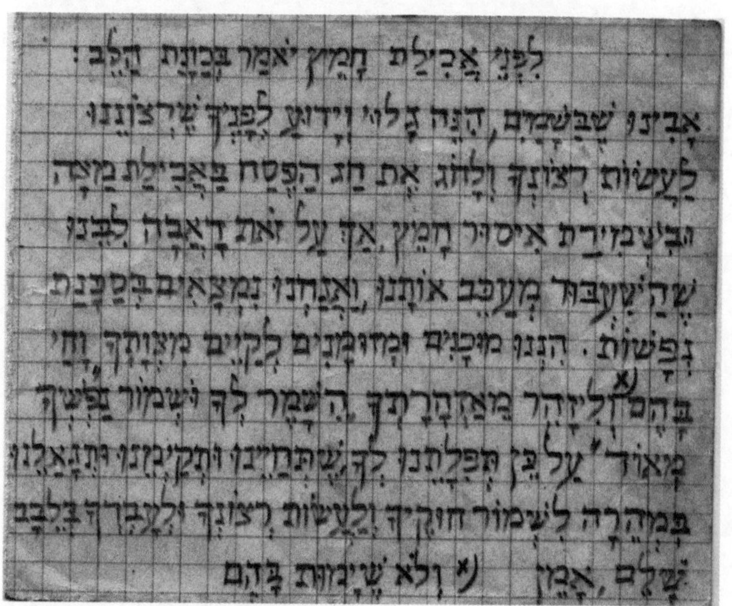

לפני אכילת חמץ יאמר בכוונת הלב:
אבינו שבשמים, הנה גלוי וידוע לפניך שרצוננו
לעשות רצונך ולחוג את חג הפסח באכילת מצה
ובשמירת איסור חמץ, אך על זאת דאבה לבנו
שהשעבוד מעכב אותנו ואנחנו נמצאים בסכנת
נפשות. הננו מוכנים ומזומנים לקיים מצותך וחי
בהם x) ולהזהר מאזהרתך השמר לך ושמור נפשך
מאוד' על כן תפלתנו לך שתחיינו ותקיימנו ותגאלנו
במהרה לשמור חוקיך ולעשות רצונך ולעבדך בלבב
שלם, אמן. x) ולא שימות בהם

בית לוחמי הגטאות

מסירות נפש בשביל קיום מצוות.
תפילה שחוברה בזמן השואה במחנה ברגן־בלזן לפני אכילת חמץ בפסח (עמ' 87).

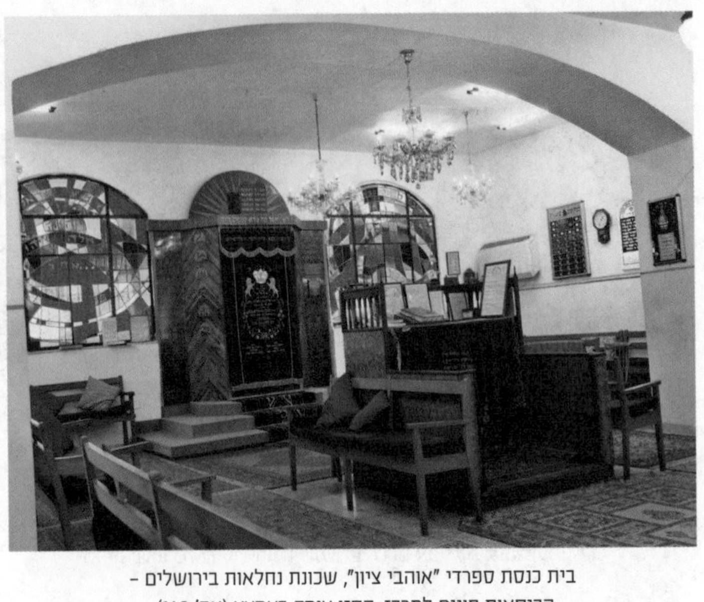

Maor X

בית כנסת ספרדי "אוהבי ציון", שכונת נחלאות בירושלים -
הכיסאות פונים למרכז, החזן עומד באמצע (עמ' 142).

deror_avi

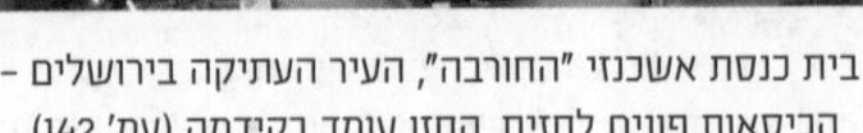

בית כנסת אשכנזי "החורבה", העיר העתיקה בירושלים -
הכיסאות פונים לחזית, החזן עומד בקידמה (עמ' 142).

shutterstock.com By Rostislav Glinsky.

ארון של סידורי תפילה מכל המינים והסוגים (עמ' 152) ברחבת הכותל המערבי.

מאוסף המחבר

תווית אחורית ליין. ארבעה גופים שונים חתומים על הכשרות... (עמ' 175).

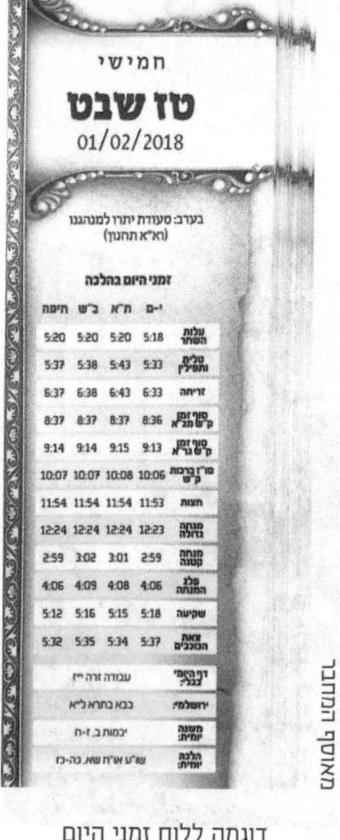

מאוסף המחבר

דוגמה ללוח זמני היום (עמ' 138).

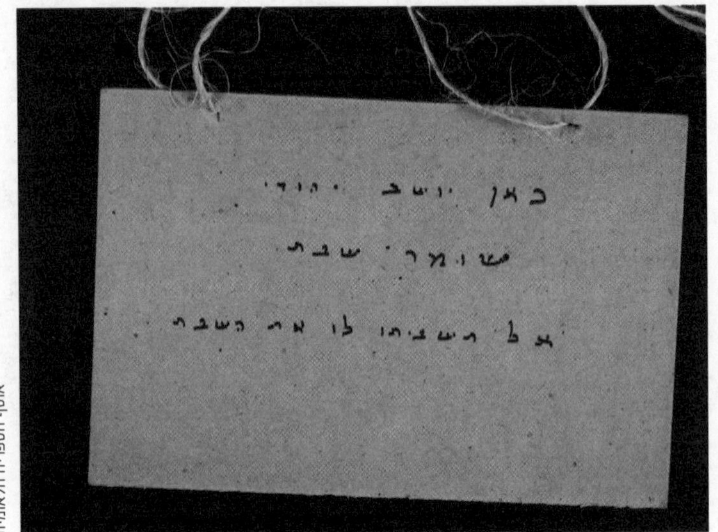

אוסף הספריה הלאומית

"כאן יושב יהודי שומר שבת. אל תשביתו לו את השבת" (עמ' 200).
שלט קרטון שהכין עגנון על ביתו בירושלים. בכל שבוע היה צריך להכין חדש מכיוון שהמבקרים לקחו אותו כמזכרת מהסופר המפורסם...

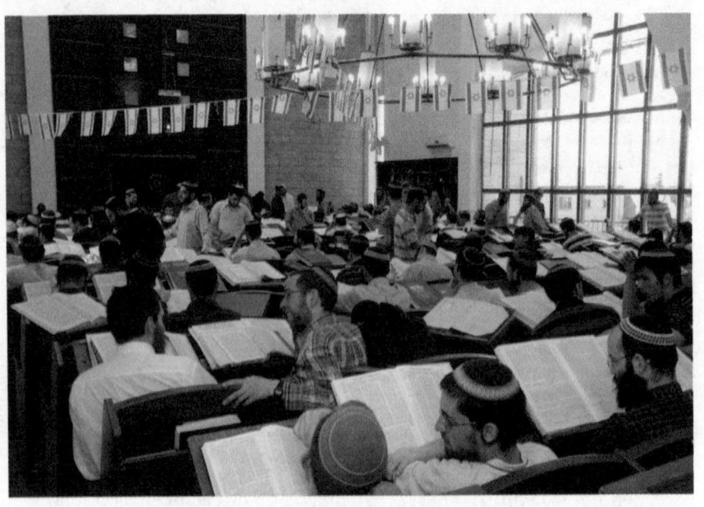

ישיבת "מרכז הרב"

בחורים לומדים תורה בחברותא בישיבה (עמ' 239).

מאוסף המחבר

שלט גדול בבני ברק המזכיר להישמר מלשון הרע (עמ' 258).

Dr. Avishai Teicher Pikiwiki Israel

קופות צדקה מפוזרות ברחבי העיר (עמ' 264).

המועצה הדתית עמק חפר

מקווה טהרה, כפר הרא"ה. מקוואות רבים משופצים כיום ברמה גבוהה יותר מאשר ספא (עמ' 306).

אלי קובין

שמח בחלקו. ביתו הצנוע של הרב שטיינמן זצ"ל.
כך נראה המטבח של גדול הדור ב־2013, כשאלפים שיחרו לפתחו... (עמ' 280).